AF405861

"Artificial intelligence is the new electricity."

- Andrew Ng, Co-founder of Coursera and Adjunct Professor at Stanford University

Qui nous sommes

Bienvenue dans ce livre créé par Cuantum Technologies. Nous sommes une équipe de développeurs passionnés, déterminés à créer des logiciels offrant des expériences créatives et résolvant des problèmes concrets. Notre objectif est de développer des applications web de haute qualité qui offrent une expérience utilisateur fluide et répondent aux besoins de nos clients.

Dans notre entreprise, nous croyons que la programmation ne se limite pas à écrire du code. Il s'agit de résoudre des problèmes et de créer des solutions qui ont un impact réel sur la vie des gens. Nous explorons en permanence de nouvelles technologies et techniques afin de rester à la pointe de l'industrie, et nous sommes ravis de partager nos connaissances et notre expérience avec vous à travers ce livre.

Notre approche du développement logiciel repose sur la collaboration et la créativité. Nous travaillons en étroite collaboration avec nos clients afin de comprendre leurs besoins et de créer des solutions adaptées à leurs exigences spécifiques. Nous pensons qu'un logiciel doit être intuitif, facile à utiliser et visuellement attrayant, et nous nous efforçons de créer des applications qui répondent à ces critères.

Ce livre vise à proposer une approche pratique et concrète pour débuter dans la **maîtrise du pouvoir créatif de l'IA**. Que vous soyez un débutant sans expérience en programmation ou un développeur expérimenté souhaitant élargir ses compétences, ce livre est conçu pour vous aider à développer vos aptitudes et à construire une base **solide en apprentissage profond génératif avec Python**.

Notre philosophie

Au cœur de Cuantum, nous croyons que la meilleure façon de créer des logiciels passe par la collaboration et la créativité. Nous valorisons les contributions de nos clients, et nous travaillons en étroite collaboration avec eux pour créer des solutions qui répondent à leurs besoins. Nous pensons également qu'un logiciel doit être intuitif, simple à utiliser et esthétiquement plaisant, et nous nous efforçons de créer des applications conformes à ces principes.

Nous croyons également que la programmation est une compétence qui peut s'apprendre et se développer avec le temps. Nous encourageons nos développeurs à explorer de nouvelles technologies et techniques, et nous leur fournissons les outils et les ressources nécessaires pour rester à l'avant-garde de l'industrie. Nous pensons aussi que programmer doit être une activité plaisante et gratifiante, et nous nous efforçons de créer un environnement de travail stimulant la créativité et l'innovation.

Notre expertise

Dans notre entreprise de logiciels, nous sommes spécialisés dans le développement d'applications web qui offrent des expériences créatives et résolvent des problèmes réels. Nos développeurs possèdent une expertise dans un large éventail de langages et de frameworks, notamment Python, l'intelligence artificielle, ChatGPT, Django, React, Three.js et Vue.js, entre autres. Nous explorons sans cesse de nouvelles technologies pour rester à la pointe de l'innovation et nous sommes fiers de notre capacité à créer des solutions adaptées aux besoins de nos clients.

Nous avons également une grande expérience dans l'analyse et la visualisation de données, l'apprentissage automatique et l'intelligence artificielle. Nous croyons que ces technologies ont le potentiel de transformer notre façon de vivre et de travailler, et nous sommes fiers de faire partie de cette révolution.

En conclusion, notre entreprise est dédiée à la création de logiciels web favorisant des expériences créatives et apportant des solutions concrètes. Nous privilégions la collaboration et la créativité, et nous nous engageons à développer des solutions intuitives, accessibles et visuellement attractives. Nous sommes passionnés par la programmation et impatients de partager avec vous nos connaissances et notre expérience à travers ce livre. Que vous soyez débutant ou développeur confirmé, nous espérons que ce livre sera pour vous une ressource précieuse dans votre parcours vers la maîtrise de votre domaine.

YOUR JOURNEY STARTS HERE...

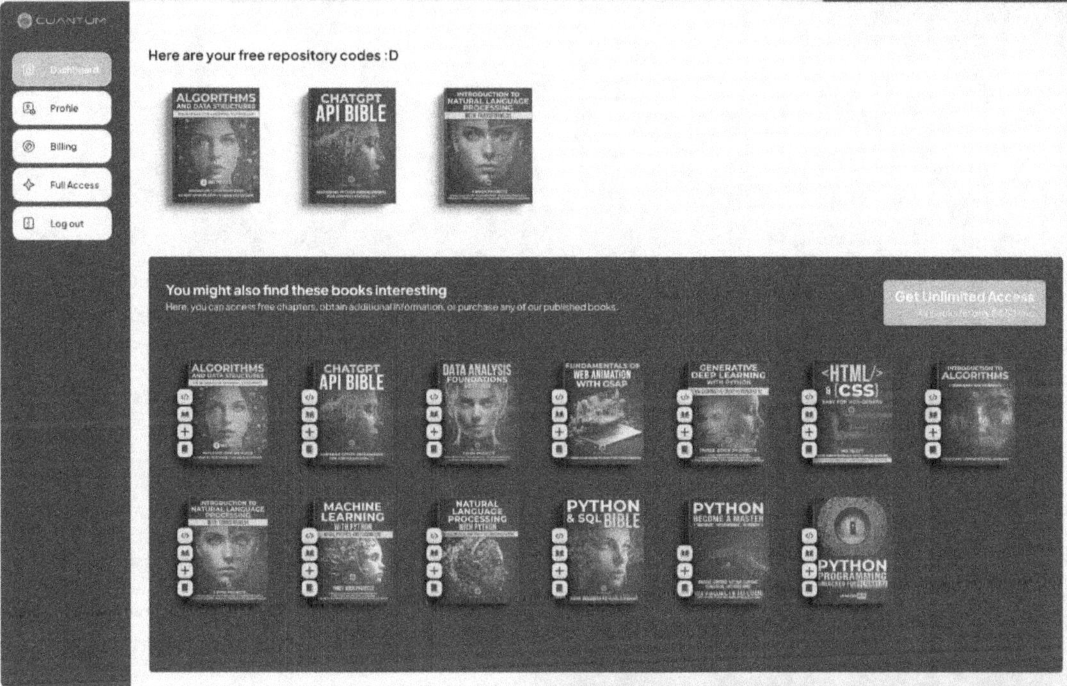

Get access to all the benefits of being one of our valuable readers through our new **eLearning Platform:**

1. Free code repository of this book

2. Access to a **free example chapter** of any of our books.

3. Access to the **free repository code** of any of our books.

4. Premium customer support by writing to **books@cuantum.tech**

And much more...

HERE IS YOUR
FREE ACCESS

www.cuantum.tech/books/data-engineering-foundations/code/

TABLE DES MATIÈRES

Introduction

Les données sont l'un des actifs les plus précieux de notre monde numérique, alimentant tout, des décisions commerciales aux avancées technologiques. Cependant, les données brutes en elles-mêmes sont souvent désordonnées, incomplètes et non structurées. La véritable valeur des données réside dans leur transformation en informations significatives, et cette transformation nécessite plus que de simples algorithmes puissants — elle nécessite une compréhension de la façon de préparer, manipuler et affiner les données efficacement. Ce livre se concentre sur la maîtrise des **concepts et techniques fondamentaux** de l'analyse de données et de l'ingénierie des caractéristiques, jetant les bases des applications d'apprentissage automatique avancées.

L'objectif de ce livre est de vous guider à travers les éléments essentiels de la préparation des données, de la transformation et de l'ingénierie des caractéristiques, en vous dotant de compétences pratiques pour rendre vos données prêtes pour l'apprentissage automatique. Que vous travailliez avec de petits ensembles de données ou que vous gériez des données complexes et de grande dimension, ce livre vous fournira les outils et techniques pour naviguer dans les subtilités du prétraitement et de la transformation. Nous nous concentrerons sur des bibliothèques Python largement utilisées, telles que **Pandas**, **NumPy** et **Scikit-Learn**, pour construire une base solide pour la manipulation de données et l'ingénierie des caractéristiques.

Pourquoi se concentrer sur la préparation des données et l'ingénierie des caractéristiques ?

Dans l'apprentissage automatique, on dit souvent que **les données sont reines**. Bien que la sélection de modèles et le réglage des algorithmes jouent des rôles importants, la qualité des données d'entrée a un impact plus profond sur les performances finales du modèle. La préparation des données et l'ingénierie des caractéristiques sont souvent les étapes les plus chronophages de tout projet de science des données, mais elles sont aussi les plus gratifiantes. Une préparation appropriée des données permet aux modèles de capturer des motifs pertinents, de faire des prédictions précises et de se généraliser efficacement à de nouvelles données.

L'ingénierie des caractéristiques, l'art de créer de nouvelles caractéristiques informatives à partir de données brutes, est particulièrement puissante. Les caractéristiques — transformées, combinées ou créées à partir de données existantes — détiennent les clés pour libérer le potentiel prédictif au sein des ensembles de données. Comme vous le verrez tout au long de ce livre, des caractéristiques soigneusement élaborées peuvent révéler des relations et des motifs qui restent cachés lors de l'utilisation de données brutes seules. Ces caractéristiques raffinées sont essentielles pour construire des modèles qui excellent en précision, robustesse et interprétabilité.

Les outils que vous utiliserez : Pandas, NumPy et Scikit-Learn

Python est devenu le langage de prédilection pour la science des données, et ce livre exploite trois bibliothèques essentielles qui forment l'épine dorsale de la préparation des données en Python : **Pandas**, **NumPy** et **Scikit-Learn**.

- **Pandas** : Une bibliothèque puissante pour la manipulation et l'analyse de données, Pandas fournit un cadre intuitif pour gérer les données en lignes et colonnes. Elle est particulièrement utile pour les tâches de transformation de données, telles que le nettoyage, le filtrage, l'agrégation et la fusion d'ensembles de données. Avec Pandas, vous pourrez rationaliser vos processus de préparation de données, facilitant la dérivation d'informations significatives à partir de données complexes.

- **NumPy** : Connue pour sa rapidité et son efficacité, NumPy offre une gamme d'outils pour travailler avec des tableaux et effectuer des opérations mathématiques sur de grands ensembles de données. Ses avantages en termes de performances la rendent idéale pour la transformation de données et les tâches nécessitant beaucoup de calculs, telles que la mise à l'échelle, la normalisation et les transformations mathématiques.

- **Scikit-Learn** : En tant que l'une des bibliothèques d'apprentissage automatique les plus populaires, Scikit-Learn fournit des outils non seulement pour construire des modèles, mais aussi pour transformer les données. Ses modules de prétraitement permettent des tâches telles que l'encodage de variables catégorielles, la mise à l'échelle de données numériques et la mise en œuvre de pipelines de données. Scikit-Learn jouera un rôle crucial dans l'automatisation des étapes de prétraitement des données, assurant cohérence et reproductibilité dans votre analyse.

Ensemble, ces bibliothèques offrent une boîte à outils complète pour gérer l'ensemble du processus de préparation des données et d'ingénierie des caractéristiques, du nettoyage et de la transformation des données à la sélection et à l'encodage des caractéristiques.

Ce que vous apprendrez

Ce livre est organisé en trois parties, chacune se concentrant sur des étapes essentielles de la préparation des données et de l'ingénierie des caractéristiques :

1. **Préparer le terrain pour une analyse avancée** : La première partie du livre présente les concepts fondamentaux de l'analyse de données intermédiaire et établit un cadre pour travailler avec les données en Python. Ici, vous apprendrez à aborder l'analyse de données avec un état d'esprit systématique, en vous assurant que vos données sont correctement structurées et nettoyées avant de plonger dans des transformations plus

complexes. Nous couvrirons les fonctionnalités de base de Pandas et NumPy, vous enseignant comment effectuer des opérations sur les données de manière efficace et efficiente. Cette section jette les bases des techniques plus avancées abordées dans les chapitres ultérieurs.

2. **Ingénierie des caractéristiques pour des modèles puissants** : Dans la deuxième partie, nous plongeons au cœur de l'ingénierie des caractéristiques. Vous explorerez des techniques avancées pour gérer les données manquantes, mettre à l'échelle et transformer les caractéristiques, encoder les variables catégorielles et créer de nouvelles caractéristiques. L'ingénierie des caractéristiques nécessite de la créativité et une compréhension approfondie du problème en question, et cette section vous guidera à travers les processus de réflexion et les techniques nécessaires pour améliorer le pouvoir prédictif de votre ensemble de données. Nous discuterons de méthodes pratiques pour générer des caractéristiques polynomiales, combiner des variables pour créer des termes d'interaction et gérer les variables catégorielles grâce à des stratégies d'encodage. À la fin de cette section, vous disposerez d'un éventail de techniques d'ingénierie des caractéristiques, qui peuvent toutes être personnalisées selon les besoins spécifiques de vos projets.

3. **Nettoyage et prétraitement des données** : La dernière partie du Volume 1 se concentre sur les tâches critiques de nettoyage et de prétraitement des données. Dans cette section, vous apprendrez des techniques avancées pour gérer les valeurs aberrantes, corriger les anomalies et préparer les données pour l'analyse de séries temporelles. Nous présenterons également des techniques de réduction de dimensionnalité, telles que l'Analyse en Composantes Principales (ACP), qui sont essentielles pour gérer les données de grande dimension. Vous apprendrez comment réduire la complexité de l'espace des caractéristiques sans sacrifier le pouvoir prédictif, rendant vos modèles plus efficaces et interprétables. En maîtrisant ces techniques de prétraitement, vous serez équipé pour construire des ensembles de données plus propres et mieux structurés, préparant vos modèles au succès.

Chaque chapitre comprend des exemples pratiques, des études de cas et des exercices conçus pour renforcer votre compréhension et vous aider à appliquer ce que vous avez appris. Nous croyons que la pratique concrète est la meilleure façon de maîtriser de nouvelles compétences, et ce livre offre de nombreuses occasions d'expérimenter avec des ensembles de données du monde réel.

Applications pratiques et contexte du monde réel

Bien que ce livre soit riche en théorie, nous reconnaissons également l'importance du contexte. Chaque chapitre comprend des exemples et des études de cas qui illustrent comment l'ingénierie des caractéristiques et la préparation des données s'appliquent dans différents domaines, de la finance aux soins de santé en passant par le commerce de détail. Ces applications pratiques démontrent comment des transformations spécifiques, des encodages et des techniques de mise à l'échelle peuvent être adaptés pour répondre aux exigences uniques de différentes industries. En travaillant sur ces exemples, vous acquerrez un aperçu de la façon de penser de manière critique à l'ingénierie des caractéristiques et de faire des choix éclairés en fonction des besoins spécifiques de votre ensemble de données et de vos objectifs de modélisation.

Nous incluons également des sections « Qu'est-ce qui pourrait mal tourner ? » à la fin de chaque chapitre, où nous discutons des pièges courants et des défis de l'ingénierie des caractéristiques. Ces sections soulignent l'importance d'une manipulation soigneuse des données et vous encouragent à anticiper les problèmes potentiels, faisant finalement de vous un praticien de données plus proactif et efficace.

L'importance de la reproductibilité

En science des données, la reproductibilité est essentielle pour construire des modèles fiables et dignes de confiance. Tout au long du Volume 1, nous soulignons l'importance de créer des flux de travail reproductibles, en particulier grâce à l'utilisation de pipelines dans Scikit-Learn. En automatisant les étapes de transformation des données au sein d'un pipeline, vous vous assurerez que chaque étape de préparation des données est appliquée de manière cohérente aux données d'entraînement et de test, minimisant le risque de fuite de données et améliorant la fiabilité de vos résultats.

Conclusion

Ce livre sert de guide complet pour maîtriser les compétences de base nécessaires à la préparation des données et à l'ingénierie des caractéristiques. Ces techniques fondamentales sont l'épine dorsale de tout projet d'apprentissage automatique réussi, et à la fin de ce livre, vous serez équipé pour relever des défis de données complexes avec confiance.

Que vous soyez un aspirant scientifique des données ou un praticien expérimenté cherchant à améliorer vos compétences, ce livre offre des perspectives pratiques, des outils et des techniques pour élever votre flux de travail d'analyse de données. Avec une solide maîtrise du prétraitement des données et de l'ingénierie des caractéristiques, vous serez bien préparé pour passer au Volume 2 de cette série, où nous explorerons des applications avancées, des études de cas du monde réel et l'automatisation avec AutoML.

Embarquons dans ce voyage pour libérer le plein potentiel des données et construire les fondations du succès en apprentissage automatique avancé.

Partie 1 : Préparer le Terrain pour l'Analyse Avancée

Chapitre 1 : Introduction : Aller au-delà des bases

Bienvenue à la prochaine étape de votre parcours d'analyse de données ! En vous lançant dans cette nouvelle phase passionnante, nous vous invitons à plonger plus profondément dans le monde complexe de l'analyse de données et de l'ingénierie des caractéristiques. En s'appuyant sur les bases solides que vous avez établies dans vos études de débutant, ce livre vous guidera à travers un paysage de concepts et de techniques plus avancés. Notre premier chapitre pose les bases de l'exploration de niveau intermédiaire à venir, en vous présentant des flux de travail de données sophistiqués, des outils analytiques de pointe et des applications du monde réel qui élèveront vos compétences vers de nouveaux sommets.

Alors que nous dépassons les fondamentaux, il est crucial de reconnaître que l'analyse de données intermédiaire représente plus qu'une simple expansion de votre boîte à outils technique. Il s'agit plutôt de développer une compréhension nuancée de la manière d'exploiter les bons outils et stratégies pour extraire efficacement des informations significatives à partir d'ensembles de données complexes. Tout au long de ce parcours, vous apprendrez à optimiser votre flux de travail analytique, à concevoir des caractéristiques impactantes qui peuvent améliorer considérablement vos modèles, et surtout, à appliquer ces techniques avancées pour construire des modèles robustes et prédictifs capables de relever les défis de données du monde réel avec confiance et précision.

Cette étape intermédiaire marque un bond significatif dans vos capacités analytiques. Vous passerez de la manipulation de données de base à la reconnaissance sophistiquée de motifs, des visualisations simples aux représentations de données complexes et multidimensionnelles, et des tests statistiques rudimentaires aux algorithmes d'apprentissage automatique avancés. Au fur et à mesure de votre progression, vous découvrirez comment révéler des tendances cachées, faire des prédictions plus précises et tirer des informations exploitables qui peuvent guider la prise de décision éclairée dans divers domaines, des affaires et de la finance aux soins de santé et au-delà.

1.1 Aperçu de l'analyse de données intermédiaire

L'analyse de données intermédiaire représente une phase de transition cruciale dans le parcours analytique, comblant le fossé entre les opérations fondamentales et les techniques analytiques plus sophistiquées. Cette étape marque un bond significatif par rapport à l'analyse de niveau débutant, qui se concentre principalement sur des tâches de manipulation de données de base telles que le chargement d'ensembles de données, l'exécution de transformations simples et la création de visualisations rudimentaires.

En revanche, l'analyse intermédiaire introduit une approche plus nuancée et complète de l'exploration et de l'interprétation des données. Elle englobe un large éventail de méthodologies avancées qui permettent aux analystes de :

1. Approfondir les données

Les techniques intermédiaires permettent une exploration plus approfondie des ensembles de données, révélant des motifs cachés, des relations et des informations qui peuvent ne pas être apparents lors d'une analyse de base. Cette exploration plus approfondie implique des méthodes statistiques avancées, des algorithmes d'apprentissage automatique et des techniques sophistiquées de visualisation de données.

Par exemple, les analystes peuvent employer des algorithmes de regroupement pour identifier des groupements naturels dans les données, utiliser des techniques de réduction de dimensionnalité comme l'Analyse en Composantes Principales (ACP) pour révéler des structures sous-jacentes, ou appliquer l'exploration de règles d'association pour découvrir des relations intéressantes entre les variables. Ces méthodes permettent aux analystes d'extraire des informations plus nuancées à partir d'ensembles de données complexes, menant à des informations plus complètes et exploitables.

De plus, l'analyse intermédiaire implique souvent l'utilisation de techniques d'ingénierie des caractéristiques pour créer de nouvelles variables plus informatives à partir de données existantes, améliorant davantage la capacité à découvrir des motifs et des relations cachés.

2. Optimiser les performances

À mesure que les ensembles de données deviennent plus volumineux et plus complexes, l'analyse intermédiaire met l'accent sur des techniques efficaces de traitement et de gestion des données pour améliorer les performances de calcul et réduire le temps de traitement. Cela implique plusieurs stratégies clés :

- Vectorisation : Utiliser les opérations vectorisées de NumPy et Pandas pour effectuer des calculs sur des tableaux ou des colonnes entières simultanément, plutôt que d'utiliser des approches basées sur des boucles plus lentes.

- Gestion de la mémoire : Employer des techniques comme l'utilisation de types de données appropriés, de fichiers mappés en mémoire ou de traitement hors-cœur pour gérer des ensembles de données qui dépassent la RAM disponible.

- Traitement parallèle : Exploiter les processeurs multi-cœurs ou les cadres de calcul distribué pour accélérer les calculs sur de grands ensembles de données.

- Algorithmes efficaces : Mettre en œuvre des algorithmes plus sophistiqués qui s'adaptent mieux à l'augmentation de la taille des données, comme l'utilisation de méthodes approximatives pour certains calculs statistiques.

En se concentrant sur ces techniques d'optimisation des performances, les analystes peuvent travailler plus efficacement avec des ensembles de données plus volumineux, exécuter des analyses complexes en moins de temps et itérer plus rapidement sur leurs modèles. Cela améliore non seulement la productivité, mais permet également l'exploration d'hypothèses plus complexes et la capacité de travailler avec des flux de données en temps réel ou quasi-réel.

3. Gérer des ensembles de données complexes

Les analystes intermédiaires sont équipés pour travailler avec des ensembles de données plus volumineux et plus complexes qui peuvent inclure plusieurs variables, divers types de données et des relations complexes entre les points de données. Cette capacité implique plusieurs aspects clés :

- Intégration de données : Les analystes peuvent combiner des données provenant de diverses sources, telles que des bases de données, des API et des fichiers plats, pour créer des ensembles de données complets pour l'analyse.

- Gestion des données non structurées : Ils peuvent traiter et analyser des données non structurées comme du texte, des images ou de l'audio, en utilisant souvent des techniques de traitement du langage naturel ou de vision par ordinateur.

- Analyse de séries temporelles : Les analystes intermédiaires peuvent travailler avec des données dépendantes du temps, en appliquant des techniques comme la décomposition saisonnière, l'analyse de tendances et les prévisions.

- Analyse multivariée : Ils peuvent explorer les relations entre plusieurs variables simultanément, en utilisant des techniques comme l'analyse de corrélation, l'analyse factorielle ou l'analyse en composantes principales.

En maîtrisant ces compétences, les analystes intermédiaires peuvent extraire des informations plus significatives à partir d'ensembles de données complexes, conduisant à des prédictions plus précises et à une prise de décision basée sur les données.

4. Mettre en œuvre des méthodes statistiques avancées

Cette étape introduit des techniques statistiques plus sophistiquées et des algorithmes d'apprentissage automatique, permettant des prédictions plus précises et des informations plus profondes. Au niveau intermédiaire, les analystes se plongent dans des méthodes telles que :

- Analyse de régression : Aller au-delà de la régression linéaire simple pour explorer la régression multiple, la régression logistique et la régression polynomiale pour des relations plus complexes.

- Analyse de séries temporelles : Mettre en œuvre des techniques comme les modèles ARIMA (AutoRegressive Integrated Moving Average), le lissage exponentiel et la décomposition saisonnière pour prévoir les tendances et les motifs dans les données dépendantes du temps.

- Statistiques bayésiennes : Appliquer l'inférence bayésienne pour mettre à jour les probabilités à mesure que plus d'informations deviennent disponibles, particulièrement utile dans des domaines comme les tests A/B et l'analyse des risques.

- Algorithmes d'apprentissage automatique : Explorer les techniques d'apprentissage supervisé (par exemple, arbres de décision, forêts aléatoires, machines à vecteurs de support) et d'apprentissage non supervisé (par exemple, regroupement k-moyennes, regroupement hiérarchique) pour découvrir des motifs et faire des prédictions.

Ces méthodes avancées permettent aux analystes d'extraire des informations plus nuancées à partir des données, de gérer des relations non linéaires et de faire des prédictions plus robustes. En maîtrisant ces techniques, les analystes intermédiaires peuvent s'attaquer à des problèmes plus complexes et fournir des informations plus profondes et plus exploitables dans divers domaines.

5. Améliorer la visualisation des données

L'analyse intermédiaire élève la visualisation des données vers de nouveaux sommets, allant au-delà des graphiques et diagrammes de base pour incorporer des techniques avancées qui représentent efficacement les données multidimensionnelles et les relations complexes. Ce niveau d'analyse emploie des outils et des méthodes sophistiqués pour créer des représentations visuelles de données plus informatives et engageantes.

Certaines techniques de visualisation avancées à ce niveau comprennent :

- Tableaux de bord interactifs : Utiliser des outils comme Plotly ou Bokeh pour créer des visualisations dynamiques et réactives aux utilisateurs qui permettent l'exploration de données en temps réel.

- Graphiques de réseau : Visualiser les interconnexions complexes entre les points de données, particulièrement utile pour l'analyse de réseaux sociaux ou la cartographie des relations dans de grands ensembles de données.

- Visualisations géospatiales : Incorporer des données géographiques pour créer des cartes informatives qui révèlent des motifs et des tendances spatiaux.

- Visualisations 3D : Représenter des structures de données tridimensionnelles ou utiliser des techniques 3D pour ajouter une couche supplémentaire d'information aux graphiques 2D traditionnels.

Ces méthodes de visualisation avancées rendent non seulement les données plus attrayantes visuellement, mais améliorent également la capacité de l'analyste à identifier les motifs, les valeurs aberrantes et les tendances qui pourraient être négligés dans des représentations plus simples. En maîtrisant ces techniques, les analystes intermédiaires peuvent communiquer des résultats complexes plus efficacement à la fois aux publics techniques et non techniques, facilitant de meilleurs processus de prise de décision dans divers domaines.

En maîtrisant les techniques d'analyse de données intermédiaires, les analystes peuvent considérablement améliorer leur capacité à extraire des informations significatives, à faire des prédictions plus précises et à fournir des recommandations plus précieuses basées sur leurs conclusions. Cet ensemble de compétences élargi ouvre de nouvelles possibilités pour relever les défis de données du monde réel dans divers domaines, des affaires et de la finance aux soins de santé et au-delà.

1.1.1 Concepts clés de l'analyse de données intermédiaire

Au niveau intermédiaire, vous devrez être à l'aise avec une gamme de techniques et de concepts avancés qui s'appuient sur vos connaissances fondamentales. Ces compétences sont cruciales pour relever des défis d'analyse de données plus complexes et extraire des informations plus profondes de vos ensembles de données :

Manipulation de données avec Pandas

Votre maîtrise de Pandas doit s'étendre au-delà des opérations de base. Vous devrez maîtriser des techniques avancées telles que :

- Restructuration complexe de données utilisant des tableaux croisés dynamiques et des fonctions melt : Ces techniques vous permettent de restructurer vos données pour l'analyse ou la visualisation. Les tableaux croisés dynamiques peuvent agréger des données sur plusieurs dimensions, tandis que les fonctions melt peuvent convertir des données au format large en format long, ce qui est souvent plus approprié pour certains types d'analyse.

- Application de fonctions personnalisées à des groupes de données avec des objets GroupBy : Les opérations GroupBy vous permettent de diviser vos données en groupes selon certains critères, d'appliquer une fonction à chaque groupe indépendamment, puis de combiner les résultats. Ceci est particulièrement utile pour effectuer des calculs complexes sur des sous-ensembles de vos données.

- Gestion des données de séries temporelles avec le rééchantillonnage et les calculs de fenêtre glissante : L'analyse de séries temporelles nécessite souvent de modifier la fréquence de vos données (rééchantillonnage) ou d'effectuer des calculs sur une fenêtre de temps mobile. Ces techniques sont cruciales pour identifier les tendances, la saisonnalité et d'autres motifs basés sur le temps dans vos données.

- Fusion et jointure d'ensembles de données avec diverses méthodes et paramètres : Comme les données proviennent souvent de plusieurs sources, savoir comment combiner efficacement les ensembles de données est crucial. Cela inclut la compréhension des différents types de jointure (interne, externe, gauche, droite) et la manière de gérer des problèmes comme les clés en double ou les noms de colonnes non correspondants.

De plus, vous devriez vous familiariser avec des fonctionnalités Pandas plus avancées telles que :

- MultiIndex et indexation avancée : Ceux-ci vous permettent de travailler plus efficacement avec des données de dimension supérieure.

- Types de données catégorielles : Ceux-ci peuvent améliorer considérablement l'utilisation de la mémoire et les performances pour les colonnes avec un ensemble limité de valeurs possibles.

- Méthodes de chaînes et manipulation de données textuelles : Pandas fournit des outils puissants pour travailler avec des données textuelles, y compris la prise en charge des expressions régulières.

Calculs numériques avec NumPy

Tirer parti de la puissance de NumPy est essentiel pour un traitement efficace des données. NumPy fournit un ensemble robuste d'outils pour gérer de grands tableaux et matrices multidimensionnels, ainsi qu'une collection complète de fonctions mathématiques pour opérer sur ces tableaux.

Voici un aperçu plus approfondi de certaines capacités clés de NumPy :

- Utilisation de la diffusion pour effectuer des opérations sur des tableaux de formes différentes : La diffusion est un mécanisme puissant qui permet à NumPy d'effectuer des opérations sur des tableaux de tailles et de formes différentes. Il « diffuse » automatiquement le tableau plus petit sur le plus grand, permettant des opérations élément par élément sans duplication de données inutile. Ceci est particulièrement utile lors du travail avec des ensembles de données de dimensions variables ou lors de l'application d'opérations scalaires à des tableaux entiers.

- Mise en œuvre de techniques d'indexation avancées pour une sélection complexe de données : NumPy offre des méthodes d'indexation sophistiquées qui vont au-delà du découpage simple. L'indexation booléenne vous permet de sélectionner des éléments en fonction de conditions, tandis que l'indexation fantaisie vous permet d'utiliser des tableaux d'entiers pour accéder à des éléments spécifiques. Ces techniques sont cruciales pour filtrer et manipuler efficacement de grands ensembles de données, en particulier lorsqu'il s'agit de critères de sélection complexes.

- Application d'ufuncs (fonctions universelles) pour des opérations élément par élément : Les ufuncs sont des enveloppes vectorisées pour des fonctions scalaires qui opèrent élément par élément sur des tableaux. Elles sont hautement optimisées et peuvent accélérer considérablement les calculs par rapport aux boucles Python traditionnelles.

Les ufuncs peuvent fonctionner sur des tableaux de n'importe quelle forme et prennent également en charge la diffusion, ce qui en fait des outils polyvalents pour un large éventail d'opérations mathématiques.

- Utilisation du module d'algèbre linéaire de NumPy pour les opérations matricielles : Le module linalg de NumPy fournit un ensemble complet d'opérations d'algèbre linéaire, y compris les produits matriciels et vectoriels, les décompositions, les problèmes de valeurs propres et la résolution d'équations linéaires. Ces fonctions sont essentielles pour de nombreuses applications scientifiques et d'ingénierie, ainsi que pour la mise en œuvre d'algorithmes d'apprentissage automatique avancés qui s'appuient fortement sur les calculs d'algèbre linéaire.

De plus, l'efficacité de NumPy en matière d'utilisation de la mémoire et de vitesse de calcul en fait un outil indispensable pour les scientifiques des données et les analystes travaillant avec de grands ensembles de données. Sa capacité à effectuer des opérations vectorisées sur des tableaux entiers à la fois, plutôt qu'élément par élément, peut conduire à des améliorations significatives des performances dans les tâches de traitement de données.

Ingénierie des caractéristiques

Cette compétence cruciale consiste à créer de nouvelles variables qui peuvent améliorer considérablement les performances du modèle. L'ingénierie des caractéristiques est une pierre angulaire de l'analyse de données intermédiaire, permettant aux analystes d'extraire des informations plus significatives à partir de données brutes et d'améliorer le pouvoir prédictif de leurs modèles. Voici quelques aspects clés de l'ingénierie des caractéristiques :

- Encodage des variables catégorielles : Cela implique de transformer des données non numériques dans un format que les algorithmes d'apprentissage automatique peuvent comprendre. Des techniques comme l'encodage one-hot créent des colonnes binaires pour chaque catégorie, tandis que l'encodage cible remplace les catégories par leur moyenne de variable cible correspondante. Ces méthodes permettent aux modèles d'utiliser efficacement les informations catégorielles.

- Création de caractéristiques d'interaction : En combinant des variables existantes, les analystes peuvent capturer des relations complexes qui peuvent ne pas être apparentes dans les caractéristiques individuelles. Par exemple, multiplier « prix » et « quantité » pourrait créer une caractéristique « revenu_total » plus informative. Ces interactions peuvent révéler des motifs non linéaires et améliorer les performances du modèle.

- Application de transformations spécifiques au domaine : Exploiter les connaissances d'experts pour créer des caractéristiques significatives est une marque d'analyse avancée. Par exemple, dans la modélisation financière, le calcul de ratios comme « dette/capitaux propres » ou « cours/bénéfice » peut fournir des informations précieuses que les données financières brutes seules ne pourraient pas capturer.

- Mise en œuvre de la génération automatisée de caractéristiques : À mesure que les ensembles de données deviennent plus grands et plus complexes, l'ingénierie manuelle des caractéristiques devient chronophage. Les techniques automatisées, telles que la synthèse profonde de caractéristiques ou les algorithmes génétiques, peuvent explorer et créer systématiquement de nouvelles caractéristiques. Ces méthodes peuvent découvrir des relations non évidentes et économiser un temps considérable dans le processus de création de caractéristiques.

L'ingénierie des caractéristiques ne consiste pas seulement à créer de nouvelles variables ; il s'agit de comprendre les motifs sous-jacents dans vos données et de les représenter de manière à ce que vos modèles puissent facilement les interpréter. Au fur et à mesure que vous progressez dans votre parcours d'analyse de données, vous constaterez qu'une ingénierie efficace des caractéristiques fait souvent la différence entre un bon modèle et un modèle exceptionnel.

Gestion efficace des données

À mesure que les ensembles de données augmentent en taille et en complexité, l'optimisation de votre flux de travail devient cruciale pour maintenir les performances et l'efficacité.

Voici quelques stratégies clés pour gérer les données à grande échelle :

- Utilisation de types de données et de structures économes en mémoire : Choisissez des types de données appropriés (par exemple, int8 au lieu de int64 pour les petits entiers) et utilisez des structures de données spécialisées comme les matrices creuses pour les ensembles de données avec de nombreuses valeurs nulles. Cela peut réduire considérablement l'utilisation de la mémoire et accélérer les calculs.

- Mise en œuvre du traitement hors cœur pour les ensembles de données plus grands que la RAM disponible : Lorsque vous traitez des ensembles de données qui dépassent la mémoire de votre système, utilisez des techniques comme le découpage en morceaux ou les fichiers mappés en mémoire pour traiter les données en morceaux plus petits et gérables. Des bibliothèques comme Dask ou Vaex peuvent aider avec le calcul distribué sur des ensembles de données plus grands que la mémoire.

- Exploitation de techniques de traitement parallèle pour des calculs plus rapides : Utilisez des processeurs multicœurs ou des frameworks de calcul distribué pour accélérer le traitement des données. Cela peut impliquer l'utilisation de bibliothèques comme multiprocessing en Python, ou des frameworks de calcul distribué comme Apache Spark pour de très grands ensembles de données.

- Optimisation des opérations d'E/S pour un chargement et une sauvegarde de données plus rapides : Mettez en œuvre des formats de stockage de données efficaces comme Parquet ou HDF5, qui sont optimisés pour le traitement analytique. Utilisez des opérations d'E/S asynchrones et des techniques de mise en mémoire tampon pour minimiser l'impact des opérations disque lentes sur votre pipeline d'analyse.

- Mise en œuvre de techniques de compression de données : Utilisez des algorithmes de compression pour réduire la taille de vos ensembles de données, à la fois en stockage et pendant le traitement. Cela peut conduire à des améliorations significatives des performances d'E/S et à des coûts de stockage réduits.

- Utilisation de l'indexation et de l'optimisation des requêtes : Pour les analyses basées sur des bases de données, une indexation appropriée et une optimisation des requêtes peuvent accélérer considérablement les temps de récupération et de traitement des données. Cela inclut la compréhension et l'optimisation des requêtes SQL, ainsi que l'utilisation de stratégies d'indexation appropriées pour votre cas d'utilisation spécifique.

En maîtrisant ces techniques de gestion efficace des données, vous serez en mesure de travailler plus efficacement avec des ensembles de données plus grands, d'exécuter des analyses complexes en moins de temps et d'itérer plus rapidement sur vos modèles. Cela améliore non seulement la productivité, mais permet également l'exploration d'hypothèses plus complexes et la capacité de travailler avec des flux de données en temps réel ou quasi réel, ouvrant de nouvelles possibilités dans votre parcours d'analyse de données.

Pipelines de données

L'automatisation de votre flux de travail est essentielle pour la reproductibilité et l'efficacité. Les pipelines de données sont un élément crucial de l'analyse de données intermédiaire, permettant un traitement de données rationalisé et cohérent. Voici un aperçu approfondi des aspects clés des pipelines de données :

- Conception d'étapes de traitement de données modulaires et réutilisables : Cela implique de décomposer votre flux de travail de traitement de données en modules discrets et autonomes. Chaque module doit effectuer une tâche spécifique, telle que le nettoyage des données, l'extraction de caractéristiques ou la normalisation. En rendant ces modules réutilisables, vous pouvez facilement les appliquer à différents ensembles de données ou projets, économisant du temps et assurant la cohérence dans vos analyses.

- Mise en œuvre de la validation des données et des contrôles de qualité au sein de votre pipeline : La qualité des données est primordiale dans toute analyse. L'intégration de contrôles de validation à différentes étapes de votre pipeline aide à identifier et à gérer les problèmes tôt. Cela pourrait inclure la vérification des valeurs manquantes, la détection des valeurs aberrantes, la vérification que les types de données sont corrects et la vérification que les caractéristiques calculées se situent dans les plages attendues. Les contrôles de qualité automatisés aident à maintenir l'intégrité de vos données tout au long du processus d'analyse.

- Intégration de la sélection de caractéristiques et de l'entraînement du modèle dans votre pipeline : À mesure que votre analyse devient plus complexe, l'intégration de la sélection de caractéristiques et de l'entraînement du modèle directement dans votre pipeline peut considérablement rationaliser votre flux de travail. Cela pourrait impliquer l'utilisation de techniques comme l'élimination récursive de caractéristiques ou l'analyse en composantes principales pour la sélection de caractéristiques, suivie d'un entraînement automatisé du modèle et d'un réglage des hyperparamètres. En intégrant ces étapes, vous vous assurez que vos processus de sélection de caractéristiques et d'entraînement du modèle sont cohérents et reproductibles.

- Utilisation d'objets pipeline pour une expérimentation facile et une validation croisée : De nombreuses bibliothèques d'apprentissage automatique, telles que scikit-learn, offrent des objets pipeline qui vous permettent d'enchaîner plusieurs étapes de traitement ensemble. Ces objets pipeline peuvent être particulièrement utiles pour l'expérimentation, car ils vous permettent d'échanger facilement différentes étapes de prétraitement ou modèles. Ils s'intègrent également parfaitement avec les techniques de validation croisée, vous permettant d'évaluer l'ensemble de votre flux de travail (du prétraitement des données à la prédiction du modèle) de manière robuste et efficace.

De plus, des pipelines de données bien conçus peuvent faciliter la collaboration entre les membres de l'équipe, permettre un déploiement plus facile des modèles dans des environnements de production et fournir une piste d'audit claire de la manière dont les données ont été traitées et analysées. Au fur et à mesure que vous progressez dans votre parcours d'analyse de données, la maîtrise de l'art de construire des pipelines de données efficaces deviendra une compétence inestimable, vous permettant de relever des projets plus complexes avec une plus grande efficacité et fiabilité.

En maîtrisant ces domaines, vous améliorerez considérablement votre capacité à travailler avec des ensembles de données complexes. Vous serez équipé pour gérer de plus grands volumes de données, découvrir des motifs cachés et développer des modèles plus sophistiqués. Cet ensemble de compétences élargi vous permettra de relever des défis de données du monde réel dans divers domaines, de la finance et des soins de santé au marketing et au-delà. De plus, vous serez en mesure de communiquer vos conclusions plus efficacement, en traduisant des analyses complexes en informations exploitables pour les parties prenantes.

1.1.2 Exemple : Analyse de données intermédiaire avec Pandas et NumPy

Plongeons dans un exemple complet de manipulation de données intermédiaire utilisant Pandas et NumPy, deux bibliothèques puissantes pour l'analyse de données en Python. Considérons un scénario où nous analysons un ensemble de données complexe de ventes au détail à travers plusieurs magasins et catégories de produits.

Alors qu'un débutant pourrait se concentrer sur des opérations de base comme le filtrage de données ou le calcul de totaux simples, l'analyse intermédiaire nécessite une approche plus nuancée.

À ce niveau, nous nous préoccupons d'extraire des informations plus approfondies et de gérer les défis de données du monde réel. Par exemple, nous pourrions avoir besoin de :

1. Effectuer une analyse basée sur le temps : Calculer des moyennes mobiles des ventes sur des fenêtres temporelles variables pour identifier les tendances et la saisonnalité. Cela pourrait impliquer l'utilisation de la fonctionnalité datetime de Pandas et des fonctions de fenêtre mobile.

2. Gérer les données manquantes ou incohérentes : Les ensembles de données réels comportent souvent des lacunes ou des erreurs. Nous pourrions utiliser des techniques d'imputation avancées, telles que l'interpolation basée sur des points de données connexes ou des modèles d'apprentissage automatique, pour estimer les valeurs manquantes.

3. Optimiser le stockage et le traitement des données : À mesure que les ensembles de données croissent, l'efficacité devient cruciale. Cela pourrait impliquer l'utilisation de types de données appropriés pour réduire l'utilisation de la mémoire, ou l'exploitation des opérations vectorisées de NumPy pour des calculs plus rapides.

4. Créer des caractéristiques complexes : Nous pourrions combiner plusieurs colonnes pour créer de nouvelles caractéristiques plus informatives. Par exemple, calculer la marge bénéficiaire en combinant les données de ventes et de coûts.

5. Effectuer des opérations groupées : Utiliser la fonctionnalité GroupBy de Pandas pour analyser les modèles de ventes à travers différentes catégories de produits ou emplacements de magasins.

6. Appliquer des tests statistiques : Effectuer des tests d'hypothèse ou calculer des intervalles de confiance pour valider nos conclusions et s'assurer qu'elles sont statistiquement significatives.

Ces techniques fournissent non seulement une analyse plus précise et perspicace, mais préparent également le terrain pour des applications de modélisation avancée et d'apprentissage automatique. En maîtrisant ces compétences intermédiaires, les analystes peuvent transformer des données brutes en intelligence d'affaires exploitable, favorisant une prise de décision éclairée dans toute l'organisation.

Exemple de code : Calcul des moyennes mobiles et gestion des données manquantes

Supposons que nous ayons l'ensemble de données suivant qui contient des données de ventes :

```python
import pandas as pd
import numpy as np
import matplotlib.pyplot as plt

# Sample data: Daily sales for a retail store
data = {
    'Date': pd.date_range(start='2023-01-01', periods=30, freq='D'),
    'Sales': [200, 220, np.nan, 250, 260, 240, np.nan, 300, 280, 290,
              310, 305, 315, np.nan, 330, 340, 335, 345, 350, 360,
```

```python
                355, np.nan, 370, 375, 380, 385, 390, 395, 400, 410],
    'Category': ['A', 'B', 'A', 'C', 'B', 'A', 'C', 'B', 'A', 'C',
                 'A', 'B', 'C', 'A', 'B', 'C', 'A', 'B', 'C', 'A',
                 'B', 'C', 'A', 'B', 'C', 'A', 'B', 'C', 'A', 'B']
}

df = pd.DataFrame(data)

# Display the first few rows of the dataframe
print("Original DataFrame:")
print(df.head())

# Basic statistics of the Sales column
print("\\nBasic Statistics of Sales:")
print(df['Sales'].describe())

# Handle missing values
df['Sales_Filled'] = df['Sales'].fillna(method='ffill')

# Calculate rolling average
df['Rolling_Avg_7d'] = df['Sales_Filled'].rolling(window=7).mean()

# Group by Category and calculate mean sales
category_avg = df.groupby('Category')['Sales_Filled'].mean()
print("\\nAverage Sales by Category:")
print(category_avg)

# Optimize data types
df['Sales'] = pd.to_numeric(df['Sales'], downcast='float')
df['Sales_Filled'] = pd.to_numeric(df['Sales_Filled'], downcast='float')
df['Rolling_Avg_7d'] = pd.to_numeric(df['Rolling_Avg_7d'], downcast='float')

print("\\nMemory usage after optimization:")
print(df.memory_usage(deep=True))

# Visualize the data
plt.figure(figsize=(12, 6))
plt.plot(df['Date'], df['Sales_Filled'], label='Sales (Filled)')
plt.plot(df['Date'], df['Rolling_Avg_7d'], label='7-day Rolling Average')
plt.title('Daily Sales and 7-day Rolling Average')
plt.xlabel('Date')
plt.ylabel('Sales')
plt.legend()
plt.xticks(rotation=45)
plt.tight_layout()
plt.show()
```

Cet exemple de code démontre plusieurs techniques d'analyse de données de niveau intermédiaire utilisant Pandas et NumPy. Décomposons-le :

1. Création de données et exploration initiale :

- o Nous créons un ensemble de données plus complet avec 30 jours de données de ventes, incluant une colonne 'Category'.
- o La fonction head() est utilisée pour afficher les premières lignes du DataFrame, nous donnant un aperçu rapide de la structure des données.

2. Statistiques de base :

- o La fonction describe() fournit un résumé statistique de la colonne 'Sales', incluant le nombre, la moyenne, l'écart-type et les quartiles.

3. Gestion des valeurs manquantes :

- o Nous utilisons la méthode fillna() avec 'ffill' (remplissage en avant) pour imputer les valeurs manquantes dans la colonne 'Sales', créant une nouvelle colonne 'Sales_Filled'.

4. Analyse de séries temporelles :

- o Une moyenne mobile sur 7 jours est calculée en utilisant la fonction rolling(), ce qui aide à lisser les fluctuations à court terme et à mettre en évidence les tendances à plus long terme.

5. Regroupement et agrégation :

- o Nous démontrons le regroupement par 'Category' et le calcul des ventes moyennes pour chaque catégorie en utilisant la fonction groupby().

6. Optimisation des types de données :

- o La fonction to_numeric() avec downcast='float' est utilisée pour optimiser les colonnes numériques, réduisant potentiellement l'utilisation de la mémoire.

7. Analyse de l'utilisation de la mémoire :

- o Nous affichons l'utilisation de la mémoire du DataFrame après optimisation pour montrer l'impact des changements de types de données.

8. Visualisation des données :

- o En utilisant Matplotlib, nous créons un graphique linéaire montrant à la fois les données de ventes remplies et la moyenne mobile sur 7 jours dans le temps.
- o Cette visualisation aide à identifier les tendances et les motifs dans les données de ventes.

Cet exemple complet présente diverses techniques de niveau intermédiaire en manipulation, analyse et visualisation de données, fournissant une base solide pour des tâches d'analyse plus avancées.

1.1.3 Gestion des valeurs manquantes

À un niveau intermédiaire, la gestion des valeurs manquantes devient un processus plus nuancé. Plutôt que de simplement supprimer les lignes incomplètes ou de remplir arbitrairement les lacunes, les analystes emploient des techniques plus sophistiquées. Ces méthodes visent à préserver l'intégrité de l'ensemble de données tout en effectuant des estimations éclairées sur les points de données manquants.

Une approche courante est le remplissage en avant. Cette technique propage la dernière valeur connue vers l'avant pour remplir les valeurs manquantes suivantes. Elle est particulièrement utile pour les données de séries temporelles où les valeurs ont tendance à persister. Le remplissage en arrière est similaire, mais il utilise la valeur connue suivante pour remplir les valeurs manquantes précédentes.

L'interpolation est une autre méthode qui estime les valeurs manquantes en se basant sur le motif des points de données environnants. L'interpolation linéaire, polynomiale ou par spline peut être utilisée selon la nature des données. Cette approche peut être particulièrement efficace lorsqu'il existe une tendance ou un motif clair dans les données.

Les méthodes d'imputation par moyenne, médiane ou mode remplacent les valeurs manquantes par la valeur moyenne, médiane ou la plus fréquente dans la colonne. Celles-ci peuvent être appliquées globalement ou au sein de groupes spécifiques des données, fournissant un moyen simple mais souvent efficace de gérer les valeurs manquantes.

Pour des scénarios plus complexes, l'imputation multiple est une technique avancée qui crée plusieurs ensembles de données imputées plausibles et combine les résultats pour fournir une estimation plus robuste des valeurs manquantes. Cette méthode peut être particulièrement utile lors du traitement de données manquantes de manière non aléatoire.

Le choix de la méthode d'imputation dépend de la nature des données, du motif de manquement et des exigences spécifiques de l'analyse. En sélectionnant et en appliquant soigneusement ces techniques, les analystes intermédiaires peuvent minimiser les biais et maintenir la puissance statistique de leurs ensembles de données, conduisant à des informations et des modèles plus fiables.

Exemple

```python
import pandas as pd
import numpy as np
import matplotlib.pyplot as plt

# Create a sample dataset
dates = pd.date_range(start='2023-01-01', periods=30, freq='D')
sales = [100, 120, np.nan, 140, 160, 150, np.nan, 200, 180, 190,
         210, 205, 215, np.nan, 230, 240, 235, 245, 250, 260,
         255, np.nan, 270, 275, 280, 285, 290, 295, 300, 310]
categories = ['A', 'B', 'A', 'C', 'B', 'A', 'C', 'B', 'A', 'C',
              'A', 'B', 'C', 'A', 'B', 'C', 'A', 'B', 'C', 'A',
```

```python
                    'B', 'C', 'A', 'B', 'C', 'A', 'B', 'C', 'A', 'B']

df = pd.DataFrame({'Date': dates, 'Sales': sales, 'Category': categories})

# Display initial information
print("Original DataFrame:")
print(df.head())
print("\\nDataFrame Info:")
print(df.info())

# Handle missing values using forward fill
df['Sales_Filled'] = df['Sales'].fillna(method='ffill')

# Calculate various rolling averages
df['Rolling_Avg_3d'] = df['Sales_Filled'].rolling(window=3).mean()
df['Rolling_Avg_7d'] = df['Sales_Filled'].rolling(window=7).mean()

# Group by Category and calculate statistics
category_stats  =  df.groupby('Category')['Sales_Filled'].agg(['mean',  'median',
'std'])
print("\\nCategory Statistics:")
print(category_stats)

# Optimize data types
df['Sales'] = pd.to_numeric(df['Sales'], downcast='float')
df['Sales_Filled'] = pd.to_numeric(df['Sales_Filled'], downcast='float')
df['Rolling_Avg_3d'] = pd.to_numeric(df['Rolling_Avg_3d'], downcast='float')
df['Rolling_Avg_7d'] = pd.to_numeric(df['Rolling_Avg_7d'], downcast='float')

print("\\nMemory usage after optimization:")
print(df.memory_usage(deep=True))

# Visualize the data
plt.figure(figsize=(12, 6))
plt.plot(df['Date'], df['Sales'], label='Original Sales', alpha=0.7)
plt.plot(df['Date'], df['Sales_Filled'], label='Filled Sales')
plt.plot(df['Date'], df['Rolling_Avg_3d'], label='3-day Rolling Average')
plt.plot(df['Date'], df['Rolling_Avg_7d'], label='7-day Rolling Average')
plt.title('Daily Sales with Rolling Averages')
plt.xlabel('Date')
plt.ylabel('Sales')
plt.legend()
plt.xticks(rotation=45)
plt.tight_layout()
plt.show()

# Print final DataFrame
print("\\nFinal DataFrame:")
print(df)
```

Maintenant, décomposons ce code :

1. **Création de données :** Nous créons un ensemble de données plus réaliste avec 30 jours de données de ventes, incluant des valeurs NaN intentionnelles et une colonne 'Category'. Cela simule un scénario du monde réel où vous pourriez avoir des données manquantes et des variables catégorielles.

2. **Exploration initiale des données :** Nous affichons les premières lignes du DataFrame et ses informations pour obtenir un aperçu de la structure et des types de données.

3. **Gestion des valeurs manquantes :** Nous utilisons la méthode de remplissage en avant pour gérer les valeurs manquantes dans la colonne 'Sales', créant une nouvelle colonne 'Sales_Filled'. Cela remplace les valeurs NaN par la dernière valeur connue, ce qui est souvent approprié pour les données de séries temporelles.

4. **Calcul des moyennes mobiles :** Nous calculons les moyennes mobiles sur 3 jours et sur 7 jours. Cela aide à lisser les fluctuations à court terme et à mettre en évidence les tendances à plus long terme.

5. **Regroupement et agrégation :** Nous regroupons les données par 'Category' et calculons la moyenne, la médiane et l'écart-type des ventes pour chaque catégorie. Cela fournit des informations sur la performance des ventes dans différentes catégories.

6. **Optimisation des types de données :** Nous utilisons pd.to_numeric() avec downcast='float' pour optimiser les colonnes numériques. Cela peut réduire considérablement l'utilisation de la mémoire, en particulier pour les ensembles de données plus volumineux.

7. **Visualisation :** Nous créons un graphique linéaire montrant les données de ventes originales, les données de ventes remplies, ainsi que les moyennes mobiles sur 3 jours et 7 jours. Cette représentation visuelle aide à identifier les tendances et les motifs dans les données de ventes.

8. **Sortie finale :** Nous affichons le DataFrame final pour montrer toutes les transformations et les nouvelles colonnes que nous avons ajoutées.

Cet exemple démontre plusieurs techniques d'analyse de données de niveau intermédiaire :

- Gestion des données manquantes avec le remplissage en avant

- Calcul de plusieurs moyennes mobiles

- Regroupement et agrégation des données

- Optimisation des types de données pour de meilleures performances

- Création de visualisations informatives

Ces techniques fournissent une approche complète pour analyser les données de ventes en séries temporelles, permettant des informations plus approfondies et une analyse plus robuste.

1.1.4 Calcul des moyennes mobiles

Une moyenne mobile, également connue sous le nom de moyenne glissante, est une technique fondamentale en analyse de données intermédiaire qui sert plusieurs objectifs. Cette méthode consiste à calculer la moyenne d'un sous-ensemble de points de données sur une fenêtre temporelle spécifique, qui « roule » ou se déplace ensuite vers l'avant à travers l'ensemble de données. Ce faisant, elle lisse efficacement les fluctuations à court terme et le bruit dans les données, permettant aux analystes d'identifier et de mettre en évidence les tendances à plus long terme qui pourraient autrement être masquées.

La puissance des moyennes mobiles réside dans leur capacité à équilibrer la préservation des tendances importantes et la réduction de l'impact des valeurs aberrantes ou des pics temporaires. Cela les rend particulièrement utiles dans divers domaines, tels que la finance pour l'analyse des cours boursiers, la prévision des ventes, et même dans la recherche scientifique pour l'analyse des tendances. Le choix de la taille de la fenêtre mobile (par exemple, 3 jours, 7 jours ou 30 jours) peut avoir un impact significatif sur le niveau de lissage et les tendances révélées, nécessitant une réflexion approfondie basée sur les caractéristiques spécifiques des données et les objectifs de l'analyse.

De plus, les moyennes mobiles peuvent être combinées avec d'autres mesures statistiques, telles que l'écart-type, pour créer des outils analytiques plus sophistiqués comme les bandes de Bollinger en analyse financière. Au fur et à mesure de notre progression dans ce chapitre, nous explorerons comment mettre en œuvre les moyennes mobiles efficacement et comment elles peuvent être intégrées dans des flux de travail d'analyse de données plus complexes.

Exemple :

```python
import pandas as pd
import numpy as np
import matplotlib.pyplot as plt

# Create a sample dataset
dates = pd.date_range(start='2023-01-01', periods=30, freq='D')
sales = [100, 120, np.nan, 140, 160, 150, np.nan, 200, 180, 190,
         210, 205, 215, np.nan, 230, 240, 235, 245, 250, 260,
         255, np.nan, 270, 275, 280, 285, 290, 295, 300, 310]
df = pd.DataFrame({'Date': dates, 'Sales': sales})

# Handle missing values using forward fill
df['Sales_Filled'] = df['Sales'].fillna(method='ffill')

# Calculate various rolling averages
df['Rolling_Avg_3d'] = df['Sales_Filled'].rolling(window=3).mean()
df['Rolling_Avg_7d'] = df['Sales_Filled'].rolling(window=7).mean()
df['Rolling_Avg_14d'] = df['Sales_Filled'].rolling(window=14).mean()

# Calculate percentage change
df['Pct_Change'] = df['Sales_Filled'].pct_change()
```

```python
# Calculate cumulative sum
df['Cumulative_Sum'] = df['Sales_Filled'].cumsum()

# Display the results
print(df)

# Visualize the data
plt.figure(figsize=(12, 6))
plt.plot(df['Date'], df['Sales_Filled'], label='Filled Sales')
plt.plot(df['Date'], df['Rolling_Avg_3d'], label='3-day Rolling Average')
plt.plot(df['Date'], df['Rolling_Avg_7d'], label='7-day Rolling Average')
plt.plot(df['Date'], df['Rolling_Avg_14d'], label='14-day Rolling Average')
plt.title('Daily Sales with Rolling Averages')
plt.xlabel('Date')
plt.ylabel('Sales')
plt.legend()
plt.xticks(rotation=45)
plt.tight_layout()
plt.show()
```

Décomposons cet exemple :

1. Création des données :

   o Nous créons un DataFrame avec 30 jours de données de ventes, incluant quelques valeurs NaN pour simuler des données manquantes.

2. Gestion des valeurs manquantes :

   o Nous utilisons la méthode de remplissage en avant (fillna(method='ffill')) pour gérer les valeurs manquantes dans la colonne 'Sales', créant une nouvelle colonne 'Sales_Filled'.

   o Cela remplace les valeurs NaN par la dernière valeur connue, ce qui est souvent approprié pour les données de séries temporelles.

3. Calcul des moyennes mobiles :

   o Nous calculons les moyennes mobiles sur 3 jours, 7 jours et 14 jours en utilisant la fonction rolling().

   o Cela aide à lisser les fluctuations à court terme et à mettre en évidence les tendances à plus long terme.

   o Les différentes tailles de fenêtres (3, 7, 14) permettent de comparer les tendances sur différentes échelles temporelles.

4. Variation en pourcentage :

- o Nous calculons la variation en pourcentage jour après jour des ventes en utilisant la fonction pct_change().
- o Cela aide à identifier les taux de croissance quotidiens et la volatilité des ventes.

5. Somme cumulée :

- o Nous calculons la somme cumulée des ventes en utilisant la fonction cumsum().
- o Cela montre le total des ventes jusqu'à chaque point dans le temps, utile pour suivre la performance globale.

6. Visualisation :

- o Nous créons un graphique linéaire montrant les données de ventes remplies et les trois moyennes mobiles.
- o Cette représentation visuelle aide à identifier les tendances et les motifs dans les données de ventes sur différentes échelles temporelles.

Cet exemple démontre plusieurs techniques d'analyse de données de niveau intermédiaire :

- Gestion des données manquantes
- Calcul de plusieurs moyennes mobiles avec différentes fenêtres
- Calcul des variations en pourcentage et des sommes cumulées
- Création de visualisations informatives

Ces techniques fournissent une approche complète pour analyser les données de ventes en séries temporelles, permettant des informations plus approfondies sur les tendances, les taux de croissance et la performance globale au fil du temps.

1.1.5 Optimisation des types de données

Lorsqu'on travaille avec des ensembles de données plus volumineux, l'optimisation des performances devient cruciale. Pandas et NumPy offrent des moyens puissants pour optimiser l'utilisation de la mémoire et la vitesse de traitement en ajustant les types de données. Cela est particulièrement important lors du traitement de grandes données ou lors de l'exécution d'analyses sur des machines aux ressources limitées. En choisissant des types de données appropriés, vous pouvez réduire considérablement la consommation de mémoire et accélérer les calculs.

Par exemple, l'utilisation de types d'entiers plus petits (comme int8 ou int16) au lieu du int64 par défaut peut réduire drastiquement l'utilisation de la mémoire pour les colonnes avec une plage de valeurs limitée. De même, pour les nombres à virgule flottante, l'utilisation de float32 au lieu de float64 peut réduire de moitié les besoins en mémoire avec une perte de précision souvent négligeable. Pandas fournit des outils tels que les options 'downcast' dans pd.to_numeric() et les méthodes astype(), qui choisissent automatiquement le plus petit type de données possible pouvant représenter les données sans perte d'information.

De plus, les données catégorielles peuvent être optimisées en utilisant le type de données Categorical de Pandas, qui est particulièrement efficace en mémoire pour les colonnes à faible cardinalité (c'est-à-dire, peu de valeurs uniques). Pour les données textuelles, l'utilisation de catégories ou même de techniques plus avancées comme les chaînes mappées en mémoire peut conduire à des économies de mémoire substantielles. Ces optimisations permettent non seulement d'économiser de la mémoire, mais peuvent également accélérer les opérations telles que le regroupement, le tri et les agrégations.

Exemple :

```python
import pandas as pd
import numpy as np
import matplotlib.pyplot as plt

# Create a sample dataset
dates = pd.date_range(start='2023-01-01', periods=30, freq='D')
sales = [100, 120, np.nan, 140, 160, 150, np.nan, 200, 180, 190,
         210, 205, 215, np.nan, 230, 240, 235, 245, 250, 260,
         255, np.nan, 270, 275, 280, 285, 290, 295, 300, 310]
categories = ['A', 'B', 'C'] * 10
df = pd.DataFrame({'Date': dates, 'Sales': sales, 'Category': categories})

# Display initial information
print("Initial DataFrame Info:")
print(df.info())
print("\\nInitial Memory Usage:")
print(df.memory_usage(deep=True))

# Handle missing values using forward fill
df['Sales_Filled'] = df['Sales'].fillna(method='ffill')

# Optimize data types
df['Sales'] = pd.to_numeric(df['Sales'], downcast='float')
df['Sales_Filled'] = pd.to_numeric(df['Sales_Filled'], downcast='float')
df['Category'] = df['Category'].astype('category')

# Calculate various metrics
df['Rolling_Avg_3d'] = df['Sales_Filled'].rolling(window=3).mean()
df['Rolling_Avg_7d'] = df['Sales_Filled'].rolling(window=7).mean()
df['Pct_Change'] = df['Sales_Filled'].pct_change()
df['Cumulative_Sum'] = df['Sales_Filled'].cumsum()

# Display optimized information
print("\\nOptimized DataFrame Info:")
print(df.info())
print("\\nOptimized Memory Usage:")
```

```python
print(df.memory_usage(deep=True))

# Calculate category-wise statistics
category_stats = df.groupby('Category')['Sales_Filled'].agg(['mean', 'median', 'std'])
print("\\nCategory Statistics:")
print(category_stats)

# Visualize the data
plt.figure(figsize=(12, 6))
plt.plot(df['Date'], df['Sales'], label='Original Sales', alpha=0.7)
plt.plot(df['Date'], df['Sales_Filled'], label='Filled Sales')
plt.plot(df['Date'], df['Rolling_Avg_3d'], label='3-day Rolling Average')
plt.plot(df['Date'], df['Rolling_Avg_7d'], label='7-day Rolling Average')
plt.title('Daily Sales with Rolling Averages')
plt.xlabel('Date')
plt.ylabel('Sales')
plt.legend()
plt.xticks(rotation=45)
plt.tight_layout()
plt.show()

# Print final DataFrame
print("\\nFinal DataFrame:")
print(df.head())
```

Décomposons cet exemple de code :

1. Création des données et analyse initiale :

    o Nous créons un DataFrame avec 30 jours de données de ventes, incluant des valeurs NaN et une colonne 'Categorie'.

    o Nous affichons les informations initiales du DataFrame et l'utilisation de la mémoire pour établir une base de référence.

2. Gestion des valeurs manquantes :

    o Nous utilisons la méthode de remplissage vers l'avant pour traiter les valeurs manquantes dans la colonne 'Ventes', en créant une nouvelle colonne 'Ventes_Remplies'.

    o Cela remplace les valeurs NaN par la dernière valeur connue, ce qui est souvent approprié pour les données de séries temporelles.

3. Optimisation des types de données :

    o Nous utilisons pd.to_numeric() avec downcast='float' pour optimiser les colonnes numériques 'Ventes' et 'Ventes_Remplies'.

- o La colonne 'Categorie' est convertie en type de données catégoriel, ce qui est plus efficace en mémoire pour les colonnes à faible cardinalité.
- o Nous affichons les informations du DataFrame optimisé et l'utilisation de la mémoire pour montrer les améliorations.

4. Calcul de diverses métriques :

- o Nous calculons les moyennes mobiles sur 3 et 7 jours en utilisant la fonction rolling().
- o La variation en pourcentage est calculée en utilisant pct_change() pour montrer les taux de croissance jour après jour.
- o La somme cumulée est calculée en utilisant cumsum() pour suivre le total des ventes au fil du temps.

5. Statistiques par catégorie :

- o Nous utilisons les fonctions groupby() et agg() pour calculer la moyenne, la médiane et l'écart type des ventes pour chaque catégorie.
- o Cela fournit des informations sur la performance des ventes dans les différentes catégories.

6. Visualisation :

- o Nous créons un graphique linéaire montrant les données de ventes originales, les données de ventes remplies, et les moyennes mobiles sur 3 et 7 jours.
- o Cette représentation visuelle aide à identifier les tendances et les motifs dans les données de ventes.

7. Sortie finale :

- o Nous affichons les premières lignes du DataFrame final pour montrer toutes les transformations et les nouvelles colonnes que nous avons ajoutées.

1.1.6 Points clés à retenir

L'analyse de données intermédiaire transcende la simple application de nouvelles méthodologies — elle exige un changement de paradigme dans la façon dont vous conceptualisez et abordez vos données. Au fur et à mesure de votre progression, vous ne vous contenterez plus de considérer le « quoi » de vos calculs, mais vous approfondirez le « comment » et le « pourquoi ». Cela implique un examen méticuleux de vos méthodes de calcul, de leur efficacité et de leur pertinence pour la tâche à accomplir. Face à des ensembles de données volumineux et à des flux de travail complexes, vous devrez développer un état d'esprit stratégique qui englobe une gestion complète des données, de la manipulation et du stockage initiaux aux transformations et analyses sophistiquées.

Les techniques que nous avons explorées jusqu'à présent — telles que la gestion habile des données manquantes, la mise en œuvre de moyennes mobiles et l'optimisation de la mémoire — ne font qu'effleurer la surface de l'analyse de données intermédiaire. Ces compétences fondamentales servent de tremplin vers des concepts plus avancés. Au fil de votre parcours dans ce livre, vous cultiverez une approche analytique qui équilibre avec art la profondeur de perspicacité, la complexité de la méthode et l'efficacité computationnelle. Cette perspective holistique s'avérera inestimable lorsque nous passerons au domaine de l'ingénierie des caractéristiques, où la capacité à extraire des informations significatives à partir de données brutes devient primordiale.

Dans les sections à venir, nous plongerons en profondeur dans l'optimisation des flux de travail. Vous découvrirez comment exploiter les transformations de données avancées et intégrer de manière transparente des outils puissants comme Pandas et NumPy. Cette approche synergique améliorera non seulement la rapidité de vos analyses, mais apportera également de la clarté à votre code et à vos résultats. En maîtrisant ces techniques, vous serez bien équipé pour relever des défis complexes en matière de données avec confiance et précision.

1.2 Comment ce livre s'appuie sur les fondations

Alors que vous vous lancez dans ce parcours de niveau intermédiaire en analyse de données, il est crucial de réfléchir aux fondations que vous avez construites et à la manière dont vos compétences existantes serviront de tremplin pour les concepts plus avancés que nous explorerons dans ce livre. Votre passage de novice à analyste intermédiaire est marqué par un changement significatif de perspective et d'approche de la manipulation et de l'interprétation des données.

Lors de votre première incursion dans l'analyse de données, vous avez acquis des compétences essentielles telles que la manipulation de données de base, des techniques de visualisation fondamentales et une analyse statistique rudimentaire. Vous avez probablement fait connaissance avec des bibliothèques puissantes telles que **Pandas** pour la manipulation de données, **NumPy** pour les calculs numériques, et peut-être **Matplotlib** pour créer des visualisations. Ces outils forment le socle de l'analyse de données et continueront d'être indispensables au fur et à mesure de votre progression dans votre parcours analytique.

Cependant, à mesure que vous passez au niveau intermédiaire, votre attention évoluera de la simple compréhension de ces outils vers leur maîtrise avec finesse. Vous plongerez dans les subtilités de l'optimisation de vos flux de travail, de l'amélioration de l'efficacité de vos analyses et de l'application de ces outils pour résoudre des problèmes complexes du monde réel. Ce livre est conçu pour combler le fossé entre vos connaissances fondamentales et les techniques analytiques avancées, vous préparant à affronter et à résoudre des défis de données plus complexes. Dans les sections suivantes, nous décrirons comment cette ressource s'appuiera sur votre ensemble de compétences existant, élevant vos capacités à naviguer dans le paysage multiforme de l'analyse de données intermédiaire.

1.2.1 De la manipulation de données de base à la manipulation avancée

Au niveau débutant, vous avez probablement appris à charger des données, filtrer des lignes, sélectionner des colonnes et effectuer des opérations de regroupement de base avec Pandas. Ces compétences fondamentales constituent la pierre angulaire de la manipulation de données, vous permettant d'effectuer des tâches essentielles telles que le nettoyage des données, l'analyse de base et les transformations simples. Cependant, à mesure que vous progressez vers le niveau intermédiaire, vous constaterez que ces compétences, bien que cruciales, ne sont que le début de votre parcours de manipulation de données.

La manipulation de données intermédiaire nécessite une compréhension plus approfondie des fonctionnalités plus avancées de Pandas. Vous devrez maîtriser les techniques de gestion de structures de données complexes, telles que les DataFrames multi-indexés et les données hiérarchiques. De plus, vous apprendrez à effectuer des opérations complexes comme le pivotement, la fusion et le remodelage des données pour extraire des informations significatives à partir d'ensembles de données complexes.

De plus, l'efficacité devient primordiale lorsque vous travaillez avec des ensembles de données plus volumineux. Vous devrez développer des stratégies pour optimiser votre code afin de gérer des millions de lignes sans dégradation significative des performances. Cela peut impliquer l'utilisation d'opérations vectorisées, l'exploitation de la puissance de NumPy en coulisses, ou l'emploi de techniques comme le découpage en morceaux pour traiter les données en portions gérables.

En outre, la manipulation de données intermédiaire implique souvent des transformations plus sophistiquées. Vous apprendrez à appliquer des fonctions personnalisées à vos données en utilisant des méthodes comme apply() et applymap(), permettant des transformations de données plus flexibles et puissantes. Vous approfondirez également les techniques de regroupement et d'agrégation avancées, vous permettant d'effectuer des calculs complexes sur plusieurs dimensions de vos données.

Au fur et à mesure de votre progression, vous devrez également prendre en compte les aspects de l'intégrité et de la qualité des données. Cela comprend la mise en œuvre d'une gestion des erreurs plus robuste, de techniques de validation des données et de stratégies pour traiter les cas particuliers dans vos données. Vous apprendrez à écrire du code qui non seulement manipule les données efficacement, mais le fait également d'une manière qui maintient la qualité et la fiabilité des données tout au long de votre pipeline d'analyse.

Par exemple, considérons l'exemple suivant où nous filtrons et regroupons les données pour calculer les ventes moyennes dans un ensemble de données de vente au détail :

Exemple de code : Manipulation de données de niveau débutant

```python
import pandas as pd

# Sample data
data = {'Store': ['A', 'B', 'A', 'B', 'A', 'B'],
```

```python
        'Sales': [200, 220, 210, 250, 215, 240]}

df = pd.DataFrame(data)

# Group by Store and calculate the average sales
avg_sales = df.groupby('Store')['Sales'].mean()
print(avg_sales)
```

Décomposons cela :

- Tout d'abord, la bibliothèque pandas est importée sous le nom 'pd'.

- Un ensemble de données échantillon est créé sous forme de dictionnaire avec deux clés : 'Store' et 'Sales'. Chaque clé correspond à une liste de valeurs.

- Le dictionnaire est converti en DataFrame pandas en utilisant pd.DataFrame(data).

- Le code utilise ensuite la fonction groupby() pour regrouper les données par la colonne 'Store'.

- La fonction mean() est appliquée à la colonne 'Sales' pour chaque groupe, calculant les ventes moyennes pour chaque magasin.

- Enfin, les résultats sont stockés dans la variable avg_sales et affichés.

Ce code calcule les ventes moyennes pour chaque magasin — une opération essentielle, mais basique. Cependant, que se passerait-il si vous travailliez avec un ensemble de données beaucoup plus volumineux, potentiellement des millions de lignes, et que vous deviez optimiser les performances ? Que se passerait-il si vous vouliez effectuer des opérations supplémentaires, telles que l'agrégation sur plusieurs colonnes ou le filtrage basé sur des critères plus complexes ?

1.2.2 Manipulation de données de niveau intermédiaire

Reprenons ce même concept et rendons-le plus robuste, efficace et flexible. Supposons que vous traitiez maintenant un ensemble de données qui inclut des informations de vente plus détaillées, et que vous souhaitiez effectuer plusieurs agrégations — telles que le calcul des ventes moyennes et totales, tout en filtrant pour des magasins spécifiques.

Voici comment vous pourriez aborder ce problème au niveau intermédiaire :

```python
# Sample data with more details
data = {'Store': ['A', 'B', 'A', 'B', 'A', 'B'],
        'Sales': [200, 220, 210, 250, 215, 240],
        'Category': ['Electronics', 'Clothing', 'Electronics', 'Clothing',
'Electronics', 'Clothing']}

df = pd.DataFrame(data)

# Group by Store and Category, calculating multiple aggregations
```

```python
agg_sales = df.groupby(['Store', 'Category']).agg(
    avg_sales=('Sales', 'mean'),
    total_sales=('Sales', 'sum')
).reset_index()

print(agg_sales)
```

Décomposons cela :

- Tout d'abord, un ensemble de données échantillon est créé avec des informations plus détaillées, incluant les colonnes 'Store', 'Sales' et 'Category'.

- Les données sont ensuite converties en DataFrame pandas.

- Le cœur de cet exemple est l'utilisation de la fonction groupby() avec plusieurs colonnes ('Store' et 'Category') et de la méthode agg() pour effectuer plusieurs agrégations simultanément.

- Deux agrégations sont effectuées :

  - 'avg_sales' : Calcule la moyenne de 'Sales' pour chaque groupe

  - 'total_sales' : Calcule la somme de 'Sales' pour chaque groupe

- La méthode reset_index() est utilisée pour reconvertir le DataFrame multi-index résultant en DataFrame régulier avec 'Store' et 'Category' comme colonnes.

- Enfin, les résultats agrégés sont affichés.

Ce code présente une approche de niveau intermédiaire pour la manipulation et l'analyse de données en utilisant pandas. C'est plus efficace et flexible que d'exécuter des opérations séparées pour chaque agrégation, particulièrement lors du traitement d'ensembles de données plus volumineux. L'exemple illustre comment l'analyse de données de niveau intermédiaire implique souvent de combiner plusieurs opérations en un seul flux de travail rationalisé, améliorant à la fois les performances et la lisibilité.

1.2.3 Construire des flux de travail efficaces

Un autre domaine critique où ce livre s'appuie sur vos connaissances fondamentales est l'optimisation des flux de travail. À mesure que vous progressez du niveau débutant au niveau intermédiaire, vous apprendrez à déplacer votre attention de la simple exécution de tâches vers la création de flux de travail efficaces et évolutifs. Cette transition est cruciale car à mesure que les ensembles de données s'étendent et que les analyses deviennent plus complexes, l'importance de rationaliser vos processus augmente de façon exponentielle.

Considérez le processus de prétraitement d'un grand ensemble de données. Au niveau débutant, vous pourriez aborder cette tâche en nettoyant et transformant manuellement les données étape par étape, en utilisant des opérations individuelles. Bien que cette méthode puisse être efficace pour des ensembles de données plus petits, elle devient rapidement lourde et chronophage à mesure que le volume de données augmente. En revanche, au niveau intermédiaire, vous apprendrez à exploiter des techniques plus avancées pour automatiser et optimiser ces processus.

Un concept clé que vous explorerez est l'utilisation des **Pipelines**. Les pipelines vous permettent d'enchaîner plusieurs étapes de traitement de données en un seul flux de travail cohérent. Cela rend non seulement votre code plus organisé et plus facile à maintenir, mais améliore également considérablement l'efficacité. En définissant une série d'opérations qui peuvent être appliquées à vos données de manière rationalisée, vous pouvez traiter de grands volumes d'informations plus rapidement et avec moins d'intervention manuelle.

De plus, vous approfondirez les techniques de traitement parallèle, qui vous permettent de distribuer les tâches de calcul sur plusieurs cœurs ou même plusieurs machines. Cela peut réduire considérablement le temps de traitement pour les opérations de données à grande échelle. Vous apprendrez également des techniques économes en mémoire pour gérer des ensembles de données trop volumineux pour tenir dans la RAM de votre ordinateur, telles que le traitement hors cœur et le streaming de données.

Un autre aspect de l'optimisation des flux de travail que vous explorerez est la création de modules de code réutilisables. Au lieu d'écrire du code personnalisé pour chaque nouveau projet, vous apprendrez à développer des fonctions et des classes flexibles et modulaires qui peuvent être facilement adaptées à différents ensembles de données et exigences d'analyse. Cela permet non seulement de gagner du temps, mais réduit également la probabilité d'erreurs et d'incohérences dans votre travail.

En maîtrisant ces techniques avancées d'optimisation des flux de travail, vous serez en mesure de relever des tâches d'analyse de données de plus en plus complexes avec une plus grande efficacité et confiance. Ce changement d'approche est un différenciateur clé entre les analystes de données débutants et de niveau intermédiaire, vous permettant de gérer des ensembles de données plus volumineux, d'effectuer des analyses plus sophistiquées et de fournir des informations plus rapidement et de manière plus fiable.

Exemple de code : Créer un pipeline de prétraitement de données

Supposons que nous travaillions avec un ensemble de données contenant des valeurs manquantes et des caractéristiques qui doivent être mises à l'échelle pour la modélisation. Au niveau débutant, vous pourriez gérer cela en écrivant des lignes de code individuelles pour imputer les valeurs manquantes, puis mettre à l'échelle manuellement les caractéristiques.

Voici comment vous pourriez gérer cela dans un flux de travail de niveau intermédiaire plus structuré en utilisant un **Pipeline Scikit-learn** :

```python
import pandas as pd
import numpy as np
from sklearn.pipeline import Pipeline
from sklearn.impute import SimpleImputer
```

```python
from sklearn.preprocessing import StandardScaler, OneHotEncoder
from sklearn.compose import ColumnTransformer

# Sample data with missing values and categorical features
data = {
    'Feature1': [1, 2, np.nan, 4, 5],
    'Feature2': [10, np.nan, 12, 14, 15],
    'Category': ['A', 'B', 'A', 'C', 'B']
}

df = pd.DataFrame(data)

# Define preprocessing for numeric columns
numeric_features = ['Feature1', 'Feature2']
numeric_transformer = Pipeline(steps=[
    ('imputer', SimpleImputer(strategy='mean')),
    ('scaler', StandardScaler())
])

# Define preprocessing for categorical columns
categorical_features = ['Category']
categorical_transformer = Pipeline(steps=[
    ('imputer', SimpleImputer(strategy='constant', fill_value='missing')),
    ('onehot', OneHotEncoder(handle_unknown='ignore'))
])

# Combine preprocessing steps
preprocessor = ColumnTransformer(
    transformers=[
        ('num', numeric_transformer, numeric_features),
        ('cat', categorical_transformer, categorical_features)
    ])

# Create and fit the pipeline
pipeline = Pipeline(steps=[('preprocessor', preprocessor)])
transformed_data = pipeline.fit_transform(df)

# Convert to DataFrame for better visualization
feature_names = (numeric_features +
                 pipeline.named_steps['preprocessor']
                 .named_transformers_['cat']
                 .named_steps['onehot']
                 .get_feature_names(categorical_features).tolist())
transformed_df = pd.DataFrame(transformed_data, columns=feature_names)

print("Original Data:")
print(df)
print("\\nTransformed Data:")
print(transformed_df)
```

Décomposition complète :

1. Importation des bibliothèques :

   o Nous importons pandas pour la manipulation de données, numpy pour les opérations numériques, et divers modules de scikit-learn pour le prétraitement et la création de pipelines.

2. Création de données échantillon :

   o Nous créons un jeu de données échantillon avec deux caractéristiques numériques ('Feature1' et 'Feature2') contenant des valeurs manquantes, et une caractéristique catégorielle ('Category').

3. Définition du prétraitement pour les colonnes numériques :

   o Nous créons un pipeline pour les caractéristiques numériques qui comprend : a) SimpleImputer : Remplit les valeurs manquantes par la moyenne de la colonne. b) StandardScaler : Normalise les caractéristiques en supprimant la moyenne et en mettant à l'échelle selon la variance unitaire.

4. Définition du prétraitement pour les colonnes catégorielles :

   o Nous créons un pipeline pour les caractéristiques catégorielles qui comprend : a) SimpleImputer : Remplit les valeurs manquantes par une constante ('missing'). b) OneHotEncoder : Convertit les variables catégorielles en colonnes encodées en one-hot.

5. Combinaison des étapes de prétraitement :

   o Nous utilisons ColumnTransformer pour appliquer différentes étapes de prétraitement à différents types de colonnes :

      ▪ Le transformateur 'num' s'applique aux caractéristiques numériques.

      ▪ Le transformateur 'cat' s'applique aux caractéristiques catégorielles.

6. Création et ajustement du pipeline :

   o Nous créons un pipeline principal qui inclut le préprocesseur.

   o Nous ajustons le pipeline à nos données et les transformons en une seule étape en utilisant fit_transform().

7. Conversion des résultats en DataFrame :

   o Nous extrayons les noms de caractéristiques pour les données transformées, y compris les caractéristiques catégorielles encodées en one-hot.

   o Nous créons un nouveau DataFrame avec les données transformées et les noms de colonnes appropriés pour une meilleure visualisation.

8. Affichage des résultats :

    o   Nous affichons à la fois les données originales et les données transformées pour montrer les effets de notre pipeline de prétraitement.

Cet exemple démontre une approche complète du prétraitement de données, traitant à la fois les données numériques et catégorielles. Il illustre comment utiliser le Pipeline et le ColumnTransformer de scikit-learn pour créer un flux de travail de prétraitement robuste et réutilisable qui peut gérer les valeurs manquantes, mettre à l'échelle les caractéristiques numériques et encoder les variables catégorielles, le tout dans un processus unique et cohérent.

1.2.4 Tirer parti de NumPy pour les performances

À mesure que vous allez au-delà des bases, vous devrez également devenir plus compétent dans l'utilisation de **NumPy** pour optimiser les performances, en particulier lors du traitement de calculs numériques. Les débutants s'appuient souvent fortement sur Pandas pour chaque tâche, mais NumPy peut gérer des opérations numériques à grande échelle beaucoup plus rapidement, grâce à ses structures de données optimisées.

L'efficacité de NumPy provient de son utilisation de blocs de mémoire contigus et de sa capacité à effectuer des opérations vectorisées. Cela signifie qu'au lieu de boucler sur des éléments individuels, NumPy peut appliquer des opérations à des tableaux entiers en une seule fois, accélérant considérablement les calculs. Par exemple, lorsqu'on travaille avec de grands ensembles de données, l'utilisation des opérations de tableaux de NumPy peut être plusieurs ordres de grandeur plus rapide que les opérations équivalentes en Python pur ou même en Pandas.

De plus, NumPy fournit un large éventail de fonctions mathématiques optimisées pour les performances. Celles-ci incluent les opérations d'algèbre linéaire, les transformées de Fourier et la génération de nombres aléatoires, entre autres. En exploitant ces fonctions, vous pouvez effectuer des opérations mathématiques complexes de manière efficace, ce qui est crucial lorsque vous travaillez avec de grands ensembles de données ou que vous implémentez des algorithmes sophistiqués.

Un autre avantage de NumPy est son efficacité mémoire. Les tableaux NumPy utilisent un type de données fixe pour tous les éléments, ce qui permet un stockage plus compact par rapport aux listes Python. Cela permet non seulement d'économiser de la mémoire, mais permet également des calculs plus rapides car le processeur peut traiter les données plus efficacement lorsqu'elles sont stockées dans un format cohérent.

Au fur et à mesure de votre progression dans votre parcours d'analyse de données, vous constaterez que la maîtrise de NumPy est essentielle pour des tâches telles que l'ingénierie des caractéristiques, l'implémentation d'algorithmes personnalisés et l'optimisation du code existant pour de meilleures performances. En combinant les forces de Pandas pour la manipulation de données et de NumPy pour les calculs numériques, vous serez en mesure de créer des flux de travail d'analyse de données plus efficaces et évolutifs.

Par exemple, considérons une opération de niveau débutant où vous pourriez calculer une somme sur les colonnes d'un DataFrame Pandas :

```python
# Beginner-level approach using Pandas
df['Total'] = df['Feature1'] + df['Feature2']
print(df)
```

Voici une explication de ce que fait ce code :

- Il crée une nouvelle colonne appelée 'Total' dans le DataFrame 'df'.

- La colonne 'Total' est calculée en ajoutant les valeurs des colonnes 'Feature1' et 'Feature2'.

- Enfin, il affiche l'ensemble du DataFrame, qui inclut maintenant la nouvelle colonne 'Total'.

Cette approche est simple et facile à comprendre, ce qui la rend adaptée aux débutants. Cependant, pour des ensembles de données plus volumineux ou des opérations plus complexes, il existe des méthodes plus efficaces utilisant NumPy, comme mentionné dans les parties suivantes du texte.

Exemple de code : Calculs numériques de niveau intermédiaire avec NumPy

```python
import numpy as np

# Convert DataFrame to NumPy array for faster operations
data_np = df.to_numpy()

# Perform element-wise sum across columns using NumPy
total = np.nansum(data_np, axis=1)  # Handling NaN values
print(total)
```

Ce code démontre une approche de niveau intermédiaire pour les calculs numériques utilisant NumPy, qui est plus efficace pour les ensembles de données plus volumineux par rapport à l'approche Pandas de niveau débutant.

Voici une décomposition de ce que fait le code :

- Tout d'abord, il importe la bibliothèque NumPy, qui est essentielle pour les opérations numériques haute performance.

- Le DataFrame 'df' est converti en tableau NumPy en utilisant df.to_numpy(). Cette conversion permet des opérations plus rapides sur les données.

- La fonction np.nansum() est utilisée pour calculer la somme sur les colonnes (axis=1) du tableau NumPy. Le 'nan' dans 'nansum' indique que cette fonction peut gérer les valeurs NaN (Not a Number), ce qui est utile pour les ensembles de données avec des valeurs manquantes.

- Le résultat est stocké dans la variable 'total', qui contient la somme de chaque ligne, créant effectivement une nouvelle colonne 'Total'.

- Enfin, le tableau 'total' est affiché, montrant la somme pour chaque ligne.

Cette approche est plus efficace que la méthode Pandas pour les grands ensembles de données car elle exploite les opérations de tableaux optimisées de NumPy et gère les valeurs manquantes de manière transparente.

1.3 Outils : Pandas, NumPy, Scikit-learn en action

Dans le domaine de l'analyse de données et de l'ingénierie des caractéristiques, la maîtrise d'une boîte à outils complète est primordiale. En tant que praticien de niveau intermédiaire, vous avez déjà développé une familiarité avec le trio de référence que sont **Pandas**, **NumPy** et **Scikit-learn**—les piliers fondamentaux qui soutiennent la plupart des flux de travail en science des données centrés sur Python. Notre objectif dans cette section est d'éclairer le potentiel synergique de ces outils, en démontrant comment leur application combinée peut efficacement relever des défis analytiques complexes du monde réel.

Chacune de ces bibliothèques possède des forces uniques : Pandas excelle dans la manipulation et la transformation de données, NumPy règne en maître dans les calculs numériques haute performance, et Scikit-learn se distingue comme la ressource de référence pour construire et évaluer des modèles d'apprentissage automatique. Pour véritablement élever vos capacités en tant que data scientist, il est crucial non seulement de comprendre leurs fonctionnalités individuelles, mais aussi de développer une compréhension nuancée de la manière de les intégrer et de les exploiter de façon harmonieuse tout au long de vos projets.

Pour élucider l'interaction dynamique entre ces outils, nous plongerons dans une série d'exemples complets et concrets. Ces démonstrations pratiques mettront en évidence comment Pandas, NumPy et Scikit-learn peuvent être orchestrés pour former un écosystème d'analyse de données cohérent, efficace et puissant. En explorant ces interactions complexes, vous obtiendrez des informations précieuses pour élaborer des flux de travail en science des données plus sophistiqués, rationalisés et efficaces.

1.3.1 Pandas : La centrale électrique pour la manipulation de données

Pandas se positionne comme une pierre angulaire dans la boîte à outils du data scientist, offrant des capacités inégalées pour la manipulation et l'analyse de données. En tant que praticien intermédiaire, vous avez probablement exploité Pandas de manière extensive pour des tâches telles que le chargement de fichiers CSV, le nettoyage d'ensembles de données désordonnés et l'exécution de transformations de base. Cependant, au fur et à mesure que vous progressez vers des projets plus complexes, vous constaterez que la portée et la complexité de vos opérations sur les données s'étendent considérablement.

À ce stade, vous rencontrerez des défis qui nécessitent une compréhension plus approfondie des fonctionnalités avancées de Pandas. Vous pourriez avoir besoin de gérer des ensembles de données trop volumineux pour tenir en mémoire, nécessitant des techniques comme le découpage en morceaux ou le traitement hors cœur. Les requêtes complexes impliquant plusieurs conditions et l'indexation hiérarchique deviendront plus courantes, vous poussant à maîtriser les capacités de requête de Pandas et les fonctionnalités d'indexation multi-niveaux.

L'optimisation des performances devient cruciale lors du traitement d'analyses de données à grande échelle. Vous devrez vous familiariser avec des techniques telles que la vectorisation, l'utilisation efficace de la méthode 'apply' et la compréhension du moment où exploiter d'autres bibliothèques comme NumPy pour les opérations numériques. De plus, vous pourriez explorer les extensions Pandas comme Dask pour le calcul distribué ou Vaex pour les DataFrames hors cœur lorsque vous travaillez avec des ensembles de données vraiment massifs.

Pour illustrer ces concepts, considérons un scénario pratique impliquant un grand ensemble de données de transactions de ventes. Notre objectif est multiple : nous devons nettoyer les données pour assurer cohérence et précision, appliquer des filtres pour nous concentrer sur des sous-ensembles pertinents de données, et effectuer des agrégations pour tirer des informations significatives. Cet exemple démontrera comment Pandas peut être utilisé pour relever efficacement les défis de données du monde réel.

Exemple de code : Filtrage et agrégation de données avancés avec Pandas

```python
import pandas as pd
import numpy as np
from sklearn.preprocessing import StandardScaler
from sklearn.impute import SimpleImputer

# Sample data: Sales transactions
data = {
    'TransactionID': [101, 102, 103, 104, 105, 106, 107, 108, 109, 110],
    'Store': ['A', 'B', 'A', 'C', 'B', 'A', 'C', 'B', 'A', 'C'],
    'SalesAmount': [250, 120, 340, 400, 200, np.nan, 180, 300, 220, 150],
    'Discount': [10, 15, 20, 25, 5, 12, np.nan, 18, 8, 22],
    'Date': pd.to_datetime(['2023-01-01', '2023-01-02', '2023-01-03', '2023-01-04', '2023-01-05',
                            '2023-01-06', '2023-01-07', '2023-01-08', '2023-01-09', '2023-01-10']),
    'Category': ['Electronics', 'Clothing', 'Electronics', 'Home', 'Clothing',
                 'Home', 'Electronics', 'Home', 'Clothing', 'Electronics']
}

df = pd.DataFrame(data)

# 1. Data Cleaning and Imputation
imputer = SimpleImputer(strategy='mean')
```

```python
df[['SalesAmount',    'Discount']]        =        imputer.fit_transform(df[['SalesAmount',
'Discount']])

# 2. Feature Engineering
df['DayOfWeek'] = df['Date'].dt.dayofweek
df['NetSales'] = df['SalesAmount'] - df['Discount']
df['DiscountPercentage'] = (df['Discount'] / df['SalesAmount']) * 100

# 3. Advanced Filtering
high_value_sales = df[(df['SalesAmount'] > 200) & (df['Store'].isin(['A', 'B']))]

# 4. Aggregation and Grouping
agg_sales = df.groupby(['Store', 'Category']).agg(
    TotalSales=('NetSales', 'sum'),
    AvgSales=('NetSales', 'mean'),
    MaxDiscount=('Discount', 'max'),
    SalesCount=('TransactionID', 'count')
).reset_index()

# 5. Time-based Analysis
daily_sales = df.resample('D', on='Date')['NetSales'].sum().reset_index()

# 6. Normalization
scaler = StandardScaler()
df['NormalizedSales'] = scaler.fit_transform(df[['SalesAmount']])

# 7. Pivot Table
category_store_pivot = pd.pivot_table(df, values='NetSales',
                                      index='Category',
                                      columns='Store',
                                      aggfunc='sum',
                                      fill_value=0)

# Print results
print("Original Data:")
print(df)
print("\\nHigh Value Sales:")
print(high_value_sales)
print("\\nAggregated Sales:")
print(agg_sales)
print("\\nDaily Sales:")
print(daily_sales)
print("\\nCategory-Store Pivot:")
print(category_store_pivot)
```

Analyse détaillée :

1. Chargement et prétraitement des données :

   o Nous créons un échantillon de données plus étendu avec des lignes supplémentaires et une nouvelle colonne « Category ».

- o Le SimpleImputer est utilisé pour gérer les valeurs manquantes dans les colonnes « SalesAmount » et « Discount ».

2. Ingénierie des caractéristiques :

   - o Nous extrayons le jour de la semaine à partir de la colonne « Date ».

   - o Calculons « NetSales » en soustrayant la remise du montant des ventes.

   - o Calculons « DiscountPercentage » pour comprendre la remise relative pour chaque transaction.

3. Filtrage avancé :

   - o Nous filtrons les ventes de grande valeur (supérieures à 200 $) des magasins A et B en utilisant l'indexation booléenne et la méthode « isin ».

4. Agrégation et regroupement :

   - o Regroupons les données par « Store » et « Category » pour obtenir une vue plus détaillée des performances des ventes.

   - o Calculons les ventes totales, les ventes moyennes, la remise maximale et le nombre de ventes pour chaque groupe.

5. Analyse temporelle :

   - o Utilisons la méthode « resample » pour calculer les ventes totales quotidiennes, démontrant les capacités de séries chronologiques.

6. Normalisation :

   - o Utilisons StandardScaler pour normaliser le « SalesAmount », montrant comment préparer les données pour certains algorithmes d'apprentissage automatique.

7. Tableau croisé dynamique :

   - o Créons un tableau croisé dynamique pour afficher les ventes nettes totales pour chaque catégorie dans différents magasins, fournissant une vue récapitulative compacte.

1.3.2 NumPy : Calcul numérique haute performance

En matière de calcul numérique, **NumPy** se distingue comme la bibliothèque de référence pour l'efficacité et la vitesse. Alors que Pandas excelle dans la gestion des données tabulaires, NumPy brille vraiment dans l'exécution d'opérations matricielles et le travail avec de grands tableaux numériques. Cette capacité est cruciale lorsqu'il s'agit de caractéristiques qui exigent des transformations mathématiques complexes ou des optimisations.

La puissance de NumPy réside dans sa capacité à effectuer des opérations vectorisées, ce qui permet des calculs simultanés sur des tableaux entiers. Cette approche surpasse considérablement le traitement traditionnel élément par élément, en particulier lors du travail avec de grands ensembles de données. Par exemple, NumPy peut gérer sans effort des opérations telles que la multiplication élément par élément, la multiplication matricielle et les calculs d'algèbre linéaire avancés, ce qui en fait un outil indispensable pour le calcul scientifique et les applications d'apprentissage automatique.

De plus, l'utilisation efficace de la mémoire de NumPy et ses implémentations optimisées basées sur C contribuent à ses performances supérieures. Cette efficacité devient particulièrement évidente lors du travail avec des tableaux multidimensionnels, une exigence courante dans des domaines tels que le traitement d'image, l'analyse de signal et la modélisation financière.

Considérons un scénario pratique où nous devons effectuer une transformation en masse de données de ventes. Par exemple, le calcul du logarithme des chiffres de vente est une étape courante de prétraitement pour les modèles qui nécessitent des entrées normalisées. Cette transformation peut aider à gérer les distributions de données asymétriques et est souvent utilisée dans l'analyse financière et les modèles d'apprentissage automatique.

Exemple de code : Application de transformations mathématiques avec NumPy

```python
import numpy as np

# Convert SalesAmount column to NumPy array
sales_np = df['SalesAmount'].to_numpy()

# Apply logarithmic transformation (useful for skewed data)
log_sales = np.log(sales_np)
print(log_sales)
```

Ce code démontre comment utiliser NumPy pour des calculs numériques et des transformations de données efficaces. Voici une analyse détaillée de ce que fait le code :

- Tout d'abord, il importe la bibliothèque NumPy, qui est essentielle pour les opérations numériques haute performance.

- Le DataFrame 'df' est converti en un tableau NumPy en utilisant df.to_numpy(). Cette conversion permet des opérations plus rapides sur les données.

- La fonction np.log() est utilisée pour appliquer une transformation logarithmique aux données de ventes. Cette transformation est particulièrement utile pour traiter les distributions de données asymétriques, qui sont courantes dans les chiffres de ventes.

- Enfin, les données transformées (log_sales) sont affichées, montrant le résultat de la transformation logarithmique.

Cette approche est efficace car les opérations vectorisées de NumPy permettent des calculs simultanés sur des tableaux entiers, surpassant considérablement le traitement élément par élément, en particulier avec de grands ensembles de données.

La transformation logarithmique est une étape courante de prétraitement dans l'analyse financière et les modèles d'apprentissage automatique, car elle peut aider à normaliser les données asymétriques et les rendre plus adaptées à certains types d'analyse ou de modélisation.

Explorons un exemple plus complet :

```python
import numpy as np
import pandas as pd
import matplotlib.pyplot as plt
from scipy import stats

# Sample sales data
data = {
    'SalesAmount': [100, 150, 200, 250, 300, 350, 400, 450, 500, 1000],
    'ProductCategory': ['A', 'B', 'A', 'C', 'B', 'A', 'C', 'B', 'A', 'C']
}
df = pd.DataFrame(data)

# Convert SalesAmount column to NumPy array
sales_np = df['SalesAmount'].to_numpy()

# Apply logarithmic transformation (useful for skewed data)
log_sales = np.log(sales_np)

# Calculate basic statistics
mean_sales = np.mean(sales_np)
median_sales = np.median(sales_np)
std_sales = np.std(sales_np)

# Calculate z-scores
z_scores = stats.zscore(sales_np)

# Identify outliers (z-score > 3 or < -3)
outliers = np.abs(z_scores) > 3

# Print results
print("Original Sales:", sales_np)
print("Log-transformed Sales:", log_sales)
print("Mean Sales:", mean_sales)
print("Median Sales:", median_sales)
print("Standard Deviation:", std_sales)
print("Z-scores:", z_scores)
print("Outliers:", df[outliers])

# Visualize the data
plt.figure(figsize=(12, 6))
```

```python
plt.subplot(121)
plt.hist(sales_np, bins=10, edgecolor='black')
plt.title('Original Sales Distribution')
plt.xlabel('Sales Amount')
plt.ylabel('Frequency')

plt.subplot(122)
plt.hist(log_sales, bins=10, edgecolor='black')
plt.title('Log-transformed Sales Distribution')
plt.xlabel('Log(Sales Amount)')
plt.ylabel('Frequency')

plt.tight_layout()
plt.show()
```

Décomposition du code :

1. Préparation des données :

   o Nous commençons par importer les bibliothèques nécessaires : NumPy pour les opérations numériques, Pandas pour la manipulation de données, Matplotlib pour la visualisation et SciPy pour les fonctions statistiques.

   o Un échantillon de données est créé à l'aide d'un dictionnaire et converti en DataFrame Pandas, simulant des données de ventes du monde réel.

2. Conversion des données :

   o La colonne « SalesAmount » est convertie en tableau NumPy en utilisant df['SalesAmount'].to_numpy(). Cette conversion permet des opérations numériques plus rapides.

3. Transformation logarithmique :

   o Nous appliquons une transformation logarithmique aux données de ventes en utilisant np.log(). Ceci est utile pour traiter les données asymétriques, ce qui est courant dans les chiffres de ventes où il peut y avoir quelques valeurs très élevées.

4. Analyse statistique :

   o Les statistiques de base (moyenne, médiane, écart type) sont calculées à l'aide des fonctions NumPy.

   o Les scores Z sont calculés à l'aide de la fonction stats.zscore() de SciPy. Les scores Z indiquent le nombre d'écarts types qui séparent un élément de la moyenne.

- o Les valeurs aberrantes sont identifiées à l'aide de la méthode du score Z, où les points de données dont les scores Z absolus sont supérieurs à 3 sont considérés comme des valeurs aberrantes.

5. Visualisation :

- o Deux histogrammes sont créés à l'aide de Matplotlib : a. Le premier montre la distribution des données de ventes d'origine. b. Le second montre la distribution des données de ventes transformées logarithmiquement.

- o Cette comparaison visuelle aide à illustrer comment la transformation logarithmique peut normaliser les données asymétriques.

6. Sortie :

- o Le script affiche divers résultats, y compris les données d'origine et transformées, les statistiques de base, les scores Z et les valeurs aberrantes identifiées.

- o Les histogrammes sont affichés, permettant une analyse visuelle de la distribution des données avant et après transformation.

Cet exemple démontre une approche globale de l'analyse de données, incorporant des mesures statistiques, la détection de valeurs aberrantes et la visualisation de données. Il montre comment NumPy peut être utilisé efficacement en conjonction avec d'autres bibliothèques comme Pandas, SciPy et Matplotlib pour effectuer une analyse exploratoire approfondie des données de ventes.

1.3.3 Pourquoi utiliser NumPy pour les transformations ?

La puissance de NumPy réside dans sa capacité à gérer les opérations vectorisées, qui sont la pierre angulaire de son efficacité. Cette approche transforme la façon dont nous traitons les données, allant au-delà des opérations traditionnelles ligne par ligne vers une méthode plus holistique. La vectorisation permet à NumPy d'appliquer des transformations à des tableaux entiers simultanément, exploitant les capacités de traitement parallèle du matériel moderne.

Ce traitement simultané n'est pas qu'une optimisation mineure ; il représente un changement fondamental dans l'efficacité computationnelle. Pour les grands ensembles de données, les gains de performance peuvent être plusieurs ordres de grandeur plus rapides que les approches itératives. Ceci est particulièrement crucial dans les flux de travail de science des données et d'apprentissage automatique, où la vitesse de traitement peut constituer un goulot d'étranglement dans le développement et le déploiement de modèles.

De plus, les opérations vectorisées de NumPy vont au-delà de l'arithmétique simple. Elles englobent une large gamme de fonctions mathématiques, des opérations de base comme l'addition et la multiplication aux calculs plus complexes tels que les fonctions trigonométriques, les logarithmes et les opérations matricielles. Cette polyvalence fait de NumPy un outil indispensable pour des tâches allant de la simple normalisation des données aux analyses statistiques complexes et à l'ingénierie des caractéristiques pour l'apprentissage automatique.

En utilisant les opérations vectorisées de NumPy, les scientifiques des données et les analystes peuvent non seulement accélérer leurs calculs, mais aussi écrire un code plus propre et plus maintenable. La syntaxe de ces opérations reflète souvent étroitement la notation mathématique, rendant le code plus intuitif et plus facile à lire. Cet alignement entre le code et les concepts mathématiques facilite une meilleure compréhension et collaboration entre les membres de l'équipe ayant des formations diverses en science des données, statistiques et ingénierie logicielle.

Étendons cet exemple pour effectuer des calculs plus avancés, tels que le calcul du score Z (standardisation) des données de ventes :

```python
# Calculate Z-score for SalesAmount
mean_sales = np.mean(sales_np)
std_sales = np.std(sales_np)

z_scores = (sales_np - mean_sales) / std_sales
print(z_scores)
```

Voici une analyse détaillée de ce que fait le code :

- Tout d'abord, il calcule la moyenne des données de ventes en utilisant np.mean(sales_np). Cela nous donne le montant moyen des ventes.

- Ensuite, il calcule l'écart type des données de ventes avec np.std(sales_np). L'écart type mesure à quel point les données sont dispersées par rapport à la moyenne.

- Puis, il calcule les scores Z en utilisant la formule : (sales_np - mean_sales) / std_sales. Cette opération est effectuée élément par élément sur l'ensemble du tableau grâce aux capacités de vectorisation de NumPy.

- Enfin, il affiche les scores Z résultants.

Le score Z représente le nombre d'écarts types qui séparent un élément de la moyenne. C'est une façon de standardiser les données, ce qui est utile pour comparer des valeurs provenant de différents ensembles de données ou pour identifier des valeurs aberrantes. Dans ce contexte, cela pourrait aider à identifier des montants de ventes inhabituellement élevés ou faibles par rapport à la distribution globale des données de ventes.

Explorons un exemple plus complet :

```python
import numpy as np
import pandas as pd
import matplotlib.pyplot as plt
from scipy import stats
```

```python
# Sample sales data
data = {
    'SalesAmount': [100, 150, 200, 250, 300, 350, 400, 450, 500, 1000],
    'ProductCategory': ['A', 'B', 'A', 'C', 'B', 'A', 'C', 'B', 'A', 'C']
}
df = pd.DataFrame(data)

# Convert SalesAmount column to NumPy array
sales_np = df['SalesAmount'].to_numpy()

# Calculate Z-score for SalesAmount
mean_sales = np.mean(sales_np)
std_sales = np.std(sales_np)

z_scores = (sales_np - mean_sales) / std_sales

# Identify outliers (Z-score > 3 or < -3)
outliers = np.abs(z_scores) > 3

# Print results
print("Original Sales:", sales_np)
print("Mean Sales:", mean_sales)
print("Standard Deviation:", std_sales)
print("Z-scores:", z_scores)
print("Outliers:", df[outliers])

# Visualize the data
plt.figure(figsize=(12, 6))

plt.subplot(121)
plt.hist(sales_np, bins=10, edgecolor='black')
plt.title('Original Sales Distribution')
plt.xlabel('Sales Amount')
plt.ylabel('Frequency')

plt.subplot(122)
plt.scatter(range(len(sales_np)), z_scores)
plt.axhline(y=3, color='r', linestyle='--')
plt.axhline(y=-3, color='r', linestyle='--')
plt.title('Z-scores of Sales')
plt.xlabel('Data Point')
plt.ylabel('Z-score')

plt.tight_layout()
plt.show()
```

Décomposition du code :

1. Préparation des données :

- o Nous importons les bibliothèques nécessaires : NumPy pour les opérations numériques, Pandas pour la manipulation des données, Matplotlib pour la visualisation et SciPy pour les fonctions statistiques supplémentaires.

- o Un échantillon de données est créé à l'aide d'un dictionnaire et converti en DataFrame Pandas, simulant des données de ventes réelles avec 10 transactions.

2. Conversion des données :

- o La colonne 'SalesAmount' est convertie en tableau NumPy à l'aide de df['SalesAmount'].to_numpy(). Cette conversion permet d'effectuer des opérations numériques plus rapides.

3. Calcul du score Z :

- o Nous calculons la moyenne et l'écart type des données de ventes à l'aide des fonctions np.mean() et np.std().

- o Le score Z est ensuite calculé pour chaque montant de ventes à l'aide de la formule : (x - moyenne) / écart_type.

- o Les scores Z indiquent le nombre d'écarts types qui séparent un élément de la moyenne, ce qui aide à identifier les valeurs aberrantes.

4. Détection des valeurs aberrantes :

- o Les valeurs aberrantes sont identifiées à l'aide de la méthode du score Z. Les points de données dont les scores Z absolus sont supérieurs à 3 sont considérés comme des valeurs aberrantes.

- o Il s'agit d'un seuil courant en statistique, car il capture environ 99,7 % des données dans une distribution normale.

5. Affichage des résultats :

- o Le script affiche les données de ventes d'origine, la moyenne, l'écart type, les scores Z calculés et les valeurs aberrantes identifiées.

- o Cette sortie permet une inspection rapide des données et de leurs propriétés statistiques.

6. Visualisation des données :

- o Deux graphiques sont créés à l'aide de Matplotlib : a. Un histogramme des données de ventes d'origine, montrant la distribution des montants de ventes. b. Un nuage de points des scores Z pour chaque point de données, avec des lignes horizontales à +3 et -3 pour identifier visuellement les valeurs aberrantes.

o   Ces visualisations aident à comprendre la distribution des données et à repérer facilement les valeurs aberrantes potentielles.

7.   Observations :

o   Cette approche globale permet une compréhension plus approfondie des données de ventes, notamment leur tendance centrale, leur dispersion et toute valeur inhabituelle.

o   La méthode du score Z fournit un moyen standardisé de détecter les valeurs aberrantes, ce qui est particulièrement utile lorsqu'on traite des ensembles de données à différentes échelles ou unités.

o   La représentation visuelle complète l'analyse numérique, facilitant la communication des résultats aux parties prenantes non techniques.

Cet exemple démontre une approche rigoureuse de l'analyse de données, intégrant des mesures statistiques, la détection de valeurs aberrantes et la visualisation de données. Il montre comment NumPy peut être utilisé efficacement en conjonction avec d'autres bibliothèques comme Pandas, SciPy et Matplotlib pour effectuer une analyse exploratoire complète des données de ventes.

1.3.4 Scikit-learn : La référence pour l'apprentissage automatique

Une fois vos données nettoyées et préparées, il est temps de plonger dans le monde passionnant de la construction de modèles d'apprentissage automatique. **Scikit-learn** se distingue comme une bibliothèque fondamentale dans ce domaine, offrant une boîte à outils complète pour diverses tâches d'apprentissage automatique. Sa popularité découle de sa couverture exhaustive des algorithmes de classification, de régression, de clustering et de réduction de dimensionnalité, ainsi que de son ensemble robuste d'utilitaires pour la sélection de modèles, l'évaluation et le prétraitement.

Ce qui distingue véritablement Scikit-learn, c'est son interface conviviale et la conception cohérente de son API. Cette uniformité entre les différents algorithmes permet aux scientifiques des données et aux praticiens de l'apprentissage automatique de passer facilement d'un modèle à l'autre sans avoir à apprendre des syntaxes entièrement nouvelles. Une telle philosophie de conception favorise le prototypage rapide et l'expérimentation, permettant aux utilisateurs d'itérer rapidement entre différents modèles et hyperparamètres pour trouver la solution optimale à leur problème spécifique.

Pour illustrer la puissance et la flexibilité de Scikit-learn, appliquons-le à notre scénario de données de ventes. Nous allons construire un modèle prédictif pour prévoir si une transaction dépasse un seuil spécifique, en exploitant des caractéristiques telles que le montant des ventes et la remise. Cet exemple pratique démontrera comment Scikit-learn simplifie le processus de transformation des données brutes en informations exploitables, mettant en valeur sa capacité à traiter des problèmes commerciaux réels avec facilité et efficacité.

Exemple de code : Construction d'un modèle de classification avec Scikit-learn

```python
from sklearn.model_selection import train_test_split
from sklearn.ensemble import RandomForestClassifier

# Create a target variable: 1 if SalesAmount > 250, else 0
df['HighSales'] = (df['SalesAmount'] > 250).astype(int)

# Define features and target
X = df[['SalesAmount', 'Discount']]
y = df['HighSales']

# Split the data into training and testing sets
X_train, X_test, y_train, y_test = train_test_split(X, y, test_size=0.3,
random_state=42)

# Build a Random Forest Classifier
clf = RandomForestClassifier(random_state=42)
clf.fit(X_train, y_train)

# Predict on the test set
y_pred = clf.predict(X_test)

# Display the predictions
print(y_pred)
```

Voici une analyse détaillée de ce que fait le code :

1. Importer les modules nécessaires :

    o   train_test_split pour diviser les données en ensembles d'entraînement et de test

    o   RandomForestClassifier pour créer un modèle de forêt aléatoire

2. Créer une variable cible :

    o   Une nouvelle colonne 'HighSales' est créée, où 1 indique SalesAmount > 250, et 0 dans le cas contraire

3. Définir les caractéristiques et la cible :

    o   X contient 'SalesAmount' et 'Discount' comme caractéristiques

    o   y est la variable cible 'HighSales'

4. Diviser les données :

    o   Les données sont divisées en ensembles d'entraînement (70 %) et de test (30 %)

5. Construire et entraîner le modèle :

- o Un RandomForestClassifier est instancié et entraîné sur les données d'entraînement

6. Faire des prédictions :

- o Le modèle entraîné est utilisé pour faire des prédictions sur l'ensemble de test

7. Afficher les résultats :

- o Les prédictions sont imprimées

Cet exemple montre comment Scikit-learn simplifie le processus de construction et d'utilisation d'un modèle d'apprentissage automatique pour les tâches de classification.

1.3.5 Pourquoi Scikit-learn ?

Scikit-learn offre une API claire et intuitive qui facilite l'expérimentation avec différents modèles et techniques d'évaluation. Que vous construisiez un classificateur comme dans cet exemple ou que vous effectuiez une régression, Scikit-learn simplifie le processus de division des données, d'entraînement du modèle et de prédiction. Cette simplification est cruciale pour les scientifiques des données et les praticiens de l'apprentissage automatique, car elle leur permet de se concentrer sur les aspects essentiels de leur analyse plutôt que de s'enliser dans les détails d'implémentation.

L'un des principaux atouts de Scikit-learn est sa cohérence à travers différents algorithmes. Cela signifie qu'une fois que vous avez appris à utiliser un modèle, vous pouvez facilement appliquer ces connaissances à d'autres modèles au sein de la bibliothèque. Par exemple, passer d'un classificateur de forêt aléatoire à une machine à vecteurs de support ou à un classificateur de renforcement de gradient nécessite des modifications minimes de votre code, principalement le simple remplacement de la classe de modèle.

De plus, Scikit-learn fournit un large éventail d'outils pour l'évaluation et la sélection de modèles. Ceux-ci incluent des techniques de validation croisée, la recherche par grille pour l'ajustement des hyperparamètres et diverses mesures pour évaluer les performances du modèle. Cet ensemble d'outils complet permet aux scientifiques des données de valider rigoureusement leurs modèles et de s'assurer qu'ils sélectionnent la meilleure solution possible pour leur problème spécifique.

Un autre avantage important de Scikit-learn est son intégration transparente avec d'autres bibliothèques de science des données comme Pandas et NumPy. Cette interopérabilité permet des transitions fluides entre les étapes de manipulation des données, de prétraitement et de construction de modèles d'un projet de science des données, créant un flux de travail cohérent qui améliore la productivité et réduit la probabilité d'erreurs.

1.3.6 Tout rassembler : un flux de travail complet

Maintenant que nous avons exploré comment chaque outil fonctionne indépendamment, rassemblons tout dans un flux de travail complet. Imaginez que vous êtes chargé de construire un modèle pour prédire les transactions de ventes élevées, mais que vous devez également gérer les données manquantes, transformer les caractéristiques et évaluer les performances du modèle. Ce scénario reflète les défis réels de la science des données où vous devrez souvent combiner plusieurs outils et techniques pour atteindre vos objectifs.

En pratique, vous pourriez commencer par utiliser Pandas pour charger et nettoyer vos données de ventes, en traitant des problèmes tels que les valeurs manquantes ou le formatage incohérent. Vous pourriez ensuite exploiter NumPy pour des opérations numériques avancées, telles que le calcul de moyennes mobiles ou la création de termes d'interaction entre les caractéristiques. Enfin, vous vous tourneriez vers Scikit-learn pour prétraiter vos données (par exemple, mise à l'échelle des caractéristiques numériques), les diviser en ensembles d'entraînement et de test, construire votre modèle prédictif et évaluer ses performances.

Cette approche intégrée vous permet d'exploiter les forces de chaque bibliothèque : Pandas pour ses capacités de manipulation de données, NumPy pour ses opérations numériques efficaces et Scikit-learn pour sa boîte à outils complète d'apprentissage automatique. En combinant ces outils, vous pouvez créer une solution robuste de bout en bout qui non seulement prédit les transactions de ventes élevées, mais fournit également des informations sur les facteurs qui motivent ces prédictions.

Voici un exemple complet qui combine **Pandas**, **NumPy** et **Scikit-learn** dans un seul flux de travail :

Exemple de code : flux de travail complet

```python
import pandas as pd
import numpy as np
from sklearn.model_selection import train_test_split
from sklearn.ensemble import RandomForestClassifier
from sklearn.impute import SimpleImputer
from sklearn.preprocessing import StandardScaler

# Sample data: Sales transactions with missing values
data = {'TransactionID': [101, 102, 103, 104, 105],
        'SalesAmount': [250, np.nan, 340, 400, 200],
        'Discount': [10, 15, 20, np.nan, 5],
        'Store': ['A', 'B', 'A', 'C', 'B']}

df = pd.DataFrame(data)

# Step 1: Handle missing values using Pandas and Scikit-learn
imputer = SimpleImputer(strategy='mean')
df[['SalesAmount', 'Discount']] = imputer.fit_transform(df[['SalesAmount',
'Discount']])

# Step 2: Feature transformation with NumPy
df['LogSales'] = np.log(df['SalesAmount'])

# Step 3: Define the target variable
```

```python
df['HighSales'] = (df['SalesAmount'] > 250).astype(int)

# Step 4: Split the data into training and testing sets
X = df[['SalesAmount', 'Discount', 'LogSales']]
y = df['HighSales']
X_train, X_test, y_train, y_test = train_test_split(X, y, test_size=0.3,
random_state=42)

# Step 5: Build and evaluate the model using Scikit-learn
clf = RandomForestClassifier(random_state=42)
clf.fit(X_train, y_train)
y_pred = clf.predict(X_test)

print("Predictions:", y_pred)
```

Ce code démontre un flux de travail complet combinant Pandas, NumPy et Scikit-learn pour une tâche d'analyse de données et d'apprentissage automatique. Voici une décomposition de ce que fait le code :

1. Préparation des données :

    o Importe les bibliothèques nécessaires : modules Pandas, NumPy et Scikit-learn

    o Crée un ensemble de données d'exemple avec des transactions de ventes, incluant certaines valeurs manquantes

    o Convertit les données en un DataFrame Pandas

2. Gestion des valeurs manquantes :

    o Utilise SimpleImputer de Scikit-learn pour remplir les valeurs manquantes dans les colonnes 'SalesAmount' et 'Discount' avec les valeurs moyennes

3. Transformation des caractéristiques :

    o Applique une transformation logarithmique à 'SalesAmount' en utilisant NumPy, créant une nouvelle colonne 'LogSales'

4. Création de la variable cible :

    o Crée une variable cible binaire 'HighSales' selon que 'SalesAmount' dépasse 250

5. Division des données :

    o Divise les données en caractéristiques (X) et cible (y)

    o Utilise train_test_split de Scikit-learn pour créer des ensembles d'entraînement et de test

6. Construction et évaluation du modèle :

    o   Initialise un RandomForestClassifier

    o   Ajuste le modèle sur les données d'entraînement

    o   Fait des prédictions sur l'ensemble de test

    o   Affiche les prédictions

Ce code montre comment intégrer ces bibliothèques pour gérer les tâches courantes dans un flux de travail de science des données, du nettoyage et du prétraitement des données à l'entraînement du modèle et à la prédiction.

1.3.7 Points clés à retenir

Dans cette section, nous avons exploré les rôles essentiels que **Pandas**, **NumPy** et **Scikit-learn** jouent dans le paysage complexe de l'analyse de données et de l'apprentissage automatique. Ces outils puissants constituent l'épine dorsale des flux de travail modernes en science des données, chacun apportant des forces uniques. Approfondissons les points clés à retenir de notre exploration :

1. **Pandas** se distingue comme un outil indispensable pour la **manipulation de données** et le nettoyage. Ses capacités robustes vont bien au-delà de la simple gestion des données, offrant une suite complète de fonctions pour filtrer, agréger et transformer les données tabulaires. À mesure que vous progressez vers des flux de travail de données plus sophistiqués, vous constaterez que Pandas devient une partie de plus en plus intégrante de votre boîte à outils. Du traitement initial des données à la création de caractéristiques complexes, Pandas fournit la flexibilité et la puissance nécessaires pour aborder un large éventail de tâches de préparation de données. Son API intuitive et sa documentation extensive le rendent accessible aux débutants tout en offrant des fonctionnalités avancées pour les scientifiques des données expérimentés.

2. **NumPy** apparaît comme une pierre angulaire pour les opérations numériques efficaces, particulièrement lorsqu'on traite des ensembles de données à grande échelle. La véritable puissance de la bibliothèque réside dans ses **opérations vectorisées**, qui permettent des calculs rapides sur des tableaux entiers sans nécessiter de boucles explicites. Cette approche accélère non seulement les temps de traitement, mais conduit également à un code plus concis et lisible. À mesure que vos projets gagnent en complexité et en ampleur, vous constaterez que l'efficacité de NumPy devient de plus en plus cruciale. Il surpasse les boucles Python traditionnelles et dépasse même Pandas dans certains scénarios de calcul, ce qui en fait un outil essentiel pour optimiser votre pipeline d'analyse de données.

3. **Scikit-learn** sert de boîte à outils par excellence pour construire et évaluer des modèles d'apprentissage automatique. Son importance dans l'écosystème de la science des données ne peut être surestimée. La force de Scikit-learn réside dans son

interface cohérente et conviviale, qui intègre de manière transparente divers aspects du flux de travail d'apprentissage automatique. De l'entraînement et des tests de modèles à la validation et à l'ajustement des hyperparamètres, Scikit-learn fournit une approche unifiée qui rationalise l'ensemble du processus. Cette cohérence permet aux scientifiques des données d'itérer rapidement, en expérimentant différents modèles et techniques sans s'enliser dans les détails d'implémentation. De plus, la documentation extensive de Scikit-learn et le soutien actif de sa communauté en font une ressource inestimable tant pour les praticiens novices qu'expérimentés.

La véritable magie de ces outils émerge lorsqu'ils sont utilisés de concert. Pandas excelle dans la **préparation des données**, transformant les données brutes en un format adapté à l'analyse. NumPy brille dans l'**optimisation des performances**, gérant des opérations numériques complexes avec une efficacité remarquable. Scikit-learn occupe le devant de la scène dans la **construction et l'évaluation de modèles**, fournissant un cadre robuste pour la mise en œuvre et l'évaluation des algorithmes d'apprentissage automatique.

En maîtrisant l'art de combiner ces outils efficacement, vous débloquez la capacité de créer des flux de travail de science des données de bout en bout hautement efficaces. Cette approche intégrée vous permet d'aborder même les défis de données les plus complexes avec confiance, en exploitant les forces de chaque outil pour construire des solutions analytiques sophistiquées.

À mesure que vous continuez à développer vos compétences, vous constaterez que la synergie entre Pandas, NumPy et Scikit-learn constitue le fondement de votre expertise en science des données, vous permettant d'extraire des informations significatives et de stimuler la prise de décision basée sur les données dans un large éventail de domaines.

1.4 Exercices pratiques pour le chapitre 1 : Introduction : Aller au-delà des bases

Maintenant que vous avez terminé le chapitre 1, il est temps d'appliquer ce que vous avez appris. Ces exercices sont conçus pour vous aider à renforcer les concepts abordés et à les mettre en pratique. Chaque exercice comprend un problème, et un bloc de code solution est fourni si nécessaire. Essayez de résoudre les exercices par vous-même d'abord avant de consulter les solutions.

Exercice 1 : Filtrage et agrégation de données avec Pandas

On vous donne un ensemble de données d'achats de clients dans différents magasins. Votre tâche est de :

1. Filtrer l'ensemble de données pour afficher uniquement les transactions où le montant d'achat dépasse 200 $.

2. Regrouper les transactions par magasin et calculer le montant d'achat total et moyen par magasin.

```python
# Sample data
data = {'TransactionID': [101, 102, 103, 104, 105],
        'Store': ['A', 'B', 'A', 'C', 'B'],
        'PurchaseAmount': [250, 120, 340, 400, 200],
        'Discount': [10, 15, 20, 25, 5]}

df = pd.DataFrame(data)

# Solution
# Step 1: Filter transactions where PurchaseAmount > 200
filtered_df = df[df['PurchaseAmount'] > 200]

# Step 2: Group by Store and calculate total and average purchase amounts
df['NetPurchase'] = df['PurchaseAmount'] - df['Discount']
agg_purchases = df.groupby('Store').agg(
    TotalPurchase=('NetPurchase', 'sum'),
    AvgPurchase=('NetPurchase', 'mean')
)

print(filtered_df)
print(agg_purchases)
```

Exercice 2 : Application d'une transformation logarithmique avec NumPy

Vous disposez d'un ensemble de données de ventes de produits avec les valeurs suivantes : [100, 200, 50, 400, 300].

1. Utilisez **NumPy** pour calculer la transformation logarithmique des valeurs de ventes.

2. Affichez les valeurs transformées.

```python
import numpy as np

# Sales data
sales = [100, 200, 50, 400, 300]

# Solution
# Step 1: Apply logarithmic transformation
log_sales = np.log(sales)

print(log_sales)
```

Exercice 3 : Normalisation des données de ventes avec NumPy

Avec les mêmes données de ventes de l'exercice 2, normalisez les valeurs en calculant le score Z pour chaque montant de vente.

1. Calculez la moyenne et l'écart-type des données de ventes.

2. Utilisez **NumPy** pour calculer le score Z pour chaque vente.

```python
# Sales data
sales = [100, 200, 50, 400, 300]

# Solution
# Step 1: Calculate mean and standard deviation
mean_sales = np.mean(sales)
std_sales = np.std(sales)

# Step 2: Calculate Z-scores
z_scores = (sales - mean_sales) / std_sales

print(z_scores)
```

Exercice 4 : Construction d'un modèle de classification avec Scikit-learn

Vous disposez d'un ensemble de données de transactions où chaque transaction a un montant de vente et une remise. Votre objectif est de construire un modèle de classification simple pour prédire si une transaction a une valeur de vente élevée (supérieure à 250 $) ou non.

1. Créez une variable cible (HighSales) où une vente est classée comme 1 si le montant de la vente est supérieur à 250, sinon 0.

2. Utilisez **Scikit-learn** pour construire un modèle Random Forest qui prédit HighSales en fonction de SalesAmount et Discount.

3. Divisez l'ensemble de données en ensembles d'entraînement et de test.

4. Entraînez le modèle et affichez les prédictions pour l'ensemble de test.

```python
from sklearn.model_selection import train_test_split
from sklearn.ensemble import RandomForestClassifier
import pandas as pd
import numpy as np

# Sample data
data = {'TransactionID': [101, 102, 103, 104, 105],
        'SalesAmount': [250, np.nan, 340, 400, 200],
        'Discount': [10, 15, 20, np.nan, 5],
        'Store': ['A', 'B', 'A', 'C', 'B']}

df = pd.DataFrame(data)

# Solution
# Step 1: Handle missing values
df['SalesAmount'].fillna(df['SalesAmount'].mean(), inplace=True)
df['Discount'].fillna(df['Discount'].mean(), inplace=True)
```

```python
# Step 2: Create target variable 'HighSales'
df['HighSales'] = (df['SalesAmount'] > 250).astype(int)

# Step 3: Define features and target
X = df[['SalesAmount', 'Discount']]
y = df['HighSales']

# Step 4: Split data into training and testing sets
X_train, X_test, y_train, y_test = train_test_split(X, y, test_size=0.3,
random_state=42)

# Step 5: Train a Random Forest model
clf = RandomForestClassifier(random_state=42)
clf.fit(X_train, y_train)

# Step 6: Predict on test set
y_pred = clf.predict(X_test)

print("Predictions:", y_pred)
```

Exercice 5 : Combiner Pandas, NumPy et Scikit-learn dans un flux de travail

Vous travaillez avec un ensemble de données de transactions clients. Votre tâche est de :

1. Gérer les valeurs manquantes dans les colonnes SalesAmount et Discount.

2. Appliquer une transformation logarithmique au SalesAmount en utilisant **NumPy**.

3. Construire un modèle de classification avec **Scikit-learn** pour prédire si une transaction est de valeur élevée (HighSales).

4. Diviser l'ensemble de données en ensembles d'entraînement et de test.

5. Entraîner le modèle et faire des prédictions sur l'ensemble de test.

```python
# Sample data
data = {'TransactionID': [101, 102, 103, 104, 105],
        'SalesAmount': [250, np.nan, 340, 400, 200],
        'Discount': [10, 15, 20, np.nan, 5],
        'Store': ['A', 'B', 'A', 'C', 'B']}

df = pd.DataFrame(data)

# Solution
# Step 1: Handle missing values using Pandas
df['SalesAmount'].fillna(df['SalesAmount'].mean(), inplace=True)
df['Discount'].fillna(df['Discount'].mean(), inplace=True)

# Step 2: Apply logarithmic transformation to SalesAmount
df['LogSales'] = np.log(df['SalesAmount'])

# Step 3: Create target variable 'HighSales'
```

```python
df['HighSales'] = (df['SalesAmount'] > 250).astype(int)

# Step 4: Define features and target
X = df[['SalesAmount', 'Discount', 'LogSales']]
y = df['HighSales']

# Step 5: Split data into training and testing sets
X_train, X_test, y_train, y_test = train_test_split(X, y, test_size=0.3,
random_state=42)

# Step 6: Train a Random Forest model
clf = RandomForestClassifier(random_state=42)
clf.fit(X_train, y_train)

# Step 7: Predict on test set
y_pred = clf.predict(X_test)

print("Predictions:", y_pred)
```

Ces exercices pratiques couvrent les concepts essentiels abordés dans le chapitre 1, vous donnant l'occasion de pratiquer le filtrage de données, la transformation de caractéristiques et la construction de modèles d'apprentissage automatique. Les solutions fournies aident à renforcer votre compréhension et à vous assurer que vous êtes sur la bonne voie. Continuez à pratiquer et n'hésitez pas à explorer différents ensembles de données et variantes de ces tâches !

1.5 Que pourrait-il mal tourner ?

Au fur et à mesure que vous progressez dans les étapes intermédiaires de l'analyse de données et de l'ingénierie des caractéristiques, de nombreux pièges et défis courants peuvent survenir. Ces erreurs sont souvent subtiles et ne se traduisent pas toujours par des erreurs évidentes, ce qui les rend particulièrement difficiles à détecter. Cette section met en évidence quelques domaines critiques où les choses peuvent mal tourner et comment les éviter.

1.5.1 Manipulation de données inefficace dans Pandas

Bien que Pandas soit un outil incroyablement puissant pour la manipulation de données, il peut être lent lorsqu'on travaille avec de grands ensembles de données si vous n'êtes pas prudent. Des opérations telles que le filtrage, le regroupement et la fusion peuvent devenir des goulots d'étranglement si elles ne sont pas optimisées.

Que pourrait-il mal tourner ?

- Effectuer des opérations ligne par ligne au lieu de tirer parti des opérations vectorisées de Pandas peut ralentir votre flux de travail.

- Utiliser plusieurs copies de DataFrame ou des ensembles de données inutilement volumineux en mémoire peut causer des problèmes de performance et de mémoire.

Solution :

Dans la mesure du possible, utilisez les opérations vectorisées intégrées de Pandas et **évitez les boucles** sur les lignes de DataFrame. Si vous travaillez avec de grands ensembles de données, envisagez d'utiliser des outils comme **Dask** pour des opérations Pandas évolutives ou des techniques de **profilage de mémoire** pour surveiller l'utilisation.

1.5.2 Gestion incorrecte des données manquantes

La gestion des données manquantes est une tâche courante, mais si elle est mal effectuée, elle peut fausser les résultats de votre analyse. Une imputation inappropriée peut conduire à des résultats biaisés ou trompeurs.

Que pourrait-il mal tourner ?

- Remplir arbitrairement les valeurs manquantes avec zéro ou des valeurs moyennes peut introduire un biais, surtout si les données manquantes représentent une tendance particulière.

- Ne pas reconnaître les schémas dans les données manquantes (par exemple, manquantes au hasard vs non au hasard) peut fausser votre analyse.

Solution :

Réfléchissez toujours attentivement à la raison pour laquelle les données peuvent être manquantes et utilisez des techniques d'imputation appropriées. Par exemple, le remplissage par propagation avant ou arrière peut être plus approprié pour les données de séries temporelles, tandis que l'imputation statistique (moyenne, médiane) fonctionne bien dans d'autres scénarios. Vous pouvez également explorer des techniques avancées comme **l'imputation par K-plus proches voisins (KNN)** pour des résultats plus précis.

1.5.3 Mauvaise application de la mise à l'échelle et des transformations de caractéristiques

La mise à l'échelle des caractéristiques est cruciale pour de nombreux algorithmes d'apprentissage automatique. Cependant, utiliser la mauvaise méthode de mise à l'échelle ou l'appliquer au mauvais moment peut conduire à des prédictions de modèle incorrectes.

Que pourrait-il mal tourner ?

- Mettre à l'échelle les données de test en utilisant des statistiques de l'ensemble de test plutôt que de l'ensemble d'entraînement peut causer une **fuite de données**, où le modèle acquiert des connaissances de l'ensemble de test pendant l'entraînement.

- Appliquer des transformations inappropriées (par exemple, utiliser une transformation logarithmique sur des valeurs négatives) peut introduire des erreurs dans le modèle.

Solution :

Assurez-vous toujours que la mise à l'échelle est appliquée **uniquement aux données d'entraînement** puis utilisée pour transformer l'ensemble de test. Choisissez la bonne transformation en fonction des caractéristiques de vos données—si vos données incluent des valeurs négatives, envisagez d'utiliser des techniques comme la **mise à l'échelle min-max** au lieu de transformations logarithmiques.

1.5.4 Utilisation incorrecte des pipelines Scikit-learn

L'utilisation des pipelines de Scikit-learn peut aider à automatiser et rationaliser le prétraitement des données et la construction de modèles. Cependant, s'ils ne sont pas correctement mis en œuvre, les pipelines peuvent introduire des erreurs ou manquer des étapes de prétraitement clés.

Que pourrait-il mal tourner ?

- Oublier d'inclure des étapes de prétraitement essentielles (par exemple, imputation, mise à l'échelle) dans le pipeline peut conduire à l'entraînement de modèles sur des données incomplètes ou non traitées.

- Ajuster le pipeline sur l'ensemble de données entier avant de le diviser en ensembles d'entraînement et de test peut conduire à un **surapprentissage** ou une **fuite de données**.

Solution :

Assurez-vous que toutes les étapes de prétraitement nécessaires sont incluses dans le pipeline et que le pipeline est ajusté **uniquement sur les données d'entraînement**. En enchaînant les étapes dans un pipeline, vous pouvez éviter les omissions accidentelles et garantir la cohérence tout au long du flux de travail.

1.5.5 Mauvaise interprétation des sorties de modèle dans Scikit-learn

Lors de l'entraînement de modèles d'apprentissage automatique, il est facile de mal interpréter les résultats, surtout si vous n'êtes pas familier avec les métriques d'évaluation ou le fonctionnement du modèle.

Que pourrait-il mal tourner ?

- Évaluer le modèle uniquement sur la précision peut être trompeur, en particulier pour les ensembles de données déséquilibrés. Un modèle avec une grande précision peut encore mal performer sur les classes minoritaires.

- Surapprentissage du modèle en ajustant les hyperparamètres de manière trop agressive ou en utilisant des modèles complexes sans validation appropriée.

Solution :

Utilisez toujours une combinaison de métriques d'évaluation, telles que la **précision, le rappel, le score F1** et l'**AUC-ROC**, pour évaluer la performance du modèle, en particulier pour les tâches de classification. Utilisez la **validation croisée** pour vous assurer que le modèle se généralise bien et n'est pas surajusté aux données d'entraînement.

1.5.6 Goulots d'étranglement de performance dans les opérations NumPy

NumPy est conçu pour un calcul numérique rapide, mais une mauvaise utilisation de ses capacités peut entraîner des problèmes de performance, en particulier lorsqu'on travaille avec de très grands ensembles de données.

Que pourrait-il mal tourner ?

- Utiliser des boucles Python pour appliquer des transformations aux tableaux NumPy peut être inefficace et lent.

- Ne pas profiter des opérations vectorisées de NumPy peut entraîner une utilisation plus élevée de la mémoire et du temps de traitement.

Solution :

Dans la mesure du possible, utilisez les fonctions intégrées de NumPy pour appliquer des transformations à l'ensemble du tableau de manière vectorisée. Par exemple, au lieu de boucler sur chaque élément d'un tableau pour calculer le logarithme, utilisez np.log(array) pour appliquer la transformation à tous les éléments en une seule fois.

1.5.7 Sur-ingénierie des caractéristiques

L'ingénierie des caractéristiques peut améliorer considérablement la performance du modèle, mais la sur-ingénierie ou la création de trop nombreuses caractéristiques peut conduire à un **surapprentissage** ou à une complexité de modèle inutile.

Que pourrait-il mal tourner ?

- Créer trop de termes d'interaction ou de caractéristiques polynomiales peut entraîner un surapprentissage du modèle sur les données d'entraînement, le faisant mal performer sur des données non vues.

- Ajouter des caractéristiques non pertinentes peut augmenter la complexité du modèle sans ajouter de pouvoir prédictif, entraînant des temps d'entraînement plus longs et une interprétabilité réduite.

Solution :

Soyez stratégique avec votre ingénierie des caractéristiques. Utilisez des techniques comme l'**importance des caractéristiques** ou l'**élimination récursive des caractéristiques** pour identifier les caractéristiques les plus pertinentes et réduire la complexité inutile.

En étant conscient de ces pièges courants et en adoptant les meilleures pratiques, vous serez bien équipé pour gérer les défis qui surviennent au fur et à mesure que vous progressez dans votre parcours d'analyse de données. Chacun de ces problèmes est résolvable avec une réflexion et une considération attentives, et en étant proactif, vous pouvez éviter bon nombre des problèmes qui affligent les projets d'analyse de données de niveau intermédiaire.

Résumé du Chapitre 1 : Aller au-delà des bases

Dans ce chapitre, nous avons posé les fondations de votre parcours vers l'analyse de données intermédiaire et l'ingénierie des caractéristiques. Nous avons commencé par discuter de la transition de la manipulation et de l'analyse de données de base vers des techniques plus avancées qui nécessitent une réflexion plus approfondie et des flux de travail plus efficaces. À ce niveau, il ne s'agit pas seulement de savoir quelles fonctions utiliser, mais de comprendre comment optimiser vos processus, gérer des ensembles de données plus volumineux et prendre des décisions plus intelligentes avec vos données.

Nous avons exploré les outils clés—**Pandas**, **NumPy** et **Scikit-learn**—qui seront vos principales ressources lorsque vous travaillerez sur des tâches d'analyse et de modélisation plus complexes. Pandas reste un outil essentiel pour la manipulation de données, mais à mesure que les ensembles de données augmentent en taille et en complexité, il devient nécessaire d'améliorer la façon dont vous l'utilisez. Nous avons examiné comment filtrer, agréger et transformer les données de manière plus sophistiquée, comme le regroupement par plusieurs colonnes et le calcul de plusieurs statistiques à la fois. Nous avons également souligné l'importance de flux de travail de données efficaces, notamment l'utilisation de pipelines pour automatiser les tâches répétitives.

Ensuite, nous avons présenté **NumPy** comme la colonne vertébrale des calculs numériques. Vous avez appris comment la puissante structure de tableaux de NumPy permet des opérations plus rapides et plus économes en mémoire, en particulier lors de l'exécution de transformations telles que la mise à l'échelle logarithmique ou la standardisation des données. En tirant parti des opérations vectorisées de NumPy, vous pouvez améliorer considérablement la vitesse de vos calculs par rapport à l'utilisation de boucles ou de méthodes moins optimisées.

Nous avons également couvert les bases de **Scikit-learn**, la bibliothèque de référence pour l'apprentissage automatique en Python. Scikit-learn vous permet d'intégrer de manière transparente les tâches de prétraitement et de modélisation, vous permettant de construire des modèles d'apprentissage automatique avec un minimum de code. Vous avez appris à diviser vos données en ensembles d'entraînement et de test, à construire un modèle de forêt aléatoire et à évaluer les prédictions, le tout dans un flux de travail simple et cohérent.

Tout au long du chapitre, nous avons souligné l'importance de combiner efficacement ces outils. La véritable puissance de l'analyse de données vient de l'utilisation conjointe de Pandas, NumPy et Scikit-learn pour rationaliser votre flux de travail et améliorer les performances. En optimisant la manipulation des données, en effectuant des opérations numériques efficaces et en construisant des modèles à l'aide de pipelines Scikit-learn, vous serez en mesure de relever des défis de données plus complexes avec facilité.

Enfin, nous avons introduit la section **« Que pourrait-il mal tourner ? »** pour mettre en évidence les pièges et erreurs courants qui peuvent survenir lors de la gestion des données manquantes, de la mise à l'échelle des caractéristiques ou de la construction de modèles d'apprentissage automatique. Cette perspective vous prépare à éviter ces défis au fur et à mesure que vous progressez dans le livre.

Avec ces compétences en place, vous êtes maintenant prêt à aborder des sujets plus approfondis et à entreprendre des analyses plus avancées dans les chapitres à venir !

Chapitre 2 : Optimiser les flux de travail de données

En vous plongeant plus profondément dans le domaine de l'analyse de données intermédiaire, l'une des compétences les plus cruciales que vous devrez cultiver est l'art d'optimiser vos flux de travail de données. Dans le monde actuel axé sur les données, l'efficacité n'est pas qu'un luxe — c'est une nécessité. Lorsque vous êtes chargé de gérer des ensembles de données de plus en plus volumineux, de naviguer dans des transformations complexes et de relever des défis du monde réel qui exigent des processus rationalisés, la capacité à optimiser devient primordiale.

Ce chapitre est consacré à l'exploration de diverses stratégies et techniques pour améliorer l'efficacité et l'évolutivité de vos processus de manipulation de données. Nous approfondirons les méthodologies avancées pour transformer, agréger et filtrer les données à l'aide de Pandas, une bibliothèque puissante qui vous permettra de travailler plus rapidement et plus efficacement. De plus, nous explorerons les meilleures pratiques standards de l'industrie pour le nettoyage et la structuration des données, vous permettant de minimiser le temps consacré à la préparation des données tout en maximisant simultanément la qualité et l'utilité de vos ensembles de données.

En maîtrisant ces compétences, vous serez bien équipé pour gérer des flux de travail de données d'une complexité croissante. Ces connaissances serviront de base solide, vous préparant aux défis complexes qui vous attendent dans les domaines de l'ingénierie des fonctionnalités et de l'apprentissage automatique. Au fur et à mesure que vous progresserez dans ce chapitre, vous acquerrez des connaissances inestimables qui élèveront vos capacités d'analyse de données vers de nouveaux sommets.

Sans plus attendre, entamons notre voyage en explorant notre premier sujet : **Manipulation avancée de données avec Pandas**. Cette bibliothèque puissante sera notre outil principal alors que nous naviguerons dans les subtilités de la gestion et de la transformation efficaces des données.

2.1 Manipulation avancée de données avec Pandas

Au fur et à mesure que vous progressez dans votre parcours d'analyse de données avec Pandas, vous rencontrerez des scénarios qui exigent des techniques plus sophistiquées. Bien que les fondamentaux du chargement des données, du filtrage et des agrégations de base soient essentiels, ils s'avèrent souvent insuffisants lorsqu'il s'agit d'ensembles de données volumineux et complexes. C'est là que la manipulation avancée de données entre en jeu, vous permettant de gérer des scénarios de données complexes avec une plus grande efficacité et précision.

La manipulation avancée de données dans Pandas englobe une gamme de techniques puissantes qui vont au-delà des opérations de base :

Filtrage et sous-ensemble complexes

Cette technique avancée implique l'application de conditions multiples sur diverses colonnes pour extraire des sous-ensembles de données spécifiques. Elle va au-delà du filtrage simple en vous permettant de combiner des opérateurs logiques (ET, OU, NON) pour créer des conditions de requête complexes. Par exemple, vous pourriez filtrer des données de ventes pour afficher uniquement les transactions provenant d'un magasin particulier, dans une certaine plage de dates et au-dessus d'un seuil de ventes spécifique.

De plus, le filtrage complexe utilise souvent des expressions régulières pour une correspondance sophistiquée de motifs de chaînes. Cela est particulièrement utile lors du traitement de données textuelles, vous permettant de rechercher des motifs ou des combinaisons de caractères spécifiques. Par exemple, vous pourriez utiliser des regex pour filtrer les noms de produits qui suivent une certaine convention de nommage ou pour identifier des types spécifiques de commentaires clients.

Lors du travail avec des données temporelles, la mise en œuvre de filtres basés sur le temps devient cruciale. Cet aspect du filtrage complexe vous permet de découper vos données en fonction de divers critères liés au temps, tels que des plages de dates spécifiques, des jours de la semaine ou même des intervalles de temps personnalisés. Par exemple, en analyse financière, vous pourriez vouloir filtrer les données boursières pour afficher uniquement les jours de négociation où le volume a dépassé un certain seuil pendant les heures de marché.

Maîtriser ces techniques de filtrage complexes vous permet d'approfondir vos données avec précision, révélant des insights qui pourraient être cachés lors de l'utilisation de méthodes de filtrage plus simples. C'est une compétence essentielle pour tout analyste de données traitant de vastes ensembles de données multiformes où les filtres simples ne parviennent pas à capturer les motifs et relations nuancés au sein des données.

Regroupement et agrégation multiniveaux

Cette technique avancée vous permet d'effectuer des opérations de regroupement hiérarchiques, permettant une analyse nuancée sur plusieurs dimensions de vos données simultanément. En regroupant les données sur plusieurs niveaux, vous pouvez découvrir des motifs et des relations complexes qui resteraient autrement cachés.

Par exemple, dans un ensemble de données de vente au détail, vous pourriez regrouper les données de ventes par magasin, puis par catégorie de produits, et enfin par date. Cette approche multiniveaux vous permet d'analyser les performances à diverses granularités, comme identifier les catégories de produits les plus performantes dans chaque magasin au fil du temps. Vous pouvez ensuite appliquer des fonctions d'agrégation comme la somme, la moyenne ou le comptage à ces données regroupées, fournissant des insights complets sur vos opérations commerciales.

De plus, le regroupement multiniveaux est particulièrement utile lors du traitement d'ensembles de données qui ont des hiérarchies naturelles, telles que les données géographiques (pays, état, ville) ou les structures organisationnelles (département, équipe, employé). Il vous permet de remonter ou de descendre dans ces hiérarchies, offrant une flexibilité dans votre analyse et vos rapports.

Pandas offre des fonctions puissantes comme groupby() avec plusieurs colonnes et agg() pour effectuer ces opérations complexes efficacement, même sur de grands ensembles de données. En maîtrisant ces techniques, vous serez en mesure d'extraire des insights plus profonds et de créer des analyses plus sophistiquées, élevant vos capacités de manipulation de données à un niveau professionnel.

Pivotement et restructuration des données

Ces techniques vous permettent de restructurer vos données de manière dynamique, en les transformant du format long au format large (ou vice versa) pour faciliter des types spécifiques d'analyses ou de visualisations. Le pivotement est particulièrement utile lorsque vous devez réorganiser vos données pour créer des tableaux récapitulatifs ou les préparer pour certains types d'analyses statistiques. Par exemple, vous pourriez avoir un ensemble de données avec des chiffres de ventes quotidiens pour plusieurs produits dans différents magasins. En pivotant ces données, vous pourriez créer un tableau où chaque ligne représente un magasin, chaque colonne représente un produit, et les cellules contiennent les ventes totales pour ce produit dans ce magasin.

La fonction 'melt', d'autre part, est utilisée pour transformer les données au format large en données au format long. Cela peut être bénéfique lorsque vous devez effectuer des analyses nécessitant des données dans un format « ordonné », où chaque variable forme une colonne et chaque observation forme une ligne. Par exemple, si vous avez un ensemble de données où chaque colonne représente les chiffres de ventes d'une année différente, vous pourriez utiliser 'melt' pour créer un ensemble de données au format long avec des colonnes pour 'Année' et 'Ventes', facilitant l'exécution d'analyses de séries temporelles ou la création de certains types de visualisations.

Ces techniques de restructuration sont essentielles pour le prétraitement des données et peuvent avoir un impact significatif sur la facilité et l'efficacité de vos analyses ultérieures. Elles vous permettent d'adapter la structure de vos données aux exigences spécifiques de différentes méthodes analytiques ou outils de visualisation, améliorant la flexibilité et la puissance de vos capacités de manipulation de données.

Gestion efficace des données de séries temporelles

Cette technique avancée se concentre sur des méthodes spécialisées pour travailler avec des données temporelles, ce qui est crucial dans de nombreux domaines tels que la finance, l'économie et les sciences environnementales. Lors du traitement de données de séries temporelles, vous rencontrerez des défis uniques qui nécessitent des approches spécifiques :

1. Rééchantillonnage : Cela implique de changer la fréquence de vos données de séries temporelles. Par exemple, vous pourriez avoir besoin de convertir des données quotidiennes en résumés mensuels ou d'agréger des données de trading à haute fréquence en intervalles réguliers. Pandas fournit des fonctions de rééchantillonnage puissantes qui vous permettent d'effectuer facilement ces transformations tout en appliquant diverses méthodes d'agrégation (par exemple, somme, moyenne, médiane) à vos données.

2. Calculs de fenêtre glissante : Ceux-ci sont essentiels pour analyser les tendances et les motifs au fil du temps. Vous apprendrez comment calculer les moyennes mobiles, les écarts-types glissants et d'autres mesures statistiques sur des fenêtres temporelles spécifiées. Ces techniques sont particulièrement utiles pour lisser les fluctuations à court terme et mettre en évidence les tendances à long terme dans vos données.

3. Gestion des différents fuseaux horaires et fréquences : Dans notre monde mondialisé, le traitement de données provenant de divers fuseaux horaires est de plus en plus courant. Vous explorerez des méthodes pour convertir entre les fuseaux horaires, aligner les données de différentes sources et gérer les transitions d'heure d'été. De plus, vous apprendrez comment travailler avec des données de fréquences variables, comme combiner des données quotidiennes et mensuelles dans une seule analyse.

4. Indexation et sélection basées sur le temps : Pandas fournit des capacités puissantes pour indexer et sélectionner des données basées sur les dates et les heures. Vous apprendrez comment découper efficacement vos données par plages de dates, sélectionner des périodes temporelles spécifiques et effectuer des requêtes complexes basées sur le temps.

5. Gestion des données manquantes dans les séries temporelles : Les séries temporelles ont souvent des lacunes ou des valeurs manquantes. Vous explorerez des techniques pour identifier, remplir ou interpoler les points de données manquants, assurant la continuité et l'intégrité de votre analyse de séries temporelles.

En maîtrisant ces méthodes spécialisées, vous serez bien équipé pour gérer efficacement des données de séries temporelles complexes, permettant des analyses et des insights plus sophistiqués dans les domaines où les motifs temporels sont cruciaux.

Optimisation de la mémoire et des performances

À mesure que les ensembles de données augmentent en taille et en complexité, l'utilisation efficace de la mémoire et l'optimisation des performances deviennent cruciales. Cette section approfondit les techniques avancées pour gérer efficacement les tâches d'analyse de données à grande échelle. Vous explorerez des méthodes pour réduire l'empreinte mémoire, comme l'utilisation de types de données appropriés, le découpage de grands ensembles de données et l'exploitation d'itérateurs pour traiter les données par lots plus petits. De plus, vous apprendrez des techniques de vectorisation pour accélérer les calculs, et comment utiliser les optimisations intégrées de Pandas pour améliorer les performances.

La section couvre également des stratégies de traitement parallèle, vous permettant d'exploiter la puissance des processeurs multicœurs pour accélérer les tâches de manipulation de données. Vous découvrirez comment utiliser des bibliothèques comme Dask ou Vaex pour des calculs hors mémoire lors du traitement d'ensembles de données qui dépassent la RAM disponible. De plus, vous obtiendrez des insights sur le profilage de votre code pour identifier les goulots d'étranglement et optimiser les sections critiques pour une efficacité maximale.

En maîtrisant ces techniques d'optimisation avancées, vous serez équipé pour gérer des ensembles de données massifs et des analyses complexes avec élégance et rapidité. Ces connaissances sont inestimables pour les data scientists et les analystes travaillant sur des projets de big data ou dans des environnements où les ressources informatiques sont limitées. Au fur et à mesure que vous progresserez dans cette section, vous développerez les compétences nécessaires pour créer des pipelines de données évolutifs et efficaces, capables de traiter de vastes quantités d'informations dans des délais raisonnables.

Chacun de ces sujets avancés ouvre de nouvelles possibilités pour l'analyse et la manipulation de données. En maîtrisant ces techniques, vous serez en mesure de relever des défis de données complexes du monde réel avec confiance et efficacité. Dans les sections suivantes, nous approfondirons des exemples pratiques qui démontrent comment appliquer ces concepts avancés dans divers scénarios, de l'analyse financière au traitement de données à grande échelle.

2.1.1 Filtrage et sous-ensemble complexes

Lors du travail avec des données, vous devez souvent sous-ensemble votre DataFrame en fonction de plusieurs conditions. Ce processus, connu sous le nom de filtrage complexe, est une compétence cruciale pour les analystes de données et les scientifiques traitant d'ensembles de données complexes. Dans des scénarios plus complexes, cela peut impliquer l'utilisation de conditions logiques sur différentes colonnes, le filtrage sur plusieurs valeurs, ou même l'exécution d'opérations plus avancées comme le sous-ensemble basé sur des motifs de chaînes ou des dates.

Le filtrage complexe vous permet d'extraire des sous-ensembles spécifiques de données qui répondent simultanément à plusieurs critères. Par exemple, dans un ensemble de données de ventes, vous pourriez vouloir filtrer les transactions qui se sont produites dans un magasin particulier, dans une plage de dates spécifique et qui ont dépassé un certain montant de ventes. Ce niveau de granularité dans la sélection des données permet des analyses plus ciblées et perspicaces.

De plus, les techniques de sous-ensemble avancées peuvent impliquer des expressions régulières pour une correspondance sophistiquée de chaînes, des filtres basés sur le temps pour les données temporelles, et même des fonctions personnalisées pour des besoins de filtrage plus spécialisés. Ces méthodes offrent la flexibilité nécessaire pour gérer un large éventail de scénarios de données, de l'analyse financière aux études de comportement des clients.

Maîtriser le filtrage et le sous-ensemble complexes est essentiel pour plusieurs raisons :

Nettoyage des données et assurance qualité

Le filtrage complexe est une technique puissante qui va au-delà de la simple sélection de données, permettant aux analystes d'effectuer des vérifications complexes de la qualité des données et d'identifier des motifs subtils au sein de grands ensembles de données. Cette approche de filtrage avancée permet l'application simultanée de plusieurs conditions à travers diverses dimensions de données, résultant en des sous-ensembles de données hautement spécifiques pour l'analyse.

L'un des principaux avantages du filtrage complexe est sa capacité à découvrir des problèmes cachés de qualité des données. En appliquant des combinaisons sophistiquées de filtres, les analystes peuvent identifier des valeurs aberrantes, des incohérences et des anomalies qui pourraient échapper à la détection par des méthodes conventionnelles de nettoyage de données. Par exemple, dans un ensemble de données financières, des filtres complexes pourraient être utilisés pour signaler des transactions qui s'écartent des motifs attendus en fonction de plusieurs critères tels que le montant, la fréquence et le moment.

De plus, le filtrage complexe joue un rôle crucial dans les processus de validation des données. Il permet aux analystes de créer des règles de validation ciblées qui considèrent simultanément plusieurs attributs de données. Cela est particulièrement précieux lors du traitement de champs de données interdépendants ou lors de la validation de données par rapport à des règles commerciales complexes. Par exemple, dans un ensemble de données de soins de santé, des filtres complexes pourraient être utilisés pour vérifier la cohérence des dossiers de patients à travers divers paramètres médicaux et historiques de traitement.

La puissance du filtrage complexe s'étend également à l'analyse exploratoire des données. En isolant des sous-ensembles spécifiques de données basés sur des critères complexes, les analystes peuvent obtenir des insights plus profonds sur les distributions de données, les relations et les tendances qui peuvent ne pas être apparentes lors de l'examen de l'ensemble de données dans son intégralité. Cette approche ciblée de l'exploration des données peut conduire à la découverte d'insights précieux et informer des stratégies analytiques plus ciblées.

Dans le contexte d'environnements de big data, où les ensembles de données peuvent être massifs et divers, le filtrage complexe devient un outil indispensable pour maintenir l'intégrité des données. Il permet aux analystes de passer efficacement au crible de vastes quantités d'informations, en se concentrant sur les points de données les plus pertinents et de haute qualité pour leurs analyses. Cela améliore non seulement la précision des processus analytiques ultérieurs, mais renforce également l'efficacité globale des flux de travail de gestion des données.

Exemple

Considérons un scénario où nous avons un ensemble de données de commandes clients et où nous voulons identifier et nettoyer les entrées potentiellement erronées :

```python
import pandas as pd
import numpy as np

# Sample data
data = {
    'OrderID': [1001, 1002, 1003, 1004, 1005],
    'CustomerID': ['C001', 'C002', 'C003', 'C004', 'C005'],
    'OrderDate': ['2023-01-15', '2023-01-16', '2023-01-17', '2023-01-18', '2023-01-
19'],
    'TotalAmount': [100.50, 200.75, -50.00, 1000000.00, 150.25],
    'Status': ['Completed', 'Pending', 'Completed', 'Shipped', 'Invalid']
}

df = pd.DataFrame(data)

# Convert OrderDate to datetime
df['OrderDate'] = pd.to_datetime(df['OrderDate'])

# Identify and filter out orders with negative or unusually high amounts
valid_orders = df[(df['TotalAmount'] > 0) & (df['TotalAmount'] < 10000)]

# Identify orders with invalid status
invalid_status = df[~df['Status'].isin(['Completed', 'Pending', 'Shipped'])]

print("Valid Orders:")
print(valid_orders)
print("\\nOrders with Invalid Status:")
print(invalid_status)

# Clean the data by removing invalid entries and resetting the index
cleaned_df = df[(df['TotalAmount'] > 0) & (df['TotalAmount'] < 10000) &
               (df['Status'].isin(['Completed',                'Pending',
'Shipped']))].reset_index(drop=True)

print("\\nCleaned Dataset:")
print(cleaned_df)
```

Explication du code :

1. Nous commençons par importer les bibliothèques nécessaires et créer un DataFrame d'exemple avec des données de commandes clients.

2. La colonne 'OrderDate' est convertie au format datetime pour une gestion appropriée des dates.

3. Nous identifions et filtrons les commandes avec des montants négatifs ou anormalement élevés (en supposant un maximum raisonnable de 10 000 $).

4. Les commandes avec un statut invalide sont identifiées en les vérifiant par rapport à une liste de statuts valides.

5. L'ensemble de données nettoyé est créé en appliquant à la fois les filtres de montant et de statut, puis en réinitialisant l'index.

Cet exemple démontre comment le filtrage complexe peut être utilisé pour identifier et nettoyer les entrées de données problématiques, assurant la qualité des données pour les analyses ultérieures. Il montre comment gérer différents types de problèmes de données (plages numériques et validations catégorielles) dans un seul processus de nettoyage.

Analyse ciblée et granulaire

En extrayant des sous-ensembles précis de données grâce au filtrage complexe, les analystes peuvent effectuer des analyses hautement ciblées sur des segments spécifiques de l'ensemble de données. Cette approche granulaire permet d'obtenir des insights plus approfondis sur des aspects particuliers des données, tels que le comportement des clients au sein d'une certaine démographie ou la performance des produits dans des conditions de marché spécifiques. Une telle analyse ciblée conduit souvent à des insights plus exploitables et pertinents pour la prise de décision.

La puissance du filtrage complexe va au-delà de la simple sélection de données. Elle permet aux analystes de découvrir des motifs et des relations cachés qui peuvent ne pas être apparents lors de l'examen de l'ensemble de données dans son intégralité. Par exemple, en filtrant les clients à forte valeur dans une tranche d'âge spécifique qui ont effectué des achats dans plusieurs catégories de produits, les analystes peuvent identifier des opportunités de vente croisée ou développer des stratégies de marketing sur mesure.

De plus, le filtrage complexe facilite la création de cohortes personnalisées pour des études longitudinales. Cela est particulièrement précieux dans des domaines tels que l'analyse de la valeur vie client ou la prédiction de l'attrition, où le suivi du comportement de groupes spécifiques dans le temps est crucial. En appliquant plusieurs filtres simultanément, les analystes peuvent isoler des cohortes basées sur divers attributs tels que la date d'acquisition, la fréquence d'achat et les préférences des clients, permettant des prédictions plus nuancées et précises.

De plus, le filtrage complexe joue un rôle essentiel dans la détection d'anomalies et l'analyse de fraude. En établissant des combinaisons de filtres complexes, les analystes peuvent signaler des transactions ou des comportements suspects qui s'écartent des normes établies. Cette capacité est particulièrement importante dans les services financiers et le commerce électronique, où l'identification rapide de la fraude potentielle peut permettre d'économiser des ressources importantes et de maintenir la confiance des clients.

En outre, les insights granulaires obtenus grâce au filtrage complexe peuvent stimuler le développement de produits et l'innovation. En analysant les préférences et les comportements de segments de clients très spécifiques, les entreprises peuvent identifier des besoins non satisfaits ou des opportunités d'amélioration de produits qui répondent aux marchés de niche, conduisant potentiellement à des avantages concurrentiels sur des marchés encombrés.

Exemple

Considérons un scénario où nous avons un ensemble de données d'achats de clients, et nous voulons effectuer une analyse ciblée sur un segment de clients spécifique :

```python
import pandas as pd
import numpy as np

# Sample data
data = {
    'CustomerID': ['C001', 'C002', 'C003', 'C004', 'C005', 'C001', 'C002', 'C003'],
    'Age': [25, 35, 45, 30, 50, 25, 35, 45],
    'Gender': ['M', 'F', 'M', 'F', 'M', 'M', 'F', 'M'],
    'ProductCategory': ['Electronics', 'Clothing', 'Home', 'Beauty', 'Sports',
'Clothing', 'Electronics', 'Beauty'],
    'PurchaseAmount': [500, 150, 300, 200, 450, 200, 600, 100]
}

df = pd.DataFrame(data)

# Targeted analysis: Female customers aged 30-40 who made purchases in Electronics or
Clothing
target_segment = df[
    (df['Gender'] == 'F') &
    (df['Age'].between(30, 40)) &
    (df['ProductCategory'].isin(['Electronics', 'Clothing']))
]

# Calculate average purchase amount for the target segment
avg_purchase = target_segment['PurchaseAmount'].mean()

# Find the most popular product category in the target segment
popular_category = target_segment['ProductCategory'].mode().values[0]

print("Target Segment Analysis:")
print(f"Average Purchase Amount: ${avg_purchase:.2f}")
print(f"Most Popular Category: {popular_category}")
```

```python
# Compare with overall average
overall_avg = df['PurchaseAmount'].mean()
print(f"\\nOverall Average Purchase Amount: ${overall_avg:.2f}")
print(f"Difference: ${avg_purchase - overall_avg:.2f}")
```

Explication du code :

1. Nous commençons par importer les bibliothèques nécessaires et créer un DataFrame d'exemple avec des données d'achats clients.

2. Le segment cible est défini à l'aide d'un filtrage complexe : clientes âgées de 30 à 40 ans ayant acheté de l'électronique ou des vêtements.

3. Nous calculons le montant d'achat moyen pour ce segment spécifique en utilisant la fonction 'mean()'.

4. La catégorie de produits la plus populaire au sein du segment est déterminée en utilisant la fonction 'mode()'.

5. Nous comparons ensuite le montant d'achat moyen du segment cible avec la moyenne globale pour identifier toute différence significative.

Cet exemple démontre comment l'analyse ciblée par le biais du filtrage complexe peut fournir des insights spécifiques sur un segment de clients particulier, ce qui peut être précieux pour les stratégies marketing ou les recommandations de produits.

Tests d'hypothèses et validation statistique

Le filtrage complexe joue un rôle crucial dans l'établissement de groupes de test et de contrôle robustes pour les analyses statistiques et les tests d'hypothèses. Cette technique avancée permet aux chercheurs de sélectionner méticuleusement des sous-ensembles de données qui respectent des critères spécifiques, garantissant ainsi la validité et la fiabilité de leurs comparaisons statistiques. La puissance du filtrage complexe réside dans sa capacité à créer des groupes définis avec précision, ce qui est essentiel pour tirer des conclusions exactes et significatives à partir des données.

Dans le domaine des tests A/B, par exemple, le filtrage complexe permet aux spécialistes du marketing d'isoler des segments d'utilisateurs en fonction de multiples attributs tels que les caractéristiques démographiques, les modèles de comportement et les niveaux d'engagement. Cette approche granulaire garantit que la comparaison entre différentes versions d'un produit ou d'une campagne marketing est effectuée sur des groupes véritablement comparables, conduisant à des insights plus exploitables.

Dans les essais cliniques, l'application du filtrage complexe est encore plus critique. Les chercheurs peuvent utiliser cette technique pour créer des groupes de traitement et de contrôle bien appariés, en tenant compte de nombreux facteurs tels que l'âge, les antécédents médicaux, les marqueurs génétiques et les facteurs de style de vie. Ce niveau de précision dans la sélection des groupes est essentiel pour minimiser les variables confondantes et améliorer la fiabilité des résultats des essais.

L'étude de marché bénéficie également considérablement du filtrage complexe. Les analystes peuvent créer des segments de consommateurs hautement spécifiques en combinant plusieurs critères tels que le comportement d'achat, la fidélité à la marque et les caractéristiques psychographiques. Cela permet aux entreprises de mener des études ciblées qui fournissent des insights approfondis sur des segments de marché de niche, éclairant le développement de produits et les stratégies marketing.

De plus, l'application du filtrage complexe s'étend au-delà de ces domaines. Dans les sciences sociales, les économistes et les chercheurs en politiques publiques utilisent cette technique pour contrôler plusieurs variables lors de l'étude de l'impact d'interventions ou de changements de politiques. Cela permet des évaluations plus précises des relations de cause à effet dans des systèmes sociaux et économiques complexes.

En tirant parti du filtrage complexe, les chercheurs et analystes peuvent considérablement améliorer la robustesse de leurs études, conduisant à des insights plus fiables et exploitables dans un large éventail de disciplines. Cette technique améliore non seulement la qualité des analyses statistiques, mais contribue également à une prise de décision plus éclairée dans divers contextes professionnels et académiques.

Exemple

Considérons un exemple où nous voulons comparer l'efficacité de deux stratégies marketing en analysant leur impact sur l'engagement client (mesuré par les taux de clics).

```python
import pandas as pd
import numpy as np
from scipy import stats

# Sample data
np.random.seed(42)
data = {
    'Strategy': ['A'] * 1000 + ['B'] * 1000,
    'ClickThrough': np.concatenate([
        np.random.normal(0.05, 0.02, 1000),  # Strategy A
        np.random.normal(0.06, 0.02, 1000)   # Strategy B
    ])
}

df = pd.DataFrame(data)

# Separate the data for each strategy
strategy_a = df[df['Strategy'] == 'A']['ClickThrough']
strategy_b = df[df['Strategy'] == 'B']['ClickThrough']

# Perform t-test
t_statistic, p_value = stats.ttest_ind(strategy_a, strategy_b)
```

```python
print(f"T-statistic: {t_statistic}")
print(f"P-value: {p_value}")

# Interpret the results
alpha = 0.05
if p_value < alpha:
    print("Reject the null hypothesis. There is a significant difference between the
strategies.")
else:
    print("Fail to reject the null hypothesis. There is no significant difference
between the strategies.")
```

Explication du code :

1. Nous importons les bibliothèques nécessaires : pandas pour la manipulation de données, numpy pour la génération de nombres aléatoires, et scipy.stats pour les tests statistiques.

2. Nous créons un jeu de données d'exemple avec 1000 échantillons pour chaque stratégie marketing (A et B), en simulant des taux de clics avec des distributions normales.

3. Les données sont chargées dans un DataFrame pandas pour une manipulation facile.

4. Nous séparons les données pour chaque stratégie en utilisant l'indexation booléenne.

5. Nous effectuons un test t indépendant en utilisant scipy.stats.ttest_ind() pour comparer les moyennes des deux groupes.

6. La statistique t et la valeur p sont calculées et affichées.

7. Nous interprétons les résultats en comparant la valeur p à un seuil de signification (alpha) de 0,05. Si la valeur p est inférieure à alpha, nous rejetons l'hypothèse nulle, indiquant une différence significative entre les stratégies.

Cet exemple démontre comment le filtrage complexe (séparation des données par stratégie) peut être utilisé conjointement avec des tests statistiques pour valider des hypothèses sur différents groupes dans vos données. De telles analyses sont cruciales pour la prise de décision fondée sur les données dans divers domaines, notamment le marketing, le développement de produits et la recherche scientifique.

Optimisation des performances et traitement efficace

Travailler avec des sous-ensembles de données plus petits et pertinents obtenus grâce au filtrage complexe peut considérablement améliorer les performances des tâches de traitement et d'analyse de données. Cette technique d'optimisation est particulièrement bénéfique lors de la manipulation de jeux de données à grande échelle ou lors de l'exécution d'analyses exigeantes en termes de calcul. En réduisant le volume de données traitées, le filtrage complexe peut conduire à des temps d'exécution de requêtes plus rapides, une utilisation réduite de la mémoire et une utilisation plus efficace des ressources informatiques.

L'impact du filtrage complexe sur les performances est multiforme. Premièrement, il réduit la quantité de données qui doivent être chargées en mémoire, ce qui est particulièrement crucial lors du traitement de jeux de données qui dépassent la RAM disponible. Cette réduction de l'utilisation de la mémoire non seulement prévient les ralentissements du système, mais permet également l'analyse de jeux de données plus volumineux sur des machines aux ressources limitées.

Deuxièmement, le filtrage complexe peut considérablement accélérer les temps d'exécution des requêtes. Lors du travail avec des bases de données ou de gros fichiers de données, filtrer les données à la source avant de les charger dans votre environnement d'analyse peut réduire significativement les temps de transfert de données et les frais généraux de traitement. Cela est particulièrement important dans les environnements informatiques distribués, où la latence du réseau peut constituer un goulot d'étranglement majeur.

De plus, en se concentrant sur des sous-ensembles de données pertinents, le filtrage complexe permet des analyses plus ciblées et efficaces. Cela est particulièrement précieux dans l'analyse exploratoire de données, où les analystes doivent souvent itérer rapidement à travers différentes hypothèses et sous-ensembles de données. La capacité de filtrer rapidement et de se concentrer sur des segments de données spécifiques permet des flux de travail d'analyse plus agiles et réactifs.

Dans les applications d'apprentissage automatique, le filtrage complexe joue un rôle crucial dans la sélection de caractéristiques et la réduction de dimensionnalité. En identifiant et en se concentrant sur les caractéristiques ou points de données les plus pertinents, il peut conduire à des modèles plus précis, des temps d'entraînement plus rapides et une meilleure performance de généralisation. Cela est particulièrement important dans les jeux de données de grande dimension où la malédiction de la dimensionnalité peut gravement impacter les performances du modèle.

Enfin, l'utilisation efficace des ressources informatiques grâce au filtrage complexe a des implications plus larges pour l'évolutivité et la rentabilité dans les industries axées sur les données. En optimisant les pipelines de traitement de données, les organisations peuvent réduire leurs coûts d'infrastructure, améliorer l'efficacité énergétique et renforcer leur capacité à gérer des volumes de données croissants sans augmentations proportionnelles des ressources informatiques.

Voici un exemple démontrant l'optimisation des performances grâce au filtrage complexe :

```python
import pandas as pd
import numpy as np
import time

# Create a large dataset
n_rows = 1000000
```

```python
df = pd.DataFrame({
    'id': range(n_rows),
    'category': np.random.choice(['A', 'B', 'C'], n_rows),
    'value': np.random.randn(n_rows)
})

# Function to perform a complex operation
def complex_operation(x):
    return np.sin(x) * np.cos(x) * np.tan(x)

# Measure time without filtering
start_time = time.time()
result_without_filter = df['value'].apply(complex_operation).sum()
time_without_filter = time.time() - start_time

# Apply complex filter
filtered_df = df[(df['category'] == 'A') & (df['value'] > 0)]

# Measure time with filtering
start_time = time.time()
result_with_filter = filtered_df['value'].apply(complex_operation).sum()
time_with_filter = time.time() - start_time

print(f"Time without filtering: {time_without_filter:.2f} seconds")
print(f"Time with filtering: {time_with_filter:.2f} seconds")
print(f"Speed improvement: {time_without_filter / time_with_filter:.2f}x")
```

Explication du code :

1. Nous importons les bibliothèques nécessaires : pandas pour la manipulation de données, numpy pour les opérations numériques, et time pour la mesure des performances.

2. Un grand jeu de données de 1 million de lignes est créé, contenant une colonne 'id', 'category' et 'value'.

3. Nous définissons une fonction complex_operation pour simuler une tâche exigeante en termes de calcul.

4. L'opération est d'abord effectuée sur l'ensemble du jeu de données, et le temps d'exécution est mesuré.

5. Nous appliquons ensuite un filtre complexe pour créer un sous-ensemble des données (catégorie 'A' et valeurs positives).

6. La même opération est effectuée sur le jeu de données filtré, et le temps d'exécution est à nouveau mesuré.

7. Enfin, nous comparons les temps d'exécution pour démontrer l'amélioration des performances.

Cet exemple illustre comment le filtrage complexe peut réduire significativement le temps de traitement en travaillant avec un sous-ensemble de données plus petit et pertinent. Le gain de performance peut être substantiel, en particulier lors de la manipulation de jeux de données volumineux et d'opérations complexes.

En approfondissant ce sujet, nous explorerons des exemples pratiques et des techniques pour mettre en œuvre des filtres complexes dans Pandas, démontrant comment ces méthodes peuvent être appliquées aux défis de données du monde réel.

Exemple : Filtrage avec plusieurs conditions

Supposons que vous travailliez avec un jeu de données de ventes au détail, et que vous souhaitiez filtrer les transactions qui ont eu lieu dans le magasin 'A' et dont le montant des ventes est supérieur à 200 $. De plus, vous souhaitez exclure toutes les transactions qui ont reçu une remise de plus de 10 %.

```python
import pandas as pd
import numpy as np

# Create a more comprehensive sample dataset
np.random.seed(42)
data = {
    'TransactionID': range(1001, 1021),
    'Store': np.random.choice(['A', 'B', 'C'], 20),
    'SalesAmount': np.random.randint(50, 500, 20),
    'Discount': np.random.randint(0, 30, 20),
    'Category': np.random.choice(['Electronics', 'Clothing', 'Home', 'Food'], 20),
    'Date': pd.date_range(start='2023-01-01', periods=20)
}

df = pd.DataFrame(data)

# Display the original dataset
print("Original Dataset:")
print(df)
print("\\n")

# Filtering with multiple conditions
filtered_df = df[
    (df['Store'] == 'A') &
    (df['SalesAmount'] > 200) &
    (df['Discount'] <= 10) &
    (df['Category'].isin(['Electronics', 'Clothing']))
]

print("Filtered Dataset:")
print(filtered_df)
print("\\n")

# Additional analysis on the filtered data
```

```python
print("Summary Statistics of Filtered Data:")
print(filtered_df.describe())
print("\\n")

print("Average Sales Amount by Category:")
print(filtered_df.groupby('Category')['SalesAmount'].mean())
print("\\n")

print("Total Sales Amount by Date:")
print(filtered_df.groupby('Date')['SalesAmount'].sum())
```

Explication détaillée du code :

1. Importation des bibliothèques :

   o Nous importons pandas (pd) pour la manipulation et l'analyse de données.

   o Nous importons numpy (np) pour générer des données aléatoires.

2. Création d'un jeu de données exemple :

   o Nous utilisons np.random.seed(42) pour garantir la reproductibilité des données aléatoires.

   o Nous créons un dictionnaire 'data' avec plus de colonnes et 20 lignes de données :

     ▪ TransactionID : Identifiants uniques pour chaque transaction.

     ▪ Store : Choisi aléatoirement parmi 'A', 'B', 'C'.

     ▪ SalesAmount : Entiers aléatoires entre 50 et 500.

     ▪ Discount : Entiers aléatoires entre 0 et 30.

     ▪ Category : Choisi aléatoirement parmi 'Electronics', 'Clothing', 'Home', 'Food'.

     ▪ Date : Une plage de dates commençant le '2023-01-01' pour 20 jours.

   o Nous convertissons ce dictionnaire en un DataFrame pandas.

3. Affichage du jeu de données original :

   o Nous affichons l'ensemble du jeu de données original pour montrer ce avec quoi nous travaillons.

4. Filtrage avec plusieurs conditions :

   o Nous créons 'filtered_df' en appliquant plusieurs conditions :

     ▪ Store doit être 'A'

- SalesAmount doit être supérieur à 200

- Discount doit être de 10 % ou moins

- Category doit être soit 'Electronics' soit 'Clothing'

  o Cela démontre comment combiner plusieurs conditions en utilisant des opérateurs logiques (&).

5. Affichage du jeu de données filtré :

   o Nous affichons le jeu de données filtré pour montrer les résultats de notre filtrage.

6. Analyse supplémentaire :

   o Nous effectuons une analyse de base sur les données filtrées : a. Statistiques sommaires : Utilisation de .describe() pour obtenir le nombre, la moyenne, l'écart-type, le min, le max, etc. b. Montant moyen des ventes par catégorie : Utilisation de groupby() et mean() pour calculer les ventes moyennes pour chaque catégorie. c. Montant total des ventes par date : Utilisation de groupby() et sum() pour calculer les ventes totales pour chaque date.

Cet exemple démontre non seulement comment filtrer des données avec plusieurs conditions, mais aussi comment effectuer une analyse exploratoire de données de base sur les résultats filtrés. Il met en valeur la puissance de pandas dans le traitement d'opérations de données complexes et la génération de résumés perspicaces.

2.1.2 Regroupement et agrégation multi-niveaux

Dans de nombreux jeux de données du monde réel, vous devrez regrouper les données selon plusieurs colonnes et effectuer des agrégations sur ces groupes. Cela devient particulièrement important lorsque vous traitez des données hiérarchiques, telles que les ventes dans plusieurs magasins et catégories de produits. Le regroupement multi-niveaux vous permet d'analyser les données à différents niveaux de granularité, révélant des informations qui pourraient être cachées dans une analyse à un seul niveau.

Par exemple, dans un jeu de données de vente au détail, vous pourriez vouloir regrouper les données de ventes à la fois par emplacement de magasin et par catégorie de produit. Cela vous permettrait de répondre à des questions telles que « Quel est le total des ventes d'électronique dans chaque magasin ? » ou « Quelle catégorie de produit performe le mieux dans chaque région ? » De telles analyses sont cruciales pour prendre des décisions commerciales éclairées, telles que la gestion des stocks, les stratégies marketing ou l'allocation des ressources.

De plus, le regroupement multi-niveaux ne se limite pas à seulement deux niveaux. Vous pouvez étendre ce concept pour inclure des dimensions supplémentaires comme des périodes temporelles (par exemple, données mensuelles ou trimestrielles), des segments de clients ou toute autre variable catégorielle pertinente dans votre jeu de données. Cette flexibilité permet des analyses complexes et multidimensionnelles qui peuvent révéler des motifs et relations complexes au sein de vos données.

Lorsque vous travaillez avec des données hiérarchiques, il est important de considérer l'ordre de vos regroupements, car cela peut affecter à la fois la structure de vos résultats et les informations que vous pouvez en tirer. Pandas fournit des outils puissants pour gérer ces regroupements multi-niveaux, vous permettant d'agréger facilement les données, de calculer des statistiques et de remodeler vos résultats pour une analyse ou une visualisation ultérieure.

Exemple de code : Regroupement par plusieurs niveaux

Étendons notre exemple de jeu de données pour inclure une catégorie de produit et montrons comment effectuer un regroupement et une agrégation multi-niveaux.

```python
import pandas as pd
import numpy as np

# Create a more comprehensive sample dataset
np.random.seed(42)
data = {
    'TransactionID': range(1001, 1021),
    'Store': np.random.choice(['A', 'B', 'C'], 20),
    'Category': np.random.choice(['Electronics', 'Clothing', 'Home', 'Food'], 20),
    'SalesAmount': np.random.randint(50, 500, 20),
    'Discount': np.random.randint(0, 30, 20),
    'Date': pd.date_range(start='2023-01-01', periods=20)
}

df = pd.DataFrame(data)

# Display the original dataset
print("Original Dataset:")
print(df.head())
print("\\n")

# Group by Store and Category, and calculate multiple aggregations
grouped_df = df.groupby(['Store', 'Category']).agg({
    'SalesAmount': ['sum', 'mean', 'count'],
    'Discount': ['mean', 'max']
}).reset_index()

# Flatten column names
grouped_df.columns = ['_'.join(col).strip() for col in grouped_df.columns.values]

print("Grouped Dataset:")
print(grouped_df)
print("\\n")

# Pivot table to show total sales by Store and Category
pivot_df = pd.pivot_table(df, values='SalesAmount', index='Store',
columns='Category', aggfunc='sum', fill_value=0)
```

```python
print("Pivot Table - Total Sales by Store and Category:")
print(pivot_df)
print("\\n")

# Time-based analysis
df['Date'] = pd.to_datetime(df['Date'])
df.set_index('Date', inplace=True)

monthly_sales = df.resample('M')['SalesAmount'].sum()

print("Monthly Total Sales:")
print(monthly_sales)
print("\\n")

# Advanced filtering
high_value_transactions = df[(df['SalesAmount'] > df['SalesAmount'].mean()) &
(df['Discount'] < df['Discount'].mean())]

print("High Value Transactions (Above average sales, below average discount):")
print(high_value_transactions)
```

Explication détaillée :

1. Importation des bibliothèques et création du jeu de données :

    o   Nous importons pandas (pd) pour la manipulation de données et numpy (np) pour la génération de nombres aléatoires.

    o   Un jeu de données plus complet est créé avec 20 transactions, incluant TransactionID, Store, Category, SalesAmount, Discount et Date.

    o   np.random.seed(42) garantit la reproductibilité des données aléatoires.

2. Affichage du jeu de données original :

    o   Nous utilisons print(df.head()) pour afficher les premières lignes du jeu de données original.

3. Regroupement et agrégation multi-niveaux :

    o   Nous regroupons les données à la fois par 'Store' et 'Category' en utilisant df.groupby(['Store', 'Category']).

    o   Plusieurs agrégations sont effectuées : somme, moyenne et comptage pour SalesAmount ; moyenne et maximum pour Discount.

    o   reset_index() est utilisé pour reconvertir les données regroupées en un DataFrame régulier.

    o   Les noms de colonnes sont aplatis pour les rendre plus lisibles.

4. Création de tableau croisé dynamique :

    o   pd.pivot_table() est utilisé pour créer une tabulation croisée des ventes totales par Store et Category.

    o   fill_value=0 garantit que toutes les combinaisons manquantes sont remplies avec des zéros.

5. Analyse temporelle :

    o   La colonne 'Date' est convertie en datetime et définie comme index.

    o   df.resample('M') est utilisé pour regrouper les données par mois, puis les ventes totales pour chaque mois sont calculées.

6. Filtrage avancé :

    o   Nous créons un sous-ensemble de 'transactions à forte valeur' en filtrant les transactions avec des montants de ventes supérieurs à la moyenne et des remises inférieures à la moyenne.

    o   Cela démontre comment combiner plusieurs conditions dans un filtre.

Cet exemple présente diverses opérations avancées de Pandas :

- Regroupement multi-niveaux avec agrégations multiples

- Création de tableau croisé dynamique pour l'analyse de tabulation croisée

- Rééchantillonnage de séries temporelles pour l'analyse mensuelle

- Filtrage avancé combinant plusieurs conditions

Ces techniques sont essentielles pour gérer des jeux de données complexes du monde réel et extraire des informations significatives sous différents angles.

2.1.3 Pivoter et remodeler les données

Parfois, vos données peuvent ne pas être dans le format idéal pour l'analyse, et vous devez les remodeler — soit en pivotant les colonnes vers les lignes ou vice versa. Pandas fournit des outils puissants comme pivot(), pivot_table() et melt() pour remodeler les données. Ces fonctions sont essentielles pour transformer votre jeu de données afin de répondre à différents besoins analytiques.

La fonction pivot() est particulièrement utile lorsque vous souhaitez convertir des valeurs uniques d'une colonne en plusieurs colonnes. Par exemple, si vous avez un jeu de données avec des colonnes pour la date, le produit et les ventes, vous pouvez utiliser pivot pour créer un nouveau tableau où chaque produit devient une colonne, avec les ventes comme valeurs.

D'un autre côté, pivot_table() est plus polyvalent, vous permettant de spécifier comment agréger les données lorsqu'il existe plusieurs valeurs pour chaque groupe. Ceci est particulièrement utile lorsque vous traitez des jeux de données comportant des entrées en double ou lorsque vous devez effectuer des calculs tels que somme, moyenne ou comptage sur des données regroupées.

La fonction melt() fait l'inverse du pivot - elle transforme les colonnes en lignes. Ceci est particulièrement utile lorsque vous avez un jeu de données avec plusieurs colonnes représentant le même type de données, et que vous souhaitez les consolider en une seule colonne. Par exemple, si vous avez des colonnes séparées pour les ventes de différentes années, vous pouvez utiliser melt pour créer une seule colonne 'Année' et une colonne 'Ventes' correspondante.

Comprendre et utiliser efficacement ces outils de remodelage peut considérablement améliorer vos capacités de manipulation de données, vous permettant de préparer vos données pour divers types d'analyses, de visualisations ou de modèles d'apprentissage automatique.

Exemple de code : Pivoter les données

Supposons que vous ayez des données de ventes pour différents magasins sur plusieurs mois, et que vous souhaitiez pivoter les données pour avoir les magasins comme colonnes et les mois comme lignes, montrant les ventes totales pour chaque magasin dans chaque mois.

```python
import pandas as pd
import numpy as np
import matplotlib.pyplot as plt

# Sample data for sales across stores and months
np.random.seed(42)
stores = ['A', 'B', 'C']
months = ['Jan', 'Feb', 'Mar', 'Apr', 'May', 'Jun']
data = {
    'Store': np.random.choice(stores, size=100),
    'Month': np.random.choice(months, size=100),
    'SalesAmount': np.random.randint(100, 1000, size=100),
    'ItemsSold': np.random.randint(10, 100, size=100)
}

df = pd.DataFrame(data)

# Display the original dataset
print("Original Dataset:")
print(df.head())
print("\\n")

# Pivot the data to show total sales by month and store
pivot_sales = df.pivot_table(index='Month', columns='Store', values='SalesAmount',
aggfunc='sum')
print("Pivot Table - Total Sales by Month and Store:")
print(pivot_sales)
print("\\n")
```

```python
# Pivot the data to show average items sold by month and store
pivot_items = df.pivot_table(index='Month', columns='Store', values='ItemsSold',
aggfunc='mean')
print("Pivot Table - Average Items Sold by Month and Store:")
print(pivot_items)
print("\\n")

# Calculate the total sales for each store
store_totals = df.groupby('Store')['SalesAmount'].sum().sort_values(ascending=False)
print("Total Sales by Store:")
print(store_totals)
print("\\n")

# Find the month with the highest sales for each store
best_months = df.groupby('Store').apply(lambda x: x.loc[x['SalesAmount'].idxmax()])
print("Best Performing Month for Each Store:")
print(best_months[['Store', 'Month', 'SalesAmount']])
print("\\n")

# Visualize the total sales by store
plt.figure(figsize=(10, 6))
store_totals.plot(kind='bar')
plt.title('Total Sales by Store')
plt.xlabel('Store')
plt.ylabel('Total Sales')
plt.tight_layout()
plt.show()

# Visualize the monthly sales trend for each store
pivot_sales.plot(kind='line', marker='o', figsize=(12, 6))
plt.title('Monthly Sales Trend by Store')
plt.xlabel('Month')
plt.ylabel('Total Sales')
plt.legend(title='Store')
plt.tight_layout()
plt.show()
```

Explication détaillée :

1. Création des données :

    o   Nous utilisons les fonctions aléatoires de numpy pour créer un ensemble de données plus étendu avec 100 entrées.

    o   L'ensemble de données comprend Store (A, B, C), Month (Jan à Jun), SalesAmount et ItemsSold.

2. Affichage de l'ensemble de données original :

    o   Nous affichons les premières lignes de l'ensemble de données original en utilisant df.head().

3. Tableaux croisés dynamiques :

   o Nous créons deux tableaux croisés dynamiques : a. Ventes totales par mois et magasin b. Articles moyens vendus par mois et magasin

   o Cela nous permet de comparer à la fois les ventes totales et la taille moyenne des transactions entre les magasins et les mois.

4. Analyse de la performance des magasins :

   o Nous calculons les ventes totales pour chaque magasin en utilisant groupby et sum.

   o Cela nous donne une vue d'ensemble du magasin qui performe le mieux.

5. Meilleur mois de performance :

   o Pour chaque magasin, nous trouvons le mois avec les ventes les plus élevées.

   o Cela aide à identifier s'il existe des mois spécifiques particulièrement bons pour certains magasins.

6. Visualisations :

   o Graphique à barres : Nous visualisons les ventes totales par magasin en utilisant un graphique à barres.

   o Graphique linéaire : Nous créons un graphique linéaire pour montrer la tendance des ventes mensuelles pour chaque magasin.

   o Ces visualisations permettent de repérer facilement les tendances et de comparer visuellement les performances.

7. Informations supplémentaires :

   o En incluant à la fois SalesAmount et ItemsSold, nous pouvons analyser non seulement le chiffre d'affaires total mais aussi le volume des transactions.

   o Les tableaux croisés dynamiques permettent une comparaison facile sur les deux dimensions (Store et Month) simultanément.

Cet exemple démontre une approche plus complète de l'analyse des données de ventes, incluant :

- Plusieurs points de données (montant des ventes et articles vendus)

- Diverses méthodes d'agrégation (somme pour les ventes totales, moyenne pour les articles vendus moyens)

- Différents types d'analyse (performance globale, tendances mensuelles, périodes les plus performantes)

- Représentations visuelles des données

Ces techniques fournissent une vue complète de la performance des ventes dans différents magasins et périodes temporelles, permettant une prise de décision et un développement de stratégie plus éclairés.

2.1.4 Gestion efficace des données de séries temporelles

Les données de séries temporelles introduisent une complexité supplémentaire, en particulier lorsqu'on travaille avec des données financières, des cours boursiers ou des données de ventes au fil du temps. Pandas offre un ensemble robuste de méthodes spécialisées pour gérer les dates et les heures de manière efficace, permettant aux analystes d'effectuer des analyses temporelles sophistiquées. Ces méthodes vont au-delà de l'analyse simple des dates et incluent des outils puissants pour rééchantillonner les données à différentes fréquences temporelles, gérer les fuseaux horaires et effectuer des calculs sur fenêtre glissante.

Par exemple, lors du traitement de données boursières, vous pourriez avoir besoin de rééchantillonner des données minute par minute en intervalles horaires ou quotidiens, d'ajuster pour différentes heures d'ouverture de marché sur les bourses mondiales, ou de calculer des moyennes mobiles sur des fenêtres temporelles spécifiques. La fonctionnalité de séries temporelles de Pandas rend ces tâches simples et efficaces.

De plus, Pandas s'intègre de manière transparente avec d'autres bibliothèques de l'écosystème Python, telles que statsmodels pour la modélisation et la prévision de séries temporelles, ou matplotlib pour visualiser les tendances temporelles. Cette approche écosystémique permet une analyse complète des séries temporelles, de la préparation et du nettoyage des données à la modélisation statistique avancée et à la visualisation, le tout dans un cadre analytique cohérent.

Exemple de code : Rééchantillonnage de données de séries temporelles

Supposons que vous travaillez avec des données de ventes quotidiennes et que vous souhaitez calculer les ventes totales mensuelles. Il s'agit d'une tâche courante lors du traitement de données de séries temporelles.

```python
import pandas as pd
import numpy as np
import matplotlib.pyplot as plt

# Generate sample daily sales data
np.random.seed(42)
date_range = pd.date_range(start='2023-01-01', end='2023-12-31', freq='D')
sales_data = {
    'Date': date_range,
    'SalesAmount': np.random.randint(100, 1000, size=len(date_range)),
    'ProductCategory':     np.random.choice(['Electronics',    'Clothing',    'Food'],
size=len(date_range))
}
```

```python
df = pd.DataFrame(sales_data)

# Set the Date column as the index
df.set_index('Date', inplace=True)

# Display the first few rows of the original dataset
print("Original Dataset:")
print(df.head())
print("\\n")

# Resample data to monthly frequency and calculate total sales per month
monthly_sales = df['SalesAmount'].resample('M').sum()
print("Monthly Sales:")
print(monthly_sales)
print("\\n")

# Calculate moving average
df['MovingAverage'] = df['SalesAmount'].rolling(window=7).mean()

# Resample data to weekly frequency and calculate average sales per week
weekly_sales = df['SalesAmount'].resample('W').mean()
print("Weekly Average Sales:")
print(weekly_sales)
print("\\n")

# Group by product category and resample to monthly frequency
category_monthly_sales =
df.groupby('ProductCategory')['SalesAmount'].resample('M').sum().unstack(level=0)
print("Monthly Sales by Product Category:")
print(category_monthly_sales)
print("\\n")

# Visualize the data
plt.figure(figsize=(12, 6))
monthly_sales.plot(label='Monthly Sales')
weekly_sales.plot(label='Weekly Average Sales')
plt.title('Sales Trends')
plt.xlabel('Date')
plt.ylabel('Sales Amount')
plt.legend()
plt.tight_layout()
plt.show()

# Visualize sales by product category
category_monthly_sales.plot(kind='bar', stacked=True, figsize=(12, 6))
plt.title('Monthly Sales by Product Category')
plt.xlabel('Date')
plt.ylabel('Sales Amount')
plt.legend(title='Product Category')
plt.tight_layout()
plt.show()
```

Explication détaillée :

1. Génération des données :

    o   Nous utilisons la fonction date_range de pandas pour créer une année complète de dates quotidiennes du 1er janvier 2023 au 31 décembre 2023.

    o   Des montants de ventes aléatoires entre 100 et 1000 sont générés pour chaque jour.

    o   Une colonne 'ProductCategory' est ajoutée avec des catégories aléatoires (Électronique, Vêtements, Alimentation) pour chaque vente.

2. Préparation des données :

    o   Le DataFrame est créé avec les données générées.

    o   La colonne 'Date' est définie comme index du DataFrame pour faciliter les opérations basées sur le temps.

3. Analyse de séries temporelles :

    o   Ventes mensuelles : Les données sont rééchantillonnées à une fréquence mensuelle, en additionnant les ventes de chaque mois.

    o   Moyenne mobile : Une moyenne mobile sur 7 jours est calculée pour lisser les fluctuations quotidiennes.

    o   Ventes hebdomadaires : Les données sont rééchantillonnées à une fréquence hebdomadaire, calculant la moyenne des ventes par semaine.

4. Analyse par catégorie :

    o   Les ventes mensuelles sont calculées pour chaque catégorie de produit en utilisant les opérations groupby et resample.

    o   Le résultat est un DataFrame avec les mois en lignes et les catégories de produits en colonnes.

5. Visualisation :

    o   Un graphique linéaire est créé pour montrer à la fois les tendances des ventes mensuelles et des ventes moyennes hebdomadaires au fil du temps.

    o   Un graphique à barres empilées est utilisé pour visualiser les ventes mensuelles par catégorie de produit.

Cet exemple démontre plusieurs concepts clés de l'analyse de séries temporelles avec pandas :

- Rééchantillonnage des données à différentes fréquences (mensuelle, hebdomadaire)

- Calcul de moyennes mobiles

- Regroupement des données par catégories et exécution d'opérations basées sur le temps

- Visualisation de données de séries temporelles en utilisant matplotlib

Ces techniques fournissent une vue d'ensemble complète des tendances des ventes au fil du temps, permettant l'analyse de la performance globale, des modèles saisonniers et des comparaisons de catégories de produits.

2.1.5 Optimisation de l'utilisation de la mémoire et des performances

À mesure que les ensembles de données deviennent plus volumineux, une gestion efficace de la mémoire et l'optimisation des performances deviennent des considérations cruciales dans l'analyse de données. Pandas offre une variété de techniques pour relever ces défis. Une stratégie clé consiste à réduire les types de données numériques, ce qui implique de convertir les données vers le plus petit type possible pouvant représenter les valeurs sans perte d'information. Cela peut réduire considérablement l'utilisation de la mémoire, en particulier pour les grands ensembles de données comportant de nombreuses colonnes numériques.

Une autre approche consiste à utiliser des structures de données plus efficaces en termes de mémoire. Par exemple, les catégories peuvent être utilisées pour les colonnes contenant des valeurs de chaînes répétées, ce qui peut réduire considérablement l'utilisation de la mémoire par rapport au stockage de chaque chaîne séparément. De même, des structures de données creuses peuvent être employées pour les ensembles de données comportant de nombreuses valeurs nulles ou zéro, en stockant uniquement les éléments non nuls et leurs positions.

De plus, Pandas offre des options de traitement par blocs, vous permettant de travailler avec de grands ensembles de données qui ne tiennent pas entièrement en mémoire. En traitant les données par petits blocs, vous pouvez gérer des ensembles de données beaucoup plus volumineux que votre RAM disponible. En outre, l'utilisation des fonctionnalités d'optimisation intégrées de Pandas, telles que les opérations vectorisées et les méthodes eval() et query() pour des calculs efficaces sur de grands ensembles de données, peut considérablement améliorer les performances.

Il est également intéressant d'envisager des bibliothèques alternatives comme Dask ou Vaex pour des ensembles de données extrêmement volumineux qui dépassent les capacités de Pandas. Ces bibliothèques offrent des API similaires à Pandas mais sont conçues pour gérer des calculs hors mémoire et un traitement distribué, permettant l'analyse d'ensembles de données dont la taille est plusieurs ordres de grandeur supérieure à ce que Pandas peut gérer efficacement.

Exemple de code : Optimisation de l'utilisation de la mémoire

Voici comment vous pouvez optimiser l'utilisation de la mémoire en réduisant les colonnes numériques :

```python
import pandas as pd
import numpy as np
import matplotlib.pyplot as plt

# Generate a larger sample dataset
np.random.seed(42)
n_rows = 1000000

data = {
    'TransactionID': range(1, n_rows + 1),
    'SalesAmount': np.random.uniform(100, 1000, n_rows),
    'Quantity': np.random.randint(1, 100, n_rows),
    'CustomerID': np.random.randint(1000, 10000, n_rows),
    'ProductCategory': np.random.choice(['Electronics', 'Clothing', 'Food', 'Books',
'Home'], n_rows)
}

df = pd.DataFrame(data)

# Print initial memory usage
print("Initial DataFrame Info:")
df.info(memory_usage='deep')
print("\\n")

# Optimize memory usage
def optimize_dataframe(df):
    for col in df.columns:
        if df[col].dtype == 'float64':
            df[col] = pd.to_numeric(df[col], downcast='float')
        elif df[col].dtype == 'int64':
            df[col] = pd.to_numeric(df[col], downcast='integer')
        elif df[col].dtype == 'object':
            if df[col].nunique() / len(df[col]) < 0.5:  # If less than 50% unique
values
                df[col] = df[col].astype('category')
    return df

df_optimized = optimize_dataframe(df)

# Print optimized memory usage
print("Optimized DataFrame Info:")
df_optimized.info(memory_usage='deep')
print("\\n")

# Calculate memory savings
original_memory = df.memory_usage(deep=True).sum()
optimized_memory = df_optimized.memory_usage(deep=True).sum()
memory_saved = original_memory - optimized_memory
print(f"Memory saved: {memory_saved / 1e6:.2f} MB")
print(f"Percentage reduction: {(memory_saved / original_memory) * 100:.2f}%")

# Demonstrate performance improvement
```

```python
import time

def calculate_total_sales(dataframe):
    return dataframe.groupby('ProductCategory')['SalesAmount'].sum()

# Time the operation on the original dataframe
start_time = time.time()
original_result = calculate_total_sales(df)
original_time = time.time() - start_time

# Time the operation on the optimized dataframe
start_time = time.time()
optimized_result = calculate_total_sales(df_optimized)
optimized_time = time.time() - start_time

print(f"\\nTime taken (Original): {original_time:.4f} seconds")
print(f"Time taken (Optimized): {optimized_time:.4f} seconds")
print(f"Speed improvement: {(original_time - optimized_time) / original_time * 100:.2f}%")

# Visualize the results
plt.figure(figsize=(10, 6))
original_result.plot(kind='bar', alpha=0.8, label='Original')
optimized_result.plot(kind='bar', alpha=0.8, label='Optimized')
plt.title('Total Sales by Product Category')
plt.xlabel('Product Category')
plt.ylabel('Total Sales')
plt.legend()
plt.tight_layout()
plt.show()
```

Explication détaillée :

1. Génération de données :

   o Nous créons un vaste ensemble de données avec 1 million de lignes et plusieurs colonnes de types différents (int, float, object) pour démontrer les techniques d'optimisation de manière plus efficace.

   o L'ensemble de données comprend TransactionID, SalesAmount, Quantity, CustomerID et ProductCategory.

2. Utilisation initiale de la mémoire :

   o Nous utilisons df.info(memory_usage='deep') pour afficher l'utilisation initiale de la mémoire du DataFrame, y compris la mémoire utilisée par chaque colonne.

3. Optimisation de la mémoire :

- o Nous définissons une fonction optimize_dataframe qui applique différentes techniques d'optimisation en fonction du type de données de chaque colonne :

- o Pour les colonnes float64, nous utilisons pd.to_numeric avec downcast='float' pour utiliser le plus petit type float possible.

- o Pour les colonnes int64, nous utilisons pd.to_numeric avec downcast='integer' pour utiliser le plus petit type entier possible.

- o Pour les colonnes object (chaînes de caractères), nous convertissons en category si moins de 50 % des valeurs sont uniques, ce qui peut réduire considérablement l'utilisation de la mémoire pour les colonnes contenant des valeurs répétées.

4. Comparaison de l'utilisation de la mémoire :

- o Nous comparons l'utilisation de la mémoire avant et après l'optimisation.

- o Nous calculons la mémoire totale économisée et le pourcentage de réduction de l'utilisation de la mémoire.

5. Comparaison des performances :

- o Nous définissons une opération d'exemple (calcul des ventes totales par catégorie de produit) et chronométrons son exécution sur les DataFrames original et optimisé.

- o Nous comparons les temps d'exécution pour démontrer l'amélioration des performances.

6. Visualisation :

- o Nous créons un graphique à barres pour visualiser les ventes totales par catégorie de produit pour les DataFrames original et optimisé.

- o Cela permet de vérifier que l'optimisation n'a pas affecté la précision de nos calculs.

Cet exemple démontre plusieurs concepts clés dans l'optimisation des opérations Pandas :

- Utilisation efficace de la mémoire grâce à la réduction de type et aux types de données catégoriels

- Mesure et comparaison de l'utilisation de la mémoire avant et après l'optimisation

- Évaluation des améliorations de performances dans les opérations de données

- Vérification de la précision des résultats après optimisation

En appliquant ces techniques, nous pouvons réduire considérablement l'utilisation de la mémoire et améliorer les performances, en particulier lors du travail avec de vastes ensembles de données. Cela permet une analyse et un traitement des données plus efficaces, vous permettant de gérer des ensembles de données plus volumineux avec des ressources matérielles limitées.

2.2 Améliorer les performances avec les tableaux NumPy

En vous plongeant plus profondément dans le domaine de l'analyse de données et en vous attaquant à des opérations numériques de plus en plus complexes, vous réaliserez rapidement que l'efficacité n'est pas qu'un luxe — c'est une nécessité. Voici NumPy, abréviation de Numerical Python, un package fondamental dans le monde du calcul scientifique avec Python. Cette puissante bibliothèque offre une alternative robuste aux listes Python traditionnelles, en particulier lors de la manipulation de vastes tableaux de données.

À la base, **NumPy** introduit le concept de **tableaux à n dimensions** (communément appelés ndarrays). Ces tableaux servent de fondation à une suite complète de fonctions mathématiques, toutes méticuleusement optimisées pour des performances maximales. La véritable puissance de NumPy se révèle dans sa capacité à effectuer des opérations vectorisées — une technique qui applique des fonctions à des tableaux entiers simultanément, éliminant le besoin d'itérations élément par élément chronophages.

Dans les sections suivantes, nous entreprendrons une exploration approfondie des tableaux NumPy. Nous découvrirons le fonctionnement complexe de ces puissantes structures de données, démontrerons comment elles peuvent considérablement accélérer les performances de vos calculs, et vous fournirons une boîte à outils de meilleures pratiques pour les intégrer de manière transparente dans vos flux de travail de données. En maîtrisant NumPy, vous serez équipé pour gérer des ensembles de données plus volumineux et des calculs plus complexes avec une rapidité et une efficacité sans précédent.

2.2.1 Comprendre la puissance des tableaux NumPy

Les tableaux NumPy changent la donne dans le monde du calcul scientifique et de l'analyse de données. Leur performance supérieure par rapport aux listes Python découle de deux facteurs clés : l'efficacité mémoire et les opérations numériques optimisées. Contrairement aux listes Python, qui stockent des références à des objets dispersés dans la mémoire, les tableaux NumPy utilisent des blocs de mémoire contigus. Ce stockage contigu permet un accès et une manipulation des données plus rapides, car l'ordinateur peut récupérer et traiter les données de manière plus efficace.

De plus, NumPy exploite des optimisations de bas niveau spécifiquement conçues pour les calculs numériques. Ces optimisations incluent des opérations vectorisées, qui permettent d'effectuer des opérations élément par élément sur des tableaux entiers simultanément, plutôt que d'itérer à travers chaque élément individuellement. Cette vectorisation accélère considérablement les calculs, en particulier lors de la manipulation de grands ensembles de données.

La combinaison du stockage de mémoire contiguë et des opérations numériques optimisées rend NumPy particulièrement bien adapté à la gestion d'ensembles de données à grande échelle et à l'exécution d'opérations mathématiques complexes. Que vous travailliez avec des millions de points de données ou que vous appliquiez des algorithmes complexes, l'efficacité de NumPy se démarque, permettant des temps d'exécution plus rapides et une surcharge mémoire réduite.

Pour illustrer les avantages pratiques de l'utilisation des tableaux NumPy par rapport aux listes Python, examinons un exemple comparatif :

Exemple de code : Liste Python vs Tableau NumPy

```python
import numpy as np
import time
import matplotlib.pyplot as plt

def compare_performance(size):
    # Create a list and a NumPy array with 'size' elements
    py_list = list(range(1, size + 1))
    np_array = np.arange(1, size + 1)

    # Python list operation: multiply each element by 2
    start = time.time()
    py_result = [x * 2 for x in py_list]
    py_time = time.time() - start

    # NumPy array operation: multiply each element by 2
    start = time.time()
    np_result = np_array * 2
    np_time = time.time() - start

    return py_time, np_time

# Compare performance for different sizes
sizes = [10**i for i in range(2, 8)]  # 100 to 10,000,000
py_times = []
np_times = []

for size in sizes:
    py_time, np_time = compare_performance(size)
    py_times.append(py_time)
    np_times.append(np_time)
    print(f"Size: {size}")
    print(f"Python list took: {py_time:.6f} seconds")
    print(f"NumPy array took: {np_time:.6f} seconds")
    print(f"Speed-up factor: {py_time / np_time:.2f}x\\n")

# Plotting the results
```

```python
plt.figure(figsize=(10, 6))
plt.plot(sizes, py_times, 'b-', label='Python List')
plt.plot(sizes, np_times, 'r-', label='NumPy Array')
plt.xscale('log')
plt.yscale('log')
plt.xlabel('Array Size')
plt.ylabel('Time (seconds)')
plt.title('Performance Comparison: Python List vs NumPy Array')
plt.legend()
plt.grid(True)
plt.show()

# Memory usage comparison
import sys

size = 1000000
py_list = list(range(size))
np_array = np.arange(size)

py_memory = sys.getsizeof(py_list) + sum(sys.getsizeof(i) for i in py_list)
np_memory = np_array.nbytes

print(f"Memory usage for {size} elements:")
print(f"Python list: {py_memory / 1e6:.2f} MB")
print(f"NumPy array: {np_memory / 1e6:.2f} MB")
print(f"Memory reduction factor: {py_memory / np_memory:.2f}x")
```

Explication détaillée du code :

1. Fonction de comparaison de performances : Nous définissons une fonction compare_performance(size) qui crée à la fois une liste Python et un tableau NumPy d'une taille donnée, puis mesure le temps nécessaire pour multiplier chaque élément par 2 en utilisant les deux méthodes.

2. Test de mise à l'échelle : Nous testons les performances sur différentes tailles de tableaux, de 100 à 10 millions d'éléments, pour montrer comment la différence de performance évolue avec la taille des données.

3. Mesure du temps : Nous utilisons la fonction time.time() de Python pour mesurer le temps d'exécution des opérations sur liste Python et tableau NumPy.

4. Affichage des résultats : Pour chaque taille, nous affichons le temps pris par les deux méthodes et calculons un facteur d'accélération pour quantifier le gain de performance.

5. Visualisation : Nous utilisons matplotlib pour créer un graphique log-log du temps d'exécution en fonction de la taille du tableau pour les deux méthodes, fournissant une représentation visuelle de la différence de performance.

6. Comparaison de l'utilisation de la mémoire : Nous comparons l'utilisation de la mémoire d'une liste Python par rapport à un tableau NumPy pour 1 million d'éléments. Pour la liste Python, nous prenons en compte à la fois l'objet liste lui-même et les objets entiers individuels qu'il contient.

7. Observations clés :

    o   Les opérations NumPy sont nettement plus rapides, en particulier pour les tableaux plus grands.

    o   L'écart de performance s'élargit à mesure que la taille du tableau augmente.

    o   Les tableaux NumPy utilisent beaucoup moins de mémoire par rapport aux listes Python.

    o   L'efficacité mémoire de NumPy devient plus prononcée avec des ensembles de données plus volumineux.

Cet exemple fournit une comparaison complète, démontrant les performances supérieures et l'efficacité mémoire de NumPy sur diverses tailles de tableaux. Il visualise également les résultats, facilitant la compréhension de l'ampleur de la différence de performance.

2.2.2 Opérations vectorisées : vitesse et simplicité

L'un des principaux avantages de NumPy est la capacité à effectuer des **opérations vectorisées**. Cette fonctionnalité puissante vous permet d'appliquer des fonctions à des tableaux entiers simultanément, plutôt que d'itérer à travers chaque élément individuellement. Contrairement aux boucles traditionnelles, les opérations vectorisées vous permettent d'exécuter des calculs complexes sur de grands ensembles de données avec une seule ligne de code. Cette approche offre plusieurs avantages :

- Performances améliorées : Les opérations vectorisées exploitent la puissance d'implémentations optimisées de bas niveau, résultant en des temps d'exécution plusieurs ordres de grandeur plus rapides que les itérations élément par élément traditionnelles. Ce gain de vitesse est particulièrement notable lors du travail avec de grands ensembles de données ou des opérations mathématiques complexes.

- Lisibilité du code améliorée : En éliminant le besoin de boucles explicites, les opérations vectorisées transforment des algorithmes complexes en extraits de code concis et facilement assimilables. Cette clarté accrue est inestimable lors du traitement d'opérations mathématiques complexes ou lors de la collaboration avec des membres d'équipe qui peuvent ne pas être familiers avec les subtilités de votre base de code.

- Utilisation efficace de la mémoire : Les opérations vectorisées dans NumPy sont conçues pour maximiser l'efficacité mémoire. En tirant parti des optimisations au niveau du processeur et de la cohérence du cache, ces opérations minimisent les allocations et désallocations de mémoire inutiles, résultant en une surcharge mémoire réduite et des performances globales améliorées, en particulier lors du traitement de tâches gourmandes en mémoire.

- Capacités de traitement parallèle : De nombreuses opérations vectorisées dans NumPy sont intrinsèquement parallélisables, leur permettant de tirer automatiquement parti des processeurs multicœurs. Ce parallélisme intégré permet à votre code de s'adapter sans effort sur plusieurs cœurs de processeur, conduisant à des gains de performance significatifs sur le matériel moderne sans nécessiter de code multi-threading explicite.

- Débogage et maintenance simplifiés : La nature rationalisée des opérations vectorisées se traduit par moins de lignes de code et une structure de programme plus simple. Cette simplification facilite non seulement l'identification et la correction des bogues, mais améliore également la maintenabilité du code à long terme. À mesure que vos projets gagnent en complexité, cela devient de plus en plus important pour garantir la fiabilité du code et la facilité des mises à jour.

En maîtrisant les opérations vectorisées dans NumPy, vous serez en mesure d'écrire du code plus efficace, évolutif et maintenable pour vos tâches d'analyse de données et de calcul scientifique. Cette approche est particulièrement bénéfique lors du travail avec de grands ensembles de données ou de l'exécution de transformations mathématiques complexes sur plusieurs dimensions.

Exemple de code : Application de fonctions mathématiques à un tableau NumPy

Supposons que nous ayons un tableau de montants de ventes et que nous souhaitions appliquer quelques transformations mathématiques pour préparer les données à l'analyse. Nous calculerons le logarithme, la racine carrée et l'exponentielle des montants de ventes en utilisant les fonctions vectorisées de NumPy.

```python
import numpy as np
import matplotlib.pyplot as plt

# Sales amounts in dollars
sales = np.array([100, 200, 300, 400, 500])

# Apply transformations using vectorized operations
log_sales = np.log(sales)
sqrt_sales = np.sqrt(sales)
exp_sales = np.exp(sales)

# Print results
print("Original sales:", sales)
print("Logarithm of sales:", log_sales)
print("Square root of sales:", sqrt_sales)
print("Exponential of sales:", exp_sales)

# Calculate some statistics
mean_sales = np.mean(sales)
median_sales = np.median(sales)
```

```python
std_sales = np.std(sales)

print(f"\\nMean sales: {mean_sales:.2f}")
print(f"Median sales: {median_sales:.2f}")
print(f"Standard deviation of sales: {std_sales:.2f}")

# Perform element-wise operations
discounted_sales = sales * 0.9  # 10% discount
increased_sales = sales + 50  # $50 increase

print("\\nDiscounted sales (10% off):", discounted_sales)
print("Increased sales ($50 added):", increased_sales)

# Visualize the transformations
plt.figure(figsize=(12, 8))
plt.plot(sales, label='Original')
plt.plot(log_sales, label='Log')
plt.plot(sqrt_sales, label='Square Root')
plt.plot(exp_sales, label='Exponential')
plt.xlabel('Index')
plt.ylabel('Value')
plt.title('Comparison of Sales Transformations')
plt.legend()
plt.grid(True)
plt.show()
```

Explication détaillée du code :

1. Instructions d'importation :

    o   Nous importons NumPy sous l'alias np pour les opérations numériques.

    o   Nous importons matplotlib.pyplot pour la visualisation de données.

2. Création des données :

    o   Nous créons un tableau NumPy 'sales' avec des données de ventes échantillon.

3. Opérations vectorisées :

    o   Nous appliquons les fonctions logarithme (np.log), racine carrée (np.sqrt) et exponentielle (np.exp) à l'ensemble du tableau 'sales' en une seule opération chacune.

    o   Ces opérations démontrent la capacité de NumPy à effectuer des calculs élément par élément de manière efficace sans boucles explicites.

4. Affichage des résultats :

- o Nous affichons les ventes originales et les résultats de chaque transformation pour montrer comment les données ont changé.

5. Analyse statistique :

   - o Nous calculons la moyenne, la médiane et l'écart type des données de ventes en utilisant les fonctions intégrées de NumPy.

   - o Cela met en évidence les capacités statistiques de NumPy et la facilité avec laquelle elles peuvent être appliquées aux tableaux.

6. Opérations élément par élément :

   - o Nous effectuons une multiplication élément par élément (pour une réduction de 10 %) et une addition (pour une augmentation de 50 $) sur les données de ventes.

   - o Cela démontre la facilité avec laquelle nous pouvons appliquer une logique métier à des tableaux entiers de données.

7. Visualisation des données :

   - o Nous utilisons matplotlib pour créer un graphique linéaire comparant les données de ventes originales avec leurs diverses transformations.

   - o Cette représentation visuelle aide à comprendre comment chaque transformation affecte les données.

Cet exemple démontre non seulement les opérations vectorisées de base, mais comprend également une analyse statistique, des opérations élément par élément pour la logique métier et la visualisation des données. Il met en valeur la polyvalence et la puissance de NumPy dans la gestion de divers aspects de l'analyse et de la manipulation de données de manière efficace.

2.2.3 Diffusion : Opérations de tableaux flexibles

NumPy introduit une fonctionnalité puissante connue sous le nom de **diffusion** (broadcasting), qui permet de combiner des tableaux de formes différentes dans des opérations arithmétiques. Cette capacité est particulièrement utile lorsque vous souhaitez appliquer une transformation à un tableau sans le remodeler ou le redimensionner manuellement. La diffusion aligne automatiquement les tableaux de différentes dimensions, permettant d'effectuer des opérations élément par élément entre des tableaux qui seraient autrement incompatibles.

Le concept de diffusion suit un ensemble de règles qui déterminent comment les tableaux de formes différentes peuvent interagir. Ces règles permettent à NumPy d'effectuer des opérations sur des tableaux de tailles différentes sans boucler explicitement sur les éléments. Cela simplifie non seulement le code, mais améliore également considérablement les performances, en particulier lors du traitement de grands ensembles de données.

Par exemple, si vous avez un tableau de données de ventes et que vous souhaitez ajuster chaque valeur d'un facteur constant (par exemple, en ajoutant une réduction ou une taxe), vous pouvez le faire directement sans avoir à modifier la forme du tableau. Ceci est particulièrement utile dans des scénarios tels que :

- Appliquer une réduction globale à un tableau multidimensionnel de prix de produits

- Ajouter une valeur constante à chaque élément d'un tableau (par exemple, ajouter un salaire de base aux gains basés sur les commissions)

- Multiplier chaque ligne ou colonne d'un tableau 2D par un tableau 1D (par exemple, mettre à l'échelle chaque caractéristique dans un ensemble de données)

La diffusion permet d'effectuer ces opérations de manière efficace et avec un code minimal, ce qui en fait un outil puissant pour la manipulation et l'analyse de données dans NumPy.

Exemple de code : Diffusion dans NumPy

Supposons que nous ayons un tableau de montants de ventes et que nous souhaitions ajouter un taux de taxe constant à chaque vente.

```python
import numpy as np
import matplotlib.pyplot as plt

# Sales amounts in dollars
sales = np.array([100, 200, 300, 400, 500])

# Apply a tax of 10% to each sale using broadcasting
taxed_sales = sales * 1.10

# Apply a flat fee of $25 to each sale
flat_fee_sales = sales + 25

# Calculate the difference between taxed and flat fee sales
difference = taxed_sales - flat_fee_sales

# Print results
print("Original sales:", sales)
print("Sales after 10% tax:", taxed_sales)
print("Sales with $25 flat fee:", flat_fee_sales)
print("Difference between taxed and flat fee:", difference)

# Calculate some statistics
total_sales = np.sum(sales)
average_sale = np.mean(sales)
max_sale = np.max(sales)
min_sale = np.min(sales)

print(f"\\nTotal sales: ${total_sales}")
print(f"Average sale: ${average_sale:.2f}")
print(f"Highest sale: ${max_sale}")
```

```python
print(f"Lowest sale: ${min_sale}")

# Visualize the results
plt.figure(figsize=(10, 6))
x = np.arange(len(sales))
width = 0.25

plt.bar(x - width, sales, width, label='Original')
plt.bar(x, taxed_sales, width, label='10% Tax')
plt.bar(x + width, flat_fee_sales, width, label='$25 Flat Fee')

plt.xlabel('Sale Index')
plt.ylabel('Amount ($)')
plt.title('Comparison of Original Sales, Taxed Sales, and Flat Fee Sales')
plt.legend()
plt.xticks(x)
plt.grid(axis='y', linestyle='--', alpha=0.7)

plt.tight_layout()
plt.show()
```

Explication détaillée du code :

1. Importation des bibliothèques :

    o Nous importons NumPy pour les opérations numériques et Matplotlib pour la visualisation de données.

2. Création du tableau des ventes :

    o Nous créons un tableau NumPy 'sales' avec des données de ventes échantillon.

3. Application de la taxe (diffusion) :

    o Nous utilisons la diffusion pour multiplier chaque vente par 1,10, appliquant ainsi une taxe de 10 %.

    o Cela démontre avec quelle facilité nous pouvons effectuer des opérations élément par élément sur des tableaux.

4. Application des frais fixes :

    o Nous ajoutons des frais fixes de 25 $ à chaque vente en utilisant la diffusion.

    o Cela montre comment l'addition peut également être diffusée sur un tableau.

5. Calcul des différences :

    o Nous soustrayons les ventes avec frais fixes des ventes taxées pour voir la différence.

o   Cela démontre la soustraction élément par élément entre les tableaux.

6.   Affichage des résultats :

o   Nous affichons les ventes originales, les ventes taxées, les ventes avec frais fixes et les différences.

o   Cela nous aide à comparer les effets de différentes stratégies de tarification.

7.   Analyse statistique :

o   Nous utilisons les fonctions NumPy comme np.sum(), np.mean(), np.max() et np.min() pour calculer diverses statistiques.

o   Cela met en valeur les fonctions statistiques intégrées de NumPy.

8.   Visualisation des données :

o   Nous utilisons Matplotlib pour créer un graphique à barres comparant les ventes originales, les ventes taxées et les ventes avec frais fixes.

o   Cette représentation visuelle aide à comprendre l'impact de différentes stratégies de tarification.

9.   Personnalisation du graphique :

o   Nous ajoutons des étiquettes, un titre, une légende et des lignes de grille pour rendre le graphique plus informatif et visuellement attrayant.

o   Cela démontre comment créer une visualisation d'aspect professionnel en utilisant Matplotlib.

Cet exemple montre non seulement le concept de base de la diffusion, mais intègre également des opérations NumPy supplémentaires, une analyse statistique et une visualisation de données. Il offre un aperçu plus complet de la façon dont NumPy peut être utilisé en conjonction avec d'autres bibliothèques pour l'analyse et la présentation de données.

2.2.4 Efficacité de la mémoire : l'optimisation de bas niveau de NumPy

L'un des principaux avantages de NumPy par rapport aux listes Python traditionnelles est son utilisation de la **mémoire contiguë**. Lors de la création d'un tableau NumPy, les blocs de mémoire sont alloués de manière adjacente, permettant un accès et une manipulation des données plus rapides. Cela contraste avec les listes Python, qui stockent des pointeurs vers des objets individuels, entraînant une surcharge accrue et des performances plus lentes.

L'efficacité de NumPy va au-delà de l'allocation de mémoire. Son implémentation sous-jacente en C permet une exécution rapide des opérations, en particulier lors du traitement de grands ensembles de données. Cette optimisation de bas niveau signifie que NumPy peut effectuer des opérations mathématiques complexes sur des tableaux entiers beaucoup plus rapidement que des opérations équivalentes utilisant des boucles Python.

Une autre technique d'optimisation cruciale dans NumPy est la **spécification du type de données**. En spécifiant le type de données (dtype) lors de la création de tableaux, vous pouvez affiner l'utilisation de la mémoire de vos structures de données. Par exemple, l'utilisation de float32 au lieu du float64 par défaut peut réduire considérablement les besoins en mémoire pour les grands tableaux, ce qui est particulièrement bénéfique lors du travail avec de grandes quantités de données ou sur des systèmes disposant de ressources mémoire limitées.

De plus, l'utilisation efficace de la mémoire par NumPy facilite les opérations vectorisées, vous permettant d'effectuer des opérations élément par élément sur des tableaux entiers sans boucles explicites. Cela simplifie non seulement le code, mais améliore également considérablement les performances, en particulier pour les calculs à grande échelle courants dans le calcul scientifique, l'analyse de données et les tâches d'apprentissage automatique.

La combinaison de l'allocation de mémoire contiguë, des implémentations C optimisées, de la spécification flexible des types de données et des opérations vectorisées fait de NumPy un outil indispensable pour le calcul numérique haute performance en Python. Ces caractéristiques contribuent collectivement à la capacité de NumPy à gérer des tâches de traitement de données à grande échelle avec une rapidité et une efficacité remarquables.

Exemple de code : optimisation de l'utilisation de la mémoire avec les types de données

Voyons comment nous pouvons optimiser l'utilisation de la mémoire en spécifiant le type de données d'un tableau NumPy.

```python
import numpy as np
import matplotlib.pyplot as plt

# Create a large array with default data type (float64)
large_array = np.arange(1, 1000001, dtype='float64')
print(f"Default dtype (float64) memory usage: {large_array.nbytes} bytes")

# Create the same array with a smaller data type (float32)
optimized_array = np.arange(1, 1000001, dtype='float32')
print(f"Optimized dtype (float32) memory usage: {optimized_array.nbytes} bytes")

# Create the same array with an even smaller data type (int32)
int_array = np.arange(1, 1000001, dtype='int32')
print(f"Integer dtype (int32) memory usage: {int_array.nbytes} bytes")

# Compare computation time
import time

def compute_sum(arr):
    return np.sum(arr**2)

start_time = time.time()
result_large = compute_sum(large_array)
time_large = time.time() - start_time
```

```python
start_time = time.time()
result_optimized = compute_sum(optimized_array)
time_optimized = time.time() - start_time

start_time = time.time()
result_int = compute_sum(int_array)
time_int = time.time() - start_time

print(f"\\nComputation time (float64): {time_large:.6f} seconds")
print(f"Computation time (float32): {time_optimized:.6f} seconds")
print(f"Computation time (int32): {time_int:.6f} seconds")

# Visualize memory usage
dtypes = ['float64', 'float32', 'int32']
memory_usage = [large_array.nbytes, optimized_array.nbytes, int_array.nbytes]

plt.figure(figsize=(10, 6))
plt.bar(dtypes, memory_usage)
plt.title('Memory Usage by Data Type')
plt.xlabel('Data Type')
plt.ylabel('Memory Usage (bytes)')
plt.show()

# Visualize computation time
computation_times = [time_large, time_optimized, time_int]

plt.figure(figsize=(10, 6))
plt.bar(dtypes, computation_times)
plt.title('Computation Time by Data Type')
plt.xlabel('Data Type')
plt.ylabel('Time (seconds)')
plt.show()
```

Explication détaillée du code :

1. Importation des bibliothèques :

    o   Nous importons NumPy pour les opérations numériques et Matplotlib pour la
        visualisation des données.

2. Création de tableaux avec différents types de données :

    o   Nous créons trois tableaux d'1 million d'éléments en utilisant différents types
        de données : float64 (par défaut), float32 et int32.

    o   Cela démontre comment différents types de données affectent l'utilisation de
        la mémoire.

3. Affichage de l'utilisation de la mémoire :

- o Nous utilisons l'attribut nbytes pour afficher l'utilisation de la mémoire pour chaque tableau.
  - o Cela illustre les économies de mémoire significatives lors de l'utilisation de types de données plus petits.

4. Définition d'une fonction de calcul :

  - o Nous définissons une fonction compute_sum qui met au carré chaque élément puis additionne le résultat.
  - o Cette fonction sera utilisée pour comparer les temps de calcul entre différents types de données.

5. Mesure du temps de calcul :

  - o Nous utilisons le module time pour mesurer le temps nécessaire pour effectuer le calcul sur chaque tableau.
  - o Cela démontre l'impact sur les performances des différents types de données.

6. Affichage des temps de calcul :

  - o Nous affichons les temps de calcul pour chaque type de données afin de comparer les performances.

7. Visualisation de l'utilisation de la mémoire :

  - o Nous créons un diagramme à barres en utilisant Matplotlib pour comparer visuellement l'utilisation de la mémoire des différents types de données.
  - o Cela fournit une représentation visuelle claire de la façon dont les types de données affectent la consommation de mémoire.

8. Visualisation du temps de calcul :

  - o Nous créons un autre diagramme à barres pour comparer les temps de calcul des différents types de données.
  - o Cela démontre visuellement les différences de performances entre les types de données.

Points clés à retenir :

- Utilisation de la mémoire : L'exemple montre comment l'utilisation de types de données plus petits (float32 ou int32 au lieu de float64) peut réduire considérablement l'utilisation de la mémoire, ce qui est crucial lors du travail avec de grands ensembles de données.

- Temps de calcul : La comparaison des temps de calcul illustre que l'utilisation de types de données plus petits peut également conduire à des calculs plus rapides, bien que la différence puisse varier en fonction de l'opération spécifique et du matériel.

- Compromis : Bien que l'utilisation de types de données plus petits économise de la mémoire et puisse améliorer les performances, il est important de considérer la perte potentielle de précision, en particulier lors du travail avec des nombres à virgule flottante.

- Visualisation : L'utilisation de Matplotlib pour créer des diagrammes à barres offre un moyen intuitif de comparer l'utilisation de la mémoire et les temps de calcul entre différents types de données.

Cet exemple démontre non seulement les aspects d'efficacité mémoire de NumPy, mais inclut également des comparaisons de performances et de la visualisation de données, offrant un aperçu plus complet de l'impact des choix de types de données dans les opérations NumPy.

2.2.5 Tableaux multidimensionnels : gérer des structures de données complexes

La capacité de NumPy à gérer des **tableaux multidimensionnels** est une pierre angulaire de sa puissance dans les applications de science des données et d'apprentissage automatique. Ces tableaux, connus sous le nom de ndarrays, fournissent une base polyvalente pour représenter efficacement des structures de données complexes.

Par exemple, en traitement d'images, un tableau 3D peut représenter une image RGB, chaque dimension correspondant à la hauteur, la largeur et aux canaux de couleur. Dans l'analyse de séries temporelles, un tableau 2D pourrait représenter plusieurs variables évoluant dans le temps, avec les lignes comme points temporels et les colonnes comme différentes caractéristiques.

La flexibilité des ndarrays va au-delà de la simple représentation de données. NumPy fournit un ensemble riche de fonctions et de méthodes pour manipuler ces structures, permettant des opérations comme le remodelage, le découpage et la diffusion. Cela permet une gestion intuitive d'ensembles de données complexes, comme l'extraction de tranches temporelles spécifiques d'un ensemble de données climatiques 3D ou l'application de transformations sur plusieurs dimensions simultanément.

De plus, l'implémentation efficace par NumPy de ces opérations multidimensionnelles tire parti d'optimisations de bas niveau, ce qui se traduit par des calculs nettement plus rapides par rapport aux implémentations Python pures. Cette efficacité est particulièrement cruciale lors du traitement d'ensembles de données à grande échelle courants dans des domaines comme la génomique, où les chercheurs peuvent travailler avec des matrices représentant l'expression génétique à travers des milliers d'échantillons et de conditions.

Exemple de code : créer et manipuler un tableau NumPy 2D

Créons un tableau NumPy 2D représentant les données de ventes de plusieurs magasins sur plusieurs mois.

```python
import numpy as np
import matplotlib.pyplot as plt

# Sales data: rows represent stores, columns represent months
sales_data = np.array([[250, 300, 400, 280, 390],
                       [200, 220, 300, 240, 280],
                       [300, 340, 450, 380, 420],
                       [180, 250, 350, 310, 330]])

# Sum total sales across all months for each store
total_sales_per_store = sales_data.sum(axis=1)
print("Total sales per store:", total_sales_per_store)

# Calculate the average sales for each month across all stores
average_sales_per_month = sales_data.mean(axis=0)
print("Average sales per month:", average_sales_per_month)

# Find the store with the highest total sales
best_performing_store = np.argmax(total_sales_per_store)
print("Best performing store:", best_performing_store)

# Find the month with the highest average sales
best_performing_month = np.argmax(average_sales_per_month)
print("Best performing month:", best_performing_month)

# Calculate the percentage change in sales from the first to the last month
percentage_change = ((sales_data[:, -1] - sales_data[:, 0]) / sales_data[:, 0]) * 100
print("Percentage change in sales:", percentage_change)

# Visualize the sales data
plt.figure(figsize=(12, 6))
for i in range(sales_data.shape[0]):
    plt.plot(sales_data[i], label=f'Store {i+1}')

plt.title('Monthly Sales by Store')
plt.xlabel('Month')
plt.ylabel('Sales')
plt.legend()
plt.grid(True)
plt.show()

# Perform element-wise operations
tax_rate = 0.08
taxed_sales = sales_data * (1 + tax_rate)
print("Sales after applying 8% tax:\\n", taxed_sales)

# Use boolean indexing to find high-performing months
high_performing_months = sales_data > 300
print("Months with sales over 300:\\n", high_performing_months)
```

```python
# Calculate the correlation between stores
correlation_matrix = np.corrcoef(sales_data)
print("Correlation matrix between stores:\\n", correlation_matrix)
```

Explication détaillée du code :

1. Importation des bibliothèques :

    o   Nous importons NumPy pour les opérations numériques et Matplotlib pour la visualisation des données.

2. Création des données de ventes :

    o   Nous créons un tableau NumPy 2D représentant les données de ventes de 4 magasins sur 5 mois.

    o   Chaque ligne représente un magasin et chaque colonne représente un mois.

3. Calcul des ventes totales par magasin :

    o   Nous utilisons la fonction sum() avec axis=1 pour additionner les colonnes (mois) pour chaque ligne (magasin).

    o   Cela nous donne les ventes totales de chaque magasin sur tous les mois.

4. Calcul des ventes moyennes par mois :

    o   Nous utilisons la fonction mean() avec axis=0 pour faire la moyenne des lignes (magasins) pour chaque colonne (mois).

    o   Cela fournit les ventes moyennes de chaque mois sur tous les magasins.

5. Identification du magasin le plus performant :

    o   Nous utilisons np.argmax() sur les ventes totales par magasin pour trouver l'indice du magasin ayant les ventes totales les plus élevées.

6. Identification du mois le plus performant :

    o   De même, nous utilisons np.argmax() sur les ventes moyennes par mois pour trouver l'indice du mois ayant les ventes moyennes les plus élevées.

7. Calcul de la variation en pourcentage :

    o   Nous calculons la variation en pourcentage des ventes du premier au dernier mois pour chaque magasin.

    o   Cela utilise l'indexation de tableaux et les opérations élément par élément.

8. Visualisation des données :

- o Nous utilisons Matplotlib pour créer un graphique linéaire des ventes au fil du temps pour chaque magasin.
- o Cela fournit une représentation visuelle des tendances des ventes.

9. Application d'opérations élément par élément :

- o Nous démontrons la multiplication élément par élément en appliquant un taux de taxe à tous les chiffres de ventes.

10. Utilisation de l'indexation booléenne :

- o Nous créons un masque booléen pour les ventes supérieures à 300, montrant comment filtrer les données selon des conditions.

11. Calcul des corrélations :

- o Nous utilisons np.corrcoef() pour calculer la matrice de corrélation entre les modèles de ventes des magasins.

2.2.6 Conclusion : Augmenter l'efficacité avec NumPy

En intégrant NumPy dans vos flux de travail de données, vous pouvez améliorer considérablement la vitesse et l'efficacité de vos opérations. L'arsenal puissant d'outils de NumPy, incluant les opérations vectorisées, les capacités de diffusion et les optimisations de mémoire, le positionne comme un atout indispensable pour gérer de grands ensembles de données et exécuter des calculs numériques complexes. Ces fonctionnalités vous permettent de traiter les données à des vitesses qui surpassent de loin les méthodes Python traditionnelles, réduisant souvent les temps d'exécution de quelques heures à quelques minutes ou secondes.

Lorsque vous vous trouvez aux prises avec des opérations lentes sur de vastes ensembles de données ou que vous avez recours à des boucles encombrantes, considérez comment NumPy pourrait révolutionner votre approche. Sa capacité à simplifier et accélérer votre travail s'étend à un large éventail d'applications.

Que vous vous attaquiez à des transformations mathématiques complexes, que vous optimisiez l'utilisation de la mémoire pour des performances optimales, ou que vous naviguiez dans les complexités des structures de données multidimensionnelles, NumPy fournit une solution complète et hautement efficace. En tirant parti des capacités de NumPy, vous pouvez rationaliser votre code, augmenter la productivité et débloquer de nouvelles possibilités en analyse de données et en calcul scientifique.

2.3 Combiner les outils pour une analyse efficace

Dans le domaine de l'analyse de données, la véritable maîtrise va au-delà de la compétence avec un seul outil. La marque d'un analyste expert réside dans sa capacité à intégrer de manière transparente plusieurs outils, créant des flux de travail qui sont non seulement évolutifs mais aussi optimisés pour des performances maximales. Au fur et à mesure que vous avez progressé dans ce cours, vous avez acquis des compétences précieuses en manipulation de données avec **Pandas**, en calculs numériques haute performance utilisant **NumPy**, et en construction de modèles d'apprentissage automatique sophistiqués avec **Scikit-learn**. Il est maintenant temps d'élever votre expertise en synthétisant ces outils puissants dans un flux de travail cohésif et unifié capable de relever même les défis d'analyse de données les plus complexes.

Dans cette section complète, nous explorerons en profondeur l'art de combiner Pandas, NumPy et Scikit-learn pour construire un pipeline rationalisé et hautement efficace pour l'analyse de données du monde réel. Vous obtiendrez des informations précieuses sur la façon dont ces outils peuvent se compléter de manière synergique, améliorant vos capacités analytiques dans divers domaines :

- Nettoyage et prétraitement des données : Exploitez les fonctionnalités robustes de Pandas pour gérer des ensembles de données désordonnés, traiter les valeurs manquantes et transformer les données brutes en un format prêt pour l'analyse.

- Optimisation des performances : Tirez parti des opérations de tableaux ultra-rapides et des fonctions vectorisées de NumPy pour accélérer votre efficacité de calcul, en particulier lors du traitement de données numériques à grande échelle.

- Modélisation avancée et évaluation : Utilisez la vaste bibliothèque d'algorithmes d'apprentissage automatique de Scikit-learn, couplée à ses puissants outils d'évaluation de modèles, pour construire, entraîner et évaluer des modèles prédictifs sophistiqués.

- Ingénierie des caractéristiques : Combinez les forces de Pandas et NumPy pour créer des caractéristiques innovantes qui peuvent améliorer considérablement le pouvoir prédictif de votre modèle.

- Construction de pipelines : Apprenez à construire des pipelines de science des données de bout en bout qui intègrent de manière transparente le prétraitement des données, l'ingénierie des caractéristiques et l'entraînement de modèles dans un flux de travail unique et reproductible.

À la fin de cette section, vous aurez développé une compréhension complète de la façon d'orchestrer ces outils puissants en parfaite harmonie. Cette nouvelle expertise vous donnera les moyens d'aborder les défis de données complexes avec confiance, efficacité et précision, vous distinguant comme un analyste de données véritablement qualifié capable de fournir des solutions robustes et évolutives dans n'importe quel environnement axé sur les données.

2.3.1 Étape 1 : Prétraitement des données avec Pandas et NumPy

La première étape de tout pipeline d'analyse de données est le prétraitement — une phase cruciale qui pose les fondations de toute analyse subséquente. Cette étape implique plusieurs processus clés :

Nettoyage des données

Cette étape critique consiste à identifier et rectifier méticuleusement les erreurs, incohérences et inexactitudes dans les données brutes. Elle englobe une gamme de tâches, telles que :

- Gestion des entrées en double : Identifier et supprimer ou fusionner les enregistrements redondants pour garantir l'intégrité des données.

- Correction des problèmes de formatage : Standardiser les formats de données dans tous les champs (par exemple, formats de date, notations de devise) pour maintenir la cohérence.

- Standardisation des formats de données : Assurer l'uniformité dans la façon dont les données sont représentées, comme convertir tout le texte en minuscules ou majuscules le cas échéant.

- Traitement des valeurs aberrantes : Identifier et gérer les valeurs extrêmes qui peuvent fausser les résultats d'analyse.

- Résolution des conventions de nommage incohérentes : Harmoniser les variations dans la façon dont les entités ou catégories sont nommées dans l'ensemble du jeu de données.

Un nettoyage de données efficace améliore non seulement la qualité des analyses subséquentes, mais renforce également la fiabilité des informations tirées des données. C'est une étape fondamentale qui prépare le terrain pour tous les efforts ultérieurs de manipulation et de modélisation des données.

Gestion des valeurs manquantes

Les données manquantes peuvent avoir un impact significatif sur les résultats d'analyse, conduisant potentiellement à des conclusions biaisées ou inexactes. Traiter ce problème est crucial pour maintenir l'intégrité des données et garantir la fiabilité des analyses subséquentes. Il existe plusieurs stratégies pour gérer les valeurs manquantes, chacune ayant ses propres avantages et considérations :

1. Imputation : Cela consiste à remplir les valeurs manquantes avec des valeurs estimées. Les méthodes courantes incluent :

   - Imputation par moyenne/médiane : Remplacer les valeurs manquantes par la moyenne ou la médiane des données disponibles.

   - Imputation par régression : Utiliser d'autres variables pour prédire et remplir les valeurs manquantes.

   - Imputation par K plus proches voisins (KNN) : Estimer les valeurs manquantes en fonction de points de données similaires.

2. Suppression : Cette approche consiste à supprimer les enregistrements comportant des données manquantes. Elle peut être mise en œuvre comme :

- o Suppression par liste : Supprimer des enregistrements entiers comportant des valeurs manquantes.

- o Suppression par paire : Supprimer les enregistrements uniquement pour les analyses impliquant les variables manquantes.

3. Techniques avancées :

- o Imputation multiple : Créer plusieurs jeux de données imputés plausibles et combiner les résultats.

- o Estimation par maximum de vraisemblance : Utiliser des modèles statistiques pour estimer les paramètres en présence de données manquantes.

- o Méthodes d'apprentissage automatique : Employer des algorithmes comme les forêts aléatoires ou les réseaux de neurones pour prédire les valeurs manquantes.

Le choix de la méthode dépend de facteurs tels que la quantité et le modèle de données manquantes, la nature des variables et les exigences spécifiques de l'analyse. Il est crucial de comprendre les implications de chaque approche et de documenter la méthode choisie pour la transparence et la reproductibilité.

Transformation des données

Les données brutes nécessitent souvent une conversion dans un format plus propice à l'analyse. Cette étape cruciale implique plusieurs processus :

- Normalisation : Ajuster les valeurs mesurées sur différentes échelles à une échelle commune, généralement entre 0 et 1. Cela garantit que toutes les caractéristiques contribuent également à l'analyse et empêche les caractéristiques avec des magnitudes plus grandes de dominer les résultats.

- Mise à l'échelle : Similaire à la normalisation, la mise à l'échelle ajuste la plage des caractéristiques. Les méthodes courantes incluent la standardisation (transformer les données pour avoir une moyenne de 0 et un écart-type de 1) et la mise à l'échelle min-max.

- Encodage des variables catégorielles : Convertir les données non numériques dans un format approprié pour les opérations mathématiques. Cela peut impliquer des techniques telles que l'encodage one-hot, où chaque catégorie devient une colonne binaire, ou l'encodage par étiquette, où les catégories se voient attribuer des valeurs numériques.

- Gestion des données asymétriques : Appliquer des transformations mathématiques (par exemple, logarithmique, racine carrée) pour réduire l'asymétrie des distributions de données, ce qui peut améliorer les performances de nombreux algorithmes d'apprentissage automatique.

Ces transformations préparent non seulement les données pour l'analyse, mais peuvent également améliorer considérablement les performances et la précision des modèles d'apprentissage automatique. Le choix de la transformation dépend des exigences spécifiques de l'analyse et de la nature des données elles-mêmes.

Pandas, une bibliothèque Python puissante, excelle dans la gestion de ces tâches de prétraitement pour les données tabulaires. Sa structure DataFrame fournit des méthodes intuitives pour la manipulation de données, facilitant le nettoyage, la transformation et le remodelage efficace des données.

Pendant ce temps, NumPy complète Pandas en offrant des performances optimisées pour les opérations numériques. Lors du traitement de grands ensembles de données ou de transformations mathématiques complexes, les opérations sur tableaux de NumPy peuvent accélérer considérablement les calculs.

La synergie entre Pandas et NumPy permet un flux de travail de prétraitement robuste. Pandas gère la manipulation de données structurées, tandis que NumPy s'occupe du gros du travail pour les calculs numériques. Cette combinaison permet aux analystes de préparer même des ensembles de données volumineux et complexes pour la modélisation avec efficacité et précision.

Exemple de code : Flux de travail de prétraitement des données

Considérons un ensemble de données de transactions clients qui inclut des valeurs manquantes et certaines caractéristiques qui doivent être transformées. Notre objectif est de nettoyer les données, remplir les valeurs manquantes et préparer les données pour la modélisation.

```python
import pandas as pd
import numpy as np
from sklearn.preprocessing import StandardScaler
from sklearn.impute import SimpleImputer

# Sample data: Customer transactions
data = {
    'CustomerID': [1, 2, 3, 4, 5, 6, 7, 8],
    'PurchaseAmount': [250, np.nan, 300, 400, np.nan, 150, 500, 350],
    'Discount': [10, 15, 20, np.nan, 5, 12, np.nan, 18],
    'Store': ['A', 'B', 'A', 'C', 'B', 'C', 'A', 'B'],
    'CustomerAge': [35, 42, np.nan, 28, 50, np.nan, 45, 33],
    'LoyaltyScore': [75, 90, 60, 85, np.nan, 70, 95, 80]
}

df = pd.DataFrame(data)

# Step 1: Handle missing values
```

```python
imputer = SimpleImputer(strategy='mean')
numeric_columns = ['PurchaseAmount', 'Discount', 'CustomerAge', 'LoyaltyScore']
df[numeric_columns] = imputer.fit_transform(df[numeric_columns])

# Step 2: Apply transformations
df['LogPurchase'] = np.log(df['PurchaseAmount'])
df['DiscountRatio'] = df['Discount'] / df['PurchaseAmount']

# Step 3: Encode categorical variables
df['StoreEncoded'] = df['Store'].astype('category').cat.codes

# Step 4: Create interaction features
df['AgeLoyaltyInteraction'] = df['CustomerAge'] * df['LoyaltyScore']

# Step 5: Bin continuous variables
df['AgeBin'] = pd.cut(df['CustomerAge'], bins=[0, 30, 50, 100], labels=['Young',
'Middle', 'Senior'])

# Step 6: Scale numeric features
scaler = StandardScaler()
df[numeric_columns] = scaler.fit_transform(df[numeric_columns])

# Step 7: Create dummy variables for categorical columns
df = pd.get_dummies(df, columns=['Store', 'AgeBin'], prefix=['Store', 'Age'])

print(df)
print("\\nDataset Info:")
print(df.info())
print("\\nSummary Statistics:")
print(df.describe())
```

Explication détaillée du code :

1. Importation des données et configuration initiale :

    o   Nous importons les bibliothèques nécessaires : pandas pour la manipulation de données, numpy pour les opérations numériques et sklearn pour les outils de prétraitement.

    o   Un jeu de données d'exemple plus complet est créé avec des caractéristiques supplémentaires telles que CustomerAge et LoyaltyScore, et davantage de lignes pour une meilleure illustration.

2. Traitement des valeurs manquantes (Étape 1) :

    o   Au lieu d'utiliser la méthode fillna(), nous employons le SimpleImputer de sklearn.

    o   Cette approche est plus évolutive et peut facilement être intégrée dans un pipeline d'apprentissage automatique.

- o Nous appliquons l'imputation par moyenne à toutes les colonnes numériques simultanément.

3. Transformations de données (Étape 2) :

   - o Nous conservons la transformation logarithmique de PurchaseAmount.

   - o Une nouvelle caractéristique, DiscountRatio, est ajoutée pour capturer la proportion de réduction par rapport au montant d'achat.

4. Encodage catégoriel (Étape 3) :

   - o Nous conservons la méthode originale d'encodage de la variable Store.

5. Interaction de caractéristiques (Étape 4) :

   - o Nous introduisons une nouvelle caractéristique d'interaction combinant CustomerAge et LoyaltyScore.

   - o Cela peut potentiellement capturer des relations complexes entre l'âge et la fidélité qui affectent le comportement d'achat.

6. Regroupement de variables continues (Étape 5) :

   - o Nous démontrons le regroupement en catégorisant CustomerAge en trois groupes.

   - o Cela peut être utile pour capturer des relations non linéaires et réduire l'impact des valeurs aberrantes.

7. Mise à l'échelle des caractéristiques (Étape 6) :

   - o Nous utilisons StandardScaler pour normaliser toutes les caractéristiques numériques.

   - o Cela est crucial pour de nombreux algorithmes d'apprentissage automatique sensibles à l'échelle des caractéristiques d'entrée.

8. Encodage one-hot (Étape 7) :

   - o Nous utilisons la fonction get_dummies() de pandas pour créer des colonnes binaires pour les variables catégorielles.

   - o Cela inclut à la fois la variable Store et notre variable AgeBin nouvellement créée.

9. Sortie et analyse :

   - o Nous affichons le dataframe transformé pour voir tous les changements.

   - o Nous incluons également df.info() pour montrer la structure du dataframe résultant, y compris les types de données et les comptes de valeurs non nulles.

o   Enfin, nous affichons les statistiques récapitulatives en utilisant df.describe() pour obtenir un aperçu rapide des distributions de nos caractéristiques numériques.

Cet exemple démontre une approche complète du prétraitement des données, intégrant diverses techniques couramment utilisées dans les projets de science des données du monde réel. Il montre comment gérer les données manquantes, créer de nouvelles caractéristiques, encoder des variables catégorielles, mettre à l'échelle des caractéristiques numériques et effectuer une analyse exploratoire de données de base.

2.3.2 Étape 2 : Ingénierie des caractéristiques avec NumPy et Pandas

L'ingénierie des caractéristiques est un élément essentiel dans le développement de modèles prédictifs, servant de pont entre les données brutes et les algorithmes sophistiqués. Ce processus implique la création créative et stratégique de nouvelles caractéristiques dérivées de données existantes, avec pour objectif ultime d'améliorer la puissance prédictive d'un modèle. En transformant et en combinant des variables, l'ingénierie des caractéristiques peut révéler des motifs et des relations cachés dans les données qui pourraient ne pas être immédiatement apparents.

Dans le contexte des flux de travail d'analyse de données, deux outils puissants se distinguent : Pandas et NumPy. Pandas excelle dans le traitement des données structurées, offrant des méthodes intuitives pour la manipulation, l'agrégation et la transformation des données. Sa structure DataFrame fournit une manière flexible et efficace de travailler avec des données tabulaires, ce qui la rend idéale pour des tâches telles que la fusion d'ensembles de données, le traitement des valeurs manquantes et l'application de transformations complexes sur plusieurs colonnes.

D'autre part, NumPy complète Pandas en fournissant l'épine dorsale computationnelle pour les opérations numériques haute performance. Ses opérations sur tableaux optimisées et ses fonctions mathématiques permettent aux analystes d'effectuer des calculs complexes sur de grands ensembles de données avec une rapidité remarquable. Cela devient particulièrement crucial lors du traitement de tâches d'ingénierie de caractéristiques impliquant des transformations mathématiques, des calculs statistiques ou la création de termes d'interaction entre plusieurs variables.

La synergie entre Pandas et NumPy dans l'ingénierie des caractéristiques permet aux scientifiques des données d'explorer et d'extraire efficacement des informations précieuses de leurs données. Par exemple, Pandas peut être utilisé pour créer des caractéristiques temporelles à partir de colonnes de dates, tandis que NumPy peut rapidement calculer des moyennes glissantes ou effectuer des opérations élément par élément sur plusieurs tableaux. Cette combinaison d'outils permet aux analystes d'itérer rapidement à travers différentes idées de caractéristiques, d'expérimenter diverses transformations et, en fin de compte, de construire un ensemble riche de caractéristiques pouvant améliorer considérablement les performances du modèle.

Exemple de code : Création de nouvelles caractéristiques

Enrichissons notre ensemble de données en créant de nouvelles caractéristiques basées sur les données existantes.

```python
import pandas as pd
import numpy as np
from sklearn.preprocessing import StandardScaler

# Sample data: Customer transactions
data = {
    'CustomerID': [1, 2, 3, 4, 5, 6, 7, 8],
    'PurchaseAmount': [250, 400, 300, 400, 150, 150, 500, 350],
    'Discount': [10, 15, 20, 30, 5, 12, 25, 18],
    'Store': ['A', 'B', 'A', 'C', 'B', 'C', 'A', 'B'],
    'CustomerAge': [35, 42, 28, 28, 50, 39, 45, 33],
    'LoyaltyScore': [75, 90, 60, 85, 65, 70, 95, 80]
}

df = pd.DataFrame(data)

# Create a new feature: Net purchase after applying discount
df['NetPurchase'] = df['PurchaseAmount'] - df['Discount']

# Create interaction terms using NumPy: Multiply PurchaseAmount and Discount
df['Interaction_Purchase_Discount'] = df['PurchaseAmount'] * df['Discount']

# Create a binary feature indicating high-value purchases
df['HighValue'] = (df['PurchaseAmount'] > 300).astype(int)

# Create a feature for discount percentage
df['DiscountPercentage'] = (df['Discount'] / df['PurchaseAmount']) * 100

# Create age groups
df['AgeGroup'] = pd.cut(df['CustomerAge'], bins=[0, 30, 50, 100], labels=['Young',
'Middle', 'Senior'])

# Create a feature for loyalty tier
df['LoyaltyTier']    =    pd.cut(df['LoyaltyScore'],    bins=[0,    60,    80,    100],
labels=['Bronze', 'Silver', 'Gold'])

# Create a feature for average purchase per loyalty point
df['PurchasePerLoyaltyPoint'] = df['PurchaseAmount'] / df['LoyaltyScore']

# Normalize numeric features
scaler = StandardScaler()
numeric_features = ['PurchaseAmount', 'Discount', 'NetPurchase', 'LoyaltyScore']
df[numeric_features] = scaler.fit_transform(df[numeric_features])

# One-hot encode categorical variables
df = pd.get_dummies(df, columns=['Store', 'AgeGroup', 'LoyaltyTier'])
```

```
print(df)
print("\\nDataset Info:")
print(df.info())
print("\\nSummary Statistics:")
print(df.describe())
```

Explication détaillée du code :

1. Importation des données et configuration :

   o   Nous importons les bibliothèques nécessaires : pandas pour la manipulation des données, numpy pour les opérations numériques, et StandardScaler de sklearn pour la mise à l'échelle des caractéristiques.

   o   Un ensemble de données échantillon est créé avec des informations sur les transactions des clients, incluant CustomerID, PurchaseAmount, Discount, Store, CustomerAge et LoyaltyScore.

2. Ingénierie de caractéristiques de base :

   o   NetPurchase : Calculé en soustrayant le Discount du PurchaseAmount.

   o   Interaction_Purchase_Discount : Un terme d'interaction créé en multipliant PurchaseAmount et Discount.

   o   HighValue : Une caractéristique binaire indiquant si le montant d'achat dépasse 300 $.

3. Ingénierie de caractéristiques avancée :

   o   DiscountPercentage : Calcule la réduction en pourcentage du montant d'achat.

   o   AgeGroup : Catégorise les clients en groupes d'âge 'Young', 'Middle' et 'Senior'.

   o   LoyaltyTier : Attribue des niveaux de fidélité ('Bronze', 'Silver', 'Gold') basés sur le LoyaltyScore.

   o   PurchasePerLoyaltyPoint : Calcule le montant d'achat par point de fidélité, ce qui pourrait indiquer l'efficacité du programme de fidélité.

4. Mise à l'échelle des caractéristiques :

   o   StandardScaler est utilisé pour normaliser les caractéristiques numériques (PurchaseAmount, Discount, NetPurchase, LoyaltyScore).

   o   Cette étape garantit que toutes les caractéristiques sont sur une échelle similaire, ce qui est important pour de nombreux algorithmes d'apprentissage automatique.

5. Encodage des variables catégorielles :

- o L'encodage one-hot est appliqué aux variables catégorielles (Store, AgeGroup, LoyaltyTier) en utilisant pd.get_dummies().

- o Cela crée des colonnes binaires pour chaque catégorie, ce qui est nécessaire pour la plupart des modèles d'apprentissage automatique.

6. Exploration des données :

- o Le dataframe final est affiché pour montrer toutes les nouvelles caractéristiques et transformations.

- o df.info() est utilisé pour afficher la structure du dataframe résultant, y compris les types de données et les comptes de valeurs non nulles.

- o df.describe() fournit des statistiques récapitulatives pour toutes les caractéristiques numériques, donnant un aperçu de leurs distributions.

Cet exemple complet démontre diverses techniques d'ingénierie de caractéristiques, des calculs de base aux transformations plus avancées. Il montre comment créer des caractéristiques significatives qui capturent différents aspects des données, tels que les segments de clients, le comportement d'achat et les mesures de fidélité. La combinaison de ces caractéristiques fournit un ensemble de données riche pour les tâches d'analyse ou de modélisation ultérieures.

2.3.3 Étape 3 : Construire un modèle d'apprentissage automatique avec Scikit-learn

Une fois que vos données sont nettoyées et enrichies avec des caractéristiques significatives, l'étape suivante consiste à construire un modèle prédictif. Scikit-learn, une puissante bibliothèque d'apprentissage automatique en Python, offre une boîte à outils complète à cette fin. Elle fournit un large éventail d'algorithmes adaptés à divers types de tâches de modélisation prédictive, notamment la classification, la régression, le clustering et la réduction de dimensionnalité.

L'une des forces de Scikit-learn réside dans son API cohérente entre différents algorithmes, ce qui facilite l'expérimentation avec divers modèles. Par exemple, vous pouvez passer facilement d'un Random Forest Classifier à une Machine à Vecteurs de Support sans modifier significativement la structure de votre code.

Au-delà des algorithmes, Scikit-learn offre des outils essentiels pour l'ensemble du pipeline d'apprentissage automatique. Sa fonction train_test_split permet un partitionnement facile de l'ensemble de données, garantissant que vous disposez de jeux séparés pour entraîner votre modèle et évaluer ses performances. Cette séparation est cruciale pour évaluer dans quelle mesure votre modèle se généralise à des données non vues.

La bibliothèque fournit également un ensemble riche de métriques et d'outils d'évaluation. Que vous travailliez sur un problème de classification nécessitant des scores de précision, ou une tâche de régression nécessitant des calculs d'erreur quadratique moyenne, Scikit-learn vous couvre. Ces métriques vous aident à évaluer les performances de votre modèle et à prendre des décisions éclairées concernant les améliorations potentielles.

De plus, Scikit-learn excelle dans le domaine du réglage des hyperparamètres. Avec des outils comme GridSearchCV et RandomizedSearchCV, vous pouvez explorer systématiquement différentes combinaisons de paramètres de modèle pour optimiser les performances. Cette capacité est particulièrement précieuse lorsque vous travaillez avec des algorithmes complexes qui ont plusieurs paramètres ajustables, car elle aide à trouver la meilleure configuration pour votre ensemble de données et votre problème spécifiques.

Exemple de code : Construire un modèle Random Forest

Utilisons notre ensemble de données prétraité pour construire un modèle de classification qui prédit si un achat est une **transaction à forte valeur** (supérieure à 300 $).

```python
import pandas as pd
import numpy as np
from sklearn.model_selection import train_test_split, GridSearchCV
from sklearn.ensemble import RandomForestClassifier
from sklearn.metrics import accuracy_score, classification_report, confusion_matrix
from sklearn.preprocessing import StandardScaler
from sklearn.impute import SimpleImputer
from sklearn.pipeline import Pipeline

# Load the data (assuming df is already created)
# df = pd.read_csv('your_data.csv')

# Define features and target
X = df[['PurchaseAmount', 'Discount', 'NetPurchase', 'LoyaltyScore', 'CustomerAge']]
y = df['HighValue']

# Split the data into training and testing sets
X_train, X_test, y_train, y_test = train_test_split(X, y, test_size=0.3,
random_state=42)

# Create a pipeline
pipeline = Pipeline([
    ('imputer', SimpleImputer(strategy='median')),
    ('scaler', StandardScaler()),
    ('classifier', RandomForestClassifier(random_state=42))
])

# Define hyperparameters to tune
param_grid = {
    'classifier__n_estimators': [100, 200, 300],
    'classifier__max_depth': [None, 5, 10],
    'classifier__min_samples_split': [2, 5, 10]
}

# Perform grid search
grid_search = GridSearchCV(pipeline, param_grid, cv=5, scoring='accuracy', n_jobs=-1)
```

```python
grid_search.fit(X_train, y_train)

# Get the best model
best_model = grid_search.best_estimator_

# Make predictions on the test set
y_pred = best_model.predict(X_test)

# Evaluate the model
accuracy = accuracy_score(y_test, y_pred)
conf_matrix = confusion_matrix(y_test, y_pred)
class_report = classification_report(y_test, y_pred)

# Print results
print(f"Best Parameters: {grid_search.best_params_}")
print(f"Model Accuracy: {accuracy:.2f}")
print("\\nConfusion Matrix:")
print(conf_matrix)
print("\\nClassification Report:")
print(class_report)

# Feature importance
feature_importance = best_model.named_steps['classifier'].feature_importances_
feature_names = X.columns
for name, importance in zip(feature_names, feature_importance):
    print(f"{name}: {importance:.4f}")
```

Explication détaillée du code :

1. Importations et préparation des données :

    o   Nous importons les bibliothèques nécessaires, notamment pandas, numpy et divers modules de scikit-learn.

    o   Nous supposons que l'ensemble de données (df) est déjà chargé.

    o   Les caractéristiques (X) et la variable cible (y) sont définies. Nous avons élargi l'ensemble de caractéristiques pour inclure 'LoyaltyScore' et 'CustomerAge'.

2. Division des données :

    o   L'ensemble de données est divisé en ensembles d'entraînement et de test à l'aide de train_test_split, avec 70 % pour l'entraînement et 30 % pour les tests.

3. Création du pipeline :

    o   Un Pipeline scikit-learn est créé pour rationaliser les étapes de prétraitement et de modélisation.

- o Il comprend SimpleImputer pour gérer les valeurs manquantes, StandardScaler pour la mise à l'échelle des caractéristiques et RandomForestClassifier pour le modèle.

4. Réglage des hyperparamètres :

   - o Nous définissons une grille de paramètres pour le RandomForestClassifier, incluant le nombre d'estimateurs, la profondeur maximale et le nombre minimum d'échantillons pour la division.

   - o GridSearchCV est utilisé pour effectuer une recherche exhaustive sur les valeurs de paramètres spécifiées, en utilisant une validation croisée à 5 plis.

5. Entraînement du modèle et prédiction :

   - o Le meilleur modèle issu de la recherche en grille est utilisé pour faire des prédictions sur l'ensemble de test.

6. Évaluation du modèle :

   - o Nous calculons et affichons diverses métriques d'évaluation :

     - Score de précision

     - Matrice de confusion

     - Rapport de classification détaillé (précision, rappel, score f1)

7. Importance des caractéristiques :

   - o Nous extrayons et affichons l'importance de chaque caractéristique dans le processus de prise de décision du modèle.

Cet exemple démontre une approche globale pour construire et évaluer un modèle d'apprentissage automatique. Il intègre les meilleures pratiques telles que l'utilisation d'un pipeline pour le prétraitement et la modélisation, l'exécution du réglage des hyperparamètres et la fourniture d'une évaluation détaillée des performances du modèle. L'ajout de l'analyse de l'importance des caractéristiques donne également des informations sur les facteurs les plus influents dans la prédiction des transactions à forte valeur.

2.3.4 Étape 4 : Rationaliser le flux de travail avec les Pipelines Scikit-learn

Au fur et à mesure que vos flux de travail d'analyse deviennent plus complexes, il est essentiel de rationaliser et d'automatiser les tâches répétitives. Les **Pipelines** de Scikit-learn offrent une solution puissante à ce défi. En vous permettant d'enchaîner plusieurs étapes — telles que le prétraitement des données, l'ingénierie de caractéristiques et la construction de modèles — en un processus unique et cohérent, les Pipelines améliorent considérablement l'efficacité et la reproductibilité de vos flux de travail.

La beauté des Pipelines réside dans leur capacité à encapsuler un flux de travail d'apprentissage automatique complet. Cette encapsulation simplifie non seulement votre code, mais garantit également que toutes les transformations de données sont appliquées de manière cohérente pendant les phases d'entraînement et de prédiction. Par exemple, vous pouvez combiner des étapes telles que l'imputation de valeurs manquantes, la mise à l'échelle des caractéristiques et l'entraînement du modèle en un seul objet unifié. Cette approche réduit le risque de fuite de données et rend votre code plus maintenable.

De plus, les Pipelines s'intègrent parfaitement aux outils de validation croisée et de réglage des hyperparamètres de Scikit-learn. Cette intégration vous permet d'optimiser non seulement les paramètres de votre modèle, mais aussi vos étapes de prétraitement, conduisant à des modèles plus robustes et précis. En tirant parti des Pipelines, vous pouvez vous concentrer davantage sur les aspects stratégiques de votre analyse, tels que la sélection de caractéristiques et l'interprétation du modèle, plutôt que de vous enliser dans la mécanique de la gestion des données.

Exemple de code : Créer un Pipeline

Créons un pipeline qui inclut le prétraitement des données, l'ingénierie de caractéristiques et l'entraînement du modèle, le tout dans un flux de travail homogène.

```python
import pandas as pd
import numpy as np
from sklearn.model_selection import train_test_split, GridSearchCV
from sklearn.ensemble import RandomForestClassifier
from sklearn.preprocessing import StandardScaler, OneHotEncoder
from sklearn.impute import SimpleImputer
from sklearn.compose import ColumnTransformer
from sklearn.pipeline import Pipeline
from sklearn.metrics import accuracy_score, classification_report, confusion_matrix

# Assuming df is already loaded
# Create sample data for demonstration
np.random.seed(42)
df = pd.DataFrame({
    'PurchaseAmount': np.random.uniform(50, 500, 1000),
    'Discount': np.random.uniform(0, 50, 1000),
    'LoyaltyScore': np.random.randint(0, 100, 1000),
    'CustomerAge': np.random.randint(18, 80, 1000),
    'Store': np.random.choice(['A', 'B', 'C'], 1000)
})
df['HighValue'] = (df['PurchaseAmount'] > 300).astype(int)

# Define features and target
X = df.drop('HighValue', axis=1)
y = df['HighValue']

# Split the data
```

```python
X_train, X_test, y_train, y_test = train_test_split(X, y, test_size=0.3,
random_state=42)

# Define preprocessing for numeric columns (scale them)
numeric_features = ['PurchaseAmount', 'Discount', 'LoyaltyScore', 'CustomerAge']
numeric_transformer = Pipeline(steps=[
    ('imputer', SimpleImputer(strategy='median')),
    ('scaler', StandardScaler())
])

# Define preprocessing for categorical columns (encode them)
categorical_features = ['Store']
categorical_transformer = Pipeline(steps=[
    ('imputer', SimpleImputer(strategy='constant', fill_value='missing')),
    ('onehot', OneHotEncoder(handle_unknown='ignore'))
])

# Combine preprocessing steps
preprocessor = ColumnTransformer(
    transformers=[
        ('num', numeric_transformer, numeric_features),
        ('cat', categorical_transformer, categorical_features)
    ])

# Create a preprocessing and training pipeline
pipeline = Pipeline(steps=[
    ('preprocessor', preprocessor),
    ('classifier', RandomForestClassifier(random_state=42))
])

# Define hyperparameter space
param_grid = {
    'classifier__n_estimators': [100, 200, 300],
    'classifier__max_depth': [None, 5, 10],
    'classifier__min_samples_split': [2, 5, 10]
}

# Set up GridSearchCV
grid_search = GridSearchCV(pipeline, param_grid, cv=5, scoring='accuracy', n_jobs=-1)

# Fit the grid search
grid_search.fit(X_train, y_train)

# Get the best model
best_model = grid_search.best_estimator_

# Make predictions on the test set
y_pred = best_model.predict(X_test)

# Evaluate the model
accuracy = accuracy_score(y_test, y_pred)
conf_matrix = confusion_matrix(y_test, y_pred)
```

```python
class_report = classification_report(y_test, y_pred)

# Print results
print(f"Best Parameters: {grid_search.best_params_}")
print(f"Model Accuracy: {accuracy:.2f}")
print("\\nConfusion Matrix:")
print(conf_matrix)
print("\\nClassification Report:")
print(class_report)

# Feature importance
feature_importance = best_model.named_steps['classifier'].feature_importances_
feature_names = numeric_features + list(best_model.named_steps['preprocessor']
                                .named_transformers_['cat']
                                .named_steps['onehot']
                                .get_feature_names(categorical_features))
for name, importance in zip(feature_names, feature_importance):
    print(f"{name}: {importance:.4f}")
```

Explication détaillée du code :

- Préparation des données :

    o Nous créons un jeu de données exemple avec des caractéristiques comme MontantAchat, Remise, ScoreFidélité, ÂgeClient et Magasin.

    o Une variable cible binaire 'ValeurÉlevée' est créée en fonction du fait que le MontantAchat dépasse 300 $.

- Division des données :

    o Le jeu de données est divisé en ensembles d'entraînement (70 %) et de test (30 %) à l'aide de train_test_split.

- Pipeline de prétraitement :

    o Nous créons des pipelines distincts pour les caractéristiques numériques et catégorielles.

    o Les caractéristiques numériques sont imputées avec les valeurs médianes puis mises à l'échelle.

    o Les caractéristiques catégorielles sont imputées avec une valeur constante 'manquant' puis encodées en one-hot.

    o Ces pipelines sont combinés à l'aide de ColumnTransformer.

- Pipeline du modèle :

    o Les étapes de prétraitement sont combinées avec le RandomForestClassifier dans un seul pipeline.

- Réglage des hyperparamètres :

    o Une grille de paramètres est définie pour le RandomForestClassifier.

    o GridSearchCV est utilisé pour effectuer une recherche exhaustive sur les paramètres spécifiés.

- Entraînement et évaluation du modèle :

    o Le meilleur modèle issu de GridSearchCV est utilisé pour faire des prédictions sur l'ensemble de test.

    o Diverses métriques d'évaluation sont calculées : précision, matrice de confusion et rapport de classification détaillé.

- Importance des caractéristiques :

    o L'importance de chaque caractéristique dans le processus de prise de décision du modèle est extraite et affichée.

    o Les noms des caractéristiques sont soigneusement reconstruits pour inclure les caractéristiques catégorielles encodées en one-hot.

Cet exemple complet démontre comment créer un pipeline d'apprentissage automatique de bout en bout à l'aide de scikit-learn. Il couvre le prétraitement des données, l'entraînement du modèle, le réglage des hyperparamètres et l'évaluation, le tout intégré dans un flux de travail unique et reproductible. L'utilisation de ColumnTransformer et de Pipeline garantit que toutes les étapes de prétraitement sont appliquées de manière cohérente aux données d'entraînement et de test, réduisant le risque de fuite de données et rendant le code plus maintenable.

2.3.5 Conclusion : Combiner les outils pour une analyse efficace

Dans cette section, nous avons exploré le potentiel synergique de la combinaison de **Pandas**, **NumPy** et **Scikit-learn** pour améliorer considérablement l'efficacité et les performances de vos flux de travail d'analyse de données. Ces outils puissants fonctionnent de concert pour rationaliser tous les aspects de votre processus analytique, des premières étapes de nettoyage et de transformation des données aux tâches plus avancées d'ingénierie de caractéristiques et de modélisation prédictive. En exploitant leurs capacités collectives, vous pouvez créer un flux de travail transparent de bout en bout qui relève même les défis de données les plus complexes avec précision et facilité.

Pandas sert d'outil de référence pour la manipulation de données, offrant des méthodes intuitives pour gérer des ensembles de données complexes. NumPy complète cela en fournissant des opérations numériques optimisées qui peuvent considérablement accélérer les calculs, en particulier lors du traitement de données à grande échelle.

Scikit-learn complète ce trio en offrant une suite complète d'algorithmes et d'outils d'apprentissage automatique, vous permettant de construire des modèles prédictifs sophistiqués avec une relative facilité. La véritable puissance de cette combinaison réside dans sa capacité à relever efficacement des défis de données complexes, vous permettant de vous concentrer davantage sur l'extraction d'informations et moins sur les aspects techniques du traitement des données.

L'un des aspects les plus précieux de l'intégration de ces outils est peut-être la possibilité de tirer parti des Pipelines de Scikit-learn. Cette fonctionnalité agit comme le ciment qui lie l'ensemble de votre flux de travail, garantissant que chaque étape - du prétraitement des données à l'entraînement du modèle - est exécutée de manière cohérente et reproductible.

En encapsulant l'ensemble de votre flux de travail dans un Pipeline, vous améliorez non seulement l'efficacité de votre analyse, mais vous améliorez également considérablement son évolutivité et sa reproductibilité. Cette approche est particulièrement bénéfique lorsque vous travaillez sur des projets à grande échelle ou dans des environnements collaboratifs où la cohérence et la reproductibilité sont primordiales.

2.4 Exercices pratiques pour le chapitre 2 : Optimiser les flux de travail de données

Maintenant que vous avez terminé le chapitre 2, il est temps de mettre en pratique ce que vous avez appris avec ces exercices. Les exercices suivants sont conçus pour vous aider à appliquer des techniques avancées de manipulation de données en utilisant Pandas, à améliorer les performances avec NumPy et à combiner les outils pour une analyse efficace. Chaque exercice comprend un bloc de code solution pour vous aider à vérifier votre travail.

Exercice 1 : Manipulation avancée de données avec Pandas

On vous donne un ensemble de données de commandes en ligne d'une boutique de commerce électronique. Votre tâche consiste à :

1. Filtrer l'ensemble de données pour n'inclure que les commandes dont le montant est supérieur à 200 $.

2. Regrouper l'ensemble de données par **Catégorie** et **IDClient** pour calculer le montant total et moyen des commandes pour chaque groupe.

3. Pivoter l'ensemble de données de sorte que chaque **Catégorie** soit une colonne et que les lignes représentent chaque **IDClient**.

```python
import pandas as pd

# Sample data: Online orders
data = {'OrderID': [1, 2, 3, 4, 5],
        'CustomerID': [101, 102, 103, 101, 104],
        'Category':    ['Electronics',   'Clothing',   'Electronics',   'Furniture',
'Furniture'],
```

```python
                'OrderAmount': [250, 120, 300, 400, 500]}

df = pd.DataFrame(data)

# Solution
# Step 1: Filter orders where OrderAmount > 200
filtered_df = df[df['OrderAmount'] > 200]

# Step 2: Group by Category and CustomerID, and calculate total and average order
amounts
grouped_df = filtered_df.groupby(['Category', 'CustomerID']).agg(
    TotalAmount=('OrderAmount', 'sum'),
    AvgAmount=('OrderAmount', 'mean')
).reset_index()

# Step 3: Pivot the dataset so that Category is a column
pivot_df           =           grouped_df.pivot(index='CustomerID',           columns='Category',
values='TotalAmount').fillna(0)

print(pivot_df)
```

Exercice 2 : Améliorer les performances avec NumPy

Étant donné un tableau de prix de produits, votre tâche consiste à :

1. Appliquer une **transformation logarithmique** pour normaliser les prix.

2. Utiliser la diffusion pour appliquer une **réduction de 20 %** à chaque prix.

3. Calculer le **prix moyen après réduction** en utilisant les fonctions vectorisées de NumPy.

```python
import numpy as np

# Sample data: Product prices
prices = np.array([100, 150, 200, 250, 300])

# Solution
# Step 1: Apply a logarithmic transformation
log_prices = np.log(prices)

# Step 2: Apply a 20% discount using broadcasting
discounted_prices = prices * 0.80

# Step 3: Calculate the average discounted price
average_discounted_price = np.mean(discounted_prices)

print("Logarithmic Prices:", log_prices)
print("Discounted Prices:", discounted_prices)
print("Average Discounted Price:", average_discounted_price)
```

Exercice 3 : Combiner Pandas et NumPy pour l'ingénierie de caractéristiques

Vous disposez d'un ensemble de données de transactions clients, incluant le montant d'achat et la remise reçue. Votre tâche consiste à :

1. Remplir les valeurs manquantes dans les colonnes **MontantAchat** et **Remise** avec la moyenne de chaque colonne.

2. Créer une nouvelle caractéristique, **AchatNet**, qui correspond au montant d'achat après application de la remise.

3. Utiliser **NumPy** pour créer une caractéristique d'interaction en multipliant les colonnes **MontantAchat** et **Remise**.

```python
import pandas as pd
import numpy as np

# Sample data: Customer transactions
data = {'CustomerID': [1, 2, 3, 4, 5],
        'PurchaseAmount': [250, np.nan, 300, 400, np.nan],
        'Discount': [10, 15, 20, np.nan, 5]}

df = pd.DataFrame(data)

# Solution
# Step 1: Fill missing values
df['PurchaseAmount'].fillna(df['PurchaseAmount'].mean(), inplace=True)
df['Discount'].fillna(df['Discount'].mean(), inplace=True)

# Step 2: Create NetPurchase feature
df['NetPurchase'] = df['PurchaseAmount'] - df['Discount']

# Step 3: Create an interaction feature using NumPy
df['Interaction_Purchase_Discount'] = df['PurchaseAmount'] * df['Discount']

print(df)
```

Exercice 4 : Construire un modèle de classification avec Scikit-learn

Vous disposez d'un ensemble de données de transactions clients. Votre tâche consiste à :

1. Créer une variable cible qui signale les achats supérieurs à 300 $ comme étant de **grande valeur**.

2. Utiliser **Scikit-learn** pour diviser les données en ensembles d'entraînement et de test.

3. Construire un modèle de classification **Random Forest** pour prédire les achats de **grande valeur**.

4. Évaluer le modèle en calculant la **précision** sur l'ensemble de test.

```python
from sklearn.model_selection import train_test_split
from sklearn.ensemble import RandomForestClassifier
from sklearn.metrics import accuracy_score
import pandas as pd
import numpy as np

# Sample data: Customer transactions
data = {'CustomerID': [1, 2, 3, 4, 5],
        'PurchaseAmount': [250, 350, 300, 400, 150],
        'Discount': [10, 15, 20, 5, 5]}

df = pd.DataFrame(data)

# Solution
# Step 1: Create target variable (high value if PurchaseAmount > 300)
df['HighValue'] = (df['PurchaseAmount'] > 300).astype(int)

# Step 2: Define features and target
X = df[['PurchaseAmount', 'Discount']]
y = df['HighValue']

# Step 3: Split data into training and testing sets
X_train, X_test, y_train, y_test = train_test_split(X, y, test_size=0.3,
random_state=42)

# Step 4: Build and train a Random Forest model
clf = RandomForestClassifier(random_state=42)
clf.fit(X_train, y_train)

# Step 5: Predict and evaluate accuracy on the test set
y_pred = clf.predict(X_test)
accuracy = accuracy_score(y_test, y_pred)

print(f"Model Accuracy: {accuracy:.2f}")
```

Exercice 5 : Utiliser les Pipelines de Scikit-learn pour des flux de travail rationalisés

Vous êtes chargé de créer un flux de travail rationalisé pour les données de transactions clients. Votre tâche consiste à :

1. Créer un **pipeline Scikit-learn** qui impute les valeurs manquantes, normalise les caractéristiques et entraîne un modèle Random Forest.

2. Entraîner le pipeline sur l'ensemble de données et évaluer les performances du modèle.

```python
from sklearn.pipeline import Pipeline
from sklearn.impute import SimpleImputer
from sklearn.preprocessing import StandardScaler
```

```python
from sklearn.ensemble import RandomForestClassifier
from sklearn.model_selection import train_test_split
from sklearn.metrics import accuracy_score
import pandas as pd
import numpy as np

# Sample data: Customer transactions
data = {'CustomerID': [1, 2, 3, 4, 5],
        'PurchaseAmount': [250, np.nan, 300, 400, np.nan],
        'Discount': [10, 15, 20, np.nan, 5]}

df = pd.DataFrame(data)

# Solution
# Step 1: Define features and target
df['HighValue'] = (df['PurchaseAmount'] > 300).astype(int)
X = df[['PurchaseAmount', 'Discount']]
y = df['HighValue']

# Split data into training and testing sets
X_train, X_test, y_train, y_test = train_test_split(X, y, test_size=0.3,
random_state=42)

# Step 2: Create the pipeline
pipeline = Pipeline(steps=[
    ('imputer', SimpleImputer(strategy='mean')),  # Impute missing values
    ('scaler', StandardScaler()),  # Scale features
    ('classifier', RandomForestClassifier(random_state=42))  # Train Random Forest
model
])

# Step 3: Train the pipeline
pipeline.fit(X_train, y_train)

# Step 4: Make predictions and evaluate the model
y_pred = pipeline.predict(X_test)
accuracy = accuracy_score(y_test, y_pred)

print(f"Pipeline Model Accuracy: {accuracy:.2f}")
```

Ces exercices pratiques vous permettent d'appliquer les concepts abordés dans le chapitre 2, vous offrant une expérience pratique de la manipulation avancée des données, de l'amélioration des performances avec NumPy et de la création de flux de travail efficaces avec Scikit-learn. Continuez à pratiquer pour approfondir votre compréhension !

2.5 Que peut-il mal se passer ?

Lorsque vous optimisez les flux de travail de données en utilisant Pandas, NumPy et Scikit-learn, plusieurs pièges courants et défis peuvent survenir. Cette section met en évidence les problèmes potentiels que vous pourriez rencontrer et offre des conseils sur la façon de les éviter pour garantir que vos flux de travail restent efficaces, précis et évolutifs.

2.5.1 Traitement incorrect des données manquantes

Remplir ou imputer les valeurs manquantes est une partie critique du prétraitement des données, mais un traitement inapproprié peut fausser vos résultats ou introduire un biais dans vos modèles.

Que peut-il mal se passer ?

- L'utilisation d'une stratégie d'imputation inappropriée (par exemple, remplir avec la moyenne lorsque les données ne suivent pas une distribution normale) peut conduire à une représentation inexacte des données.

- L'imputation de valeurs manquantes en utilisant des statistiques provenant à la fois des ensembles d'entraînement et de test peut entraîner une **fuite de données**, conduisant à des performances de modèle excessivement optimistes.

Solution : Utilisez toujours des stratégies d'imputation appropriées en fonction de la distribution de vos données. Si vous travaillez avec des données asymétriques, envisagez d'utiliser la médiane ou des techniques d'imputation plus avancées comme les K plus proches voisins (KNN). Assurez-vous que l'imputation est appliquée uniquement aux données d'entraînement lors de la validation croisée pour éviter les fuites.

2.5.2 Surcharge des grands DataFrames Pandas

Bien que Pandas soit très efficace pour gérer des ensembles de données de taille modérée, le travail avec de très grands DataFrames (par exemple, des millions de lignes) peut causer des problèmes de performances et des goulots d'étranglement de mémoire.

Que peut-il mal se passer ?

- Effectuer plusieurs opérations sur de grands ensembles de données sans tenir compte de l'utilisation de la mémoire peut entraîner des performances lentes et même provoquer un débordement de mémoire.

- L'utilisation de types de données par défaut (par exemple, float64 ou int64) pour les données numériques peut consommer plus de mémoire que nécessaire.

Solution : Optimisez l'utilisation de la mémoire de votre DataFrame en réduisant les types de données numériques à float32 ou int32 lorsque cela est approprié. Utilisez le **découpage en morceaux** pour les grands ensembles de données, en les chargeant et en les traitant par parties plus petites. Envisagez d'utiliser **Dask** ou **Vaex**, des bibliothèques qui gèrent plus efficacement les ensembles de données plus grands que la mémoire.

2.5.3 Opérations vectorisées inefficaces avec NumPy

Les opérations vectorisées de NumPy sont conçues pour la performance, mais une utilisation incorrecte peut toujours conduire à des inefficacités.

Que peut-il mal se passer ?

- Revenir aux boucles Python pour les opérations élément par élément plutôt que de tirer parti des fonctions vectorisées de NumPy peut causer un ralentissement significatif.

- Oublier de gérer correctement la **diffusion** peut conduire à des opérations sur des tableaux avec des formes incompatibles, entraînant des erreurs inattendues.

Solution : Utilisez toujours les fonctions vectorisées intégrées de NumPy chaque fois que possible. Assurez-vous de bien connaître les règles de diffusion de NumPy pour éviter les incompatibilités de forme, et confirmez que tous les tableaux impliqués dans les opérations ont des dimensions compatibles.

2.5.4 L'ingénierie de caractéristiques conduisant au surapprentissage

L'ingénierie de caractéristiques est essentielle pour améliorer les performances du modèle, mais elle peut également conduire au surapprentissage si trop de caractéristiques sont créées sans validation appropriée.

Que peut-il mal se passer ?

- Créer trop de termes d'interaction ou de caractéristiques polynomiales peut amener le modèle à bien fonctionner sur les données d'entraînement mais mal sur les données non vues.

- Ne pas évaluer l'importance ou la pertinence des nouvelles caractéristiques peut augmenter la complexité du modèle sans ajouter de valeur prédictive.

Solution : Utilisez des techniques de sélection de caractéristiques telles que l'**élimination récursive de caractéristiques (RFE)** ou l'**importance des caractéristiques** des modèles basés sur les arbres pour identifier les caractéristiques qui contribuent le plus aux performances du modèle. Validez toujours votre modèle en utilisant des techniques de validation croisée pour vous assurer que les nouvelles caractéristiques améliorent la généralisation.

2.5.5 Fuite de données dans les Pipelines Scikit-learn

Les pipelines sont des outils puissants pour rationaliser les flux de travail, mais une utilisation inappropriée peut introduire une **fuite de données**, où les informations de l'ensemble de test influencent involontairement le processus d'entraînement.

Que peut-il mal se passer ?

- Les étapes de prétraitement telles que la normalisation, l'imputation ou les transformations de caractéristiques qui sont appliquées à l'ensemble du jeu de données avant la division en ensembles d'entraînement et de test peuvent entraîner une fuite de données.

- Ne pas ajuster correctement les transformations uniquement aux données d'entraînement lors de la validation croisée peut conduire à une évaluation excessivement optimiste du modèle.

Solution : Assurez-vous toujours que les étapes de prétraitement comme l'imputation, la normalisation et l'encodage sont effectuées au sein d'un pipeline Scikit-learn. Le pipeline garantit que les transformations sont appliquées uniquement aux données d'entraînement puis utilisées pour transformer les données de test d'une manière qui évite les fuites.

2.5.6 Dépendance excessive aux paramètres par défaut dans les modèles Scikit-learn

De nombreux modèles Scikit-learn fonctionnent bien avec les paramètres par défaut, mais se fier uniquement à eux peut limiter la capacité du modèle à bien se généraliser aux nouvelles données.

Que peut-il mal se passer ?

- L'utilisation d'hyperparamètres par défaut sans les ajuster peut entraîner des performances de modèle sous-optimales.

- Un surapprentissage ou un sous-apprentissage peut se produire si les hyperparamètres ne sont pas ajustés pour correspondre aux caractéristiques spécifiques de vos données.

Solution : Effectuez un **réglage des hyperparamètres** en utilisant des techniques comme la **recherche par grille** ou la **recherche aléatoire**. Les GridSearchCV et RandomizedSearchCV de Scikit-learn vous permettent de tester systématiquement différentes combinaisons d'hyperparamètres et de trouver les paramètres optimaux pour votre modèle.

2.5.7 Complexité inutile dans les Pipelines

Bien que les pipelines soient utiles pour organiser des flux de travail complexes, l'ajout de trop d'étapes peut parfois introduire une complexité inutile.

Que peut-il mal se passer ?

- Les pipelines avec trop de transformations ou de modèles peuvent devenir difficiles à déboguer et à maintenir.

- Une conception excessive du pipeline avec des étapes superflues qui n'apportent pas de valeur peut ralentir les performances et augmenter le risque d'erreurs.

Solution : Gardez vos pipelines clairs et concentrés sur les étapes essentielles. N'incluez que les transformations qui améliorent directement les performances du modèle ou l'efficacité du prétraitement. Testez chaque étape de manière isolée pour vous assurer qu'elle est nécessaire et apporte de la valeur au flux de travail.

En comprenant ces problèmes potentiels et en mettant en œuvre les meilleures pratiques, vous pouvez vous assurer que vos flux de travail de données sont à la fois robustes et efficaces. Éviter ces pièges vous aidera à créer des pipelines évolutifs, précis et prêts à relever les défis des données du monde réel.

Résumé du chapitre 2 : Optimiser les flux de travail de données

Dans ce chapitre, nous avons exploré les concepts et techniques essentiels nécessaires pour optimiser vos flux de travail de données, en garantissant l'efficacité, l'évolutivité et les performances lorsque vous travaillez avec des ensembles de données plus complexes. Le chapitre a été divisé en trois sections principales, chacune se concentrant sur la manière d'utiliser et de combiner des outils puissants comme **Pandas**, **NumPy** et **Scikit-learn** pour rationaliser les tâches d'analyse de données.

Nous avons commencé par approfondir la **manipulation avancée de données avec Pandas**. En nous appuyant sur les opérations de base, vous avez appris à filtrer les données en utilisant plusieurs conditions, à effectuer des regroupements et des agrégations multi-niveaux, et à remodeler vos données avec des techniques de pivotement. Ces méthodes sont essentielles pour gérer des ensembles de données complexes et hiérarchiques et pour transformer les données dans un format plus facile à analyser ou à visualiser. Vous avez également exploré le travail avec des données de séries temporelles, en utilisant des techniques comme le rééchantillonnage et les calculs de fenêtres glissantes pour gérer les données temporelles plus efficacement. De plus, nous avons discuté de stratégies d'optimisation de la mémoire pour garantir que vos flux de travail Pandas restent rapides et efficaces, en particulier lors du traitement de grands ensembles de données.

Ensuite, nous nous sommes concentrés sur l'**amélioration des performances avec NumPy**. Vous avez vu comment les opérations vectorisées de NumPy surpassent considérablement les boucles Python traditionnelles, en particulier lorsque vous travaillez avec de grands tableaux numériques. NumPy vous permet d'effectuer des opérations mathématiques sur des ensembles de données entiers simultanément, conduisant à des calculs plus rapides et plus évolutifs. Vous avez également appris le **broadcasting**, une fonctionnalité qui vous permet d'appliquer des opérations entre des tableaux de formes différentes de manière transparente. Cette section a souligné l'importance d'utiliser des **types de données optimisés** et un stockage de mémoire contigu pour réduire l'utilisation de la mémoire tout en maintenant des performances élevées, en particulier pour les tâches de traitement de données à grande échelle.

Enfin, nous avons abordé la **combinaison d'outils pour une analyse efficace**. Ici, nous avons intégré Pandas, NumPy et Scikit-learn dans un flux de travail unique pour montrer comment ces outils se complètent. Vous avez appris à prétraiter les données avec Pandas et NumPy, à concevoir des caractéristiques et à construire des modèles d'apprentissage automatique en utilisant Scikit-learn. Nous avons également présenté les **Pipelines Scikit-learn**, qui automatisent les processus de prétraitement des données, de transformation et de modélisation dans un flux de travail unique et rationalisé. Cela permet d'avoir un code plus propre et plus maintenable et réduit la probabilité d'erreurs, telles que la fuite de données.

Tout au long du chapitre, vous avez rencontré plusieurs exemples pratiques de la façon d'appliquer ces concepts dans des scénarios du monde réel. En combinant les forces de ces bibliothèques puissantes, vous pouvez optimiser vos flux de travail de données pour de meilleures performances, précision et évolutivité. Ces compétences seront cruciales à mesure que vous continuerez à relever des tâches plus complexes en ingénierie de caractéristiques et en apprentissage automatique dans les prochains chapitres.

Dans la partie suivante, nous explorerons les techniques avancées d'ingénierie de caractéristiques, en nous appuyant sur les fondations que vous avez développées ici pour créer des caractéristiques qui améliorent les performances du modèle et fournissent des informations significatives à partir de vos données.

Quiz Partie 1 : Préparer le terrain pour l'analyse avancée

Ce quiz vous aidera à renforcer les concepts clés que vous avez appris dans le **Chapitre 1 : Introduction : Aller au-delà des bases** et le **Chapitre 2 : Optimiser les flux de travail de données**. Répondez aux questions suivantes pour évaluer votre compréhension du contenu.

Question 1 : Manipulation avancée de données avec Pandas

Quel est le principal avantage de l'utilisation de Pandas pour la manipulation de données par rapport aux listes et dictionnaires Python natifs ?

- a) Pandas offre des capacités de visualisation intégrées.

- b) Pandas peut gérer des ensembles de données plus volumineux plus efficacement avec des données tabulaires.

- c) Pandas met automatiquement à l'échelle les modèles d'apprentissage automatique.

- d) Pandas s'intègre mieux avec les boucles Python pour la manipulation de données.

Question 2 : Filtrage efficace avec Pandas

Comment filtreriez-vous un DataFrame Pandas pour inclure uniquement les lignes où SalesAmount est supérieur à 200 et la colonne Store est égale à 'A' ?

a)

```python
df[(df['SalesAmount'] > 200) & (df['Store'] == 'A')]
```

b)

```python
df.filter(SalesAmount > 200 & Store == 'A')
```

c)

```python
df.query('SalesAmount > 200' & 'Store == "A"')
```

d)

```
df.where('SalesAmount' > 200 and df['Store'] == 'A')
```

Question 3 : Performance avec NumPy

Laquelle des opérations suivantes n'est **pas** optimisée par l'approche vectorisée de NumPy ?

- a) Addition élément par élément sur des tableaux.

- b) Multiplication matricielle.

- c) Itération sur des éléments individuels avec une boucle Python.

- d) Application de transformations mathématiques (par exemple, np.log).

Question 4 : Broadcasting dans NumPy

À quoi fait référence le terme **broadcasting** dans NumPy ?

- a) La capacité de NumPy à paralléliser automatiquement les opérations sur plusieurs processeurs.

- b) Le processus par lequel NumPy applique des opérations à des tableaux de formes différentes.

- c) La technique d'optimisation utilisée par NumPy pour stocker les tableaux en mémoire.

- d) Une méthode pour gérer les valeurs manquantes dans les tableaux NumPy.

Question 5 : Regroupement et agrégation dans Pandas

Étant donné le DataFrame suivant, comment calculeriez-vous le total et la moyenne de PurchaseAmount regroupés par Category ?

```python
import pandas as pd

df = pd.DataFrame({
    'CustomerID': [1, 2, 3, 4],
    'Category': ['Electronics', 'Clothing', 'Electronics', 'Furniture'],
    'PurchaseAmount': [200, 100, 300, 400]
})
```

a)

```python
df.groupby('Category').agg({'PurchaseAmount': ['sum', 'mean']})
```

b)

```
df.filter('Category').groupby('PurchaseAmount').sum().mean()
```

c)

```
df.pivot('Category').sum().mean('PurchaseAmount')
```

d)

```
df.sum().groupby('PurchaseAmount').mean('Category')
```

Question 6 : Pipelines Scikit-learn

Quel est l'un des principaux avantages de l'utilisation d'un **Pipeline Scikit-learn** ?

- a) Il vous permet de visualiser automatiquement vos données après chaque étape.

- b) Il permet d'enchaîner plusieurs étapes de prétraitement et d'entraînement de modèle en un seul flux de travail.

- c) Il réduit l'utilisation de la mémoire des grands ensembles de données en les compressant.

- d) Il ajuste automatiquement les hyperparamètres des modèles d'apprentissage automatique.

Question 7 : Fuite de données dans les pipelines d'apprentissage automatique

Qu'est-ce que la **fuite de données**, et pourquoi est-ce un problème lors de la construction de modèles d'apprentissage automatique ?

- a) Elle fait référence à la duplication inutile de données pendant l'entraînement du modèle, causant une utilisation élevée de la mémoire.

- b) Elle se produit lorsque le modèle est autorisé à voir ou à apprendre des données de test pendant l'entraînement, conduisant à des résultats trop optimistes.

- c) Elle se produit lorsque des caractéristiques manquent dans l'ensemble de données, réduisant la précision du modèle.

- d) Elle fait référence à la corruption de données qui se produit lorsque les ensembles de données sont chargés incorrectement en mémoire.

Question 8 : Optimisation de la mémoire dans Pandas

Quel est l'avantage de la **réduction de précision** des types de données numériques dans Pandas ?

- a) Elle augmente la précision des calculs.

- b) Elle réduit l'empreinte mémoire des grands ensembles de données.

- c) Elle permet à Pandas de stocker les types de données de chaînes plus efficacement.

- d) Elle convertit automatiquement les colonnes numériques en colonnes catégorielles.

Question 9 : Création de caractéristiques d'interaction

En ingénierie des caractéristiques, comment créeriez-vous une caractéristique d'interaction entre PurchaseAmount et Discount en utilisant Pandas et NumPy ?

a)

```python
df['Interaction'] = df['PurchaseAmount'] + df['Discount']
```

b)

```python
df['Interaction'] = df['PurchaseAmount'] * df['Discount']
```

c)

```python
df['Interaction'] = df['PurchaseAmount'] / df['Discount']
```

d)

```python
df['Interaction'] = np.add(df['PurchaseAmount'], df['Discount'])
```

Question 10 : Rééchantillonnage des données de séries temporelles

Lorsque vous travaillez avec des données de séries temporelles dans Pandas, comment rééchantillonneriez-vous des données quotidiennes en données mensuelles et calculeriez-vous le total des ventes pour chaque mois ?

a)

```python
df.resample('M').sum()
```

b)

```python
df.resample('D').sum('M')
```

c)

```python
df.resample('W').groupby('M').sum()
```

d)

```
df.groupby('M').resample('D').sum()
```

Ces questions couvrent les sujets clés de la **Partie 1 : Préparer le terrain pour l'analyse avancée**. En y répondant, vous pouvez évaluer votre compréhension de la manipulation avancée de données avec Pandas, de l'optimisation des performances avec NumPy et de la création de flux de travail efficaces avec Scikit-learn. Continuez à pratiquer et n'hésitez pas à revoir les chapitres si nécessaire !

Réponses

Question 1 : Manipulation avancée de données avec Pandas

Réponse :

b) Pandas peut gérer des ensembles de données plus volumineux plus efficacement avec des données tabulaires.

Question 2 : Filtrage efficace avec Pandas

Réponse :

a) df[(df['SalesAmount'] > 200) & (df['Store'] == 'A')]

Question 3 : Performance avec NumPy

Réponse :

c) Itération sur des éléments individuels avec une boucle Python.

Question 4 : Broadcasting dans NumPy

Réponse :

b) Le processus par lequel NumPy applique des opérations à des tableaux de formes différentes.

Question 5 : Regroupement et agrégation dans Pandas

Réponse :

a) df.groupby('Category').agg({'PurchaseAmount': ['sum', 'mean']})

Question 6 : Pipelines Scikit-learn

Réponse :

b) Il permet d'enchaîner plusieurs étapes de prétraitement et d'entraînement de modèle en un seul flux de travail.

Question 7 : Fuite de données dans les pipelines d'apprentissage automatique

Réponse :

b) Elle se produit lorsque le modèle est autorisé à voir ou à apprendre des données de test pendant l'entraînement, conduisant à des résultats trop optimistes.

Question 8 : Optimisation de la mémoire dans Pandas

Réponse :

b) Elle réduit l'empreinte mémoire des grands ensembles de données.

Question 9 : Création de caractéristiques d'interaction

Réponse :

b) df['Interaction'] = df['PurchaseAmount'] * df['Discount']

Question 10 : Rééchantillonnage des données de séries temporelles

Réponse :

a) df.resample('M').sum()

Partie 2 : Ingénierie des Fonctionnalités pour des Modèles Puissants

Projet 1 : Prédiction du prix des logements avec ingénierie des caractéristiques

Bienvenue dans le premier projet de cette section, où nous nous concentrerons sur l'application de techniques d'ingénierie des caractéristiques pour construire un modèle prédictif des prix des logements. Dans ce projet, vous travaillerez avec un ensemble de données contenant diverses caractéristiques de logements—telles que l'emplacement, la taille, le nombre de pièces et d'autres particularités—et utiliserez ces caractéristiques pour prédire le prix de vente de chaque logement.

Bien que la construction de modèles d'apprentissage automatique soit cruciale, l'ingénierie des caractéristiques est souvent ce qui fait la différence entre un bon modèle et un excellent modèle. Il s'agit de créer de nouvelles caractéristiques significatives à partir de données brutes et de transformer les caractéristiques existantes pour capturer des tendances importantes. Dans ce projet, vous explorerez un éventail de techniques d'ingénierie des caractéristiques qui vous aideront à découvrir des informations cachées dans les données et à améliorer la précision de votre modèle.

Commençons par explorer l'ensemble de données et identifier les caractéristiques clés, puis nous plongerons dans les diverses techniques d'ingénierie des caractéristiques qui amélioreront la capacité prédictive de votre modèle.

Aperçu de l'ensemble de données : Prix des logements

L'ensemble de données avec lequel nous allons travailler contient diverses colonnes représentant les caractéristiques des logements, telles que :

- **Superficie du logement en pieds carrés**

- **Nombre de chambres**

- **Nombre de salles de bain**

- **Taille du terrain**

- **Année de construction**

- **Emplacement (code postal)**

Notre objectif est de prédire la variable cible, **SalePrice**, en fonction de ces caractéristiques. Cependant, avant de pouvoir construire un modèle, nous devons nous assurer que les données sont dans le meilleur état possible grâce au nettoyage, à la transformation et à la création de caractéristiques.

1. Exploration et nettoyage des caractéristiques

La première étape de toute tâche d'analyse de données consiste à comprendre en profondeur l'ensemble de données et à le préparer pour la modélisation. Cette phase cruciale comprend plusieurs composantes clés :

1. Exploration des données : Examiner la structure, le contenu et les caractéristiques de l'ensemble de données. Cela inclut l'examen du nombre et des types de caractéristiques, de la plage de valeurs et de toute tendance ou anomalie dans les données.

2. Identification des valeurs manquantes : Évaluer l'étendue et la nature des données manquantes. Cette étape est essentielle car les valeurs manquantes peuvent avoir un impact significatif sur les performances du modèle et conduire à des résultats biaisés si elles ne sont pas traitées correctement.

3. Traitement des valeurs aberrantes : Détecter et traiter les valeurs extrêmes qui pourraient fausser l'analyse. Les valeurs aberrantes peuvent représenter de véritables anomalies dans les données ou des erreurs nécessitant une correction.

4. Évaluation de la qualité des données : Évaluer la qualité globale et la fiabilité des données, notamment en vérifiant les incohérences, les doublons ou les problèmes de formatage.

5. Analyse initiale des caractéristiques : Commencer à identifier les caractéristiques potentiellement importantes et leurs relations avec la variable cible (dans ce cas, les prix des logements).

En effectuant méticuleusement ces étapes, nous posons une base solide pour les étapes ultérieures de l'ingénierie des caractéristiques et du développement du modèle, en veillant à ce que notre analyse soit basée sur des données propres, fiables et bien comprises.

Étape 1 : Charger et explorer les données

Commençons par charger l'ensemble de données et examiner les premières lignes pour nous familiariser avec les données.

Exemple de code : Chargement de l'ensemble de données

```
import pandas as pd
```

```python
# Load the house price dataset
df = pd.read_csv('house_prices.csv')

# View the first few rows of the dataset
print(df.head())
```

Après avoir chargé l'ensemble de données, vous verrez diverses colonnes représentant différentes caractéristiques des logements, y compris la variable cible, **SalePrice**. Il s'agit d'une étape cruciale pour se familiariser avec la structure des données, car elle aide à identifier les problèmes qui doivent être résolus.

Étape 2 : Traitement des valeurs manquantes

Les ensembles de données du monde réel contiennent souvent des valeurs manquantes, qui peuvent fausser considérablement les résultats de votre modèle si elles ne sont pas traitées correctement. Dans le contexte de la prédiction des prix des logements, les valeurs manquantes dans des colonnes critiques comme **LotSize** ou **YearBuilt** peuvent avoir un impact substantiel sur la précision de vos prédictions.

Par exemple, une valeur **LotSize** manquante pourrait conduire à sous-estimer ou surestimer la valeur d'une propriété, car la taille du terrain est souvent un facteur crucial dans la détermination des prix des logements. De même, une valeur **YearBuilt** manquante pourrait obscurcir des informations importantes sur l'âge d'un logement, qui est généralement corrélé avec son état et sa valeur marchande.

De plus, la manière dont vous traitez ces valeurs manquantes peut introduire un biais dans votre modèle. Par exemple, supprimer simplement toutes les lignes contenant des valeurs manquantes pourrait entraîner une perte de données précieuses et potentiellement fausser votre ensemble de données vers certains types de propriétés.

D'autre part, imputer les valeurs manquantes avec des moyennes ou des médianes pourrait ne pas représenter avec précision la véritable distribution des données. Par conséquent, il est crucial d'examiner attentivement la nature de chaque caractéristique et de choisir des stratégies appropriées pour traiter les valeurs manquantes, comme l'utilisation de techniques d'imputation plus sophistiquées ou la création de variables indicatrices pour signaler où les données manquaient.

Exemple de code : Traitement des valeurs manquantes

```python
# Check for missing values in the dataset
missing_values = df.isnull().sum()
print(missing_values[missing_values > 0])

# Example: Fill missing LotSize values with the median
df['LotSize'].fillna(df['LotSize'].median(), inplace=True)
```

```python
# Example: Drop rows with missing values in critical columns like SalePrice
df.dropna(subset=['SalePrice'], inplace=True)
```

Dans cet exemple :

- Nous vérifions d'abord les valeurs manquantes dans l'ensemble de données et décidons comment les traiter.

- Pour les colonnes numériques comme **LotSize**, remplir les valeurs manquantes avec la médiane est une bonne stratégie car la médiane est moins sensible aux valeurs aberrantes que la moyenne.

- Pour les colonnes critiques comme **SalePrice** (notre variable cible), il est souvent préférable de supprimer les lignes avec des valeurs manquantes, car imputer des valeurs pour la variable cible pourrait introduire un biais.

Étape 3 : Traitement des valeurs aberrantes

Les valeurs aberrantes sont des points de données qui dévient significativement des autres observations et peuvent avoir un impact substantiel sur les performances de votre modèle si elles ne sont pas traitées correctement. Dans le contexte de la prédiction des prix des logements, les valeurs aberrantes peuvent provenir de diverses sources et se manifester de différentes manières :

- Valeurs extrêmes : Un **SalePrice** exceptionnellement élevé ou une **LotSize** inhabituellement grande pourrait fausser la distribution globale et conduire à des prédictions biaisées.

- Erreurs de saisie de données : Parfois, les valeurs aberrantes résultent de simples erreurs de saisie de données, comme un zéro supplémentaire ajouté à un prix ou à une superficie.

- Propriétés uniques : Les maisons de luxe ou les propriétés avec des caractéristiques spéciales peuvent légitimement avoir des valeurs qui apparaissent comme des valeurs aberrantes par rapport au marché immobilier général.

- Facteurs temporels : Les maisons vendues pendant des périodes de boom ou de récession économique peuvent avoir des prix qui apparaissent comme des valeurs aberrantes lorsqu'ils sont vus dans une période plus large.

L'identification et le traitement des valeurs aberrantes nécessitent une réflexion approfondie. Bien que leur suppression puisse améliorer les performances du modèle, il est crucial de comprendre la nature de ces valeurs aberrantes avant de décider d'une ligne de conduite. Dans certains cas, les valeurs aberrantes peuvent contenir des informations précieuses sur les tendances du marché ou les caractéristiques uniques des propriétés qui pourraient être bénéfiques pour l'apprentissage de votre modèle.

Exemple de code : Identification et traitement des valeurs aberrantes

```python
import numpy as np

# Identify outliers using the interquartile range (IQR) method
Q1 = df['SalePrice'].quantile(0.25)
Q3 = df['SalePrice'].quantile(0.75)
IQR = Q3 - Q1

# Define a threshold to identify outliers
outliers = df[(df['SalePrice'] < (Q1 - 1.5 * IQR)) | (df['SalePrice'] > (Q3 + 1.5 *
IQR))]

print(f"Number of outliers in SalePrice: {len(outliers)}")

# Remove the outliers
df = df[~((df['SalePrice'] < (Q1 - 1.5 * IQR)) | (df['SalePrice'] > (Q3 + 1.5 * IQR)))]
```

Ici, nous utilisons la **méthode de l'écart interquartile (IQR)** pour détecter les valeurs aberrantes dans la colonne SalePrice. L'IQR est la plage entre le premier quartile (Q1) et le troisième quartile (Q3) des données. Les points de données qui se situent en dehors de 1,5 fois l'IQR par rapport à Q1 ou Q3 sont considérés comme des valeurs aberrantes. Nous supprimons ensuite ces valeurs aberrantes pour les empêcher de fausser les prédictions du modèle.

Étape 4 : Corrélation des caractéristiques

Avant de plonger dans l'ingénierie des caractéristiques, il est crucial de comprendre les relations complexes entre les caractéristiques et la variable cible, **SalePrice**. L'analyse de corrélation constitue un outil puissant dans ce processus, nous permettant de découvrir des schémas et des associations cachés dans les données. En examinant ces corrélations, nous pouvons identifier quelles caractéristiques ont l'impact le plus fort sur les prix des logements, fournissant des informations précieuses qui guideront nos efforts d'ingénierie des caractéristiques.

Cette analyse va au-delà des simples relations linéaires. Elle nous aide à détecter des interactions complexes entre les variables, révélant comment différentes caractéristiques pourraient fonctionner ensemble pour influencer les valeurs des propriétés. Par exemple, nous pourrions découvrir que la combinaison de l'emplacement et de la taille du logement a un impact plus significatif sur le prix que l'une ou l'autre caractéristique seule. De telles informations sont inestimables lors de la décision sur les caractéristiques à transformer ou à combiner dans notre processus d'ingénierie.

De plus, l'analyse de corrélation peut mettre en évidence des caractéristiques redondantes ou moins importantes, nous permettant de rationaliser notre ensemble de données et de concentrer nos efforts sur les variables les plus impactantes. Cela améliore non seulement l'efficacité de notre modèle, mais aide également à prévenir le surapprentissage en réduisant le bruit dans les données. En tirant parti de ces corrélations, nous pouvons prendre des décisions éclairées concernant la sélection, la transformation et la création de caractéristiques, améliorant ainsi la puissance prédictive de notre modèle de prix des logements.

Exemple de code : Analyse de corrélation

```python
import seaborn as sns
import matplotlib.pyplot as plt

# Calculate the correlation matrix
correlation_matrix = df.corr()

# Visualize the correlation matrix using a heatmap
plt.figure(figsize=(10, 8))
sns.heatmap(correlation_matrix, annot=True, cmap='coolwarm')
plt.show()

# Focus on the correlation of each feature with SalePrice
print(correlation_matrix['SalePrice'].sort_values(ascending=False))
```

Dans cet exemple :

- Il importe les bibliothèques nécessaires : seaborn pour la visualisation et matplotlib pour le traçage.

- Il calcule la matrice de corrélation en utilisant df.corr(), qui calcule les corrélations par paires entre toutes les colonnes numériques du DataFrame.

- Il crée une visualisation sous forme de carte thermique de la matrice de corrélation en utilisant la fonction heatmap de seaborn. Cela fournit une représentation visuelle de la façon dont les différentes caractéristiques sont corrélées entre elles.

- La carte thermique est personnalisée avec des annotations (annot=True) pour afficher les valeurs de corrélation et utilise un schéma de couleurs (cmap='coolwarm') pour représenter l'intensité de la corrélation.

- Enfin, il affiche la corrélation de chaque caractéristique avec la colonne 'SalePrice', triée par ordre décroissant. Cela aide à identifier quelles caractéristiques ont les corrélations positives ou négatives les plus fortes avec les prix des logements.

Cette analyse est cruciale pour comprendre les relations entre les caractéristiques et peut guider les efforts d'ingénierie des caractéristiques dans le modèle de prédiction des prix des logements.

Points clés à retenir

- **Le nettoyage et la préparation des données** constituent la pierre angulaire de tout projet d'apprentissage automatique réussi. Le traitement méticuleux des valeurs manquantes, la gestion des valeurs aberrantes et l'assurance de la qualité des données améliorent non seulement la fiabilité de votre ensemble de données, mais jettent également des bases solides pour une modélisation précise. Cette étape cruciale peut avoir un impact significatif sur les performances et la généralisabilité de vos modèles prédictifs.

- **L'analyse de corrélation** constitue un outil puissant pour obtenir des informations plus approfondies sur les relations complexes entre les caractéristiques et la variable cible. En examinant ces corrélations, vous pouvez découvrir des schémas et des associations cachés dans les données, guidant vos décisions sur les caractéristiques à transformer, combiner ou créer. Cette analyse aide à prioriser les variables les plus influentes et à identifier les problèmes potentiels de multicolinéarité.

- Cette étape initiale d'exploration et de préparation des données prépare le terrain pour des techniques d'ingénierie des caractéristiques plus sophistiquées. Elle fournit le contexte et la compréhension nécessaires pour mettre en œuvre efficacement des méthodes avancées telles que la création de termes d'interaction pour capturer des relations complexes, l'encodage de variables catégorielles pour les rendre adaptées aux algorithmes d'apprentissage automatique, et l'application de transformations mathématiques aux caractéristiques numériques pour mieux capturer leurs distributions sous-jacentes et leurs relations avec la variable cible.

2. Ingénierie des caractéristiques pour la prédiction des prix des logements

Maintenant que nous avons nettoyé l'ensemble de données et effectué une exploration initiale, il est temps de plonger dans le processus crucial de l'**ingénierie des caractéristiques**. Cette étape est celle où l'art et la science de la science des données brillent véritablement, alors que nous transformons les données brutes en caractéristiques qui représentent plus précisément les schémas et les relations sous-jacents au sein de notre problème de prédiction des prix des logements.

L'ingénierie des caractéristiques ne se limite pas à manipuler les données ; il s'agit de découvrir des informations cachées et de créer un ensemble de données plus riche et plus informatif pour que notre modèle puisse apprendre. En élaborant soigneusement de nouvelles caractéristiques et en affinant celles existantes, nous pouvons améliorer considérablement la capacité de notre modèle à capturer des relations complexes et des nuances du marché immobilier qui pourraient autrement passer inaperçues.

Dans le domaine de la prédiction des prix des logements, l'ingénierie des caractéristiques peut impliquer un large éventail de techniques. Par exemple, nous pourrions créer des caractéristiques composites qui combinent plusieurs attributs, comme un « indice de luxe » qui prend en compte des facteurs tels que les finitions haut de gamme, l'unicité architecturale et les appareils électroménagers haut de gamme. Nous pourrions également développer des caractéristiques qui capturent les tendances du marché en intégrant des données de prix historiques et des indicateurs économiques locaux, permettant à notre modèle de mieux comprendre la nature dynamique de l'évaluation immobilière.

Dans cette section, nous explorerons plusieurs techniques clés d'ingénierie des caractéristiques qui sont particulièrement pertinentes pour notre tâche de prédiction des prix des logements :

- Création de nouvelles caractéristiques : Nous dériverons des informations significatives à partir de points de données existants, comme le calcul de l'âge d'une maison à partir de son année de construction ou la détermination du prix au mètre carré.

- Encodage des variables catégorielles : Nous transformerons les données non numériques comme les noms de quartiers ou les types de propriétés dans un format que nos algorithmes d'apprentissage automatique peuvent traiter efficacement.

- Transformation des caractéristiques numériques : Nous appliquerons des opérations mathématiques à nos données numériques pour mieux capturer leurs relations avec les prix des logements, comme l'utilisation d'une mise à l'échelle logarithmique pour les caractéristiques fortement asymétriques comme la superficie du terrain ou le prix de vente.

En maîtrisant ces techniques, nous serons en mesure de créer un ensemble de caractéristiques qui non seulement représente les caractéristiques évidentes d'une propriété, mais capture également les dynamiques subtiles du marché, les tendances des quartiers et d'autres facteurs qui influencent les prix des logements. Cet ensemble de caractéristiques amélioré servira de fondation pour construire un modèle prédictif très précis et robuste.

2.1 Création de nouvelles caractéristiques

La création de nouvelles caractéristiques est un aspect crucial de l'ingénierie des caractéristiques qui consiste à dériver des informations significatives à partir de points de données existants. Dans le contexte de l'immobilier, ce processus est particulièrement précieux car il nous permet de capturer des facteurs complexes qui influencent les prix des logements au-delà des caractéristiques évidentes comme la superficie et le nombre de chambres. En synthétisant de nouvelles caractéristiques, nous pouvons fournir à nos modèles prédictifs des entrées plus nuancées et informatives, leur permettant de mieux comprendre les subtilités de l'évaluation immobilière.

Par exemple, nous pourrions créer des caractéristiques qui reflètent la qualité de l'emplacement de la propriété en combinant des données sur les commodités à proximité, les taux de criminalité et les évaluations des districts scolaires. Un autre exemple pourrait être un « indice de luxe » qui prend en compte les finitions haut de gamme, l'unicité architecturale et les appareils électroménagers haut de gamme. Nous pourrions également développer des caractéristiques qui capturent les tendances du marché en intégrant des données de prix historiques et des indicateurs économiques locaux. Ces caractéristiques conçues nous permettent d'encapsuler les connaissances du domaine et les dynamiques subtiles du marché qui peuvent ne pas être immédiatement apparentes dans les données brutes.

De plus, la création de caractéristiques peut aider à traiter les relations non linéaires entre les variables. Par exemple, l'impact de l'âge d'une propriété sur son prix peut ne pas être linéaire – les maisons très anciennes pourraient être précieuses en raison de leur importance historique, tandis que les maisons modérément anciennes pourraient être moins désirables. En créant des caractéristiques qui capturent ces relations nuancées, nous permettons à nos modèles d'apprendre des schémas de tarification plus précis et sophistiqués.

Exemple : Âge de la maison

Une caractéristique utile à créer est l'**âge de la maison**, qui peut être dérivé de la colonne **YearBuilt**. Généralement, les maisons plus récentes ont tendance à avoir des prix plus élevés en raison de meilleurs matériaux et de designs modernes.

Exemple de code : Création de la caractéristique Âge de la maison

```python
import pandas as pd

# Assuming the dataset has a YearBuilt column and the current year is 2024
df['HouseAge'] = 2024 - df['YearBuilt']

# View the first few rows to see the new feature
print(df[['YearBuilt', 'HouseAge']].head())
```

Ce code crée une nouvelle caractéristique appelée 'HouseAge' en calculant la différence entre l'année en cours (supposée être 2024) et l'année de construction de la maison. Voici une explication détaillée de ce que fait le code :

- Tout d'abord, il importe la bibliothèque pandas, qui est couramment utilisée pour la manipulation de données en Python.

- Il suppose que l'ensemble de données (représenté par 'df') possède déjà une colonne appelée 'YearBuilt' qui contient l'année de construction de chaque maison.

- Le code crée une nouvelle colonne 'HouseAge' en soustrayant la valeur 'YearBuilt' de 2024 (l'année en cours supposée). Ce calcul donne l'âge de chaque maison en années.

- Enfin, il affiche les premières lignes du dataframe, montrant à la fois la colonne 'YearBuilt' et la colonne nouvellement créée 'HouseAge'. Cela vous permet de vérifier que la nouvelle caractéristique a été créée correctement.

Cette étape d'ingénierie des caractéristiques est précieuse car l'âge d'une maison peut être un facteur important dans la détermination de son prix. Les maisons plus récentes commandent souvent des prix plus élevés en raison de designs modernes et de matériaux contemporains, tandis que les maisons très anciennes peuvent être précieuses pour des raisons historiques.

En calculant l'âge de la maison, nous ajoutons une caractéristique qui peut aider le modèle à comprendre comment le passage du temps affecte les prix des logements.

Exemple : Taille du terrain par chambre

Une autre caractéristique que nous pouvons créer est la **Taille du terrain par chambre**, qui représente la quantité de terrain associée à chaque chambre. Cette caractéristique peut fournir des informations sur la manière dont la distribution de l'espace dans une propriété affecte sa valeur.

Exemple de code : Création de la caractéristique Taille du terrain par chambre

```python
# Assuming the dataset has LotSize and Bedrooms columns
df['LotSizePerBedroom'] = df['LotSize'] / df['Bedrooms']

# View the first few rows to see the new feature
print(df[['LotSize', 'Bedrooms', 'LotSizePerBedroom']].head())
```

Dans cet exemple, nous calculons la taille du terrain par chambre, ce qui peut donner au modèle des informations plus granulaires sur la répartition de l'espace de la maison.

Ce code crée une nouvelle caractéristique appelée 'LotSizePerBedroom' en divisant la 'LotSize' par le nombre de 'Bedrooms' pour chaque maison dans l'ensemble de données. Voici une explication détaillée de ce que fait le code :

- Il suppose que l'ensemble de données (représenté par 'df') possède déjà des colonnes appelées 'LotSize' et 'Bedrooms'.

- Il crée une nouvelle colonne 'LotSizePerBedroom' en divisant la valeur 'LotSize' par la valeur 'Bedrooms' pour chaque ligne du dataframe.

- Enfin, il affiche les premières lignes du dataframe, montrant les colonnes 'LotSize', 'Bedrooms' et la colonne nouvellement créée 'LotSizePerBedroom'. Cela vous permet de vérifier que la nouvelle caractéristique a été créée correctement.

Cette étape d'ingénierie des caractéristiques est précieuse car elle fournit des informations sur la manière dont la répartition de l'espace dans une propriété affecte sa valeur. La taille du terrain par chambre peut être un facteur important dans la détermination du prix d'une maison, car elle représente la quantité de terrain associée à chaque chambre. Cette nouvelle caractéristique donne au modèle des informations plus granulaires sur la répartition de l'espace de la maison, ce qui peut contribuer à améliorer sa précision prédictive pour les prix des logements.

2.2 Encodage des variables catégorielles

Dans le domaine de l'apprentissage automatique pour la prédiction des prix des logements, nous rencontrons souvent des variables catégorielles — des caractéristiques qui ont un ensemble fini de valeurs possibles. Les exemples incluent l'**emplacement (code postal)**, le

type de bâtiment ou le **style architectural**. Ces variables posent un défi unique car la plupart des algorithmes d'apprentissage automatique sont conçus pour travailler avec des données numériques. Par conséquent, nous devons transformer ces caractéristiques catégorielles dans un format numérique que nos modèles peuvent traiter efficacement.

Ce processus de transformation est connu sous le nom d'encodage, et c'est une étape cruciale dans la préparation de nos données pour l'analyse. Il existe plusieurs méthodes d'encodage disponibles, chacune avec ses propres forces et cas d'utilisation idéaux. Deux des techniques les plus couramment utilisées sont l'**encodage one-hot** et l'**encodage par étiquettes**.

L'**encodage one-hot** est une méthode particulièrement bien adaptée aux variables catégorielles sans ordre ou hiérarchie inhérents. Cette technique crée de nouvelles colonnes binaires pour chaque catégorie unique au sein d'une caractéristique. Par exemple, si nous traitons la caractéristique **quartier**, l'encodage one-hot créerait des colonnes distinctes pour chaque quartier dans notre ensemble de données. Une maison située dans un quartier spécifique aurait un '1' dans la colonne correspondante et '0' dans toutes les autres colonnes de quartiers.

Cette approche est particulièrement précieuse lorsqu'on traite des caractéristiques comme le **code postal** ou le **style architectural**, où il n'y a pas de classement inhérent entre les catégories. L'encodage one-hot permet à notre modèle de traiter chaque catégorie indépendamment, ce qui peut être crucial pour capturer les effets nuancés de différents quartiers ou styles sur les prix des logements.

Cependant, il est important de noter que l'encodage one-hot peut augmenter considérablement la dimensionnalité de notre ensemble de données, en particulier lorsqu'on traite des catégories qui ont de nombreuses valeurs uniques. Cela peut potentiellement conduire à la « malédiction de la dimensionnalité » et peut nécessiter des techniques supplémentaires de sélection de caractéristiques pour gérer efficacement le nombre accru de caractéristiques.

Exemple de code : Encodage one-hot

```python
# One-hot encode the 'Neighborhood' column
df_encoded = pd.get_dummies(df, columns=['Neighborhood'])

# View the first few rows of the encoded dataframe
print(df_encoded.head())
```

Dans cet exemple :

La fonction get_dummies() crée de nouvelles colonnes binaires pour chaque quartier dans l'ensemble de données. Le modèle peut maintenant utiliser cette information pour différencier les maisons dans différents quartiers.

Ce code montre comment effectuer un encodage one-hot sur une variable catégorielle, spécifiquement la colonne 'Neighborhood' dans un ensemble de données. Voici une explication de ce que fait le code :

1. df_encoded = pd.get_dummies(df, columns=['Neighborhood']) Cette ligne utilise la fonction get_dummies() de pandas pour créer des colonnes binaires pour chaque valeur unique dans la colonne 'Neighborhood'. Chaque nouvelle colonne représente un quartier spécifique et contiendra 1 si une maison se trouve dans ce quartier, et 0 sinon.

2. print(df_encoded.head()) Cette ligne affiche les premières lignes du dataframe nouvellement encodé, vous permettant de voir le résultat de l'encodage one-hot.

L'encodage one-hot est particulièrement utile pour les variables catégorielles comme 'Neighborhood' où il n'y a pas d'ordre ou de classement inhérent entre les catégories. Il permet au modèle de traiter chaque quartier comme une caractéristique indépendante, ce qui peut être crucial pour capturer les effets nuancés de différents quartiers sur les prix des logements.

Cependant, il est important de noter que cette méthode peut augmenter considérablement le nombre de colonnes dans votre ensemble de données, en particulier si la variable catégorielle possède de nombreuses valeurs uniques. Cela pourrait potentiellement conduire à la « malédiction de la dimensionnalité » et peut nécessiter des techniques supplémentaires de sélection de caractéristiques pour gérer efficacement le nombre accru de caractéristiques.

Encodage par étiquettes

Une autre option est l'**encodage par étiquettes**, qui convertit chaque catégorie en un entier unique. Cette méthode est particulièrement utile lorsque les catégories ont un ordre ou une hiérarchie inhérents. Par exemple, lorsqu'on traite une caractéristique comme **Condition** (par ex., mauvais, moyen, bon, excellent), l'encodage par étiquettes peut capturer la nature ordinale des données.

L'encodage par étiquettes attribue un entier unique à chaque catégorie, préservant l'ordre relatif. Par exemple, 'mauvais' pourrait être encodé comme 1, 'moyen' comme 2, 'bon' comme 3, et 'excellent' comme 4. Cette représentation numérique permet au modèle de comprendre la progression ou le classement au sein de la caractéristique.

Cependant, il est important de noter que l'encodage par étiquettes doit être utilisé avec prudence. Bien qu'il fonctionne bien pour les données ordinales, l'appliquer à des catégories nominales (celles sans ordre naturel) peut introduire des relations non intentionnelles dans les données. Par exemple, encoder 'rouge', 'bleu' et 'vert' respectivement comme 1, 2 et 3 pourrait amener le modèle à supposer incorrectement que 'vert' est plus similaire à 'bleu' qu'à 'rouge'.

Lors de l'utilisation de l'encodage par étiquettes, il est crucial de documenter le schéma d'encodage et de considérer son impact sur l'interprétation du modèle. Dans certains cas, une combinaison d'encodage par étiquettes pour les caractéristiques ordinales et d'encodage one-hot pour les caractéristiques nominales peut fournir les meilleurs résultats.

Exemple de code : Encodage par étiquettes

```python
from sklearn.preprocessing import LabelEncoder

# Label encode the 'Condition' column
label_encoder = LabelEncoder()
df['ConditionEncoded'] = label_encoder.fit_transform(df['Condition'])

# View the first few rows to see the encoded column
print(df[['Condition', 'ConditionEncoded']].head())
```

Dans cet exemple :

Nous utilisons LabelEncoder pour convertir la colonne **Condition** en valeurs numériques. Cette approche est appropriée car les conditions des maisons peuvent être classées en termes de qualité, de mauvaise à excellente.

Voici une explication du code :

- from sklearn.preprocessing import LabelEncoder Cette ligne importe la classe LabelEncoder de scikit-learn, qui est utilisée pour convertir les étiquettes catégorielles en forme numérique.

- label_encoder = LabelEncoder() Cela crée une instance de la classe LabelEncoder.

- df['ConditionEncoded'] = label_encoder.fit_transform(df['Condition']) Cette ligne applique l'encodage par étiquettes à la colonne 'Condition'. La méthode fit_transform() apprend le schéma d'encodage à partir des données puis l'applique, créant une nouvelle colonne 'ConditionEncoded' avec les étiquettes numériques.

- print(df[['Condition', 'ConditionEncoded']].head()) Cela affiche les premières lignes de la colonne 'Condition' originale et de la nouvelle colonne 'ConditionEncoded', vous permettant de voir le résultat de l'encodage.

Cette approche est particulièrement utile pour les variables catégorielles ordinales comme les conditions des maisons, où il existe un ordre naturel (par exemple, mauvais, moyen, bon, excellent). L'encodage préserve cet ordre dans la représentation numérique.

2.3 Transformation des caractéristiques numériques

La transformation des caractéristiques numériques est une étape cruciale dans la préparation des données pour les modèles d'apprentissage automatique, en particulier lors du traitement de distributions asymétriques. Ce processus peut considérablement améliorer la capacité d'un modèle à discerner les motifs et les relations au sein des données. Deux techniques de transformation largement utilisées sont la mise à l'échelle logarithmique et la normalisation.

Transformation logarithmique

La transformation logarithmique est particulièrement efficace pour les caractéristiques qui présentent une large gamme de valeurs ou sont fortement asymétriques. Dans le contexte de la prédiction des prix des logements, des caractéristiques telles que **SalePrice** et **LotSize** affichent souvent cette particularité. En appliquant une fonction logarithmique à ces variables, nous pouvons compresser l'échelle des grandes valeurs tout en élargissant l'échelle des valeurs plus petites. Cela présente plusieurs avantages :

- Réduction de l'asymétrie : Elle rapproche la distribution d'une distribution normale, qui est une hypothèse de nombreuses techniques statistiques.

- Atténuation de l'impact des valeurs aberrantes : Les valeurs extrêmes sont rapprochées du reste des données, réduisant leur influence disproportionnée sur le modèle.

- Amélioration de la linéarité : Dans certains cas, elle peut aider à linéariser les relations entre les variables, les rendant plus faciles à capturer pour les modèles linéaires.

Par exemple, une maison au prix de 1 000 000 $ et une autre à 100 000 $ auraient des valeurs transformées logarithmiquement d'environ 13,82 et 11,51 respectivement, réduisant la différence absolue tout en maintenant la relation relative.

Cependant, il est important de noter que les transformations logarithmiques doivent être appliquées judicieusement. Elles sont plus efficaces lorsque les données sont asymétriques positivement et que toutes les valeurs sont positives. De plus, l'interprétation des résultats d'un modèle utilisant des caractéristiques transformées logarithmiquement nécessite un examen attentif, car les effets ne sont plus sur l'échelle d'origine.

Exemple de code : Transformation logarithmique

```python
import numpy as np

# Apply a logarithmic transformation to SalePrice and LotSize
df['LogSalePrice'] = np.log(df['SalePrice'])
df['LogLotSize'] = np.log(df['LotSize'])

# View the first few rows to see the transformed features
print(df[['SalePrice', 'LogSalePrice', 'LotSize', 'LogLotSize']].head())
```

Dans cet exemple :

Nous appliquons np.log() aux colonnes **SalePrice** et **LotSize**, les transformant en un format plus normalement distribué. Cela peut aider le modèle à mieux performer en réduisant l'asymétrie.

Ce code démontre comment appliquer une transformation logarithmique aux caractéristiques numériques d'un ensemble de données, spécifiquement les colonnes 'SalePrice' et 'LotSize'. Voici une explication de ce que fait le code :

- D'abord, il importe la bibliothèque numpy sous le nom 'np', qui fournit des fonctions mathématiques incluant la fonction logarithme.

- Il crée ensuite deux nouvelles colonnes dans le dataframe :

    - 'LogSalePrice' : Elle est créée en appliquant le logarithme naturel (np.log()) à la colonne 'SalePrice'.

    - 'LogLotSize' : De même, elle est créée en appliquant le logarithme naturel à la colonne 'LotSize'.

- Enfin, il affiche les premières lignes du dataframe, montrant à la fois les versions originales et transformées logarithmiquement de 'SalePrice' et 'LotSize'.

Le but de cette transformation est de réduire l'asymétrie dans la distribution des données et d'améliorer potentiellement la performance des modèles d'apprentissage automatique. La transformation logarithmique peut être particulièrement utile pour des caractéristiques comme les prix de vente et les tailles de terrain, qui présentent souvent des plages étendues et peuvent être asymétriques positivement.

Normalisation

La normalisation est une technique cruciale dans l'ingénierie des caractéristiques qui rééchelonne les valeurs des caractéristiques numériques à une plage standard, généralement entre 0 et 1. Ce processus est particulièrement important lors du traitement de caractéristiques qui ont des échelles ou des unités de mesure significativement différentes. Par exemple, dans notre modèle de prédiction des prix des logements, des caractéristiques comme **LotSize** (qui pourrait être en milliers de pieds carrés) et **Bedrooms** (généralement un petit entier) existent sur des échelles très différentes.

L'importance de la normalisation devient évidente lorsque nous considérons comment les algorithmes d'apprentissage automatique traitent les données. De nombreux algorithmes, tels que les méthodes basées sur la descente de gradient, sont sensibles à l'échelle des caractéristiques d'entrée. Lorsque les caractéristiques sont sur des échelles différentes, celles ayant des magnitudes plus grandes peuvent dominer le processus d'apprentissage, conduisant potentiellement à une performance de modèle biaisée ou sous-optimale. En normalisant toutes les caractéristiques à une échelle commune, nous nous assurons que chaque caractéristique contribue proportionnellement au processus d'apprentissage du modèle.

De plus, la normalisation peut améliorer la vitesse de convergence des algorithmes d'optimisation utilisés dans l'entraînement des modèles d'apprentissage automatique. Elle aide à créer un espace de caractéristiques plus uniforme, ce qui peut conduire à un entraînement de modèle plus rapide et plus stable. Ceci est particulièrement bénéfique lors de l'utilisation d'algorithmes comme les réseaux de neurones ou les machines à vecteurs de support.

Dans le contexte de notre modèle de prédiction des prix des logements, normaliser des caractéristiques comme **LotSize** et **Bedrooms** permet au modèle de les traiter équitablement, malgré leurs différences d'échelle inhérentes. Cela peut conduire à des prédictions plus précises et à une meilleure compréhension de l'impact réel de chaque caractéristique sur les prix des logements.

Exemple de code : Normalisation des caractéristiques numériques

```python
from sklearn.preprocessing import MinMaxScaler

# Define the numerical columns to normalize
numerical_columns = ['LotSize', 'HouseAge', 'SalePrice']

# Initialize the MinMaxScaler
scaler = MinMaxScaler()

# Apply normalization
df[numerical_columns] = scaler.fit_transform(df[numerical_columns])

# View the first few rows of the normalized dataframe
print(df[numerical_columns].head())
```

Dans cet exemple :

Nous utilisons MinMaxScaler de Scikit-learn pour normaliser les colonnes numériques sélectionnées. Cela garantit que toutes les caractéristiques numériques sont sur la même échelle, ce qui peut améliorer la performance des algorithmes d'apprentissage automatique.

Ce code démontre comment normaliser les caractéristiques numériques dans un ensemble de données en utilisant le MinMaxScaler de scikit-learn. Voici une explication de ce que fait le code :

1. Importer le MinMaxScaler depuis sklearn.preprocessing

2. Définir une liste de colonnes numériques à normaliser : 'LotSize', 'HouseAge' et 'SalePrice'

3. Initialiser le MinMaxScaler

4. Appliquer la normalisation aux colonnes sélectionnées en utilisant fit_transform(). Cela met à l'échelle les valeurs dans une plage entre 0 et 1

5. Afficher les premières lignes du dataframe normalisé pour voir les résultats

Le but de cette normalisation est de ramener toutes les caractéristiques numériques à la même échelle, ce qui peut améliorer la performance des algorithmes d'apprentissage automatique, en particulier ceux sensibles à l'échelle des caractéristiques d'entrée. Cela est particulièrement utile lors du traitement de caractéristiques qui ont des échelles ou des unités de mesure significativement différentes, telles que la taille du terrain et l'âge de la maison.

Caractéristiques d'interaction

Les caractéristiques d'interaction sont créées en combinant deux ou plusieurs caractéristiques existantes pour capturer les relations complexes entre elles qui peuvent influencer de manière significative la variable cible. Dans le contexte de la prédiction des prix des logements, ces interactions peuvent révéler des motifs nuancés que les caractéristiques individuelles pourraient manquer. Par exemple, l'interaction entre **Bedrooms** et **Bathrooms** peut être un prédicteur important des prix des logements, car elle capture l'utilité globale de l'espace de vie.

Cette interaction va au-delà de la simple considération du nombre de chambres ou de salles de bains séparément. Une maison avec 3 chambres et 2 salles de bains pourrait être évaluée différemment d'une maison avec 2 chambres et 3 salles de bains, même si le nombre total de pièces est le même. La caractéristique d'interaction peut capturer cette différence subtile, fournissant potentiellement au modèle des informations plus précises pour la prédiction des prix.

De plus, les interactions peuvent également être précieuses entre d'autres caractéristiques. Par exemple, l'interaction entre **LotSize** et **Neighborhood** pourrait révéler que les grandes tailles de terrain sont plus précieuses dans certains quartiers que dans d'autres. De même, une interaction entre **HouseAge** et **Condition** pourrait aider le modèle à comprendre comment l'impact de l'âge d'une maison sur son prix varie en fonction de son état général.

Exemple de code : Création d'une caractéristique d'interaction

```python
# Create an interaction feature between Bedrooms and Bathrooms
df['BedroomBathroomInteraction'] = df['Bedrooms'] * df['Bathrooms']

# View the first few rows to see the new feature
print(df[['Bedrooms', 'Bathrooms', 'BedroomBathroomInteraction']].head())
```

Dans cet exemple :

Nous créons une caractéristique d'interaction qui multiplie le nombre de chambres et de salles de bains. Cette caractéristique capture l'idée que la combinaison de ces deux variables peut influencer le prix du logement plus que chacune d'elles seule.

Voici ce que fait chaque ligne :

1. df['BedroomBathroomInteraction'] = df['Bedrooms'] * df['Bathrooms'] Cette ligne crée une nouvelle colonne appelée 'BedroomBathroomInteraction' dans le dataframe (df). Elle est calculée en multipliant les valeurs de la colonne 'Bedrooms' avec les valeurs correspondantes de la colonne 'Bathrooms'.

2. print(df[['Bedrooms', 'Bathrooms', 'BedroomBathroomInteraction']].head()) Cette ligne affiche les premières lignes du dataframe, montrant uniquement les colonnes 'Bedrooms', 'Bathrooms', et la nouvelle colonne 'BedroomBathroomInteraction' créée. Cela vous permet de voir le résultat de la création de la caractéristique d'interaction.

Le but de cette caractéristique d'interaction est de capturer l'effet combiné des chambres et des salles de bains sur les prix des logements. Cela peut être plus informatif que de considérer ces caractéristiques séparément, car cela reflète l'utilité globale de l'espace de vie du logement.

La puissance de l'ingénierie des caractéristiques

L'ingénierie des caractéristiques est l'un des aspects les plus critiques de la construction de modèles d'apprentissage automatique puissants. En créant de nouvelles caractéristiques, en transformant celles existantes et en encodant efficacement les variables catégorielles, vous pouvez améliorer considérablement la performance de vos modèles. Les caractéristiques que nous avons abordées ici—telles que l'**Âge du logement**, la **Taille du terrain par chambre**, les **Transformations logarithmiques**, et les **Caractéristiques d'interaction**—ne sont que quelques exemples de la façon dont vous pouvez transformer des données brutes en entrées significatives pour votre modèle.

3. Construction et évaluation du modèle prédictif

Maintenant que nous avons conçu et transformé nos caractéristiques, nous sommes prêts à passer à la phase passionnante de la construction d'un modèle prédictif des prix des logements. Cette étape cruciale implique de tirer parti de la puissance des algorithmes d'apprentissage automatique pour découvrir des motifs dans nos données et faire des prédictions de prix précises. Nous suivrons un processus complet qui englobe la construction du modèle, l'entraînement et l'évaluation.

Notre outil de prédilection pour cette tâche est Scikit-learn, une bibliothèque d'apprentissage automatique puissante et largement utilisée en Python. Scikit-learn fournit une multitude d'algorithmes et d'utilitaires qui rationaliseront notre processus de modélisation. Voici un aperçu des étapes clés que nous suivrons :

- Fractionnement des données : Nous commencerons par diviser notre ensemble de données en ensembles d'entraînement et de test. Cette séparation est cruciale pour évaluer dans quelle mesure notre modèle se généralise à des données non vues, imitant des scénarios du monde réel où nous utiliserions le modèle pour prédire les prix de nouveaux logements.

- Entraînement du modèle : Nous avons choisi l'algorithme Random Forest pour notre tâche de régression. Random Forest est une méthode d'apprentissage ensembliste qui combine plusieurs arbres de décision, offrant des performances robustes et la capacité de gérer des relations complexes dans les données. Nous entraînerons ce modèle en utilisant nos caractéristiques conçues, lui permettant d'apprendre les motifs complexes qui influencent les prix des logements.

- Évaluation des performances : Une fois notre modèle entraîné, nous le mettrons à l'épreuve. Nous utiliserons des métriques de régression courantes pour quantifier dans quelle mesure nos prédictions correspondent aux prix réels des logements. Cette étape est vitale pour comprendre les forces du modèle et les domaines potentiels d'amélioration.

- **Réglage des hyperparamètres** : Pour obtenir des performances encore meilleures, nous explorerons différentes configurations de notre modèle Random Forest. Ce processus, connu sous le nom de réglage des hyperparamètres, nous aide à trouver les paramètres optimaux pour notre ensemble de données spécifique.

En suivant cette approche structurée, nous ne construirons pas seulement un modèle prédictif, mais nous obtiendrons également des informations sur les facteurs qui impactent le plus significativement les prix des logements. Ces connaissances peuvent être inestimables pour les professionnels de l'immobilier, les propriétaires et les acheteurs potentiels.

3.1 Fractionnement des données

Avant de nous lancer dans l'entraînement de notre modèle, il est crucial de préparer correctement nos données. Cette préparation implique de diviser notre ensemble de données en deux ensembles distincts, chacun servant un objectif spécifique dans le processus de développement du modèle :

1. **Ensemble d'entraînement** : Cette plus grande partie des données sert de fondation pour l'apprentissage de notre modèle. C'est l'ensemble de données sur lequel notre modèle sera entraîné, lui permettant d'identifier des motifs et des relations entre les caractéristiques et les prix des logements.

2. **Ensemble de test** : Cette plus petite partie distincte des données agit comme une simulation de nouveaux logements non vus. Nous utilisons cet ensemble pour évaluer les performances de notre modèle entraîné sur des données qu'il n'a pas rencontrées pendant la phase d'entraînement, nous donnant une évaluation réaliste de ses capacités prédictives.

Pour réaliser ce fractionnement crucial des données, nous utiliserons la puissante fonction **train_test_split** de la bibliothèque Scikit-learn. Cette fonction fournit un moyen simple et efficace de diviser aléatoirement notre ensemble de données, garantissant que nos ensembles d'entraînement et de test sont représentatifs de la distribution globale des données.

Exemple de code : Fractionnement des données

```python
from sklearn.model_selection import train_test_split

# Define the features (X) and the target variable (y)
X = df[['HouseAge', 'LotSizePerBedroom', 'LogLotSize', 'Bedrooms', 'Bathrooms',
'ConditionEncoded', 'BedroomBathroomInteraction']]
y = df['SalePrice']

# Split the data into training and testing sets (80% train, 20% test)
```

```python
X_train, X_test, y_train, y_test = train_test_split(X, y, test_size=0.2,
random_state=42)

# View the shape of the training and test sets
print(f"Training set shape: {X_train.shape}, Test set shape: {X_test.shape}")
```

Dans cet exemple :

- Nous définissons les caractéristiques que nous avons conçues dans la section précédente comme X et la variable cible (SalePrice) comme y.

- Nous fractionnons l'ensemble de données en ensembles d'entraînement (80%) et de test (20%) pour garantir que notre modèle puisse se généraliser à des données non vues.

Voici une explication de ce que fait le code :

- Il importe la fonction train_test_split du module model_selection de scikit-learn.

- Il définit les caractéristiques (X) et la variable cible (y). Les caractéristiques incluent celles conçues comme 'HouseAge', 'LotSizePerBedroom', 'LogLotSize', et d'autres.

- Il utilise la fonction train_test_split pour fractionner les données en ensembles d'entraînement et de test. L'ensemble de test est défini à 20% des données totales (test_size=0.2), tandis que l'ensemble d'entraînement représentera les 80% restants.

- Le paramètre random_state=42 garantit la reproductibilité du fractionnement.

- Enfin, il affiche les dimensions des ensembles d'entraînement et de test pour confirmer le fractionnement.

Ce fractionnement des données est crucial pour évaluer la performance du modèle sur des données non vues, aidant à déterminer dans quelle mesure il se généralise.

3.2 Entraînement du modèle Random Forest

Une fois les données fractionnées, nous pouvons entraîner le modèle en utilisant l'algorithme **Random Forest**. Random Forest est un algorithme d'apprentissage automatique populaire pour les tâches de classification et de régression, et il fonctionne en créant un ensemble d'arbres de décision. Cette technique puissante combine plusieurs arbres de décision pour produire une prédiction plus robuste et précise.

L'algorithme Random Forest offre plusieurs avantages pour notre tâche de prédiction des prix des logements :

- Gestion des relations non linéaires : Il peut capturer des interactions complexes entre les caractéristiques, ce qui est crucial dans l'immobilier où des facteurs tels que l'emplacement, la taille et les commodités peuvent interagir de manière complexe.

- Importance des caractéristiques : Random Forest fournit une mesure de l'importance des caractéristiques, nous aidant à comprendre quels facteurs influencent le plus significativement les prix des logements.

- Résistance au surapprentissage : En agrégeant les prédictions de plusieurs arbres, Random Forest est moins sujet au surapprentissage qu'un seul arbre de décision.

- Gestion des valeurs manquantes : Il peut gérer les valeurs manquantes dans les données, ce qui est courant dans les ensembles de données du monde réel.

Dans notre implémentation, nous utiliserons le RandomForestRegressor de Scikit-learn, qui nous permet d'entraîner facilement et de faire des prédictions avec cet algorithme sophistiqué.

Exemple de code : Entraînement du modèle Random Forest

```python
from sklearn.ensemble import RandomForestRegressor

# Initialize the Random Forest Regressor
rf_model = RandomForestRegressor(random_state=42)

# Train the model on the training data
rf_model.fit(X_train, y_train)

# Make predictions on the test data
y_pred = rf_model.predict(X_test)

print("Model training complete.")
```

Dans cet exemple :

- Nous initialisons un **RandomForestRegressor** et ajustons le modèle sur les données d'entraînement.

- Après l'entraînement, nous utilisons le modèle entraîné pour faire des prédictions sur les données de test.

Décortiquons cet exemple de code :

- **Importation du module nécessaire :** from sklearn.ensemble import RandomForestRegressor Cette ligne importe la classe RandomForestRegressor du module ensemble de scikit-learn.

- **Initialisation du modèle :** rf_model = RandomForestRegressor(random_state=42) Ici, nous créons une instance du RandomForestRegressor. Le paramètre random_state est défini pour garantir la reproductibilité des résultats.

- **Entraînement du modèle :** rf_model.fit(X_train, y_train) Cette ligne entraîne le modèle en utilisant les données d'entraînement. X_train contient les valeurs des caractéristiques, et y_train contient les valeurs cibles correspondantes (prix des logements).

- **Réalisation de prédictions :** y_pred = rf_model.predict(X_test) Après l'entraînement, nous utilisons le modèle pour faire des prédictions sur les données de test (X_test). Ces prédictions sont stockées dans y_pred.

- **Message de confirmation :** print("Model training complete.") Cela affiche simplement un message pour confirmer que le processus d'entraînement du modèle est terminé.

Cet extrait de code démontre le flux de travail de base pour entraîner un modèle Random Forest pour la prédiction des prix des logements : importer la classe nécessaire, initialiser le modèle, l'entraîner sur les données et l'utiliser pour faire des prédictions.

3.3 Évaluation de la performance du modèle

Pour évaluer la performance de notre modèle de prédiction des prix des logements, nous utiliserons deux métriques clés couramment employées dans les tâches de régression : l'**Erreur Absolue Moyenne (MAE)** et le score **R-carré (R²)**. Ces métriques fournissent des informations précieuses sur différents aspects des capacités prédictives de notre modèle :

- **Erreur Absolue Moyenne (MAE)** : Cette métrique calcule la différence absolue moyenne entre les prix des logements prédits et les prix réels. Elle fournit une mesure simple de la précision des prédictions dans les mêmes unités que la variable cible (par exemple, les dollars). Une MAE plus faible indique une meilleure performance du modèle, car elle suggère des erreurs de prédiction plus petites en moyenne.

- **R-carré (R²)** : Également connu sous le nom de coefficient de détermination, R^2 mesure la proportion de variance dans la variable cible (prix des logements) qui peut être expliquée par les caractéristiques du modèle. Il varie de 0 à 1, 1 indiquant une prédiction parfaite. Un R^2 de 0,7, par exemple, suggérerait que 70 % de la variabilité des prix des logements peut être expliquée par les caractéristiques du modèle.

Ces métriques se complètent, offrant une vue d'ensemble de la performance du modèle. Alors que la MAE fournit une mesure facilement interprétable de l'erreur de prédiction, R^2 nous aide à comprendre dans quelle mesure notre modèle capture les motifs sous-jacents dans les données. En analysant les deux métriques, nous pouvons obtenir une compréhension nuancée des forces de notre modèle et des domaines potentiels d'amélioration dans la prédiction des prix des logements.

Exemple de code : Évaluation du modèle

```python
from sklearn.metrics import mean_absolute_error, r2_score

# Calculate Mean Absolute Error
mae = mean_absolute_error(y_test, y_pred)

# Calculate R-squared
```

```python
r2 = r2_score(y_test, y_pred)

print(f"Mean Absolute Error (MAE): {mae:.2f}")
print(f"R-squared (R²): {r2:.2f}")
```

Dans cet exemple :

- **L'Erreur Absolue Moyenne (MAE)** fournit une mesure directe de l'écart moyen des prédictions. Une MAE plus faible indique une meilleure performance.

- **R-carré (R^2)** est une mesure de la capacité du modèle à expliquer la variance de la variable cible. Un R^2 proche de 1 indique un bon ajustement.

Voici une explication du code :

- Premièrement, il importe les fonctions nécessaires du module metrics de scikit-learn.

- Il calcule l'Erreur Absolue Moyenne (MAE) en utilisant la fonction mean_absolute_error. La MAE mesure la différence absolue moyenne entre les prix des logements prédits et réels.

- Il calcule ensuite le score R-carré en utilisant la fonction r2_score. R^2 indique dans quelle mesure le modèle explique la variance des prix des logements.

- Enfin, il affiche les deux métriques, formatées à deux décimales.

Ces métriques aident à évaluer la performance du modèle :

- Une MAE plus faible indique une meilleure performance, car cela signifie que les prédictions sont plus proches des prix réels en moyenne.

- Un R^2 plus proche de 1 indique un meilleur ajustement, montrant que le modèle explique davantage de la variabilité des prix des logements.

En utilisant ces deux métriques, vous obtenez une vue d'ensemble complète des capacités prédictives du modèle pour les prix des logements.

3.4 Ajustement des hyperparamètres pour améliorer la performance

Les modèles Random Forest offrent une gamme d'hyperparamètres qui peuvent être affinés pour améliorer la performance. Ces hyperparamètres nous permettent de contrôler divers aspects du comportement et de la structure du modèle. Certains hyperparamètres clés incluent :

- **n_estimators** : Ce paramètre détermine le nombre d'arbres dans la forêt. Augmenter le nombre d'arbres peut souvent conduire à une meilleure performance, mais cela augmente également le coût de calcul.

- **max_depth** : Cela définit la profondeur maximale de chaque arbre. Des arbres plus profonds peuvent capturer des motifs plus complexes, mais ils peuvent également conduire au surapprentissage s'ils ne sont pas correctement contrôlés.

- **min_samples_split** : Ce paramètre spécifie le nombre minimum d'échantillons requis pour diviser un nœud interne. Il aide à contrôler la croissance de l'arbre et peut prévenir le surapprentissage.

- **min_samples_leaf** : Cela définit le nombre minimum d'échantillons requis pour être à un nœud feuille. Comme min_samples_split, il aide à contrôler la complexité du modèle.

Pour trouver la combinaison optimale de ces hyperparamètres, nous pouvons utiliser **GridSearchCV** de Scikit-learn. Cet outil puissant effectue une recherche exhaustive sur une grille de paramètres spécifiée, en utilisant la validation croisée pour évaluer la performance de chaque combinaison. En explorant systématiquement l'espace des hyperparamètres, GridSearchCV nous aide à identifier la configuration qui produit la meilleure performance du modèle, généralement mesurée par une métrique choisie telle que l'erreur absolue moyenne ou le score R-carré.

Le processus d'ajustement des hyperparamètres est crucial car il nous permet d'adapter le modèle Random Forest à notre ensemble de données et problème spécifiques. En affinant ces paramètres, nous pouvons potentiellement obtenir des améliorations significatives de la précision prédictive et des capacités de généralisation de notre modèle pour la prédiction des prix des logements.

Exemple de code : Ajustement des hyperparamètres avec GridSearchCV

```python
from sklearn.model_selection import GridSearchCV

# Define the hyperparameters to tune
param_grid = {
    'n_estimators': [100, 200, 300],
    'max_depth': [10, 20, 30, None]
}

# Initialize the GridSearchCV with RandomForestRegressor
grid_search = GridSearchCV(estimator=rf_model, param_grid=param_grid, cv=5,
scoring='neg_mean_absolute_error')

# Fit the grid search to the training data
grid_search.fit(X_train, y_train)

# Best hyperparameters
print(f"Best hyperparameters: {grid_search.best_params_}")

# Train the model with the best hyperparameters
best_rf_model = grid_search.best_estimator_
```

```python
# Make predictions on the test data
best_y_pred = best_rf_model.predict(X_test)

# Evaluate the tuned model
best_mae = mean_absolute_error(y_test, best_y_pred)
best_r2 = r2_score(y_test, best_y_pred)

print(f"Tuned Model MAE: {best_mae:.2f}")
print(f"Tuned Model R²: {best_r2:.2f}")
```

Dans cet exemple :

- **GridSearchCV** nous aide à rechercher la meilleure combinaison d'hyperparamètres (par exemple, le nombre d'arbres et la profondeur des arbres) par validation croisée.

- Nous réentraînons ensuite le modèle en utilisant les meilleurs hyperparamètres trouvés et évaluons à nouveau sa performance.

Voici une explication détaillée de ce que fait le code :

1. Il importe GridSearchCV du module model_selection de scikit-learn.

2. Une grille de paramètres est définie avec différentes valeurs pour 'n_estimators' (nombre d'arbres) et 'max_depth' (profondeur maximale des arbres).

3. GridSearchCV est initialisé avec le modèle Random Forest (rf_model), la grille de paramètres, une validation croisée à 5 plis, et l'erreur absolue moyenne comme métrique de score.

4. La recherche par grille est ajustée aux données d'entraînement (X_train, y_train).

5. Les meilleurs hyperparamètres trouvés par la recherche par grille sont affichés.

6. Un nouveau modèle (best_rf_model) est créé en utilisant les meilleurs hyperparamètres.

7. Des prédictions sont effectuées sur les données de test en utilisant le modèle ajusté.

8. La performance du modèle ajusté est évaluée en utilisant les métriques d'Erreur Absolue Moyenne (MAE) et R-carré (R^2).

Ce processus aide à trouver les hyperparamètres optimaux pour le modèle Random Forest, améliorant potentiellement sa performance dans la prédiction des prix des logements.

Construction et évaluation du modèle

Dans cette section, nous avons minutieusement exploré le processus complexe de construction et d'évaluation d'un modèle prédictif pour les prix des logements. Notre parcours a commencé par l'étape cruciale du partitionnement des données, où nous avons soigneusement divisé notre ensemble de données en sous-ensembles d'entraînement et de test. Cette division stratégique nous a permis de construire notre modèle sur une partie des données tout en réservant une autre pour une évaluation impartiale.

Nous avons ensuite exploité la puissance de l'algorithme **Random Forest**, une méthode d'apprentissage d'ensemble sophistiquée reconnue pour sa robustesse et sa polyvalence dans le traitement d'ensembles de données complexes. Ce choix de modèle était particulièrement adapté à notre tâche de prédiction des prix des logements, étant donné sa capacité à capturer des relations non linéaires et à gérer un mélange de caractéristiques numériques et catégorielles.

Pour évaluer l'efficacité de notre modèle, nous avons employé deux métriques de performance clés : l'**Erreur Absolue Moyenne (MAE)** et le score **R-carré (R²)**. La MAE nous a fourni une mesure tangible de la précision des prédictions, quantifiant l'écart moyen de nos prédictions par rapport aux prix réels des logements. En complément, le score R^2 a offert des informations sur la capacité de notre modèle à expliquer la variance des prix des logements, nous donnant une vue d'ensemble de sa puissance prédictive.

Reconnaissant que le modèle initial pourrait ne pas être optimal, nous nous sommes plongés dans le domaine de l'**ajustement des hyperparamètres**. Cette étape cruciale impliquait d'exploiter la puissance de **GridSearchCV**, une approche systématique pour explorer diverses combinaisons de paramètres du modèle. En parcourant méthodiquement un espace de paramètres prédéfini, nous avons pu identifier la configuration qui produisait la meilleure performance, affinant ainsi notre modèle Random Forest pour mieux s'adapter aux nuances de notre ensemble de données spécifique.

Il est important de souligner que le succès de notre modèle n'était pas uniquement attribuable au choix de l'algorithme ou au processus d'ajustement. Les techniques d'ingénierie des caractéristiques que nous avons appliquées plus tôt dans notre flux de travail ont joué un rôle essentiel dans l'amélioration de la performance du modèle. En créant de nouvelles caractéristiques informatives et en encodant de manière appropriée les variables catégorielles, nous avons fourni à notre modèle une représentation plus riche et plus nuancée des données. Ce processus de création et de transformation des caractéristiques a été déterminant pour capturer les motifs et relations subtils au sein de l'ensemble de données.

Grâce à notre compréhension approfondie de l'interaction entre les diverses caractéristiques et la variable cible (prix des logements), nous avons pu construire un modèle qui a non seulement capturé les tendances évidentes, mais a également discerné des influences plus subtiles sur les valeurs immobilières. Cette approche globale de l'ingénierie des caractéristiques et du développement du modèle a abouti à un outil prédictif capable de générer des estimations de prix des logements plus précises et fiables.

En substance, cette section a démontré la synergie entre une préparation réfléchie des données, des techniques de modélisation sophistiquées et des processus d'évaluation et d'ajustement méticuleux. Le résultat est un modèle robuste et bien calibré qui est prêt à fournir des informations précieuses sur la dynamique complexe de la tarification des logements.

4. Finalisation du projet de prédiction des prix des logements

Maintenant que nous avons terminé les principales étapes de construction et d'évaluation d'un modèle prédictif, il est temps de conclure le projet avec un résumé et des considérations finales. Cela inclut une réflexion sur ce que nous avons accompli, les domaines d'amélioration supplémentaires et les principaux enseignements de l'ensemble du processus. L'ingénierie des caractéristiques, la construction du modèle et l'évaluation sont des tâches itératives, et il y a toujours place à l'amélioration pour optimiser la performance du modèle.

4.1 Résumé du projet

Dans ce projet, nous avons pris un ensemble de données de prix de logements et avons conçu des caractéristiques pouvant aider à prédire la variable cible, **SalePrice**. Voici un récapitulatif de ce que nous avons fait :

1. **Exploration et nettoyage des données** :

    o   Nous avons chargé l'ensemble de données et traité les valeurs manquantes en les remplissant avec des statistiques appropriées ou en supprimant les lignes si nécessaire.

    o   Les valeurs aberrantes ont été identifiées et supprimées en utilisant la méthode de l'**Intervalle Interquartile (IQR)** pour garantir qu'elles ne faussent pas les prédictions de notre modèle.

    o   Nous avons effectué une analyse de corrélation pour comprendre les relations entre les caractéristiques et la variable cible, nous donnant un aperçu des caractéristiques qui seraient les plus précieuses pour notre modèle.

2. **Ingénierie des caractéristiques** :

    o   Nous avons créé de nouvelles caractéristiques, telles que **HouseAge**, **LotSize per Bedroom** et **BedroomBathroomInteraction**, pour capturer des relations significatives dans les données pouvant influencer les prix des logements.

    o   Nous avons appliqué des transformations comme la **mise à l'échelle logarithmique** pour gérer les caractéristiques asymétriques et améliorer la capacité de généralisation du modèle.

    o   Les variables catégorielles ont été encodées en utilisant à la fois l'**encodage one-hot** et l'**encodage par étiquette** pour convertir les caractéristiques non numériques dans un format utilisable par notre modèle.

3. **Construction et évaluation du modèle** :

- o En utilisant un **Random Forest Regressor**, nous avons entraîné un modèle prédictif et évalué sa performance en utilisant les métriques d'**Erreur Absolue Moyenne (MAE)** et **R-carré (R²)**.

- o Nous avons ajusté les hyperparamètres du modèle en utilisant **GridSearchCV**, ce qui a encore amélioré la performance en trouvant le nombre optimal d'arbres et la profondeur des arbres.

4. **Évaluation du modèle** :

- o Notre modèle initial a fourni de bonnes prédictions, et après l'ajustement des hyperparamètres, nous avons pu réduire l'**Erreur Absolue Moyenne (MAE)** et obtenir un modèle plus précis.

4.2 Domaines d'amélioration supplémentaires

Bien que notre modèle ait bien performé, il existe plusieurs étapes supplémentaires que nous pourrions prendre pour améliorer davantage la performance :

- **Sélection des caractéristiques** : Nous avons conçu plusieurs caractéristiques, mais toutes ne contribuent pas de manière égale à la performance du modèle. En utilisant des techniques comme l'**importance des caractéristiques** de Random Forest ou l'**Élimination Récursive des Caractéristiques (RFE)**, nous pourrions identifier et conserver les caractéristiques les plus impactantes tout en éliminant celles qui ajoutent du bruit.

- **Ingénierie avancée des caractéristiques** : Il existe des techniques d'ingénierie des caractéristiques plus avancées que nous pourrions appliquer, telles que les **caractéristiques polynomiales** ou la création de **termes d'interaction** entre plusieurs variables. Cela pourrait aider le modèle à capturer les relations non linéaires entre les caractéristiques et la variable cible.

- **Régularisation et modèles d'ensemble** : Au-delà de Random Forest, nous pourrions expérimenter avec d'autres algorithmes comme les **Gradient Boosting Machines (GBM)**, **XGBoost** ou **LightGBM**, qui pourraient donner de meilleurs résultats. Les techniques de régularisation comme la **régression Lasso** ou **Ridge** pourraient également aider à prévenir le surapprentissage et améliorer la généralisation du modèle.

- **Validation croisée** : Alors que nous avons utilisé une division entraînement-test pour l'évaluation du modèle, la validation croisée fournirait une mesure plus robuste de la performance du modèle. En utilisant la validation croisée k-fold, nous pouvons nous assurer que le modèle se généralise bien à différents sous-ensembles de données.

4.3 Principaux enseignements

- **L'ingénierie des caractéristiques est essentielle** : Le processus de création et de transformation des caractéristiques à partir de données brutes est crucial pour le succès de tout modèle d'apprentissage automatique. Les caractéristiques que nous avons conçues dans ce projet, telles que **HouseAge** et **LotSize per Bedroom**, ont considérablement amélioré le pouvoir prédictif du modèle.

- **L'évaluation et l'ajustement du modèle sont importants** : Construire un modèle d'apprentissage automatique n'est pas un processus en une seule étape. Cela nécessite une évaluation et un ajustement continus pour atteindre une performance optimale. L'ajustement des hyperparamètres nous a permis d'affiner le modèle Random Forest pour de meilleurs résultats.

- **Comprendre les données est essentiel** : Tout au long du projet, nous avons passé beaucoup de temps à explorer et nettoyer les données. Le traitement des valeurs manquantes, la détection des valeurs aberrantes et l'analyse de corrélation nous ont donné des informations plus approfondies sur l'ensemble de données et ont guidé nos efforts d'ingénierie des caractéristiques.

4.4 Prochaines étapes

Si vous deviez poursuivre ce projet, voici quelques prochaines étapes possibles :

- Explorer des **ensembles de données** supplémentaires pour enrichir les données d'entraînement du modèle.

- Mettre en œuvre la **validation croisée** pour obtenir des métriques de performance plus fiables.

- Expérimenter avec **différents algorithmes d'apprentissage automatique**, tels que **XGBoost** ou **Gradient Boosting**.

- Appliquer des **techniques de régularisation** pour prévenir le surapprentissage et garantir que le modèle performe bien sur de nouvelles données.

Conclusion

Ce projet constitue une démonstration convaincante de l'immense potentiel que détient l'ingénierie des caractéristiques dans le domaine de la modélisation prédictive. Le parcours qui va du nettoyage et de l'exploration initiale des données jusqu'au processus complexe de création de caractéristiques et de construction du modèle n'est pas simplement une séquence d'étapes, mais plutôt une approche holistique qui améliore de manière synergique notre compréhension des données tout en renforçant simultanément la performance du modèle. Chaque phase de ce processus, de la gestion des valeurs manquantes et des valeurs aberrantes à l'élaboration de nouvelles caractéristiques et au réglage fin des paramètres du modèle, contribue de manière significative au développement d'un outil prédictif robuste et précis.

En suivant une approche structurée et méthodique tout au long de ce projet, nous avons réussi à élaborer un modèle capable de générer des prédictions précises des prix des logements basées sur un ensemble riche de caractéristiques conçues. Cette réalisation souligne le rôle crucial que joue une ingénierie des caractéristiques réfléchie pour combler le fossé entre les données brutes et les informations significatives. Le processus de transformation et de combinaison des variables existantes pour créer de nouvelles caractéristiques plus informatives s'est avéré déterminant pour capturer les relations nuancées au sein de l'ensemble de données, permettant ainsi à notre modèle de discerner des motifs qui autrement seraient restés cachés.

Alors que nous nous tournons vers de futurs projets, les techniques et les connaissances acquises grâce à ce projet s'avéreront sans aucun doute inestimables. Les principes d'ingénierie des caractéristiques démontrés ici peuvent être aisément appliqués à une grande diversité d'ensembles de données et de défis, allant de la prévision financière à l'analyse dans le domaine de la santé. Armés de la connaissance que des caractéristiques bien conçues sont la pierre angulaire de modèles exceptionnels, les scientifiques des données et les analystes peuvent aborder même les ensembles de données les plus complexes avec confiance. La capacité à concevoir des caractéristiques pertinentes améliore non seulement la performance du modèle, mais approfondit également notre compréhension des phénomènes sous-jacents que nous cherchons à prédire ou à expliquer.

En substance, ce projet témoigne du pouvoir transformateur de l'ingénierie des caractéristiques dans le flux de travail de la science des données. Il met en lumière comment une combinaison de connaissances du domaine, de pensée créative et de rigueur analytique peut libérer le plein potentiel de nos données, ouvrant la voie à des prédictions plus précises et à des informations plus profondes. Alors que nous continuons à repousser les limites du possible en matière de modélisation prédictive, les leçons tirées de ce projet de prédiction des prix des logements serviront sans aucun doute de fondation précieuse pour relever des défis de plus en plus sophistiqués dans le paysage en constante évolution de la science des données et de l'apprentissage automatique.

Chapitre 3 : Le rôle de l'ingénierie des caractéristiques en apprentissage automatique

L'ingénierie des caractéristiques est souvent saluée comme l'ingrédient secret qui fait passer les modèles d'apprentissage automatique de bons à exceptionnels. Ce processus crucial implique l'art et la science de transformer des données brutes et non traitées en un ensemble de caractéristiques significatives qui peuvent améliorer considérablement les capacités d'apprentissage des algorithmes d'apprentissage automatique.

En élaborant soigneusement ces caractéristiques, les data scientists permettent à leurs modèles de découvrir des motifs cachés, des relations et des insights qui pourraient autrement rester obscurcis dans les données brutes. Bien que les algorithmes de pointe soient indéniablement importants, leur efficacité est fondamentalement limitée par la qualité et la pertinence des données qu'ils reçoivent.

C'est précisément pourquoi **l'ingénierie des caractéristiques** est largement considérée comme l'une des étapes les plus essentielles et les plus impactantes de l'ensemble du pipeline d'apprentissage automatique, faisant souvent la différence entre un modèle qui fonctionne simplement de manière adéquate et un modèle qui excelle vraiment.

Tout au long de ce chapitre, nous explorerons en profondeur l'importance multifacette de l'ingénierie des caractéristiques, en examinant son impact profond sur les performances des modèles dans divers domaines et applications. Nous examinerons comment des caractéristiques soigneusement élaborées peuvent améliorer considérablement la précision, l'interprétabilité et les capacités de généralisation d'un modèle.

De plus, nous vous présenterons une gamme diversifiée de techniques et de stratégies que les data scientists utilisent pour transformer les données brutes en caractéristiques puissantes et prédictives. Ces méthodes vont des simples transformations mathématiques aux insights complexes spécifiques au domaine, tous visant à libérer le plein potentiel de vos données.

Alors que nous entamons ce voyage, nous commencerons par examiner minutieusement pourquoi l'ingénierie des caractéristiques est un composant si essentiel dans le monde de l'apprentissage automatique, et comment la maîtrise de cette compétence peut vous distinguer en tant que data scientist.

3.1 Pourquoi l'ingénierie des caractéristiques est importante

Au fond, l'ingénierie des caractéristiques consiste à transformer les données brutes en un format que les algorithmes d'apprentissage automatique peuvent traiter et dont ils peuvent apprendre efficacement. Cette étape cruciale comble le fossé entre les données du monde réel complexes et désordonnées et l'entrée structurée que les algorithmes exigent. Bien que les algorithmes comme les arbres de décision, les forêts aléatoires et les réseaux neuronaux soient incroyablement puissants, leurs performances dépendent fortement de la qualité et de la pertinence des données d'entrée.

L'ingénierie des caractéristiques implique un éventail de techniques, allant de simples transformations à des insights complexes spécifiques au domaine. Par exemple, elle peut impliquer la mise à l'échelle des caractéristiques numériques, l'encodage des variables catégorielles ou la création de caractéristiques entièrement nouvelles qui capturent des relations importantes dans les données. L'objectif est de mettre en évidence les informations et les motifs les plus pertinents, ce qui facilite l'identification et l'apprentissage par l'algorithme.

L'importance de l'ingénierie des caractéristiques ne peut être sous-estimée. Même les algorithmes les plus avancés auront du mal à bien fonctionner si les caractéristiques ne capturent pas adéquatement les aspects pertinents des données. C'est parce que les modèles d'apprentissage automatique sont, à la base, des systèmes de reconnaissance de motifs. Ils ne peuvent reconnaître que les motifs dans les données qu'on leur donne. Si les motifs importants sont obscurcis ou ne sont pas représentés dans les caractéristiques, le modèle ne parviendra pas à les apprendre, quelle que soit sa sophistication.

De plus, une bonne ingénierie des caractéristiques peut souvent compenser des modèles plus simples. Dans de nombreux cas, un modèle simple avec des caractéristiques bien élaborées peut surpasser un modèle complexe travaillant avec des données brutes non traitées. Cela souligne le rôle essentiel que l'ingénierie des caractéristiques joue dans le succès global d'un projet d'apprentissage automatique.

3.1.1 L'impact des caractéristiques sur les performances du modèle

Considérez un scénario où vous êtes chargé de prédire les prix de l'immobilier. Sans informations cruciales comme la superficie en pieds carrés, le nombre de chambres ou l'emplacement, même le modèle le plus sophistiqué échouerait. C'est là que l'ingénierie des caractéristiques entre en jeu. C'est le processus de transformation des données brutes en un format qui met en évidence les informations les plus pertinentes pour votre modèle.

L'ingénierie des caractéristiques vous permet de créer de nouvelles caractéristiques qui capturent des relations importantes dans les données. Par exemple, vous pourriez créer une caractéristique « prix par pied carré » en divisant le prix de la maison par sa superficie. Cette nouvelle caractéristique pourrait fournir des insights précieux que les données brutes seules ne révèlent pas.

L'impact de l'ingénierie des caractéristiques sur les performances du modèle peut être spectaculaire. Des caractéristiques bien élaborées peuvent considérablement augmenter la précision et le pouvoir prédictif d'un modèle. Elles peuvent aider le modèle à identifier des motifs et des relations subtils qui pourraient autrement passer inaperçus. À l'inverse, des caractéristiques mal élaborées peuvent conduire à toute une série de problèmes :

- Sous-apprentissage : Si les caractéristiques ne capturent pas adéquatement la complexité des relations sous-jacentes, le modèle peut être trop simpliste et ne pas parvenir à capturer les motifs importants dans les données.

- Surapprentissage : À l'inverse, si les caractéristiques sont trop spécifiques aux données d'entraînement, le modèle peut bien fonctionner sur ces données mais échouer à se généraliser à de nouvelles données non vues.

- Prédictions trompeuses : Les caractéristiques qui introduisent du bruit ou des informations non pertinentes peuvent égarer le modèle, entraînant des prédictions qui ne reflètent pas fidèlement les vraies relations dans les données.

En essence, l'ingénierie des caractéristiques consiste à transformer vos données pour les rendre plus informatives et plus faciles à apprendre pour votre modèle. C'est une étape critique du pipeline d'apprentissage automatique qui peut souvent faire la différence entre un modèle qui fonctionne simplement et un modèle qui excelle vraiment.

Décomposons pourquoi l'ingénierie des caractéristiques est si essentielle :

1. La qualité des données affecte directement la qualité du modèle

Les modèles d'apprentissage automatique dépendent fondamentalement de la qualité et de la pertinence des données sur lesquelles ils sont entraînés. Ce principe souligne l'importance critique de l'ingénierie des caractéristiques dans le pipeline d'apprentissage automatique. Même les algorithmes les plus avancés et les plus sophistiqués peuvent échouer à produire des résultats significatifs si les données d'entrée manquent de motifs informatifs ou contiennent du bruit non pertinent. L'ingénierie des caractéristiques répond à ce défi en transformant les données brutes en un ensemble de caractéristiques significatives qui capturent efficacement les relations et les motifs sous-jacents dans l'ensemble de données.

Ce processus implique un éventail de techniques, allant de simples transformations mathématiques à des insights complexes spécifiques au domaine. Par exemple, l'ingénierie des caractéristiques peut impliquer :

- La mise à l'échelle des caractéristiques numériques pour s'assurer qu'elles sont dans des plages comparables

- L'encodage des variables catégorielles pour les rendre adaptées aux algorithmes d'apprentissage automatique

- La création de termes d'interaction pour capturer les relations entre plusieurs caractéristiques

- L'application de connaissances du domaine pour dériver de nouvelles caractéristiques plus informatives à partir de celles existantes

En élaborant soigneusement ces caractéristiques, les data scientists peuvent considérablement améliorer les capacités d'apprentissage de leurs modèles. Des caractéristiques bien élaborées peuvent révéler des motifs cachés, mettre l'accent sur des relations importantes et, en fin de compte, conduire à des prédictions plus précises et plus robustes. Ce processus améliore non seulement les performances du modèle, mais aboutit souvent à des modèles qui sont plus interprétables et généralisables à de nouvelles données non vues.

2. Améliorer l'interprétabilité du modèle

Les caractéristiques qui sont bien élaborées améliorent non seulement la précision du modèle, mais rendent également le modèle plus interprétable. Cette interprétabilité accrue est cruciale pour plusieurs raisons :

1. Transparence : Lorsque les caractéristiques sont significatives et bien structurées, il devient plus facile de comprendre comment le modèle arrive à ses prédictions. Cette transparence est essentielle pour établir la confiance dans le processus décisionnel du modèle.

2. Explicabilité : Des caractéristiques bien élaborées permettent des explications plus claires sur pourquoi certains résultats sont produits. Cela est particulièrement important dans des secteurs comme la santé et la finance, où la compréhension de la justification derrière une prédiction peut avoir des conséquences importantes.

3. Conformité réglementaire : Dans de nombreux secteurs réglementés, il existe une demande croissante pour une « IA explicable ». Des caractéristiques bien élaborées contribuent à répondre à ces exigences réglementaires en facilitant l'audit et la validation des décisions du modèle.

4. Débogage et amélioration : Lorsque les caractéristiques sont interprétables, il est plus facile d'identifier les biais ou les erreurs potentiels dans le modèle. Cela facilite un débogage plus efficace et une amélioration continue du modèle.

5. Communication avec les parties prenantes : Des caractéristiques interprétables facilitent la communication des insights du modèle aux parties prenantes non techniques, comblant le fossé entre les data scientists et les décideurs.

6. Considérations éthiques : Dans des applications sensibles, telles que la justice pénale ou l'approbation de prêts, des caractéristiques interprétables aident à garantir que les décisions du modèle sont justes et impartiales.

En se concentrant sur la création de caractéristiques significatives et bien structurées, les data scientists peuvent développer des modèles qui non seulement fonctionnent bien, mais fournissent également des insights précieux sur les motifs et les relations sous-jacents dans les données. Cette approche conduit à des solutions d'apprentissage automatique plus robustes, plus fiables et exploitables.

3. Améliorer la généralisation

L'ingénierie des caractéristiques joue un rôle crucial dans l'amélioration de la capacité d'un modèle à se généraliser à des données non vues. En transformant les données brutes en caractéristiques qui représentent fidèlement les relations du monde réel, nous créons une base plus robuste pour l'apprentissage. Ce processus implique l'identification et l'accentuation de la structure sous-jacente des données, qui va au-delà des motifs de surface ou du bruit.

Par exemple, dans notre exemple de prédiction des prix de l'immobilier, la création d'une caractéristique « prix par pied carré » capture une relation fondamentale qui existe dans divers types de propriétés. Cette caractéristique élaborée est susceptible de rester pertinente même lorsque le modèle rencontre de nouvelles maisons jamais vues auparavant.

De plus, l'ingénierie des caractéristiques implique souvent une expertise du domaine, nous permettant d'incorporer des insights précieux qui pourraient ne pas être immédiatement apparents dans les données brutes. Par exemple, sachant que l'âge d'une maison impacte considérablement sa valeur, nous pouvons créer une caractéristique « ÂgeMaison ». Ce type de caractéristique est susceptible de rester pertinent dans différents ensembles de données et zones géographiques, améliorant la capacité du modèle à faire des prédictions précises sur de nouvelles données.

En se concentrant sur ces caractéristiques significatives et généralisables, nous réduisons le risque de surapprentissage au bruit ou aux particularités spécifiques aux données d'entraînement. En conséquence, les modèles entraînés sur des caractéristiques bien élaborées sont mieux équipés pour capturer les vraies relations sous-jacentes dans les données, conduisant à des performances améliorées sur de nouveaux exemples non vus dans divers scénarios et applications.

Exemple : Prédire les prix de l'immobilier avec et sans ingénierie des caractéristiques

Examinons un exemple concret de l'impact de l'ingénierie des caractéristiques sur les performances du modèle. Nous utiliserons un ensemble de données de prix de l'immobilier et comparerons les performances de deux modèles :

- Modèle 1 : Entraîné sans ingénierie des caractéristiques.

- Modèle 2 : Entraîné avec ingénierie des caractéristiques.

Exemple de code : Modèle sans ingénierie des caractéristiques

```python
import pandas as pd
import numpy as np
from sklearn.model_selection import train_test_split
from sklearn.ensemble import RandomForestRegressor
```

```python
from sklearn.metrics import mean_absolute_error, mean_squared_error, r2_score
from sklearn.preprocessing import StandardScaler
import matplotlib.pyplot as plt

# Load the dataset
df = pd.read_csv('house_prices.csv')

# Display basic information about the dataset
print(df.info())
print("\\nSample data:")
print(df.head())

# Define the features and target variable without any transformations
X = df[['SquareFootage', 'Bedrooms', 'Bathrooms', 'LotSize', 'YearBuilt']]
y = df['SalePrice']

# Split the data into training and testing sets
X_train, X_test, y_train, y_test = train_test_split(X, y, test_size=0.2,
random_state=42)

# Scale the features
scaler = StandardScaler()
X_train_scaled = scaler.fit_transform(X_train)
X_test_scaled = scaler.transform(X_test)

# Train a Random Forest model
rf_model = RandomForestRegressor(n_estimators=100, random_state=42)
rf_model.fit(X_train_scaled, y_train)

# Make predictions
y_pred = rf_model.predict(X_test_scaled)

# Evaluate the model
mae = mean_absolute_error(y_test, y_pred)
mse = mean_squared_error(y_test, y_pred)
rmse = np.sqrt(mse)
r2 = r2_score(y_test, y_pred)

print(f"\\nModel Performance:")
print(f"Mean Absolute Error: ${mae:.2f}")
print(f"Root Mean Squared Error: ${rmse:.2f}")
print(f"R-squared Score: {r2:.4f}")

# Feature importance
feature_importance = pd.DataFrame({
    'feature': X.columns,
    'importance': rf_model.feature_importances_
}).sort_values('importance', ascending=False)

print("\\nFeature Importance:")
print(feature_importance)
```

```python
# Visualize predictions vs actual
plt.figure(figsize=(10, 6))
plt.scatter(y_test, y_pred, alpha=0.5)
plt.plot([y_test.min(), y_test.max()], [y_test.min(), y_test.max()], 'r--', lw=2)
plt.xlabel("Actual Price")
plt.ylabel("Predicted Price")
plt.title("Actual vs Predicted House Prices")
plt.tight_layout()
plt.show()
```

Cet exemple de code fournit une approche complète pour construire et évaluer un modèle d'apprentissage automatique pour la prédiction des prix de l'immobilier.

Décomposons les composants clés et les ajouts :

1. Chargement et exploration des données :

    o   Nous chargeons l'ensemble de données en utilisant pandas et affichons des informations de base à son sujet en utilisant df.info() et df.head(). Cela nous aide à comprendre la structure et le contenu de nos données.

2. Sélection des caractéristiques :

    o   Nous avons ajouté 'YearBuilt' à notre ensemble de caractéristiques, ce qui pourrait être un facteur important pour déterminer les prix de l'immobilier.

3. Division des données :

    o   Les données sont divisées en ensembles d'entraînement et de test en utilisant train_test_split(), avec 80 % pour l'entraînement et 20 % pour le test.

4. Mise à l'échelle des caractéristiques :

    o   Nous introduisons StandardScaler() pour normaliser nos caractéristiques. C'est important car les modèles Random Forest peuvent être sensibles à l'échelle des caractéristiques d'entrée.

5. Entraînement du modèle :

    o   Nous créons un RandomForestRegressor avec 100 arbres (n_estimators=100) et l'ajustons à nos données d'entraînement mises à l'échelle.

6. Prédiction et évaluation :

    o   Le modèle fait des prédictions sur les données de test mises à l'échelle.

    o   Nous calculons plusieurs métriques d'évaluation :

        ▪   Erreur absolue moyenne (MAE) : Différence absolue moyenne entre les prix prédits et réels.

- Erreur quadratique moyenne (RMSE) : Racine carrée des différences quadratiques moyennes, qui pénalise davantage les erreurs plus importantes.

- Score R au carré (R2) : Proportion de variance dans la variable dépendante prédictible à partir de la ou des variables indépendantes.

7. Importance des caractéristiques :

   o Nous extrayons et affichons l'importance de chaque caractéristique dans le modèle Random Forest, ce qui nous aide à comprendre quelles caractéristiques sont les plus influentes pour prédire les prix de l'immobilier.

8. Visualisation :

   o Un nuage de points est créé pour visualiser la relation entre les prix réels et prédits de l'immobilier. La ligne rouge en pointillés représente des prédictions parfaites.

Cette approche complète construit non seulement un modèle, mais fournit également des aperçus sur ses performances et l'importance des différentes caractéristiques. Elle permet une compréhension plus approfondie des forces et des faiblesses du modèle dans la prédiction des prix de l'immobilier.

Maintenant, appliquons un peu d'ingénierie des caractéristiques et voyons comment cela affecte les performances du modèle.

Exemple de code : Modèle avec ingénierie des caractéristiques

```python
import pandas as pd
import numpy as np
from sklearn.model_selection import train_test_split
from sklearn.ensemble import RandomForestRegressor
from sklearn.metrics import mean_absolute_error, mean_squared_error, r2_score
from sklearn.preprocessing import StandardScaler, LabelEncoder
import matplotlib.pyplot as plt
import seaborn as sns

# Load the dataset
df = pd.read_csv('house_prices.csv')

# Display basic information about the dataset
print(df.info())
print("\\nSample data:")
print(df.head())

# Create new features based on existing ones
df['HouseAge'] = 2024 - df['YearBuilt']  # Calculate house age
df['LotSizePerBedroom'] = df['LotSize'] / df['Bedrooms']  # Lot size per bedroom
df['TotalRooms'] = df['Bedrooms'] + df['Bathrooms']  # Total number of rooms
```

```python
# Log transform to reduce skewness
df['LogSalePrice'] = np.log(df['SalePrice'])
df['LogSquareFootage'] = np.log(df['SquareFootage'])

# Label encoding for categorical data
label_encoder = LabelEncoder()
df['NeighborhoodEncoded'] = label_encoder.fit_transform(df['Neighborhood'])

# Define the features and target variable with feature engineering
X = df[['HouseAge', 'LotSizePerBedroom', 'LogSquareFootage', 'Bedrooms', 'Bathrooms',
'TotalRooms', 'NeighborhoodEncoded']]
y = df['LogSalePrice']

# Split the data into training and testing sets
X_train, X_test, y_train, y_test = train_test_split(X, y, test_size=0.2,
random_state=42)

# Scale the features
scaler = StandardScaler()
X_train_scaled = scaler.fit_transform(X_train)
X_test_scaled = scaler.transform(X_test)

# Train the Random Forest model
rf_model = RandomForestRegressor(n_estimators=100, random_state=42)
rf_model.fit(X_train_scaled, y_train)

# Make predictions
y_pred = rf_model.predict(X_test_scaled)

# Evaluate the model
mae = mean_absolute_error(y_test, y_pred)
mse = mean_squared_error(y_test, y_pred)
rmse = np.sqrt(mse)
r2 = r2_score(y_test, y_pred)

print(f"\\nModel Performance:")
print(f"Mean Absolute Error: ${np.exp(mae):.2f}")
print(f"Root Mean Squared Error: ${np.exp(rmse):.2f}")
print(f"R-squared Score: {r2:.4f}")

# Feature importance
feature_importance = pd.DataFrame({
    'feature': X.columns,
    'importance': rf_model.feature_importances_
}).sort_values('importance', ascending=False)

print("\\nFeature Importance:")
print(feature_importance)

# Visualize predictions vs actual
plt.figure(figsize=(10, 6))
plt.scatter(np.exp(y_test), np.exp(y_pred), alpha=0.5)
```

```python
plt.plot([np.exp(y_test).min(),       np.exp(y_test).max()],       [np.exp(y_test).min(),
np.exp(y_test).max()], 'r--', lw=2)
plt.xlabel("Actual Price")
plt.ylabel("Predicted Price")
plt.title("Actual vs Predicted House Prices")
plt.tight_layout()
plt.show()

# Visualize feature importance
plt.figure(figsize=(10, 6))
sns.barplot(x='importance', y='feature', data=feature_importance)
plt.title('Feature Importance')
plt.tight_layout()
plt.show()

# Correlation heatmap
plt.figure(figsize=(12, 10))
sns.heatmap(X.corr(), annot=True, cmap='coolwarm', linewidths=0.5)
plt.title('Feature Correlation Heatmap')
plt.tight_layout()
plt.show()
```

Cet exemple de code démontre une approche complète de l'ingénierie des caractéristiques et de l'évaluation des modèles pour la prédiction des prix de l'immobilier.

Décomposons les composants clés et les ajouts :

1. Chargement et exploration des données

   Nous commençons par charger le jeu de données en utilisant pandas et afficher les informations de base à son sujet. Cette étape nous aide à comprendre la structure et le contenu de nos données, ce qui est crucial pour une ingénierie des caractéristiques efficace.

2. Ingénierie des caractéristiques

   Plusieurs nouvelles caractéristiques sont créées pour capturer des relations plus complexes dans les données :

   - 'HouseAge' (Âge de la maison) : Calculé en soustrayant l'année de construction de l'année en cours (2024).

   - 'LotSizePerBedroom' (Superficie du terrain par chambre) : Représente la taille du terrain par rapport au nombre de chambres.

   - 'TotalRooms' (Nombre total de pièces) : Somme des chambres et des salles de bains, capturant la taille globale de l'espace de vie.

- Transformations logarithmiques : Appliquées à 'SalePrice' et 'SquareFootage' pour réduire l'asymétrie dans ces variables généralement asymétriques vers la droite.

3. Traitement des données catégorielles

La caractéristique 'Neighborhood' (Quartier) est encodée en utilisant LabelEncoder, convertissant les données catégorielles en un format numérique pouvant être utilisé par le modèle.

4. Sélection des caractéristiques et variable cible

Nous sélectionnons un mélange de caractéristiques originales et transformées pour l'entrée de notre modèle. La variable cible est maintenant le prix de vente transformé par logarithme.

5. Division et mise à l'échelle des données

Les données sont divisées en ensembles d'entraînement et de test, puis mises à l'échelle en utilisant StandardScaler pour s'assurer que toutes les caractéristiques sont sur une échelle similaire.

6. Entraînement et prédiction du modèle

Un régresseur Random Forest est entraîné sur les données mises à l'échelle et utilisé pour faire des prédictions sur l'ensemble de test.

7. Évaluation du modèle

Nous calculons plusieurs métriques pour évaluer les performances du modèle :

- Erreur absolue moyenne (MAE)

- Erreur quadratique moyenne (RMSE)

- Score R au carré (R2)

Notez que nous appliquons l'inverse de la transformation logarithmique (np.exp()) pour obtenir ces métriques en termes de prix réels.

8. Analyse de l'importance des caractéristiques

Nous extrayons et affichons l'importance de chaque caractéristique dans le modèle Random Forest, fournissant des informations sur les caractéristiques les plus influentes pour prédire les prix de l'immobilier.

9. Visualisations

Trois visualisations sont ajoutées pour améliorer la compréhension :

- Prix réels vs prédits : Un nuage de points montrant à quel point les prédictions du modèle s'alignent avec les prix réels.

- Importance des caractéristiques : Un graphique à barres visualisant l'importance de chaque caractéristique.

- Carte thermique de corrélation : Une carte thermique montrant les corrélations entre les différentes caractéristiques.

Cette approche complète construit non seulement un modèle avec des caractéristiques transformées, mais fournit également des informations approfondies sur ses performances et les relations au sein des données. En combinant l'ingénierie des caractéristiques avec une évaluation et une visualisation approfondies, nous pouvons mieux comprendre les facteurs influençant les prix de l'immobilier et l'efficacité de notre modèle prédictif.

En appliquant ces techniques d'ingénierie des caractéristiques, le modèle est mieux équipé pour capturer les relations entre les caractéristiques d'entrée et la variable cible. Vous constaterez souvent que le modèle avec l'ingénierie des caractéristiques produit des erreurs significativement plus faibles et performe mieux dans l'ensemble.

3.1.2 Points clés à retenir

- **L'ingénierie des caractéristiques est essentielle pour les performances du modèle** : Le processus de transformation des données brutes en caractéristiques significatives est crucial pour que les algorithmes d'apprentissage automatique atteignent des résultats optimaux. Sans cette étape, même les algorithmes les plus sophistiqués peuvent avoir du mal à extraire des informations et des motifs précieux des données, conduisant potentiellement à des performances médiocres et à des capacités prédictives limitées.

- **Des caractéristiques améliorées conduisent à une précision et une généralisation améliorées du modèle** : La qualité et la pertinence des caractéristiques transformées ont un impact direct et significatif sur les performances d'un modèle. Des caractéristiques bien conçues permettent au modèle de capturer plus efficacement les relations complexes au sein des données, entraînant une précision améliorée à la fois sur l'ensemble de données d'entraînement et, plus important encore, sur des données non vues. Cette capacité de généralisation améliorée est un indicateur clé d'un modèle d'apprentissage automatique robuste et fiable.

- **Les transformations de données révèlent des informations et des motifs cachés** : Diverses techniques de transformation, telles que la mise à l'échelle logarithmique, l'encodage des variables catégorielles et la création de caractéristiques d'interaction, jouent un rôle vital en aidant les modèles à découvrir des relations complexes au sein des données. Ces transformations peuvent révéler des motifs qui pourraient autrement rester cachés dans les données brutes, permettant au modèle d'acquérir une compréhension plus approfondie de la structure sous-jacente et de la dynamique du problème en question. En appliquant ces techniques judicieusement, les data scientists peuvent améliorer significativement la capacité du modèle à extraire des informations significatives et à faire des prédictions plus précises.

3.2 Exemples d'ingénierie des caractéristiques à fort impact

L'ingénierie des caractéristiques est un processus critique en apprentissage automatique qui transforme les données brutes en caractéristiques plus significatives et informatives. Cette transformation peut améliorer considérablement la capacité d'un modèle à apprendre des données et à faire des prédictions précises. En créant des caractéristiques de haute qualité qui représentent mieux le problème sous-jacent, l'ingénierie des caractéristiques peut améliorer de façon spectaculaire les performances du modèle, faisant souvent la différence entre un modèle médiocre et un modèle avec un pouvoir prédictif exceptionnel.

Dans cette section complète, nous explorerons plusieurs techniques puissantes d'ingénierie des caractéristiques qui se sont avérées avoir un impact substantiel sur les performances du modèle. Nous approfondirons la logique derrière chaque technique, discuterons de son importance dans le contexte de l'apprentissage automatique, et fournirons des conseils détaillés sur la façon de mettre en œuvre ces méthodes efficacement. Notre exploration couvrira les domaines clés suivants :

- **Création de caractéristiques d'interaction** : Nous examinerons comment la combinaison de caractéristiques existantes peut capturer des relations et interactions complexes que les caractéristiques individuelles pourraient manquer, conduisant à des prédictions plus nuancées et précises.

- **Traitement des caractéristiques temporelles** : Le temps est souvent un facteur crucial dans de nombreux modèles prédictifs. Nous explorerons diverses méthodes pour extraire et représenter efficacement les informations temporelles, permettant à nos modèles de capturer les tendances, la saisonnalité et d'autres motifs dépendant du temps.

- **Regroupement de variables numériques** : Nous discuterons de la technique de transformation des variables continues en catégories discrètes, ce qui peut aider à révéler des relations non linéaires et améliorer l'interprétabilité du modèle.

- **Encodage cible pour les variables catégorielles** : Pour les ensembles de données avec des caractéristiques catégorielles de haute cardinalité, nous explorerons comment l'encodage cible peut fournir une alternative puissante à l'encodage one-hot traditionnel, augmentant potentiellement les performances du modèle tout en réduisant la dimensionnalité.

3.2.1 Création de caractéristiques d'interaction

Les caractéristiques d'interaction sont créées en combinant deux ou plusieurs caractéristiques existantes de manières qui capturent les relations entre elles. Cette technique est particulièrement puissante lorsqu'il existe des preuves ou des connaissances du domaine suggérant que l'interaction entre les caractéristiques fournit plus de pouvoir prédictif que les caractéristiques individuelles seules. Par exemple, dans un modèle de prédiction des prix de l'immobilier, l'interaction entre la superficie en pieds carrés et le quartier pourrait être plus informative que chaque caractéristique indépendamment.

Le processus de création de caractéristiques d'interaction implique des opérations mathématiques telles que la multiplication, la division, ou des fonctions plus complexes qui combinent les valeurs de plusieurs caractéristiques. Ces nouvelles caractéristiques peuvent aider les modèles d'apprentissage automatique à capturer des relations non linéaires et des motifs complexes dans les données qui pourraient autrement être manqués. Par exemple, dans une analyse de campagne marketing, l'interaction entre l'âge et le revenu du client pourrait révéler des informations importantes sur le comportement d'achat que ni l'âge ni le revenu seuls ne pourraient expliquer.

Les caractéristiques d'interaction sont particulièrement précieuses dans les scénarios où l'effet d'une variable dépend de la valeur d'une autre. Elles peuvent découvrir des motifs cachés, améliorer la précision du modèle et fournir des informations plus approfondies sur les relations sous-jacentes au sein des données. Cependant, il est important d'utiliser les connaissances du domaine et une analyse minutieuse lors de la création de ces caractéristiques pour éviter d'introduire une complexité inutile ou un surapprentissage dans le modèle.

Exemple : Caractéristique d'interaction chambres et salles de bains

Dans un modèle de prédiction des prix de l'immobilier, la relation entre le nombre de chambres et de salles de bains peut avoir un impact significatif sur la valeur globale d'une propriété. Plutôt que de traiter ces caractéristiques comme des variables indépendantes, nous pouvons créer une **caractéristique d'interaction** qui les multiplie, capturant leur effet combiné sur les prix de l'immobilier. Cette approche reconnaît que la valeur ajoutée par une salle de bains supplémentaire, par exemple, peut varier en fonction du nombre de chambres dans la maison.

Par exemple, dans une maison d'une chambre, la différence entre avoir une ou deux salles de bains pourrait être relativement faible. Cependant, dans une maison de quatre chambres, la présence de plusieurs salles de bains pourrait augmenter substantiellement la valeur de la propriété. En multipliant le nombre de chambres et de salles de bains, nous créons une nouvelle caractéristique qui représente mieux cette relation nuancée.

De plus, cette caractéristique d'interaction peut aider à capturer d'autres aspects subtils de la conception et de la fonctionnalité de la maison. Un rapport élevé chambres-salles de bains pourrait indiquer une propriété de luxe avec des salles de bains attenantes, tandis qu'un faible rapport pourrait suggérer une maison plus modeste avec des installations partagées. Ces distinctions peuvent être cruciales pour prédire avec précision les prix de l'immobilier dans différents segments de marché.

Exemple de code : Création d'une caractéristique d'interaction

```python
import pandas as pd
import numpy as np
import matplotlib.pyplot as plt
import seaborn as sns

# Load the dataset (assuming we have a CSV file with house data)
df = pd.read_csv('house_data.csv')

# Create an interaction feature between Bedrooms and Bathrooms
df['BedroomBathroomInteraction'] = df['Bedrooms'] * df['Bathrooms']

# Create a more complex interaction feature
df['BedroomBathroomSquareFootageInteraction'] = df['Bedrooms'] * df['Bathrooms'] *
np.log1p(df['SquareFootage'])

# View the first few rows to see the new features
print(df[['Bedrooms', 'Bathrooms', 'SquareFootage', 'BedroomBathroomInteraction',
'BedroomBathroomSquareFootageInteraction']].head())

# Visualize the relationship between the new interaction feature and the target
variable (e.g., SalePrice)
plt.figure(figsize=(10, 6))
plt.scatter(df['BedroomBathroomInteraction'], df['SalePrice'], alpha=0.5)
plt.xlabel('Bedroom-Bathroom Interaction')
plt.ylabel('Sale Price')
plt.title('Bedroom-Bathroom Interaction vs Sale Price')
plt.show()

# Calculate correlation between features
correlation_matrix = df[['Bedrooms', 'Bathrooms', 'SquareFootage',
'BedroomBathroomInteraction', 'BedroomBathroomSquareFootageInteraction',
'SalePrice']].corr()

# Visualize correlation matrix
plt.figure(figsize=(10, 8))
sns.heatmap(correlation_matrix, annot=True, cmap='coolwarm', vmin=-1, vmax=1,
center=0)
plt.title('Correlation Matrix of Features')
plt.show()
```

Cet exemple de code démontre une approche complète pour créer et analyser des caractéristiques d'interaction dans le contexte d'un modèle de prédiction des prix immobiliers.

Décomposons les composants clés :

1. Chargement des données et création initiale de caractéristiques :

   o Nous commençons par importer les bibliothèques nécessaires et charger l'ensemble de données.

- o Nous créons la caractéristique d'interaction de base 'BedroomBathroomInteraction' en multipliant le nombre de chambres et de salles de bains.

2. Caractéristique d'interaction complexe :

   - o Nous introduisons une caractéristique d'interaction plus sophistiquée 'BedroomBathroomSquareFootageInteraction'.

   - o Cette caractéristique combine les chambres, les salles de bains et le logarithme de la superficie en pieds carrés.

   - o L'utilisation de np.log1p() (log(1+x)) aide à gérer les valeurs potentiellement nulles et réduit l'impact des valeurs extrêmes dans la superficie en pieds carrés.

3. Exploration des données :

   - o Nous affichons les premières lignes du dataframe pour inspecter les nouvelles caractéristiques aux côtés des originales.

   - o Cette étape nous aide à vérifier que les caractéristiques d'interaction ont été créées correctement et à comprendre leur échelle par rapport aux caractéristiques originales.

4. Visualisation de la caractéristique d'interaction :

   - o Nous créons un nuage de points pour visualiser la relation entre la caractéristique 'BedroomBathroomInteraction' et la variable cible 'SalePrice'.

   - o Ce graphique peut aider à identifier toute relation non linéaire ou tout regroupement que la caractéristique d'interaction pourrait révéler.

5. Analyse de corrélation :

   - o Nous calculons la matrice de corrélation pour les caractéristiques originales, les caractéristiques d'interaction et la variable cible.

   - o La carte thermique résultante visualise les corrélations, nous aidant à comprendre comment les nouvelles caractéristiques d'interaction se rapportent aux autres variables et à la cible.

   - o Cette étape est cruciale pour évaluer si les nouvelles caractéristiques fournissent des informations supplémentaires ou si elles sont fortement corrélées avec les caractéristiques existantes.

En développant le code de cette manière, nous créons non seulement les caractéristiques d'interaction mais fournissons également des outils pour analyser leur efficacité. Cette approche complète permet aux data scientists de prendre des décisions éclairées quant à l'inclusion de ces caractéristiques élaborées dans leur modèle final, en fonction de leurs relations avec les autres variables et la variable cible.

3.2.2 Traitement des caractéristiques temporelles

Les caractéristiques temporelles, telles que les dates et les horodatages, sont omniprésentes dans les ensembles de données du monde réel et jouent un rôle crucial dans de nombreuses applications d'apprentissage automatique. Cependant, ces caractéristiques nécessitent souvent des transformations sophistiquées pour exploiter pleinement leur potentiel de modélisation. Les données de date et d'heure brutes, bien qu'informatives, peuvent ne pas capturer directement les motifs sous-jacents et la nature cyclique des phénomènes dépendant du temps.

L'extraction d'informations significatives à partir de données temporelles implique une gamme de techniques, allant de l'extraction simple de composants à des encodages périodiques plus complexes. Par exemple, décomposer une date en ses parties constituantes (année, mois, jour, heure) peut révéler des motifs saisonniers ou des effets liés au jour de la semaine. Des méthodes plus avancées peuvent impliquer la création de caractéristiques cycliques utilisant des transformations en sinus et cosinus, qui peuvent efficacement capturer la nature circulaire du temps (par exemple, le 31 décembre étant proche du 1er janvier en termes de cycles annuels).

De plus, dériver des caractéristiques représentant des différences de temps, telles que les jours depuis un événement particulier ou le temps écoulé entre deux dates, peut fournir des informations précieuses sur les processus dépendant du temps. Ces caractéristiques élaborées permettent aux modèles de capturer les tendances, la saisonnalité et d'autres motifs temporels qui sont souvent critiques pour des prédictions précises dans l'analyse de séries temporelles, la prévision de la demande et de nombreux autres domaines où le timing joue un rôle important.

Exemple : Extraction des composants de date

Lorsqu'on travaille avec des données de séries temporelles, il est crucial d'extraire des caractéristiques significatives à partir des informations de date et d'heure. Un ensemble de données contenant une colonne **Date** offre de riches opportunités d'ingénierie des caractéristiques. Au lieu d'utiliser la date brute comme entrée, nous pouvons dériver plusieurs composants informatifs :

- **Année** : Capture les tendances à long terme et les motifs cycliques qui se produisent sur une base annuelle.

- **Mois** : Révèle les motifs saisonniers, tels que les pics liés aux fêtes dans les ventes au détail ou les fluctuations dépendant de la météo dans la consommation d'énergie.

- **Jour de la semaine** : Aide à identifier les motifs hebdomadaires, comme l'augmentation des visites au restaurant le week-end ou une activité boursière plus élevée en semaine.

- **Heure** : Découvre les motifs quotidiens, tels que le trafic aux heures de pointe ou les pics d'utilisation d'électricité.

Ces caractéristiques extraites permettent aux modèles d'apprentissage automatique de discerner des motifs temporels complexes, notamment :

- Saisonnalité : Motifs récurrents liés à des périodes spécifiques de l'année.

- Tendances : Augmentations ou diminutions à long terme de la variable cible.

- Motifs cycliques : Motifs répétitifs qui ne sont pas liés à un calendrier (par exemple, les cycles économiques).

En transformant les dates brutes en ces caractéristiques plus granulaires, nous fournissons au modèle une représentation plus riche des motifs temporels, conduisant potentiellement à des prédictions et des informations plus précises.

Exemple de code : Extraction de l'année, du mois et du jour de la semaine

```python
import pandas as pd
import numpy as np
import matplotlib.pyplot as plt
import seaborn as sns

# Load sample data (replace with your actual data loading method)
df = pd.read_csv('sample_data.csv')

# Ensure the Date column is in datetime format
df['Date'] = pd.to_datetime(df['Date'])

# Extract various time-based features
df['Year'] = df['Date'].dt.year
df['Month'] = df['Date'].dt.month
df['DayOfWeek'] = df['Date'].dt.dayofweek
df['Quarter'] = df['Date'].dt.quarter
df['DayOfYear'] = df['Date'].dt.dayofyear
df['WeekOfYear'] = df['Date'].dt.isocalendar().week
df['IsWeekend'] = df['Date'].dt.dayofweek.isin([5, 6]).astype(int)

# Create cyclical features for Month and DayOfWeek
df['MonthSin'] = np.sin(2 * np.pi * df['Month']/12)
df['MonthCos'] = np.cos(2 * np.pi * df['Month']/12)
df['DayOfWeekSin'] = np.sin(2 * np.pi * df['DayOfWeek']/7)
df['DayOfWeekCos'] = np.cos(2 * np.pi * df['DayOfWeek']/7)

# Calculate time-based differences (assuming we have a 'EventDate' column)
df['DaysSinceEvent'] = (df['Date'] - df['EventDate']).dt.days

# View the first few rows to see the new time-based features
print(df[['Date', 'Year', 'Month', 'DayOfWeek', 'Quarter', 'DayOfYear', 'WeekOfYear',
'IsWeekend',      'MonthSin',      'MonthCos',      'DayOfWeekSin',      'DayOfWeekCos',
'DaysSinceEvent']].head())
```

```python
# Visualize the distribution of a numeric target variable across months
plt.figure(figsize=(12, 6))
sns.boxplot(x='Month', y='TargetVariable', data=df)
plt.title('Distribution of Target Variable Across Months')
plt.show()

# Analyze correlation between time-based features and the target variable
correlation_matrix = df[['Year', 'Month', 'DayOfWeek', 'Quarter', 'DayOfYear',
'WeekOfYear', 'IsWeekend', 'MonthSin', 'MonthCos', 'DayOfWeekSin', 'DayOfWeekCos',
'DaysSinceEvent', 'TargetVariable']].corr()

plt.figure(figsize=(12, 10))
sns.heatmap(correlation_matrix, annot=True, cmap='coolwarm', vmin=-1, vmax=1,
center=0)
plt.title('Correlation Matrix of Time-Based Features and Target Variable')
plt.show()
```

Cet exemple de code démontre une approche complète pour traiter les caractéristiques temporelles dans un contexte d'apprentissage automatique.

Décomposons les composants clés :

- Chargement des données et conversion initiale de la date :
  - Nous commençons par importer les bibliothèques nécessaires et charger un ensemble de données échantillon.
  - La colonne 'Date' est convertie au format datetime pour permettre une extraction facile de divers composants temporels.

- Extraction des caractéristiques temporelles de base :
  - Nous extrayons des composants temporels courants tels que l'année, le mois, le jour de la semaine, le trimestre, le jour de l'année et la semaine de l'année.
  - Une caractéristique 'IsWeekend' est créée pour distinguer les jours de semaine des week-ends.

- Création de caractéristiques cycliques :
  - Pour capturer la nature cyclique des mois et des jours de la semaine, nous créons des transformations en sinus et cosinus.
  - Cette approche garantit que, par exemple, décembre (12) et janvier (1) sont reconnus comme étant proches dans le cycle annuel.

- Différences temporelles :
  - Nous calculons le nombre de jours entre chaque date et une date de référence 'EventDate'.

- o Cela peut être utile pour capturer les effets dépendant du temps ou la saisonnalité par rapport à des événements spécifiques.

- Visualisation des données :

  - o Un diagramme en boîte est créé pour visualiser comment une variable cible est distribuée sur différents mois.

  - o Cela peut aider à identifier les motifs saisonniers ou les tendances dans les données.

- Analyse de corrélation :

  - o Nous générons une matrice de corrélation pour analyser les relations entre les caractéristiques temporelles et la variable cible.

  - o Cette visualisation sous forme de carte thermique peut aider à identifier quelles caractéristiques temporelles sont les plus fortement associées à la variable cible.

En mettant en œuvre ces diverses techniques d'ingénierie des caractéristiques temporelles, nous fournissons aux modèles d'apprentissage automatique un ensemble riche d'informations temporelles. Cela peut améliorer considérablement la capacité du modèle à capturer les motifs dépendants du temps, la saisonnalité et les tendances dans les données, conduisant potentiellement à des prédictions et des insights plus précis.

Traitement des différences temporelles

Une autre technique puissante dans l'ingénierie des caractéristiques temporelles consiste à calculer les différences temporelles. Cette méthode implique de calculer la durée entre deux points temporels, tels que le nombre de jours entre une date d'inscription et une date de vente pour l'immobilier, ou le temps écoulé depuis la dernière interaction d'un utilisateur dans une campagne marketing. Ces caractéristiques dérivées peuvent capturer des dynamiques temporelles cruciales dans vos données.

Par exemple, dans l'analyse immobilière, la caractéristique « Jours sur le marché » (calculée comme la différence entre les dates d'inscription et de vente) peut être un fort prédicteur de l'attrait d'une propriété ou des conditions du marché. Dans l'analyse des journaux d'événements, le temps entre événements consécutifs peut révéler des modèles d'utilisation ou des problèmes de performance du système. Pour les campagnes marketing, la récence de la dernière interaction d'un client peut influencer significativement sa probabilité de répondre à de nouvelles offres.

De plus, ces caractéristiques de différence temporelle peuvent être davantage transformées pour capturer des effets non linéaires. Par exemple, vous pourriez appliquer une transformation logarithmique aux « Jours sur le marché » pour refléter que la différence entre 5 et 10 jours pourrait être plus significative que la différence entre 95 et 100 jours. De même, en marketing, vous pourriez créer des caractéristiques catégorielles basées sur les différences temporelles, telles que les segments de clients « Récents », « Modérés » et « Inactifs ».

En incorporant ces caractéristiques de différence temporelle, vous fournissez à vos modèles d'apprentissage automatique un contexte temporel plus riche, leur permettant de discerner des motifs complexes et de faire des prédictions plus précises dans les domaines sensibles au temps.

Exemple de code : Calcul des jours sur le marché

```python
import pandas as pd
import matplotlib.pyplot as plt
import seaborn as sns

# Load sample data (replace with your actual data loading method)
df = pd.read_csv('real_estate_data.csv')

# Ensure the date columns are in datetime format
df['ListingDate'] = pd.to_datetime(df['ListingDate'])
df['SaleDate'] = pd.to_datetime(df['SaleDate'])

# Create a DaysOnMarket feature by subtracting the listing date from the sale date
df['DaysOnMarket'] = (df['SaleDate'] - df['ListingDate']).dt.days

# Create a logarithmic transformation of DaysOnMarket
df['LogDaysOnMarket'] = np.log1p(df['DaysOnMarket'])

# Create categorical bins for DaysOnMarket
bins = [0, 30, 90, 180, np.inf]
labels = ['Quick', 'Normal', 'Slow', 'Very Slow']
df['MarketSpeedCategory'] = pd.cut(df['DaysOnMarket'], bins=bins, labels=labels)

# View the new features
print(df[['ListingDate', 'SaleDate', 'DaysOnMarket', 'LogDaysOnMarket',
'MarketSpeedCategory']].head())

# Visualize the distribution of DaysOnMarket
plt.figure(figsize=(12, 6))
sns.histplot(data=df, x='DaysOnMarket', kde=True)
plt.title('Distribution of Days on Market')
plt.xlabel('Days on Market')
plt.show()

# Analyze the relationship between DaysOnMarket and SalePrice
plt.figure(figsize=(12, 6))
sns.scatterplot(data=df, x='DaysOnMarket', y='SalePrice')
plt.title('Relationship between Days on Market and Sale Price')
plt.xlabel('Days on Market')
plt.ylabel('Sale Price')
plt.show()
```

```python
# Compare average sale prices across MarketSpeedCategories
avg_prices =
df.groupby('MarketSpeedCategory')['SalePrice'].mean().sort_values(ascending=False)
plt.figure(figsize=(10, 6))
sns.barplot(x=avg_prices.index, y=avg_prices.values)
plt.title('Average Sale Price by Market Speed Category')
plt.xlabel('Market Speed Category')
plt.ylabel('Average Sale Price')
plt.show()
```

Cet exemple de code présente une méthode pour traiter la caractéristique « Jours sur le marché » dans un ensemble de données immobilières. Examinons ses composants clés :

1. Préparation des données :

    o Nous chargeons l'ensemble de données et nous assurons que les colonnes « ListingDate » et « SaleDate » sont au format datetime.

    o Cela permet de calculer facilement les différences temporelles.

2. Création de caractéristiques :

    o Nous créons la caractéristique « DaysOnMarket » en soustrayant la date d'inscription de la date de vente.

    o Une transformation logarithmique (« LogDaysOnMarket ») est appliquée pour gérer l'asymétrie potentielle dans la distribution.

    o Nous créons une caractéristique catégorielle « MarketSpeedCategory » en regroupant « DaysOnMarket » en catégories significatives.

3. Visualisation des données :

    o Nous traçons la distribution de « DaysOnMarket » à l'aide d'un histogramme avec une superposition KDE.

    o Un nuage de points est créé pour visualiser la relation entre « DaysOnMarket » et « SalePrice ».

    o Nous comparons les prix de vente moyens entre les différents groupes « MarketSpeedCategory » à l'aide d'un diagramme en barres.

Cette approche globale ne se contente pas de créer de nouvelles caractéristiques, mais fournit également des outils pour analyser leur efficacité et leur relation avec la variable cible (SalePrice). Les visualisations aident à comprendre la distribution de la nouvelle caractéristique et son impact sur les prix des maisons, ce qui peut éclairer les décisions de modélisation ultérieures.

3.2.3 Regroupement des variables numériques

Le regroupement est une technique puissante d'ingénierie des caractéristiques qui transforme des variables numériques continues en catégories ou groupes discrets. Cette méthode est particulièrement utile lorsqu'on traite des variables qui présentent des relations non linéaires avec la variable cible ou lorsque certaines plages de valeurs sont censées avoir des effets similaires sur le résultat.

Le processus de regroupement consiste à diviser la plage d'une variable continue en intervalles et à attribuer chaque point de données à son intervalle correspondant. Cette transformation peut aider à capturer des relations complexes qui pourraient ne pas être apparentes dans les données continues brutes. Par exemple, dans la modélisation immobilière, l'effet de la superficie en pieds carrés sur les prix des maisons pourrait ne pas être strictement linéaire – il pourrait y avoir des sauts de prix importants entre certaines plages de taille.

Le regroupement offre plusieurs avantages :

- Gestion des relations non linéaires : Le regroupement permet de capturer des relations complexes et non linéaires entre les variables sans nécessiter de transformations mathématiques complexes. Cette technique peut révéler des motifs qui pourraient autrement rester cachés dans les données continues, offrant une compréhension plus nuancée des relations sous-jacentes.

- Atténuation de l'influence des valeurs aberrantes : En regroupant les valeurs extrêmes dans des groupes discrets, cette méthode réduit efficacement l'impact des valeurs aberrantes sur le modèle. Ce mécanisme de regroupement garantit que les points de données anormaux ne faussent pas de manière disproportionnée l'analyse, conduisant à des performances de modèle plus stables et fiables.

- Amélioration de l'interprétabilité du modèle : L'utilisation de caractéristiques regroupées conduit souvent à des modèles plus faciles à interpréter et à expliquer. La nature discrète des données regroupées permet une articulation plus claire de la manière dont les changements dans les catégories de caractéristiques affectent la variable cible, ce qui facilite la communication des insights aux parties prenantes qui n'ont peut-être pas de formation technique.

- Traitement de la rareté des données : Dans les scénarios où les données sont rares ou inégalement réparties sur la plage de caractéristiques, le regroupement peut être particulièrement bénéfique. En consolidant des valeurs similaires en groupes, il peut aider à surmonter les problèmes liés à la rareté des données, conduisant potentiellement à des prédictions plus robustes dans les zones où les points de données individuels pourraient être limités ou peu fiables.

Cependant, il est essentiel d'aborder le regroupement de manière réfléchie. Le choix des limites des groupes peut avoir un impact significatif sur les performances du modèle et doit être basé sur la connaissance du domaine, la distribution des données ou des méthodes statistiques plutôt que sur des divisions arbitraires.

Exemple : Regroupement des tailles de maisons en catégories

Explorons le concept de regroupement des tailles de maisons en catégories. Dans cette approche, nous divisons la variable continue de la taille de la maison en groupes discrets : **petite**, **moyenne** et **grande**. Cette catégorisation remplit plusieurs objectifs dans notre analyse :

- Simplification des données : En regroupant les maisons en catégories de taille, nous réduisons la complexité des données tout en conservant des informations significatives.

- Capture de relations non linéaires : Les prix des maisons peuvent ne pas augmenter de manière linéaire avec la taille. Par exemple, la différence de prix entre les petites et moyennes maisons peut être plus importante qu'entre les moyennes et grandes maisons.

- Amélioration de l'interprétabilité : Les groupes de tailles catégoriels peuvent faciliter la communication des résultats aux parties prenantes qui peuvent trouver les catégories discrètes plus intuitives que les mesures continues.

- Atténuation des effets des valeurs aberrantes : Les tailles de maisons extrêmes sont regroupées avec d'autres grandes maisons, réduisant leur impact individuel sur le modèle.

Cette technique de regroupement nous permet de capturer des tendances nuancées dans les prix des maisons en fonction des catégories de taille, révélant potentiellement des insights qui pourraient être obscurcis lors du traitement de la taille de la maison comme une variable continue. Elle est particulièrement utile lorsqu'il existe des segments de marché distincts pour différentes tailles de maisons, chacun avec sa propre dynamique de prix.

Exemple de code : Regroupement de la taille de maison en catégories

```python
import pandas as pd
import numpy as np
import matplotlib.pyplot as plt
import seaborn as sns

# Load sample data (replace with your actual data loading method)
df = pd.read_csv('house_data.csv')

# Define bins for house sizes
bins = [0, 1000, 1500, 2000, 2500, 3000, np.inf]
labels = ['Very Small', 'Small', 'Medium', 'Large', 'Very Large', 'Mansion']

# Create a new feature for binned house sizes
df['HouseSizeCategory'] = pd.cut(df['SquareFootage'], bins=bins, labels=labels)
```

```python
# View the first few rows to see the binned feature
print(df[['SquareFootage', 'HouseSizeCategory']].head())

# Calculate average price per square foot for each category
df['PricePerSqFt'] = df['SalePrice'] / df['SquareFootage']
avg_price_per_sqft =
df.groupby('HouseSizeCategory')['PricePerSqFt'].mean().sort_values(ascending=False)

# Visualize the distribution of house sizes
plt.figure(figsize=(12, 6))
sns.histplot(data=df, x='SquareFootage', bins=20, kde=True)
plt.title('Distribution of House Sizes')
plt.xlabel('Square Footage')
plt.show()

# Visualize average price per square foot by house size category
plt.figure(figsize=(10, 6))
sns.barplot(x=avg_price_per_sqft.index, y=avg_price_per_sqft.values)
plt.title('Average Price per Square Foot by House Size Category')
plt.xlabel('House Size Category')
plt.ylabel('Average Price per Square Foot')
plt.xticks(rotation=45)
plt.show()

# Analyze the relationship between house size and sale price
plt.figure(figsize=(12, 6))
sns.scatterplot(data=df, x='SquareFootage', y='SalePrice', hue='HouseSizeCategory')
plt.title('Relationship between House Size and Sale Price')
plt.xlabel('Square Footage')
plt.ylabel('Sale Price')
plt.show()
```

Cet exemple de code présente une méthode pour regrouper les tailles de maisons et analyser les résultats. Examinons-le étape par étape :

- Préparation des données :

  - Nous commençons par importer les bibliothèques nécessaires et charger notre ensemble de données.

  - La colonne 'SquareFootage' est supposée contenir des données numériques continues représentant les tailles de maisons.

- Processus de regroupement :

  - Nous définissons des groupes plus granulaires pour les tailles de maisons, créant six catégories au lieu de trois.

  - La fonction pd.cut() est utilisée pour créer une nouvelle caractéristique catégorielle 'HouseSizeCategory' basée sur ces groupes.

- Exploration initiale des données :

  - Nous affichons les premières lignes du dataframe pour vérifier le processus de regroupement.

- Analyse du prix au pied carré :

  - Nous calculons le prix au pied carré pour chaque maison.

  - Nous calculons ensuite le prix moyen au pied carré pour chaque catégorie de taille de maison.

- Visualisation des données :

  - Distribution des tailles de maisons : Un histogramme avec KDE montre la distribution des tailles de maisons dans l'ensemble de données.

  - Prix moyen au pied carré : Un diagramme à barres visualise comment le prix moyen au pied carré varie selon les catégories de taille de maison.

  - Relation entre taille et prix : Un nuage de points illustre la relation entre la taille de la maison et le prix de vente, avec des points colorés par catégorie de taille.

Cette approche non seulement regroupe les données, mais fournit également des informations précieuses sur la façon dont les tailles de maisons sont liées aux prix. Les visualisations aident à comprendre la distribution des tailles de maisons, les tendances des prix selon les catégories et la relation globale entre la taille et le prix. Ces informations peuvent être cruciales pour la sélection de caractéristiques et l'interprétation du modèle dans un modèle de tarification immobilière.

3.2.4 Encodage cible pour les variables catégorielles

L'encodage cible est une technique sophistiquée pour gérer les variables catégorielles, en particulier celles ayant une cardinalité élevée. Contrairement à l'encodage one-hot, qui peut conduire à la « malédiction de la dimensionnalité » en créant de nombreuses colonnes binaires, l'encodage cible remplace chaque catégorie par une seule valeur numérique dérivée de la variable cible. Cette approche est particulièrement efficace pour des variables comme les codes postaux, les identifiants de produits ou d'autres caractéristiques catégorielles ayant de nombreuses valeurs uniques.

Le processus consiste à calculer la moyenne (ou une autre statistique pertinente) de la variable cible pour chaque catégorie et à utiliser cette valeur comme nouvelle caractéristique. Par exemple, dans un modèle de prédiction de prix immobiliers, vous pourriez remplacer chaque catégorie de quartier par le prix moyen des maisons dans ce quartier. Cette méthode réduit non seulement la dimensionnalité de l'ensemble de données, mais incorpore également des informations précieuses sur la relation entre la variable catégorielle et la variable cible.

L'encodage cible offre plusieurs avantages :

1. Réduction de la dimensionnalité : L'encodage cible réduit considérablement le nombre de caractéristiques, particulièrement bénéfique lors du traitement de variables catégorielles à cardinalité élevée. Cette réduction rend l'ensemble de données plus gérable, améliorant potentiellement les performances du modèle en atténuant la malédiction de la dimensionnalité et en réduisant la complexité computationnelle. Par exemple, dans un ensemble de données avec des milliers d'identifiants de produits uniques, l'encodage cible peut condenser ces informations en une seule caractéristique informative.

2. Gestion des catégories rares : Cette technique fournit une solution élégante pour traiter les catégories qui apparaissent rarement dans l'ensemble de données. Les catégories rares peuvent être problématiques pour d'autres méthodes d'encodage, telles que l'encodage one-hot, où elles peuvent conduire à des matrices creuses ou au surapprentissage. L'encodage cible attribue des valeurs significatives à ces catégories rares en fonction de leur relation avec la variable cible, permettant au modèle d'extraire des informations utiles même à partir d'occurrences peu fréquentes.

3. Capture de relations complexes : En exploitant la variable cible dans le processus d'encodage, cette méthode peut capturer des relations non linéaires entre la caractéristique catégorielle et la cible. Ceci est particulièrement précieux dans les scénarios où l'impact d'une catégorie sur la cible n'est pas simple. Par exemple, dans un modèle de prédiction de désabonnement client, la relation entre la localisation d'un client et sa probabilité de se désabonner peut être complexe et non linéaire. L'encodage cible peut capturer efficacement ces nuances.

4. Amélioration de l'interprétabilité du modèle : Les valeurs encodées ont une interprétation claire par rapport à la variable cible, améliorant l'explicabilité du modèle. Ceci est crucial dans les domaines où la compréhension du processus décisionnel du modèle est aussi importante que sa précision prédictive. Par exemple, dans un modèle de notation de crédit, pouvoir expliquer comment différentes catégories professionnelles influencent le score de crédit peut fournir des informations précieuses et satisfaire aux exigences réglementaires.

5. Gestion fluide des nouvelles catégories : Lors de la rencontre de nouvelles catégories pendant le déploiement du modèle qui n'étaient pas présentes dans les données d'entraînement, l'encodage cible peut fournir une approche sensée. En utilisant la moyenne globale de la variable cible ou une moyenne bayésienne, il offre un moyen robuste de gérer les catégories non vues sans causer d'erreurs ou de dégradation significative des performances.

Cependant, il est important de mettre en œuvre l'encodage cible avec soin pour éviter les fuites de données. Des techniques de validation croisée ou d'encodage hors échantillon doivent être utilisées pour garantir que l'encodage est basé uniquement sur les informations de l'ensemble d'entraînement, empêchant le surapprentissage et maintenant l'intégrité du processus d'évaluation du modèle.

Exemple : Encodage cible pour les quartiers

Appliquons l'encodage cible à la caractéristique **Neighborhood** dans un ensemble de données de prix immobiliers. Cette technique puissante transforme les données catégorielles en valeurs numériques basées sur la variable cible, dans ce cas, les prix des maisons. Au lieu de créer de nombreuses colonnes binaires pour chaque quartier via l'encodage one-hot, nous remplacerons chaque quartier par une seule valeur : le prix moyen des maisons pour ce quartier. Cette approche offre plusieurs avantages :

- Réduction de la dimensionnalité : En condensant chaque quartier en une seule valeur numérique, nous réduisons considérablement le nombre de caractéristiques dans notre ensemble de données, particulièrement bénéfique lors du traitement de nombreux quartiers uniques.

- Préservation de l'information : La valeur encodée reflète directement la relation entre le quartier et les prix des maisons, conservant des informations cruciales pour notre modèle.

- Gestion des catégories rares : Même les quartiers avec peu d'échantillons obtiennent des représentations significatives basées sur leurs prix moyens, répondant au défi des données creuses souvent rencontré avec l'encodage one-hot.

- Amélioration des performances du modèle : En fournissant au modèle des statistiques précalculées sur l'impact de chaque quartier sur le prix, nous améliorons potentiellement ses capacités prédictives.

Cette méthode d'encodage cible capture efficacement l'essence de la façon dont différents quartiers influencent les prix des maisons, permettant à notre modèle d'exploiter ces informations sans la complexité introduite par les méthodes d'encodage catégoriel traditionnelles.

Exemple de code : Encodage cible pour le quartier

```python
import pandas as pd
import numpy as np
import matplotlib.pyplot as plt
import seaborn as sns
from sklearn.model_selection import train_test_split
from sklearn.metrics import mean_squared_error
from sklearn.linear_model import LinearRegression

# Load the dataset (assuming you have a CSV file named 'house_data.csv')
df = pd.read_csv('house_data.csv')

# Display basic information about the dataset
print(df[['Neighborhood', 'SalePrice']].describe())

# Calculate the average SalePrice for each neighborhood
neighborhood_avg_price = df.groupby('Neighborhood')['SalePrice'].mean()
```

```python
# Create a new column with target-encoded values
df['NeighborhoodEncoded'] = df['Neighborhood'].map(neighborhood_avg_price)

# View the first few rows to see the target-encoded feature
print(df[['Neighborhood', 'NeighborhoodEncoded', 'SalePrice']].head(10))

# Visualize the relationship between encoded neighborhood values and sale prices
plt.figure(figsize=(12, 6))
plt.scatter(df['NeighborhoodEncoded'], df['SalePrice'], alpha=0.5)
plt.title('Relationship between Encoded Neighborhood Values and Sale Prices')
plt.xlabel('Encoded Neighborhood Value')
plt.ylabel('Sale Price')
plt.show()

# Split the data into training and testing sets
X = df[['NeighborhoodEncoded']]
y = df['SalePrice']
X_train, X_test, y_train, y_test = train_test_split(X, y, test_size=0.2,
random_state=42)

# Train a simple linear regression model
model = LinearRegression()
model.fit(X_train, y_train)

# Make predictions on the test set
y_pred = model.predict(X_test)

# Calculate and print the mean squared error
mse = mean_squared_error(y_test, y_pred)
print(f"Mean Squared Error: {mse}")

# Print the coefficient to see the impact of the encoded neighborhood feature
print(f"Coefficient for NeighborhoodEncoded: {model.coef_[0]}")

# Function to handle new, unseen neighborhoods
def encode_new_neighborhood(neighborhood, neighborhood_avg_price, global_avg_price):
    return neighborhood_avg_price.get(neighborhood, global_avg_price)

# Example of handling a new neighborhood
global_avg_price = df['SalePrice'].mean()
new_neighborhood = "New Development"
encoded_value = encode_new_neighborhood(new_neighborhood, neighborhood_avg_price,
global_avg_price)
print(f"Encoded value for '{new_neighborhood}': {encoded_value}")
```

Cet exemple de code présente une approche approfondie de l'encodage cible pour les quartiers dans un modèle de prédiction de prix immobiliers. Examinons-le étape par étape :

1. Chargement et exploration des données :

- o Nous commençons par importer les bibliothèques nécessaires et charger l'ensemble de données.

- o Les informations statistiques de base sur les colonnes 'Neighborhood' et 'SalePrice' sont affichées pour comprendre la distribution des données.

2. Processus d'encodage cible :

- o Nous calculons le prix de vente moyen pour chaque quartier en utilisant les opérations groupby et mean.

- o Une nouvelle colonne 'NeighborhoodEncoded' est créée en mappant ces prix moyens sur la colonne 'Neighborhood' d'origine.

- o Les premières lignes du résultat sont affichées pour vérifier l'encodage.

3. Visualisation des données :

- o Un nuage de points est créé pour visualiser la relation entre les valeurs de quartier encodées et les prix de vente.

- o Cela aide à comprendre dans quelle mesure l'encodage capture les variations de prix entre les quartiers.

4. Entraînement et évaluation du modèle :

- o Les données sont divisées en ensembles d'entraînement et de test.

- o Un modèle de régression linéaire simple est entraîné en utilisant la caractéristique de quartier encodée.

- o Des prédictions sont effectuées sur l'ensemble de test, et l'erreur quadratique moyenne est calculée pour évaluer les performances du modèle.

- o Le coefficient de la caractéristique encodée est affiché pour comprendre son impact sur les prédictions.

5. Gestion des nouveaux quartiers :

- o Une fonction est définie pour gérer les nouveaux quartiers non vus lors du déploiement du modèle.

- o Elle utilise le prix moyen global comme solution de repli pour les quartiers non présents dans les données d'entraînement.

- o Un exemple montre comment encoder un nouveau quartier.

Cet exemple complet présente non seulement l'implémentation de base de l'encodage cible, mais inclut également l'exploration des données, la visualisation, l'entraînement du modèle et les stratégies pour gérer les nouvelles catégories. Il fournit un cadre robuste pour appliquer l'encodage cible dans des scénarios réels, démontrant son efficacité à capturer les effets de quartier sur les prix des maisons tout en abordant les défis courants de l'ingénierie des caractéristiques.

3.2.5 La puissance de l'ingénierie des caractéristiques

L'ingénierie des caractéristiques est un processus sophistiqué et transformateur qui implique l'élaboration méticuleuse de données brutes en caractéristiques qui sont non seulement plus significatives mais aussi plus informatives pour les modèles d'apprentissage automatique. Cette forme d'art complexe nécessite une compréhension approfondie à la fois des données en question et des modèles sous-jacents qui déterminent le phénomène modélisé. En employant un éventail diversifié de techniques, les data scientists peuvent débloquer des insights cachés et améliorer considérablement le pouvoir prédictif de leurs modèles.

L'arsenal des techniques d'ingénierie des caractéristiques est vaste et varié, chacune offrant des façons uniques de représenter et distiller l'information. La création de termes d'interaction permet aux modèles de capturer des relations complexes entre variables qui pourraient autrement passer inaperçues. L'extraction de caractéristiques temporelles peut révéler des motifs temporels et des tendances cycliques qui sont cruciales dans de nombreuses applications du monde réel. Le regroupement de variables numériques peut aider les modèles à identifier des relations non linéaires et des effets de seuil. Des techniques avancées comme l'encodage cible fournissent des moyens puissants de gérer les variables catégorielles, en particulier celles avec une cardinalité élevée, en incorporant des informations de la variable cible elle-même.

Ces méthodologies, lorsqu'elles sont appliquées judicieusement, peuvent conduire à des améliorations remarquables des performances du modèle. Ce qui peut sembler être des transformations mineures peut souvent se traduire par des améliorations substantielles de la précision, de l'interprétabilité et des capacités de généralisation d'un modèle. L'objectif ultime de l'ingénierie des caractéristiques est de représenter les données dans un format qui s'aligne plus étroitement avec les motifs et relations sous-jacents au sein de l'ensemble de données. Ce faisant, nous facilitons considérablement la tâche des algorithmes d'apprentissage automatique pour discerner et exploiter ces motifs, aboutissant à des modèles qui sont non seulement plus précis mais aussi plus robustes et interprétables.

3.3 Exercices pratiques pour le chapitre 3

Maintenant que vous avez terminé le chapitre 3, il est temps de mettre en pratique les techniques d'ingénierie des caractéristiques que vous avez apprises. Les exercices suivants sont conçus pour vous aider à appliquer ces techniques, avec des solutions fournies pour chacun. Ces exercices couvrent des concepts clés tels que la création de caractéristiques d'interaction, la gestion des données temporelles, le regroupement de caractéristiques numériques et l'encodage cible.

Exercice 1 : Création d'une caractéristique d'interaction

Vous travaillez avec un ensemble de données sur les ventes de voitures. L'ensemble de données contient des colonnes pour **EngineSize** (en litres) et **HorsePower**. Votre tâche consiste à :

Créer une nouvelle caractéristique appelée **PowerToEngineRatio** qui représente le rapport entre la puissance et la taille du moteur.

Solution :

```python
import pandas as pd

# Sample data: Car sales
data = {'CarID': [1, 2, 3, 4, 5],
        'EngineSize': [2.0, 3.0, 4.0, 2.5, 3.5],
        'HorsePower': [150, 200, 250, 180, 220]}

df = pd.DataFrame(data)

# Create an interaction feature: PowerToEngineRatio
df['PowerToEngineRatio'] = df['HorsePower'] / df['EngineSize']

# View the result
print(df[['EngineSize', 'HorsePower', 'PowerToEngineRatio']])
```

Exercice 2 : Gestion des caractéristiques temporelles

On vous donne un ensemble de données contenant des données de transactions de vente. L'ensemble de données inclut une colonne **TransactionDate**. Votre tâche consiste à :

1. Convertir la colonne **TransactionDate** en format datetime.

2. Extraire l'année, le mois et le jour de la semaine de la colonne **TransactionDate**.

Solution :

```python
# Sample data: Sales transactions
data = {'TransactionID': [101, 102, 103, 104, 105],
        'TransactionDate': ['2022-05-15', '2023-03-10', '2023-07-22', '2022-12-01',
'2023-01-14']}

df = pd.DataFrame(data)

# Convert the TransactionDate column to datetime format
df['TransactionDate'] = pd.to_datetime(df['TransactionDate'])

# Extract year, month, and day of the week
df['Year'] = df['TransactionDate'].dt.year
df['Month'] = df['TransactionDate'].dt.month
df['DayOfWeek'] = df['TransactionDate'].dt.dayofweek
```

```python
# View the result
print(df[['TransactionDate', 'Year', 'Month', 'DayOfWeek']])
```

Exercice 3 : Regroupement de caractéristiques numériques

Vous travaillez avec un ensemble de données d'achats de clients, qui inclut une colonne **PurchaseAmount**. Votre tâche consiste à :

Regrouper le **PurchaseAmount** en trois catégories : **Faible**, **Moyen** et **Élevé**. Utilisez les plages de regroupement suivantes :

- Faible : Moins de 100 $

- Moyen : 100 $ - 500 $

- Élevé : Plus de 500 $

Solution :

```python
# Sample data: Customer purchases
data = {'CustomerID': [1, 2, 3, 4, 5],
        'PurchaseAmount': [50, 150, 700, 300, 600]}

df = pd.DataFrame(data)

# Define the bins and labels
bins = [0, 100, 500, float('inf')]
labels = ['Low', 'Medium', 'High']

# Bin the PurchaseAmount into categories
df['PurchaseCategory'] = pd.cut(df['PurchaseAmount'], bins=bins, labels=labels)

# View the result
print(df[['PurchaseAmount', 'PurchaseCategory']])
```

Exercice 4 : Encodage cible pour les variables catégorielles

Vous travaillez avec un ensemble de données sur les prix des maisons. L'ensemble de données comprend une colonne **Neighborhood** (Quartier) et une colonne **SalePrice** (Prix de vente). Votre tâche consiste à :

Effectuer un encodage cible sur la colonne **Neighborhood** en remplaçant chaque quartier par le **SalePrice** moyen de ce quartier.

Solution :

```python
# Sample data: House prices
data = {'HouseID': [1, 2, 3, 4, 5],
        'Neighborhood': ['A', 'B', 'A', 'C', 'B'],
        'SalePrice': [300000, 450000, 350000, 500000, 470000]}
```

```python
df = pd.DataFrame(data)

# Calculate the average SalePrice for each neighborhood
neighborhood_avg_price = df.groupby('Neighborhood')['SalePrice'].mean()

# Perform target encoding by mapping the average prices back to the Neighborhood column
df['NeighborhoodEncoded'] = df['Neighborhood'].map(neighborhood_avg_price)

# View the result
print(df[['Neighborhood', 'SalePrice', 'NeighborhoodEncoded']])
```

Exercice 5 : Calcul des différences de temps

On vous donne un ensemble de données d'annonces immobilières, avec des colonnes **ListingDate** et **SaleDate**. Votre tâche consiste à :

Calculer le nombre de jours pendant lesquels une propriété a été sur le marché (c'est-à-dire la différence entre la **SaleDate** et la **ListingDate**).

Solution :

```python
# Sample data: Property listings
data = {'PropertyID': [1, 2, 3, 4, 5],
        'ListingDate': ['2023-01-01', '2023-02-15', '2023-03-01', '2023-04-01',
'2023-05-01'],
        'SaleDate': ['2023-03-15', '2023-04-01', '2023-03-20', '2023-05-15', '2023-
06-01']}

df = pd.DataFrame(data)

# Convert ListingDate and SaleDate to datetime format
df['ListingDate'] = pd.to_datetime(df['ListingDate'])
df['SaleDate'] = pd.to_datetime(df['SaleDate'])

# Calculate the number of days on market
df['DaysOnMarket'] = (df['SaleDate'] - df['ListingDate']).dt.days

# View the result
print(df[['ListingDate', 'SaleDate', 'DaysOnMarket']])
```

Ces exercices pratiques aident à renforcer les techniques d'ingénierie des caractéristiques abordées dans le **Chapitre 3**. En créant des caractéristiques d'interaction, en manipulant des caractéristiques temporelles, en regroupant des variables numériques et en appliquant l'encodage cible, vous avez acquis une expérience pratique dans la transformation de données brutes en caractéristiques significatives qui améliorent la performance du modèle. Continuez à pratiquer ces techniques, et vous continuerez à améliorer vos flux de travail d'apprentissage automatique !

3.4 Que pourrait-il mal tourner ?

Bien que l'ingénierie des caractéristiques puisse considérablement améliorer la performance de votre modèle d'apprentissage automatique, plusieurs pièges potentiels doivent être pris en compte. Cette section met en évidence certains problèmes courants qui pourraient survenir lors de l'ingénierie des caractéristiques et comment les éviter.

3.4.1 Surapprentissage avec trop de caractéristiques

La création de nombreuses caractéristiques, en particulier des caractéristiques d'interaction et des transformations, peut conduire au surapprentissage. Le surapprentissage se produit lorsqu'un modèle performe exceptionnellement bien sur les données d'entraînement mais échoue à généraliser sur des données inédites.

Que pourrait-il mal tourner ?

- L'ajout de trop de caractéristiques d'interaction, de caractéristiques polynomiales ou de caractéristiques trop spécifiques peut conduire à un modèle trop complexe, capturant le bruit plutôt que les véritables motifs dans les données.

- Le modèle peut avoir une grande précision sur l'ensemble d'entraînement mais performer médiocrement sur l'ensemble de test en raison du surapprentissage.

Solution :

- Utilisez des techniques comme la **validation croisée** pour évaluer la performance de votre modèle sur plusieurs divisions de données.

- Régularisez votre modèle (par exemple, en utilisant la **régression Lasso** ou **Ridge**) pour pénaliser la complexité excessive des caractéristiques.

- Appliquez des méthodes de **sélection de caractéristiques**, telles que l'**Élimination Récursive de Caractéristiques (RFE)**, pour identifier et supprimer les caractéristiques inutiles.

3.4.2 Multicolinéarité

La multicolinéarité se produit lorsque deux ou plusieurs caractéristiques sont fortement corrélées entre elles. Cela peut perturber votre modèle et conduire à des prédictions instables, car le modèle peine à déterminer quelle caractéristique est la plus importante.

Que pourrait-il mal tourner ?

- Si plusieurs caractéristiques sont corrélées, le modèle peut accorder une importance excessive à certaines variables, faussant les résultats.

- La multicolinéarité peut gonfler la variance des coefficients du modèle, rendant le modèle sensible aux petits changements dans les données.

Solution :

- Utilisez l'**analyse de corrélation** ou le **Facteur d'Inflation de la Variance (VIF)** pour détecter la multicolinéarité dans votre ensemble de données.

- Supprimez ou combinez les caractéristiques fortement corrélées pour réduire la redondance.

- Envisagez l'**Analyse en Composantes Principales (ACP)** pour transformer les caractéristiques corrélées en composantes non corrélées.

3.4.3 Fuite de données

La fuite de données se produit lorsque des informations provenant de l'ensemble de test influencent involontairement le processus d'entraînement, conduisant à des estimations de performance trop optimistes.

Que pourrait-il mal tourner ?

- Si l'ingénierie des caractéristiques est effectuée sur l'ensemble complet des données (données d'entraînement et de test) avant la division, le modèle peut apprendre des informations qu'il ne devrait pas avoir, conduisant à des évaluations biaisées.

- L'utilisation de l'encodage cible sans validation croisée appropriée peut conduire à une fuite de données, car la variable cible influence directement les caractéristiques pendant l'entraînement.

Solution :

- Divisez toujours vos données en ensembles d'entraînement et de test **avant** d'appliquer l'ingénierie des caractéristiques pour éviter les fuites.

- Lors de l'utilisation de techniques comme l'**encodage cible**, assurez-vous que l'encodage est effectué au sein des plis de validation croisée pour empêcher les informations cibles de fuiter dans le processus d'entraînement.

3.4.4 Mauvaise interprétation des caractéristiques temporelles

Lorsque vous travaillez avec des caractéristiques temporelles, il est facile d'introduire des erreurs en ignorant la nature temporelle des données. Par exemple, l'utilisation d'informations futures (comme les ventes futures) dans une caractéristique peut conduire à une performance de modèle irréaliste.

Que pourrait-il mal tourner ?

- Si votre ingénierie des caractéristiques utilise par inadvertance des informations du futur (par exemple, utiliser des données de ventes de mois futurs pour prédire le mois actuel), le modèle semblera très précis pendant l'entraînement mais échouera sur des données réelles.

- L'extraction de caractéristiques temporelles sans tenir compte de la saisonnalité ou des motifs temporels peut conduire à des caractéristiques incomplètes ou trompeuses.

Solution :

- Soyez prudent lors de la manipulation de données temporelles. Assurez-vous que vos caractéristiques n'utilisent que les informations disponibles jusqu'au moment de la prédiction.

- Utilisez des techniques de **validation croisée de séries temporelles**, telles que la **validation par fenêtre glissante**, pour garantir que votre modèle est évalué correctement sur des données temporelles.

3.4.5 Mise à l'échelle inappropriée des caractéristiques

Certains algorithmes d'apprentissage automatique, en particulier ceux qui reposent sur des métriques de distance (comme KNN ou SVM), sont sensibles à l'échelle des caractéristiques d'entrée. Si les caractéristiques ont des échelles différentes, cela peut impacter négativement la performance du modèle.

Que pourrait-il mal tourner ?

- Les caractéristiques avec des plages plus grandes (par exemple, la **superficie en pieds carrés** dans l'immobilier) peuvent dominer les caractéristiques avec des plages plus petites (par exemple, le **nombre de salles de bains**), conduisant à des prédictions de modèle biaisées.

- Le modèle peut avoir du mal à converger pendant l'entraînement si certaines caractéristiques dominent les autres en raison de différences d'échelle.

Solution :

- Normalisez ou standardisez vos caractéristiques, en particulier lors de l'utilisation d'algorithmes comme **KNN**, **SVM** ou les **réseaux de neurones**. Utilisez le **MinMaxScaler** ou le **StandardScaler** de Scikit-learn pour garantir que les caractéristiques sont à la même échelle.

- Pour les modèles basés sur les arbres comme **Random Forest** ou **XGBoost**, la mise à l'échelle n'est généralement pas requise car ils sont moins sensibles à la mise à l'échelle des caractéristiques.

3.4.6 Ignorer les connaissances du domaine

Bien que les techniques automatisées d'ingénierie des caractéristiques puissent être puissantes, il est essentiel de ne pas négliger l'importance de l'expertise du domaine. Se fier uniquement aux algorithmes pour générer des caractéristiques sans incorporer les connaissances du domaine peut conduire à des performances sous-optimales.

Que pourrait-il mal tourner ?

- Ne pas incorporer les insights spécifiques au domaine peut conduire à manquer des caractéristiques cruciales que les algorithmes pourraient ne pas identifier automatiquement.

- Les caractéristiques générées automatiquement peuvent ne pas capturer les motifs significatifs spécifiques à votre ensemble de données, conduisant à un modèle qui performe mal dans les applications réelles.

Solution :

- Exploitez les connaissances du domaine pour guider votre processus d'ingénierie des caractéristiques. Consultez des experts du domaine pour identifier les caractéristiques potentielles qui pourraient ne pas être évidentes à travers les seules données.

- Utilisez des techniques automatisées de sélection de caractéristiques en conjonction avec l'expertise du domaine pour garantir que les caractéristiques les plus pertinentes sont incluses.

Résumé du Chapitre 3

L'ingénierie des caractéristiques est l'une des étapes les plus importantes du pipeline d'apprentissage automatique, faisant souvent la différence entre un modèle moyen et un modèle qui excelle en puissance prédictive. Dans ce chapitre, nous avons exploré comment l'ingénierie des caractéristiques transforme les données brutes en caractéristiques significatives et de haute qualité qui représentent mieux le problème sous-jacent aux algorithmes d'apprentissage automatique. Des caractéristiques bien conçues permettent aux algorithmes d'apprendre plus efficacement, conduisant à de meilleures performances et à une meilleure généralisation sur des données non vues.

Nous avons commencé par discuter de **pourquoi l'ingénierie des caractéristiques est importante**. Les modèles d'apprentissage automatique dépendent fortement de la qualité des caractéristiques d'entrée qui leur sont fournies. Même les algorithmes les plus avancés ne peuvent pas bien performer si les données sont mal représentées. L'ingénierie des caractéristiques améliore la qualité des données, améliore l'interprétabilité du modèle et aide les modèles à généraliser sur des données non vues. Par exemple, créer des caractéristiques significatives comme l'**Âge de la Maison** dans un problème de prédiction de prix immobilier permet au modèle de mieux comprendre comment l'âge d'une maison affecte sa valeur.

Ensuite, nous avons examiné des **exemples de techniques d'ingénierie des caractéristiques percutantes** qui peuvent améliorer considérablement la performance du modèle. Nous avons couvert plusieurs stratégies pratiques, notamment :

- La **création de caractéristiques d'interaction**, comme l'interaction entre le nombre de chambres et de salles de bains dans une maison, qui peut capturer des relations plus complexes entre les caractéristiques.

- La **gestion des caractéristiques temporelles**, où l'extraction de composantes comme l'année, le mois et le jour de la semaine à partir d'une date peut révéler la saisonnalité ou les tendances temporelles.

- Le **regroupement de caractéristiques numériques** en catégories, comme transformer les tailles de maisons en catégories petite, moyenne et grande pour simplifier l'interprétation de la taille par le modèle.

- L'**encodage cible pour les variables catégorielles**, qui remplace les variables catégorielles par la moyenne de la variable cible pour chaque catégorie, réduisant la dimensionnalité et préservant des informations précieuses.

Tout au long du chapitre, nous avons également mis en évidence les risques associés à l'ingénierie des caractéristiques. Dans la section **« Que pourrait-il mal tourner ? »**, nous avons discuté de pièges potentiels tels que le surapprentissage résultant de la création de trop nombreuses caractéristiques, la multicolinéarité provenant de caractéristiques fortement corrélées, et la fuite de données résultant d'une gestion inappropriée de l'encodage cible. Ces problèmes peuvent fausser la performance d'un modèle et conduire à une mauvaise généralisation. Nous avons proposé des solutions pratiques telles que la validation croisée, la sélection de caractéristiques et la mise à l'échelle pour atténuer ces risques.

Le point clé à retenir de ce chapitre est que l'ingénierie des caractéristiques ne consiste pas seulement à ajouter de nouvelles caractéristiques, mais à transformer les données de manière à aider les algorithmes d'apprentissage automatique à apprendre efficacement. En combinant les connaissances du domaine avec ces techniques, vous pouvez construire des modèles à la fois précis et interprétables. L'ingénierie des caractéristiques garantit également que vos modèles généralisent bien sur de nouvelles données, les rendant finalement plus fiables et robustes dans des applications réelles.

Dans le prochain chapitre, nous approfondirons des techniques d'ingénierie des caractéristiques avancées spécifiques qui peuvent encore améliorer vos modèles et explorerons comment gérer des ensembles de données plus complexes.

Chapitre 4 : Techniques de traitement des données manquantes

Le traitement des données manquantes est un défi crucial en apprentissage automatique et en analyse de données qui exige une attention particulière. Les ensembles de données réels contiennent fréquemment des valeurs manquantes, provenant de diverses sources telles que des enregistrements incomplets, des erreurs de saisie de données ou des incohérences dans les processus de collecte de données. Les implications d'un mauvais traitement des données manquantes sont importantes : cela peut fausser les résultats analytiques, compromettre l'efficacité des modèles d'apprentissage automatique et potentiellement conduire à des conclusions erronées. Par conséquent, traiter les données manquantes avec des techniques appropriées est primordial pour garantir la fiabilité et l'exactitude de vos informations basées sur les données.

Ce chapitre se plonge dans une exploration complète des stratégies de gestion des données manquantes, allant des méthodes d'imputation fondamentales aux approches sophistiquées conçues pour maintenir l'intégrité des données et renforcer les performances des modèles. Nous commencerons notre parcours par un examen approfondi des **techniques d'imputation avancées**. Ces méthodes de pointe nous permettent de combler intelligemment les valeurs manquantes en exploitant les motifs et les relations complexes au sein de l'ensemble de données, préservant ainsi la structure sous-jacente et les propriétés statistiques des données.

En utilisant ces techniques avancées, les scientifiques des données et les analystes peuvent atténuer les effets néfastes des données manquantes, améliorer la robustesse de leurs modèles et extraire des informations plus significatives de leurs ensembles de données. Au fur et à mesure que nous progresserons dans ce chapitre, vous acquerrez une compréhension approfondie de la façon de sélectionner et d'appliquer les méthodes les plus appropriées à vos défis de données spécifiques, vous permettant finalement de prendre des décisions plus éclairées basées sur des informations complètes et exactes.

4.1 Techniques d'imputation avancées

L'imputation est un processus crucial en analyse de données qui consiste à combler les valeurs manquantes avec des données estimées. Bien que les méthodes d'imputation simples comme l'utilisation de la moyenne, de la médiane ou du mode soient rapides et faciles à mettre en œuvre, elles ne parviennent souvent pas à capturer les relations nuancées au sein d'ensembles de données complexes. Les techniques d'imputation avancées, cependant, offrent une approche plus sophistiquée en tenant compte des connexions complexes entre les différentes caractéristiques des données.

Ces méthodes avancées exploitent des algorithmes statistiques et d'apprentissage automatique pour faire des prédictions plus éclairées sur les valeurs manquantes. Ce faisant, elles peuvent améliorer considérablement l'exactitude et la fiabilité des analyses et des modèles ultérieurs. Les techniques d'imputation avancées sont particulièrement précieuses lors du traitement d'ensembles de données présentant des structures complexes, des relations non linéaires ou plusieurs variables corrélées.

Dans cette section, nous explorerons trois méthodes d'imputation avancées puissantes :

1. **Imputation par K plus proches voisins (KNN) :** Cette méthode utilise la similarité entre les points de données pour estimer les valeurs manquantes. Elle est particulièrement efficace lorsqu'il existe de forts motifs locaux dans les données.

2. **Imputation multivariée par équations chaînées (MICE) :** MICE est une technique sophistiquée qui crée plusieurs imputations pour chaque valeur manquante, en tenant compte des relations entre toutes les variables de l'ensemble de données. Cette méthode est particulièrement utile pour gérer des schémas de données manquantes complexes.

3. **Utilisation de modèles d'apprentissage automatique pour l'imputation :** Cette approche consiste à entraîner des modèles prédictifs sur les données disponibles pour estimer les valeurs manquantes. Elle peut capturer des relations complexes et non linéaires et est hautement adaptable à différents types d'ensembles de données.

Chacune de ces méthodes a ses forces et convient à différents scénarios. En comprenant et en appliquant ces techniques avancées, les scientifiques des données peuvent améliorer considérablement la qualité de leurs données imputées, conduisant à des analyses et des prédictions plus robustes et fiables.

4.1.1 Imputation par K plus proches voisins (KNN)

K plus proches voisins (KNN) est un algorithme polyvalent qui s'étend au-delà de ses applications traditionnelles dans les tâches de classification et de régression. Dans le contexte de l'imputation des données manquantes, KNN offre une solution puissante en exploitant la structure inhérente et les relations au sein de l'ensemble de données. Le principe fondamental de l'imputation KNN est l'hypothèse que les points de données proches dans l'espace des caractéristiques sont susceptibles d'avoir des valeurs similaires.

Voici comment fonctionne l'imputation KNN en pratique : lorsqu'une valeur manquante est rencontrée dans une caractéristique particulière pour une observation donnée, l'algorithme identifie les k observations les plus similaires (voisins) en fonction des autres caractéristiques disponibles. La valeur manquante est ensuite imputée en utilisant une statistique récapitulative (telle que la moyenne ou la médiane) des valeurs de caractéristiques correspondantes de ces plus proches voisins. Cette approche est particulièrement efficace lorsque les valeurs manquantes ne sont pas distribuées de manière aléatoire mais sont plutôt liées à la structure sous-jacente ou aux motifs dans les données.

L'efficacité de l'imputation KNN peut être attribuée à plusieurs facteurs :

- Contexte local : l'imputation KNN excelle dans la capture de motifs et de relations localisés au sein des données. En se concentrant sur les voisins les plus proches, elle peut identifier des tendances subtiles qui pourraient être négligées par les méthodes statistiques globales. Cette approche locale est particulièrement précieuse dans les ensembles de données présentant des variations régionales ou des caractéristiques spécifiques aux groupes.

- Nature non paramétrique : contrairement à de nombreuses méthodes statistiques, KNN ne repose pas sur des hypothèses concernant la distribution sous-jacente des données. Cette flexibilité la rend robuste dans une large gamme d'ensembles de données, de ceux avec des distributions normales à ceux avec des structures plus complexes et multimodales. Elle est particulièrement utile lors du traitement de données du monde réel qui s'écartent souvent des distributions théoriques.

- Considération multivariée : la capacité de KNN à considérer plusieurs caractéristiques simultanément est un avantage significatif. Cette approche multidimensionnelle lui permet de capturer des relations complexes entre les variables, la rendant efficace pour les ensembles de données avec des interdépendances complexes. Par exemple, dans un ensemble de données de santé, KNN pourrait imputer une valeur de tension artérielle manquante en tenant compte non seulement de l'âge, mais aussi du poids, des facteurs de style de vie et d'autres indicateurs de santé pertinents.

- Adaptabilité à la complexité des données : la méthode KNN peut s'adapter à différents niveaux de complexité des données. Dans les ensembles de données simples, elle pourrait se comporter de manière similaire aux méthodes d'imputation de base. Cependant, dans des scénarios plus complexes, elle peut révéler et utiliser des motifs subtils que les méthodes plus simples manqueraient. Cette adaptabilité fait de KNN un choix polyvalent pour différents types d'ensembles de données et de défis d'imputation.

Cependant, il est important de noter que la performance de l'imputation KNN peut être influencée par des facteurs tels que le choix de k (nombre de voisins), la métrique de distance utilisée pour déterminer la similarité et la présence de valeurs aberrantes dans l'ensemble de données. Par conséquent, un réglage et une validation minutieux sont essentiels lors de l'application de cette technique pour garantir des résultats optimaux.

Exemple de code : Imputation KNN

Voyons comment implémenter l'imputation KNN en utilisant le **KNNImputer** de Scikit-learn.

```python
import numpy as np
import pandas as pd
from sklearn.impute import KNNImputer
from sklearn.model_selection import train_test_split
from sklearn.metrics import mean_squared_error
import matplotlib.pyplot as plt

# Sample data with missing values
data = {
    'Age': [25, np.nan, 22, 35, np.nan, 28, 40, 32, np.nan, 45],
    'Salary': [50000, 60000, 52000, np.nan, 58000, 55000, 70000, np.nan, 62000, 75000],
    'Experience': [2, 4, 1, np.nan, 3, 5, 8, 6, 4, np.nan]
}

df = pd.DataFrame(data)

# Display original dataframe
print("Original DataFrame:")
print(df)
print("\\n")

# Function to calculate percentage of missing values
def missing_percentage(df):
    return df.isnull().mean() * 100

print("Percentage of missing values:")
print(missing_percentage(df))
print("\\n")

# Split data into train and test sets
df_train, df_test = train_test_split(df, test_size=0.2, random_state=42)

# Create a copy of test set with artificially introduced missing values
df_test_missing = df_test.copy()
np.random.seed(42)
for column in df_test_missing.columns:
    mask = np.random.rand(len(df_test_missing)) < 0.2
    df_test_missing.loc[mask, column] = np.nan

# Initialize the KNN Imputer with k=2 (considering 2 nearest neighbors)
knn_imputer = KNNImputer(n_neighbors=2)

# Fit the imputer on the training data
knn_imputer.fit(df_train)

# Apply KNN imputation on the test data with missing values
df_imputed = pd.DataFrame(knn_imputer.transform(df_test_missing), columns=df.columns, index=df_test.index)

# Calculate imputation error
mse = mean_squared_error(df_test, df_imputed)
print(f"Mean Squared Error of imputation: {mse:.2f}")
```

```python
# Visualize the imputation results
fig, axes = plt.subplots(1, 3, figsize=(15, 5))
for i, column in enumerate(df.columns):
    axes[i].scatter(df_test[column], df_imputed[column], alpha=0.5)
    axes[i].plot([df_test[column].min(),                        df_test[column].max()],
[df_test[column].min(), df_test[column].max()], 'r--', lw=2)
    axes[i].set_xlabel(f'Original {column}')
    axes[i].set_ylabel(f'Imputed {column}')
    axes[i].set_title(f'{column} Imputation')
plt.tight_layout()
plt.show()

# View the imputed dataframe
print("\\nImputed DataFrame:")
print(df_imputed)
```

Cet exemple de code offre une démonstration complète de l'imputation KNN. Décomposons les ajouts clés et leurs objectifs :

1. Préparation des données :

    o Nous avons élargi l'ensemble de données d'exemple pour inclure plus de lignes, fournissant une meilleure représentation des données du monde réel.

    o La fonction missing_percentage est introduite pour calculer et afficher le pourcentage de valeurs manquantes dans chaque colonne.

2. Division Entraînement-Test :

    o Les données sont divisées en ensembles d'entraînement et de test en utilisant train_test_split. Cela nous permet d'évaluer la performance de l'imputation sur des données non vues.

    o Nous créons une copie de l'ensemble de test (df_test_missing) et introduisons artificiellement des valeurs manquantes pour simuler des scénarios du monde réel.

3. Imputation KNN :

    o L'imputeur KNN est ajusté sur les données d'entraînement puis utilisé pour imputer les valeurs manquantes dans l'ensemble de test.

    o Cette approche démontre comment l'imputeur se comporterait sur de nouvelles données non vues.

4. Évaluation :

o   Nous calculons l'erreur quadratique moyenne (MSE) entre l'ensemble de test original et l'ensemble de test imputé. Cela fournit une mesure quantitative de la précision de l'imputation.

5.   Visualisation :

o   Un graphique de dispersion est créé pour chaque caractéristique, comparant les valeurs originales aux valeurs imputées.

o   La ligne pointillée rouge représente une imputation parfaite (où les valeurs imputées correspondent exactement aux valeurs originales).

o   Ces graphiques aident à visualiser la performance de l'imputation KNN à travers différentes caractéristiques et plages de valeurs.

6.   Sortie :

o   Le code affiche le DataFrame original, le pourcentage de valeurs manquantes, l'erreur d'imputation et le DataFrame imputé final.

o   Cette sortie complète permet une compréhension approfondie du processus d'imputation et de ses résultats.

Cet exemple démontre non seulement comment utiliser l'imputation KNN, mais inclut également les meilleures pratiques pour évaluer et visualiser les résultats. Il fournit un scénario plus réaliste de traitement des données manquantes dans un pipeline d'apprentissage automatique.

L'imputation KNN est particulièrement précieuse lorsqu'il existe des corrélations ou des motifs significatifs entre les caractéristiques d'un ensemble de données. Cette méthode exploite les relations inhérentes au sein des données pour faire des estimations éclairées des valeurs manquantes. Par exemple, considérons un scénario où l'âge d'une personne est manquant dans un ensemble de données, mais son salaire et ses années d'expérience sont connus. Dans ce cas, KNN peut efficacement imputer l'âge manquant en identifiant des individus avec des profils de salaire et d'expérience similaires.

La puissance de l'imputation KNN réside dans sa capacité à capturer les relations multidimensionnelles. Elle ne se concentre pas seulement sur une caractéristique de manière isolée, mais considère l'interaction entre plusieurs caractéristiques simultanément. Cela la rend particulièrement utile dans les ensembles de données complexes où les variables sont interdépendantes. Par exemple, dans un ensemble de données de santé, KNN pourrait imputer une valeur de tension artérielle manquante en considérant non seulement l'âge, mais aussi le poids, les facteurs de style de vie et d'autres indicateurs de santé pertinents.

De plus, l'imputation KNN brille dans les scénarios où les motifs locaux sont plus informatifs que les tendances globales. Contrairement aux méthodes qui s'appuient sur les moyennes ou distributions globales, KNN se concentre sur les points de données les plus similaires, ou « voisins ». Cette approche locale peut capturer des motifs nuancés qui pourraient être perdus dans des méthodes d'imputation plus généralisées. Par exemple, dans un ensemble de données géographiques, KNN pourrait imputer avec précision des données de température manquantes pour un emplacement spécifique en considérant les températures des zones voisines avec des conditions d'altitude et de climat similaires.

4.1.2 Imputation Multivariée par Équations Chaînées (MICE)

MICE, ou **Imputation Multivariée par Équations Chaînées**, est une technique d'imputation avancée qui traite les données manquantes en créant un modèle complet de l'ensemble de données. Cette méthode traite chaque caractéristique avec des valeurs manquantes comme une variable dépendante, utilisant les autres caractéristiques comme prédicteurs.

L'algorithme MICE fonctionne par un processus itératif :

1. Imputation initiale :

L'algorithme MICE commence par remplir les valeurs manquantes avec des estimations simples, telles que la moyenne, la médiane ou le mode de la caractéristique respective. Cette étape fournit un point de départ pour le processus itératif. Par exemple, si un ensemble de données contient des valeurs d'âge manquantes, l'algorithme pourrait initialement combler ces lacunes avec l'âge moyen de la population.

Cette approche, bien que basique, permet à l'algorithme d'avoir un ensemble de données complet avec lequel travailler dans ses étapes suivantes. Il est important de noter que ces imputations initiales sont temporaires et seront affinées au cours du processus itératif. Le choix de la méthode d'imputation initiale peut varier selon la nature des données et l'implémentation spécifique de MICE. Certaines variations pourraient utiliser des méthodes plus sophistiquées pour cette étape initiale, comme l'utilisation de la catégorie la plus fréquente pour les variables catégorielles ou l'emploi d'un modèle de régression simple.

L'objectif de cette imputation initiale n'est pas de fournir des estimations finales et précises, mais plutôt de créer un ensemble de données complet qui peut être utilisé comme point de départ pour le processus d'imputation itératif plus complexe qui suit.

2. Raffinement itératif

Le cœur de l'algorithme MICE réside dans son approche itérative pour affiner les valeurs imputées. Pour chaque caractéristique contenant des données manquantes, MICE construit un modèle de régression sur mesure. Ce modèle utilise toutes les autres caractéristiques de l'ensemble de données comme prédicteurs, lui permettant de capturer les relations et dépendances complexes entre les variables.

Le processus fonctionne comme suit :

- MICE sélectionne une caractéristique avec des valeurs manquantes comme variable cible.

- Il construit ensuite un modèle de régression utilisant toutes les autres caractéristiques comme prédicteurs.

- Ce modèle est appliqué pour prédire les valeurs manquantes dans la caractéristique cible.

- Les valeurs nouvellement imputées remplacent les estimations précédentes pour cette caractéristique.

Ce processus est répété pour chaque caractéristique avec des données manquantes, parcourant l'ensemble de données complet. Au fur et à mesure que l'algorithme progresse, les valeurs imputées deviennent de plus en plus raffinées et cohérentes avec les données observées et les relations entre les variables.

La puissance de cette approche réside dans sa capacité à exploiter le contenu informationnel complet de l'ensemble de données. En utilisant toutes les caractéristiques disponibles comme prédicteurs, MICE peut capturer à la fois les relations directes et indirectes entre les variables, conduisant à des imputations plus précises et contextuellement appropriées.

3. Cycles répétés et convergence

Ce processus est répété pour plusieurs cycles, chaque cycle améliorant potentiellement la précision des imputations. L'algorithme continue jusqu'à ce qu'il atteigne un nombre prédéterminé d'itérations ou jusqu'à ce que les valeurs imputées convergent, ce qui signifie qu'elles ne changent plus de manière significative entre les cycles. Ce raffinement itératif permet à MICE de capturer des relations complexes entre les variables et de produire des imputations de plus en plus précises.

Le nombre de cycles requis pour la convergence peut varier en fonction de la complexité de l'ensemble de données et de la quantité de données manquantes. En pratique, les chercheurs exécutent souvent l'algorithme pour un nombre fixe de cycles (par exemple, 10 ou 20) puis vérifient la convergence. Si les valeurs imputées ne se sont pas stabilisées, des cycles supplémentaires peuvent être nécessaires.

Il est important de noter que la convergence de MICE ne garantit pas des imputations optimales, mais plutôt un ensemble stable d'estimations. La qualité de ces imputations peut être évaluée par diverses techniques de diagnostic, telles que la comparaison des distributions des valeurs observées et imputées ou l'examen de la plausibilité des données imputées dans le contexte des connaissances du domaine.

La force de MICE réside dans sa capacité à capturer des relations complexes entre les variables. En considérant l'ensemble de données complet, il peut tenir compte des corrélations et interactions que les méthodes plus simples pourraient manquer. Cela rend MICE particulièrement précieux pour les ensembles de données aux structures complexes ou lorsque le mécanisme de données manquantes n'est pas complètement aléatoire.

De plus, MICE peut gérer simultanément différents types de variables, tels que les variables continues, binaires et catégorielles, en utilisant des modèles de régression appropriés pour chaque type. Cette flexibilité permet une approche plus nuancée de l'imputation, préservant les propriétés statistiques de l'ensemble de données original.

Bien que plus intense sur le plan computationnel que les méthodes plus simples, MICE fournit souvent des imputations plus précises et fiables, en particulier dans les ensembles de données complexes avec plusieurs variables manquantes. Sa capacité à générer plusieurs ensembles de données imputés permet également la quantification de l'incertitude dans les analyses ultérieures.

Exemple de code : Imputation MICE utilisant IterativeImputer

Scikit-learn fournit une classe **IterativeImputer**, qui implémente l'algorithme MICE.

```python
import numpy as np
import pandas as pd
import matplotlib.pyplot as plt
from sklearn.experimental import enable_iterative_imputer
from sklearn.impute import IterativeImputer
from sklearn.model_selection import train_test_split
from sklearn.metrics import mean_squared_error

# Create a larger sample dataset with missing values
np.random.seed(42)
n_samples = 1000
age = np.random.randint(18, 65, n_samples)
salary = 30000 + 1000 * age + np.random.normal(0, 5000, n_samples)
experience = np.clip(age - 18, 0, None) + np.random.normal(0, 2, n_samples)

data = {
    'Age': age,
    'Salary': salary,
    'Experience': experience
}

df = pd.DataFrame(data)

# Introduce missing values
for col in df.columns:
    mask = np.random.rand(len(df)) < 0.2
    df.loc[mask, col] = np.nan

# Function to calculate percentage of missing values
def missing_percentage(df):
    return df.isnull().mean() * 100

print("Original DataFrame:")
print(df.head())
print("\\nPercentage of missing values:")
print(missing_percentage(df))
```

```python
# Split data into train and test sets
df_train, df_test = train_test_split(df, test_size=0.2, random_state=42)

# Create a copy of test set with artificially introduced missing values
df_test_missing = df_test.copy()
np.random.seed(42)
for column in df_test_missing.columns:
    mask = np.random.rand(len(df_test_missing)) < 0.2
    df_test_missing.loc[mask, column] = np.nan

# Initialize the MICE imputer (IterativeImputer)
mice_imputer = IterativeImputer(random_state=42, max_iter=10)

# Fit the imputer on the training data
mice_imputer.fit(df_train)

# Apply MICE imputation on the test data with missing values
df_imputed              =              pd.DataFrame(mice_imputer.transform(df_test_missing),
columns=df.columns, index=df_test.index)

# Calculate imputation error
mse = mean_squared_error(df_test, df_imputed)
print(f"\\nMean Squared Error of imputation: {mse:.2f}")

# Visualize the imputation results
fig, axes = plt.subplots(1, 3, figsize=(15, 5))
for i, column in enumerate(df.columns):
    axes[i].scatter(df_test[column], df_imputed[column], alpha=0.5)
    axes[i].plot([df_test[column].min(),                         df_test[column].max()],
[df_test[column].min(), df_test[column].max()], 'r--', lw=2)
    axes[i].set_xlabel(f'Original {column}')
    axes[i].set_ylabel(f'Imputed {column}')
    axes[i].set_title(f'{column} Imputation')
plt.tight_layout()
plt.show()

# View the imputed dataframe
print("\\nImputed DataFrame:")
print(df_imputed.head())
```

Cet exemple de code offre une démonstration approfondie de l'imputation MICE utilisant la classe IterativeImputer de scikit-learn. Examinons les composants clés et leurs fonctions :

- Génération de données :

    o Nous créons un ensemble de données plus large (1000 échantillons) avec des relations réalistes entre l'âge, le salaire et l'expérience.

    o Des valeurs manquantes sont introduites de manière aléatoire pour simuler des scénarios réels.

- **Préparation des données :**
    - La fonction missing_percentage calcule et affiche le pourcentage de valeurs manquantes dans chaque colonne.
    - Nous divisons les données en ensembles d'entraînement et de test en utilisant train_test_split.
    - Une copie de l'ensemble de test avec des valeurs manquantes supplémentaires est créée pour évaluer les performances d'imputation.

- **Imputation MICE :**
    - L'IterativeImputer (MICE) est initialisé avec un état aléatoire fixe pour la reproductibilité et un maximum de 10 itérations.
    - L'imputeur est ajusté sur les données d'entraînement puis utilisé pour imputer les valeurs manquantes dans l'ensemble de test.

- **Évaluation :**
    - Nous calculons l'erreur quadratique moyenne (EQM) entre l'ensemble de test original et l'ensemble de test imputé pour quantifier la précision de l'imputation.

- **Visualisation :**
    - Des nuages de points sont créés pour chaque caractéristique, comparant les valeurs originales aux valeurs imputées.
    - La ligne pointillée rouge représente une imputation parfaite (où les valeurs imputées correspondent exactement aux valeurs originales).
    - Ces graphiques aident à visualiser la qualité de l'imputation MICE à travers différentes caractéristiques et plages de valeurs.

- **Sortie :**
    - Le code affiche le DataFrame original, le pourcentage de valeurs manquantes, l'erreur d'imputation et le DataFrame final imputé.
    - Cette sortie complète permet une compréhension approfondie du processus d'imputation et de ses résultats.

Cet exemple démontre comment utiliser l'imputation MICE et inclut les meilleures pratiques pour évaluer et visualiser les résultats. Il fournit un scénario réaliste pour gérer les données manquantes dans un pipeline d'apprentissage automatique, mettant en valeur la puissance et la flexibilité de l'algorithme MICE pour traiter des ensembles de données complexes.

MICE est particulièrement efficace lorsque plusieurs caractéristiques ont des valeurs manquantes, car il prend en compte l'ensemble de données complet lors de la formulation des prédictions. Cette approche holistique permet à MICE de capturer des relations et dépendances complexes entre les variables, conduisant à des imputations plus précises. Par exemple, dans un ensemble de données contenant des informations démographiques et financières, MICE peut exploiter les corrélations entre l'âge, le niveau d'éducation et le revenu pour fournir des estimations plus réalistes pour les valeurs manquantes dans n'importe laquelle de ces caractéristiques.

De plus, la nature itérative de MICE lui permet d'affiner ses imputations sur plusieurs cycles, découvrant potentiellement des motifs subtils qui pourraient être manqués par des méthodes d'imputation plus simples. Cela rend MICE particulièrement précieux dans les scénarios où le mécanisme de données manquantes n'est pas complètement aléatoire, ou lorsque l'ensemble de données présente des structures complexes que les techniques d'imputation plus simples pourraient avoir du mal à capturer avec précision.

4.1.3 Utilisation de modèles d'apprentissage automatique pour l'imputation

Une autre technique avancée consiste à entraîner des modèles d'apprentissage automatique pour prédire les valeurs manquantes. Cette approche traite l'imputation de valeurs manquantes comme un problème d'apprentissage supervisé, où la valeur manquante dans une caractéristique est prédite en fonction des autres caractéristiques. Cette méthode exploite la puissance des algorithmes d'apprentissage automatique pour capturer des relations complexes au sein des données, conduisant potentiellement à des imputations plus précises.

Contrairement aux méthodes d'imputation plus simples qui s'appuient sur des mesures statistiques comme la moyenne ou la médiane, l'imputation par apprentissage automatique peut identifier des motifs et dépendances complexes entre les variables. Par exemple, un modèle de forêt aléatoire pourrait apprendre que l'âge, le niveau d'éducation et l'intitulé du poste sont de solides prédicteurs du salaire, lui permettant de faire des estimations plus éclairées pour les données de salaire manquantes.

Cette approche est particulièrement utile lorsqu'on traite des ensembles de données qui ont des relations non linéaires ou lorsque le mécanisme de données manquantes n'est pas complètement aléatoire. En s'entraînant sur les données observées, ces modèles peuvent généraliser à des instances non vues, fournissant des imputations qui sont cohérentes avec la structure globale et les motifs dans l'ensemble de données.

Cependant, il est important de noter que les méthodes d'imputation par apprentissage automatique nécessitent une attention particulière à la sélection du modèle, à l'ingénierie des caractéristiques et au surajustement potentiel. Les techniques de validation croisée et l'évaluation minutieuse de la qualité de l'imputation sont cruciales pour garantir la fiabilité des valeurs imputées.

Exemple de code : Utilisation d'un régresseur de forêt aléatoire pour l'imputation

Nous pouvons exploiter un **RandomForestRegressor** pour prédire les valeurs manquantes en entraînant un modèle sur les données non manquantes et en l'utilisant pour prédire les valeurs manquantes. Cette approche est particulièrement puissante pour gérer des ensembles de données complexes avec des relations non linéaires entre les caractéristiques. L'algorithme de forêt aléatoire, une méthode d'apprentissage d'ensemble, construit plusieurs arbres de décision et combine leurs sorties pour faire des prédictions. Cela le rend bien adapté pour capturer des motifs complexes dans les données que les méthodes d'imputation plus simples pourraient manquer.

Lors de l'utilisation d'une forêt aléatoire pour l'imputation, le processus implique généralement :

- Diviser l'ensemble de données en sous-ensembles avec et sans valeurs manquantes pour la caractéristique cible

- Entraîner le modèle de forêt aléatoire sur le sous-ensemble complet, en utilisant les autres caractéristiques comme prédicteurs

- Appliquer le modèle entraîné pour prédire les valeurs manquantes dans le sous-ensemble incomplet

- Intégrer les valeurs prédites dans l'ensemble de données original

Cette méthode peut être particulièrement efficace lorsqu'on traite des ensembles de données qui ont des interactions de caractéristiques complexes ou lorsque le mécanisme de données manquantes n'est pas complètement aléatoire. Cependant, il est important de noter que cette approche nécessite une attention particulière au surajustement potentiel et à la nécessité d'une validation croisée pour garantir des résultats d'imputation robustes.

```python
import numpy as np
import pandas as pd
import matplotlib.pyplot as plt
from sklearn.ensemble import RandomForestRegressor
from sklearn.model_selection import train_test_split
from sklearn.metrics import mean_squared_error
from sklearn.impute import SimpleImputer

# Create a larger sample dataset with missing values
np.random.seed(42)
n_samples = 1000
age = np.random.randint(18, 65, n_samples)
salary = 30000 + 1000 * age + np.random.normal(0, 5000, n_samples)
experience = np.clip(age - 18, 0, None) + np.random.normal(0, 2, n_samples)

data = {
    'Age': age,
    'Salary': salary,
    'Experience': experience
}

df = pd.DataFrame(data)
```

```python
# Introduce missing values
for col in df.columns:
    mask = np.random.rand(len(df)) < 0.2
    df.loc[mask, col] = np.nan

print("Original DataFrame:")
print(df.head())
print("\\nPercentage of missing values:")
print(df.isnull().mean() * 100)

# Split data into train and test sets
df_train, df_test = train_test_split(df, test_size=0.2, random_state=42)

# Create a copy of test set with artificially introduced missing values
df_test_missing = df_test.copy()
np.random.seed(42)
for column in df_test_missing.columns:
    mask = np.random.rand(len(df_test_missing)) < 0.2
    df_test_missing.loc[mask, column] = np.nan

# Function to perform Random Forest imputation
def rf_impute(df, target_column):
    # Separate data into rows with missing and non-missing values for the target column
    train_df = df[df[target_column].notna()]
    test_df = df[df[target_column].isna()]

    # Prepare features and target
    X_train = train_df.drop(target_column, axis=1)
    y_train = train_df[target_column]
    X_test = test_df.drop(target_column, axis=1)

    # Simple imputation for other features (required for RandomForest)
    imp = SimpleImputer(strategy='mean')
    X_train_imputed                = pd.DataFrame(imp.fit_transform(X_train),
columns=X_train.columns)
    X_test_imputed = pd.DataFrame(imp.transform(X_test), columns=X_test.columns)

    # Train Random Forest model
    rf_model = RandomForestRegressor(n_estimators=100, random_state=42)
    rf_model.fit(X_train_imputed, y_train)

    # Predict missing values
    predicted_values = rf_model.predict(X_test_imputed)

    # Fill missing values in the original dataframe
    df.loc[df[target_column].isna(), target_column] = predicted_values

    return df

# Perform Random Forest imputation for each column
for column in df_test_missing.columns:
    df_test_missing = rf_impute(df_test_missing, column)
```

```python
# Calculate imputation error
mse = mean_squared_error(df_test, df_test_missing)
print(f"\\nMean Squared Error of imputation: {mse:.2f}")

# Visualize the imputation results
fig, axes = plt.subplots(1, 3, figsize=(15, 5))
for i, column in enumerate(df.columns):
    axes[i].scatter(df_test[column], df_test_missing[column], alpha=0.5)
    axes[i].plot([df_test[column].min(),                          df_test[column].max()],
[df_test[column].min(), df_test[column].max()], 'r--', lw=2)
    axes[i].set_xlabel(f'Original {column}')
    axes[i].set_ylabel(f'Imputed {column}')
    axes[i].set_title(f'{column} Imputation')
plt.tight_layout()
plt.show()

# View the imputed dataframe
print("\\nImputed DataFrame:")
print(df_test_missing.head())
```

Cet exemple de code offre une démonstration complète de l'imputation par forêt aléatoire. Décomposons ses composants clés et leurs fonctions :

- Génération et préparation des données :

    o Nous créons un ensemble de données plus volumineux (1000 échantillons) avec des relations réalistes entre l'âge, le salaire et l'expérience.

    o Des valeurs manquantes sont introduites de manière aléatoire pour simuler des scénarios réels.

    o Les données sont divisées en ensembles d'entraînement et de test, et des valeurs manquantes supplémentaires sont introduites dans l'ensemble de test pour évaluer les performances d'imputation.

- Fonction d'imputation par forêt aléatoire :

    o La fonction rf_impute est définie pour effectuer l'imputation par forêt aléatoire pour une colonne donnée.

    o Elle sépare les données en sous-ensembles avec et sans valeurs manquantes pour la colonne cible.

    o SimpleImputer est utilisé pour gérer les valeurs manquantes dans d'autres caractéristiques, car RandomForest ne peut pas gérer directement les données manquantes.

    o Un RandomForestRegressor est entraîné sur le sous-ensemble complet et utilisé pour prédire les valeurs manquantes.

- **Processus d'imputation :**

    - L'imputation est effectuée pour chaque colonne de l'ensemble de données, permettant de gérer plusieurs colonnes avec des valeurs manquantes.

    - Cette approche est plus robuste que l'imputation d'une seule colonne, car elle prend en compte les interactions potentielles entre les caractéristiques.

- **Évaluation :**

    - L'erreur quadratique moyenne (MSE) est calculée entre l'ensemble de test original et l'ensemble de test imputé pour quantifier la précision de l'imputation.

    - Des nuages de points sont créés pour chaque caractéristique, comparant les valeurs originales aux valeurs imputées.

    - Ces visualisations aident à évaluer la qualité de l'imputation à travers différentes caractéristiques et plages de valeurs.

- **Sortie :**

    - Le code affiche le DataFrame original, le pourcentage de valeurs manquantes, l'erreur d'imputation et le DataFrame final imputé.

    - Cette sortie complète permet une compréhension approfondie du processus d'imputation et de ses résultats.

Cet exemple démontre un scénario réaliste pour gérer les données manquantes en utilisant l'imputation par forêt aléatoire. Il met en valeur la capacité de la méthode à gérer plusieurs caractéristiques avec des valeurs manquantes et fournit des outils pour évaluer la qualité de l'imputation. L'utilisation de SimpleImputer pour gérer les valeurs manquantes dans les variables prédictives met également en évidence une approche pratique pour faire face aux limites de l'algorithme RandomForest.

L'utilisation de modèles d'apprentissage automatique pour l'imputation peut être très puissante, en particulier lorsqu'il existe des relations complexes et non linéaires entre les caractéristiques. Cette approche excelle dans les scénarios où les méthodes statistiques traditionnelles peuvent s'avérer insuffisantes, comme les ensembles de données avec des interdépendances complexes ou lorsque le mécanisme de données manquantes n'est pas complètement aléatoire. Par exemple, dans un ensemble de données médicales, un modèle d'apprentissage automatique pourrait capturer des interactions subtiles entre l'âge, les facteurs de style de vie et divers indicateurs de santé pour fournir des imputations plus précises pour les résultats de laboratoire manquants.

Cependant, cette approche sophistiquée comporte des compromis. Elle nécessite davantage de ressources de calcul, ce qui peut être une considération importante pour les grands ensembles de données ou lors du travail avec du matériel limité. La mise en œuvre est également plus complexe, impliquant souvent l'ingénierie des caractéristiques, la sélection de modèles et l'ajustement des hyperparamètres. Cette complexité s'étend à l'interprétation des résultats, car le processus d'imputation devient moins transparent par rapport aux méthodes plus simples.

De plus, il existe un risque de surapprentissage, en particulier avec de petits ensembles de données. Pour atténuer cela, des techniques comme la validation croisée et une évaluation minutieuse du modèle deviennent cruciales. Malgré ces défis, pour les ensembles de données où le maintien des relations complexes entre les caractéristiques est primordial, l'effort et les ressources supplémentaires requis pour l'imputation basée sur l'apprentissage automatique peuvent conduire à une qualité de données considérablement améliorée et, par conséquent, à des résultats analytiques plus fiables.

4.1.4 Points clés à retenir

- **L'imputation KNN** remplit les valeurs manquantes en fonction des points de données les plus proches, ce qui en fait un bon choix lorsque les caractéristiques sont fortement corrélées. Cette méthode est particulièrement efficace dans les ensembles de données où des observations similaires ont tendance à avoir des valeurs similaires. Par exemple, dans un ensemble de données immobilières, les propriétés voisines pourraient avoir des prix similaires, ce qui fait de l'imputation KNN un choix approprié pour les données de prix manquantes.

- **L'imputation MICE** modélise de manière itérative les valeurs manquantes en fonction des autres caractéristiques de l'ensemble de données, fournissant une approche plus robuste pour les ensembles de données comportant plusieurs caractéristiques manquantes. MICE est particulièrement utile lors du traitement d'ensembles de données complexes où plusieurs variables ont des valeurs manquantes. Elle peut capturer des relations complexes entre les variables, ce qui en fait un outil puissant pour maintenir la structure globale des données.

- **L'imputation par apprentissage automatique** utilise des modèles prédictifs pour imputer les valeurs manquantes, offrant une flexibilité dans la gestion des relations complexes mais nécessitant plus d'efforts de calcul. Cette approche peut être particulièrement bénéfique lors du traitement de grands ensembles de données ou lorsqu'il existe des relations non linéaires entre les variables. Par exemple, dans un ensemble de données médicales, un modèle d'apprentissage automatique pourrait capturer des interactions subtiles entre l'âge, les facteurs de style de vie et divers indicateurs de santé pour fournir des imputations plus précises pour les résultats de laboratoire manquants.

Ces techniques d'imputation avancées offrent plus de précision et de flexibilité que les méthodes d'imputation de base, vous permettant de gérer les données manquantes d'une manière qui préserve l'intégrité de votre ensemble de données. Chaque méthode a ses forces et est adaptée à différents types de données et modèles de données manquantes. KNN fonctionne bien avec des données localement corrélées, MICE excelle dans la gestion de plusieurs variables manquantes, et l'imputation par apprentissage automatique peut capturer des relations complexes et non linéaires.

En choisissant la méthode appropriée pour votre ensemble de données spécifique et vos objectifs d'analyse, vous pouvez améliorer considérablement la qualité de vos données imputées et, par conséquent, la fiabilité de vos résultats analytiques. Dans la section suivante, nous explorerons comment gérer les données catégorielles manquantes en utilisant des techniques avancées, ce qui présente des défis uniques et nécessite des approches spécialisées.

4.2 Traiter les données manquantes dans les grands ensembles de données

La gestion des données manquantes dans les grands ensembles de données introduit un ensemble unique de défis qui vont au-delà de ceux rencontrés avec des ensembles de données plus petits. À mesure que le volume de données s'étend, tant en termes d'observations que de variables, l'impact des valeurs manquantes devient de plus en plus prononcé. Les ensembles de données à grande échelle englobent souvent une multitude de caractéristiques, chacune présentant potentiellement des degrés variables de valeurs manquantes. Cette complexité peut rendre les techniques d'imputation traditionnelles non seulement coûteuses en calcul, mais parfois totalement impraticables.

L'échelle même des mégadonnées introduit plusieurs considérations clés :

- **Contraintes de calcul :** À mesure que les ensembles de données croissent, la puissance de traitement requise pour les méthodes d'imputation sophistiquées peut devenir prohibitive. Les techniques qui fonctionnent bien à petite échelle peuvent devenir irréalisables lorsqu'elles sont appliquées à des millions ou des milliards de points de données.

- **Relations complexes :** Les grands ensembles de données capturent souvent des interdépendances complexes entre les variables. Ces relations complexes peuvent rendre difficile l'application de solutions d'imputation simples sans risquer l'introduction de biais ou la perte de motifs importants.

- **Hétérogénéité :** Les mégadonnées combinent fréquemment des informations provenant de sources diverses, conduisant à des structures de données hétérogènes. Cette diversité peut compliquer l'application de stratégies d'imputation uniformes sur l'ensemble de l'ensemble de données.

- **Sensibilité temporelle :** Dans de nombreux scénarios de mégadonnées, tels que les données en flux continu ou l'analyse en temps réel, la vitesse d'imputation devient cruciale. Les techniques qui nécessitent un temps de traitement important peuvent ne pas convenir dans ces contextes.

Pour relever ces défis, nous explorerons des stratégies spécifiquement conçues pour gérer efficacement les données manquantes dans les ensembles de données à grande échelle. Ces approches sont conçues pour évoluer de manière transparente avec vos données, garantissant que la précision est maintenue tout en optimisant l'efficacité du calcul. Notre discussion se concentrera sur trois domaines clés :

1. **Optimisation des techniques d'imputation pour l'échelle :** Nous examinerons comment adapter et optimiser les méthodes d'imputation existantes pour gérer efficacement de grands volumes de données. Cela peut impliquer des techniques telles que la segmentation des données, l'utilisation de méthodes approximatives ou l'exploitation des capacités matérielles modernes.

2. **Gestion des colonnes avec un taux élevé de valeurs manquantes :** Nous discuterons des stratégies pour traiter les caractéristiques qui ont une proportion importante de valeurs manquantes. Cela inclut des méthodes pour déterminer quand conserver ou supprimer de telles colonnes, et des techniques pour imputer des données très clairsemées.

3. **Exploitation du calcul distribué pour les données manquantes :** Nous explorerons comment les cadres de calcul distribué peuvent être exploités pour paralléliser les tâches d'imputation sur plusieurs machines ou cœurs. Cette approche peut réduire considérablement le temps de traitement pour les tâches d'imputation à grande échelle.

En maîtrisant ces stratégies, les scientifiques des données et les analystes peuvent naviguer efficacement dans les défis des données manquantes dans les environnements de mégadonnées, garantissant des analyses robustes et fiables même lors du travail avec des ensembles de données massifs et complexes.

4.2.1 Optimisation des techniques d'imputation pour l'échelle

Lorsqu'on traite de grands ensembles de données, les techniques d'imputation avancées telles que **l'imputation KNN** ou **MICE** peuvent devenir prohibitives sur le plan informatique. La complexité de calcul de ces méthodes augmente considérablement avec le volume de données, car elles impliquent le calcul de distances entre de nombreux points de données ou l'exécution de multiples itérations pour prédire les valeurs manquantes. Ce problème d'évolutivité nécessite l'optimisation des techniques d'imputation pour les ensembles de données à grande échelle.

Pour relever ces défis, plusieurs stratégies peuvent être employées :

1. Segmentation

Cette technique consiste à diviser l'ensemble de données en segments plus petits et gérables et à appliquer les techniques d'imputation à chaque segment séparément. En traitant les données par portions plus petites, la segmentation réduit considérablement l'utilisation de la mémoire et le temps de traitement. Cette approche est particulièrement efficace pour les grands ensembles de données qui dépassent la mémoire disponible ou lors du travail avec des systèmes informatiques distribués.

La segmentation permet le traitement parallèle de différents segments de données, améliorant encore l'efficacité informatique. De plus, elle offre une flexibilité dans la gestion d'ensembles de données présentant des caractéristiques variables selon les différents segments, car les méthodes d'imputation peuvent être adaptées aux motifs ou exigences spécifiques de chaque segment.

Par exemple, dans une grande base de données clients, vous pourriez segmenter les données par régions géographiques, permettant des stratégies d'imputation spécifiques à chaque région qui tiennent compte des tendances locales ou des motifs dans les données manquantes.

2. Méthodes approximatives

Utiliser des algorithmes d'approximation qui sacrifient une certaine précision pour améliorer l'efficacité informatique. Par exemple, utiliser une recherche approximative du plus proche voisin au lieu du KNN exact pour l'imputation. Cette approche est particulièrement utile lors du traitement de données de haute dimension ou de très grands ensembles de données où les méthodes exactes deviennent prohibitives sur le plan informatique.

Une méthode approximative populaire est le hachage sensible à la localité (LSH), qui peut accélérer considérablement les recherches de plus proches voisins. Le LSH fonctionne en hachant des éléments similaires dans les mêmes « compartiments » avec une probabilité élevée, permettant une récupération rapide des plus proches voisins approximatifs. Dans le contexte de l'imputation KNN, cela signifie que nous pouvons rapidement trouver des points de données similaires pour imputer les valeurs manquantes, même dans des ensembles de données massifs.

Une autre technique est l'utilisation de projections aléatoires, qui peuvent réduire la dimensionnalité des données tout en préservant approximativement les distances entre les points. Cela peut être particulièrement efficace lors du traitement d'ensembles de données de haute dimension, car cela aborde la « malédiction de la dimensionnalité » qui afflige souvent les méthodes KNN exactes.

Bien que ces méthodes approximatives puissent introduire une certaine erreur par rapport aux techniques exactes, elles offrent souvent un bon équilibre entre précision et efficacité informatique. Dans de nombreux scénarios réels, la légère diminution de la précision est négligeable comparée aux gains substantiels en vitesse de traitement et en évolutivité, faisant de ces méthodes des outils précieux pour gérer les données manquantes dans les ensembles de données à grande échelle.

3. Sélection de caractéristiques

Identifier et se concentrer sur les caractéristiques les plus pertinentes pour l'imputation est crucial lors du traitement de grands ensembles de données. Cette approche implique d'analyser les relations entre les variables et de sélectionner celles qui sont les plus informatives pour prédire les valeurs manquantes. En réduisant la dimensionnalité du problème, la sélection de caractéristiques améliore non seulement l'efficacité informatique mais aussi la qualité de l'imputation.

Plusieurs méthodes peuvent être employées pour la sélection de caractéristiques dans le contexte de l'imputation de données manquantes :

- Analyse de corrélation : Identifier les caractéristiques fortement corrélées peut aider à sélectionner un sous-ensemble de variables qui capturent le plus d'informations.

- Information mutuelle : Cette technique mesure la dépendance mutuelle entre les variables, aidant à identifier les caractéristiques les plus pertinentes pour l'imputation.

- Élimination récursive de caractéristiques : Cette méthode itérative supprime progressivement les caractéristiques moins importantes en fonction de leur pouvoir prédictif.

En se concentrant sur les caractéristiques les plus pertinentes, vous pouvez réduire considérablement la charge de calcul des algorithmes d'imputation, en particulier pour les techniques comme KNN ou MICE qui sont intensives en calcul. Cette approche est particulièrement bénéfique lors du traitement d'ensembles de données de haute dimension, où la malédiction de la dimensionnalité peut gravement impacter la performance des méthodes d'imputation.

De plus, la sélection de caractéristiques peut conduire à des imputations plus précises en réduisant le bruit et le surapprentissage. Elle permet au modèle d'imputation de se concentrer sur les relations les plus informatives dans les données, aboutissant potentiellement à des estimations plus fiables des valeurs manquantes.

4. Traitement parallèle

Exploiter les processeurs multicœurs ou les cadres informatiques distribués pour paralléliser les tâches d'imputation est une stratégie puissante pour gérer les données manquantes dans les grands ensembles de données. Cette approche réduit considérablement le temps de traitement en distribuant la charge de travail sur plusieurs cœurs ou machines. Par exemple, dans un ensemble de données comportant des millions d'enregistrements, les tâches d'imputation peuvent être divisées en segments plus petits et traitées simultanément sur différents cœurs ou nœuds d'un cluster.

Le traitement parallèle peut être mis en œuvre en utilisant divers outils et cadres :

- Multithreading : Utiliser plusieurs threads sur une seule machine pour traiter différentes parties de l'ensemble de données simultanément.

- Multiprocessing : Utiliser plusieurs cœurs de CPU pour effectuer des tâches d'imputation en parallèle, ce qui est particulièrement efficace pour les méthodes intensives en calcul comme l'imputation KNN.

- Cadres informatiques distribués : Des plateformes comme Apache Spark ou Dask peuvent distribuer les tâches d'imputation sur un cluster de machines, permettant le traitement d'ensembles de données extrêmement volumineux qui dépassent la capacité d'une seule machine.

Les avantages du traitement parallèle pour l'imputation vont au-delà de la simple vitesse. Il permet également d'appliquer des techniques d'imputation plus sophistiquées à de grands ensembles de données, ce qui pourrait autrement être impraticable en raison de contraintes de temps. Par exemple, des méthodes complexes comme l'imputation multiple par équations chaînées (MICE) deviennent réalisables pour les mégadonnées lorsqu'elles sont parallélisées sur un cluster.

Cependant, il est important de noter que toutes les méthodes d'imputation ne sont pas facilement parallélisables. Certaines techniques nécessitent un accès à l'ensemble de données complet ou reposent sur un traitement séquentiel. Dans de tels cas, une conception algorithmique minutieuse ou des approches hybrides peuvent être nécessaires pour exploiter les avantages du traitement parallèle tout en maintenant l'intégrité de la méthode d'imputation.

En mettant en œuvre ces stratégies d'optimisation, les scientifiques des données peuvent maintenir les avantages des techniques d'imputation avancées tout en atténuant les défis informatiques associés aux ensembles de données à grande échelle. Cet équilibre garantit que les données manquantes sont traitées efficacement sans compromettre l'efficacité globale du pipeline de traitement des données.

Exemple : Utilisation de l'imputation simple avec des colonnes partielles

Pour les grands ensembles de données, il peut être plus pratique d'utiliser des techniques d'imputation plus simples pour certaines colonnes, en particulier celles ayant moins de valeurs manquantes. Cette approche peut réduire considérablement le temps de calcul tout en fournissant une précision raisonnable. Les méthodes d'imputation simples, telles que l'imputation par moyenne, médiane ou mode, sont efficaces sur le plan informatique et peuvent être appliquées rapidement à de grands volumes de données.

Ces méthodes fonctionnent particulièrement bien pour les colonnes avec un faible pourcentage de valeurs manquantes, où l'impact de l'imputation sur la distribution globale des données est minime. Par exemple, si une colonne ne compte que 5 % de valeurs manquantes, utiliser la moyenne ou la médiane pour combler ces lacunes est susceptible de préserver les propriétés statistiques de la colonne sans introduire de biais significatif.

De plus, les techniques d'imputation simples sont souvent plus évolutives et peuvent être facilement parallélisées dans des environnements informatiques distribués. Cette évolutivité est cruciale lors du traitement de mégadonnées, où des méthodes d'imputation plus complexes pourraient devenir prohibitives sur le plan informatique. En appliquant stratégiquement une imputation simple aux colonnes ayant moins de valeurs manquantes, les scientifiques des données peuvent trouver un équilibre entre le maintien de l'intégrité des données et le traitement efficace d'ensembles de données à grande échelle.

Exemple de code : Utilisation de l'imputation simple pour les grands ensembles de données

```python
import pandas as pd
import numpy as np
from sklearn.impute import SimpleImputer
from sklearn.experimental import enable_iterative_imputer
from sklearn.impute import IterativeImputer
from sklearn.ensemble import RandomForestRegressor

# Generate a large dataset with some missing values
np.random.seed(42)
n_samples = 1000000
data = {
    'Age': np.random.randint(18, 80, n_samples),
    'Salary': np.random.randint(30000, 150000, n_samples),
    'Experience': np.random.randint(0, 40, n_samples),
    'Education': np.random.choice(['High School', 'Bachelor', 'Master', 'PhD'],
n_samples)
}

# Introduce missing values
for col in data:
    mask = np.random.random(n_samples) < 0.2  # 20% missing values
    data[col] = np.where(mask, None, data[col])

df_large = pd.DataFrame(data)

# 1. Simple Imputation
simple_imputer = SimpleImputer(strategy='mean')
numeric_cols = ['Age', 'Salary', 'Experience']
df_simple_imputed = df_large.copy()
df_simple_imputed[numeric_cols] =
simple_imputer.fit_transform(df_large[numeric_cols])
df_simple_imputed['Education'] =
df_simple_imputed['Education'].fillna(df_simple_imputed['Education'].mode()[0])

# 2. Multiple Imputation by Chained Equations (MICE)
mice_imputer = IterativeImputer(estimator=RandomForestRegressor(), max_iter=10,
random_state=42)
df_mice_imputed = df_large.copy()
df_mice_imputed[numeric_cols] = mice_imputer.fit_transform(df_large[numeric_cols])
df_mice_imputed['Education'] =
df_mice_imputed['Education'].fillna(df_mice_imputed['Education'].mode()[0])

# 3. Custom imputation based on business rules
def custom_impute(df):
    df = df.copy()
    df['Age'] = df['Age'].fillna(df.groupby('Education')['Age'].transform('median'))
    df['Salary'] = df['Salary'].fillna(df.groupby(['Education',
'Experience'])['Salary'].transform('median'))
```

```python
    df['Experience'] = df['Experience'].fillna(df['Age'] - 22)   # Assuming started
working at 22
    df['Education'] = df['Education'].fillna('High School')  # Default to High School
    return df

df_custom_imputed = custom_impute(df_large)

# Compare results
print("Original Data (first 5 rows):")
print(df_large.head())
print("\\nSimple Imputation (first 5 rows):")
print(df_simple_imputed.head())
print("\\nMICE Imputation (first 5 rows):")
print(df_mice_imputed.head())
print("\\nCustom Imputation (first 5 rows):")
print(df_custom_imputed.head())

# Calculate and print missing value percentages
def missing_percentage(df):
    return (df.isnull().sum() / len(df)) * 100

print("\\nMissing Value Percentages:")
print("Original:", missing_percentage(df_large))
print("Simple Imputation:", missing_percentage(df_simple_imputed))
print("MICE Imputation:", missing_percentage(df_mice_imputed))
print("Custom Imputation:", missing_percentage(df_custom_imputed))
```

Explication détaillée complète :

1. Génération des données :

    o Nous créons un grand ensemble de données avec 1 million d'échantillons et 4 caractéristiques : Âge, Salaire, Expérience et Éducation.

    o Nous introduisons 20 % de valeurs manquantes de manière aléatoire dans toutes les caractéristiques pour simuler des scénarios réels.

2. Imputation simple :

    o Nous utilisons SimpleImputer de sklearn avec la stratégie de moyenne pour les colonnes numériques.

    o Pour la colonne catégorielle « Éducation », nous remplissons avec le mode (la valeur la plus fréquente).

    o Cette méthode est rapide mais ne tient pas compte des relations entre les caractéristiques.

3. Imputation multiple par équations chaînées (MICE) :

    o Nous utilisons IterativeImputer de sklearn, qui implémente l'algorithme MICE.

- o Nous utilisons RandomForestRegressor comme estimateur pour une meilleure gestion des relations non linéaires.
- o Cette méthode est plus sophistiquée et tient compte des relations entre les caractéristiques, mais elle est intensive sur le plan informatique.

4. Imputation personnalisée :

- o Nous mettons en œuvre une stratégie d'imputation personnalisée basée sur les connaissances du domaine et les règles métier.
- o L'âge est imputé en utilisant l'âge médian pour chaque niveau d'éducation.
- o Le salaire est imputé en utilisant le salaire médian pour chaque combinaison d'éducation et d'expérience.
- o L'expérience est imputée en supposant que les gens commencent à travailler à 22 ans.
- o L'éducation est définie par défaut sur « High School » si elle est manquante.
- o Cette méthode permet un meilleur contrôle et peut incorporer des connaissances spécifiques au domaine.

5. Comparaison :

- o Nous affichons les 5 premières lignes de chaque ensemble de données pour comparer visuellement les résultats d'imputation.
- o Nous calculons et affichons le pourcentage de valeurs manquantes dans chaque ensemble de données pour vérifier que toutes les valeurs manquantes ont été imputées.

Cet exemple complet démontre trois techniques d'imputation différentes, chacune avec ses propres forces et faiblesses. Il permet une comparaison des méthodes et montre comment gérer à la fois les données numériques et catégorielles dans de grands ensembles de données. La méthode d'imputation personnalisée illustre également comment les connaissances du domaine peuvent être incorporées dans le processus d'imputation.

4.2.2 Gestion des colonnes à forte absence de données

Lors de la manipulation de grands ensembles de données, il est courant de rencontrer des colonnes avec une forte proportion de valeurs manquantes. Les colonnes avec plus de 50 % de données manquantes présentent un défi important dans les tâches d'analyse de données et d'apprentissage automatique.

Ces colonnes sont problématiques pour plusieurs raisons :

1. Informations limitées : Les colonnes à forte absence de données fournissent un minimum de points de données fiables, faussant potentiellement les analyses ou les

prédictions des modèles. Cette rareté d'informations peut conduire à des évaluations peu fiables de l'importance des caractéristiques et peut amener les modèles à négliger des motifs ou des relations potentiellement significatifs dans les données.

2. Puissance statistique réduite : Le manque de données dans ces colonnes peut conduire à des inférences statistiques moins précises et à des modèles prédictifs plus faibles. Cette réduction de la puissance statistique peut entraîner des erreurs de type II, où de véritables effets ou relations dans les données sont manqués. De plus, elle peut élargir les intervalles de confiance, rendant plus difficile de tirer des conclusions définitives de l'analyse.

3. Biais potentiel : Si l'absence de données n'est pas complètement aléatoire (MCAR), imputer ces valeurs pourrait introduire un biais dans l'ensemble de données. Cela est particulièrement problématique lorsque l'absence de données est liée à des facteurs non observés (Missing Not At Random, MNAR), car cela peut conduire à des erreurs systématiques dans les analyses ultérieures. Par exemple, si les données de revenu sont manquantes plus souvent pour les personnes à revenu élevé, l'imputation basée sur les données disponibles pourrait sous-estimer les niveaux de revenu globaux.

4. Inefficacité informatique : Tenter d'imputer ou d'analyser ces colonnes peut être coûteux sur le plan informatique avec peu d'avantages. Cela est particulièrement vrai pour les grands ensembles de données où des méthodes d'imputation complexes comme l'imputation multiple par équations chaînées (MICE) ou l'imputation par K plus proches voisins (KNN) peuvent augmenter considérablement le temps de traitement et l'utilisation des ressources. Le coût informatique peut l'emporter sur l'amélioration marginale des performances du modèle, en particulier si les valeurs imputées ne sont pas très fiables en raison de l'absence extensive de données.

5. Préoccupations concernant la qualité des données : Une forte absence de données dans une colonne peut indiquer des problèmes sous-jacents avec les processus de collecte de données ou la qualité des données. Cela pourrait signaler des problèmes avec les méthodes d'acquisition de données, des dysfonctionnements de capteurs ou des incohérences dans les pratiques d'enregistrement des données. S'attaquer à ces causes profondes pourrait être plus bénéfique que de tenter de sauver les données par l'imputation.

Pour de telles colonnes, les scientifiques des données font face à une décision critique : les supprimer entièrement ou appliquer des techniques d'imputation sophistiquées. Cette décision devrait être basée sur plusieurs facteurs :

- L'importance de la variable pour l'analyse ou le modèle

- Le mécanisme d'absence de données (MCAR, MAR ou MNAR)

- Les ressources informatiques disponibles

- L'impact potentiel sur les analyses en aval

Si la colonne est jugée cruciale, des méthodes d'imputation avancées comme l'imputation multiple par équations chaînées (MICE) ou l'imputation basée sur l'apprentissage automatique pourraient être envisagées. Cependant, ces méthodes peuvent être intensives sur le plan informatique pour de grands ensembles de données.

Alternativement, si la colonne n'est pas critique ou si l'imputation pourrait introduire plus de biais que d'informations, supprimer la colonne pourrait être le choix le plus prudent. Cette approche simplifie l'ensemble de données et peut améliorer l'efficacité et la fiabilité des analyses ultérieures.

Dans certains cas, une approche hybride pourrait être appropriée, où les colonnes avec une absence extrême de données sont supprimées, tandis que celles avec une absence modérée de données sont imputées en utilisant des techniques appropriées.

Quand supprimer les colonnes

Si une colonne contient plus de 50 % de valeurs manquantes, elle peut ne pas contribuer beaucoup d'informations utiles au modèle. Dans de tels cas, supprimer la colonne peut être la solution la plus efficace, surtout lorsque l'absence de données est aléatoire. Cette approche, connue sous le nom de « suppression de colonne » ou « élimination de caractéristique », peut simplifier considérablement l'ensemble de données et réduire la complexité informatique.

Cependant, avant de décider de supprimer une colonne, il est crucial de considérer son importance potentielle pour l'analyse. Certains facteurs à évaluer incluent :

- La nature des données manquantes : Sont-elles complètement aléatoires (MCAR), aléatoires (MAR) ou non aléatoires (MNAR) ?

- La pertinence de la colonne pour la question de recherche ou le problème commercial en jeu

- Le potentiel d'introduction de biais en supprimant la colonne

- La possibilité d'utiliser les connaissances du domaine pour imputer les valeurs manquantes

Dans certains cas, même avec une forte absence de données, une colonne peut contenir des informations précieuses. Par exemple, le simple fait que des données soient manquantes pourrait être informatif. Dans de tels scénarios, au lieu de supprimer la colonne, vous pourriez envisager de créer une variable indicatrice binaire pour capturer la présence ou l'absence de données.

En fin de compte, la décision de supprimer ou de conserver une colonne avec une forte absence de données devrait être prise au cas par cas, en tenant compte du contexte spécifique de l'analyse et de l'impact potentiel sur la modélisation ou les processus de prise de décision en aval.

Exemple de code : Suppression de colonnes avec forte absence de données

```python
import pandas as pd
import numpy as np

# Create a large sample dataset with missing values
np.random.seed(42)
n_samples = 1000000
data = {
    'Age': np.random.randint(18, 80, n_samples),
    'Salary': np.random.randint(30000, 150000, n_samples),
    'Experience': np.random.randint(0, 40, n_samples),
    'Education': np.random.choice(['High School', 'Bachelor', 'Master', 'PhD'],
n_samples),
    'Department': np.random.choice(['Sales', 'Marketing', 'IT', 'HR', 'Finance'],
n_samples)
}

# Introduce missing values
for col in data:
    mask = np.random.random(n_samples) < np.random.uniform(0.1, 0.7)  # 10% to 70%
missing values
    data[col] = np.where(mask, None, data[col])

df_large = pd.DataFrame(data)

# Define a threshold for dropping columns with missing values
threshold = 0.5

# Calculate the proportion of missing values in each column
missing_proportion = df_large.isnull().mean()

print("Missing value proportions:")
print(missing_proportion)

# Drop columns with more than 50% missing values
df_large_cleaned = df_large.drop(columns=missing_proportion[missing_proportion >
threshold].index)

print("\\nColumns dropped:")
print(set(df_large.columns) - set(df_large_cleaned.columns))

# View the cleaned dataframe
print("\\nCleaned dataframe:")
print(df_large_cleaned.head())

# Calculate the number of rows with at least one missing value
rows_with_missing = df_large_cleaned.isnull().any(axis=1).sum()
print(f"\\nRows with at least one missing value: {rows_with_missing}
({rows_with_missing/len(df_large_cleaned):.2%})")

# Optional: Impute remaining missing values
from sklearn.impute import SimpleImputer
```

```python
# Separate numeric and categorical columns
numeric_cols = df_large_cleaned.select_dtypes(include=[np.number]).columns
categorical_cols = df_large_cleaned.select_dtypes(exclude=[np.number]).columns

# Impute numeric columns with median
num_imputer = SimpleImputer(strategy='median')
df_large_cleaned[numeric_cols] =
num_imputer.fit_transform(df_large_cleaned[numeric_cols])

# Impute categorical columns with most frequent value
cat_imputer = SimpleImputer(strategy='most_frequent')
df_large_cleaned[categorical_cols] =
cat_imputer.fit_transform(df_large_cleaned[categorical_cols])

print("\\nFinal dataframe after imputation:")
print(df_large_cleaned.head())
print("\\nMissing values after imputation:")
print(df_large_cleaned.isnull().sum())
```

Explication détaillée :

1. Génération de données :

    o   Nous créons un vaste ensemble de données avec 1 million d'échantillons et 5 caractéristiques : Âge, Salaire, Expérience, Éducation et Département.

    o   Nous introduisons des niveaux variables de valeurs manquantes (10 % à 70 %) de manière aléatoire dans toutes les caractéristiques pour simuler des scénarios réels avec différents niveaux de valeurs manquantes.

2. Analyse des valeurs manquantes :

    o   Nous calculons et affichons la proportion de valeurs manquantes dans chaque colonne en utilisant df_large.isnull().mean().

    o   Cette étape nous aide à comprendre l'étendue des valeurs manquantes dans chaque caractéristique.

3. Suppression de colonnes :

    o   Nous définissons un seuil de 0,5 (50 %) pour supprimer les colonnes.

    o   Les colonnes avec plus de 50 % de valeurs manquantes sont supprimées en utilisant df_large.drop().

    o   Nous affichons les noms des colonnes supprimées pour garder une trace des informations qui sont retirées.

4. Aperçu de l'ensemble de données nettoyé :

- o Nous affichons les premières lignes de l'ensemble de données nettoyé en utilisant df_large_cleaned.head().
- o Cela nous donne un aperçu rapide de la structure de nos données après la suppression des colonnes à forte proportion de valeurs manquantes.

5. Analyse des valeurs manquantes par ligne :

- o Nous calculons et affichons le nombre et le pourcentage de lignes qui ont encore au moins une valeur manquante.
- o Cette information nous aide à comprendre dans quelle mesure notre ensemble de données est encore affecté par les valeurs manquantes après la suppression de colonnes.

6. Imputation facultative :

- o Nous démontrons comment gérer les valeurs manquantes restantes en utilisant des techniques d'imputation simples.
- o Les colonnes numériques sont imputées avec la valeur médiane.
- o Les colonnes catégorielles sont imputées avec la valeur la plus fréquente.
- o Cette étape montre comment préparer les données pour une analyse ultérieure ou une modélisation si des cas complets sont requis.

7. Aperçu de l'ensemble de données final :

- o Nous affichons les premières lignes de l'ensemble de données final imputé.
- o Nous affichons également un résumé des valeurs manquantes après imputation pour confirmer que toutes les valeurs manquantes ont été traitées.

Cet exemple démontre une approche globale pour gérer les données manquantes dans de vastes ensembles de données. Il décrit les étapes pour analyser les valeurs manquantes, prendre des décisions éclairées sur la suppression de colonnes et, facultativement, imputer les valeurs manquantes restantes. Le code est optimisé pour l'efficacité avec de grands ensembles de données et fournit une sortie claire et informative à chaque étape du processus.

Imputation pour les colonnes à forte proportion de valeurs manquantes

Si une colonne avec une forte proportion de valeurs manquantes est cruciale pour l'analyse, des méthodes plus sophistiquées comme **MICE** (Multiple Imputation by Chained Equations) ou **les imputations multiples** peuvent s'avérer nécessaires. Ces techniques peuvent fournir des estimations plus précises en tenant compte de l'incertitude dans les données manquantes. MICE, par exemple, crée plusieurs ensembles de données imputés plausibles et combine les résultats pour fournir des estimations plus robustes.

Cependant, pour de grands ensembles de données, il est important d'équilibrer la précision et l'efficacité informatique. Ces méthodes avancées peuvent être très gourmandes en calcul et peuvent ne pas bien s'adapter à de très grands ensembles de données. Dans de tels cas, vous pourriez envisager de :

- Utiliser des méthodes d'imputation plus simples sur un sous-ensemble des données pour estimer l'impact sur votre analyse

- Mettre en œuvre des techniques de traitement parallèle pour accélérer le processus d'imputation

- Explorer des alternatives comme les méthodes de factorisation matricielle qui peuvent gérer directement les données manquantes

Le choix de la méthode devrait être guidé par les caractéristiques spécifiques de votre ensemble de données, le mécanisme de valeurs manquantes et les ressources informatiques disponibles. Il est également crucial de valider les résultats de l'imputation et d'évaluer leur impact sur vos analyses ou modèles ultérieurs.

4.2.3 Tirer parti du calcul distribué pour les données manquantes

Pour des ensembles de données extrêmement volumineux, l'imputation peut devenir un défi informatique considérable, particulièrement lors de l'utilisation de techniques sophistiquées comme les K plus proches voisins (K-Nearest Neighbors ou KNN) ou l'imputation multiple par équations chaînées (MICE). Ces méthodes nécessitent souvent des processus itératifs ou des calculs complexes sur de vastes quantités de données, ce qui peut entraîner un temps de traitement et une consommation de ressources substantiels. Pour résoudre ce problème d'évolutivité, les scientifiques de données et les ingénieurs se tournent vers des infrastructures de calcul distribué telles que **Dask** et **Apache Spark**.

Ces outils puissants permettent la parallélisation du processus d'imputation, en répartissant efficacement la charge de calcul sur plusieurs nœuds ou machines. En tirant parti du calcul distribué, vous pouvez :

- Décomposer de grands ensembles de données en portions plus petites et gérables (partitions)

- Traiter ces partitions simultanément sur une grappe d'ordinateurs

- Agréger les résultats pour produire un ensemble de données complet et imputé

Cette approche accélère non seulement le processus d'imputation de manière significative, mais permet également de gérer des ensembles de données qui pourraient autrement être trop volumineux pour être traités sur une seule machine. De plus, les infrastructures distribuées sont souvent dotées de fonctionnalités intégrées de tolérance aux pannes et d'équilibrage de charge, garantissant la robustesse et l'efficacité des tâches de traitement de données à grande échelle.

Lors de la mise en œuvre d'une imputation distribuée, il est crucial de prendre en compte les compromis entre l'efficacité informatique et la précision de l'imputation. Bien que les méthodes plus simples comme l'imputation par la moyenne ou la médiane puissent être facilement parallélisées, les techniques plus complexes peuvent nécessiter une conception algorithmique soignée pour maintenir leurs propriétés statistiques dans un environnement distribué. Ainsi, le choix de la méthode d'imputation devrait être fait en tenant compte à la fois des exigences statistiques de votre analyse et des contraintes informatiques de votre infrastructure.

Utiliser Dask pour une imputation évolutive

Dask est une puissante bibliothèque de calcul parallèle qui étend les fonctionnalités d'outils populaires de science des données comme Pandas et Scikit-learn. Elle permet une mise à l'échelle efficace des calculs sur plusieurs cœurs ou même des grappes distribuées, ce qui en fait un excellent choix pour gérer de grands ensembles de données avec des valeurs manquantes. L'architecture de Dask lui permet de distribuer de manière transparente les données et les calculs, permettant aux scientifiques de données de travailler avec des ensembles de données plus grands que la mémoire d'une seule machine.

L'une des principales caractéristiques de Dask est sa capacité à fournir une API familière qui reproduit fidèlement celle de Pandas et NumPy, permettant une transition en douceur du code mono-machine vers le calcul distribué. Cela la rend particulièrement utile pour les tâches d'imputation de données sur de grands ensembles de données, car elle peut tirer parti des algorithmes d'imputation existants tout en répartissant la charge de travail sur plusieurs nœuds.

Par exemple, lors du traitement de données manquantes, Dask peut effectuer efficacement des opérations comme l'imputation par la moyenne ou la médiane sur des ensembles de données partitionnés. Elle peut également s'intégrer avec des méthodes d'imputation plus complexes, telles que les K plus proches voisins ou l'imputation basée sur la régression, en appliquant ces algorithmes à chaque partition puis en agrégeant les résultats.

De plus, la flexibilité de Dask lui permet de s'adapter à divers environnements informatiques, des ordinateurs portables multicœurs aux déploiements de grandes grappes, ce qui en fait un outil polyvalent pour faire évoluer les tâches de traitement de données et d'imputation à mesure que les ensembles de données augmentent en taille et en complexité.

Exemple de code : Imputation évolutive avec Dask

```python
import dask.dataframe as dd
import pandas as pd
import numpy as np
from sklearn.impute import SimpleImputer
from sklearn.experimental import enable_iterative_imputer
from sklearn.impute import IterativeImputer
from sklearn.ensemble import RandomForestRegressor

# Create a sample large dataset with missing values
```

```python
def create_sample_data(n_samples=1000000):
    np.random.seed(42)
    data = {
        'Age': np.random.randint(18, 80, n_samples),
        'Salary': np.random.randint(30000, 150000, n_samples),
        'Experience': np.random.randint(0, 40, n_samples),
        'Education': np.random.choice(['High School', 'Bachelor', 'Master', 'PhD'],
n_samples),
        'Department': np.random.choice(['Sales', 'Marketing', 'IT', 'HR', 'Finance'],
n_samples)
    }
    df = pd.DataFrame(data)

    # Introduce missing values
    for col in df.columns:
        mask = np.random.random(n_samples) < 0.2  # 20% missing values
        df.loc[mask, col] = np.nan

    return df

# Create the sample dataset
df_large = create_sample_data()

# Convert the large Pandas dataframe to a Dask dataframe
df_dask = dd.from_pandas(df_large, npartitions=10)

# 1. Simple Mean Imputation
simple_imputer = SimpleImputer(strategy='mean')

def apply_simple_imputer(df):
    # Separate numeric and categorical columns
    numeric_cols = df.select_dtypes(include=[np.number]).columns
    categorical_cols = df.select_dtypes(exclude=[np.number]).columns

    # Impute numeric columns
    df[numeric_cols] = simple_imputer.fit_transform(df[numeric_cols])

    # Impute categorical columns with mode
    for col in categorical_cols:
        df[col].fillna(df[col].mode().iloc[0], inplace=True)

    return df

df_dask_simple_imputed = df_dask.map_partitions(apply_simple_imputer)

# 2. Iterative Imputation (MICE)
def apply_iterative_imputer(df):
    numeric_cols = df.select_dtypes(include=[np.number]).columns
    categorical_cols = df.select_dtypes(exclude=[np.number]).columns

    # Impute numeric columns using IterativeImputer
```

```python
    iterative_imputer      =      IterativeImputer(estimator=RandomForestRegressor(),
max_iter=10, random_state=0)
    df[numeric_cols] = iterative_imputer.fit_transform(df[numeric_cols])

    # Impute categorical columns with mode
    for col in categorical_cols:
        df[col].fillna(df[col].mode().iloc[0], inplace=True)

    return df

df_dask_iterative_imputed = df_dask.map_partitions(apply_iterative_imputer)

# Compute the results (triggering the computation across partitions)
df_simple_imputed = df_dask_simple_imputed.compute()
df_iterative_imputed = df_dask_iterative_imputed.compute()

# View the imputed dataframes
print("Simple Imputation Results:")
print(df_simple_imputed.head())
print("\\nIterative Imputation Results:")
print(df_iterative_imputed.head())

# Compare imputation results
print("\\nMissing values after Simple Imputation:")
print(df_simple_imputed.isnull().sum())
print("\\nMissing values after Iterative Imputation:")
print(df_iterative_imputed.isnull().sum())

# Optional: Analyze imputation impact
print("\\nOriginal Data Statistics:")
print(df_large.describe())
print("\\nSimple Imputation Statistics:")
print(df_simple_imputed.describe())
print("\\nIterative Imputation Statistics:")
print(df_iterative_imputed.describe())
```

Explication détaillée du code :

1. Génération des données :

   o Nous créons une fonction create_sample_data() pour générer un grand ensemble de données (1 million de lignes) avec des types de données mixtes (numériques et catégorielles).

   o Les valeurs manquantes sont introduites de manière aléatoire (20 % pour chaque colonne) afin de simuler des scénarios réels.

2. Création du DataFrame Dask :

   o Le grand DataFrame Pandas est converti en DataFrame Dask à l'aide de dd.from_pandas().

- o Nous spécifions 10 partitions, ce qui permet à Dask de traiter les données en parallèle sur plusieurs cœurs ou machines.

3. Imputation simple par la moyenne :

- o Nous définissons une fonction apply_simple_imputer() qui utilise SimpleImputer pour les colonnes numériques et l'imputation par le mode pour les colonnes catégorielles.

- o Cette fonction est appliquée à chaque partition du DataFrame Dask à l'aide de map_partitions().

4. Imputation itérative (MICE) :

- o Nous mettons en œuvre une méthode d'imputation plus sophistiquée utilisant IterativeImputer (également connue sous le nom de MICE - Imputation multiple par équations chaînées).

- o La fonction apply_iterative_imputer() utilise RandomForestRegressor comme estimateur pour les colonnes numériques et l'imputation par le mode pour les colonnes catégorielles.

- o Cette méthode est plus coûteuse en calcul mais peut fournir des imputations plus précises en tenant compte des relations entre les caractéristiques.

5. Calcul et résultats :

- o Nous utilisons .compute() pour déclencher le calcul réel sur les DataFrames Dask, ce qui exécute l'imputation sur toutes les partitions.

- o Les résultats des deux méthodes d'imputation sont stockés dans des DataFrames Pandas pour faciliter la comparaison et l'analyse.

6. Analyse et comparaison :

- o Nous affichons les premières lignes des deux ensembles de données imputés pour inspecter visuellement les résultats.

- o Nous vérifions la présence de valeurs manquantes restantes après l'imputation pour garantir l'exhaustivité.

- o Nous comparons les statistiques descriptives des ensembles de données originaux et imputés pour évaluer l'impact des différentes méthodes d'imputation sur la distribution des données.

Cet exemple démontre une approche complète du traitement des données manquantes dans de grands ensembles de données à l'aide de Dask. Il met en avant des techniques d'imputation simples et avancées, fournit une vérification des erreurs et inclut des étapes d'analyse pour évaluer l'impact de l'imputation sur les données. Cette approche permet un traitement efficace de grands ensembles de données tout en offrant une flexibilité dans le choix et la comparaison de différentes stratégies d'imputation.

Utilisation d'Apache Spark pour l'imputation à grande échelle

Apache Spark est un autre cadre puissant pour le traitement distribué de données qui peut gérer de grands ensembles de données. La bibliothèque **MLlib** de Spark fournit des outils d'imputation conçus pour fonctionner sur des systèmes distribués à grande échelle. Ce cadre est particulièrement utile pour les organisations traitant des quantités massives de données qui dépassent les capacités de traitement d'une seule machine.

Le modèle de calcul distribué de Spark lui permet de traiter efficacement les données sur une grappe d'ordinateurs, ce qui le rend idéal pour les applications de mégadonnées. Ses capacités de traitement en mémoire accélèrent considérablement les algorithmes itératifs, qui sont courants dans les tâches d'apprentissage automatique comme l'imputation.

MLlib, la bibliothèque d'apprentissage automatique de Spark, offre diverses stratégies d'imputation. Celles-ci incluent des méthodes simples comme l'imputation par la moyenne, la médiane ou le mode, ainsi que des techniques plus sophistiquées telles que l'imputation par les k plus proches voisins. Les fonctions d'imputation de la bibliothèque sont optimisées pour les environnements distribués, garantissant que le processus d'imputation évolue bien avec l'augmentation du volume de données.

De plus, la capacité de Spark à gérer à la fois des données par lots et des données en flux continu le rend polyvalent pour différents types de scénarios d'imputation. Que vous traitiez des données historiques ou des flux en temps réel, Spark peut s'adapter à vos besoins, en fournissant des stratégies d'imputation cohérentes sur diverses sources et formats de données.

Exemple de code : Imputation avec PySpark

```python
from pyspark.sql import SparkSession
from pyspark.ml.feature import Imputer
from pyspark.sql.functions import col, when
from pyspark.ml.feature import StringIndexer, OneHotEncoder
from pyspark.ml import Pipeline

# Initialize a Spark session
spark = SparkSession.builder.appName("MissingDataImputation").getOrCreate()

# Create a Spark dataframe with missing values
data = [
    (25, None, 2, "Sales", "Bachelor"),
    (None, 60000, 4, "Marketing", None),
    (22, 52000, 1, "IT", "Master"),
    (35, None, None, "HR", "PhD"),
    (None, 58000, 3, "Finance", "Bachelor"),
    (28, 55000, 2, None, "Master")
]
columns = ['Age', 'Salary', 'Experience', 'Department', 'Education']
```

```python
df_spark = spark.createDataFrame(data, columns)

# Display original dataframe
print("Original Dataframe:")
df_spark.show()

# Define the imputer for numeric missing values
numeric_cols = ['Age', 'Salary', 'Experience']
imputer = Imputer(
    inputCols=numeric_cols,
    outputCols=["{}_imputed".format(c) for c in numeric_cols]
)

# Handle categorical columns
categorical_cols = ['Department', 'Education']

# Function to impute categorical columns with mode
def categorical_imputer(df, col_name):
    mode = df.groupBy(col_name).count().orderBy('count', ascending=False).first()[col_name]
    return when(col(col_name).isNull(), mode).otherwise(col(col_name))

# Apply categorical imputation
for cat_col in categorical_cols:
    df_spark = df_spark.withColumn(f"{cat_col}_imputed", categorical_imputer(df_spark, cat_col))

# Create StringIndexer and OneHotEncoder for categorical columns
indexers = [StringIndexer(inputCol=f"{c}_imputed", outputCol=f"{c}_index") for c in categorical_cols]
encoders = [OneHotEncoder(inputCol=f"{c}_index", outputCol=f"{c}_vec") for c in categorical_cols]

# Create a pipeline
pipeline = Pipeline(stages=[imputer] + indexers + encoders)

# Fit and transform the dataframe
df_imputed = pipeline.fit(df_spark).transform(df_spark)

# Select relevant columns
columns_to_select = [f"{c}_imputed" for c in numeric_cols] + [f"{c}_vec" for c in categorical_cols]
df_final = df_imputed.select(columns_to_select)

# Show the imputed dataframe
print("\\nImputed Dataframe:")
df_final.show()

# Display summary statistics
print("\\nSummary Statistics:")
df_final.describe().show()
```

```
# Clean up
spark.stop()
```

Explication détaillée du code :

1. Importation des bibliothèques :

    o   Nous importons les bibliothèques PySpark nécessaires pour la manipulation de données, l'imputation et l'ingénierie des caractéristiques.

2. Création de la session Spark :

    o   Nous initialisons une SparkSession, qui est le point d'entrée pour les fonctionnalités de Spark.

3. Création des données :

    o   Nous créons un ensemble de données d'exemple avec des types de données mixtes (numériques et catégorielles) et introduisons des valeurs manquantes.

4. Affichage des données originales :

    o   Nous affichons le dataframe original pour visualiser les valeurs manquantes.

5. Imputation numérique :

    o   Nous utilisons la classe Imputer pour traiter les valeurs manquantes dans les colonnes numériques.

    o   L'imputer est configuré pour créer de nouvelles colonnes avec le suffixe "_imputed".

6. Imputation catégorielle :

    o   Nous définissons une fonction personnalisée categorical_imputer pour imputer les valeurs catégorielles manquantes avec le mode (valeur la plus fréquente).

    o   Cette fonction est appliquée à chaque colonne catégorielle en utilisant withColumn.

7. Ingénierie des caractéristiques pour les données catégorielles :

    o   StringIndexer est utilisé pour convertir les colonnes de chaînes de caractères en indices numériques.

    o   OneHotEncoder est ensuite appliqué pour créer des représentations vectorielles des variables catégorielles.

8. Création du pipeline :

- o Nous créons un Pipeline qui combine l'imputer numérique, les indexeurs de chaînes et les encodeurs one-hot.
  - o Cela garantit que toutes les étapes de prétraitement sont appliquées de manière cohérente aux données d'entraînement et de test.

9. Application du pipeline :
   - o Nous ajustons le pipeline à nos données et le transformons, ce qui applique toutes les étapes de prétraitement.

10. Sélection des colonnes pertinentes :
    - o Nous sélectionnons les colonnes numériques imputées et les colonnes catégorielles vectorisées pour notre ensemble de données final.

11. Affichage des résultats :
    - o Nous affichons le dataframe imputé pour visualiser les résultats de notre processus d'imputation et d'encodage.

12. Statistiques récapitulatives :
    - o Nous affichons les statistiques récapitulatives du dataframe final pour comprendre l'impact de l'imputation sur la distribution de nos données.

13. Nettoyage :
    - o Nous arrêtons la session Spark pour libérer les ressources.

Cet exemple présente une approche complète du traitement des données manquantes dans Spark. Il couvre à la fois l'imputation numérique et catégorielle, ainsi que les étapes essentielles d'ingénierie des caractéristiques couramment rencontrées dans des scénarios réels. Le code démontre la capacité de Spark à gérer des tâches complexes de prétraitement de données sur des systèmes distribués, soulignant son adéquation pour l'imputation et la préparation de données à grande échelle.

4.2.4 Points clés à retenir

- **Optimisation pour la mise à l'échelle** : Lorsqu'on traite de grands ensembles de données, les méthodes d'imputation simples telles que le remplissage par la moyenne ou la médiane trouvent souvent un équilibre idéal entre l'efficacité computationnelle et la précision. Ces méthodes sont rapides à mettre en œuvre et peuvent traiter de vastes quantités de données sans surcharge computationnelle excessive. Cependant, il est important de noter que, bien que ces méthodes soient efficaces, elles peuvent ne pas capturer les relations complexes au sein des données.

- **Taux élevé de valeurs manquantes** : Les colonnes avec une forte proportion de données manquantes (par exemple, plus de 50 %) présentent un défi important. La décision de supprimer ou d'imputer ces colonnes doit être prise avec soin, en tenant compte de leur importance pour l'analyse. Si une colonne est cruciale pour votre question de recherche, des techniques d'imputation avancées comme l'imputation multiple ou les méthodes basées sur l'apprentissage automatique peuvent être justifiées. À l'inverse, si la colonne est moins importante, la supprimer pourrait être le choix le plus prudent pour éviter d'introduire un biais ou du bruit dans votre analyse.

- **Calcul distribué** : L'utilisation d'outils tels que **Dask** et **Apache Spark** permet une imputation évolutive, vous permettant de traiter efficacement de grands ensembles de données. Ces cadres distribuent la charge computationnelle sur plusieurs machines ou cœurs, réduisant considérablement le temps de traitement. Dask, par exemple, peut faire évoluer de manière transparente votre code Python existant pour travailler avec des ensembles de données plus grands que la mémoire, tandis que MLlib de Spark fournit des implémentations distribuées robustes de divers algorithmes d'imputation.

Le traitement des données manquantes dans de grands ensembles de données nécessite de trouver un équilibre délicat entre précision et efficacité. En sélectionnant et en optimisant soigneusement les techniques d'imputation et en exploitant la puissance du calcul distribué, vous pouvez traiter efficacement les données manquantes sans surcharger les ressources de votre système. Cette approche garantit non seulement l'intégrité de votre analyse, mais vous permet également de travailler avec des ensembles de données qui seraient autrement ingérables sur une seule machine.

De plus, lorsqu'on travaille avec des mégadonnées, il est crucial de considérer l'ensemble du pipeline de données. L'imputation doit être intégrée de manière transparente dans votre flux de traitement des données, garantissant qu'elle peut être appliquée de manière cohérente aux ensembles de données d'entraînement et de test. Cette intégration aide à maintenir la validité de vos modèles et analyses à travers différents sous-ensembles de données et périodes temporelles.

Enfin, il est important de documenter et de valider votre stratégie d'imputation de manière approfondie. Cela inclut le suivi des valeurs qui ont été imputées, des méthodes utilisées et de toutes les hypothèses formulées au cours du processus. L'évaluation régulière de l'impact de vos choix d'imputation sur les analyses en aval peut contribuer à garantir la robustesse et la fiabilité de vos résultats, même lorsque vous travaillez avec des ensembles de données massifs contenant des données manquantes importantes.

4.3 Exercices pratiques pour le chapitre 4

Maintenant que vous avez terminé le chapitre 4, il est temps d'appliquer ce que vous avez appris à travers des exercices pratiques. Ces exercices se concentrent sur le traitement des données manquantes dans différents contextes, en utilisant à la fois des techniques simples et avancées. Les exercices vous aideront à renforcer les concepts d'imputation KNN, de MICE, de traitement des données manquantes dans de grands ensembles de données et de techniques d'imputation distribuée.

Exercice 1 : Imputation KNN

On vous donne un ensemble de données contenant des informations sur des employés, y compris leur **âge**, leur **salaire** et leur **expérience**. L'ensemble de données comporte quelques valeurs manquantes. Votre tâche consiste à :

Utiliser l'**imputation KNN** pour remplir les valeurs manquantes de l'ensemble de données.

Solution :

```python
import numpy as np
import pandas as pd
from sklearn.impute import KNNImputer

# Sample data with missing values
data = {'Age': [25, np.nan, 22, 35, np.nan],
        'Salary': [50000, 60000, 52000, np.nan, 58000],
        'Experience': [2, 4, 1, np.nan, 3]}

df = pd.DataFrame(data)

# Initialize the KNN Imputer with k=2
knn_imputer = KNNImputer(n_neighbors=2)

# Apply KNN imputation
df_imputed = pd.DataFrame(knn_imputer.fit_transform(df), columns=df.columns)

# View the imputed dataframe
print(df_imputed)
```

Exercice 2 : Imputation MICE

Vous travaillez avec un ensemble de données qui contient des valeurs manquantes dans plusieurs colonnes. L'ensemble de données inclut l'**âge**, le **salaire** et l'**expérience**. Votre tâche consiste à :

Utiliser **MICE (Imputation Multiple par Équations Chaînées)** pour imputer les valeurs manquantes.

Solution :

```python
from sklearn.experimental import enable_iterative_imputer   # To enable
IterativeImputer
from sklearn.impute import IterativeImputer
import pandas as pd

# Sample data with missing values
data = {'Age': [25, np.nan, 22, 35, np.nan],
        'Salary': [50000, 60000, 52000, np.nan, 58000],
        'Experience': [2, 4, 1, np.nan, 3]}
```

```python
df = pd.DataFrame(data)

# Initialize the MICE imputer
mice_imputer = IterativeImputer()

# Apply MICE imputation
df_mice_imputed = pd.DataFrame(mice_imputer.fit_transform(df), columns=df.columns)

# View the imputed dataframe
print(df_mice_imputed)
```

Exercice 3 : Suppression de colonnes avec un taux élevé de valeurs manquantes

Vous travaillez avec un grand ensemble de données qui contient plusieurs colonnes avec des niveaux variables de valeurs manquantes. Votre tâche consiste à :

Supprimer toute colonne où plus de 50 % des valeurs sont manquantes.

Solution :

```python
import pandas as pd
import numpy as np

# Sample large dataset with missing values
data = {'Age': [25, np.nan, 22, 35, np.nan],
        'Salary': [50000, np.nan, 52000, np.nan, 58000],
        'Experience': [2, 4, 1, np.nan, 3],
        'JobTitle': [np.nan, np.nan, 'Engineer', 'Analyst', 'Manager']}

df = pd.DataFrame(data)

# Calculate the proportion of missing values in each column
missing_proportion = df.isnull().mean()

# Drop columns with more than 50% missing values
df_cleaned = df.drop(columns=missing_proportion[missing_proportion > 0.5].index)

# View the cleaned dataframe
print(df_cleaned)
```

Exercice 4 : Imputation simple pour de grands ensembles de données

On vous donne un grand ensemble de données avec des caractéristiques numériques, notamment l'**âge**, le **salaire** et l'**expérience**. L'ensemble de données contient quelques valeurs manquantes, mais vous souhaitez utiliser une imputation simple pour remplir les valeurs manquantes de manière efficace. Votre tâche consiste à :

Appliquer **SimpleImputer** pour remplir les valeurs manquantes avec la moyenne de chaque colonne.

Solution :

```python
import pandas as pd
from sklearn.impute import SimpleImputer

# Sample large dataset with missing values
data = {'Age': [25, None, 22, 35, None] * 200000,
        'Salary': [50000, 60000, None, 80000, 58000] * 200000,
        'Experience': [2, 4, 1, None, 3] * 200000}

df_large = pd.DataFrame(data)

# Use SimpleImputer to impute missing values for numeric columns
simple_imputer = SimpleImputer(strategy='mean')
df_large_imputed        =        pd.DataFrame(simple_imputer.fit_transform(df_large),
columns=df_large.columns)

# View the first few rows of the imputed dataframe
print(df_large_imputed.head())
```

Exercice 5 : Imputation distribuée avec Dask

Vous travaillez avec un ensemble de données extrêmement volumineux qui contient des valeurs manquantes dans plusieurs colonnes. Pour gérer efficacement les données manquantes, vous décidez d'utiliser **Dask** pour distribuer le calcul. Votre tâche consiste à :

Convertir l'ensemble de données en un dataframe Dask et utiliser **SimpleImputer** pour imputer les valeurs manquantes.

Solution :

```python
import dask.dataframe as dd
from sklearn.impute import SimpleImputer
import pandas as pd

# Sample large dataset with missing values
data = {'Age': [25, None, 22, 35, None] * 200000,
        'Salary': [50000, 60000, None, 80000, 58000] * 200000,
        'Experience': [2, 4, 1, None, 3] * 200000}

df_large = pd.DataFrame(data)

# Convert the Pandas dataframe to a Dask dataframe
df_dask = dd.from_pandas(df_large, npartitions=10)

# Define a SimpleImputer
simple_imputer = SimpleImputer(strategy='mean')

# Apply the imputer on the Dask dataframe
df_dask_imputed        =        df_dask.map_partitions(lambda        df:
pd.DataFrame(simple_imputer.fit_transform(df), columns=df.columns))
```

```python
# Compute the result
df_dask_imputed = df_dask_imputed.compute()

# View the first few rows of the imputed dataframe
print(df_dask_imputed.head())
```

Ces exercices pratiques vous donnent une expérience concrète de diverses techniques de traitement des données manquantes, allant des méthodes d'imputation de base au calcul distribué avancé. En pratiquant ces techniques, vous pouvez gérer efficacement les données manquantes dans des ensembles de données petits et grands, en garantissant que vos modèles restent précis et robustes. Continuez à pratiquer et à explorer ces méthodes au fur et à mesure que vous rencontrez différents ensembles de données dans votre travail !

4.4 Qu'est-ce qui pourrait mal tourner ?

Le traitement des données manquantes est une étape cruciale dans le pipeline de prétraitement des données, mais il existe plusieurs écueils potentiels qui pourraient affecter l'efficacité de vos modèles s'ils ne sont pas gérés avec soin. Dans cette section, nous discuterons des problèmes courants qui peuvent survenir pendant le processus d'imputation et proposerons des stratégies pour atténuer ces risques.

4.4.1 Introduction de biais avec une imputation inappropriée

Lorsque vous imputez des valeurs manquantes, il existe toujours un risque d'introduire des biais, en particulier si vous utilisez des méthodes d'imputation inappropriées. Par exemple, remplir les valeurs manquantes avec la moyenne ou la médiane peut fausser la distribution des données, en particulier lorsque les valeurs manquantes ne sont pas distribuées de manière aléatoire.

Qu'est-ce qui pourrait mal tourner ?

- Imputer la moyenne ou la médiane peut aplatir la distribution, masquant une variance importante et conduisant à des performances de modèle sous-optimales.

- Imputer des variables catégorielles sans tenir compte de leur relation avec d'autres caractéristiques peut déformer l'ensemble de données, conduisant à des prédictions biaisées.

Solution :

- Utilisez des techniques d'imputation plus avancées comme **KNN** ou **MICE** qui tiennent compte des relations entre les caractéristiques et peuvent fournir des imputations plus précises.

- Analysez le modèle de données manquantes avant de décider d'une stratégie d'imputation pour vous assurer que la méthode choisie est appropriée pour la distribution des données.

4.4.2 Surapprentissage dû à l'imputation sur l'ensemble de test

Une erreur courante consiste à appliquer l'imputation sur les ensembles d'entraînement et de test simultanément. Si vous utilisez l'ensemble de données complet pour l'imputation avant de diviser les données en ensembles d'entraînement et de test, votre modèle peut « apprendre » à partir des données de l'ensemble de test, conduisant au surapprentissage.

Qu'est-ce qui pourrait mal tourner ?

- Imputer des valeurs manquantes en utilisant l'ensemble de données complet peut introduire une fuite d'informations, où le modèle apprend à partir des données de test pendant l'entraînement. Cela se traduit par une évaluation trop optimiste des performances du modèle.

- Votre modèle peut bien fonctionner sur l'ensemble de test mais échouer à se généraliser à de nouvelles données non vues.

Solution :

- Divisez toujours l'ensemble de données en ensembles d'entraînement et de test **avant** d'appliquer l'imputation. Appliquez la stratégie d'imputation uniquement sur l'ensemble d'entraînement, puis utilisez les modèles appris pour imputer les valeurs manquantes dans l'ensemble de test.

4.4.3 Supprimer trop de données

Face à un ensemble de données qui contient une grande proportion de valeurs manquantes, il peut être tentant de supprimer toutes les lignes ou colonnes comportant des données manquantes. Cependant, cela peut entraîner la perte d'informations précieuses, en particulier si les valeurs manquantes ne sont pas distribuées de manière aléatoire.

Qu'est-ce qui pourrait mal tourner ?

- Supprimer des lignes ou des colonnes comportant des données manquantes peut conduire à des modèles biaisés si les données manquantes sont systématiques (par exemple, les valeurs manquantes sont plus courantes dans certains groupes ou dans des conditions spécifiques).

- Si trop de lignes ou de colonnes sont supprimées, l'ensemble de données peut devenir trop petit pour construire un modèle fiable.

Solution :

- Avant de supprimer des données, analysez attentivement le modèle de données manquantes. Si les valeurs manquantes sont aléatoires (données manquantes complètement au hasard, MCAR), la suppression de certaines données peut être acceptable.

- Pour les colonnes présentant un taux élevé de données manquantes mais des informations essentielles, envisagez des techniques d'imputation avancées (par exemple, **MICE**) ou des connaissances spécifiques au domaine pour récupérer les informations manquantes.

4.4.4 Mauvaise interprétation des données temporelles

Lorsque vous travaillez avec de grands ensembles de données qui impliquent des caractéristiques temporelles, l'imputation incorrecte de valeurs manquantes peut conduire à une incohérence temporelle. Par exemple, imputer des valeurs futures basées sur des données passées (ou vice versa) peut introduire des erreurs qui faussent les prédictions du modèle.

Qu'est-ce qui pourrait mal tourner ?

- Imputer des valeurs manquantes dans une série temporelle sans respecter la séquence temporelle peut aboutir à des modèles qui utilisent des informations du futur pour prédire des événements passés, conduisant à des résultats inexacts.

- L'utilisation de l'imputation par la moyenne ou par report en avant sur des caractéristiques temporelles peut conduire à des modèles irréalistes qui ne reflètent pas la progression naturelle du temps.

Solution :

- Pour les données de séries temporelles, utilisez des méthodes telles que **l'interpolation de séries temporelles** ou les **moyennes mobiles** pour garantir que la séquence temporelle est préservée pendant l'imputation.

- Pour les valeurs manquantes dans les données futures, envisagez d'utiliser uniquement les points de données passés pour l'imputation afin d'éviter la fuite d'informations.

4.4.5 Complexité computationnelle dans les grands ensembles de données

Lorsque vous travaillez avec de très grands ensembles de données, certaines techniques d'imputation avancées (comme **KNN** ou **MICE**) peuvent devenir coûteuses en calcul et lentes. Cela peut rendre difficile la gestion efficace de grands ensembles de données, en particulier lorsque vous devez itérer sur plusieurs modèles.

Qu'est-ce qui pourrait mal tourner ?

- **L'imputation KNN** évolue mal avec les grands ensembles de données car elle nécessite de calculer les distances entre chaque paire de points de données. Cela peut la rendre impraticable pour les ensembles de données comportant des millions de lignes.

- **L'imputation MICE** peut être lente lorsqu'il y a de nombreuses caractéristiques avec des valeurs manquantes, car elle nécessite de modéliser itérativement chaque caractéristique.

Solution :

- Pour les grands ensembles de données, envisagez d'utiliser des techniques plus efficaces comme **SimpleImputer** pour la plupart des caractéristiques et de réserver des techniques plus avancées pour un sous-ensemble de variables clés.

- Tirez parti des frameworks de calcul distribué comme **Dask** ou **Apache Spark** pour paralléliser le processus d'imputation et gérer les grands ensembles de données plus efficacement.

4.4.6 Échec à traiter les modèles de données manquantes

Toutes les données manquantes ne sont pas aléatoires. S'il existe un modèle dans les valeurs manquantes (par exemple, les données manquent plus fréquemment pour certains groupes ou dans des conditions spécifiques), simplement imputer les données sans enquêter sur la cause profonde peut conduire à de mauvaises performances du modèle ou à des résultats biaisés.

Qu'est-ce qui pourrait mal tourner ?

- Ignorer les modèles dans les données manquantes peut aboutir à des modèles qui ne capturent pas la structure sous-jacente des données. Par exemple, si les personnes à revenu élevé sont moins susceptibles de divulguer leur revenu, imputer le revenu moyen pourrait fausser votre modèle.

- Si les données manquantes sont liées à la variable cible, ne pas les traiter correctement peut introduire un biais dans votre modèle.

Solution :

- Avant d'appliquer l'imputation, effectuez une analyse pour comprendre la nature **données manquantes au hasard (MAR)**, **données manquantes non au hasard (MNAR)** ou **données manquantes complètement au hasard (MCAR)** des données.

- Pour MAR et MNAR, envisagez d'utiliser des **imputations multiples** ou de tirer parti des connaissances du domaine pour prendre des décisions éclairées sur la manière de gérer les données manquantes.

Le traitement des données manquantes est un processus délicat, et beaucoup de choses peuvent mal tourner si les bonnes stratégies ne sont pas appliquées. Qu'il s'agisse d'introduire des biais par une imputation inappropriée, de surapprentissage en laissant fuiter des informations de l'ensemble de test, ou de supprimer trop de données, chaque étape nécessite une attention particulière.

En comprenant ces écueils potentiels et en appliquant les solutions appropriées, vous pouvez vous assurer que votre modèle est construit sur des bases solides et que les données manquantes sont traitées d'une manière qui préserve l'intégrité de votre analyse.

Résumé du chapitre 4

En apprentissage automatique et en analyse de données, le traitement des données manquantes est l'une des étapes les plus cruciales du pipeline de prétraitement. Les ensembles de données réels contiennent souvent des valeurs manquantes en raison de divers facteurs tels qu'une saisie de données incomplète, des erreurs lors de la collecte de données ou des limitations du système. La manière dont vous traitez les données manquantes peut avoir un impact profond sur la précision, la généralisabilité et les performances globales de votre modèle. Dans ce chapitre, nous avons exploré plusieurs techniques pour gérer les données manquantes, des méthodes simples aux techniques d'imputation avancées, en mettant l'accent sur l'adaptation de ces méthodes aux grands ensembles de données.

Nous avons commencé par discuter des **techniques d'imputation avancées**, qui offrent une approche plus sophistiquée pour combler les valeurs manquantes que les méthodes de base comme l'imputation par la moyenne ou la médiane. **L'imputation K-Nearest Neighbors (KNN)** est particulièrement efficace pour les ensembles de données où les relations entre les caractéristiques sont fortes, car elle impute les valeurs manquantes en se basant sur des lignes similaires. **MICE (Multivariate Imputation by Chained Equations)** est une technique itérative puissante qui modélise chaque caractéristique manquante comme une fonction des autres caractéristiques de l'ensemble de données, permettant de capturer des interactions complexes dans le processus d'imputation. Nous avons également examiné comment les modèles d'apprentissage automatique, tels que les **forêts aléatoires**, peuvent être utilisés pour prédire et imputer les valeurs manquantes, ajoutant de la flexibilité pour les relations non linéaires.

Ensuite, nous nous sommes concentrés sur la manière de traiter les données manquantes dans les **grands ensembles de données**, ce qui introduit des défis supplémentaires en raison de la taille et de la complexité des données. Les méthodes d'imputation comme KNN et MICE peuvent devenir coûteuses en calcul lorsqu'on travaille avec des millions de lignes ou des centaines de caractéristiques. Pour ces cas, nous avons exploré des alternatives plus efficaces, telles que **l'imputation simple**, qui évolue mieux tout en offrant un équilibre entre simplicité et précision. Nous avons également discuté de la manière de gérer les colonnes présentant un taux élevé de données manquantes, qui peuvent nécessiter d'être supprimées ou de requérir des stratégies plus avancées comme les imputations ciblées. De plus, nous avons introduit des frameworks de calcul distribué comme **Dask** et **Apache Spark**, qui permettent l'imputation à grande échelle, en parallélisant le processus pour gérer les grands ensembles de données de manière plus efficace.

Dans la section **« Qu'est-ce qui pourrait mal tourner ? »**, nous avons mis en évidence les écueils courants dans le traitement des données manquantes, tels que l'introduction de biais par une imputation inappropriée ou le surapprentissage en effectuant l'imputation sur l'ensemble de données complet avant de le diviser en ensembles d'entraînement et de test. Nous avons également discuté des risques d'inefficacité computationnelle lors de l'utilisation de méthodes complexes sur de grands ensembles de données et de l'importance de comprendre le modèle de données manquantes avant d'appliquer des techniques d'imputation.

Le principal enseignement de ce chapitre est que le traitement des données manquantes nécessite une approche réfléchie, équilibrant le besoin d'une imputation précise avec les contraintes computationnelles des grands ensembles de données. En choisissant les bonnes techniques d'imputation et en les appliquant soigneusement, vous pouvez vous assurer que vos modèles fonctionnent bien et sont robustes face aux imperfections des données du monde réel. Dans le prochain chapitre, nous explorerons des techniques d'ingénierie de caractéristiques plus avancées qui amélioreront encore vos modèles.

Chapitre 5 : Transformation et mise à l'échelle des caractéristiques

La transformation et la mise à l'échelle des caractéristiques sont des étapes préparatoires cruciales dans le pipeline d'apprentissage automatique, jouant un rôle vital dans l'optimisation des performances du modèle. Ces processus sont essentiels pour garantir que les données d'entrée sont dans un format idéal pour que divers algorithmes fonctionnent efficacement. L'importance de ces étapes ne saurait être surestimée, car elles influencent directement la manière dont les modèles d'apprentissage automatique interprètent et traitent les informations qui leur sont présentées.

Pour un large éventail d'algorithmes d'apprentissage automatique, l'échelle et la distribution des données d'entrée peuvent avoir un impact significatif sur leurs performances et leur précision. Sans transformation et mise à l'échelle appropriées, certaines caractéristiques pourraient involontairement dominer le processus d'apprentissage du modèle simplement en raison de leur plage numérique plus large, plutôt que de leur importance réelle pour le problème en question. Cela peut conduire à des performances sous-optimales du modèle et à des résultats potentiellement trompeurs.

Pour relever ces défis, les data scientists utilisent diverses transformations telles que la mise à l'échelle, la normalisation et la standardisation. Ces techniques servent à uniformiser les conditions entre les caractéristiques, en garantissant que chaque attribut reçoit une considération appropriée par le modèle. En appliquant ces transformations, nous pouvons éviter des scénarios où des caractéristiques avec des valeurs numériques plus grandes éclipsent des caractéristiques tout aussi importantes avec des échelles plus petites. Ce chapitre approfondira la justification de la transformation et de la mise à l'échelle des caractéristiques, en explorant leur importance dans le flux de travail de l'apprentissage automatique. Nous fournirons également des conseils complets sur les meilleures pratiques pour mettre en œuvre ces techniques efficacement, vous permettant d'améliorer les performances et la fiabilité de vos modèles.

5.1 Mise à l'échelle et normalisation : meilleures pratiques

La **mise à l'échelle** et la **normalisation** sont deux techniques fondamentales en prétraitement de données qui garantissent que les caractéristiques sont sur une échelle comparable, permettant aux modèles d'apprentissage automatique de les interpréter avec précision. Ces méthodes sont cruciales pour optimiser les performances du modèle et prévenir les biais envers les caractéristiques avec des plages numériques plus grandes.

La mise à l'échelle ajuste la plage des valeurs de caractéristiques, généralement vers un intervalle fixe comme 0 à 1. Ce processus est particulièrement bénéfique pour les algorithmes sensibles à l'amplitude des caractéristiques, tels que les k plus proches voisins (KNN) et les machines à vecteurs de support (SVM). En mettant à l'échelle, nous garantissons que toutes les caractéristiques contribuent proportionnellement au processus de prise de décision du modèle.

La normalisation, quant à elle, transforme les données pour avoir une moyenne de 0 et un écart-type de 1. Cette technique est particulièrement utile pour les algorithmes qui supposent une distribution normale des données, tels que la régression linéaire et l'analyse en composantes principales (ACP). La normalisation aide à stabiliser la convergence des paramètres de poids dans les réseaux de neurones et peut améliorer la précision des modèles qui s'appuient sur les propriétés statistiques des données.

La nécessité de ces techniques découle de la nature diverse des ensembles de données du monde réel, où les caractéristiques ont souvent des échelles et des distributions variables. Sans mise à l'échelle ou normalisation appropriée, les modèles peuvent interpréter incorrectement l'importance des caractéristiques en se basant uniquement sur leur magnitude numérique plutôt que sur leur importance réelle pour le problème en question.

La mise en œuvre efficace de ces techniques nécessite une compréhension approfondie de l'ensemble de données et de l'algorithme d'apprentissage automatique choisi. Cette section explorera les nuances de quand et comment appliquer la mise à l'échelle et la normalisation, en fournissant des conseils pratiques sur la sélection de la méthode la plus appropriée pour différents scénarios et en démontrant leur implémentation à l'aide de bibliothèques populaires comme scikit-learn.

5.1.1 Pourquoi la mise à l'échelle et la normalisation sont importantes

De nombreux algorithmes d'apprentissage automatique sont très sensibles à l'échelle des caractéristiques d'entrée, en particulier ceux qui reposent sur des métriques de distance. Cela inclut des algorithmes populaires comme les **K plus proches voisins (KNN)**, les **machines à vecteurs de support (SVM)** et les **réseaux de neurones**. La sensibilité à l'échelle peut conduire à des performances biaisées du modèle si elle n'est pas traitée correctement.

Pour illustrer cela, considérons un ensemble de données avec deux caractéristiques : le revenu et l'âge. Si le revenu varie de 10 000 à 100 000, tandis que l'âge varie de 20 à 80, l'algorithme pourrait involontairement accorder plus d'importance au revenu en raison de sa plage numérique plus grande. Cela peut entraîner des prédictions biaisées qui ne reflètent pas avec précision la véritable relation entre ces caractéristiques et la variable cible.

L'impact de la mise à l'échelle des caractéristiques s'étend au-delà des algorithmes basés sur la distance. Les algorithmes d'optimisation, tels que la **descente de gradient**, qui sont fondamentaux pour l'entraînement des réseaux de neurones et des modèles de régression linéaire, bénéficient également considérablement de caractéristiques correctement mises à l'échelle. Lorsque les caractéristiques sont sur une échelle similaire, ces algorithmes convergent plus rapidement et plus efficacement.

Sans mise à l'échelle appropriée, les caractéristiques avec des plages plus grandes peuvent dominer le processus d'optimisation, conduisant à une convergence plus lente et à des solutions potentiellement sous-optimales. Cela est dû au fait que l'algorithme peut passer plus de temps à ajuster les poids pour les caractéristiques à plus grande échelle, même si elles ne sont pas nécessairement plus importantes pour la tâche de prédiction.

De plus, la question de la mise à l'échelle des caractéristiques devient encore plus critique dans les ensembles de données de haute dimension, où les différences d'échelles de caractéristiques peuvent être plus prononcées et variées. Dans de tels cas, l'effet cumulatif de caractéristiques mal mises à l'échelle peut gravement impacter les performances du modèle, conduisant à une mauvaise généralisation et à une susceptibilité accrue au surapprentissage.

Il convient également de noter que certains algorithmes, comme les arbres de décision et les forêts aléatoires, sont moins sensibles à la mise à l'échelle des caractéristiques. Cependant, même pour ces algorithmes, une mise à l'échelle appropriée peut améliorer l'interprétabilité et l'analyse de l'importance des caractéristiques. Par conséquent, comprendre quand et comment appliquer les techniques de mise à l'échelle est une compétence cruciale pour tout data scientist ou praticien de l'apprentissage automatique.

5.1.2 Mise à l'échelle vs normalisation : quelle est la différence ?

La **mise à l'échelle** et la **normalisation** sont deux techniques fondamentales utilisées dans le prétraitement des données pour préparer les caractéristiques pour les modèles d'apprentissage automatique. Bien que souvent utilisées de manière interchangeable, elles servent des objectifs distincts :

Mise à l'échelle

La mise à l'échelle est une technique fondamentale de prétraitement des données qui ajuste la plage des valeurs de caractéristiques, généralement vers un intervalle spécifique tel que 0 à 1. Ce processus sert plusieurs objectifs importants dans l'apprentissage automatique :

1. **Contribution proportionnelle des caractéristiques** : En mettant à l'échelle les caractéristiques vers une plage commune, nous garantissons que toutes les caractéristiques contribuent proportionnellement au modèle. Ceci est crucial car les caractéristiques avec des plages numériques plus grandes pourraient autrement dominer celles avec des plages plus petites, conduisant à des performances biaisées du modèle.

2. **Compatibilité algorithmique** : La mise à l'échelle est particulièrement bénéfique pour les algorithmes sensibles à l'amplitude des caractéristiques. Par exemple, les k plus proches voisins (KNN) et les machines à vecteurs de support (SVM) s'appuient

fortement sur les calculs de distance entre les points de données. Sans mise à l'échelle, les caractéristiques avec des plages plus grandes auraient un impact disproportionné sur ces distances.

3. **Vitesse de convergence** : Pour les algorithmes basés sur le gradient, tels que ceux utilisés dans les réseaux de neurones, la mise à l'échelle peut considérablement améliorer la vitesse de convergence pendant le processus d'entraînement. Lorsque les caractéristiques sont sur des échelles similaires, le paysage d'optimisation devient plus uniforme, permettant une convergence plus rapide et plus stable.

4. **Interprétabilité** : Les caractéristiques mises à l'échelle peuvent être plus facilement interprétées et comparées, car elles sont toutes dans la même plage. Cela peut être particulièrement utile lors de l'analyse de l'importance des caractéristiques ou lors de la visualisation des données.

5. **Stabilité numérique** : Certains algorithmes peuvent rencontrer des problèmes de stabilité numérique ou de débordement lors du traitement de caractéristiques ayant des échelles très différentes. La mise à l'échelle aide à atténuer ces problèmes en ramenant toutes les caractéristiques à une plage commune.

Il est important de noter que bien que la mise à l'échelle soit cruciale pour de nombreux algorithmes, certains, comme les arbres de décision, sont intrinsèquement invariants à la mise à l'échelle des caractéristiques. Cependant, même dans ces cas, la mise à l'échelle peut toujours être bénéfique pour l'interprétation et la cohérence entre différents modèles dans un ensemble.

Normalisation

La normalisation, dans le contexte du prétraitement des caractéristiques, est une technique puissante qui transforme les données pour avoir une moyenne de 0 et un écart-type de 1. Ce processus, également connu sous le nom de standardisation ou normalisation par score z, est particulièrement précieux pour les algorithmes qui supposent une distribution normale des données.

L'objectif principal de la normalisation est de ramener toutes les caractéristiques à une échelle commune sans déformer les différences dans les plages de valeurs. Ceci est particulièrement crucial pour des algorithmes tels que la régression linéaire, la régression logistique et l'analyse en composantes principales (ACP), qui s'appuient fortement sur les propriétés statistiques des données.

L'un des principaux avantages de la normalisation est sa capacité à stabiliser la convergence des paramètres de poids dans les réseaux de neurones. En garantissant que toutes les caractéristiques sont sur une échelle similaire, la normalisation aide à empêcher certaines caractéristiques de dominer le processus d'apprentissage simplement en raison de leur plus grande amplitude. Cela conduit à un entraînement plus rapide et plus efficace des réseaux de neurones.

De plus, la normalisation peut considérablement améliorer la précision des modèles qui dépendent des propriétés statistiques des données. Par exemple, dans les algorithmes de clustering comme K-means, les caractéristiques normalisées garantissent que chaque caractéristique contribue également aux calculs de distance, conduisant à des formations de clusters plus significatives.

Il convient de noter que la normalisation est particulièrement utile lorsqu'on traite des caractéristiques ayant différentes unités de mesure. Par exemple, dans un ensemble de données contenant à la fois l'âge (mesuré en années) et le revenu (mesuré en dollars), la normalisation alignerait ces échelles disparates, permettant au modèle de les traiter équitablement.

Cependant, il est important de se rappeler que bien que la normalisation soit puissante, ce n'est pas toujours le meilleur choix pour chaque situation. Par exemple, lorsqu'on traite des ensembles de données avec des valeurs aberrantes importantes, d'autres techniques de mise à l'échelle comme la mise à l'échelle robuste pourraient être plus appropriées. Comme pour toutes les techniques de prétraitement, le choix d'utiliser la normalisation doit être basé sur une compréhension approfondie de vos données et des exigences de l'algorithme choisi.

Les deux techniques jouent des rôles cruciaux dans l'optimisation des performances du modèle, mais leur application dépend des exigences spécifiques de l'algorithme et de la nature de l'ensemble de données. Explorons les meilleures pratiques pour mettre en œuvre ces techniques efficacement :

5.1.3 Mise à l'échelle Min-Max (Normalisation)

La mise à l'échelle min-max, également connue sous le nom de **normalisation**, est une technique de prétraitement cruciale qui rééchelonne les valeurs des caractéristiques à une plage fixe, généralement entre 0 et 1. Cette méthode est particulièrement précieuse lorsqu'on travaille avec des algorithmes sensibles à l'échelle et à la distribution des caractéristiques d'entrée, tels que les réseaux de neurones, les k plus proches voisins (KNN) et les machines à vecteurs de support (SVM).

L'avantage principal de la mise à l'échelle min-max réside dans sa capacité à créer une échelle uniforme sur toutes les caractéristiques, éliminant efficacement la dominance des caractéristiques avec des amplitudes plus grandes. Ceci est particulièrement important dans les ensembles de données où les caractéristiques ont des plages très différentes, car cela garantit que chaque caractéristique contribue proportionnellement au processus de prise de décision du modèle.

Par exemple, considérons un ensemble de données contenant à la fois l'âge (allant de 0 à 100) et le revenu (allant de 0 à des millions). Sans mise à l'échelle, la caractéristique du revenu éclipserait probablement la caractéristique de l'âge en raison de sa plage numérique plus grande. La mise à l'échelle min-max résout ce problème en ramenant les deux caractéristiques dans la même plage 0-1, permettant au modèle de les traiter équitablement.

De plus, la mise à l'échelle min-max préserve les valeurs zéro et maintient la distribution originale des données, ce qui peut être bénéfique pour les ensembles de données clairsemés ou lorsque les différences relatives entre les valeurs sont importantes. Cette caractéristique la rend particulièrement utile dans les systèmes de recommandation et les tâches de traitement d'images.

Cependant, il est important de noter que la mise à l'échelle min-max est sensible aux valeurs aberrantes. Les valeurs extrêmes dans l'ensemble de données peuvent compresser les valeurs mises à l'échelle des autres instances, réduisant potentiellement l'efficacité de la mise à l'échelle. Dans de tels cas, des méthodes alternatives comme la mise à l'échelle robuste ou la winsorisation pourraient être plus appropriées.

Formule :

La formule pour la mise à l'échelle min-max est :

$$X_{scaled} = \frac{X - X_{min}}{X_{max} - X_{min}}$$

Où X est la caractéristique originale, X_{min} est la valeur minimale de la caractéristique, et X_{max} est la valeur maximale de la caractéristique.

Exemple de code : Mise à l'échelle Min-Max

```python
import pandas as pd
import numpy as np
from sklearn.preprocessing import MinMaxScaler
import matplotlib.pyplot as plt

# Sample data
np.random.seed(42)
data = {
    'Age': np.random.randint(18, 80, 100),
    'Income': np.random.randint(20000, 150000, 100),
    'Years_Experience': np.random.randint(0, 40, 100)
}

# Create DataFrame
df = pd.DataFrame(data)

# Display first few rows and statistics of original data
print("Original Data:")
print(df.head())
print("\nOriginal Data Statistics:")
print(df.describe())

# Initialize the Min-Max Scaler
scaler = MinMaxScaler()

# Apply the scaler to the dataframe
df_scaled = pd.DataFrame(scaler.fit_transform(df), columns=df.columns)
```

```python
# Display first few rows and statistics of scaled data
print("\\nScaled Data:")
print(df_scaled.head())
print("\\nScaled Data Statistics:")
print(df_scaled.describe())

# Visualize the distribution before and after scaling
fig, (ax1, ax2) = plt.subplots(1, 2, figsize=(15, 5))

# Before scaling
df.boxplot(ax=ax1)
ax1.set_title('Before Min-Max Scaling')
ax1.set_ylim([0, 160000])

# After scaling
df_scaled.boxplot(ax=ax2)
ax2.set_title('After Min-Max Scaling')
ax2.set_ylim([0, 1])

plt.tight_layout()
plt.show()
```

Cet exemple de code présente une application complète de la mise à l'échelle Min-Max. Décomposons ses composants clés et leurs fonctions :

1. Génération de données : Nous utilisons numpy pour générer un ensemble de données plus large et plus diversifié avec 100 échantillons et trois caractéristiques : Âge, Revenu et Années_Expérience. Cela fournit un scénario plus réaliste pour la mise à l'échelle.

2. Analyse des données originales : Nous affichons les premières lignes des données originales en utilisant df.head() et montrons les statistiques récapitulatives en utilisant df.describe(). Cela nous donne une vue claire des données avant la mise à l'échelle.

3. Processus de mise à l'échelle : Le MinMaxScaler est appliqué à l'ensemble du DataFrame, transformant toutes les caractéristiques simultanément. C'est plus efficace que de mettre à l'échelle les caractéristiques individuellement.

4. Analyse des données mises à l'échelle : Similairement aux données originales, nous affichons les premières lignes et les statistiques récapitulatives des données mises à l'échelle. Cela permet une comparaison directe des données avant et après la mise à l'échelle.

5. Visualisation : Nous utilisons matplotlib pour créer des boîtes à moustaches des données avant et après la mise à l'échelle. Cette représentation visuelle montre clairement comment la mise à l'échelle Min-Max affecte la distribution des données :

- o Avant la mise à l'échelle : La boîte à moustaches montre les échelles originales des caractéristiques, qui peuvent être très différentes (par exemple, Âge vs Revenu).

- o Après la mise à l'échelle : Toutes les caractéristiques sont mises à l'échelle dans la plage [0, 1], rendant leurs distributions directement comparables.

Cet exemple complet démontre non seulement comment appliquer la mise à l'échelle Min-Max, mais montre également comment analyser et visualiser ses effets sur les données. Il fournit une compréhension plus claire de l'importance de la mise à l'échelle et de la façon dont elle transforme les données, ce qui en fait un excellent outil d'apprentissage pour le prétraitement des données en apprentissage automatique.

5.1.4 Standardisation (Normalisation par score Z)

La standardisation, également connue sous le nom de normalisation par score Z, est une technique de mise à l'échelle largement utilisée en apprentissage automatique, particulièrement bénéfique pour les modèles qui supposent une normalité sous-jacente dans la distribution des données. Cette méthode est particulièrement cruciale pour des algorithmes tels que la **régression linéaire**, la **régression logistique** et l'**analyse en composantes principales (ACP)**, où les propriétés statistiques des données jouent un rôle significatif dans les performances du modèle.

Le processus de standardisation transforme les données pour avoir une moyenne de 0 et un écart-type de 1, créant effectivement une distribution normale standard. Cette transformation est particulièrement précieuse lorsqu'on traite des caractéristiques ayant différentes unités ou échelles, car elle ramène toutes les caractéristiques à une plage comparable sans déformer les différences dans les plages de valeurs.

L'un des principaux avantages de la standardisation est sa capacité à gérer les valeurs aberrantes plus efficacement que la mise à l'échelle min-max. Bien que les valeurs extrêmes puissent encore influencer la moyenne et l'écart-type, leur impact est généralement moins sévère que dans la mise à l'échelle min-max, où les valeurs aberrantes peuvent comprimer de manière significative les valeurs mises à l'échelle des autres instances.

De plus, la standardisation est essentielle pour de nombreux algorithmes d'apprentissage automatique qui s'appuient sur les distances euclidiennes entre les points de données, tels que le **clustering K-means** et les **machines à vecteurs de support (SVM)**. En garantissant que toutes les caractéristiques contribuent également aux calculs de distance, la standardisation aide à empêcher les caractéristiques avec des échelles plus grandes de dominer le processus de prise de décision du modèle.

Il convient de noter que bien que la standardisation soit puissante, elle n'est pas toujours le meilleur choix pour chaque ensemble de données ou algorithme. Par exemple, lorsqu'on travaille avec des réseaux de neurones qui utilisent des fonctions d'activation sigmoïde, la mise à l'échelle min-max dans une plage de [0,1] pourrait être plus appropriée. Par conséquent, le choix entre la standardisation et d'autres techniques de mise à l'échelle doit être fait sur la base d'une compréhension approfondie de vos données et des exigences de l'algorithme choisi.

Formule :

La formule pour la standardisation (normalisation par score z) est :

$$X_{standardized} = \frac{X - \mu}{\sigma}$$

Où X est la caractéristique originale, μ est la moyenne de la caractéristique, et σ est l'écart-type de la caractéristique.

Exemple de code : Standardisation

```python
import pandas as pd
import numpy as np
from sklearn.preprocessing import StandardScaler
import matplotlib.pyplot as plt

# Sample data
np.random.seed(42)
data = {
    'Age': np.random.randint(18, 80, 100),
    'Income': np.random.randint(20000, 150000, 100),
    'Years_Experience': np.random.randint(0, 40, 100)
}

# Create DataFrame
df = pd.DataFrame(data)

# Display first few rows and statistics of original data
print("Original Data:")
print(df.head())
print("\\nOriginal Data Statistics:")
print(df.describe())

# Initialize the Standard Scaler
scaler = StandardScaler()

# Apply the scaler to the dataframe
df_standardized = pd.DataFrame(scaler.fit_transform(df), columns=df.columns)

# Display first few rows and statistics of standardized data
print("\\nStandardized Data:")
print(df_standardized.head())
print("\\nStandardized Data Statistics:")
print(df_standardized.describe())

# Visualize the distribution before and after standardization
fig, (ax1, ax2) = plt.subplots(1, 2, figsize=(15, 5))
```

```python
# Before standardization
df.boxplot(ax=ax1)
ax1.set_title('Before Standardization')

# After standardization
df_standardized.boxplot(ax=ax2)
ax2.set_title('After Standardization')

plt.tight_layout()
plt.show()
```

Cet exemple de code démontre une application complète de la standardisation. Décomposons ses composants clés et leurs fonctions :

1. Génération de données : Nous utilisons numpy pour générer un ensemble de données plus vaste et plus diversifié avec 100 échantillons et trois caractéristiques : Age, Income et Years_Experience. Cela fournit un scénario plus réaliste pour la standardisation.

2. Analyse des données originales : Nous affichons les premières lignes des données originales en utilisant df.head() et montrons les statistiques récapitulatives en utilisant df.describe(). Cela nous donne une vue claire des données avant la standardisation.

3. Processus de standardisation : Le StandardScaler est appliqué à l'ensemble du DataFrame, transformant toutes les caractéristiques simultanément. C'est plus efficace que de standardiser les caractéristiques individuellement.

4. Analyse des données standardisées : Similairement aux données originales, nous affichons les premières lignes et les statistiques récapitulatives des données standardisées. Cela permet une comparaison directe des données avant et après la standardisation.

5. Visualisation : Nous utilisons matplotlib pour créer des boîtes à moustaches des données avant et après la standardisation. Cette représentation visuelle montre clairement comment la standardisation affecte la distribution des données :

   o Avant la standardisation : La boîte à moustaches montre les échelles originales des caractéristiques, qui peuvent être très différentes (par exemple, Age vs Income).

   o Après la standardisation : Toutes les caractéristiques sont centrées autour de 0 avec un écart-type de 1, rendant leurs distributions directement comparables.

Cet exemple complet démontre non seulement comment appliquer la standardisation, mais montre également comment analyser et visualiser ses effets sur les données. Il fournit une compréhension plus claire de l'importance de la standardisation et de la façon dont elle transforme les données, ce qui en fait un excellent outil d'apprentissage pour le prétraitement des données en apprentissage automatique.

5.1.5 Quand utiliser la mise à l'échelle Min-Max par rapport à la standardisation

Choisir entre la mise à l'échelle min-max et la standardisation est une décision cruciale qui dépend de divers facteurs, notamment l'algorithme d'apprentissage automatique spécifique que vous utilisez et les caractéristiques de votre ensemble de données. Examinons plus en profondeur quand utiliser chaque méthode :

La **mise à l'échelle Min-Max** est particulièrement efficace dans plusieurs scénarios :

- Délimitation des valeurs : Lorsque vous devez contraindre vos données dans une plage spécifique, typiquement [0, 1]. Ceci est utile pour les algorithmes qui nécessitent que les caractéristiques d'entrée soient dans une certaine plage, comme les réseaux de neurones avec des fonctions d'activation sigmoïde.

- Modèles dépendants de la magnitude : Pour les algorithmes qui s'appuient fortement sur la magnitude des caractéristiques, tels que **K-Nearest Neighbors** et les **réseaux de neurones**. Dans ces cas, avoir des caractéristiques sur la même échelle empêche certaines caractéristiques de dominer les autres en raison de leur plage numérique plus grande.

- Distributions non gaussiennes : Lorsque vos données ne suivent pas une distribution normale ou lorsque la distribution est inconnue. Contrairement à la standardisation, la mise à l'échelle min-max ne suppose aucune distribution particulière, ce qui la rend plus polyvalente pour divers types de données.

- Traitement d'images et d'audio : Elle est particulièrement utile lorsqu'on travaille avec des intensités de pixels d'image ou des amplitudes de signal audio. Dans ces domaines, la mise à l'échelle vers une plage fixe (par exemple, [0, 1] pour les valeurs de pixels normalisées) est souvent nécessaire pour un traitement et une interprétation cohérents.

- Préservation des valeurs nulles : La mise à l'échelle min-max maintient les entrées nulles dans les données éparses, ce qui peut être crucial dans certaines applications comme les systèmes de recommandation ou l'analyse de texte où zéro représente souvent l'absence d'une caractéristique.

- Maintien des relations : Elle préserve les relations entre les valeurs de données originales, ce qui peut être important dans des scénarios où les différences relatives entre les valeurs comptent plus que leur échelle absolue. Cependant, il est important de noter que la mise à l'échelle min-max est sensible aux valeurs aberrantes. Les valeurs extrêmes dans votre ensemble de données peuvent comprimer les valeurs mises à l'échelle des autres instances, réduisant potentiellement l'efficacité de la mise à l'échelle. Dans de tels cas, des méthodes alternatives comme la mise à l'échelle robuste pourraient être plus appropriées.

La **standardisation** est souvent préférée lorsque :

- Votre algorithme suppose ou bénéficie de données normalement distribuées, courant dans les **modèles linéaires**, les **machines à vecteurs de support (SVM)** et l'**analyse en composantes principales (ACP)**. C'est parce que la standardisation transforme les données pour avoir une moyenne de 0 et un écart-type de 1, ce qui s'aligne bien avec les hypothèses de ces algorithmes.

- Vos caractéristiques ont des échelles ou des unités significativement différentes. La standardisation ramène toutes les caractéristiques à une échelle comparable, garantissant que les caractéristiques avec des magnitudes plus grandes ne dominent pas le processus d'apprentissage du modèle.

- Vous souhaitez conserver les informations sur les valeurs aberrantes. Contrairement à la mise à l'échelle min-max, la standardisation ne compresse pas la plage des données, permettant aux valeurs aberrantes de maintenir leur « caractère aberrant » relatif dans l'espace transformé.

- Vous travaillez avec des caractéristiques où l'échelle transmet des informations importantes. La standardisation préserve la forme de la distribution originale, maintenant les différences relatives entre les points de données.

- Votre modèle utilise des métriques basées sur la distance. De nombreux algorithmes, tels que le clustering K-means ou K-Nearest Neighbors, s'appuient sur le calcul des distances entre les points de données. La standardisation garantit que toutes les caractéristiques contribuent également à ces calculs de distance.

- Vous travaillez avec des algorithmes basés sur la descente de gradient. La standardisation peut aider ces algorithmes à converger plus rapidement en créant une distribution plus sphérique des données.

Il convient de noter que certains algorithmes, comme les arbres de décision et les forêts aléatoires, sont invariants à l'échelle et peuvent ne pas nécessiter de mise à l'échelle des caractéristiques. Cependant, la mise à l'échelle peut toujours être bénéfique pour ces algorithmes dans certains scénarios, par exemple lorsqu'ils sont utilisés dans des méthodes d'ensemble avec d'autres algorithmes sensibles à l'échelle.

En pratique, il est souvent précieux d'expérimenter avec les deux méthodes de mise à l'échelle et de comparer leur impact sur les performances de votre modèle. Cette approche empirique peut vous aider à déterminer la technique de mise à l'échelle la plus adaptée à votre cas d'utilisation spécifique.

5.1.6 Robust Scaler pour les valeurs aberrantes

Bien que la mise à l'échelle min-max et la standardisation soient utiles pour de nombreux modèles, elles peuvent être sensibles aux valeurs aberrantes. Si votre ensemble de données contient des valeurs aberrantes extrêmes, le **Robust Scaler** peut être une meilleure option. Il met à l'échelle les données en fonction de l'**intervalle interquartile (IQR)**, ce qui le rend moins sensible aux valeurs aberrantes.

Le Robust Scaler fonctionne en soustrayant la médiane puis en divisant par l'IQR. Cette approche est particulièrement efficace car la médiane et l'IQR sont moins affectés par les valeurs extrêmes par rapport à la moyenne et à l'écart-type utilisés dans la standardisation. En conséquence, le Robust Scaler peut maintenir l'importance relative des caractéristiques tout en minimisant l'impact des valeurs aberrantes.

Lorsqu'on traite des ensembles de données du monde réel, qui contiennent souvent du bruit et des anomalies, le Robust Scaler peut être inestimable. Il est particulièrement utile dans des domaines comme la finance, où des événements extrêmes peuvent fausser considérablement les distributions de données, ou dans l'analyse de données de capteurs, où les erreurs de mesure peuvent introduire des valeurs aberrantes. En utilisant le Robust Scaler, vous pouvez vous assurer que les performances de votre modèle ne sont pas indûment influencées par ces valeurs extrêmes, conduisant à des résultats plus fiables et généralisables.

Cependant, il est important de noter que bien que le Robust Scaler soit excellent pour gérer les valeurs aberrantes, il peut ne pas être le meilleur choix pour tous les scénarios. Par exemple, si les valeurs aberrantes dans votre ensemble de données sont significatives et que vous souhaitez préserver leur impact, ou si vos données suivent une distribution normale sans valeurs aberrantes significatives, d'autres méthodes de mise à l'échelle pourraient être plus appropriées. Comme pour toutes les techniques de prétraitement, le choix du scaler doit être basé sur une compréhension approfondie de vos données et des exigences de l'algorithme d'apprentissage automatique choisi.

Exemple de code : Robust Scaler

```python
import pandas as pd
import numpy as np
from sklearn.preprocessing import RobustScaler
import matplotlib.pyplot as plt

# Sample data with outliers
np.random.seed(42)
data = {
    'Age': np.concatenate([np.random.normal(40, 10, 50), [200]]),  # Outlier in age
    'Income': np.concatenate([np.random.normal(60000, 15000, 50), [500000]])  #
Outlier in income
}

# Create DataFrame
df = pd.DataFrame(data)

# Display original data statistics
print("Original Data Statistics:")
print(df.describe())
```

```python
# Initialize the Robust Scaler
scaler = RobustScaler()

# Apply the scaler to the dataframe
df_robust_scaled = pd.DataFrame(scaler.fit_transform(df), columns=df.columns)

# Display robust scaled data statistics
print("\\nRobust Scaled Data Statistics:")
print(df_robust_scaled.describe())

# Visualize the distribution before and after robust scaling
fig, (ax1, ax2) = plt.subplots(1, 2, figsize=(15, 5))

# Before robust scaling
df.boxplot(ax=ax1)
ax1.set_title('Before Robust Scaling')

# After robust scaling
df_robust_scaled.boxplot(ax=ax2)
ax2.set_title('After Robust Scaling')

plt.tight_layout()
plt.show()

# Compare the effect of outliers on different scalers
from sklearn.preprocessing import StandardScaler, MinMaxScaler

# Apply different scalers
standard_scaler = StandardScaler()
minmax_scaler = MinMaxScaler()

df_standard = pd.DataFrame(standard_scaler.fit_transform(df), columns=df.columns)
df_minmax = pd.DataFrame(minmax_scaler.fit_transform(df), columns=df.columns)

# Plot comparisons
fig, axes = plt.subplots(2, 2, figsize=(15, 10))
fig.suptitle('Comparison of Scaling Methods with Outliers')

df.boxplot(ax=axes[0, 0])
axes[0, 0].set_title('Original Data')

df_standard.boxplot(ax=axes[0, 1])
axes[0, 1].set_title('Standard Scaling')

df_minmax.boxplot(ax=axes[1, 0])
axes[1, 0].set_title('Min-Max Scaling')

df_robust_scaled.boxplot(ax=axes[1, 1])
axes[1, 1].set_title('Robust Scaling')

plt.tight_layout()
plt.show()
```

Cet exemple de code illustre l'application du Robust Scaler et le compare avec d'autres techniques de mise à l'échelle. Examinons ses éléments clés et leurs rôles :

1. Génération de données :

    o Nous utilisons numpy pour générer un ensemble de données plus large avec 50 échantillons pour chaque caractéristique (Âge et Revenu).

    o Des valeurs aberrantes sont intentionnellement ajoutées aux deux caractéristiques pour démontrer l'effet sur différentes méthodes de mise à l'échelle.

2. Analyse des données originales :

    o Nous affichons les statistiques récapitulatives des données originales en utilisant df.describe().

    o Cela nous donne une vue claire de la distribution des données avant la mise à l'échelle, y compris la présence de valeurs aberrantes.

3. Processus de mise à l'échelle robuste :

    o Le RobustScaler est appliqué à l'ensemble du DataFrame, transformant toutes les caractéristiques simultanément.

    o Nous affichons ensuite les statistiques récapitulatives des données mises à l'échelle de manière robuste pour comparaison.

4. Visualisation de la mise à l'échelle robuste :

    o Des diagrammes en boîte sont créés pour visualiser la distribution des données avant et après la mise à l'échelle robuste.

    o Cette représentation visuelle montre clairement comment la mise à l'échelle robuste affecte la distribution des données, en particulier en présence de valeurs aberrantes.

5. Comparaison avec d'autres scalers :

    o Nous introduisons StandardScaler et MinMaxScaler pour comparer leurs performances avec RobustScaler en présence de valeurs aberrantes.

    o Les données sont mises à l'échelle en utilisant les trois méthodes : mise à l'échelle standard, mise à l'échelle min-max et mise à l'échelle robuste.

6. Visualisation comparative :

    o Une grille 2x2 de diagrammes en boîte est créée pour comparer les données originales avec les résultats de chaque méthode de mise à l'échelle.

- o Cela permet une comparaison visuelle directe de la manière dont chaque méthode de mise à l'échelle gère les valeurs aberrantes.

Cet exemple complet montre non seulement comment appliquer la mise à l'échelle robuste, mais la compare également avec d'autres méthodes de mise à l'échelle courantes. Il souligne l'efficacité de la mise à l'échelle robuste dans la gestion des valeurs aberrantes, ce qui en fait un outil précieux pour comprendre le prétraitement des données en apprentissage automatique, en particulier lorsqu'on travaille avec des ensembles de données contenant des valeurs extrêmes.

5.1.7 Points clés à retenir

- La **mise à l'échelle et la normalisation** sont des étapes de prétraitement essentielles en apprentissage automatique, garantissant que toutes les caractéristiques contribuent également au processus d'apprentissage du modèle. Ceci est particulièrement important pour les algorithmes sensibles à l'échelle des caractéristiques d'entrée, tels que les méthodes basées sur la descente de gradient ou les algorithmes basés sur la distance comme K-Nearest Neighbors.

- La **mise à l'échelle Min-Max** transforme les caractéristiques vers une plage fixe, généralement [0, 1]. Cette méthode est particulièrement efficace pour :

  - o Les algorithmes qui nécessitent des caractéristiques d'entrée dans une plage spécifique, tels que les réseaux de neurones avec des fonctions d'activation sigmoïde.

  - o La préservation des valeurs nulles dans les données creuses, ce qui est crucial dans les systèmes de recommandation ou l'analyse de texte.

  - o Le maintien de la forme de distribution des données originales, ce qui peut être important lorsque les différences relatives entre les valeurs sont significatives.

- La **standardisation** transforme les caractéristiques pour avoir une moyenne de 0 et un écart-type de 1. Cette méthode est particulièrement utile pour :

  - o Les algorithmes qui supposent ou bénéficient de données normalement distribuées, tels que la régression linéaire, la régression logistique et les machines à vecteurs de support (SVM).

  - o Les caractéristiques avec des échelles ou des unités significativement différentes, car elle ramène toutes les caractéristiques à une échelle comparable.

  - o La préservation des informations sur les valeurs aberrantes, car elle ne compresse pas la plage des données.

- Pour les ensembles de données avec des **valeurs aberrantes**, le **Robust Scaler** est un excellent choix. Il met à l'échelle les caractéristiques en utilisant des statistiques robustes aux valeurs aberrantes :
  - Il utilise la médiane et l'intervalle interquartile (IQR) au lieu de la moyenne et de l'écart-type.
  - Cette approche est particulièrement utile dans des domaines comme la finance ou l'analyse de données de capteurs, où les valeurs extrêmes ou les erreurs de mesure sont courantes.
  - Le Robust Scaler garantit que les performances de votre modèle ne sont pas indûment influencées par ces valeurs extrêmes, conduisant à des résultats plus fiables et généralisables.

Lors du choix d'une méthode de mise à l'échelle, tenez compte des caractéristiques de vos données, des hypothèses de l'algorithme choisi et des exigences spécifiques de votre tâche d'apprentissage automatique. L'expérimentation avec différentes techniques de mise à l'échelle peut souvent conduire à une amélioration des performances du modèle et à des résultats plus robustes.

5.2 Transformations non linéaires : logarithmique, racine carrée et autres

Bien que la mise à l'échelle et la standardisation des caractéristiques soient des étapes essentielles du prétraitement des données, les transformations non linéaires peuvent souvent fournir des améliorations encore plus puissantes des performances du modèle. Ces transformations sont particulièrement efficaces lors du traitement de distributions de données complexes ou de relations complexes entre variables.

Les transformations non linéaires, telles que les méthodes **logarithmiques**, **racine carrée** et diverses méthodes basées sur les puissances, offrent une gamme d'avantages :

- Elles peuvent stabiliser efficacement la variance sur différentes échelles de données, garantissant que les grandes valeurs n'influencent pas de manière disproportionnée le modèle.

- Elles sont essentielles pour réduire l'asymétrie, ce qui est particulièrement précieux lorsqu'on travaille avec des ensembles de données ayant des distributions à longue traîne, telles que les données de revenu ou les statistiques de population.

- Ces transformations peuvent améliorer considérablement l'interprétabilité des relations entre les caractéristiques, révélant souvent des motifs qui pourraient être obscurcis dans les données brutes.

- Elles peuvent linéariser certains types de relations, facilitant la capture de motifs complexes dans les données par les modèles linéaires.

L'application de ces transformations devient particulièrement cruciale dans les scénarios où :

- Les données présentent une asymétrie élevée, ce qui peut fausser les résultats de nombreuses analyses statistiques et algorithmes d'apprentissage automatique.

- Il existe une relation non linéaire entre les caractéristiques et la variable cible, qui pourrait ne pas être adéquatement capturée par les modèles linéaires sans transformation.

- La variance des données change considérablement sur toute sa plage, une condition connue sous le nom d'hétéroscédasticité, qui peut être atténuée par des transformations appropriées.

Dans les sections suivantes, nous approfondirons les transformations non linéaires spécifiques, notamment les méthodes **logarithmiques**, **racine carrée** et autres méthodes basées sur les puissances. Nous explorerons leurs fondements mathématiques, discuterons de leurs effets sur différents types de distributions de données et fournirons des directives pratiques sur quand et comment appliquer efficacement chaque transformation. En maîtrisant ces techniques, vous serez équipé pour gérer un large éventail de défis de prétraitement des données et optimiser vos modèles pour améliorer les performances et l'interprétabilité.

5.2.1 Pourquoi utiliser des transformations non linéaires ?

Les transformations non linéaires sont des outils puissants utilisés dans le prétraitement des données pour relever divers défis en apprentissage automatique et en analyse statistique. Ces transformations servent plusieurs objectifs :

1. Réduire l'asymétrie des données

De nombreux ensembles de données du monde réel, en particulier ceux impliquant des métriques financières (par exemple, le revenu, les prix des maisons) ou des informations démographiques (par exemple, la taille de la population), présentent souvent des distributions fortement asymétriques. Cette asymétrie peut avoir un impact significatif sur les performances des modèles d'apprentissage automatique et des analyses statistiques. En appliquant des transformations non linéaires, nous pouvons remodeler ces distributions pour qu'elles ressemblent davantage à une distribution normale. Ce processus de normalisation est crucial pour plusieurs raisons :

- Amélioration des performances du modèle : Des algorithmes comme la **régression linéaire** ou la **régression logistique** supposent généralement des données normalement distribuées. En réduisant l'asymétrie, nous pouvons satisfaire cette hypothèse et potentiellement améliorer la précision et la fiabilité de ces modèles.

- Amélioration de l'interprétabilité des caractéristiques : Les données asymétriques peuvent rendre difficile l'interprétation des relations entre les variables. Normaliser la distribution peut rendre ces relations plus apparentes et plus faciles à comprendre.

- Gestion des valeurs aberrantes : Les données fortement asymétriques contiennent souvent des valeurs aberrantes extrêmes qui peuvent influencer de manière disproportionnée les résultats du modèle. Les transformations non linéaires peuvent aider à atténuer l'impact de ces valeurs aberrantes sans supprimer de points de données précieux.

- Amélioration de la visualisation : Les données normalisées sont souvent plus faciles à visualiser et à analyser graphiquement, ce qui peut conduire à de meilleures perspectives pendant la phase d'analyse exploratoire des données.

Il est important de noter que bien que la réduction de l'asymétrie soit souvent bénéfique, le choix de la transformation doit toujours être guidé par les caractéristiques spécifiques de l'ensemble de données et les exigences de la méthode analytique choisie. Dans certains cas, préserver la distribution originale peut être plus approprié, en particulier si l'asymétrie elle-même contient des informations importantes pertinentes pour le problème en question.

2. Stabiliser la variance

Les transformations non linéaires jouent un rôle crucial dans l'égalisation de la dispersion des points de données sur différentes plages, un processus connu sous le nom de stabilisation de la variance. Cette technique est particulièrement précieuse lorsqu'on travaille avec des ensembles de données qui présentent de l'hétéroscédasticité, une condition où la variabilité d'une variable est inégale sur la plage de valeurs d'une deuxième variable qui la prédit.

Par exemple, dans les données financières, la variance des rendements boursiers augmente souvent avec le niveau de prix. De même, dans les dosages biologiques, l'erreur de mesure peut augmenter avec l'ampleur de la réponse. Dans de tels cas, l'application d'une transformation non linéaire appropriée peut aider à atténuer ce problème.

Les avantages de la stabilisation de la variance vont au-delà du simple traitement des valeurs aberrantes ou des valeurs extrêmes. Elle permet également de :

- Améliorer la validité des tests statistiques qui supposent une variance constante, tels que la régression linéaire ou l'ANOVA.

- Améliorer les performances des algorithmes d'apprentissage automatique qui sont sensibles à l'échelle et à la distribution des caractéristiques d'entrée, comme les k-plus proches voisins ou les machines à vecteurs de support.

- Faciliter une estimation plus précise des paramètres du modèle et des intervalles de confiance.

Les transformations courantes de stabilisation de la variance comprennent :

- Transformation logarithmique : Souvent utilisée pour les données asymétriques à droite ou lorsque l'écart-type est proportionnel à la moyenne.

- Transformation racine carrée : Utile lorsque la variance est proportionnelle à la moyenne, comme on le voit souvent dans les données de comptage.

- Transformation inverse : Efficace lorsque le coefficient de variation est constant.

En appliquant ces transformations, nous créons des conditions plus équitables pour tous les points de données, garantissant que le processus d'apprentissage du modèle n'est pas indûment influencé par les régions de forte variabilité. Cela conduit à des prédictions plus robustes et fiables, car le modèle peut mieux capturer les relations sous-jacentes dans les données sans être induit en erreur par des artefacts de variance inégale.

3. Gérer les relations non linéaires

De nombreux phénomènes du monde réel présentent des relations non linéaires entre les caractéristiques d'entrée et les variables cibles. Ces interactions complexes posent souvent des défis pour les modèles linéaires traditionnels, qui supposent une relation directe et proportionnelle entre les variables. Les transformations non linéaires servent d'outil puissant pour résoudre ce problème en remodelant les données de manières qui peuvent révéler des motifs et des relations cachés.

Lorsqu'elles sont appliquées judicieusement, ces transformations peuvent effectivement « linéariser » les relations non linéaires, les rendant plus accessibles aux modèles linéaires. Par exemple, les modèles de croissance exponentielle peuvent souvent être transformés en relations linéaires par des transformations logarithmiques. De même, les relations polynomiales peuvent être linéarisées par des transformations de puissance.

Le processus de linéarisation des relations par des transformations non linéaires offre plusieurs avantages clés :

- Amélioration de l'interprétabilité du modèle : En simplifiant les relations complexes, ces transformations peuvent faciliter la compréhension des motifs sous-jacents dans les données pour les scientifiques des données et les parties prenantes.

- Amélioration de l'ingénierie des caractéristiques : Les transformations non linéaires peuvent être considérées comme une forme d'ingénierie des caractéristiques, créant de nouvelles variables plus informatives qui capturent l'essence des relations complexes.

- Applicabilité plus large des modèles linéaires : En linéarisant les relations, nous pouvons étendre l'utilisation de modèles linéaires plus simples et plus interprétables à des scénarios qui nécessiteraient généralement des modèles non linéaires plus complexes.

- Augmentation de la précision prédictive : Lorsque les relations sont correctement linéarisées, les modèles peuvent capturer plus précisément les motifs sous-jacents dans les données, conduisant à une amélioration des performances prédictives dans diverses tâches d'apprentissage automatique.

Il est important de noter que bien que les transformations non linéaires puissent considérablement améliorer la capacité d'un modèle à capturer des motifs complexes, elles doivent être appliquées judicieusement. Le choix de la transformation doit être guidé par la connaissance du domaine, l'analyse exploratoire des données et une compréhension des relations sous-jacentes dans les données. De plus, il est crucial de valider l'efficacité de ces transformations par des métriques d'évaluation appropriées et des techniques de validation croisée.

4. Améliorer l'interprétabilité des caractéristiques

Les transformations non linéaires peuvent considérablement améliorer notre capacité à interpréter les relations entre les caractéristiques. Cette amélioration de l'interprétabilité est cruciale dans de nombreux domaines, en particulier en économie et en sciences sociales, où la compréhension de la nature et de la dynamique de ces relations est souvent aussi importante que la réalisation de prédictions précises. Voici comment ces transformations contribuent à une meilleure interprétabilité :

- Révéler des motifs cachés : En appliquant des transformations appropriées, nous pouvons découvrir des motifs qui pourraient être obscurcis dans les données originales. Par exemple, une transformation logarithmique peut révéler des relations exponentielles sous forme linéaire, les rendant plus faciles à identifier et à interpréter.

- Standardiser les échelles : Les transformations peuvent ramener les caractéristiques à des échelles comparables, permettant des comparaisons plus significatives entre différentes variables. Ceci est particulièrement utile lorsqu'on traite des caractéristiques qui ont des magnitudes ou des unités de mesure très différentes.

- Simplifier les relations complexes : Certaines transformations peuvent simplifier des relations complexes et non linéaires en relations plus directes et linéaires. Cette simplification peut faciliter la compréhension et l'explication de la dynamique sous-jacente des données pour les chercheurs et les analystes.

- Améliorer la visualisation : Les données transformées conduisent souvent à des visualisations plus informatives. Par exemple, les données transformées logarithmiquement peuvent faciliter la visualisation des relations sur une large gamme de valeurs, ce qui est particulièrement utile pour les variables avec de grandes plages ou des valeurs aberrantes extrêmes.

En économie, par exemple, les transformations logarithmiques sont souvent appliquées à des variables comme le revenu ou le PIB. Cela permet aux économistes d'interpréter les coefficients en termes de changements en pourcentage plutôt que de changements absolus, ce qui est souvent plus significatif et plus facile à communiquer. De même, en sciences sociales, les transformations peuvent aider à révéler des motifs subtils dans les données d'enquête ou les informations démographiques, conduisant à des interprétations plus nuancées et précises des phénomènes sociaux.

En améliorant l'interprétabilité des caractéristiques, les transformations non linéaires améliorent non seulement la précision de nos modèles, mais augmentent également leur utilité dans les applications du monde réel. Elles comblent le fossé entre les analyses statistiques complexes et les informations pratiques et exploitables, rendant la prise de décision basée sur les données plus accessible et efficace dans divers domaines.

5. Améliorer la généralisation du modèle

Les transformations non linéaires jouent un rôle crucial dans l'amélioration de la capacité d'un modèle à généraliser à des données non vues. Cet aspect est particulièrement important en apprentissage automatique, où l'objectif ultime est de créer des modèles qui fonctionnent bien non seulement sur les données d'entraînement, mais aussi sur de nouvelles instances jamais rencontrées auparavant.

Voici comment ces transformations contribuent à une généralisation améliorée :

- Atténuer l'impact des valeurs aberrantes : En appliquant des transformations appropriées, nous pouvons réduire l'influence des valeurs extrêmes ou des valeurs aberrantes. Ceci est particulièrement bénéfique pour les algorithmes sensibles aux valeurs aberrantes, tels que la régression linéaire ou les réseaux neuronaux. Par exemple, une transformation logarithmique peut compresser la plage des grandes valeurs, garantissant que les valeurs aberrantes n'affectent pas de manière disproportionnée le processus d'apprentissage du modèle.

- Normaliser les distributions : De nombreux algorithmes d'apprentissage automatique supposent que les caractéristiques d'entrée suivent une distribution normale. Les transformations non linéaires peuvent aider à remodeler les distributions asymétriques pour qu'elles ressemblent davantage à une distribution normale. Ce processus de normalisation peut conduire à des modèles plus stables et fiables, car il permet aux algorithmes de mieux capturer les motifs sous-jacents dans les données sans être induits en erreur par des irrégularités distributionnelles.

- Améliorer la mise à l'échelle des caractéristiques : Les transformations peuvent ramener les caractéristiques à une échelle commune, ce qui est particulièrement important pour les algorithmes sensibles à l'échelle des caractéristiques d'entrée, tels que les méthodes basées sur la descente de gradient ou les algorithmes basés sur la distance comme les k-plus proches voisins. En garantissant que toutes les caractéristiques contribuent également au processus de prise de décision du modèle, nous pouvons éviter les situations où certaines caractéristiques dominent uniquement en raison de leur échelle plus grande.

- Révéler des motifs cachés : Les transformations non linéaires peuvent découvrir des motifs ou des relations dans les données qui pourraient ne pas être apparents dans leur forme originale. Par exemple, une transformation de puissance pourrait révéler une relation linéaire entre des variables qui semblaient initialement non linéaires. En exposant ces motifs cachés, nous permettons aux modèles d'apprendre des représentations plus robustes et généralisables de la structure sous-jacente des données.

- Réduire la complexité du modèle : Dans certains cas, des transformations appropriées peuvent simplifier les relations entre les caractéristiques et la variable cible. Cette simplification peut conduire à des modèles moins complexes qui sont moins sujets au surapprentissage, améliorant ainsi leur capacité à généraliser à de nouvelles données. Par exemple, une transformation logarithmique pourrait transformer une relation exponentielle en relation linéaire, permettant à un modèle linéaire plus simple de capturer efficacement la relation.

En exploitant ces aspects des transformations non linéaires, les scientifiques des données peuvent créer des modèles qui sont non seulement plus précis sur les données d'entraînement, mais aussi plus robustes et fiables lorsqu'ils sont appliqués à de nouveaux ensembles de données non vus. Cette capacité de généralisation améliorée est cruciale pour développer des solutions d'apprentissage automatique qui peuvent être déployées en toute confiance dans des scénarios du monde réel, où la capacité à gérer des données diverses et potentiellement inattendues est primordiale.

Parmi les diverses transformations non linéaires disponibles, la **transformation logarithmique** est l'une des plus couramment utilisées et des plus polyvalentes. Elle est particulièrement efficace pour les données asymétriques à droite et les relations multiplicatives. Explorons cette transformation plus en détail.

5.2.2 Transformation logarithmique

La transformation logarithmique est une technique puissante largement utilisée pour traiter les distributions de données asymétriques. En compressant la plage des grandes valeurs et en élargissant la plage des plus petites, elle réduit efficacement l'asymétrie et stabilise la variance dans les ensembles de données. Cette transformation est particulièrement utile dans divers domaines, tels que la finance, la biologie et les sciences sociales, où les données présentent souvent des distributions asymétriques à droite.

Les propriétés uniques de la fonction logarithmique la rendent particulièrement efficace pour gérer les modèles de croissance exponentielle et les relations multiplicatives. Par exemple, dans les données économiques, les transformations logarithmiques peuvent convertir les tendances de croissance exponentielle en relations linéaires, les rendant plus faciles à analyser et à modéliser.

Quand utiliser la transformation logarithmique

- Lorsque les données sont fortement asymétriques à droite (asymétrie positive). Ceci est courant dans les distributions de revenus, les données démographiques ou certaines mesures biologiques.

- Lorsqu'il y a de grandes valeurs aberrantes qui faussent la plage de la caractéristique. La transformation logarithmique peut rapprocher ces valeurs aberrantes de la masse des données sans les supprimer entièrement.

- Pour les caractéristiques où la relation entre le prédicteur et la cible est multiplicative plutôt qu'additive. C'est souvent le cas dans les modèles économiques ou lorsqu'on traite des changements en pourcentage.

- Lorsque l'on travaille avec des données qui couvrent plusieurs ordres de grandeur. La transformation logarithmique peut rendre ces données plus gérables et interprétables.

- Dans les scénarios où les différences relatives sont plus importantes que les différences absolues. Par exemple, dans l'analyse boursière, les changements en pourcentage sont souvent plus pertinents que les changements de prix absolus.

Il est important de noter que bien que la transformation logarithmique soit puissante, elle a des limites. Elle ne peut pas être appliquée aux valeurs nulles ou négatives sans modification, et elle peut parfois surcorriger, conduisant à des distributions asymétriques à gauche. Par conséquent, il est crucial de considérer attentivement la nature de vos données et les exigences spécifiques de votre analyse avant d'appliquer cette transformation.

Exemple de code : Transformation logarithmique

```python
import numpy as np
import pandas as pd
import matplotlib.pyplot as plt
from scipy import stats

# Sample data with a right-skewed distribution
data = {'HousePrices': [50000, 120000, 250000, 500000, 1200000, 2500000]}

df = pd.DataFrame(data)

# Apply logarithmic transformation
df['LogHousePrices'] = np.log(df['HousePrices'])

# Apply square root transformation
df['SqrtHousePrices'] = np.sqrt(df['HousePrices'])

# Apply cube root transformation
df['CbrtHousePrices'] = np.cbrt(df['HousePrices'])

# Apply Box-Cox transformation
df['BoxCoxHousePrices'], _ = stats.boxcox(df['HousePrices'])

# Visualize the transformations
```

```python
fig, axs = plt.subplots(3, 2, figsize=(15, 15))
fig.suptitle('House Prices: Original vs Transformed')

axs[0, 0].hist(df['HousePrices'], bins=20)
axs[0, 0].set_title('Original')
axs[0, 1].hist(df['LogHousePrices'], bins=20)
axs[0, 1].set_title('Log Transformed')
axs[1, 0].hist(df['SqrtHousePrices'], bins=20)
axs[1, 0].set_title('Square Root Transformed')
axs[1, 1].hist(df['CbrtHousePrices'], bins=20)
axs[1, 1].set_title('Cube Root Transformed')
axs[2, 0].hist(df['BoxCoxHousePrices'], bins=20)
axs[2, 0].set_title('Box-Cox Transformed')

plt.tight_layout()
plt.show()

# View the transformed data
print(df)

# Calculate skewness for each column
for column in df.columns:
    print(f"Skewness of {column}: {df[column].skew()}")
```

Décomposition du code :

1. Importation des bibliothèques :

    o numpy (np) : Pour les opérations numériques

    o pandas (pd) : Pour la manipulation et l'analyse des données

    o matplotlib.pyplot (plt) : Pour la visualisation des données

    o scipy.stats : Pour les fonctions statistiques avancées comme la transformation de Box-Cox

2. Création des données d'exemple :

    o Un dictionnaire avec des prix de maisons est créé, montrant une distribution asymétrique à droite (quelques valeurs très élevées)

3. Transformations de données :

    o Logarithmique : df['LogHousePrices'] = np.log(df['HousePrices']) Compresse la plage des grandes valeurs, utile pour les données fortement asymétriques

    o Racine carrée : df['SqrtHousePrices'] = np.sqrt(df['HousePrices']) Moins agressive que le logarithme, bonne pour les données modérément asymétriques o Racine cubique : df['CbrtHousePrices'] = np.cbrt(df['HousePrices']) Peut gérer les valeurs négatives, utile pour une légère asymétrie

o Box-Cox : stats.boxcox(df['HousePrices']) Trouve automatiquement la meilleure transformation de puissance pour normaliser les données

4. Visualisation :

o Crée une grille 3x2 d'histogrammes à l'aide de matplotlib

o Chaque histogramme montre la distribution des prix des maisons après différentes transformations

o Permet une comparaison facile de la façon dont chaque transformation affecte la distribution des données

5. Analyse des données :

o Affiche le dataframe transformé pour montrer toutes les versions des données

o Calcule et affiche l'asymétrie de chaque colonne Une asymétrie proche de 0 indique une distribution plus symétrique

Cet exemple fournit un aperçu complet des différentes transformations non linéaires et de leurs effets sur la distribution des données. Il permet une comparaison visuelle et statistique, aidant à choisir la transformation la plus appropriée pour l'ensemble de données donné.

5.2.3 Transformation par racine carrée

La **transformation par racine carrée** est une autre méthode puissante pour traiter l'asymétrie des données et la stabilisation de la variance. Bien qu'elle soit moins spectaculaire que la transformation logarithmique, elle normalise néanmoins efficacement les distributions de données. Cette transformation est particulièrement utile lorsqu'il s'agit de données modérément asymétriques à droite, offrant une approche équilibrée de la normalisation des données.

La fonction racine carrée possède plusieurs propriétés avantageuses qui la rendent utile dans l'analyse de données :

- Elle compresse l'extrémité supérieure de la distribution plus que l'extrémité inférieure, aidant à réduire l'asymétrie à droite.

- Elle maintient mieux l'échelle originale des données que la transformation logarithmique, ce qui peut être bénéfique pour l'interprétation.

- Elle peut gérer les valeurs nulles, contrairement à la transformation logarithmique.

Quand utiliser la transformation par racine carrée

- Lorsque les données sont modérément asymétriques, mais pas aussi sévèrement que lorsqu'une transformation logarithmique serait nécessaire.

- Lorsque vous souhaitez une transformation plus douce, moins radicale par rapport à la mise à l'échelle logarithmique.

- Pour les données de comptage ou d'autres données positives discrètes qui suivent une distribution de type Poisson.

- Dans les transformations stabilisant la variance pour certains types de données, telles que les données distribuées selon Poisson.

Il est important de noter que bien que la transformation par racine carrée soit moins agressive que la transformation logarithmique, elle peut ne pas être suffisante pour les données extrêmement asymétriques. Dans de tels cas, des transformations logarithmiques ou plus avancées pourraient être nécessaires. Visualisez toujours vos données avant et après la transformation pour vous assurer que la méthode choisie est appropriée pour votre ensemble de données spécifique.

Exemple de code : Transformation par racine carrée

```python
import numpy as np
import pandas as pd
import matplotlib.pyplot as plt
from scipy import stats

# Sample data with a right-skewed distribution
data = {'HousePrices': [50000, 120000, 250000, 500000, 1200000, 2500000]}

df = pd.DataFrame(data)

# Apply square root transformation
df['SqrtHousePrices'] = np.sqrt(df['HousePrices'])

# Visualize the original and transformed data
fig, (ax1, ax2) = plt.subplots(1, 2, figsize=(12, 5))

ax1.hist(df['HousePrices'], bins=20)
ax1.set_title('Original House Prices')
ax1.set_xlabel('Price')
ax1.set_ylabel('Frequency')

ax2.hist(df['SqrtHousePrices'], bins=20)
ax2.set_title('Square Root Transformed House Prices')
ax2.set_xlabel('Sqrt(Price)')
ax2.set_ylabel('Frequency')

plt.tight_layout()
plt.show()
```

```python
# Calculate and print statistics
print("Original Data Statistics:")
print(df['HousePrices'].describe())
print(f"Skewness: {df['HousePrices'].skew()}")

print("\\nTransformed Data Statistics:")
print(df['SqrtHousePrices'].describe())
print(f"Skewness: {df['SqrtHousePrices'].skew()}")

# View the transformed data
print("\\nTransformed DataFrame:")
print(df)
```

Décomposition du code :

- Importer les bibliothèques nécessaires :

    o   numpy (np) : Pour les opérations numériques

    o   pandas (pd) : Pour la manipulation et l'analyse des données

    o   matplotlib.pyplot (plt) : Pour la visualisation des données

    o   scipy.stats : Pour les fonctions statistiques (utilisées pour le calcul de l'asymétrie)

- Créer des données d'exemple :

    o   Un dictionnaire avec des prix de maisons est créé, montrant une distribution asymétrique à droite (quelques valeurs très élevées)

    o   Convertir le dictionnaire en DataFrame pandas

- Appliquer la transformation par racine carrée :

    o   Utiliser la fonction sqrt de numpy pour transformer la colonne 'HousePrices'

    o   Stocker le résultat dans une nouvelle colonne 'SqrtHousePrices'

- Visualiser les données :

    o   Créer une figure avec deux sous-graphiques côte à côte

    o   Tracer des histogrammes des données originales et transformées

    o   Définir les titres, les étiquettes et ajuster la mise en page pour une meilleure lisibilité

- Calculer et afficher les statistiques :

    o   Utiliser la méthode describe() de pandas pour obtenir des statistiques récapitulatives pour les données originales et transformées

- o Calculer l'asymétrie à l'aide de la méthode skew() pour les deux ensembles de données

- Afficher le DataFrame transformé :

  - o Afficher l'ensemble du DataFrame pour montrer à la fois les valeurs originales et transformées

Cet exemple de code offre un examen approfondi de la transformation par racine carrée. Il intègre la visualisation des données, aidant à la compréhension de la façon dont la transformation affecte la distribution. En incluant des statistiques récapitulatives et des calculs d'asymétrie, il permet une comparaison quantitative entre les données originales et transformées. Cette approche globale fournit une image plus claire de l'impact de la transformation par racine carrée sur la distribution des données, facilitant une évaluation plus aisée de son efficacité à réduire l'asymétrie et à normaliser les données.

5.2.4 Transformation par racine cubique

La **transformation par racine cubique** est une technique polyvalente qui peut être appliquée aux ensembles de données présentant une asymétrie modérée ou contenant à la fois des valeurs positives et négatives. Cette transformation offre plusieurs avantages par rapport aux transformations logarithmiques et par racine carrée, notamment dans sa capacité à gérer une gamme plus large de types de données.

L'un des principaux avantages de la transformation par racine cubique est sa symétrie. Contrairement aux transformations logarithmiques, qui ne peuvent être appliquées qu'aux valeurs positives, la fonction racine cubique conserve le signe des données originales. Cette propriété la rend particulièrement utile pour les données financières, telles que les comptes de résultats, ou les mesures scientifiques pouvant avoir des valeurs à la fois positives et négatives.

Quand utiliser la transformation par racine cubique

- Lorsque les données contiennent à la fois des valeurs positives et négatives, ce qui les rend inadaptées aux transformations logarithmiques ou par racine carrée.

- Lorsque vous avez besoin d'une transformation plus subtile pour traiter une légère asymétrie, car la fonction racine cubique fournit un changement moins spectaculaire par rapport aux transformations logarithmiques.

- Dans les ensembles de données où la préservation de la direction (positive ou négative) des valeurs originales est importante pour l'interprétation.

- Pour les variables qui ont une relation cubique naturelle, telles que les mesures basées sur le volume dans les sciences physiques.

La transformation par racine cubique peut être particulièrement efficace pour normaliser les ensembles de données qui présentent une lourdeur modérée des queues ou une asymétrie. Elle compresse les grandes valeurs de manière moins agressive qu'une transformation logarithmique, ce qui peut être bénéfique lorsque vous souhaitez conserver davantage la structure des données originales tout en améliorant la symétrie de la distribution.

Cependant, il est important de noter que, comme toutes les transformations, la racine cubique doit être utilisée judicieusement. Visualisez toujours vos données avant et après la transformation pour vous assurer qu'elle produit l'effet souhaité sans introduire de nouvelles distorsions ou complications dans votre analyse.

Exemple de code : Transformation par racine cubique

```python
import numpy as np
import pandas as pd
import matplotlib.pyplot as plt
from scipy import stats

# Sample data with a right-skewed distribution
data = {'HousePrices': [50000, 120000, 250000, 500000, 1200000, 2500000]}
df = pd.DataFrame(data)

# Apply cube root transformation
df['CubeRootHousePrices'] = np.cbrt(df['HousePrices'])

# Visualize the original and transformed data
fig, (ax1, ax2) = plt.subplots(1, 2, figsize=(12, 5))

ax1.hist(df['HousePrices'], bins=20)
ax1.set_title('Original House Prices')
ax1.set_xlabel('Price')
ax1.set_ylabel('Frequency')

ax2.hist(df['CubeRootHousePrices'], bins=20)
ax2.set_title('Cube Root Transformed House Prices')
ax2.set_xlabel('Cube Root(Price)')
ax2.set_ylabel('Frequency')

plt.tight_layout()
plt.show()

# Calculate and print statistics
print("Original Data Statistics:")
print(df['HousePrices'].describe())
print(f"Skewness: {df['HousePrices'].skew()}")

print("\\nTransformed Data Statistics:")
print(df['CubeRootHousePrices'].describe())
print(f"Skewness: {df['CubeRootHousePrices'].skew()}")

# View the transformed data
print("\\nTransformed DataFrame:")
print(df)
```

Décomposition du code :

1. Importer les bibliothèques nécessaires :

    o   numpy (np) : Pour les opérations numériques

    o   pandas (pd) : Pour la manipulation et l'analyse des données

    o   matplotlib.pyplot (plt) : Pour la visualisation des données

    o   scipy.stats : Pour les fonctions statistiques (utilisées pour le calcul de l'asymétrie)

2. Créer des données d'exemple :

    o   Un dictionnaire avec des prix de maisons est créé, montrant une distribution asymétrique à droite (quelques valeurs très élevées)

    o   Convertir le dictionnaire en DataFrame pandas

3. Appliquer la transformation par racine cubique :

    o   Utiliser la fonction cbrt de numpy pour transformer la colonne 'HousePrices'

    o   Stocker le résultat dans une nouvelle colonne 'CubeRootHousePrices'

4. Visualiser les données :

    o   Créer une figure avec deux sous-graphiques côte à côte

    o   Tracer des histogrammes des données originales et transformées

    o   Définir les titres, les étiquettes et ajuster la mise en page pour une meilleure lisibilité

5. Calculer et afficher les statistiques :

    o   Utiliser la méthode describe() de pandas pour obtenir des statistiques récapitulatives pour les données originales et transformées

    o   Calculer l'asymétrie à l'aide de la méthode skew() pour les deux ensembles de données

6. Afficher le DataFrame transformé :

    o   Afficher l'ensemble du DataFrame pour montrer à la fois les valeurs originales et transformées

Cet exemple complet présente l'application de la transformation par racine cubique, son impact sur la distribution des données et offre des comparaisons visuelles et statistiques entre les données originales et transformées. Les visualisations par histogramme illustrent comment la transformation façonne les données, tandis que les statistiques récapitulatives et les calculs d'asymétrie fournissent des mesures quantitatives de son effet.

5.2.5 Transformations de puissance (Box-Cox et Yeo-Johnson)

La **transformation de Box-Cox** et la **transformation de Yeo-Johnson** sont des techniques sophistiquées qui ajustent dynamiquement le degré de transformation appliqué aux données. Ces méthodes utilisent des transformations basées sur des puissances qui peuvent être affinées pour traiter l'asymétrie ou stabiliser la variance dans les ensembles de données.

La transformation de Box-Cox, introduite par les statisticiens George Box et David Cox en 1964, est particulièrement efficace pour les données positives. Elle applique une transformation de puissance à chaque point de données, avec le paramètre de puissance (lambda) optimisé pour rendre les données transformées aussi proches que possible d'une distribution normale. Cette méthode est largement utilisée dans divers domaines, notamment l'économie, la biologie et l'ingénierie, en raison de sa capacité à normaliser les données et à améliorer les performances des modèles statistiques.

D'autre part, la transformation de Yeo-Johnson, développée par In-Kwon Yeo et Richard Johnson en 2000, étend l'applicabilité de la méthode de Box-Cox aux ensembles de données qui incluent à la fois des valeurs positives et négatives. Cela la rend particulièrement utile pour les données financières, où les profits et les pertes sont courants, ou dans les applications scientifiques où les mesures peuvent se situer des deux côtés de zéro. La transformation de Yeo-Johnson utilise une approche similaire basée sur des puissances mais incorpore des paramètres supplémentaires pour gérer le signe des points de données.

- La **transformation de Box-Cox** convient uniquement aux données positives, ce qui la rend idéale pour des variables telles que les revenus, les prix ou les mesures physiques qui sont intrinsèquement positives.

- La **transformation de Yeo-Johnson** peut gérer à la fois des valeurs positives et négatives, offrant une plus grande flexibilité pour une gamme plus large d'ensembles de données, y compris ceux avec des variables à signes mixtes ou des valeurs nulles.

Les deux transformations sont particulièrement précieuses en apprentissage automatique et en modélisation statistique, car elles peuvent améliorer considérablement les performances des algorithmes qui supposent des données normalement distribuées. En trouvant automatiquement le paramètre de transformation optimal, ces méthodes réduisent le besoin d'essais et erreurs manuels dans le prétraitement des données, ce qui peut potentiellement faire gagner du temps et améliorer la robustesse des résultats analytiques.

Quand utiliser les transformations de Box-Cox et de Yeo-Johnson

- Lorsqu'on traite des données fortement asymétriques qui nécessitent une normalisation pour l'analyse statistique ou les modèles d'apprentissage automatique.

- Dans les cas où la relation entre les variables est non linéaire et doit être linéarisée.

- Lorsque vous avez besoin d'une méthode adaptable pour trouver automatiquement la meilleure transformation pour rendre les données plus normalement distribuées, ce qui permet d'économiser du temps sur l'expérimentation manuelle.

- Pour les ensembles de données présentant de l'hétéroscédasticité (variance non constante), car ces transformations peuvent aider à stabiliser la variance.

- Lorsque les données incluent à la fois des valeurs positives et négatives (spécifiquement pour Yeo-Johnson), ce qui la rend polyvalente pour les données financières ou scientifiques pouvant franchir zéro.

- Dans l'analyse de régression, lorsque vous souhaitez améliorer l'ajustement de votre modèle et vous assurer que les hypothèses de normalité et d'homoscédasticité sont respectées.

Il est important de noter que, bien que ces transformations soient puissantes, elles doivent être utilisées avec discernement. Visualisez toujours vos données avant et après la transformation pour vous assurer que les changements sont appropriés pour vos objectifs d'analyse. De plus, tenez compte de l'interprétabilité de vos résultats après transformation, car l'échelle transformée n'a pas toujours une interprétation concrète évidente.

Exemple de code : Transformation de Box-Cox

```python
import numpy as np
import pandas as pd
import matplotlib.pyplot as plt
from sklearn.preprocessing import PowerTransformer
from scipy import stats

# Sample data (positive values only for Box-Cox)
data = {'Income': [30000, 50000, 100000, 200000, 500000, 1000000, 2000000]}
df = pd.DataFrame(data)

# Apply the Box-Cox transformation using PowerTransformer
boxcox_transformer = PowerTransformer(method='box-cox')
df['BoxCoxIncome'] = boxcox_transformer.fit_transform(df[['Income']])

# Visualize the original and transformed data
fig, (ax1, ax2) = plt.subplots(1, 2, figsize=(12, 5))

ax1.hist(df['Income'], bins=20)
ax1.set_title('Original Income Distribution')
ax1.set_xlabel('Income')
ax1.set_ylabel('Frequency')

ax2.hist(df['BoxCoxIncome'], bins=20)
ax2.set_title('Box-Cox Transformed Income Distribution')
ax2.set_xlabel('Transformed Income')
ax2.set_ylabel('Frequency')
```

```python
plt.tight_layout()
plt.show()

# Calculate and print statistics
print("Original Data Statistics:")
print(df['Income'].describe())
print(f"Skewness: {df['Income'].skew()}")

print("\\nTransformed Data Statistics:")
print(df['BoxCoxIncome'].describe())
print(f"Skewness: {df['BoxCoxIncome'].skew()}")

# View the transformed data
print("\\nTransformed DataFrame:")
print(df)

# Print the optimal lambda value
print(f"\\nOptimal lambda value: {boxcox_transformer.lambdas_[0]}")
```

Analyse du code :

- Importer les bibliothèques nécessaires :

    o numpy (np) : Pour les opérations numériques

    o pandas (pd) : Pour la manipulation et l'analyse des données

    o matplotlib.pyplot (plt) : Pour la visualisation des données

    o PowerTransformer de sklearn.preprocessing : Pour appliquer la transformation de Box-Cox

    o scipy.stats : Pour les fonctions statistiques (utilisées pour le calcul de l'asymétrie)

- Créer des données d'exemple :

    o Un dictionnaire avec des valeurs de revenus est créé, montrant une distribution asymétrique à droite (quelques valeurs très élevées)

    o Convertir le dictionnaire en DataFrame pandas

- Appliquer la transformation de Box-Cox :

    o Initialiser un objet PowerTransformer avec method='box-cox'

    o Utiliser fit_transform pour appliquer la transformation à la colonne 'Income'

    o Stocker le résultat dans une nouvelle colonne 'BoxCoxIncome'

- Visualiser les données :

- o Créer une figure avec deux sous-graphiques côte à côte
  - o Tracer des histogrammes des données originales et transformées
  - o Définir les titres, les étiquettes et ajuster la mise en page pour une meilleure lisibilité
- Calculer et afficher les statistiques :
  - o Utiliser la méthode describe() de pandas pour obtenir des statistiques récapitulatives pour les données originales et transformées
  - o Calculer l'asymétrie à l'aide de la méthode skew() pour les deux ensembles de données
- Afficher le DataFrame transformé :
  - o Afficher l'ensemble du DataFrame pour montrer à la fois les valeurs originales et transformées
- Afficher la valeur lambda optimale :
  - o Accéder à l'attribut lambdas_ du transformateur pour obtenir la valeur lambda optimale utilisée dans la transformation de Box-Cox

Cet exemple démontre l'application de la transformation de Box-Cox, son impact sur la distribution des données et fournit des comparaisons visuelles et statistiques entre les données originales et transformées.

Les visualisations par histogramme illustrent comment la transformation façonne les données, tandis que les statistiques récapitulatives et les calculs d'asymétrie offrent des mesures quantitatives de son effet. La valeur lambda optimale est également fournie, donnant un aperçu de la transformation de puissance spécifique appliquée aux données.

Exemple de code : Transformation de Yeo-Johnson

```python
import numpy as np
import pandas as pd
import matplotlib.pyplot as plt
from sklearn.preprocessing import PowerTransformer
from scipy import stats

# Sample data (includes negative values)
data = {'Profit': [-5000, -2000, 0, 3000, 15000, 50000, 100000]}
df = pd.DataFrame(data)

# Apply the Yeo-Johnson transformation using PowerTransformer
yeojohnson_transformer = PowerTransformer(method='yeo-johnson')
df['YeoJohnsonProfit'] = yeojohnson_transformer.fit_transform(df[['Profit']])

# Visualize the original and transformed data
```

```python
fig, (ax1, ax2) = plt.subplots(1, 2, figsize=(12, 5))

ax1.hist(df['Profit'], bins=20)
ax1.set_title('Original Profit Distribution')
ax1.set_xlabel('Profit')
ax1.set_ylabel('Frequency')

ax2.hist(df['YeoJohnsonProfit'], bins=20)
ax2.set_title('Yeo-Johnson Transformed Profit Distribution')
ax2.set_xlabel('Transformed Profit')
ax2.set_ylabel('Frequency')

plt.tight_layout()
plt.show()

# Calculate and print statistics
print("Original Data Statistics:")
print(df['Profit'].describe())
print(f"Skewness: {df['Profit'].skew()}")

print("\\nTransformed Data Statistics:")
print(df['YeoJohnsonProfit'].describe())
print(f"Skewness: {df['YeoJohnsonProfit'].skew()}")

# View the transformed data
print("\\nTransformed DataFrame:")
print(df)

# Print the optimal lambda value
print(f"\\nOptimal lambda value: {yeojohnson_transformer.lambdas_[0]}")
```

Analyse complète :

1. Importer les bibliothèques nécessaires :

    o   numpy (np) : Pour les opérations numériques

    o   pandas (pd) : Pour la manipulation et l'analyse des données

    o   matplotlib.pyplot (plt) : Pour la visualisation des données

    o   PowerTransformer de sklearn.preprocessing : Pour appliquer la transformation de Yeo-Johnson

    o   scipy.stats : Pour les fonctions statistiques (utilisées pour le calcul de l'asymétrie)

2. Créer des données d'exemple :

    o   Un dictionnaire avec des valeurs de profit est créé, incluant des valeurs négatives, zéro et des valeurs positives o   Convertir le dictionnaire en DataFrame pandas

3. Appliquer la transformation de Yeo-Johnson :

    o   Initialiser un objet PowerTransformer avec method='yeo-johnson'

    o   Utiliser fit_transform pour appliquer la transformation à la colonne 'Profit'

    o   Stocker le résultat dans une nouvelle colonne 'YeoJohnsonProfit'

4. Visualiser les données :

    o   Créer une figure avec deux sous-graphiques côte à côte

    o   Tracer des histogrammes des données originales et transformées

    o   Définir les titres, les étiquettes et ajuster la mise en page pour une meilleure lisibilité

5. Calculer et afficher les statistiques :

    o   Utiliser la méthode describe() de pandas pour obtenir des statistiques récapitulatives pour les données originales et transformées

    o   Calculer l'asymétrie à l'aide de la méthode skew() pour les deux ensembles de données

6. Afficher le DataFrame transformé :

    o   Afficher l'ensemble du DataFrame pour montrer à la fois les valeurs originales et transformées

7. Afficher la valeur lambda optimale :

    o   Accéder à l'attribut lambdas_ du transformateur pour obtenir la valeur lambda optimale utilisée dans la transformation de Yeo-Johnson

Cet exemple démontre l'application de la transformation de Yeo-Johnson, qui est particulièrement utile pour les ensembles de données incluant à la fois des valeurs positives et négatives. Le code visualise les distributions originales et transformées, calcule des statistiques clés et fournit la valeur lambda optimale utilisée dans la transformation. Cette approche complète permet une compréhension claire de la façon dont la transformation de Yeo-Johnson affecte la distribution des données et ses propriétés statistiques.

5.2.6 Points clés à retenir

- La **transformation logarithmique** convient mieux aux données fortement asymétriques et est particulièrement utile pour réduire l'influence des valeurs élevées. Cette transformation compresse l'échelle à l'extrémité supérieure, ce qui la rend particulièrement efficace pour les distributions asymétriques à droite. Elle est couramment utilisée dans l'analyse de données financières, comme pour les cours boursiers ou les capitalisations boursières.

- La **transformation racine carrée** offre un ajustement plus doux, ce qui la rend appropriée pour les données modérément asymétriques. Elle est moins radicale que la transformation logarithmique et peut être utile lors du traitement de données de comptage ou lorsque vous souhaitez préserver une partie de l'échelle d'origine. Par exemple, elle est souvent appliquée dans les études écologiques pour les données d'abondance d'espèces.

- La **transformation racine cubique** peut être utilisée pour les ensembles de données avec des valeurs à la fois positives et négatives, offrant une transformation plus équilibrée. Elle est particulièrement utile dans les scénarios où la symétrie des données est importante, comme dans certaines mesures physiques ou chimiques. La fonction racine cubique a la propriété unique de préserver le signe des données d'origine.

- Les transformations **Box-Cox** et **Yeo-Johnson** sont des méthodes flexibles basées sur la puissance qui s'adaptent automatiquement aux données, ce qui les rend idéales pour les ensembles de données plus complexes. Ces transformations utilisent un paramètre (lambda) pour trouver la transformation de puissance optimale. Box Cox est limitée aux données positives, tandis que Yeo-Johnson peut gérer à la fois des valeurs positives et négatives, ce qui la rend plus polyvalente pour les ensembles de données du monde réel.

Les transformations non linéaires sont des outils puissants pour améliorer les performances du modèle, en particulier lors du traitement de données asymétriques ou réparties de manière inégale. Le choix de la bonne transformation dépend de la nature de vos données et des besoins spécifiques de votre modèle.

Par exemple, si vous travaillez avec des données de séries chronologiques, vous pourriez opter pour une transformation logarithmique pour stabiliser la variance. En revanche, pour des données comportant un mélange de valeurs positives et négatives, comme les variations de température, une transformation racine cubique ou Yeo-Johnson pourrait être plus appropriée. Il est essentiel de comprendre les implications de chaque transformation sur l'interprétation de vos données et les résultats du modèle.

5.3 Exercices pratiques pour le chapitre 5

Maintenant que vous avez terminé le chapitre 5, il est temps d'appliquer ce que vous avez appris à travers des exercices pratiques. Ces exercices portent sur la mise à l'échelle et les transformations non linéaires, couvrant les transformations logarithmiques, racine carrée, racine cubique et de puissance. Chaque exercice comprend des solutions pour vous aider à consolider votre compréhension de ces concepts clés.

Exercice 1 : Mise à l'échelle Min-Max

Vous travaillez avec un ensemble de données contenant les colonnes suivantes : **Age** et **Income**. Votre tâche consiste à :

Appliquer la **mise à l'échelle Min-Max** aux colonnes **Age** et **Income**, en transformant les valeurs dans une plage comprise entre 0 et 1.

Solution :

```python
import pandas as pd
from sklearn.preprocessing import MinMaxScaler

# Sample data
data = {'Age': [25, 40, 35, 50, 60],
        'Income': [40000, 50000, 60000, 80000, 100000]}

df = pd.DataFrame(data)

# Initialize the Min-Max Scaler
scaler = MinMaxScaler()

# Apply the scaler to the dataframe
df_scaled = pd.DataFrame(scaler.fit_transform(df), columns=df.columns)

# View the scaled dataframe
print(df_scaled)
```

Exercice 2 : Standardisation (Normalisation par score Z)

Vous travaillez avec le même ensemble de données que dans l'**Exercice 1**. Cette fois, votre tâche consiste à :

Appliquer la **Standardisation** (normalisation par score Z) aux colonnes **Age** et **Income**.

Solution :

```python
from sklearn.preprocessing import StandardScaler

# Sample data
data = {'Age': [25, 40, 35, 50, 60],
        'Income': [40000, 50000, 60000, 80000, 100000]}

df = pd.DataFrame(data)

# Initialize the Standard Scaler
scaler = StandardScaler()

# Apply the scaler to the dataframe
df_standardized = pd.DataFrame(scaler.fit_transform(df), columns=df.columns)
```

```
# View the standardized dataframe
print(df_standardized)
```

Exercice 3 : Transformation logarithmique

Vous travaillez avec un ensemble de données contenant la colonne **HousePrices**, qui comporte des valeurs fortement asymétriques à droite. Votre tâche consiste à :

Appliquer une **transformation logarithmique** à la colonne **HousePrices**.

Solution :

```python
import numpy as np
import pandas as pd

# Sample data with a right-skewed distribution
data = {'HousePrices': [50000, 120000, 250000, 500000, 1200000, 2500000]}

df = pd.DataFrame(data)

# Apply a logarithmic transformation
df['LogHousePrices'] = np.log(df['HousePrices'])

# View the transformed data
print(df)
```

Exercice 4 : Transformation racine carrée

Vous travaillez avec les mêmes données **HousePrices**. Votre tâche consiste à :

Appliquer une **transformation racine carrée** à la colonne **HousePrices**.

Solution :

```python
# Apply a square root transformation
df['SqrtHousePrices'] = np.sqrt(df['HousePrices'])

# View the transformed data
print(df)
```

Exercice 5 : Transformation racine cubique

On vous donne un ensemble de données avec la colonne **PropertyValues**, qui contient à la fois des valeurs positives et négatives. Votre tâche consiste à :

Appliquer une **transformation racine cubique** à la colonne **PropertyValues**.

Solution :

```python
# Sample data with both positive and negative values
data = {'PropertyValues': [-8000, -5000, 0, 5000, 10000, 20000]}
```

```python
df = pd.DataFrame(data)

# Apply a cube root transformation
df['CubeRootPropertyValues'] = np.cbrt(df['PropertyValues'])

# View the transformed data
print(df)
```

Exercice 6 : Transformation de Box-Cox

Vous travaillez avec un ensemble de données contenant des valeurs de **revenu**, qui sont positives mais modérément asymétriques. Votre tâche consiste à :

Appliquer la **transformation de Box-Cox** à la colonne **Income** en utilisant le **PowerTransformer** de Scikit-learn.

Solution :

```python
from sklearn.preprocessing import PowerTransformer
import pandas as pd

# Sample data (positive values only for Box-Cox)
data = {'Income': [30000, 50000, 100000, 200000, 500000]}

df = pd.DataFrame(data)

# Apply the Box-Cox transformation
boxcox_transformer = PowerTransformer(method='box-cox')
df['BoxCoxIncome'] = boxcox_transformer.fit_transform(df[['Income']])

# View the transformed data
print(df)
```

Exercice 7 : Transformation de Yeo-Johnson

Vous travaillez avec un ensemble de données contenant la colonne **Profit**, qui contient à la fois des valeurs positives et négatives. Votre tâche consiste à :

Appliquer la **transformation de Yeo-Johnson** à la colonne **Profit** en utilisant le **PowerTransformer** de Scikit-learn.

Solution :

```python
from sklearn.preprocessing import PowerTransformer
import pandas as pd

# Sample data with positive and negative values
data = {'Profit': [-5000, -2000, 0, 3000, 15000]}

df = pd.DataFrame(data)
```

```python
# Apply the Yeo-Johnson transformation
yeojohnson_transformer = PowerTransformer(method='yeo-johnson')
df['YeoJohnsonProfit'] = yeojohnson_transformer.fit_transform(df[['Profit']])

# View the transformed data
print(df)
```

Ces exercices pratiques offrent une expérience concrète de la mise à l'échelle, de la normalisation et des transformations non linéaires, incluant les transformations logarithmiques, racine carrée, racine cubique, Box-Cox et Yeo-Johnson. En pratiquant ces techniques, vous pouvez prétraiter les données en toute confiance pour les modèles d'apprentissage automatique, en vous assurant que vos caractéristiques sont bien mises à l'échelle, équilibrées et optimisées pour la performance. Continuez à pratiquer et à explorer ces méthodes pour gérer une variété de distributions de données !

5.4 Que peut-il mal se passer ?

La transformation et la mise à l'échelle des caractéristiques sont des techniques puissantes qui aident les modèles d'apprentissage automatique à traiter les données efficacement, mais elles doivent être appliquées avec soin pour éviter des pièges potentiels. Dans cette section, nous discuterons des problèmes courants qui peuvent survenir pendant le processus de transformation et de mise à l'échelle, et comment les éviter.

5.4.1 Appliquer la mauvaise transformation pour les données

L'une des erreurs les plus courantes lors de la transformation des données est d'utiliser une transformation inappropriée pour le type de données que vous traitez. Toutes les caractéristiques ne doivent pas être mises à l'échelle ou transformées de la même manière, et appliquer la mauvaise transformation peut déformer les relations entre les caractéristiques et la variable cible.

Que peut-il mal se passer ?

- L'utilisation d'une **transformation logarithmique** sur des données avec des valeurs négatives ou nulles entraînera des erreurs ou des résultats invalides, car le logarithme d'un nombre négatif est indéfini.

- Appliquer une **transformation racine carrée** sur des données avec des valeurs négatives conduit à des valeurs NaN (not a number).

- L'utilisation de la **mise à l'échelle min-max** sur des données avec des valeurs aberrantes extrêmes peut comprimer toute la plage de valeurs dans un petit espace, rendant le modèle trop sensible aux valeurs aberrantes.

Solution :

- Inspectez toujours vos données avant d'appliquer des transformations. Si vos données contiennent des zéros ou des valeurs négatives, utilisez une transformation comme la **racine cubique** ou **Yeo-Johnson**, qui peuvent gérer à la fois les valeurs positives et négatives.

- Pour les caractéristiques avec des valeurs aberrantes extrêmes, envisagez d'utiliser le **RobustScaler** ou d'appliquer des transformations moins sensibles aux valeurs aberrantes, comme les transformations logarithmiques ou racine cubique.

5.4.2 Mise à l'échelle incorrecte des données de test

Lorsque vous travaillez avec des modèles d'apprentissage automatique, la mise à l'échelle ou la transformation incorrecte des données, en particulier après avoir divisé les données en ensembles d'entraînement et de test, peut conduire à un surapprentissage ou à des évaluations de modèle incorrectes.

Que peut-il mal se passer ?

- Si la mise à l'échelle est appliquée simultanément aux ensembles d'entraînement et de test (avant la division), les données de test laisseront fuiter des informations de l'ensemble d'entraînement, conduisant à des résultats biaisés et à des performances de modèle trop optimistes.

- Appliquer des transformations séparément aux ensembles d'entraînement et de test pourrait entraîner une mise à l'échelle incohérente, causant des écarts entre les deux ensembles de données.

Solution :

- Appliquez toujours la mise à l'échelle et les transformations **après** avoir divisé les données en ensembles d'entraînement et de test.

- Ajustez le scaleur ou la transformation sur les **données d'entraînement** puis appliquez la même transformation aux **données de test**. Cela garantit que les données de test restent invisibles pendant la phase d'entraînement du modèle.

5.4.3 Sur-transformation des données

Bien que la transformation des données puisse améliorer les performances du modèle, il est possible de sur-transformer les données, en particulier avec des transformations non linéaires comme les transformations logarithmiques ou de Box-Cox. La sur-transformation peut entraîner une perte d'interprétabilité ou, pire encore, déformer les relations naturelles dans les données.

Que peut-il mal se passer ?

- Appliquer plusieurs transformations dans une tentative de « forcer » la normalité sur les données peut rendre les relations entre les caractéristiques plus difficiles à interpréter pour le modèle.

- Des transformations trop agressives (comme appliquer une transformation logarithmique à des données déjà normalement distribuées) peuvent aplatir la distribution des données, la rendant moins informative pour les modèles.

Solution :

- Utilisez les transformations uniquement lorsque c'est nécessaire. Si vos données sont déjà normalement distribuées, il n'est pas nécessaire d'appliquer d'autres transformations.

- Visualisez toujours vos données avant et après la transformation pour vous assurer que la transformation est appropriée et améliore la distribution des données.

5.4.4 Mauvaise interprétation des transformations logarithmiques

Les transformations logarithmiques compressent la plage des grandes valeurs et peuvent rendre l'interprétation des caractéristiques transformées difficile. Ceci est particulièrement important lors de l'interprétation des résultats du modèle en termes réels.

Que peut-il mal se passer ?

- Après avoir appliqué une transformation logarithmique, l'échelle de la caractéristique change. Interpréter la sortie du modèle sans considérer la transformation inverse peut conduire à des conclusions incorrectes sur l'impact de la caractéristique.

- Les données transformées logarithmiquement ne sont plus dans les unités d'origine, ce qui peut rendre la communication et l'interprétation plus difficiles si les résultats sont présentés sans inverser la transformation.

Solution :

- Lors de l'utilisation de transformations logarithmiques, n'oubliez jamais d'appliquer la transformation inverse (exponentiation) pour ramener les résultats à leur échelle d'origine. Cela est particulièrement important lors de la présentation des résultats à des publics non techniques.

- Soyez prudent lors de l'interprétation des caractéristiques transformées à l'aide du logarithme. Assurez-vous que la sortie du modèle est expliquée d'une manière qui tient compte de la transformation.

5.5.5 Ignorer la nature des relations non linéaires

Toutes les relations entre les caractéristiques et la variable cible ne sont pas linéaires. Appliquer uniquement des transformations linéaires, comme la mise à l'échelle ou la standardisation, peut manquer des relations non linéaires importantes.

Que peut-il mal se passer ?

- En supposant une relation linéaire et en appliquant une mise à l'échelle ou une normalisation standard, le modèle pourrait passer à côté de la capture de motifs non linéaires plus complexes dans les données.

- Si la véritable relation entre une caractéristique et la variable cible est non linéaire, appliquer uniquement des transformations linéaires pourrait affaiblir le pouvoir prédictif du modèle.

Solution :

- Explorez les **transformations non linéaires** comme les transformations logarithmiques, racine carrée, racine cubique et les caractéristiques polynomiales si vous soupçonnez des relations non linéaires entre les caractéristiques et la cible.

- Visualisez les relations entre les caractéristiques et la variable cible pour mieux comprendre les motifs sous-jacents.

5.5.6 Gestion inappropriée des valeurs aberrantes

Les transformations comme la mise à l'échelle min-max et la standardisation sont sensibles aux valeurs aberrantes. Si votre ensemble de données contient des valeurs extrêmes, ces transformations peuvent être faussées par les valeurs aberrantes, entraînant des échelles déformées ou une mise à l'échelle inappropriée.

Que peut-il mal se passer ?

- Les valeurs aberrantes peuvent dominer le processus de mise à l'échelle, provoquant la compression de la plupart des données dans une plage étroite. Cela peut conduire à de mauvaises performances du modèle, en particulier dans les modèles qui reposent sur des métriques de distance (par exemple, KNN).

- Les méthodes de mise à l'échelle comme la mise à l'échelle min-max peuvent faire paraître les petits changements dans les données plus importants qu'ils ne le sont si des valeurs aberrantes extrêmes sont présentes.

Solution :

- Avant d'appliquer des transformations, détectez et gérez les valeurs aberrantes en utilisant des techniques comme le **plafonnement** (limitation des valeurs extrêmes à un seuil) ou en utilisant le **RobustScaler**, qui met à l'échelle les données en fonction de l'écart interquartile, le rendant moins sensible aux valeurs aberrantes.

- Utilisez des **transformations logarithmiques** ou **racine carrée** pour minimiser l'impact des valeurs aberrantes tout en préservant la structure globale des données.

Bien que la transformation et la mise à l'échelle des caractéristiques soient essentielles pour améliorer les performances du modèle, il existe plusieurs pièges potentiels à surveiller.

Appliquer la mauvaise transformation, mettre à l'échelle les données de manière incorrecte ou mal interpréter les données transformées peut conduire à des résultats inexacts ou trompeurs. En comprenant ces risques et en appliquant les transformations avec soin, vous pouvez vous assurer que vos modèles sont optimisés pour le succès tout en préservant l'intégrité des données.

Résumé du Chapitre 5

Dans ce chapitre, nous avons exploré le rôle essentiel de la transformation et de la mise à l'échelle des caractéristiques dans la préparation des données pour les modèles d'apprentissage automatique. Des données correctement mises à l'échelle et transformées garantissent que les algorithmes d'apprentissage automatique peuvent interpréter avec précision les relations entre les caractéristiques, conduisant à de meilleures performances et stabilité du modèle. Lorsque les caractéristiques ne sont pas mises à l'échelle ou transformées de manière appropriée, cela peut entraîner un mauvais comportement du modèle, en particulier dans les algorithmes qui reposent sur des métriques de distance, comme les K plus proches voisins (KNN), ou les algorithmes d'optimisation, comme la descente de gradient.

Nous avons commencé par discuter de l'importance de la **mise à l'échelle** et de la **normalisation**. Les techniques de mise à l'échelle comme la **mise à l'échelle min-max** et la **standardisation** garantissent que les caractéristiques se situent dans une plage spécifique ou ont une moyenne de 0 et un écart-type de 1, respectivement. Ceci est particulièrement crucial pour les algorithmes sensibles à l'amplitude des valeurs des caractéristiques. La **mise à l'échelle min-max** est idéale lorsque la plage des caractéristiques doit être contrainte, par exemple lors du travail avec des modèles basés sur la distance ou des réseaux neuronaux. D'autre part, la **standardisation** (normalisation Z-score) est plus appropriée pour les modèles qui supposent la normalité des données, comme la régression logistique et l'analyse en composantes principales (ACP).

Ensuite, nous avons introduit les **transformations non linéaires**, telles que les transformations **logarithmiques**, **racine carrée**, **racine cubique** et les transformations basées sur les puissances comme **Box-Cox** et **Yeo-Johnson**. Ces transformations aident à réduire l'asymétrie, stabiliser la variance et rendre les relations entre les caractéristiques plus linéaires, améliorant ainsi les performances des modèles d'apprentissage automatique. Par exemple, la **transformation logarithmique** est particulièrement utile pour les données asymétriques à droite, tandis que les **transformations racine carrée** et **racine cubique** offrent des transformations plus modérées pour les données moins asymétriques. Nous avons également abordé les transformations avancées comme **Box-Cox**, qui ajuste les données vers la normalité pour les valeurs positives, et **Yeo-Johnson**, qui peut traiter à la fois les valeurs positives et négatives.

Dans la section **« Que peut-il mal se passer ? »**, nous avons mis en évidence plusieurs écueils potentiels qui peuvent survenir lors de la transformation et de la mise à l'échelle des caractéristiques. Une mauvaise application des transformations, comme l'utilisation d'une transformation logarithmique sur des données avec des valeurs négatives, peut conduire à des erreurs ou des distorsions. Une sur-transformation des données peut rendre plus difficile pour les modèles d'interpréter les relations entre les caractéristiques, tandis qu'une gestion inappropriée des données de test lors de la mise à l'échelle peut conduire à des évaluations de modèle biaisées. Une gestion inappropriée des valeurs aberrantes lors de la mise à l'échelle peut également fausser les résultats, en particulier dans les algorithmes sensibles aux amplitudes des caractéristiques.

Le point essentiel à retenir de ce chapitre est que la mise à l'échelle et la transformation des caractéristiques ne consistent pas simplement à faire « entrer » les données dans un modèle, mais à s'assurer que le modèle peut interpréter les données efficacement. Qu'il s'agisse de standardiser les caractéristiques pour les modèles de régression ou d'appliquer des transformations non linéaires pour réduire l'asymétrie, ces techniques permettent aux modèles de mieux capturer les motifs sous-jacents dans les données, conduisant à des prédictions plus précises. En tant que scientifique des données, la maîtrise de ces techniques est essentielle pour construire des modèles d'apprentissage automatique robustes et performants.

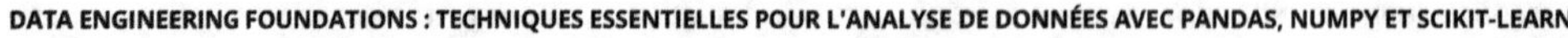

Chapitre 6 : Encodage des Variables Catégorielles

Lorsqu'on travaille avec des modèles d'apprentissage automatique, l'un des plus grands défis consiste à gérer les variables catégorielles. Contrairement aux caractéristiques numériques, les variables catégorielles nécessitent souvent des techniques d'encodage spécifiques pour les convertir dans un format que les algorithmes d'apprentissage automatique peuvent traiter efficacement. Un encodage approprié des variables catégorielles garantit que les modèles peuvent comprendre les relations entre les catégories et les utiliser efficacement pour la prédiction. Dans ce chapitre, nous explorerons diverses techniques d'encodage des données catégorielles, en commençant par un examen approfondi de l'**Encodage One-Hot**, l'une des méthodes les plus couramment utilisées. Nous aborderons également des techniques d'encodage plus avancées dans les sections ultérieures.

6.1 L'Encodage One-Hot Revisité : Conseils et Astuces

L'**Encodage One-Hot** est une technique fondamentale pour transformer les variables catégorielles dans un format adapté aux algorithmes d'apprentissage automatique. Cette méthode crée une nouvelle colonne binaire pour chaque catégorie unique au sein d'une variable, utilisant 1 pour représenter la présence d'une catégorie et 0 pour son absence. Bien que l'Encodage One-Hot soit simple à mettre en œuvre, il comporte plusieurs nuances qui nécessitent une attention particulière.

L'un des principaux avantages de l'Encodage One-Hot est sa capacité à préserver la nature non ordinale des variables catégorielles. Contrairement aux méthodes d'encodage numérique qui pourraient introduire par inadvertance un ordre aux catégories, l'Encodage One-Hot traite chaque catégorie comme indépendante. Cela est particulièrement utile pour des variables comme la couleur, où il n'y a pas de classement inhérent entre les catégories.

Cependant, la simplicité de l'Encodage One-Hot peut entraîner des difficultés lors du traitement de jeux de données complexes. Par exemple, les jeux de données comportant un grand nombre de catégories uniques dans une seule variable (cardinalité élevée) peuvent entraîner une explosion des caractéristiques. Cela augmente non seulement la dimensionnalité du jeu de données, mais peut également conduire à des matrices creuses, impactant potentiellement les performances et l'interprétabilité du modèle.

De plus, l'Encodage One-Hot peut être problématique lors du traitement de nouvelles catégories pendant le déploiement du modèle. Si le modèle rencontre une catégorie sur laquelle il n'a pas été entraîné, il n'aura pas de colonne binaire correspondante, ce qui peut potentiellement conduire à des erreurs ou des classifications erronées. Cela nécessite des stratégies pour gérer les catégories inconnues, telles que la création d'une catégorie générique « Autre » lors de l'encodage.

Dans cette section, nous approfondirons ces considérations en explorant les meilleures pratiques pour mettre en œuvre l'Encodage One-Hot efficacement. Nous discuterons des stratégies pour atténuer le fléau de la dimensionnalité, gérer les catégories inconnues et optimiser l'efficacité computationnelle. En comprenant ces nuances, les scientifiques des données peuvent exploiter l'Encodage One-Hot à son plein potentiel, garantissant une gestion robuste et efficace des variables catégorielles dans leurs pipelines d'apprentissage automatique.

Qu'est-ce que l'Encodage One-Hot ?

L'Encodage One-Hot est une technique cruciale dans le prétraitement des données qui transforme les variables catégorielles dans un format adapté aux algorithmes d'apprentissage automatique. Cette méthode crée plusieurs colonnes binaires à partir d'une seule caractéristique catégorielle, chaque nouvelle colonne représentant une catégorie unique.

Par exemple, considérons une caractéristique catégorielle **Couleur** avec les valeurs **Rouge**, **Bleu** et **Vert**. L'Encodage One-Hot générerait trois nouvelles colonnes : **Couleur_Rouge**, **Couleur_Bleu** et **Couleur_Vert**. Dans le jeu de données résultant, chaque ligne aura un « 1 » dans la colonne correspondant à sa valeur de couleur d'origine, tandis que les autres colonnes sont définies à « 0 ».

Cette méthode d'encodage est particulièrement précieuse car elle préserve la nature non ordinale des variables catégorielles. Contrairement aux méthodes d'encodage numérique qui pourraient introduire par inadvertance un ordre aux catégories, l'Encodage One-Hot traite chaque catégorie comme indépendante. Cela est particulièrement utile pour des variables comme la couleur, où il n'y a pas de classement inhérent entre les catégories.

Cependant, il est important de noter que l'Encodage One-Hot peut entraîner des difficultés lors du traitement de variables à cardinalité élevée (celles comportant de nombreuses catégories uniques). Dans de tels cas, le processus d'encodage peut entraîner un grand nombre de nouvelles colonnes, conduisant potentiellement au « fléau de la dimensionnalité » et impactant les performances du modèle.

De plus, l'Encodage One-Hot nécessite une gestion prudente des catégories nouvelles et invisibles lors du déploiement du modèle, car celles-ci n'auraient pas de colonnes correspondantes dans le jeu de données encodé.

Exemple : Encodage One-Hot de Base

```
import pandas as pd
```

```python
import numpy as np
from sklearn.preprocessing import OneHotEncoder

# Sample data with multiple categorical features
data = {
    'Color': ['Red', 'Blue', 'Green', 'Blue', 'Red', 'Yellow'],
    'Size': ['Small', 'Medium', 'Large', 'Medium', 'Small', 'Large'],
    'Brand': ['A', 'B', 'C', 'A', 'B', 'C']
}

df = pd.DataFrame(data)

print("Original DataFrame:")
print(df)
print("\\n")

# Method 1: Using pandas get_dummies
df_one_hot_pd = pd.get_dummies(df, columns=['Color', 'Size', 'Brand'],
prefix=['Color', 'Size', 'Brand'])

print("One-Hot Encoded DataFrame using pandas:")
print(df_one_hot_pd)
print("\\n")

# Method 2: Using sklearn OneHotEncoder
encoder = OneHotEncoder(sparse=False, handle_unknown='ignore')
encoded_features = encoder.fit_transform(df)

# Create DataFrame with encoded feature names
feature_names = encoder.get_feature_names_out(['Color', 'Size', 'Brand'])
df_one_hot_sk = pd.DataFrame(encoded_features, columns=feature_names)

print("One-Hot Encoded DataFrame using sklearn:")
print(df_one_hot_sk)
print("\\n")

# Demonstrating handling of unknown categories
new_data = pd.DataFrame({'Color': ['Purple'], 'Size': ['Extra Large'], 'Brand':
['D']})
encoded_new_data = encoder.transform(new_data)
df_new_encoded = pd.DataFrame(encoded_new_data, columns=feature_names)

print("Handling unknown categories:")
print(df_new_encoded)
```

Explication détaillée complète :

1. Importation des bibliothèques :

o   Nous importons pandas pour la manipulation des données, numpy pour les opérations numériques, et OneHotEncoder de sklearn pour une méthode d'encodage alternative.

2.   Création de données d'exemple :

o   Nous créons un jeu de données plus complexe avec plusieurs caractéristiques catégorielles : 'Color', 'Size' et 'Brand'.

3.   Méthode 1 : Utilisation de pandas get_dummies :

o   Nous utilisons pd.get_dummies() pour effectuer l'encodage One-Hot sur toutes les colonnes catégorielles.

o   Le paramètre 'prefix' est utilisé pour ajouter un préfixe aux noms des nouvelles colonnes, les rendant plus descriptives.

4.   Méthode 2 : Utilisation de sklearn OneHotEncoder :

o   Nous initialisons le OneHotEncoder avec sparse=False pour obtenir une sortie de tableau dense, et handle_unknown='ignore' pour gérer toutes les catégories inconnues pendant la transformation.

o   Nous ajustons et transformons les données en utilisant l'encodeur.

o   Nous utilisons get_feature_names_out() pour obtenir les noms des caractéristiques encodées et créer un DataFrame avec ces noms.

5.   Gestion des catégories inconnues :

o   Nous démontrons comment le sklearn OneHotEncoder gère les catégories inconnues en créant un nouveau dataframe avec des catégories non vues.

o   L'encodeur créera des colonnes de zéros pour ces catégories inconnues, évitant les erreurs lors de la prédiction du modèle.

Cet exemple étendu présente :

- Plusieurs caractéristiques catégorielles

- Deux méthodes d'encodage One-Hot (pandas et sklearn)

- Nommage approprié des caractéristiques encodées

- Gestion des catégories inconnues

- Une sortie étape par étape pour visualiser le processus d'encodage

Cette approche complète fournit une compréhension plus robuste de l'encodage One-Hot et de son implémentation dans différents scénarios, la rendant plus adaptée aux applications du monde réel.

6.1.1 Astuce 1 : Éviter le piège de la variable fictive

L'une des principales préoccupations lors de l'utilisation de l'encodage One-Hot est le **piège de la variable fictive**. Cela se produit lorsque vous incluez toutes les colonnes binaires créées à partir d'une variable catégorielle, entraînant une multicolinéarité parfaite. En substance, lorsque vous avez n catégories, vous n'avez besoin que de n-1 colonnes binaires pour représenter pleinement l'information, car la nième colonne peut toujours être déduite des autres.

Par exemple, si vous avez une variable 'Color' avec les catégories 'Red', 'Blue' et 'Green', vous n'avez besoin que de deux colonnes binaires (par exemple, 'Is_Red' et 'Is_Blue') pour capturer toutes les informations. La troisième catégorie ('Green') est implicitement représentée lorsque 'Is_Red' et 'Is_Blue' sont tous deux à 0.

Cette redondance peut entraîner plusieurs problèmes dans les modèles statistiques et d'apprentissage automatique :

- Multicolinéarité dans les modèles linéaires : Cela peut rendre le modèle instable et difficile à interpréter, car les coefficients des variables redondantes deviennent peu fiables.

- Surajustement : La colonne supplémentaire ne fournit aucune nouvelle information mais augmente la complexité du modèle, conduisant potentiellement au surajustement.

- Inefficacité computationnelle : L'inclusion de colonnes inutiles augmente la dimensionnalité du jeu de données, entraînant des temps d'entraînement plus longs et une utilisation de mémoire plus élevée.

Solution : Supprimer une colonne

Pour éviter le piège de la variable fictive, il est recommandé de toujours supprimer l'une des colonnes binaires lors de l'exécution de l'encodage One-Hot. Cette technique, connue sous le nom d'encodage 'drop first' ou 'leave one out', garantit que le modèle ne rencontre pas d'informations redondantes tout en capturant toutes les données catégorielles nécessaires.

La plupart des bibliothèques modernes d'apprentissage automatique, telles que pandas et scikit-learn, fournissent des options intégrées pour supprimer automatiquement la première colonne (ou toute colonne spécifiée) lors de l'encodage One-Hot. Cette approche non seulement prévient les problèmes de multicolinéarité mais réduit également légèrement la dimensionnalité de votre jeu de données, ce qui peut être bénéfique pour les performances et l'interprétabilité du modèle.

Exemple de code : Suppression d'une colonne

```python
import pandas as pd
from sklearn.preprocessing import OneHotEncoder
```

```python
# Sample data
data = {
    'Color': ['Red', 'Blue', 'Green', 'Blue', 'Red', 'Yellow'],
    'Size': ['Small', 'Medium', 'Large', 'Medium', 'Small', 'Large']
}

df = pd.DataFrame(data)

print("Original DataFrame:")
print(df)
print("\\n")

# Method 1: Using pandas get_dummies
df_one_hot_pd      =      pd.get_dummies(df,      columns=['Color'],      drop_first=True,
prefix='Color')

print("One-Hot Encoded DataFrame using pandas (drop_first=True):")
print(df_one_hot_pd)
print("\\n")

# Method 2: Using sklearn OneHotEncoder
encoder = OneHotEncoder(drop='first', sparse=False)
encoded_features = encoder.fit_transform(df[['Color']])

# Create DataFrame with encoded feature names
feature_names = encoder.get_feature_names_out(['Color'])
df_one_hot_sk = pd.DataFrame(encoded_features, columns=feature_names)

# Combine with original 'Size' column
df_one_hot_sk = pd.concat([df['Size'], df_one_hot_sk], axis=1)

print("One-Hot Encoded DataFrame using sklearn (drop='first'):")
print(df_one_hot_sk)
```

Explication détaillée complète :

1. Importation des bibliothèques :

    o   Nous importons pandas pour la manipulation des données et OneHotEncoder de sklearn pour une méthode d'encodage alternative.

2. Création de données d'exemple :

    o   Nous créons un jeu de données d'exemple avec deux caractéristiques catégorielles : 'Color' et 'Size'.

3. Méthode 1 : Utilisation de pandas get_dummies :

    o   Nous utilisons pd.get_dummies() pour effectuer l'encodage One-Hot sur la colonne 'Color'.

o   Le paramètre 'drop_first=True' est utilisé pour éviter le piège de la variable fictive en supprimant la première catégorie.

o   Le paramètre 'prefix' ajoute un préfixe aux noms des nouvelles colonnes, les rendant plus descriptives.

4.   Méthode 2 : Utilisation de sklearn OneHotEncoder :

o   Nous initialisons le OneHotEncoder avec drop='first' pour supprimer la première catégorie et sparse=False pour obtenir une sortie de tableau dense.

o   Nous ajustons et transformons la colonne 'Color' en utilisant l'encodeur.

o   Nous utilisons get_feature_names_out() pour obtenir les noms des caractéristiques encodées et créer un DataFrame avec ces noms.

o   Nous concaténons les caractéristiques 'Color' encodées avec la colonne 'Size' originale pour conserver toutes les informations.

5.   Affichage des résultats :

o   Nous affichons le DataFrame original et les DataFrames encodés des deux méthodes pour comparer les résultats.

Cet exemple étendu présente :

- Un jeu de données plus réaliste avec plusieurs caractéristiques catégorielles

- Deux méthodes d'encodage One-Hot (pandas et sklearn)

- Suppression appropriée de la première catégorie pour éviter le piège de la variable fictive

- Gestion de plusieurs colonnes, y compris les colonnes non encodées

- Une sortie étape par étape pour visualiser le processus d'encodage

Cette approche complète fournit une compréhension robuste de l'encodage One-Hot et de son implémentation dans différents scénarios, la rendant plus adaptée aux applications du monde réel.

6.1.2 Astuce 2 : Gestion des variables catégorielles de haute cardinalité

Lorsqu'on traite des variables catégorielles qui ont de nombreuses catégories uniques (connues sous le nom de **haute cardinalité**), l'encodage One-Hot peut créer un grand nombre de colonnes, ce qui peut ralentir l'entraînement et rendre le modèle inutilement complexe. Par exemple, si vous avez une colonne pour **Ville** avec des centaines de noms de villes uniques, l'encodage One-Hot générera des centaines de colonnes binaires. Cela peut entraîner plusieurs problèmes :

- Augmentation de la dimensionnalité : L'espace d'entrée du modèle devient beaucoup plus grand, conduisant potentiellement au « fléau de la dimensionnalité ».

- Temps d'entraînement plus longs : Plus de caractéristiques signifie plus de calculs, ralentissant le processus d'entraînement du modèle.

- Surajustement : Avec trop de caractéristiques, le modèle pourrait apprendre le bruit dans les données plutôt que les véritables patterns.

- Problèmes de mémoire : Les grandes matrices creuses peuvent consommer des quantités importantes de mémoire.

Pour relever ces défis, nous pouvons employer plusieurs stratégies :

Solution 1 : Regroupement de caractéristiques

Dans les cas de haute cardinalité, vous pouvez réduire le nombre de catégories en les regroupant en catégories plus larges. Par exemple, si le jeu de données inclut des villes, vous pourriez les regrouper par région ou par taille de population. Cette approche présente plusieurs avantages :

- Réduit la dimensionnalité tout en préservant des informations significatives

- Peut introduire des connaissances du domaine dans le processus d'ingénierie des caractéristiques

- Rend le modèle plus robuste face aux catégories rares ou inconnues

Par exemple, au lieu de villes individuelles, vous pourriez les regrouper en catégories telles que « Grandes zones métropolitaines », « Villes de taille moyenne » et « Petites villes ».

Exemple de code : Regroupement de caractéristiques

```python
import pandas as pd
import numpy as np

# Sample data with high-cardinality categorical feature
data = {
    'City': ['New York', 'Los Angeles', 'Chicago', 'Houston', 'Phoenix',
'Philadelphia',
             'San Antonio', 'San Diego', 'Dallas', 'San Jose', 'Austin',
'Jacksonville'],
    'Population': [8336817, 3898747, 2746388, 2304580, 1608139, 1603797,
                   1434625, 1386932, 1304379, 1013240, 961855, 911507]
}

df = pd.DataFrame(data)

# Define a function to group cities based on population
def group_cities(population):
    if population > 5000000:
```

```python
        return 'Mega City'
    elif population > 2000000:
        return 'Large City'
    elif population > 1000000:
        return 'Medium City'
    else:
        return 'Small City'

# Apply the grouping function
df['City_Group'] = df['Population'].apply(group_cities)

# Perform One-Hot Encoding on the grouped feature
df_encoded = pd.get_dummies(df, columns=['City_Group'], prefix='CityGroup')

print(df_encoded)
```

Explication détaillée complète du code :

1. Importation des bibliothèques :

    o   Nous importons pandas pour la manipulation des données et numpy pour les opérations numériques.

2. Création de données d'exemple :

    o   Nous créons un jeu de données d'exemple avec deux caractéristiques : 'City' et 'Population'.

    o   Ce jeu de données représente un scénario de haute cardinalité avec 12 villes différentes.

3. Définition de la fonction de regroupement :

    o   Nous créons une fonction appelée group_cities qui prend une valeur de population en entrée.

    o   La fonction catégorise les villes en quatre groupes en fonction de seuils de population.

    o   Cette étape introduit des connaissances du domaine dans le processus d'ingénierie des caractéristiques.

4. Application de la fonction de regroupement :

    o   Nous utilisons df['Population'].apply(group_cities) pour appliquer notre fonction de regroupement à chaque ville.

    o   Le résultat est stocké dans une nouvelle colonne 'City_Group'.

5. Encodage One-Hot de la caractéristique regroupée :

- o Nous utilisons pd.get_dummies() pour effectuer l'encodage One-Hot sur la colonne 'City_Group'.

- o Le paramètre prefix='CityGroup' ajoute un préfixe aux noms des nouvelles colonnes pour plus de clarté.

6. Affichage des résultats :

- o Nous affichons le DataFrame encodé final pour voir le résultat de notre regroupement et encodage de caractéristiques.

Cette approche réduit considérablement le nombre de colonnes créées par l'encodage One-Hot (de 12 à 4) tout en capturant des informations significatives sur les villes. Le regroupement est basé sur la taille de la population, mais vous pourriez utiliser d'autres critères en fonction de votre cas d'usage spécifique et de vos connaissances du domaine.

Solution 2 : Encodage par fréquence

Une autre option pour les variables de haute cardinalité est l'**encodage par fréquence**, où chaque catégorie est remplacée par sa fréquence (c'est-à-dire le nombre d'occurrences dans le jeu de données). Cette méthode offre plusieurs avantages :

- Préserve les informations sur l'importance relative de chaque catégorie

- Réduit la dimensionnalité à une seule colonne

- Peut capturer une partie du pouvoir prédictif des catégories rares

Cependant, il est important de noter que l'encodage par fréquence suppose que la fréquence d'une catégorie est liée à son importance pour prédire la variable cible, ce qui n'est pas toujours le cas.

Exemple de code : Encodage par fréquence

```python
import pandas as pd

# Sample data with high-cardinality categorical feature
data = {
    'City': ['New York', 'Los Angeles', 'Chicago', 'New York', 'Houston', 'Los Angeles',
            'Chicago', 'Phoenix', 'Philadelphia', 'San Antonio', 'San Diego', 'Dallas']
}

df = pd.DataFrame(data)

# Calculate frequency of each category
frequency = df['City'].value_counts(normalize=True)

# Perform frequency encoding
df['City_Frequency'] = df['City'].map(frequency)
```

```
# View the encoded dataframe
print(df)
```

Explication détaillée complète du code :

1. Importation des bibliothèques :

    o   Nous importons pandas pour la manipulation et l'analyse des données.

2. Création de données d'exemple :

    o   Nous créons un jeu de données d'exemple avec une caractéristique de haute cardinalité : 'City'.

    o   Le jeu de données contient 12 entrées avec certaines villes répétées pour démontrer les différences de fréquence.

3. Calcul de la fréquence :

    o   Nous utilisons df['City'].value_counts(normalize=True) pour calculer la fréquence relative de chaque ville.

    o   Le paramètre normalize=True garantit que nous obtenons des proportions au lieu de décomptes.

4. Application de l'encodage par fréquence :

    o   Nous utilisons df['City'].map(frequency) pour remplacer chaque nom de ville par sa fréquence calculée.

    o   La fonction map() applique le dictionnaire de fréquences à chaque valeur de la colonne 'City'.

5. Création d'une nouvelle colonne :

    o   Le résultat est stocké dans une nouvelle colonne 'City_Frequency'.

    o   Cela préserve la colonne 'City' d'origine tout en ajoutant la version encodée.

6. Affichage des résultats :

    o   Nous affichons le DataFrame final pour voir à la fois les noms de villes d'origine et leurs valeurs encodées par fréquence.

Cette approche remplace chaque catégorie (nom de ville) par sa fréquence dans le jeu de données. Les villes qui apparaissent plus souvent auront des valeurs plus élevées, tandis que les villes rares auront des valeurs plus faibles. Cette méthode réduit la caractéristique 'City' de haute cardinalité en une seule colonne numérique, qui peut être plus facilement traitée par de nombreux algorithmes d'apprentissage automatique.

Les principaux avantages de cette méthode incluent :

- Réduction de la dimensionnalité : Nous avons converti un nombre potentiellement élevé de colonnes encodées one-hot en une seule colonne.

- Préservation de l'information : Les valeurs de fréquence conservent des informations sur l'occurrence relative de chaque catégorie.

- Gestion des nouvelles catégories : Pour les catégories non vues dans les données de test, vous pourriez attribuer une fréquence par défaut (par exemple, 0 ou la fréquence moyenne).

Cependant, il est important de noter que cette méthode suppose que la fréquence d'une catégorie est liée à son importance pour prédire la variable cible, ce qui peut ne pas toujours être le cas. Validez toujours l'efficacité de l'encodage par fréquence pour votre problème et votre jeu de données spécifiques.

Solution 3 : Encodage cible

L'encodage cible, également connu sous le nom d'encodage par moyenne ou encodage par vraisemblance, est une technique avancée qui remplace chaque catégorie par la moyenne de la variable cible pour cette catégorie. Cette méthode peut être particulièrement puissante pour les variables catégorielles qui ont une relation forte avec la variable cible. Voici comment elle fonctionne :

1. Pour chaque catégorie dans une caractéristique, calculez la moyenne de la variable cible pour toutes les instances de cette catégorie.

2. Remplacez la catégorie par cette valeur moyenne calculée.

Par exemple, si vous prédisez les prix des maisons et avez une caractéristique 'Quartier', vous remplaceriez chaque nom de quartier par le prix moyen des maisons dans ce quartier.

Les principaux avantages de l'encodage cible incluent :

- Capturer des relations complexes entre les catégories et la variable cible

- Gérer efficacement les caractéristiques de haute cardinalité

- Améliorer potentiellement les performances du modèle, en particulier pour les modèles basés sur des arbres

Cependant, l'encodage cible comporte des risques importants :

- Surajustement : Il peut conduire à une fuite de données s'il n'est pas mis en œuvre avec précaution

- Sensibilité aux valeurs aberrantes dans la variable cible

- Potentiel d'introduction de biais si les valeurs encodées ne sont pas correctement régularisées

Pour atténuer ces risques, plusieurs techniques peuvent être employées :

- Validation croisée K-fold : Encodez les données en utilisant des prédictions hors-pli

- Lissage : Ajoutez un terme de régularisation pour équilibrer la moyenne de la catégorie avec la moyenne globale

- Encodage leave-one-out : Calculez la moyenne cible pour chaque instance en excluant cette instance

Bien que l'encodage cible puisse être très efficace, il nécessite une mise en œuvre et une validation soigneuses pour s'assurer qu'il améliore les performances du modèle sans introduire de biais ou de surajustement.

Exemple de code : Encodage cible

```python
import pandas as pd
import numpy as np
from sklearn.model_selection import KFold

# Sample data
data = {
    'Neighborhood': ['A', 'B', 'C', 'A', 'B', 'C', 'A', 'B', 'C', 'A'],
    'Price': [100, 150, 200, 120, 160, 220, 110, 140, 190, 130]
}
df = pd.DataFrame(data)

# Function to perform target encoding
def target_encode(df, target_col, encode_col, n_splits=5):
    # Create a new column for the encoded values
    df[f'{encode_col}_encoded'] = np.nan

    # Prepare KFold cross-validator
    kf = KFold(n_splits=n_splits, shuffle=True, random_state=42)

    # Perform out-of-fold target encoding
    for train_idx, val_idx in kf.split(df):
        # Calculate target mean for each category in the training fold
        target_means = df.iloc[train_idx].groupby(encode_col)[target_col].mean()

        # Encode the validation fold
        df.loc[val_idx, f'{encode_col}_encoded'] = df.loc[val_idx, encode_col].map(target_means)

    # Handle any NaN values (for categories not seen in training)
    overall_mean = df[target_col].mean()
    df[f'{encode_col}_encoded'].fillna(overall_mean, inplace=True)

    return df
```

```python
# Apply target encoding
encoded_df = target_encode(df, 'Price', 'Neighborhood')

print(encoded_df)
```

Explication Détaillée du Code :

1. Importation des Bibliothèques :

    o Nous importons pandas pour la manipulation des données, numpy pour les opérations numériques, et KFold de sklearn pour la validation croisée.

2. Création de Données d'Exemple :

    o Nous créons un jeu de données d'exemple avec 'Neighborhood' (Quartier) comme caractéristique catégorielle et 'Price' (Prix) comme variable cible.

3. Définition de la Fonction d'Encodage Cible :

    o Nous définissons une fonction appelée target_encode qui prend le DataFrame, le nom de la colonne cible, la colonne à encoder et le nombre de divisions de validation croisée comme paramètres.

4. Préparation de l'Encodage :

    o Nous créons une nouvelle colonne dans le DataFrame pour stocker les valeurs encodées.

    o Nous initialisons un validateur croisé KFold pour effectuer un encodage hors-pli, ce qui aide à prévenir les fuites de données.

5. Réalisation de l'Encodage Cible Hors-Pli :

    o Nous itérons à travers les plis créés par KFold.

    o Pour chaque pli, nous calculons la moyenne de la variable cible pour chaque catégorie en utilisant les données d'entraînement.

    o Nous associons ensuite ces moyennes aux catégories correspondantes dans le pli de validation.

6. Gestion des Catégories Non Vues :

    o Nous remplissons les valeurs NaN (qui pourraient se produire pour les catégories non vues dans un pli d'entraînement particulier) avec la moyenne globale de la variable cible.

7. Application de l'Encodage :

    o Nous appelons la fonction target_encode sur notre DataFrame d'exemple.

8. Affichage des Résultats :

   o Nous affichons le DataFrame encodé final pour voir à la fois les noms de quartiers d'origine et leurs valeurs encodées cibles.

Cette implémentation utilise la validation croisée K-fold pour effectuer un encodage hors-pli, ce qui aide à atténuer le risque de surajustement. Les valeurs encodées pour chaque instance sont calculées en utilisant uniquement les données des autres plis, garantissant que l'information cible de cette instance n'est pas utilisée dans son propre encodage.

Les principaux avantages de cette méthode incluent :

- Capturer la relation entre la variable catégorielle et la cible

- Gérer efficacement les caractéristiques de haute cardinalité

- Réduire le risque de surajustement grâce à la validation croisée

Cependant, il est important de noter que l'encodage cible doit être utilisé avec précaution, en particulier avec de petits jeux de données ou lorsqu'il existe un risque de fuite de données. Validez toujours l'efficacité de l'encodage cible pour votre problème et votre jeu de données spécifiques.

Solution 4 : Techniques de Réduction de Dimensionnalité

Après l'Encodage One-Hot, vous pouvez appliquer des techniques de réduction de dimensionnalité telles que l'Analyse en Composantes Principales (ACP) ou l'Incorporation Stochastique de Voisins Distribués par t (t-SNE) pour réduire le nombre de caractéristiques tout en préservant la plupart des informations. Ces techniques sont particulièrement utiles lors du traitement de données de haute dimension résultant de l'Encodage One-Hot de variables catégorielles comportant de nombreuses catégories.

L'ACP est une technique linéaire de réduction de dimensionnalité qui identifie les composantes principales des données, qui sont les directions de variance maximale. En sélectionnant un sous-ensemble de ces composantes, vous pouvez réduire considérablement le nombre de caractéristiques tout en conservant la majeure partie de la variance des données. Cela peut aider à atténuer la malédiction de la dimensionnalité et à améliorer les performances du modèle.

Le t-SNE, en revanche, est une technique non linéaire qui est particulièrement efficace pour visualiser des données de haute dimension en deux ou trois dimensions. Il fonctionne en préservant la structure locale des données, ce qui le rend utile pour identifier des groupes ou des motifs qui pourraient ne pas être apparents dans l'espace de haute dimension d'origine.

Lors de l'application de ces techniques après l'Encodage One-Hot :

- Assurez-vous de mettre à l'échelle vos données de manière appropriée avant d'appliquer l'ACP ou le t-SNE, car ces méthodes sont sensibles à l'échelle des caractéristiques d'entrée.

- Pour l'ACP, considérez le ratio de variance expliquée cumulée pour déterminer combien de composantes conserver. Une approche courante consiste à conserver suffisamment de composantes pour expliquer 95 % ou 99 % de la variance.

- Pour le t-SNE, sachez qu'il est principalement utilisé pour la visualisation et l'exploration, et non pour générer des caractéristiques pour des tâches de modélisation en aval.

- N'oubliez pas que bien que ces techniques puissent être puissantes, elles peuvent également rendre les caractéristiques résultantes moins interprétables par rapport aux caractéristiques encodées One-Hot d'origine.

En combinant l'Encodage One-Hot avec la réduction de dimensionnalité, vous pouvez souvent atteindre un équilibre entre la capture des informations catégorielles et le maintien d'un espace de caractéristiques gérable pour vos modèles d'apprentissage automatique.

Exemple de Code : Réduction de Dimensionnalité avec ACP après Encodage One-Hot

```python
import pandas as pd
import numpy as np
from sklearn.preprocessing import OneHotEncoder
from sklearn.decomposition import PCA
from sklearn.compose import ColumnTransformer

# Sample data
data = {
    'Color': ['Red', 'Blue', 'Green', 'Blue', 'Red', 'Green', 'Blue', 'Red'],
    'Size': ['Small', 'Medium', 'Large', 'Medium', 'Small', 'Large', 'Small',
'Medium'],
    'Price': [10, 15, 20, 14, 11, 22, 13, 16]
}
df = pd.DataFrame(data)

# Step 1: One-Hot Encoding
ct = ColumnTransformer([
    ('encoder', OneHotEncoder(drop='first', sparse_output=False), ['Color', 'Size'])
], remainder='passthrough')

X = ct.fit_transform(df)

# Step 2: Apply PCA
pca = PCA(n_components=0.95)  # Keep 95% of variance
X_pca = pca.fit_transform(X)

# Print results
print("Original shape:", X.shape)
print("Shape after PCA:", X_pca.shape)
print("Explained variance ratio:", pca.explained_variance_ratio_)
```

Explication Détaillée du Code :

1. Importation des Bibliothèques :

    o   Nous importons pandas pour la manipulation des données, numpy pour les opérations numériques, et les classes nécessaires de scikit-learn pour le prétraitement et l'ACP.

2. Création de Données d'Exemple :

    o   Nous créons un jeu de données d'exemple avec deux caractéristiques catégorielles ('Color' et 'Size') et une caractéristique numérique ('Price').

3. Encodage One-Hot :

    o   Nous utilisons ColumnTransformer pour appliquer l'Encodage One-Hot aux caractéristiques catégorielles.

    o   OneHotEncoder est configuré avec drop='first' pour éviter le piège de la variable muette, et sparse_output=False pour retourner un tableau dense.

    o   La colonne 'Price' est conservée telle quelle en utilisant l'option 'passthrough'.

4. Application de l'ACP :

    o   Nous initialisons l'ACP avec n_components=0.95, ce qui signifie qu'elle conservera suffisamment de composantes pour expliquer 95 % de la variance dans les données.

    o   La méthode fit_transform est utilisée pour appliquer l'ACP aux données encodées One-Hot.

5. Affichage des Résultats :

    o   Nous affichons la forme originale des données après l'Encodage One-Hot et la nouvelle forme après l'application de l'ACP.

    o   Le ratio de variance expliquée pour chaque composante principale est également affiché.

Points clés à noter :

- Cette approche élargit d'abord l'espace de caractéristiques par l'Encodage One-Hot, puis le réduit en utilisant l'ACP, capturant potentiellement des relations plus complexes entre les catégories.

- Le paramètre n_components dans l'ACP est fixé à 0.95, ce qui signifie qu'elle conservera suffisamment de composantes pour expliquer 95 % de la variance. Il s'agit d'un seuil courant, mais vous pourriez l'ajuster en fonction de vos besoins spécifiques.

- Les caractéristiques résultantes (composantes principales) sont des combinaisons linéaires des caractéristiques originales encodées One-Hot, ce qui peut les rendre moins interprétables mais potentiellement plus informatives pour les modèles d'apprentissage automatique.

- Cette méthode est particulièrement utile lors du traitement de jeux de données qui comportent de nombreuses variables catégorielles ou catégories, car elle peut réduire considérablement la dimensionnalité tout en préservant la majeure partie de l'information.

N'oubliez pas de mettre à l'échelle vos caractéristiques numériques avant d'appliquer l'ACP si elles sont sur des échelles différentes. Dans cet exemple, nous n'avions qu'une seule caractéristique numérique ('Price'), donc la mise à l'échelle n'était pas nécessaire, mais dans des scénarios réels avec plusieurs caractéristiques numériques, vous incluriez généralement une étape de mise à l'échelle avant l'ACP.

Le choix entre ces solutions dépend du jeu de données spécifique, de la nature des variables catégorielles et de l'algorithme d'apprentissage automatique utilisé. Souvent, une combinaison de ces techniques peut donner les meilleurs résultats.

6.1.3 Astuce 3 : Matrices Creuses pour l'Efficacité

Lors du traitement de grands jeux de données ou de variables catégorielles avec de nombreuses valeurs uniques (haute cardinalité), l'Encodage One-Hot peut conduire à la création de matrices très creuses. Il s'agit de matrices où la majorité des valeurs sont des 0, avec seulement quelques 1 dispersés. Bien que cela représente fidèlement les données, cela peut être très inefficace en termes d'utilisation de la mémoire et de temps de calcul.

L'inefficacité provient du fait que les représentations matricielles denses traditionnelles stockent toutes les valeurs, y compris les nombreux zéros. Cela peut rapidement consommer de grandes quantités de mémoire, surtout lorsque la taille du jeu de données ou le nombre de catégories augmente. De plus, effectuer des calculs sur ces grandes matrices majoritairement vides peut être inutilement chronophage.

Solution : Exploiter les Matrices Creuses

Pour relever ces défis, vous pouvez optimiser l'Encodage One-Hot en utilisant des **matrices creuses**. Les matrices creuses sont une structure de données spécialisée conçue pour gérer efficacement les matrices avec une forte proportion de valeurs nulles. Elles y parviennent en ne stockant que les éléments non nuls ainsi que leurs positions dans la matrice.

Les avantages de l'utilisation des matrices creuses incluent :

- Économies de mémoire importantes : En ne stockant que les valeurs non nulles, les matrices creuses peuvent réduire considérablement l'utilisation de la mémoire, en particulier pour les grands jeux de données creux.

- Amélioration de l'efficacité computationnelle : De nombreuses opérations d'algèbre linéaire peuvent être effectuées plus rapidement sur des matrices creuses, car elles n'ont besoin de considérer que les éléments non nuls.

- Évolutivité : Les matrices creuses vous permettent de travailler avec des jeux de données beaucoup plus grands et des espaces de caractéristiques de dimension supérieure qui pourraient être impraticables avec des représentations denses.

En mettant en œuvre des matrices creuses dans votre processus d'Encodage One-Hot, vous pouvez maintenir les avantages de cette technique d'encodage tout en atténuant ses inconvénients potentiels lors du travail avec des données à grande échelle ou de haute cardinalité.

Exemple de Code : Encodage One-Hot Creux

```python
import pandas as pd
import numpy as np
from sklearn.preprocessing import OneHotEncoder
from scipy import sparse

# Sample data
data = {
    'Color': ['Red', 'Blue', 'Green', 'Blue', 'Red', 'Yellow', 'Green', 'Blue'],
    'Size': ['Small', 'Medium', 'Large', 'Medium', 'Small', 'Large', 'Medium', 'Small']
}
df = pd.DataFrame(data)

# Initialize OneHotEncoder with sparse matrix output
encoder = OneHotEncoder(sparse_output=True, drop='first')

# Apply One-Hot Encoding and transform the data into a sparse matrix
sparse_matrix = encoder.fit_transform(df)

# View the sparse matrix
print("Sparse Matrix:")
print(sparse_matrix)

# Get feature names
feature_names = encoder.get_feature_names_out(['Color', 'Size'])
print("\\nFeature Names:")
print(feature_names)

# Convert sparse matrix to dense array
dense_array = sparse_matrix.toarray()
print("\\nDense Array:")
print(dense_array)

# Create a DataFrame from the dense array
encoded_df = pd.DataFrame(dense_array, columns=feature_names)
print("\\nEncoded DataFrame:")
```

```python
print(encoded_df)

# Demonstrate memory efficiency
print("\\nMemory Usage:")
print(f"Sparse Matrix: {sparse_matrix.data.nbytes + sparse_matrix.indptr.nbytes + sparse_matrix.indices.nbytes} bytes")
print(f"Dense Array: {dense_array.nbytes} bytes")

# Perform operations on sparse matrix
print("\\nSum of each feature:")
print(np.asarray(sparse_matrix.sum(axis=0)).flatten())

# Inverse transform
original_data = encoder.inverse_transform(sparse_matrix)
print("\\nInverse Transformed Data:")
print(pd.DataFrame(original_data, columns=['Color', 'Size']))
```

Explication détaillée du code :

1. Importation des bibliothèques :

    o   Nous importons pandas pour la manipulation de données, numpy pour les opérations numériques, OneHotEncoder de sklearn pour l'encodage, et sparse de scipy pour les opérations sur les matrices creuses.

2. Création des données d'exemple :

    o   Nous créons un jeu de données d'exemple avec deux caractéristiques catégorielles : 'Color' et 'Size'.

    o   Cela démontre comment gérer plusieurs colonnes catégorielles simultanément.

3. Initialisation de OneHotEncoder :

    o   Nous définissons sparse_output=True pour obtenir une sortie sous forme de matrice creuse.

    o   drop='first' est utilisé pour éviter le piège de la variable factice en supprimant la première catégorie pour chaque caractéristique.

4. Application de l'Encodage One-Hot :

    o   Nous utilisons fit_transform pour à la fois ajuster l'encodeur à nos données et les transformer en une seule étape.

    o   Le résultat est une représentation sous forme de matrice creuse de nos données encodées.

5. Visualisation de la matrice creuse :

- o Nous affichons la matrice creuse pour voir sa structure.

6. Obtention des noms de caractéristiques :

   - o Nous utilisons get_feature_names_out pour voir les noms de nos caractéristiques encodées.

   - o Ceci est utile pour comprendre quelle colonne représente quelle catégorie.

7. Conversion en tableau dense :

   - o Nous convertissons la matrice creuse en un tableau numpy dense en utilisant toarray().

   - o Cette étape est souvent nécessaire pour la compatibilité avec certains algorithmes d'apprentissage automatique.

8. Création d'un DataFrame :

   - o Nous créons un DataFrame pandas à partir du tableau dense, en utilisant les noms de caractéristiques comme étiquettes de colonnes.

   - o Cela fournit une vue plus lisible des données encodées.

9. Démonstration de l'efficacité de la mémoire :

   - o Nous comparons l'utilisation de la mémoire de la matrice creuse et du tableau dense.

   - o Cela illustre les économies de mémoire réalisées en utilisant des matrices creuses, particulièrement important pour les grands jeux de données.

10. Exécution d'opérations :

    - o Nous démontrons comment effectuer des opérations directement sur la matrice creuse (sommation de chaque caractéristique).

    - o Cela montre que nous pouvons travailler avec la matrice creuse sans la convertir en format dense.

11. Transformation inverse :

    - o Nous utilisons inverse_transform pour reconvertir nos données encodées dans le format catégoriel original.

    - o Ceci est utile pour interpréter les résultats ou valider le processus d'encodage.

6.1.4 Points clés et considérations avancées

- **L'Encodage One-Hot** demeure une technique fondamentale pour gérer les variables catégorielles en apprentissage automatique. Son efficacité réside dans sa capacité à transformer les données catégorielles dans un format que les algorithmes peuvent traiter. Cependant, son application nécessite une réflexion approfondie pour maintenir l'intégrité du modèle et l'efficacité computationnelle.

- Le **piège de la variable factice** est un écueil critique à éviter, en particulier dans les modèles linéaires. En supprimant une colonne binaire pour chaque caractéristique encodée, nous prévenons les problèmes de multicolinéarité qui peuvent déstabiliser les coefficients et les interprétations du modèle. Cette pratique garantit que les colonnes restantes représentent pleinement l'information catégorielle sans redondance.

- Les variables de haute cardinalité posent un défi unique dans l'Encodage One-Hot. La prolifération de colonnes peut conduire à la malédiction de la dimensionnalité, submergeant potentiellement le modèle avec des caractéristiques creuses et sujettes au bruit. Dans de tels cas, l'**encodage par fréquence** offre une alternative élégante en remplaçant les catégories par leur fréquence d'occurrence. Cela réduit non seulement la dimensionnalité mais injecte également des informations précieuses sur la prévalence des catégories dans la représentation des caractéristiques.

- Une autre stratégie pour les caractéristiques de haute cardinalité est le regroupement de catégories. Cela implique de combiner les catégories moins fréquentes en une seule catégorie « Autre », réduisant efficacement le nombre de colonnes résultantes tout en préservant l'information catégorielle la plus significative. Le seuil de regroupement peut être ajusté en fonction du jeu de données spécifique et des exigences du modèle.

- L'utilisation de **matrices creuses** représente une optimisation significative dans la gestion des données encodées One-Hot, en particulier pour les jeux de données à grande échelle. En ne stockant que les éléments non nuls, les matrices creuses réduisent considérablement l'utilisation de la mémoire et accélèrent les calculs. Ce gain d'efficacité est particulièrement crucial dans les scénarios de big data ou lorsqu'on travaille avec des ressources computationnelles limitées.

- Il convient de noter que le choix de la méthode d'encodage peut avoir un impact significatif sur les performances du modèle. L'expérimentation de différentes techniques d'encodage et de leurs combinaisons conduit souvent à des résultats optimaux. Par exemple, vous pourriez utiliser l'Encodage One-Hot pour les variables de faible cardinalité et l'encodage par fréquence pour celles de haute cardinalité au sein du même jeu de données.

- Enfin, tenez toujours compte de l'interprétabilité de votre modèle lors du choix des méthodes d'encodage. Bien que l'Encodage One-Hot maintienne l'interprétabilité des caractéristiques, des techniques d'encodage plus complexes peuvent obscurcir la relation directe entre les catégories originales et les sorties du modèle. Trouvez un équilibre entre les performances du modèle et l'interprétabilité en fonction de votre cas d'usage spécifique et des exigences des parties prenantes.

6.2 Méthodes d'encodage avancées : Encodage cible, par fréquence et ordinal

Bien que l'Encodage One-Hot soit une technique fondamentale pour gérer les variables catégorielles, ce n'est pas toujours le choix optimal, en particulier lors du traitement de jeux de données complexes ou de caractéristiques de haute cardinalité. Dans de tels scénarios, des méthodes d'encodage alternatives peuvent offrir une efficacité et des performances de modèle améliorées. Cette section examine en profondeur trois techniques d'encodage avancées : l'Encodage cible, l'Encodage par fréquence et l'Encodage ordinal.

L'**Encodage cible** remplace les catégories par la moyenne de la variable cible pour cette catégorie. Cette méthode est particulièrement efficace lorsqu'il existe une relation forte entre la variable catégorielle et la variable cible, et elle aide à atténuer les problèmes de dimensionnalité associés à l'Encodage One-Hot pour les caractéristiques de haute cardinalité.

L'**Encodage par fréquence** substitue chaque catégorie par sa fréquence d'occurrence dans le jeu de données. Cette technique est particulièrement utile lorsque la prévalence d'une catégorie contient des informations significatives. Elle est efficace en termes de mémoire et ne souffre pas du problème d'explosion de colonnes de l'Encodage One-Hot.

L'**Encodage ordinal** est appliqué lorsque les catégories ont une relation naturelle ordonnée. Contrairement à l'Encodage One-Hot, qui traite toutes les catégories de manière égale, l'Encodage ordinal attribue des valeurs numériques qui reflètent le rang ou l'ordre des catégories. Cette méthode est particulièrement précieuse pour des caractéristiques comme les niveaux d'éducation ou les évaluations de produits où l'ordre est significatif.

Chacune de ces méthodes d'encodage avancées a ses propres forces et convient à différents types de données catégorielles et scénarios de modélisation. En comprenant et en appliquant ces techniques, les data scientists peuvent considérablement enrichir leur boîte à outils d'ingénierie des caractéristiques et potentiellement améliorer les performances du modèle dans un large éventail de tâches d'apprentissage automatique.

6.2.1 Encodage cible

L'**Encodage cible** est une technique d'encodage avancée qui remplace chaque catégorie d'une variable catégorielle par la moyenne de la variable cible pour cette catégorie. Cette méthode est particulièrement efficace lorsqu'il existe une forte corrélation entre la variable catégorielle et la variable cible. Elle offre plusieurs avantages par rapport aux méthodes d'encodage traditionnelles comme l'Encodage One-Hot :

1. **Réduction de la dimensionnalité** : Contrairement à l'Encodage One-Hot, qui crée une nouvelle colonne binaire pour chaque catégorie, l'Encodage cible maintient une seule colonne, réduisant considérablement l'espace des caractéristiques. Ceci est particulièrement bénéfique pour les jeux de données de haute dimension ou lors du travail avec des ressources computationnelles limitées.

2. **Capture de relations complexes** : L'Encodage cible peut capturer des relations non linéaires entre les catégories et la variable cible, améliorant potentiellement les performances du modèle pour certains algorithmes comme les modèles linéaires ou les réseaux de neurones.

3. **Gestion des catégories rares** : Il fournit un moyen sensé de traiter les catégories rares, car leur encodage sera influencé par la moyenne globale de la variable cible, réduisant le risque de surapprentissage aux événements rares.

Quand utiliser l'Encodage cible

- Caractéristiques de haute cardinalité : L'Encodage cible est particulièrement utile lors du traitement de variables catégorielles qui ont un grand nombre de catégories uniques. Dans de tels cas, l'Encodage One-Hot conduirait à une explosion de caractéristiques, causant potentiellement des problèmes de mémoire et augmentant la complexité du modèle.

- Relation forte entre catégorie et cible : Cette méthode excelle lorsqu'il existe une relation claire et significative entre la variable catégorielle et la variable cible. Elle exploite efficacement cette relation pour créer des caractéristiques informatives.

- Données limitées pour certaines catégories : Dans les situations où certaines catégories ont des points de données limités, l'Encodage cible peut fournir des estimations plus stables en incorporant des informations de l'ensemble du jeu de données.

- Problèmes de séries temporelles : L'Encodage cible peut être particulièrement utile dans les tâches de prévision de séries temporelles, où la relation historique entre les catégories et la variable cible peut informer les prédictions futures.

Exemple de code : Encodage cible

Supposons que nous travaillions avec un jeu de données qui inclut une colonne **Neighborhood** et que la variable cible soit **House Prices**.

```python
import pandas as pd
import numpy as np
from sklearn.model_selection import train_test_split
from sklearn.metrics import mean_squared_error

# Sample data
data = {
    'Neighborhood': ['A', 'B', 'A', 'C', 'B', 'A', 'C', 'B', 'D', 'D'],
    'SalePrice': [300000, 450000, 350000, 500000, 470000, 320000, 480000, 460000,
400000, 420000]
}

df = pd.DataFrame(data)
```

```python
# Split the data into train and test sets
train, test = train_test_split(df, test_size=0.2, random_state=42)

# Function to perform target encoding
def target_encode(train, test, column, target, alpha=5):
    # Calculate global mean
    global_mean = train[target].mean()

    # Calculate the mean of the target for each category
    category_means = train.groupby(column)[target].agg(['mean', 'count'])

    # Apply smoothing
    smoothed_means = (category_means['mean'] * category_means['count'] + global_mean
* alpha) / (category_means['count'] + alpha)

    # Apply encoding to train set
    train_encoded = train[column].map(smoothed_means)

    # Apply encoding to test set
    test_encoded = test[column].map(smoothed_means)

    # Handle unknown categories in test set
    test_encoded.fillna(global_mean, inplace=True)

    return train_encoded, test_encoded

# Apply Target Encoding
train['NeighborhoodEncoded'],  test['NeighborhoodEncoded']  =  target_encode(train,
test, 'Neighborhood', 'SalePrice')

# View the encoded dataframes
print("Train Data:")
print(train)
print("\\nTest Data:")
print(test)

# Demonstrate the impact on a simple model
from sklearn.linear_model import LinearRegression

# Model with original categorical data
model_orig = LinearRegression()
model_orig.fit(pd.get_dummies(train['Neighborhood']), train['SalePrice'])
pred_orig = model_orig.predict(pd.get_dummies(test['Neighborhood']))
mse_orig = mean_squared_error(test['SalePrice'], pred_orig)

# Model with target encoded data
model_encoded = LinearRegression()
model_encoded.fit(train[['NeighborhoodEncoded']], train['SalePrice'])
pred_encoded = model_encoded.predict(test[['NeighborhoodEncoded']])
mse_encoded = mean_squared_error(test['SalePrice'], pred_encoded)

print(f"\\nMSE with original data: {mse_orig}")
```

```python
print(f"MSE with target encoded data: {mse_encoded}")
```

Explication détaillée du code :

1. Préparation des données :

    o   Nous importons les bibliothèques nécessaires : pandas pour la manipulation de données, numpy pour les opérations numériques et scikit-learn pour la sélection de modèles et l'évaluation.

    o   Un jeu de données d'exemple est créé avec 'Neighborhood' comme caractéristique catégorielle et 'SalePrice' comme variable cible.

    o   Les données sont divisées en ensembles d'entraînement et de test à l'aide de train_test_split pour simuler un scénario réel et éviter les fuites de données.

2. Fonction d'encodage cible :

    o   Nous définissons une fonction personnalisée target_encode qui effectue l'encodage cible avec lissage.

    o   La fonction calcule la moyenne globale de la variable cible et la moyenne pour chaque catégorie.

    o   Le lissage est appliqué à l'aide de la formule : (moyenne_catégorie *compte_catégorie + moyenne_globale* alpha) / (compte_catégorie + alpha).

    o   La fonction gère les catégories inconnues dans l'ensemble de test en les remplissant avec la moyenne globale.

3. Application de l'encodage cible :

    o   Nous appliquons la fonction target_encode aux ensembles d'entraînement et de test.

    o   Les valeurs encodées sont stockées dans une nouvelle colonne 'NeighborhoodEncoded'.

4. Visualisation des résultats :

    o   Nous imprimons les deux DataFrames d'entraînement et de test pour montrer les valeurs originales et encodées côte à côte.

5. Comparaison de modèles :

    o   Pour démontrer l'impact de l'encodage cible, nous comparons deux modèles de régression linéaire simples.

    o   Le premier modèle utilise l'encodage one-hot (pd.get_dummies) sur la colonne 'Neighborhood' originale.

- o Le deuxième modèle utilise la colonne 'NeighborhoodEncoded' encodée par cible.

- o Nous ajustons les deux modèles sur les données d'entraînement et faisons des prédictions sur les données de test.

- o L'erreur quadratique moyenne (MSE) est calculée pour les deux modèles afin de comparer leurs performances.

Cet exemple offre un aperçu complet de l'encodage cible en incluant :

- La division des données pour prévenir les fuites de données

- Une fonction d'encodage cible réutilisable avec lissage

- La gestion des catégories inconnues dans l'ensemble de test

- Une comparaison pratique des performances du modèle avec et sans encodage cible

Cette approche donne une compréhension réaliste et nuancée du fonctionnement de l'encodage cible en pratique et de ses avantages potentiels dans un pipeline d'apprentissage automatique.

Considérations pour l'encodage cible

- **Fuite de données** : L'un des principaux risques de l'encodage cible est la fuite de données, où les informations de l'ensemble de test « fuient » dans l'ensemble d'entraînement. Cela peut conduire à des estimations de performance du modèle trop optimistes et à une mauvaise généralisation. Pour atténuer ce risque, il est crucial d'effectuer l'encodage cible au sein des plis de validation croisée. Cette approche garantit que l'encodage est basé uniquement sur les données d'entraînement au sein de chaque pli, préservant l'intégrité du processus de validation.

- **Surapprentissage** : Étant donné que l'encodage cible incorpore directement la variable cible, il existe un risque important de surapprentissage, en particulier pour les catégories avec peu d'échantillons. Cela peut entraîner le modèle à apprendre du bruit plutôt que de véritables motifs dans les données. Pour résoudre ce problème, plusieurs techniques peuvent être employées :

  - o Lissage : Appliquer une régularisation en ajoutant un facteur de lissage au calcul de l'encodage. Cela aide à équilibrer entre la moyenne globale et la moyenne spécifique à la catégorie, réduisant l'impact des valeurs aberrantes ou des catégories rares.

  - o Validation croisée : Utiliser la validation croisée k-fold lors de l'exécution de l'encodage cible pour garantir des encodages plus stables et généralisables.

- o Ajout de bruit : Introduire de petites quantités de bruit aléatoire aux valeurs encodées, ce qui peut aider à empêcher le modèle de surapprendre des valeurs encodées spécifiques.

- o Encodage leave-one-out : Pour chaque échantillon, calculer la moyenne cible en excluant cet échantillon, réduisant le risque de surapprentissage sur des points de données individuels.

En abordant soigneusement ces défis, les data scientists peuvent exploiter la puissance de l'encodage cible tout en minimisant ses inconvénients potentiels, conduisant à des modèles plus robustes et précis.

Exemple de code : Encodage cible avec lissage

```python
import pandas as pd
import numpy as np
from sklearn.model_selection import train_test_split
from sklearn.metrics import mean_squared_error
from sklearn.linear_model import LinearRegression

# Sample data
data = {
    'Neighborhood': ['A', 'B', 'A', 'C', 'B', 'A', 'C', 'B', 'D', 'D'] * 10,
    'SalePrice': np.random.randint(200000, 600000, 100)
}

df = pd.DataFrame(data)

# Split the data into train and test sets
train, test = train_test_split(df, test_size=0.2, random_state=42)

# Function to perform target encoding with smoothing
def target_encode_smooth(train, test, column, target, alpha=5):
    # Calculate global mean
    global_mean = train[target].mean()

    # Calculate the mean of the target for each category
    category_means = train.groupby(column)[target].agg(['mean', 'count'])

    # Apply smoothing
    smoothed_means = (category_means['mean'] * category_means['count'] + global_mean
* alpha) / (category_means['count'] + alpha)

    # Apply encoding to train set
    train_encoded = train[column].map(smoothed_means)

    # Apply encoding to test set
    test_encoded = test[column].map(smoothed_means)

    # Handle unknown categories in test set
    test_encoded.fillna(global_mean, inplace=True)
```

```python
    return train_encoded, test_encoded

# Apply Target Encoding with smoothing
train['NeighborhoodEncoded'],                    test['NeighborhoodEncoded']    =
target_encode_smooth(train, test, 'Neighborhood', 'SalePrice', alpha=5)

# View the encoded dataframes
print("Train Data:")
print(train[['Neighborhood', 'NeighborhoodEncoded', 'SalePrice']].head())
print("\\nTest Data:")
print(test[['Neighborhood', 'NeighborhoodEncoded', 'SalePrice']].head())

# Demonstrate the impact on a simple model
# Model with original categorical data (One-Hot Encoding)
model_orig = LinearRegression()
model_orig.fit(pd.get_dummies(train['Neighborhood']), train['SalePrice'])
pred_orig = model_orig.predict(pd.get_dummies(test['Neighborhood']))
mse_orig = mean_squared_error(test['SalePrice'], pred_orig)

# Model with target encoded data
model_encoded = LinearRegression()
model_encoded.fit(train[['NeighborhoodEncoded']], train['SalePrice'])
pred_encoded = model_encoded.predict(test[['NeighborhoodEncoded']])
mse_encoded = mean_squared_error(test['SalePrice'], pred_encoded)

print(f"\\nMSE with One-Hot Encoding: {mse_orig:.2f}")
print(f"MSE with Target Encoding: {mse_encoded:.2f}")

# Visualize the distribution of encoded values
import matplotlib.pyplot as plt

plt.figure(figsize=(10, 6))
train.groupby('Neighborhood')['NeighborhoodEncoded'].mean().plot(kind='bar')
plt.title('Average Encoded Value by Neighborhood')
plt.xlabel('Neighborhood')
plt.ylabel('Encoded Value')
plt.show()
```

Explication détaillée du code :

1. Préparation des données :

   o Nous importons les bibliothèques nécessaires : pandas pour la manipulation des données, numpy pour les opérations numériques, et scikit-learn pour la sélection de modèle, l'évaluation et la régression linéaire.

   o Un échantillon de données plus large est créé avec 'Neighborhood' comme caractéristique catégorielle et 'SalePrice' comme variable cible. Nous utilisons 100 échantillons pour mieux démontrer les effets de l'encodage.

- o Les données sont divisées en ensembles d'entraînement et de test en utilisant train_test_split pour simuler un scénario réel et éviter les fuites de données.

2. Fonction d'encodage cible :

- o Nous définissons une fonction personnalisée target_encode_smooth qui effectue l'encodage cible avec lissage.

- o La fonction calcule la moyenne globale de la variable cible et la moyenne pour chaque catégorie.

- o Le lissage est appliqué à l'aide de la formule : (moyenne_catégorie *compte_catégorie + moyenne_globale* alpha) / (compte_catégorie + alpha).

- o La fonction gère les catégories inconnues dans l'ensemble de test en les remplissant avec la moyenne globale.

3. Application de l'encodage cible :

- o Nous appliquons la fonction target_encode_smooth aux ensembles d'entraînement et de test.

- o Les valeurs encodées sont stockées dans une nouvelle colonne 'NeighborhoodEncoded'.

4. Visualisation des résultats :

- o Nous imprimons les DataFrames d'entraînement et de test pour montrer les valeurs originales et encodées côte à côte.

5. Comparaison de modèles :

- o Pour démontrer l'impact de l'encodage cible, nous comparons deux modèles de régression linéaire simples.

- o Le premier modèle utilise l'encodage one-hot (pd.get_dummies) sur la colonne 'Neighborhood' originale.

- o Le deuxième modèle utilise la colonne 'NeighborhoodEncoded' encodée par cible.

- o Nous ajustons les deux modèles sur les données d'entraînement et faisons des prédictions sur les données de test.

- o L'erreur quadratique moyenne (MSE) est calculée pour les deux modèles afin de comparer leurs performances.

6. Visualisation :

    o   Nous ajoutons un diagramme à barres pour visualiser la valeur encodée moyenne pour chaque quartier, fournissant des informations sur la façon dont l'encodage capture la relation entre les quartiers et les prix de vente.

6.2.2 Encodage par fréquence

L'**encodage par fréquence** est une technique puissante qui remplace chaque catégorie par sa fréquence d'occurrence dans l'ensemble de données. Cette méthode est particulièrement efficace lorsque la prévalence d'une catégorie contient des informations significatives pour le modèle. Par exemple, dans un modèle de prédiction d'attrition client, la fréquence d'utilisation d'un produit par un client pourrait être un indicateur fort de sa probabilité de rester un client fidèle.

Contrairement à l'encodage one-hot, l'encodage par fréquence est remarquablement efficace en termes de mémoire. Il condense l'information catégorielle en une seule colonne, quel que soit le nombre de catégories uniques. Cette propriété le rend particulièrement précieux lors du traitement d'ensembles de données contenant un grand nombre de variables catégorielles ou de catégories à cardinalité élevée.

Quand utiliser l'encodage par fréquence

- Caractéristiques catégorielles à haute cardinalité : Lorsque vous travaillez avec des variables qui ont de nombreuses catégories uniques, telles que des codes postaux ou des identifiants de produits, l'encodage par fréquence peut capturer efficacement l'information sans l'explosion de dimensionnalité associée à l'encodage one-hot.

- Importance de la fréquence des catégories : Dans les scénarios où la fréquence ou la rareté d'une catégorie est significative pour le modèle, l'encodage par fréquence incorpore directement cette information. Par exemple, dans la détection de fraude, la fréquence d'un type de transaction pourrait être une caractéristique cruciale.

- Contraintes de mémoire : Si votre modèle fait face à des limitations de mémoire en raison de la haute dimensionnalité des caractéristiques encodées en one-hot, l'encodage par fréquence peut être une excellente alternative pour réduire l'espace des caractéristiques tout en conservant des informations importantes.

- Prétraitement pour les modèles basés sur les arbres : Les modèles basés sur les arbres comme les forêts aléatoires ou les machines à gradient boosting peuvent bénéficier de l'encodage par fréquence, car il leur fournit une représentation numérique des données catégorielles sur laquelle il est facile de faire des divisions.

Cependant, il est important de noter que l'encodage par fréquence suppose qu'il existe une relation monotone entre la fréquence d'une catégorie et la variable cible. Si cette hypothèse ne tient pas pour vos données, d'autres techniques d'encodage pourraient être plus appropriées. De plus, pour les catégories nouvelles ou non vues dans l'ensemble de test, vous devrez mettre en œuvre une stratégie pour les gérer, comme leur attribuer une fréquence par défaut ou utiliser la fréquence moyenne de l'ensemble d'entraînement.

Exemple de code : Encodage par fréquence

```python
import pandas as pd
import numpy as np
import matplotlib.pyplot as plt
from sklearn.model_selection import train_test_split
from sklearn.linear_model import LogisticRegression
from sklearn.metrics import accuracy_score

# Sample data
np.random.seed(42)
data = {
    'City': np.random.choice(['New York', 'Los Angeles', 'Chicago', 'Houston',
'Phoenix'], 1000),
    'Customer_Churn': np.random.choice([0, 1], 1000)
}

df = pd.DataFrame(data)

# Split the data into train and test sets
train, test = train_test_split(df, test_size=0.2, random_state=42)

# Perform frequency encoding on the training set
train['City_Frequency'] = train.groupby('City')['City'].transform('count')

# Normalize the frequency
train['City_Frequency_Normalized'] = train['City_Frequency'] / len(train)

# Apply the encoding to the test set
city_freq = train.groupby('City')['City_Frequency'].first()
test['City_Frequency'] = test['City'].map(city_freq).fillna(0)
test['City_Frequency_Normalized'] = test['City_Frequency'] / len(train)

# View the encoded dataframes
print("Train Data:")
print(train.head())
print("\\nTest Data:")
print(test.head())

# Visualize the frequency distribution
plt.figure(figsize=(10, 6))
train['City'].value_counts().plot(kind='bar')
plt.title('Frequency of Cities in Training Data')
plt.xlabel('City')
plt.ylabel('Frequency')
plt.show()

# Train a simple model
model = LogisticRegression()
```

```python
model.fit(train[['City_Frequency_Normalized']], train['Customer_Churn'])

# Make predictions
train_pred = model.predict(train[['City_Frequency_Normalized']])
test_pred = model.predict(test[['City_Frequency_Normalized']])

# Evaluate the model
print(f"\\nTrain Accuracy: {accuracy_score(train['Customer_Churn'],
train_pred):.4f}")
print(f"Test Accuracy: {accuracy_score(test['Customer_Churn'], test_pred):.4f}")

# Compare with one-hot encoding
train_onehot = pd.get_dummies(train['City'], prefix='City')
test_onehot = pd.get_dummies(test['City'], prefix='City')

# Ensure test set has all columns from train set
for col in train_onehot.columns:
    if col not in test_onehot.columns:
        test_onehot[col] = 0

test_onehot = test_onehot[train_onehot.columns]

# Train and evaluate one-hot encoded model
model_onehot = LogisticRegression()
model_onehot.fit(train_onehot, train['Customer_Churn'])

train_pred_onehot = model_onehot.predict(train_onehot)
test_pred_onehot = model_onehot.predict(test_onehot)

print(f"\\nOne-Hot Encoding - Train Accuracy:
{accuracy_score(train['Customer_Churn'], train_pred_onehot):.4f}")
print(f"One-Hot Encoding - Test Accuracy: {accuracy_score(test['Customer_Churn'],
test_pred_onehot):.4f}")
```

Explication détaillée du code :

1. Préparation des données :

    o   Nous importons les bibliothèques nécessaires : pandas pour la manipulation des données, numpy pour la génération de nombres aléatoires, matplotlib pour la visualisation et scikit-learn pour l'entraînement et l'évaluation des modèles.

    o   Un échantillon de données plus volumineux est créé avec 'City' comme caractéristique catégorielle et 'Customer_Churn' comme variable cible. Nous utilisons 1000 échantillons pour mieux démontrer les effets de l'encodage.

    o   Les données sont divisées en ensembles d'entraînement et de test en utilisant train_test_split pour simuler un scénario réel et éviter les fuites de données.

2. Encodage par fréquence :

   o Nous effectuons l'encodage par fréquence sur l'ensemble d'entraînement en utilisant les fonctions groupby et transform de pandas.

   o La fréquence brute est normalisée en la divisant par le nombre total d'échantillons dans l'ensemble d'entraînement.

   o Pour l'ensemble de test, nous appliquons les fréquences de l'ensemble d'entraînement pour assurer la cohérence et gérer les catégories non vues.

3. Visualisation des données :

   o Nous utilisons matplotlib pour créer un diagramme à barres montrant la distribution de fréquence des villes dans les données d'entraînement.

4. Entraînement et évaluation du modèle :

   o Un modèle de régression logistique est entraîné en utilisant la caractéristique encodée par fréquence.

   o Des prédictions sont faites sur les ensembles d'entraînement et de test, et les scores de précision sont calculés.

5. Comparaison avec l'encodage one-hot :

   o Nous créons des versions encodées en one-hot des données en utilisant la fonction get_dummies de pandas.

   o Nous nous assurons que l'ensemble de test possède toutes les colonnes présentes dans l'ensemble d'entraînement, en ajoutant des colonnes manquantes avec des valeurs nulles si nécessaire.

   o Un autre modèle de régression logistique est entraîné et évalué en utilisant les données encodées en one-hot.

Cet exemple offre une démonstration complète de l'encodage par fréquence, comprenant :

- La division des données pour prévenir les fuites de données

- La normalisation des valeurs de fréquence

- La gestion des catégories inconnues dans l'ensemble de test

- La visualisation des fréquences de catégories

- Une comparaison pratique avec l'encodage one-hot

Cette approche offre une compréhension pratique et détaillée de l'application réelle de l'encodage par fréquence et de sa performance par rapport aux autres techniques d'encodage dans un flux de travail typique d'apprentissage automatique.

Avantages de l'encodage par fréquence

- **Efficacité** : L'encodage par fréquence crée une seule colonne, quel que soit le nombre de catégories, ce qui le rend efficace en termes de calcul et de mémoire. Ceci est particulièrement avantageux lors du traitement de grands ensembles de données ou de variables à haute cardinalité, où d'autres méthodes d'encodage pourraient entraîner une augmentation significative de la dimensionnalité.

- **Simplicité de mise en œuvre** : Cette méthode est simple à appliquer et fonctionne bien avec les variables à haute cardinalité. Sa simplicité facilite son intégration dans les pipelines de prétraitement de données existants et est moins sujette aux erreurs d'implémentation.

- **Préservation de l'information** : L'encodage par fréquence conserve des informations sur l'importance relative ou la prévalence de chaque catégorie. Cela peut être précieux dans les scénarios où la fréquence d'une catégorie est elle-même une caractéristique significative pour le modèle.

- **Gestion des nouvelles catégories** : Lorsqu'il rencontre de nouvelles catégories dans les données de test, l'encodage par fréquence peut facilement les gérer en leur attribuant une fréquence par défaut (par exemple, 0 ou la fréquence moyenne de l'ensemble d'entraînement), ce qui le rend robuste face aux données non vues.

- **Compatibilité avec divers modèles** : La nature numérique des caractéristiques encodées par fréquence les rend compatibles avec un large éventail d'algorithmes d'apprentissage automatique, y compris les modèles basés sur les arbres et les modèles linéaires.

6.2.3 Encodage ordinal

L'encodage ordinal est une technique sophistiquée utilisée lorsque les catégories d'une variable possèdent une relation ordonnée inhérente. Cette méthode contraste avec l'encodage one-hot, qui traite toutes les catégories comme nominalement distinctes. Au lieu de cela, l'encodage ordinal attribue à chaque catégorie une valeur numérique qui correspond à sa position ou à son rang dans l'ensemble ordonné.

Cette approche d'encodage est particulièrement précieuse pour les caractéristiques qui présentent une structure hiérarchique claire. Par exemple :

- **Niveau d'éducation** : Les catégories peuvent être encodées comme Lycée (1), Licence (2), Master (3) et Doctorat (4), reflétant les niveaux croissants de réussite académique.

- **Satisfaction client** : Les évaluations pourraient être encodées comme Très insatisfait (1), Insatisfait (2), Neutre (3), Satisfait (4) et Très satisfait (5), capturant le spectre du sentiment client.

- **Évaluations de produits** : Un système d'évaluation à cinq étoiles pourrait être directement encodé comme 1, 2, 3, 4 et 5, préservant l'échelle de qualité inhérente.

Quand utiliser l'encodage ordinal

- Lorsque la variable catégorielle a un ordre naturel (par exemple, faible, moyen, élevé). Cet ordre doit être significatif et cohérent dans toutes les catégories.

- Lorsque le modèle doit tenir compte du rang ou de l'ordre des catégories. Ceci est particulièrement important pour les algorithmes qui peuvent exploiter les relations numériques entre les valeurs encodées.

- Dans l'analyse de séries temporelles où la progression des catégories au fil du temps est significative (par exemple, les étapes d'un projet : planification, développement, test, déploiement).

- Pour les caractéristiques où la distance entre les catégories est relativement uniforme ou peut être approximée comme telle.

Il est crucial de noter que l'encodage ordinal introduit une hypothèse d'équidistance entre les catégories, qui peut ne pas toujours être vraie dans la réalité. Par exemple, la différence de réussite académique entre un diplôme de lycée et une licence pourrait ne pas être équivalente à la différence entre un master et un doctorat. Par conséquent, une considération attentive du domaine et des exigences spécifiques de la tâche d'apprentissage automatique est essentielle lors de l'application de cette méthode d'encodage.

Exemple de code : Encodage ordinal

```python
import pandas as pd
import matplotlib.pyplot as plt
from sklearn.preprocessing import OrdinalEncoder
from sklearn.model_selection import train_test_split
from sklearn.tree import DecisionTreeClassifier
from sklearn.metrics import accuracy_score

# Sample data
data = {
    'EducationLevel': ['High School', 'Bachelor', 'Master', 'PhD', 'Bachelor', 'High
School', 'Master', 'PhD', 'Bachelor', 'Master'],
    'Salary': [30000, 50000, 70000, 90000, 55000, 35000, 75000, 95000, 52000, 72000]
}

df = pd.DataFrame(data)

# Define the ordinal mapping
education_order = {'High School': 1, 'Bachelor': 2, 'Master': 3, 'PhD': 4}

# Apply Manual Ordinal Encoding
df['EducationLevelEncoded'] = df['EducationLevel'].map(education_order)
```

```python
# Apply Scikit-learn's OrdinalEncoder
ordinal_encoder = OrdinalEncoder(categories=[['High School', 'Bachelor', 'Master',
'PhD']])
df['EducationLevelEncodedSK'] = ordinal_encoder.fit_transform(df[['EducationLevel']])

# View the encoded dataframe
print("Encoded DataFrame:")
print(df)

# Visualize the encoding
plt.figure(figsize=(10, 6))
plt.scatter(df['EducationLevelEncoded'], df['Salary'], alpha=0.6)
plt.xlabel('Education Level (Encoded)')
plt.ylabel('Salary')
plt.title('Salary vs Education Level (Ordinal Encoding)')
plt.show()

# Prepare data for modeling
X = df[['EducationLevelEncoded']]
y = (df['Salary'] > df['Salary'].median()).astype(int)  # Binary classification: 1 if
salary > median, else 0

# Split the data
X_train, X_test, y_train, y_test = train_test_split(X, y, test_size=0.2,
random_state=42)

# Train a simple decision tree
clf = DecisionTreeClassifier(random_state=42)
clf.fit(X_train, y_train)

# Make predictions
y_pred = clf.predict(X_test)

# Evaluate the model
accuracy = accuracy_score(y_test, y_pred)
print(f"\\nModel Accuracy: {accuracy:.2f}")

# Demonstrate handling of unseen categories
new_data = pd.DataFrame({'EducationLevel': ['Associate', 'Bachelor', 'PhD']})
new_data['EducationLevelEncoded'] =
new_data['EducationLevel'].map(education_order).fillna(0)
print("\\nHandling Unseen Categories:")
print(new_data)
```

Explication détaillée du code :

- Préparation des données :

  o Nous créons un échantillon de données plus large avec 'EducationLevel' et
    'Salary' pour démontrer l'effet de l'encodage sur une variable liée.

- o Les données sont stockées dans un DataFrame pandas pour une manipulation facile.

- Encodage ordinal manuel :

  - o Nous définissons un dictionnaire 'education_order' qui associe chaque niveau d'éducation à une valeur numérique.

  - o La fonction 'map' de pandas est utilisée pour appliquer cet encodage à la colonne 'EducationLevel'.

- Encodage ordinal avec Scikit-learn :

  - o Nous démontrons une méthode alternative utilisant l'OrdinalEncoder de scikit-learn.

  - o Cette méthode est particulièrement utile lors du traitement de plusieurs colonnes catégorielles ou lors de l'intégration avec des pipelines scikit-learn.

- Visualisation :

  - o Un nuage de points est créé pour visualiser la relation entre les niveaux d'éducation encodés et le salaire.

  - o Cela aide à comprendre comment l'encodage ordinal préserve l'ordre des catégories.

- Entraînement du modèle :

  - o Nous créons un problème de classification binaire : prédire si un salaire est supérieur à la médiane en fonction du niveau d'éducation.

  - o Les données sont divisées en ensembles d'entraînement et de test pour évaluer les performances du modèle sur des données non vues.

  - o Un classificateur par arbre de décision est entraîné sur les données encodées.

- Évaluation du modèle :

  - o Des prédictions sont effectuées sur l'ensemble de test, et la précision du modèle est calculée.

  - o Cela démontre comment l'encodage ordinal peut être utilisé efficacement dans un pipeline d'apprentissage automatique.

- Gestion des catégories non vues :

  - o Nous créons un nouveau DataFrame avec une catégorie non vue ('Associate') pour démontrer comment gérer de tels cas.

  - o La méthode 'fillna(0)' est utilisée pour attribuer une valeur par défaut (0) à toutes les catégories non vues.

Cet exemple complet présente l'application pratique de l'encodage ordinal, sa visualisation, son utilisation dans un modèle d'apprentissage automatique simple, et la gestion des catégories non vues. Il fournit une image complète de la façon dont l'encodage ordinal s'intègre dans un flux de travail en science des données.

Considérations pour l'encodage ordinal

- L'encodage ordinal ne devrait être utilisé que lorsque les catégories ont un ordre clair. L'appliquer à des catégories non ordonnées peut conduire à des résultats trompeurs, car le modèle peut supposer une relation entre des catégories qui n'existe pas. Par exemple, encoder 'Rouge', 'Bleu' et 'Vert' comme 1, 2 et 3 respectivement impliquerait que 'Vert' est plus similaire à 'Bleu' qu'à 'Rouge', ce qui n'est pas nécessairement vrai.

- Pour les modèles comme les arbres de décision et les machines à gradient boosting, l'ordre dans l'encodage ordinal peut fournir des informations utiles. Ces modèles peuvent exploiter les relations numériques entre les valeurs encodées pour effectuer des divisions et des décisions. Cependant, pour les modèles linéaires, l'encodage ordinal peut introduire des relations non intentionnelles entre les catégories. Les modèles linéaires pourraient interpréter les différences numériques entre les valeurs encodées comme significatives, ce qui pourrait conduire à des hypothèses incorrectes sur les données.

- Le choix des valeurs d'encodage peut avoir un impact sur les performances du modèle. Bien qu'il soit courant d'utiliser des entiers consécutifs (1, 2, 3, ...), il peut y avoir des cas où des valeurs personnalisées représentent mieux la relation entre les catégories. Par exemple, encoder les niveaux d'éducation comme 1, 2, 4, 8 au lieu de 1, 2, 3, 4 pourrait mieux capturer la complexité croissante ou l'investissement en temps des niveaux d'éducation supérieurs.

- Lorsqu'on traite de nouvelles catégories ou de catégories non vues dans l'ensemble de test, il faut avoir une stratégie en place. Cela pourrait impliquer d'attribuer une valeur par défaut, d'utiliser la moyenne des valeurs encodées existantes, ou de créer une catégorie distincte pour les valeurs 'inconnues'.

Comprendre ces considérations est essentiel pour mettre en œuvre efficacement l'encodage ordinal et interpréter les résultats des modèles entraînés sur des données encodées ordinalement. Il est souvent bénéfique de comparer les performances du modèle avec différentes techniques d'encodage pour déterminer l'approche la plus appropriée pour votre ensemble de données et votre problème spécifiques.

6.2.4 Points clés : Explorer les techniques d'encodage avancées

Alors que nous avons exploré diverses méthodes d'encodage pour les variables catégorielles, il est crucial de comprendre leurs forces et leurs cas d'utilisation appropriés. Approfondissons ces techniques et leurs implications :

- **Encodage par cible :** Cette méthode exploite la relation entre les caractéristiques catégorielles et la variable cible, améliorant potentiellement les performances du modèle. Cependant, elle nécessite une mise en œuvre prudente :
  - Utilisez la validation croisée ou l'encodage hors pli pour atténuer le surajustement.
  - Considérez les techniques de lissage pour gérer les catégories rares.
  - Soyez prudent quant aux fuites de données potentielles, en particulier dans les problèmes de séries temporelles.

- **Encodage par fréquence :** Une solution efficace pour les variables à haute cardinalité, offrant plusieurs avantages :
  - Réduit la dimensionnalité par rapport à l'encodage one-hot.
  - Capture un certain niveau d'importance basé sur l'occurrence des catégories.
  - Fonctionne bien avec les modèles basés sur les arbres et les modèles linéaires.

- **Encodage ordinal :** Idéal pour les variables catégorielles avec un ordre inhérent :
  - Préserve le classement relatif des catégories.
  - Particulièrement efficace pour les modèles basés sur les arbres.
  - Nécessite une connaissance du domaine pour déterminer l'ordre approprié.

Le choix de la méthode d'encodage peut avoir un impact significatif sur les performances et l'interprétabilité du modèle. Considérez ces facteurs lors de la sélection d'une technique d'encodage :

- La nature de la variable catégorielle (ordonnée vs. non ordonnée)
- La cardinalité de la variable
- L'algorithme d'apprentissage automatique choisi
- La taille de votre ensemble de données
- Le besoin d'interprétabilité dans votre modèle

Dans la section à venir, nous explorerons **l'encodage par hachage** et d'autres techniques avancées conçues pour gérer des ensembles de données extrêmement volumineux et des variables catégorielles complexes. Ces méthodes offrent des solutions pour des scénarios où les approches d'encodage traditionnelles peuvent être insuffisantes, telles que :

- Traiter des millions de catégories uniques
- Scénarios d'apprentissage en ligne avec des données en flux

- Environnements à mémoire limitée

En maîtrisant ces techniques d'encodage, les scientifiques des données peuvent efficacement préparer les données catégorielles pour un large éventail de tâches d'apprentissage automatique, conduisant à des modèles plus robustes et plus précis.

6.3 Exercices Pratiques pour le Chapitre 6

Dans cette section pratique, nous renforcerons ce que vous avez appris dans le Chapitre 6 en mettant en œuvre diverses techniques d'encodage, notamment l'Encodage par Cible, l'Encodage par Fréquence et l'Encodage Ordinal. Ces exercices vous aideront à acquérir une expérience pratique et à appliquer les concepts à des scénarios du monde réel.

Exercice 1 : Encodage par Cible

Vous travaillez avec un ensemble de données qui contient une colonne **Neighborhood** (Quartier) et la variable cible est **House Prices** (Prix des Maisons). Votre tâche consiste à :

Appliquer l'**Encodage par Cible** à la colonne **Neighborhood** en calculant la moyenne des **House Prices** pour chaque quartier.

Solution :

```python
import pandas as pd

# Sample data
data = {'Neighborhood': ['A', 'B', 'A', 'C', 'B'],
        'SalePrice': [300000, 450000, 350000, 500000, 470000]}

df = pd.DataFrame(data)

# Calculate the mean SalePrice for each neighborhood
neighborhood_mean = df.groupby('Neighborhood')['SalePrice'].mean()

# Apply Target Encoding by mapping the mean SalePrice to the Neighborhood column
df['NeighborhoodEncoded'] = df['Neighborhood'].map(neighborhood_mean)

# View the encoded dataframe
print(df[['Neighborhood', 'SalePrice', 'NeighborhoodEncoded']])
```

Exercice 2 : Encodage par Cible avec Lissage

Vous travaillez avec le même ensemble de données de l'**Exercice 1**, mais vous souhaitez appliquer l'**Encodage par Cible avec Lissage** pour réduire le risque de surajustement. Utilisez les paramètres suivants pour le lissage : alpha = 5.

Solution :

```python
# Smoothing parameter
alpha = 5

# Global mean SalePrice
global_mean = df['SalePrice'].mean()

# Calculate smoothed mean SalePrice for each neighborhood
df['NeighborhoodEncoded'] = df['Neighborhood'].map(lambda x:
    (neighborhood_mean[x] * df['Neighborhood'].value_counts()[x] + global_mean *
alpha) /
    (df['Neighborhood'].value_counts()[x] + alpha))

# View the smoothed encoded dataframe
print(df[['Neighborhood', 'NeighborhoodEncoded']])
```

Exercice 3 : Encodage par Fréquence

Vous travaillez avec un ensemble de données qui inclut la colonne **City** (Ville). Votre tâche consiste à :

Appliquer l'**Encodage par Fréquence** à la colonne **City** en remplaçant chaque ville par sa fréquence dans l'ensemble de données.

Solution :

```python
# Sample data
data = {'City': ['New York', 'Los Angeles', 'Chicago', 'New York', 'Houston', 'Los
Angeles']}

df = pd.DataFrame(data)

# Perform frequency encoding
df['City_Frequency'] = df.groupby('City')['City'].transform('count')

# View the encoded dataframe
print(df)
```

Exercice 4 : Encodage Ordinal

Vous travaillez avec un ensemble de données qui contient une colonne **EducationLevel** (Niveau d'Éducation), avec des catégories comme **High School** (Lycée), **Bachelor** (Licence), **Master** (Master), et **PhD** (Doctorat). Votre tâche consiste à :

Appliquer l'**Encodage Ordinal** à la colonne **EducationLevel**, en associant les niveaux d'éducation à des entiers en fonction de leur ordre d'importance.

Solution :

```python
# Sample data
data = {'EducationLevel': ['High School', 'Bachelor', 'Master', 'PhD', 'Bachelor']}
```

```python
df = pd.DataFrame(data)

# Define the ordinal mapping
education_order = {'High School': 1, 'Bachelor': 2, 'Master': 3, 'PhD': 4}

# Apply Ordinal Encoding
df['EducationLevelEncoded'] = df['EducationLevel'].map(education_order)

# View the encoded dataframe
print(df)
```

Exercice 5 : Gestion de la haute cardinalité avec l'encodage par fréquence

Vous travaillez avec un ensemble de données qui inclut une colonne **Catégorie de Produit**, avec des centaines de catégories de produits uniques. Votre tâche consiste à :

Appliquer l'**Encodage par Fréquence** à la colonne **Catégorie de Produit** pour gérer la haute cardinalité et simplifier l'ensemble de données.

Solution :

```python
# Sample data with high cardinality
data = {'ProductCategory': ['Electronics', 'Furniture', 'Electronics', 'Clothing',
'Furniture', 'Clothing', 'Electronics']}

df = pd.DataFrame(data)

# Perform frequency encoding
df['ProductCategory_Frequency'] =
df.groupby('ProductCategory')['ProductCategory'].transform('count')

# View the encoded dataframe
print(df)
```

Ces exercices pratiques vous offrent une expérience concrète avec diverses techniques d'encodage, notamment l'Encodage par Cible, l'Encodage par Fréquence et l'Encodage Ordinal. En pratiquant ces méthodes, vous serez bien équipé pour gérer efficacement les variables catégorielles dans les modèles d'apprentissage automatique, en particulier lors du traitement de caractéristiques à haute cardinalité ou lorsqu'il existe des relations significatives entre les variables catégorielles et la variable cible. Continuez à pratiquer et à expérimenter avec différents ensembles de données pour renforcer votre compréhension de ces techniques !

6.4 Que Pourrait-il Mal Se Passer ?

L'encodage des variables catégorielles est une partie cruciale du prétraitement des données pour l'apprentissage automatique, mais plusieurs pièges potentiels peuvent survenir au cours de ce processus. Dans cette section, nous explorerons certains des problèmes courants qui peuvent se produire lors de l'utilisation de différentes méthodes d'encodage et comment atténuer ces risques.

6.4.1 Surajustement avec l'Encodage par Cible

L'**Encodage par Cible** peut être une méthode puissante, mais elle comporte un risque important de surajustement. Étant donné que l'Encodage par Cible intègre directement la variable cible dans le processus d'encodage, il existe un risque que le modèle « apprenne » des modèles spécifiques aux données d'entraînement et qui ne se généraliseront pas bien aux nouvelles données non vues.

Que pourrait-il mal se passer ?

- Le surajustement se produit lorsque le modèle devient trop dépendant des valeurs cibles spécifiques de l'ensemble d'entraînement, ce qui conduit à de mauvaises performances sur l'ensemble de test.

- Sans précautions appropriées, l'Encodage par Cible peut entraîner une **fuite de données**, où les informations de l'ensemble de test influencent par inadvertance le processus d'entraînement, ce qui se traduit par des évaluations biaisées.

Solution :

- Effectuez toujours l'Encodage par Cible dans le cadre d'une **validation croisée** pour garantir que le modèle n'a pas accès aux valeurs cibles de l'ensemble de test pendant l'entraînement.

- Appliquez un **lissage** pour réduire le surajustement, en particulier lors du traitement de catégories ayant peu d'occurrences. L'ajout de bruit aléatoire aux valeurs encodées peut également aider à prévenir le surajustement.

6.4.2 Mauvaise Utilisation de l'Encodage Ordinal

L'**Encodage Ordinal** est utile lorsque les variables catégorielles ont un ordre naturel, mais il peut être problématique lorsqu'il est appliqué à des catégories non ordonnées. S'il n'y a pas de classement inhérent entre les catégories, l'utilisation de l'Encodage Ordinal peut induire le modèle en erreur en lui faisant croire qu'une relation existe entre les catégories, alors qu'en réalité, il n'y en a aucune.

Que pourrait-il mal se passer ?

- L'application incorrecte de l'Encodage Ordinal à des catégories non ordonnées peut amener le modèle à supposer une relation artificielle entre les catégories, conduisant à des conclusions incorrectes ou à de mauvaises performances du modèle.

- Le modèle peut traiter les valeurs ordinales comme des distances numériques entre les catégories, ce qui peut fausser les résultats lorsqu'il n'y a pas de véritable relation ordinale.

Solution :

- Utilisez l'Encodage Ordinal uniquement lorsque la variable catégorielle a un ordre clair et significatif. Par exemple, les niveaux d'éducation (Lycée, Licence, Master, Doctorat) peuvent être encodés de manière ordinale, mais les couleurs (Rouge, Bleu, Vert) ne devraient pas l'être.

- Pour les catégories non ordonnées, utilisez d'autres techniques d'encodage comme l'**Encodage One-Hot** ou l'**Encodage par Cible**.

6.4.3 Problèmes de Haute Cardinalité avec l'Encodage One-Hot

L'un des principaux défis de l'**Encodage One-Hot** est la gestion des variables avec un grand nombre de catégories uniques (haute cardinalité). Lorsqu'il est appliqué à des variables catégorielles à haute cardinalité, l'Encodage One-Hot peut entraîner une explosion de nouvelles colonnes, ce qui peut ralentir le processus d'entraînement et rendre le modèle inutilement complexe.

Que pourrait-il mal se passer ?

- **Inefficacité mémoire et computationnelle** : l'Encodage One-Hot peut créer un grand nombre de colonnes pour les caractéristiques à haute cardinalité, consommant une mémoire et des ressources computationnelles importantes.

- **Malédiction de la dimensionnalité** : l'augmentation de la dimensionnalité peut rendre plus difficile la généralisation du modèle et peut conduire au surajustement.

Solution :

- Utilisez l'**Encodage par Fréquence** ou l'**Encodage par Cible** comme alternatives à l'Encodage One-Hot pour les variables à haute cardinalité. Ces méthodes réduisent la dimensionnalité tout en préservant des informations utiles.

- Si l'Encodage One-Hot est nécessaire, envisagez de regrouper les catégories rares en une seule catégorie « Autre » pour réduire le nombre de nouvelles colonnes.

6.4.4 Ignorer la Parcimonie avec l'Encodage One-Hot

Lorsqu'on travaille avec de grands ensembles de données, l'Encodage One-Hot entraîne souvent des matrices très parcimonieuses, où la majorité des valeurs sont 0. Le stockage et le traitement inefficaces de telles matrices parcimonieuses peuvent ralentir l'entraînement et augmenter l'utilisation de la mémoire.

Que pourrait-il mal se passer ?

- Travailler avec des matrices denses lorsque les données sont parcimonieuses peut entraîner une consommation excessive de mémoire et des vitesses de traitement lentes.

- Les opérations sur des données parcimonieuses peuvent être coûteuses en termes de calcul si elles ne sont pas optimisées correctement.

Solution :

- Utilisez des **matrices parcimonieuses** lors de l'application de l'Encodage One-Hot à de grands ensembles de données avec de nombreuses catégories. Des bibliothèques comme **Scipy** ou l'option de matrice parcimonieuse dans le **OneHotEncoder** de Scikit-learn peuvent aider à stocker et traiter efficacement les données parcimonieuses.

- Assurez-vous que votre pipeline d'apprentissage automatique est optimisé pour gérer les données parcimonieuses si l'Encodage One-Hot est largement utilisé.

6.4.5 Fuite de Données avec l'Encodage par Cible

L'un des pièges les plus graves de l'**Encodage par Cible** est la **fuite de données**, où les informations de l'ensemble de test s'infiltrent dans le processus d'entraînement. Cela peut conduire à des résultats trop optimistes et à une mauvaise généralisation du modèle. Les valeurs encodées pour une catégorie peuvent inclure des informations cibles de l'ensemble de données entier, y compris l'ensemble de test, ce qui biaise les performances du modèle.

Que pourrait-il mal se passer ?

- La fuite de données entraînera de bonnes performances du modèle pendant l'entraînement et la validation, mais il ne parviendra pas à se généraliser à de nouvelles données car il a déjà vu les informations cibles de l'ensemble de test.

Solution :

- Appliquez toujours l'Encodage par Cible dans les **plis de validation croisée**. Cela garantit que l'encodage pour chaque pli est basé uniquement sur les données d'entraînement de ce pli, empêchant les informations de l'ensemble de test de s'infiltrer dans le processus d'entraînement.

- Soyez prudent avec les **petits ensembles de données**, où certaines catégories peuvent n'apparaître que dans un ou deux plis. Appliquez une régularisation ou un lissage pour réduire les risques de surajustement.

6.4.6 Mauvaise Interprétation de l'Encodage par Fréquence

L'**Encodage par Fréquence** est un moyen efficace de gérer les variables catégorielles à haute cardinalité, mais il peut parfois entraîner des conséquences involontaires si la fréquence de la catégorie n'est pas liée à la variable cible. La fréquence d'occurrence dans l'ensemble de données peut ne pas toujours avoir une relation significative avec la cible, ce qui conduit à une mauvaise interprétation potentielle.

Que pourrait-il mal se passer ?

- Si la fréquence d'une catégorie n'est pas liée à la variable cible, l'Encodage par Fréquence peut conduire à des résultats trompeurs, car le modèle pourrait accorder une importance excessive aux catégories qui apparaissent simplement plus souvent dans l'ensemble de données mais qui n'ont aucun pouvoir prédictif.

- Dans les ensembles de données très déséquilibrés, les catégories avec des fréquences plus élevées peuvent dominer le processus d'apprentissage du modèle, conduisant à des résultats biaisés.

Solution :

- Avant d'appliquer l'Encodage par Fréquence, analysez si la fréquence d'une catégorie est pertinente pour le problème en question. Sinon, envisagez d'utiliser d'autres techniques d'encodage telles que l'**Encodage par Cible** ou l'**Encodage Ordinal**.

- Si l'Encodage par Fréquence est utilisé, testez son efficacité par validation pour vous assurer que les caractéristiques encodées contribuent de manière significative aux performances du modèle.

Bien que l'encodage des variables catégorielles soit une étape essentielle de la préparation des données pour les modèles d'apprentissage automatique, il existe plusieurs pièges potentiels dont il faut être conscient. Le surajustement avec l'Encodage par Cible, l'application incorrecte de l'Encodage Ordinal ou l'utilisation inefficace de l'Encodage One-Hot peuvent tous conduire à de mauvaises performances du modèle.

En comprenant les risques et en appliquant les bonnes pratiques — telles que l'utilisation de la validation croisée pour l'Encodage par Cible, l'optimisation pour les caractéristiques à haute cardinalité et la gestion efficace des matrices parcimonieuses — vous pouvez vous assurer que vos variables catégorielles sont encodées d'une manière qui améliore les performances de votre modèle tout en évitant les erreurs courantes.

Résumé du Chapitre 6

Dans ce chapitre, nous avons exploré diverses méthodes d'encodage des variables catégorielles, une étape cruciale dans la préparation des données pour les modèles d'apprentissage automatique. Contrairement aux caractéristiques numériques, les variables catégorielles doivent être converties dans un format numérique que les algorithmes d'apprentissage automatique peuvent comprendre. Cependant, le choix de la méthode d'encodage appropriée dépend de la nature de la variable catégorielle, du nombre de catégories uniques et du modèle utilisé. Nous avons commencé par un examen approfondi de l'**Encodage**

One-Hot et avons ensuite abordé des méthodes plus avancées comme l'**Encodage par Cible**, l'**Encodage par Fréquence** et l'**Encodage Ordinal**.

L'Encodage One-Hot est la méthode la plus largement utilisée pour gérer les variables catégorielles. Elle crée des colonnes binaires pour chaque catégorie, permettant aux modèles de traiter les données catégorielles comme numériques. Cependant, nous avons discuté de certains défis associés à l'Encodage One-Hot, en particulier le **piège de la variable factice**, qui peut conduire à la multicolinéarité dans les modèles linéaires. Nous avons montré comment éviter cela en supprimant l'une des colonnes encodées. Un autre problème avec l'Encodage One-Hot est la gestion des caractéristiques catégorielles à haute cardinalité, où trop de nouvelles colonnes sont générées. Pour gérer cela, nous avons exploré le regroupement de catégories, l'encodage par fréquence et les matrices parcimonieuses comme moyens de réduire la dimensionnalité et d'améliorer l'efficacité computationnelle.

Nous avons ensuite présenté l'**Encodage par Cible**, qui remplace chaque catégorie par la moyenne de la variable cible pour cette catégorie. Cette méthode peut être puissante lorsqu'il existe une forte relation entre la variable catégorielle et la variable cible, mais elle comporte également des risques tels que le **surajustement** et la **fuite de données**. Pour y remédier, nous avons recommandé d'effectuer l'Encodage par Cible dans les plis de validation croisée et d'utiliser des techniques de lissage pour empêcher le modèle de dépendre trop fortement des petites catégories.

L'**Encodage par Fréquence** est une alternative plus simple qui remplace chaque catégorie par sa fréquence dans l'ensemble de données. Cette méthode est particulièrement utile pour les variables à haute cardinalité, car elle évite l'explosion de colonnes qui accompagne l'Encodage One-Hot. Cependant, il faut veiller à ce que la fréquence des catégories soit significative dans le contexte de la variable cible.

Enfin, l'**Encodage Ordinal** est utilisé lorsque les catégories ont un ordre naturel, comme les niveaux d'éducation ou les évaluations de satisfaction client. Cet encodage préserve le rang des catégories, ce qui le rend utile pour les modèles qui peuvent tirer parti d'informations ordonnées. Cependant, l'application de l'Encodage Ordinal à des catégories non ordonnées peut conduire à des interprétations trompeuses du modèle.

Dans la section **« Que pourrait-il mal se passer ? »**, nous avons mis en évidence les risques associés à chaque méthode d'encodage, tels que le surajustement avec l'Encodage par Cible, les inefficacités avec l'Encodage One-Hot et la mauvaise interprétation des fréquences dans l'Encodage par Fréquence. En comprenant ces risques et en appliquant les méthodes d'encodage avec soin, les scientifiques des données peuvent s'assurer que les variables catégorielles sont encodées d'une manière qui maximise les performances du modèle tout en évitant les pièges courants.

En résumé, la sélection de la méthode d'encodage appropriée est essentielle pour gérer efficacement les variables catégorielles. Chaque méthode — qu'il s'agisse de One-Hot, par Cible, par Fréquence ou Ordinal — a ses forces et ses faiblesses. En appliquant ces techniques de manière réfléchie, vous pouvez vous assurer que vos modèles sont mieux équipés pour gérer les données catégorielles, améliorant ainsi leur précision prédictive.

Chapitre 7 : Création de caractéristiques et termes d'interaction

La création de nouvelles caractéristiques est l'une des techniques les plus puissantes pour améliorer les modèles d'apprentissage automatique. Ce processus, connu sous le nom d'ingénierie des caractéristiques, consiste à dériver de nouvelles variables à partir de données existantes pour capturer des relations complexes, des modèles et des informations qui peuvent ne pas être immédiatement apparents dans l'ensemble de données brutes. Ce faisant, les data scientists peuvent améliorer significativement la précision, la robustesse et l'interprétabilité du modèle.

La création de caractéristiques peut prendre de nombreuses formes, notamment :

- Transformations mathématiques (par ex., logarithmique, polynomiale)

- Agrégations (par ex., moyenne, médiane, somme de plusieurs caractéristiques)

- Regroupement ou discrétisation de variables continues

- Encodage de variables catégorielles

- Création de caractéristiques spécifiques au domaine basées sur l'expertise des experts

Dans ce chapitre, nous approfondirons le processus de **création de caractéristiques** et explorerons diverses techniques pour combiner les caractéristiques existantes de manière significative. Nous commencerons par examiner les méthodes pour dériver de nouvelles caractéristiques à partir de données existantes, telles que l'extraction de date/heure, l'analyse de texte et le traitement d'informations géographiques. Ensuite, nous progresserons vers des concepts plus avancés, notamment les **termes d'interaction**, qui capturent les effets combinés de plusieurs caractéristiques.

En maîtrisant ces techniques, vous serez en mesure d'extraire plus de valeur de vos données, découvrant potentiellement des modèles et des relations cachés qui peuvent donner à vos modèles un avantage significatif en termes de performance prédictive et de capacité de généralisation.

7.1 Création de nouvelles caractéristiques à partir de données existantes

La création de caractéristiques est une étape critique dans le flux de travail de la science des données, impliquant la génération de nouvelles caractéristiques perspicaces à partir de données existantes. Ce processus nécessite non seulement des compétences techniques, mais également une compréhension approfondie du domaine et du problème spécifique à résoudre. En créant de nouvelles caractéristiques, les data scientists peuvent découvrir des modèles cachés, simplifier des relations complexes et réduire le bruit dans l'ensemble de données, améliorant ainsi la performance et l'interprétabilité des modèles d'apprentissage automatique.

L'art de la création de caractéristiques implique souvent une réflexion créative et de l'expérimentation. Il peut inclure des techniques telles que :

- Appliquer des fonctions mathématiques aux caractéristiques existantes

- Extraire des informations de types de données complexes comme les dates, le texte ou les coordonnées géographiques

- Combiner plusieurs caractéristiques pour créer des représentations plus informatives

- Encoder des variables catégorielles de manière à capturer leurs propriétés inhérentes

- Exploiter l'expertise du domaine pour créer des caractéristiques qui reflètent des relations réelles

Dans cette section, nous explorerons diverses méthodes de création de caractéristiques, en commençant par les transformations mathématiques de base et en progressant vers des techniques plus avancées. Nous examinerons comment extraire des informations significatives des données de date et d'heure, ce qui peut être crucial pour capturer les modèles temporels et la saisonnalité. De plus, nous discuterons des stratégies pour combiner les caractéristiques afin de créer des prédicteurs plus puissants, y compris la création de termes d'interaction qui capturent l'interaction entre différentes variables.

En maîtrisant ces techniques, vous serez mieux équipé pour extraire une valeur maximale de vos données, découvrant potentiellement des informations qui n'étaient pas immédiatement apparentes dans l'ensemble de données brutes. Cela peut conduire à des prédictions plus précises, une meilleure prise de décision et une compréhension plus approfondie des modèles sous-jacents dans vos données.

7.1.1 Transformations mathématiques

L'une des techniques fondamentales pour créer de nouvelles caractéristiques consiste à appliquer des transformations mathématiques aux caractéristiques numériques existantes. Ces transformations peuvent considérablement améliorer la qualité et l'utilité de vos données pour les modèles d'apprentissage automatique. Les transformations courantes incluent :

Transformation logarithmique

Cette technique puissante est particulièrement efficace pour traiter les distributions asymétriques à droite et compresser de larges plages de valeurs. En appliquant la fonction logarithme aux données, nous pouvons :

- Linéariser les relations exponentielles, les rendant plus faciles à interpréter pour les modèles

- Réduire l'impact des valeurs aberrantes, en particulier dans les ensembles de données avec des valeurs extrêmes

- Normaliser les données qui s'étendent sur plusieurs ordres de grandeur

- Améliorer les performances des modèles qui supposent des données normalement distribuées

Les transformations logarithmiques sont couramment appliquées dans divers domaines :

- Finance : Pour analyser les cours des actions, les rendements et d'autres indicateurs financiers

- Économie : Lors du traitement du PIB, de la croissance démographique ou des taux d'inflation

- Biologie : Pour étudier la croissance bactérienne ou la cinétique enzymatique

- Physique : Pour analyser des phénomènes comme l'intensité sonore ou la magnitude des tremblements de terre

Lors de l'application de transformations logarithmiques, il est important de considérer :

- La base du logarithme (logarithme naturel, logarithme en base 10, etc.) et son impact sur l'interprétation

- Le traitement des valeurs nulles ou négatives, qui peut nécessiter l'ajout d'une constante avant la transformation

- L'effet sur l'interprétabilité du modèle et la nécessité d'inverser la transformation des prédictions

Exemple : Transformation logarithmique pour créer une nouvelle caractéristique

Supposons que nous ayons un ensemble de données contenant des prix de maisons, et que nous soupçonnions que la distribution des prix est asymétrique. Pour réduire l'asymétrie et rendre la distribution plus normale, nous pouvons créer une nouvelle caractéristique en appliquant une transformation logarithmique aux prix d'origine.

```python
import numpy as np
import pandas as pd
import matplotlib.pyplot as plt
```

```python
import seaborn as sns

# Sample data
data = {'HousePrice': [50000, 120000, 250000, 500000, 1200000, 2500000]}

df = pd.DataFrame(data)

# Create a new feature by applying a logarithmic transformation
df['LogHousePrice'] = np.log(df['HousePrice'])

# View the original and transformed features
print("Original DataFrame:")
print(df)

# Calculate summary statistics
print("\\nSummary Statistics:")
print(df.describe())

# Visualize the distributions
fig, (ax1, ax2) = plt.subplots(1, 2, figsize=(12, 5))

sns.histplot(df['HousePrice'], kde=True, ax=ax1)
ax1.set_title('Distribution of Original House Prices')
ax1.set_xlabel('House Price')

sns.histplot(df['LogHousePrice'], kde=True, ax=ax2)
ax2.set_title('Distribution of Log-Transformed House Prices')
ax2.set_xlabel('Log(House Price)')

plt.tight_layout()
plt.show()

# Compare skewness
original_skew = df['HousePrice'].skew()
log_skew = df['LogHousePrice'].skew()

print(f"\\nSkewness of original prices: {original_skew:.2f}")
print(f"Skewness of log-transformed prices: {log_skew:.2f}")
```

Cet exemple de code démontre le processus d'application d'une transformation logarithmique aux données de prix des maisons et l'analyse de ses effets.

Voici une explication détaillée du code et de son objectif :

1. Importer les bibliothèques nécessaires :

    o   numpy (np) : Pour les opérations numériques

    o   pandas (pd) : Pour la manipulation et l'analyse des données

- o matplotlib.pyplot (plt) : Pour créer des visualisations statiques, animées et interactives

- o seaborn (sns) : Pour la visualisation statistique des données

2. Créer des données d'exemple :

- o Un dictionnaire avec une seule clé 'HousePrice' et une liste de prix de maisons comme valeurs

- o Convertir le dictionnaire en un DataFrame pandas

3. Appliquer la transformation logarithmique :

- o Créer une nouvelle colonne 'LogHousePrice' en appliquant np.log() à la colonne 'HousePrice'

- o Cette transformation aide à réduire l'asymétrie des données et à compresser la plage de valeurs

4. Afficher le DataFrame d'origine :

- o Imprimer le DataFrame pour montrer à la fois les prix originaux et transformés

5. Calculer et afficher les statistiques descriptives :

- o Utiliser la méthode describe() pour obtenir des mesures statistiques telles que le nombre, la moyenne, l'écart-type, le minimum, le maximum et les quartiles pour les deux colonnes

6. Visualiser les distributions :

- o Créer une figure avec deux sous-graphiques côte à côte

- o Utiliser histplot() de seaborn pour créer des histogrammes avec des estimations de densité de noyau (KDE) pour les prix originaux et transformés logarithmiquement

- o Définir des titres et des étiquettes appropriés pour les graphiques

- o Afficher les graphiques en utilisant plt.show()

7. Comparer l'asymétrie :

- o Calculer l'asymétrie des distributions de prix originales et transformées logarithmiquement en utilisant la méthode skew()

- o Imprimer les valeurs d'asymétrie

Cet exemple complet n'applique pas seulement la transformation logarithmique, mais fournit également des preuves visuelles et statistiques de ses effets. En comparant les distributions originales et transformées, nous pouvons observer comment la transformation logarithmique aide à normaliser les données, les rendant potentiellement plus adaptées à diverses analyses statistiques et modèles d'apprentissage automatique.

Transformation par racine carrée

Cette transformation est moins extrême que la transformation logarithmique mais reste efficace pour réduire l'asymétrie à droite. Elle est particulièrement utile pour les données de comptage ou lorsqu'on traite une asymétrie à droite modérée. La fonction racine carrée compresse l'extrémité supérieure de la distribution tout en élargissant l'extrémité inférieure, ce qui la rend idéale pour les données qui ne nécessitent pas un changement aussi drastique que la transformation logarithmique.

Les principaux avantages de la transformation par racine carrée incluent :

- Réduire l'impact des valeurs aberrantes sans les aplatir complètement

- Améliorer la normalité des distributions asymétriques positivement

- Stabiliser la variance dans les données de comptage, en particulier lorsque la variance augmente avec la moyenne

- Maintenir une relation plus intuitive avec les données d'origine par rapport à la transformation logarithmique

Lors de l'application de transformations par racine carrée, considérez :

- La nécessité de traiter les valeurs nulles, ce qui peut nécessiter l'ajout d'une petite constante avant la transformation

- L'effet sur les valeurs négatives, qui peut nécessiter un traitement spécial ou des transformations alternatives

- L'impact sur l'interprétabilité du modèle et la nécessité potentielle d'une transformation inverse des prédictions

Les transformations par racine carrée sont couramment utilisées dans divers domaines, notamment :

- Écologie : Pour analyser les données d'abondance d'espèces

- Psychologie : Lors du traitement des données de temps de réaction

- Contrôle qualité : Pour analyser le nombre de défauts dans les processus de fabrication

Exemple : Transformation par racine carrée pour créer une nouvelle caractéristique

Considérons un ensemble de données contenant le nombre de défauts trouvés dans les produits fabriqués. Nous allons appliquer une transformation par racine carrée à ces données pour réduire l'asymétrie à droite et stabiliser la variance.

```
import numpy as np
```

```python
import pandas as pd
import matplotlib.pyplot as plt
import seaborn as sns

# Sample data
data = {'DefectCount': [0, 1, 4, 9, 16, 25, 36, 49, 64, 81]}

df = pd.DataFrame(data)

# Create a new feature by applying a square root transformation
df['SqrtDefectCount'] = np.sqrt(df['DefectCount'])

# View the original and transformed features
print("Original DataFrame:")
print(df)

# Calculate summary statistics
print("\\nSummary Statistics:")
print(df.describe())

# Visualize the distributions
fig, (ax1, ax2) = plt.subplots(1, 2, figsize=(12, 5))

sns.histplot(df['DefectCount'], kde=True, ax=ax1)
ax1.set_title('Distribution of Original Defect Counts')
ax1.set_xlabel('Defect Count')

sns.histplot(df['SqrtDefectCount'], kde=True, ax=ax2)
ax2.set_title('Distribution of Square Root Transformed Defect Counts')
ax2.set_xlabel('Square Root of Defect Count')

plt.tight_layout()
plt.show()

# Compare skewness
original_skew = df['DefectCount'].skew()
sqrt_skew = df['SqrtDefectCount'].skew()

print(f"\\nSkewness of original counts: {original_skew:.2f}")
print(f"Skewness of square root transformed counts: {sqrt_skew:.2f}")
```

Décomposition du code :

1. Importer les bibliothèques nécessaires :

    o   numpy (np) : Pour les opérations numériques

    o   pandas (pd) : Pour la manipulation et l'analyse des données

    o   matplotlib.pyplot (plt) : Pour créer des visualisations statiques, animées et interactives

- o seaborn (sns) : Pour la visualisation statistique des données

2. Créer des données d'exemple :

    - o Un dictionnaire avec une seule clé 'DefectCount' et une liste de nombres de défauts comme valeurs

    - o Convertir le dictionnaire en un DataFrame pandas

3. Appliquer la transformation par racine carrée :

    - o Créer une nouvelle colonne 'SqrtDefectCount' en appliquant np.sqrt() à la colonne 'DefectCount'

    - o Cette transformation aide à réduire l'asymétrie des données et à stabiliser la variance

4. Afficher le DataFrame d'origine :

    - o Imprimer le DataFrame pour montrer à la fois les nombres de défauts originaux et transformés

5. Calculer et afficher les statistiques descriptives :

    - o Utiliser la méthode describe() pour obtenir des mesures statistiques telles que le nombre, la moyenne, l'écart-type, le minimum, le maximum et les quartiles pour les deux colonnes

6. Visualiser les distributions :

    - o Créer une figure avec deux sous-graphiques côte à côte

    - o Utiliser histplot() de seaborn pour créer des histogrammes avec des estimations de densité de noyau (KDE) pour les nombres de défauts originaux et transformés par racine carrée

    - o Définir des titres et des étiquettes appropriés pour les graphiques

    - o Afficher les graphiques en utilisant plt.show()

7. Comparer l'asymétrie :

    - o Calculer l'asymétrie des distributions de nombres de défauts originales et transformées par racine carrée en utilisant la méthode skew()

    - o Imprimer les valeurs d'asymétrie

Cet exemple démontre comment appliquer une transformation par racine carrée à un ensemble de données, visualiser les résultats et comparer l'asymétrie des données originales et transformées. La transformation par racine carrée peut être particulièrement efficace pour les données de comptage, aidant à stabiliser la variance et à réduire l'asymétrie à droite.

Transformation exponentielle :

Cette technique puissante peut être utilisée pour amplifier les différences entre les valeurs ou pour traiter les distributions asymétriques à gauche. Contrairement aux transformations logarithmiques, qui compriment les grandes valeurs, les transformations exponentielles les développent, rendant cette méthode particulièrement utile lorsque :

- Vous souhaitez mettre l'accent sur les différences entre les valeurs plus grandes dans votre ensemble de données

- Vos données présentent une distribution asymétrique à gauche (asymétrie négative) qui doit être équilibrée

- Vous traitez des variables où de petits changements à des valeurs plus élevées sont plus significatifs qu'à des valeurs plus faibles

Les applications courantes des transformations exponentielles incluent :

- Modélisation financière : Pour les intérêts composés ou les taux de croissance

- Dynamique des populations : Lors de la modélisation de modèles de croissance exponentielle

- Traitement du signal : Pour amplifier certaines composantes de fréquence

Lors de l'application de transformations exponentielles, il est crucial de considérer :

- La base de la fonction exponentielle et son impact sur l'échelle de transformation

- Le potentiel de création de valeurs aberrantes extrêmes, qui peuvent nécessiter un traitement supplémentaire

- L'effet sur l'interprétabilité du modèle et la nécessité d'une transformation inverse minutieuse des prédictions

Exemple : Transformation exponentielle pour créer une nouvelle caractéristique

Considérons un ensemble de données contenant des valeurs que nous voulons mettre en évidence ou amplifier. Nous allons appliquer une transformation exponentielle à ces données pour créer une nouvelle caractéristique qui met en évidence les différences entre les valeurs plus grandes.

```python
import numpy as np
import pandas as pd
import matplotlib.pyplot as plt
import seaborn as sns

# Sample data
data = {'Value': [1, 2, 3, 4, 5, 6, 7, 8, 9, 10]}

df = pd.DataFrame(data)
```

```python
# Create a new feature by applying an exponential transformation
df['ExpValue'] = np.exp(df['Value'])

# View the original and transformed features
print("Original DataFrame:")
print(df)

# Calculate summary statistics
print("\\nSummary Statistics:")
print(df.describe())

# Visualize the distributions
fig, (ax1, ax2) = plt.subplots(1, 2, figsize=(12, 5))

sns.scatterplot(x='Value', y='ExpValue', data=df, ax=ax1)
ax1.set_title('Original vs Exponential Values')
ax1.set_xlabel('Original Value')
ax1.set_ylabel('Exponential Value')

sns.lineplot(x='Value', y='Value', data=df, ax=ax2, label='Original')
sns.lineplot(x='Value', y='ExpValue', data=df, ax=ax2, label='Exponential')
ax2.set_title('Comparison of Original and Exponential Values')
ax2.set_xlabel('Value')
ax2.set_ylabel('Transformed Value')
ax2.legend()

plt.tight_layout()
plt.show()

# Compare ranges
original_range = df['Value'].max() - df['Value'].min()
exp_range = df['ExpValue'].max() - df['ExpValue'].min()

print(f"\\nRange of original values: {original_range:.2f}")
print(f"Range of exponential transformed values: {exp_range:.2f}")
```

Décomposition du code :

1. Importer les bibliothèques nécessaires :

    o   numpy (np) : Pour les opérations numériques

    o   pandas (pd) : Pour la manipulation et l'analyse des données

    o   matplotlib.pyplot (plt) : Pour créer des visualisations statiques, animées et interactives

    o   seaborn (sns) : Pour la visualisation statistique des données

2. Créer des données d'exemple :

- o Un dictionnaire avec une seule clé 'Value' et une liste de valeurs de 1 à 10

- o Convertir le dictionnaire en un DataFrame pandas

3. Appliquer la transformation exponentielle :

- o Créer une nouvelle colonne 'ExpValue' en appliquant np.exp() à la colonne 'Value'

- o Cette transformation amplifie exponentiellement les valeurs originales

4. Afficher le DataFrame d'origine :

- o Imprimer le DataFrame pour montrer à la fois les valeurs originales et transformées

5. Calculer et afficher les statistiques descriptives :

- o Utiliser la méthode describe() pour obtenir des mesures statistiques pour les deux colonnes

6. Visualiser les données :

- o Créer une figure avec deux sous-graphiques côte à côte

- o Utiliser scatterplot() de seaborn pour montrer la relation entre les valeurs originales et exponentielles

- o Utiliser lineplot() de seaborn pour comparer la croissance des valeurs originales et exponentielles

- o Définir des titres et des étiquettes appropriés pour les graphiques

- o Afficher les graphiques en utilisant plt.show()

7. Comparer les plages :

- o Calculer la plage (max - min) pour les valeurs originales et transformées exponentiellement

- o Imprimer les plages pour montrer comment la transformation exponentielle a amplifié les différences

Transformations par puissance

Incluent le carré, le cube ou des puissances supérieures. Ces transformations peuvent être particulièrement efficaces pour mettre l'accent sur les valeurs plus grandes ou capturer des relations non linéaires dans vos données. Voici un aperçu plus détaillé des transformations par puissance :

- • Transformation au carré (x^2) : Cela peut être utile lorsque vous souhaitez mettre l'accent sur les différences entre les valeurs plus grandes tout en compressant les différences entre les valeurs plus petites. Elle est souvent utilisée dans les analyses statistiques et les modèles d'apprentissage automatique pour capturer les relations quadratiques.

- Transformation au cube (x^3) : Cette transformation amplifie les différences encore plus que le carré. Elle peut être particulièrement utile lorsque vous traitez des variables où de petits changements à des valeurs élevées sont beaucoup plus significatifs qu'à des valeurs faibles.

- Puissances supérieures (x^4, x^5, etc.) : Celles-ci peuvent être utilisées pour capturer des relations non linéaires de plus en plus complexes. Cependant, soyez prudent lorsque vous utilisez des puissances très élevées car elles peuvent entraîner une instabilité numérique et un surapprentissage.

- Puissances fractionnaires ($\sqrt{x}$, $\sqrt[3]{x}$, etc.) : Celles-ci sont moins couramment utilisées mais peuvent être précieuses dans certains scénarios. Par exemple, une transformation par racine cubique peut être utile pour traiter les valeurs aberrantes extrêmes tout en maintenant une partie de l'échelle d'origine.

Lors de l'application de transformations par puissance, considérez les éléments suivants :

- La nature de vos données et le problème spécifique que vous essayez de résoudre. Différentes transformations par puissance peuvent être plus ou moins appropriées selon votre ensemble de données et vos objectifs.

- Le potentiel de création ou d'aggravation de valeurs aberrantes, en particulier avec des puissances plus élevées. Vous devrez peut-être gérer les valeurs extrêmes avec prudence.

- L'impact sur l'interprétabilité du modèle. Les transformations par puissance peuvent rendre plus difficile l'interprétation directe des coefficients du modèle.

- La nécessité d'une mise à l'échelle des caractéristiques après l'application de transformations par puissance, car elles peuvent modifier considérablement l'échelle de vos données.

En appliquant judicieusement des transformations par puissance, vous pouvez souvent découvrir des modèles cachés dans vos données et améliorer les performances de vos modèles d'apprentissage automatique, en particulier lorsque vous traitez des relations complexes et non linéaires entre les variables.

Exemple : Transformation par puissance pour créer de nouvelles caractéristiques

Démontrons comment appliquer des transformations par puissance à un ensemble de données, y compris les transformations au carré, au cube et par racine carrée. Nous visualiserons les résultats et comparerons les distributions des données originales et transformées.

```python
import numpy as np
import pandas as pd
import matplotlib.pyplot as plt
import seaborn as sns

# Sample data
data = {'Value': np.random.uniform(1, 100, 1000)}
df = pd.DataFrame(data)

# Apply power transformations
df['Square'] = df['Value'] ** 2
df['Cube'] = df['Value'] ** 3
df['SquareRoot'] = np.sqrt(df['Value'])

# Visualize the distributions
fig, axs = plt.subplots(2, 2, figsize=(15, 15))
sns.histplot(df['Value'], kde=True, ax=axs[0, 0])
axs[0, 0].set_title('Original Distribution')
sns.histplot(df['Square'], kde=True, ax=axs[0, 1])
axs[0, 1].set_title('Square Transformation')
sns.histplot(df['Cube'], kde=True, ax=axs[1, 0])
axs[1, 0].set_title('Cube Transformation')
sns.histplot(df['SquareRoot'], kde=True, ax=axs[1, 1])
axs[1, 1].set_title('Square Root Transformation')

plt.tight_layout()
plt.show()

# Compare skewness
print("Skewness:")
print(f"Original: {df['Value'].skew():.2f}")
print(f"Square: {df['Square'].skew():.2f}")
print(f"Cube: {df['Cube'].skew():.2f}")
print(f"Square Root: {df['SquareRoot'].skew():.2f}")
```

Décomposition du code :

1. Importer les bibliothèques nécessaires :

    o   numpy (np) : Pour les opérations numériques et la génération de nombres aléatoires

    o   pandas (pd) : Pour la manipulation et l'analyse des données

    o   matplotlib.pyplot (plt) : Pour créer des visualisations

    o   seaborn (sns) : Pour la visualisation statistique des données

2. Créer des données d'exemple :

- o Générer 1000 valeurs aléatoires entre 1 et 100 en utilisant np.random.uniform()
- o Stocker les données dans un DataFrame pandas

3. Appliquer les transformations par puissance :

- o Transformation au carré : df['Value'] ** 2
- o Transformation au cube : df['Value'] ** 3
- o Transformation par racine carrée : np.sqrt(df['Value'])

4. Visualiser les distributions :

- o Créer une grille de sous-graphiques 2x2
- o Utiliser histplot() de seaborn pour créer des histogrammes avec des estimations de densité de noyau (KDE) pour chaque distribution
- o Définir des titres appropriés pour chaque sous-graphique

5. Comparer l'asymétrie :

- o Calculer et afficher l'asymétrie de chaque distribution en utilisant la méthode skew()

Cet exemple démontre comment différentes transformations par puissance affectent la distribution des données. Les transformations au carré et au cube ont tendance à mettre l'accent sur les valeurs plus grandes et peuvent augmenter l'asymétrie vers la droite, tandis que la transformation par racine carrée peut aider à réduire l'asymétrie vers la droite et compresser la plage des valeurs plus grandes.

Transformation de Box-Cox

Une famille polyvalente de transformations par puissance qui inclut le logarithme comme cas particulier. Cette transformation est particulièrement utile pour stabiliser la variance et rendre les distributions de données plus proches de la normale. La transformation de Box-Cox est définie par un paramètre λ (lambda), qui détermine le type spécifique de transformation appliquée aux données. Lorsque $\lambda = 0$, elle devient équivalente à la transformation logarithmique naturelle.

Les caractéristiques clés de la transformation de Box-Cox incluent :

- Flexibilité : En ajustant le paramètre λ, elle peut gérer une large gamme de distributions de données.

- Stabilisation de la variance : Elle aide à atteindre l'homoscédasticité, une hypothèse clé dans de nombreux modèles statistiques.

- Normalisation : Elle peut rendre les données asymétriques plus symétriques, en se rapprochant d'une distribution normale.

- Amélioration des performances du modèle : En traitant la non-linéarité et la non-normalité, elle peut améliorer les performances de divers modèles statistiques et d'apprentissage automatique.

Lors de l'application de la transformation de Box-Cox, il est important de noter qu'elle nécessite que toutes les valeurs soient positives. Pour les ensembles de données avec des valeurs nulles ou négatives, une constante peut devoir être ajoutée avant la transformation. De plus, la valeur λ optimale peut être déterminée par estimation du maximum de vraisemblance, permettant une sélection basée sur les données de la transformation la plus appropriée.

Exemple : Transformation de Box-Cox

Démontrons comment appliquer la transformation de Box-Cox à un ensemble de données et visualiser les résultats.

```python
import numpy as np
import pandas as pd
import matplotlib.pyplot as plt
from scipy import stats

# Generate sample data with a right-skewed distribution
np.random.seed(42)
data = np.random.lognormal(mean=0, sigma=0.5, size=1000)

# Create a DataFrame
df = pd.DataFrame({'original': data})

# Apply Box-Cox transformation
df['box_cox'], lambda_param = stats.boxcox(df['original'])

# Visualize the original and transformed distributions
fig, (ax1, ax2) = plt.subplots(1, 2, figsize=(12, 5))

ax1.hist(df['original'], bins=30, edgecolor='black')
ax1.set_title('Original Distribution')
ax1.set_xlabel('Value')
ax1.set_ylabel('Frequency')

ax2.hist(df['box_cox'], bins=30, edgecolor='black')
ax2.set_title(f'Box-Cox Transformed (λ = {lambda_param:.2f})')
ax2.set_xlabel('Value')
ax2.set_ylabel('Frequency')

plt.tight_layout()
plt.show()

# Print summary statistics
print("Original Data:")
```

```python
print(df['original'].describe())
print("\\nBox-Cox Transformed Data:")
print(df['box_cox'].describe())

# Print skewness
print(f"\\nOriginal Skewness: {df['original'].skew():.2f}")
print(f"Box-Cox Transformed Skewness: {df['box_cox'].skew():.2f}")
```

Décomposition du code :

1. Importer les bibliothèques nécessaires :

    o   numpy (np) : Pour les opérations numériques et la génération de nombres aléatoires

    o   pandas (pd) : Pour la manipulation et l'analyse des données

    o   matplotlib.pyplot (plt) : Pour créer des visualisations

    o   scipy.stats : Pour la fonction de transformation de Box-Cox

2. Générer des données d'exemple :

    o   Utiliser np.random.lognormal() pour créer une distribution asymétrique vers la droite

    o   Stocker les données dans un DataFrame pandas

3. Appliquer la transformation de Box-Cox :

    o   Utiliser stats.boxcox() pour transformer les données

    o   Cette fonction renvoie les données transformées et la valeur lambda optimale

4. Visualiser les distributions :

    o   Créer deux sous-graphiques côte à côte

    o   Tracer les histogrammes des données originales et transformées

    o   Définir des titres et des étiquettes appropriés

5. Afficher les statistiques récapitulatives et l'asymétrie :

    o   Utiliser describe() pour obtenir des statistiques récapitulatives pour les données originales et transformées

    o   Calculer et afficher l'asymétrie des deux distributions en utilisant skew()

Cet exemple démontre comment la transformation de Box-Cox peut normaliser une distribution asymétrique vers la droite. La valeur lambda optimale est automatiquement déterminée, et la transformation réduit considérablement l'asymétrie des données. Cela peut être particulièrement utile pour préparer les données pour les modèles d'apprentissage automatique qui supposent des caractéristiques normalement distribuées.

Ces transformations servent plusieurs objectifs dans le processus d'ingénierie des caractéristiques :

- **Normalisation des distributions de données :** De nombreuses méthodes statistiques et algorithmes d'apprentissage automatique supposent des données normalement distribuées. Les transformations peuvent aider à s'approcher de cette condition.

- **Stabilisation de la variance :** Certains modèles, comme la régression linéaire, supposent une variance constante sur toute la plage des variables prédictives. Les transformations peuvent aider à satisfaire cette hypothèse.

- **Simplification des relations non linéaires :** En appliquant la bonne transformation, les relations non linéaires complexes peuvent parfois être converties en relations linéaires plus simples, les rendant plus faciles à apprendre pour les modèles.

- **Réduction de l'impact des valeurs aberrantes :** Les transformations comme le logarithme peuvent comprimer l'échelle d'une variable, réduisant ainsi l'influence des valeurs extrêmes.

Lors de l'application de ces transformations, il est crucial de considérer la nature de vos données et les hypothèses de votre modèle choisi. Validez toujours l'impact des transformations par l'analyse exploratoire des données et les mesures de performance du modèle. N'oubliez pas que bien que les transformations puissent être puissantes, elles peuvent également affecter l'interprétabilité de votre modèle, alors utilisez-les judicieusement et documentez votre approche de manière approfondie.

7.1.2 Extraction de caractéristiques de date et d'heure

Lorsque vous travaillez avec des ensembles de données contenant des caractéristiques de date ou d'heure, vous pouvez améliorer considérablement la puissance prédictive de votre modèle en extrayant de nouvelles caractéristiques significatives. Ce processus consiste à décomposer les colonnes datetime en leurs parties constitutives, telles que **l'année, le mois, le jour de la semaine** ou **l'heure.** Ces caractéristiques extraites peuvent capturer des motifs temporels importants et la saisonnalité dans vos données.

Par exemple, dans un ensemble de données sur les ventes au détail, l'extraction du mois et du jour de la semaine à partir d'une date de vente pourrait révéler des cycles de ventes mensuels ou des habitudes d'achat hebdomadaires. De même, pour les données liées à la météo, le mois et le jour pourraient aider à capturer les variations saisonnières. Dans les séries chronologiques financières, l'année et le trimestre pourraient être cruciaux pour identifier les tendances à long terme et les motifs cycliques.

De plus, vous pouvez créer des caractéristiques temporelles plus complexes, telles que :

- Est-ce un week-end ou un jour de semaine ?

- Quel trimestre de l'année ?

- Est-ce un jour férié ?

- Nombre de jours depuis un événement spécifique

Ces caractéristiques dérivées peuvent fournir des informations précieuses sur les phénomènes dépendants du temps, permettant à votre modèle de capturer des motifs nuancés qui pourraient ne pas être apparents dans les données datetime brutes. En incorporant ces aspects temporels, vous pouvez améliorer considérablement la capacité de votre modèle à prédire des résultats influencés par des tendances saisonnières, des motifs cycliques ou d'autres facteurs temporels.

Exemple : Extraction de composantes de date pour créer de nouvelles caractéristiques

Supposons que nous ayons un ensemble de données qui inclut une colonne pour la date de vente d'une maison. Nous pouvons extraire de nouvelles caractéristiques comme **AnnéeVente**, **MoisVente** et **JourSemaineVente** pour capturer les tendances temporelles qui peuvent influencer les prix des maisons.

```python
# Sample data with a date column
data = {
    'SaleDate': ['2021-01-15', '2020-07-22', '2021-03-01', '2019-10-10', '2022-12-31'],
    'Price': [250000, 300000, 275000, 225000, 350000]
}

df = pd.DataFrame(data)

# Convert the SaleDate column to a datetime object
df['SaleDate'] = pd.to_datetime(df['SaleDate'])

# Extract new features from the SaleDate column
df['YearSold'] = df['SaleDate'].dt.year
df['MonthSold'] = df['SaleDate'].dt.month
df['DayOfWeekSold'] = df['SaleDate'].dt.dayofweek
df['QuarterSold'] = df['SaleDate'].dt.quarter
df['IsWeekend'] = df['SaleDate'].dt.dayofweek.isin([5, 6]).astype(int)
df['DaysSince2019'] = (df['SaleDate'] - pd.Timestamp('2019-01-01')).dt.days

# Create a season column
df['Season'] = pd.cut(df['MonthSold'],
                      bins=[0, 3, 6, 9, 12],
                      labels=['Winter', 'Spring', 'Summer', 'Fall'],
                      include_lowest=True)

# View the new features
print(df)
```

```python
# Analyze the relationship between time features and price
import matplotlib.pyplot as plt
import seaborn as sns

plt.figure(figsize=(12, 6))
sns.scatterplot(data=df, x='DaysSince2019', y='Price', hue='Season')
plt.title('House Prices Over Time')
plt.show()

# Calculate average price by year and month
avg_price = df.groupby(['YearSold', 'MonthSold'])['Price'].mean().unstack()
plt.figure(figsize=(12, 6))
sns.heatmap(avg_price, annot=True, fmt='.0f', cmap='YlOrRd')
plt.title('Average House Price by Year and Month')
plt.show()
```

Cet exemple de code présente une approche complète pour extraire et analyser des caractéristiques basées sur les dates à partir d'un ensemble de données. Décomposons le code et ses fonctionnalités :

1. Création de données et prétraitement :

    o Nous créons un ensemble de données d'exemple avec les colonnes 'SaleDate' et 'Price'.

    o La colonne 'SaleDate' est convertie en objet datetime en utilisant pd.to_datetime().

2. Extraction de caractéristiques :

    o Composantes de date de base : L'année, le mois et le jour de la semaine sont extraits.

    o Trimestre : Le trimestre de l'année est extrait en utilisant dt.quarter.

    o IsWeekend : Une caractéristique binaire est créée pour indiquer si la vente a eu lieu un week-end.

    o DaysSince2019 : Cette caractéristique calcule le nombre de jours depuis le 1er janvier 2019, ce qui peut être utile pour capturer les tendances à long terme.

    o Season : Une caractéristique catégorielle est créée en utilisant pd.cut() pour regrouper les mois en saisons.

3. Visualisation des données :

    o Un graphique en nuage de points est créé pour visualiser la relation entre le nombre de jours depuis 2019 et le prix de la maison, avec des points colorés par saison.

- o Une carte thermique est générée pour montrer le prix moyen des maisons par année et par mois, ce qui peut révéler des motifs saisonniers dans les prix des maisons.

Cet exemple complet démontre diverses techniques pour extraire des caractéristiques significatives à partir de données de date et les visualiser pour obtenir des informations. Une telle ingénierie des caractéristiques peut considérablement augmenter la puissance prédictive des modèles d'apprentissage automatique qui traitent des données de séries chronologiques.

7.1.3 Combinaison de caractéristiques

La combinaison de plusieurs caractéristiques existantes peut créer de nouvelles caractéristiques puissantes qui capturent des relations complexes entre les variables. Ce processus, connu sous le nom d'interaction de caractéristiques ou de croisement de caractéristiques, va au-delà de simples combinaisons linéaires et peut révéler des motifs non linéaires dans les données. En multipliant, divisant ou en prenant des ratios de caractéristiques existantes, nous pouvons créer de nouvelles informations que les caractéristiques individuelles pourraient ne pas capturer seules.

Par exemple, dans un ensemble de données contenant des informations sur les maisons, vous pourriez créer une nouvelle caractéristique représentant le **prix par pied carré** en divisant le prix de la maison par sa superficie. Cette caractéristique dérivée normalise le prix en fonction de la taille de la maison, révélant potentiellement des motifs que ni le prix ni la superficie seuls ne pourraient montrer. D'autres exemples pourraient inclure :

- Combiner le « nombre de chambres » et la « superficie totale » pour créer une caractéristique « taille moyenne des pièces »

- Multiplier l'« âge de la maison » par le « nombre de rénovations » pour capturer l'impact des mises à jour sur les propriétés plus anciennes

- Créer un ratio de la « taille du terrain » sur la « taille de la maison » pour représenter la proportion de terrain par rapport au bâtiment

Ces caractéristiques combinées peuvent considérablement améliorer la capacité d'un modèle à capturer des relations nuancées dans les données, améliorant potentiellement sa puissance prédictive et son interprétabilité. Cependant, il est important d'aborder la combinaison de caractéristiques de manière réfléchie, car la création indiscriminée de nouvelles caractéristiques peut conduire au surapprentissage ou à une complexité accrue du modèle sans gains correspondants en performance.

Exemple : Création d'une nouvelle caractéristique à partir du ratio de deux caractéristiques

Disons que nous avons un ensemble de données avec les prix des maisons et les tailles des maisons (en pieds carrés). Nous pouvons créer une nouvelle caractéristique, **PricePerSqFt**, pour normaliser les prix des maisons par leur taille.

```python
import pandas as pd
import matplotlib.pyplot as plt
import seaborn as sns

# Sample data
data = {
    'HousePrice': [500000, 700000, 600000, 550000, 800000],
    'HouseSize': [2000, 3000, 2500, 1800, 3500],
    'Bedrooms': [3, 4, 3, 2, 5],
    'YearBuilt': [1990, 2005, 2000, 1985, 2010]
}

df = pd.DataFrame(data)

# Create new features
df['PricePerSqFt'] = df['HousePrice'] / df['HouseSize']
df['AvgRoomSize'] = df['HouseSize'] / df['Bedrooms']
df['AgeOfHouse'] = 2023 - df['YearBuilt']
df['PricePerRoom'] = df['HousePrice'] / df['Bedrooms']

# View the new features
print(df)

# Visualize relationships
plt.figure(figsize=(12, 8))

# Scatter plot of Price vs Size, colored by Age
plt.subplot(2, 2, 1)
sns.scatterplot(data=df,    x='HouseSize',    y='HousePrice',    hue='AgeOfHouse',
palette='viridis')
plt.title('House Price vs Size (colored by Age)')

# Bar plot of Average Price per Sq Ft by Bedrooms
plt.subplot(2, 2, 2)
sns.barplot(data=df, x='Bedrooms', y='PricePerSqFt')
plt.title('Avg Price per Sq Ft by Bedrooms')

# Heatmap of correlations
plt.subplot(2, 2, 3)
sns.heatmap(df.corr(), annot=True, cmap='coolwarm')
plt.title('Correlation Heatmap')

# Scatter plot of Price per Room vs Age of House
plt.subplot(2, 2, 4)
sns.scatterplot(data=df, x='AgeOfHouse', y='PricePerRoom')
plt.title('Price per Room vs Age of House')

plt.tight_layout()
plt.show()

# Statistical summary
print(df.describe())
```

```python
# Correlation analysis
print(df.corr()['HousePrice'].sort_values(ascending=False))
```

Cet exemple de code présente une approche complète de l'ingénierie des caractéristiques et de l'analyse exploratoire des données. Plongeons dans ses composantes :

1. Préparation des données :

    o   Nous importons les bibliothèques nécessaires : pandas pour la manipulation des données, matplotlib et seaborn pour la visualisation.

    o   L'ensemble de données d'exemple est élargi pour inclure plus de maisons et des caractéristiques supplémentaires comme 'Bedrooms' et 'YearBuilt'.

2. Ingénierie des caractéristiques :

    o   PricePerSqFt : Normalise le prix de la maison par sa taille.

    o   AvgRoomSize : Calcule la taille moyenne des pièces.

    o   AgeOfHouse : Détermine l'âge de la maison (en supposant que l'année actuelle est 2023).

    o   PricePerRoom : Calcule le prix par chambre.

3. Visualisation des données :

    o   Une grille 2x2 de graphiques est créée pour visualiser différents aspects des données : a) Nuage de points du Prix de la maison vs Taille, coloré par Âge. b) Diagramme à barres montrant le Prix moyen par pied carré pour différents nombres de chambres. c) Carte thermique des corrélations entre toutes les caractéristiques. d) Nuage de points du Prix par pièce vs Âge de la maison.

4. Analyse statistique :

    o   La fonction describe() fournit des statistiques récapitulatives pour toutes les colonnes numériques.

    o   L'analyse de corrélation montre la force de la corrélation de chaque caractéristique avec HousePrice.

Cet exemple complet ne se contente pas de créer de nouvelles caractéristiques, mais explore également leurs relations et leurs impacts potentiels sur les prix des maisons. Les visualisations et les analyses statistiques fournissent des informations qui peuvent guider d'autres processus d'ingénierie des caractéristiques ou de sélection de modèles.

7.1.4 Création de termes d'interaction

Les termes d'interaction sont des caractéristiques qui capturent l'effet combiné de deux variables ou plus, offrant un moyen puissant de modéliser des relations complexes dans les données. Ces termes vont au-delà de simples combinaisons linéaires, permettant la représentation d'interactions non linéaires entre les caractéristiques. Par exemple, dans la modélisation immobilière, l'interaction entre la taille d'une maison et son emplacement pourrait être plus prédictive de son prix que l'une ou l'autre caractéristique seule. C'est parce que la valeur de pieds carrés supplémentaires peut varier considérablement selon le quartier.

Les termes d'interaction sont particulièrement précieux lorsqu'il existe une relation non linéaire entre les caractéristiques et la variable cible. Ils peuvent révéler des motifs que les caractéristiques individuelles pourraient manquer. Par exemple, dans un contexte marketing, l'interaction entre l'âge d'un client et son revenu pourrait fournir des informations sur le comportement d'achat que ni l'âge ni le revenu seuls ne pourraient capturer. De même, dans les études environnementales, l'interaction entre la température et l'humidité pourrait être cruciale pour prédire certains phénomènes météorologiques.

La création de termes d'interaction implique de multiplier deux caractéristiques ou plus ensemble. Ce processus permet au modèle d'apprendre différents effets pour une variable en fonction des valeurs d'une autre. Il est important de noter que bien que les termes d'interaction puissent améliorer considérablement les performances du modèle, ils doivent être utilisés judicieusement. L'ajout de trop de termes d'interaction peut conduire au surapprentissage et rendre le modèle plus difficile à interpréter. Par conséquent, il est crucial de baser la création de termes d'interaction sur la connaissance du domaine ou l'analyse exploratoire des données pour s'assurer qu'ils ajoutent une valeur significative au modèle.

Exemple : Création de termes d'interaction

Disons que nous voulons explorer l'interaction entre le prix d'une maison et l'année de sa vente. Nous pouvons créer un terme d'interaction en multipliant ces deux caractéristiques ensemble.

```python
import pandas as pd
import matplotlib.pyplot as plt
import seaborn as sns

# Sample data
data = {
    'HousePrice': [500000, 700000, 600000, 550000, 800000],
    'YearSold': [2020, 2019, 2021, 2020, 2022],
    'SquareFootage': [2000, 2500, 2200, 1800, 3000],
    'Bedrooms': [3, 4, 3, 2, 5]
}

df = pd.DataFrame(data)

# Create interaction terms
df['Price_YearInteraction'] = df['HousePrice'] * df['YearSold']
```

```python
df['Price_SqFtInteraction'] = df['HousePrice'] * df['SquareFootage']
df['PricePerSqFt'] = df['HousePrice'] / df['SquareFootage']
df['PricePerBedroom'] = df['HousePrice'] / df['Bedrooms']

# View the dataframe with new features
print(df)

# Visualize relationships
plt.figure(figsize=(12, 10))

# Scatter plot of Price vs Year, sized by SquareFootage
plt.subplot(2, 2, 1)
sns.scatterplot(data=df,    x='YearSold',    y='HousePrice',    size='SquareFootage',
hue='Bedrooms')
plt.title('House Price vs Year Sold')

# Heatmap of correlations
plt.subplot(2, 2, 2)
sns.heatmap(df.corr(), annot=True, cmap='coolwarm')
plt.title('Correlation Heatmap')

# Scatter plot of Price_YearInteraction vs PricePerSqFt
plt.subplot(2, 2, 3)
sns.scatterplot(data=df, x='Price_YearInteraction', y='PricePerSqFt')
plt.title('Price-Year Interaction vs Price Per Sq Ft')

# Bar plot of average Price Per Bedroom by Year
plt.subplot(2, 2, 4)
sns.barplot(data=df, x='YearSold', y='PricePerBedroom')
plt.title('Avg Price Per Bedroom by Year')

plt.tight_layout()
plt.show()

# Statistical summary
print(df.describe())

# Correlation analysis
print(df.corr()['HousePrice'].sort_values(ascending=False))
```

Cet exemple de code démontre une approche complète pour créer et analyser des termes d'interaction dans un contexte immobilier.

Décomposons-le :

- Préparation des données :
    - Nous importons les bibliothèques nécessaires : pandas pour la manipulation des données, matplotlib et seaborn pour la visualisation.

- o L'ensemble de données d'exemple est étendu pour inclure plus de maisons et des caractéristiques supplémentaires comme 'SquareFootage' et 'Bedrooms'.

- Ingénierie des caractéristiques :

  - o Price_YearInteraction : Capture l'interaction entre le prix de la maison et l'année de sa vente.

  - o Price_SqFtInteraction : Représente l'interaction entre le prix et la superficie en pieds carrés.

  - o PricePerSqFt : Une caractéristique de ratio normalisant le prix par la taille.

  - o PricePerBedroom : Une autre caractéristique de ratio montrant le prix par chambre.

- Visualisation des données :

  - o Une grille 2x2 de graphiques est créée pour visualiser différents aspects des données : a) Nuage de points du prix de la maison vs l'année de vente, avec la taille du point représentant la superficie en pieds carrés et la couleur représentant le nombre de chambres. b) Carte thermique des corrélations entre toutes les caractéristiques. c) Nuage de points de l'interaction prix-année vs prix par pied carré. d) Diagramme à barres montrant le prix moyen par chambre pour différentes années.

- Analyse statistique :

  - o La fonction describe() fournit des statistiques récapitulatives pour toutes les colonnes numériques.

  - o L'analyse de corrélation montre la force de la corrélation de chaque caractéristique avec HousePrice.

Cet exemple complet ne se contente pas de créer des termes d'interaction, mais explore également leurs relations avec d'autres caractéristiques et la variable cible (HousePrice). Les visualisations et les analyses statistiques fournissent des informations qui peuvent guider d'autres processus d'ingénierie des caractéristiques ou de sélection de modèles. Par exemple, la carte thermique des corrélations peut révéler quels termes d'interaction sont les plus fortement associés aux prix des maisons, tandis que les nuages de points peuvent montrer des relations non linéaires que ces termes pourraient capturer.

7.1.5 Points clés et leurs implications

- **Les transformations mathématiques** (telles que logarithmiques ou racine carrée) peuvent aider à stabiliser la variance ou à réduire l'asymétrie des données, améliorant ainsi les performances de certains modèles d'apprentissage automatique. Ces transformations sont particulièrement utiles lorsqu'on traite des caractéristiques qui ont une croissance ou une décroissance exponentielle, ou lorsque la relation entre les variables est non linéaire.

- **L'extraction de caractéristiques de date et d'heure** vous permet de créer de nouvelles caractéristiques significatives à partir de colonnes datetime, permettant aux modèles de capturer des motifs saisonniers ou temporels. Cette technique est cruciale pour l'analyse de séries temporelles, les prévisions et la compréhension des tendances cycliques dans les données. Par exemple, l'extraction du jour de la semaine, du mois ou de la saison peut révéler des motifs importants dans les ventes au détail ou la consommation d'énergie.

- **La combinaison de caractéristiques** comme les ratios ou les différences entre les variables existantes peut révéler des relations importantes, telles que la normalisation des prix des maisons par leur taille. Ces caractéristiques dérivées fournissent souvent des informations plus interprétables et significatives que les données brutes. Par exemple, dans l'analyse financière, les ratios comme le prix-bénéfice ou le ratio d'endettement sont plus informatifs que les composants individuels seuls.

- **Les termes d'interaction** permettent au modèle de capturer les effets combinés de deux caractéristiques ou plus, ce qui peut être particulièrement utile lorsque les relations entre les variables sont non linéaires. Ces termes peuvent améliorer considérablement les performances du modèle en tenant compte d'interdépendances complexes. Par exemple, dans le marketing, l'interaction entre l'âge du client et son revenu pourrait mieux prédire le comportement d'achat que l'une ou l'autre variable indépendamment.

Comprendre et appliquer ces techniques d'ingénierie des caractéristiques peut améliorer considérablement les performances, l'interprétabilité et la robustesse du modèle. Cependant, il est crucial d'aborder la création de caractéristiques de manière réfléchie, en tenant toujours compte des connaissances du domaine sous-jacent et des exigences spécifiques de votre tâche d'apprentissage automatique. Une ingénierie des caractéristiques efficace nécessite souvent une combinaison de créativité, de compréhension statistique et d'expertise du domaine.

7.2 Interactions de caractéristiques : Polynomiales, caractéristiques croisées et plus encore

Les interactions de caractéristiques jouent un rôle crucial dans la découverte de relations complexes au sein des ensembles de données. Bien que les caractéristiques individuelles fournissent des informations précieuses, elles sont souvent insuffisantes pour capturer l'interaction complexe entre plusieurs variables. En exploitant les termes d'interaction, les data scientists peuvent améliorer considérablement les performances du modèle et révéler des motifs cachés qui pourraient autrement rester non détectés.

Les termes d'interaction se présentent sous diverses formes, chacune conçue pour capturer différents types de relations :

- **Les caractéristiques polynomiales** introduisent la non-linéarité en élevant les caractéristiques individuelles à des puissances supérieures. Cela permet aux modèles de capturer des relations courbes entre les caractéristiques et la variable cible, ce qui est particulièrement utile lorsqu'on traite des phénomènes qui présentent un comportement exponentiel ou quadratique.

- **Les caractéristiques croisées** combinent deux caractéristiques ou plus par multiplication, permettant aux modèles d'apprendre comment l'effet d'une caractéristique peut dépendre de la valeur d'une autre. Cela est particulièrement précieux dans les scénarios où l'impact d'une variable change en fonction du contexte fourni par d'autres caractéristiques.

- **Les fonctions par morceaux** divisent l'espace des caractéristiques en segments, permettant de modéliser différentes relations au sein de chaque segment. Cette approche est particulièrement utile lorsqu'on traite des effets de seuil ou lorsque la relation entre les variables change radicalement à certains points.

En plus de ces types courants, des termes d'interaction avancés peuvent être créés par diverses transformations mathématiques, telles que des fonctions logarithmiques ou trigonométriques, ou en combinant plusieurs techniques d'interaction. Ces interactions sophistiquées peuvent aider les modèles à découvrir des motifs encore plus nuancés dans les données, conduisant à une précision prédictive améliorée et à des informations plus approfondies sur les relations sous-jacentes entre les variables.

En approfondissant cette section, nous explorerons des techniques pratiques pour créer et mettre en œuvre ces termes d'interaction, ainsi que des stratégies pour sélectionner les interactions les plus pertinentes à inclure dans vos modèles. En maîtrisant ces concepts, vous serez mieux équipé pour extraire une valeur maximale de vos ensembles de données et développer des modèles d'apprentissage automatique plus robustes et plus précis.

7.2.1 Caractéristiques polynomiales

Les caractéristiques polynomiales sont une technique puissante utilisée pour capturer les relations non linéaires entre les caractéristiques et la variable cible. En développant les caractéristiques existantes en termes d'ordre supérieur, tels que les carrés, les cubes ou même des puissances plus élevées, nous permettons à nos modèles d'apprendre des motifs complexes qui peuvent ne pas être apparents dans l'espace de caractéristiques linéaires d'origine.

Par exemple, considérez un ensemble de données où les prix des maisons sont liés à la taille de la maison. Un modèle linéaire pourrait supposer que le prix augmente proportionnellement à la taille. Cependant, en réalité, la relation pourrait être plus complexe. En introduisant des caractéristiques polynomiales, telles que le carré de la taille de la maison, nous permettons au modèle de capturer des scénarios où le prix pourrait augmenter plus rapidement pour les maisons plus grandes.

Quand utiliser les caractéristiques polynomiales

- Lorsque l'analyse exploratoire des données suggère une relation non linéaire entre les caractéristiques et la variable cible. Cela pourrait être évident à partir de nuages de points ou d'autres visualisations qui montrent des motifs courbes.

- Dans les scénarios où les connaissances du domaine indiquent que l'effet d'une caractéristique pourrait s'accélérer ou décélérer à mesure que sa valeur change. Par exemple, en économie, la loi des rendements décroissants entraîne souvent des relations non linéaires.

- Lorsqu'on travaille avec des modèles linéaires simples comme la **régression linéaire** ou la **régression logistique**, et que vous souhaitez introduire la non-linéarité sans passer à des architectures de modèles plus complexes. L'ajout de termes polynomiaux peut améliorer considérablement la capacité du modèle à ajuster des relations courbes.

- Dans les pipelines d'ingénierie des caractéristiques où vous souhaitez explorer automatiquement un plus large éventail de relations potentielles entre les caractéristiques et la variable cible.

Il est important de noter que bien que les caractéristiques polynomiales puissent grandement améliorer les performances du modèle, elles doivent être utilisées judicieusement. L'introduction de trop de termes d'ordre élevé peut conduire au surapprentissage, en particulier avec des ensembles de données plus petits. Par conséquent, il est crucial d'équilibrer la complexité de l'espace de caractéristiques avec la quantité de données disponibles et d'utiliser des techniques de régularisation appropriées si nécessaire.

Exemple : Génération de caractéristiques polynomiales

Supposons que vous ayez un ensemble de données avec une caractéristique **HouseSize**, et que vous croyez que les prix des maisons suivent une relation non linéaire avec la taille. Vous pouvez créer des caractéristiques polynomiales (au carré, au cube) pour permettre au modèle de capturer ce motif non linéaire.

```python
import pandas as pd
import numpy as np
from sklearn.preprocessing import PolynomialFeatures
import matplotlib.pyplot as plt
import seaborn as sns

# Sample data
np.random.seed(42)
data = {'HouseSize': np.random.randint(1000, 5000, 100)}
df = pd.DataFrame(data)
```

```python
# Initialize PolynomialFeatures object for degree 3 (cubic terms)
poly = PolynomialFeatures(degree=3, include_bias=False)

# Generate polynomial features
polynomial_features = poly.fit_transform(df[['HouseSize']])

# Create a new DataFrame with polynomial features
df_poly = pd.DataFrame(polynomial_features,
                       columns=['HouseSize', 'HouseSize^2', 'HouseSize^3'])

# Add a simulated price column with some noise
df_poly['Price'] = (0.1 * df_poly['HouseSize'] +
                    0.00005 * df_poly['HouseSize^2'] -
                    0.000000005 * df_poly['HouseSize^3'] +
                    np.random.normal(0, 50000, 100))

# View the first few rows of the DataFrame
print(df_poly.head())

# Visualize the relationships
plt.figure(figsize=(15, 10))

# Scatter plot of Price vs HouseSize
plt.subplot(2, 2, 1)
sns.scatterplot(data=df_poly, x='HouseSize', y='Price')
plt.title('Price vs House Size')

# Scatter plot of Price vs HouseSize^2
plt.subplot(2, 2, 2)
sns.scatterplot(data=df_poly, x='HouseSize^2', y='Price')
plt.title('Price vs House Size Squared')

# Scatter plot of Price vs HouseSize^3
plt.subplot(2, 2, 3)
sns.scatterplot(data=df_poly, x='HouseSize^3', y='Price')
plt.title('Price vs House Size Cubed')

# Heatmap of correlations
plt.subplot(2, 2, 4)
sns.heatmap(df_poly.corr(), annot=True, cmap='coolwarm')
plt.title('Correlation Heatmap')

plt.tight_layout()
plt.show()

# Print summary statistics
print(df_poly.describe())

# Print correlations with Price
print(df_poly.corr()['Price'].sort_values(ascending=False))
```

Cet exemple de code présente une approche approfondie pour travailler avec des caractéristiques polynomiales. Analysons-le :

1. Génération de données :

    o   Nous utilisons numpy pour générer un ensemble de données aléatoire de 100 tailles de maisons entre 1000 et 5000 pieds carrés.

    o   Une graine est définie pour la reproductibilité.

2. Caractéristiques polynomiales :

    o   Nous utilisons PolynomialFeatures de sklearn pour générer non seulement des termes au carré, mais aussi des termes cubiques (degree=3).

    o   Cela nous permet de capturer des relations non linéaires plus complexes.

3. Prix simulé :

    o   Nous créons une colonne de prix simulé basée sur une fonction non linéaire de la taille de la maison.

    o   Cela simule un scénario réel où le prix pourrait augmenter plus rapidement pour les maisons de taille moyenne mais se stabiliser pour les très grandes maisons.

    o   Du bruit aléatoire est ajouté pour rendre les données plus réalistes.

4. Visualisation :

    o   Nous créons une grille 2x2 de graphiques pour visualiser différents aspects des données.

    o   Trois nuages de points montrent la relation entre le prix et chaque caractéristique polynomiale.

    o   Une carte thermique visualise les corrélations entre toutes les caractéristiques.

5. Analyse statistique :

    o   Nous affichons les statistiques récapitulatives pour toutes les colonnes en utilisant la fonction describe().

    o   Nous affichons également les corrélations entre Price et toutes les autres caractéristiques, triées par ordre décroissant.

Cet exemple complet nous permet de voir comment différents termes polynomiaux sont liés à la variable cible (Price) et entre eux. Les visualisations et les analyses statistiques fournissent des informations qui peuvent guider les processus de sélection de caractéristiques et de construction de modèles. Par exemple, nous pourrions observer que le terme au carré a une corrélation plus forte avec Price que les termes linéaires ou cubiques, suggérant qu'il pourrait être le plus utile pour la prédiction.

Caractéristiques polynomiales d'ordre supérieur

Vous pouvez également créer des caractéristiques polynomiales d'ordre supérieur (par ex., cubique, quartique) en augmentant le paramètre degree. Cependant, soyez prudent, car les termes d'ordre supérieur peuvent conduire au surapprentissage, en particulier lorsqu'on travaille avec de petits ensembles de données.

7.2.2 Caractéristiques croisées

Les **caractéristiques croisées**, également connues sous le nom de termes d'interaction, sont créées en multipliant deux caractéristiques ou plus ensemble. Ces termes permettent aux modèles de capturer l'effet combiné de plusieurs caractéristiques, révélant des relations complexes qui pourraient ne pas être apparentes lorsqu'on considère les caractéristiques de manière isolée. Les caractéristiques croisées sont particulièrement précieuses lorsque l'impact d'une caractéristique sur la variable cible est influencé par la valeur d'une autre caractéristique.

Par exemple, dans un modèle de tarification immobilière, l'effet de la taille de la maison sur le prix peut varier en fonction du quartier. Une caractéristique croisée combinant la taille de la maison et le quartier pourrait capturer cette relation nuancée plus efficacement que l'une ou l'autre caractéristique seule.

Quand utiliser les caractéristiques croisées

- Lorsque vous soupçonnez que la combinaison de deux caractéristiques a un pouvoir prédictif plus fort que l'une ou l'autre caractéristique indépendamment. Cela se produit souvent lorsque les caractéristiques ont un effet synergique sur la variable cible.

- Lorsqu'on travaille avec des caractéristiques catégorielles qui, une fois combinées, révèlent des informations plus approfondies sur la variable cible. Par exemple, dans un modèle de prédiction de désabonnement de clients, la combinaison du groupe d'âge du client et du type d'abonnement pourrait fournir plus de pouvoir prédictif que l'une ou l'autre caractéristique seule.

- Dans des scénarios où les connaissances du domaine suggèrent que les interactions entre caractéristiques sont importantes. Par exemple, dans la prédiction du rendement agricole, l'interaction entre les précipitations et le type de sol pourrait être cruciale pour des prévisions précises.

- Lorsque l'analyse exploratoire des données ou la visualisation révèle des relations non linéaires entre les caractéristiques et la variable cible qui ne peuvent pas être capturées par des caractéristiques individuelles seules.

Il est important de noter que bien que les caractéristiques croisées puissent améliorer considérablement les performances du modèle, elles doivent être utilisées judicieusement.

L'ajout de trop de termes d'interaction peut conduire au surapprentissage et à une interprétabilité réduite du modèle. Par conséquent, il est crucial de valider l'efficacité des caractéristiques croisées par des techniques telles que la validation croisée et l'analyse de l'importance des caractéristiques.

Exemple : Création de caractéristiques croisées

Supposons que nous ayons un ensemble de données avec deux caractéristiques : **HouseSize** et **NumBedrooms**. Vous soupçonnez que l'effet combiné de ces caractéristiques (c'est-à-dire, de plus grandes maisons avec plus de chambres) pourrait fournir plus de pouvoir prédictif pour les prix des maisons que l'une ou l'autre caractéristique seule.

```python
import pandas as pd
import numpy as np
import matplotlib.pyplot as plt
import seaborn as sns

# Sample data
np.random.seed(42)
data = {
    'HouseSize': np.random.randint(1000, 5000, 100),
    'NumBedrooms': np.random.randint(1, 6, 100),
    'YearBuilt': np.random.randint(1950, 2023, 100)
}

df = pd.DataFrame(data)

# Create cross-features
df['HouseSize_BedroomInteraction'] = df['HouseSize'] * df['NumBedrooms']
df['HouseSize_YearInteraction'] = df['HouseSize'] * df['YearBuilt']
df['Bedroom_YearInteraction'] = df['NumBedrooms'] * df['YearBuilt']

# Create a simulated price column with some noise
df['Price'] = (100 * df['HouseSize'] +
               50000 * df['NumBedrooms'] +
               1000 * (df['YearBuilt'] - 1950) +
               0.5 * df['HouseSize_BedroomInteraction'] +
               np.random.normal(0, 50000, 100))

# View the first few rows of the DataFrame
print(df.head())

# Visualize the relationships
plt.figure(figsize=(15, 10))

# Scatter plot of Price vs HouseSize, colored by NumBedrooms
plt.subplot(2, 2, 1)
sns.scatterplot(data=df, x='HouseSize', y='Price', hue='NumBedrooms', palette='viridis')
plt.title('Price vs House Size (colored by Bedrooms)')
```

```python
# Scatter plot of Price vs HouseSize_BedroomInteraction
plt.subplot(2, 2, 2)
sns.scatterplot(data=df, x='HouseSize_BedroomInteraction', y='Price')
plt.title('Price vs House Size * Bedrooms Interaction')

# Heatmap of correlations
plt.subplot(2, 2, 3)
sns.heatmap(df.corr(), annot=True, cmap='coolwarm', fmt='.2f')
plt.title('Correlation Heatmap')

# Distribution of Price
plt.subplot(2, 2, 4)
sns.histplot(data=df, x='Price', kde=True)
plt.title('Distribution of House Prices')

plt.tight_layout()
plt.show()

# Print summary statistics
print(df.describe())

# Print correlations with Price
print(df.corr()['Price'].sort_values(ascending=False))
```

Cet exemple de code fournit une approche complète pour travailler avec les caractéristiques croisées et les termes d'interaction. Décomposons-le :

- Génération de données :
    - Nous utilisons numpy pour générer un ensemble de données aléatoire de 100 maisons avec les caractéristiques : HouseSize, NumBedrooms et YearBuilt.
    - Une graine est définie pour la reproductibilité.

- Caractéristiques croisées :
    - Nous créons trois termes d'interaction : HouseSize_BedroomInteraction, HouseSize_YearInteraction et Bedroom_YearInteraction.
    - Ceux-ci capturent les effets combinés de paires de caractéristiques.

- Prix simulé :
    - Nous créons une colonne de prix simulé basée sur une combinaison linéaire des caractéristiques originales et d'un terme d'interaction.
    - Du bruit aléatoire est ajouté pour rendre les données plus réalistes.

- Visualisation :

- o Nous créons une grille 2x2 de graphiques pour visualiser différents aspects des données.

- o Le premier graphique montre Price en fonction de HouseSize, avec des points colorés selon NumBedrooms.

- o Le deuxième graphique montre Price en fonction de HouseSize_BedroomInteraction.

- o Une carte thermique visualise les corrélations entre toutes les caractéristiques.

- o Un histogramme montre la distribution des prix des maisons.

- Analyse statistique :

- o Nous affichons les statistiques récapitulatives pour toutes les colonnes en utilisant la fonction describe().

- o Nous affichons également les corrélations entre Price et toutes les autres caractéristiques, triées par ordre décroissant.

Cet exemple complet nous permet de voir comment différentes caractéristiques et leurs interactions sont liées à la variable cible (Price) et entre elles. Les visualisations et les analyses statistiques fournissent des informations qui peuvent guider les processus de sélection de caractéristiques et de construction de modèles. Par exemple, nous pourrions observer que certains termes d'interaction ont des corrélations plus fortes avec Price que les caractéristiques individuelles, suggérant qu'ils pourraient être utiles pour la prédiction.

Caractéristiques croisées catégorielles

Vous pouvez également créer des caractéristiques croisées à partir de **variables catégorielles**, ce qui peut être particulièrement puissant pour révéler des motifs qui pourraient ne pas être apparents lors de la considération de ces variables séparément. Par exemple, si vous avez des caractéristiques comme **Region** et **HouseType**, créer une caractéristique croisée qui combine les deux pourrait fournir des informations qu'aucune des caractéristiques ne fournirait seule. Cette approche vous permet de capturer les caractéristiques uniques de combinaisons spécifiques, telles que « North_Apartment » ou « South_House ».

Ces caractéristiques croisées catégorielles peuvent être particulièrement utiles dans des scénarios où l'impact d'une variable catégorielle dépend d'une autre. Par exemple, l'effet du type de maison sur le prix peut varier considérablement selon les différentes régions. En créant une caractéristique croisée, vous permettez à votre modèle d'apprendre ces relations nuancées.

De plus, les caractéristiques croisées catégorielles peuvent aider à la sélection de caractéristiques et à la réduction de dimensionnalité. Au lieu de traiter chaque catégorie de chaque variable comme une caractéristique distincte (ce qui peut conduire à un espace de caractéristiques de haute dimension), vous pouvez créer des catégories combinées plus significatives. Cela peut non seulement améliorer les performances du modèle, mais aussi renforcer l'interprétabilité, car ces caractéristiques combinées s'alignent souvent plus étroitement avec des concepts du monde réel que les experts du domaine peuvent facilement comprendre et valider.

```python
import pandas as pd
import numpy as np
import matplotlib.pyplot as plt
import seaborn as sns

# Sample data with categorical features
np.random.seed(42)
data = {
    'Region': np.random.choice(['North', 'South', 'East', 'West'], 100),
    'HouseType': np.random.choice(['Apartment', 'House', 'Condo'], 100),
    'Price': np.random.randint(100000, 500000, 100)
}

df = pd.DataFrame(data)

# Create a cross-feature by combining Region and HouseType
df['Region_HouseType'] = df['Region'] + '_' + df['HouseType']

# One-hot encode the cross-feature
df_encoded = pd.get_dummies(df, columns=['Region_HouseType'])

# View the original features and the cross-feature
print("Original DataFrame:")
print(df.head())
print("\\nEncoded DataFrame:")
print(df_encoded.head())

# Visualize the average price for each Region_HouseType combination
plt.figure(figsize=(12, 6))
sns.barplot(x='Region_HouseType', y='Price', data=df)
plt.xticks(rotation=45)
plt.title('Average Price by Region and House Type')
plt.tight_layout()
plt.show()

# Analyze the correlation between the encoded features and Price
correlation = df_encoded.corr()['Price'].sort_values(ascending=False)
print("\\nCorrelation with Price:")
print(correlation)

# Perform a simple linear regression using the encoded features
from sklearn.linear_model import LinearRegression
from sklearn.model_selection import train_test_split

X = df_encoded.drop(['Price', 'Region', 'HouseType'], axis=1)
```

```python
y = df_encoded['Price']

X_train, X_test, y_train, y_test = train_test_split(X, y, test_size=0.2,
random_state=42)

model = LinearRegression()
model.fit(X_train, y_train)

print("\\nModel R-squared score:", model.score(X_test, y_test))

# Print feature importances
feature_importance = pd.DataFrame({'feature': X.columns, 'importance': model.coef_})
print("\\nFeature Importances:")
print(feature_importance.sort_values('importance', ascending=False))
```

Décomposons-le :

1. Génération de données :

   o Nous créons un ensemble de données plus large avec 100 échantillons,
     incluant les caractéristiques 'Region', 'HouseType' et 'Price'.

   o Les fonctions aléatoires de NumPy sont utilisées pour générer des données
     diversifiées.

2. Création de caractéristiques croisées :

   o Nous combinons 'Region' et 'HouseType' pour créer une nouvelle
     caractéristique 'Region_HouseType'.

3. Encodage one-hot :

   o La caractéristique croisée est encodée one-hot en utilisant la fonction
     get_dummies de pandas.

   o Cela crée des colonnes binaires pour chaque combinaison unique de Region
     et HouseType.

4. Visualisation des données :

   o Un graphique à barres est créé pour montrer le prix moyen pour chaque
     combinaison Region_HouseType.

   o Cela aide à visualiser comment différentes combinaisons affectent le prix de
     la maison.

5. Analyse de corrélation :

   o Nous calculons et affichons la corrélation entre les caractéristiques encodées
     et le Price.

- o Cela montre quelles combinaisons Region_HouseType ont la relation la plus forte avec Price.

6. Modèle de régression linéaire :

   - o Un modèle de régression linéaire simple est construit en utilisant les caractéristiques encodées.

   - o L'ensemble de données est divisé en ensembles d'entraînement et de test.

   - o Le score R-carré du modèle est calculé pour évaluer sa performance.

7. Importance des caractéristiques :

   - o Les coefficients du modèle de régression linéaire sont utilisés pour déterminer l'importance des caractéristiques.

   - o Cela montre quelles combinaisons Region_HouseType ont le plus d'impact sur la prédiction du Price.

Cet exemple démontre comment créer, analyser et utiliser des caractéristiques croisées catégorielles dans un contexte d'apprentissage automatique. Il couvre la préparation des données, la visualisation, l'analyse de corrélation et la construction de modèles, fournissant une vue d'ensemble du travail avec les caractéristiques croisées.

7.2.3 Termes d'interaction pour les relations non linéaires

Les termes d'interaction sont un outil puissant pour capturer des relations complexes et non linéaires entre les caractéristiques dans les modèles d'apprentissage automatique. Ces termes vont au-delà des caractéristiques polynomiales simples et des caractéristiques croisées en permettant des interactions plus nuancées entre les variables. Ils sont particulièrement précieux dans les modèles basés sur les arbres comme les arbres de décision et les forêts aléatoires, qui tiennent compte de manière inhérente des interactions de caractéristiques dans leur structure. Cependant, les termes d'interaction peuvent également améliorer significativement les performances des modèles linéaires tels que la régression linéaire et les machines à vecteurs de support (SVM) en définissant explicitement ces relations complexes.

La beauté des termes d'interaction réside dans leur capacité à révéler des motifs cachés qui pourraient ne pas être apparents lors de la considération des caractéristiques de manière isolée. Par exemple, dans un modèle de prédiction des prix immobiliers, l'effet de la taille de la maison sur le prix peut varier en fonction du quartier. Un terme d'interaction entre la taille de la maison et le quartier pourrait capturer cette relation nuancée, conduisant à des prédictions plus précises.

Quand utiliser les termes d'interaction

- Lorsque les caractéristiques peuvent s'influencer mutuellement d'une manière qui affecte la variable cible. Par exemple, dans un modèle de prédiction du rendement des cultures, l'interaction entre les précipitations et le type de sol pourrait être cruciale, car l'effet des précipitations sur le rendement peut différer selon la composition du sol.

- Lorsque de simples combinaisons linéaires de caractéristiques sont insuffisantes pour expliquer le comportement de la variable cible. Cela se produit souvent dans des scénarios complexes du monde réel où plusieurs facteurs interagissent pour produire un résultat. Par exemple, dans un modèle de prédiction du désabonnement client, l'interaction entre l'âge du client et les modèles d'utilisation du service pourrait fournir des informations qu'aucune des caractéristiques ne pourrait capturer seule.

- Lorsque les connaissances du domaine suggèrent des interactions potentielles. Les experts du domaine ont souvent des intuitions sur la façon dont différents facteurs peuvent interagir dans un domaine donné. Incorporer ces intuitions par le biais de termes d'interaction peut conduire à des modèles plus interprétables et plus précis.

Il est important de noter que bien que les termes d'interaction puissent grandement améliorer les performances du modèle, ils doivent être utilisés judicieusement. Ajouter trop de termes d'interaction peut conduire au surapprentissage, en particulier dans les ensembles de données plus petits. Par conséquent, il est crucial de valider l'importance de ces termes par des techniques comme la validation croisée et l'analyse de l'Importance des caractéristiques.

Exemple : Création de plusieurs termes d'interaction

Supposons que nous ayons trois caractéristiques : **HouseSize**, **NumBedrooms** et **YearBuilt**. Nous pouvons créer des termes d'interaction qui combinent les trois caractéristiques pour capturer leur influence conjointe sur la variable cible (par ex., le prix de la maison).

```python
import pandas as pd
import numpy as np
import matplotlib.pyplot as plt
import seaborn as sns
from sklearn.model_selection import train_test_split
from sklearn.linear_model import LinearRegression
from sklearn.metrics import mean_squared_error, r2_score

# Sample data
np.random.seed(42)
data = {
    'HouseSize': np.random.randint(1000, 3000, 100),
    'NumBedrooms': np.random.randint(2, 6, 100),
    'YearBuilt': np.random.randint(1950, 2023, 100)
}

df = pd.DataFrame(data)

# Create interaction terms
df['Size_Bedrooms_Interaction'] = df['HouseSize'] * df['NumBedrooms']
df['Size_Year_Interaction'] = df['HouseSize'] * df['YearBuilt']
df['Bedrooms_Year_Interaction'] = df['NumBedrooms'] * df['YearBuilt']
```

```python
# Create a target variable (house price) based on features and interactions
df['Price'] = (
    100 * df['HouseSize'] +
    50000 * df['NumBedrooms'] +
    1000 * (df['YearBuilt'] - 1950) +
    0.1 * df['Size_Bedrooms_Interaction'] +
    0.05 * df['Size_Year_Interaction'] +
    10 * df['Bedrooms_Year_Interaction'] +
    np.random.normal(0, 50000, 100)  # Add some noise
)

# Split the data into features (X) and target (y)
X = df[['HouseSize', 'NumBedrooms', 'YearBuilt', 'Size_Bedrooms_Interaction',
'Size_Year_Interaction', 'Bedrooms_Year_Interaction']]
y = df['Price']

# Split the data into training and testing sets
X_train, X_test, y_train, y_test = train_test_split(X, y, test_size=0.2,
random_state=42)

# Train a linear regression model
model = LinearRegression()
model.fit(X_train, y_train)

# Make predictions on the test set
y_pred = model.predict(X_test)

# Evaluate the model
mse = mean_squared_error(y_test, y_pred)
r2 = r2_score(y_test, y_pred)

print("Model Performance:")
print(f"Mean Squared Error: {mse:.2f}")
print(f"R-squared Score: {r2:.2f}")

# Print feature importances
feature_importance = pd.DataFrame({'Feature': X.columns, 'Importance': model.coef_})
print("\\nFeature Importances:")
print(feature_importance.sort_values('Importance', ascending=False))

# Visualize the relationships
plt.figure(figsize=(15, 10))

plt.subplot(2, 2, 1)
sns.scatterplot(data=df, x='HouseSize', y='Price', hue='NumBedrooms')
plt.title('Price vs House Size (colored by Number of Bedrooms)')

plt.subplot(2, 2, 2)
sns.scatterplot(data=df, x='YearBuilt', y='Price', hue='HouseSize')
plt.title('Price vs Year Built (colored by House Size)')
```

```python
plt.subplot(2, 2, 3)
sns.heatmap(df.corr(), annot=True, cmap='coolwarm', fmt='.2f')
plt.title('Correlation Heatmap')

plt.subplot(2, 2, 4)
sns.residplot(x=y_pred, y=y_test - y_pred, lowess=True, color="g")
plt.xlabel('Predicted Values')
plt.ylabel('Residuals')
plt.title('Residual Plot')

plt.tight_layout()
plt.show()

# View the final dataframe
print("\\nFinal Dataframe:")
print(df.head())
```

Cet exemple de code fournit une démonstration du travail avec des termes d'interaction dans un contexte d'apprentissage automatique. Voici une décomposition des composants clés :

1. Génération de données :

    o Nous créons un ensemble de données plus grand (100 échantillons) avec des valeurs aléatoires pour HouseSize, NumBedrooms et YearBuilt.

    o Une graine est définie pour la reproductibilité.

2. Termes d'interaction :

    o Trois termes d'interaction sont créés : Size_Bedrooms_Interaction, Size_Year_Interaction et Bedrooms_Year_Interaction.

    o Ceux-ci capturent les effets combinés de paires de caractéristiques.

3. Création de la variable cible :

    o Une colonne 'Price' est simulée sur la base d'une combinaison de caractéristiques originales et de termes d'interaction.

    o Un bruit aléatoire est ajouté pour rendre les données plus réalistes.

4. Division des données :

    o L'ensemble de données est divisé en ensembles d'entraînement et de test en utilisant la fonction train_test_split de sklearn.

5. Entraînement du modèle :

    o Un modèle de régression linéaire est entraîné sur les données, incluant à la fois les caractéristiques originales et les termes d'interaction.

6. Évaluation du modèle :

- o La performance du modèle est évaluée en utilisant l'erreur quadratique moyenne (MSE) et le score R-carré.

- o Les importances des caractéristiques sont calculées et affichées, montrant l'impact de chaque caractéristique et terme d'interaction sur les prédictions.

7. Visualisation :

- o Une grille 2x2 de graphiques est créée pour visualiser différents aspects des données : a. Prix vs HouseSize, avec des points colorés par NumBedrooms b. Prix vs YearBuilt, avec des points colorés par HouseSize c. Une carte thermique des corrélations entre toutes les caractéristiques d. Un graphique des résidus pour vérifier les hypothèses du modèle

8. Affichage des données :

- o Les premières lignes du dataframe final sont affichées, montrant toutes les caractéristiques originales, les termes d'interaction et la variable cible.

Cet exemple nous permet de voir comment différentes caractéristiques et leurs interactions se rapportent à la variable cible (Price) et les unes aux autres. Les visualisations et les analyses statistiques fournissent des informations qui peuvent guider les processus de sélection de caractéristiques et de construction de modèles. L'inclusion de l'entraînement et de l'évaluation du modèle démontre comment ces termes d'interaction peuvent être utilisés en pratique et leur impact sur la performance du modèle.

7.2.4 Combinaison de caractéristiques polynomiales et croisées

Vous pouvez également combiner des **caractéristiques polynomiales** et des **caractéristiques croisées** pour créer des interactions encore plus complexes. Cette approche permet de capturer des relations d'ordre supérieur entre les variables, fournissant une représentation plus nuancée des données. Par exemple, vous pourriez élever au carré une caractéristique croisée pour capturer des interactions d'ordre supérieur, ce qui peut être particulièrement utile dans des scénarios où la relation entre les caractéristiques est non linéaire et interdépendante.

Considérez un modèle de tarification immobilière où vous avez des caractéristiques comme la taille de la maison et le nombre de chambres. Une caractéristique croisée simple pourrait multiplier ces deux caractéristiques ensemble, capturant leur interaction de base. Cependant, en élevant au carré cette caractéristique croisée, vous pouvez modéliser des relations plus complexes. Par exemple, cela pourrait révéler que l'impact de chambres supplémentaires sur le prix augmente plus rapidement dans les maisons plus grandes, ou qu'il existe un « point optimal » dans le ratio taille/chambres qui maximise la valeur.

Il est important de noter que bien que ces caractéristiques complexes puissent améliorer significativement la performance du modèle, elles augmentent également le risque de surapprentissage, en particulier dans les ensembles de données plus petits. Par conséquent, il est crucial d'utiliser des techniques comme la régularisation et la validation croisée lors de l'incorporation de telles caractéristiques dans vos modèles. De plus, l'interprétabilité de votre modèle peut diminuer à mesure que vous ajoutez des caractéristiques plus complexes, il y a donc souvent un compromis entre la complexité du modèle et l'explicabilité qui doit être soigneusement considéré.

Exemple : Combinaison de caractéristiques polynomiales et croisées

Étendons notre exemple précédent en élevant au carré le terme d'interaction entre **HouseSize** et **NumBedrooms**.

```python
import pandas as pd
import numpy as np
import matplotlib.pyplot as plt
import seaborn as sns
from sklearn.model_selection import train_test_split
from sklearn.linear_model import LinearRegression
from sklearn.metrics import mean_squared_error, r2_score
from sklearn.preprocessing import PolynomialFeatures

# Sample data
np.random.seed(42)
data = {
    'HouseSize': np.random.randint(1000, 3000, 100),
    'NumBedrooms': np.random.randint(2, 6, 100),
    'YearBuilt': np.random.randint(1950, 2023, 100)
}

df = pd.DataFrame(data)

# Create cross-features
df['Size_Bedrooms_Interaction'] = df['HouseSize'] * df['NumBedrooms']
df['Size_Year_Interaction'] = df['HouseSize'] * df['YearBuilt']
df['Bedrooms_Year_Interaction'] = df['NumBedrooms'] * df['YearBuilt']

# Create polynomial cross-features
df['Size_Bedrooms_Interaction_Squared'] = df['Size_Bedrooms_Interaction'] ** 2
df['Size_Year_Interaction_Squared'] = df['Size_Year_Interaction'] ** 2
df['Bedrooms_Year_Interaction_Squared'] = df['Bedrooms_Year_Interaction'] ** 2

# Create a target variable (house price) based on features and interactions
df['Price'] = (
    100 * df['HouseSize'] +
    50000 * df['NumBedrooms'] +
    1000 * (df['YearBuilt'] - 1950) +
    0.1 * df['Size_Bedrooms_Interaction'] +
    0.05 * df['Size_Year_Interaction'] +
    10 * df['Bedrooms_Year_Interaction'] +
    0.00001 * df['Size_Bedrooms_Interaction_Squared'] +
    0.000005 * df['Size_Year_Interaction_Squared'] +
    0.001 * df['Bedrooms_Year_Interaction_Squared'] +
    np.random.normal(0, 50000, 100)  # Add some noise
```

```python
)

# Split the data into features (X) and target (y)
X = df.drop('Price', axis=1)
y = df['Price']

# Split the data into training and testing sets
X_train, X_test, y_train, y_test = train_test_split(X, y, test_size=0.2,
random_state=42)

# Train a linear regression model
model = LinearRegression()
model.fit(X_train, y_train)

# Make predictions on the test set
y_pred = model.predict(X_test)

# Evaluate the model
mse = mean_squared_error(y_test, y_pred)
r2 = r2_score(y_test, y_pred)

print("Model Performance:")
print(f"Mean Squared Error: {mse:.2f}")
print(f"R-squared Score: {r2:.2f}")

# Print feature importances
feature_importance = pd.DataFrame({'Feature': X.columns, 'Importance':
abs(model.coef_)})
print("\\nFeature Importances:")
print(feature_importance.sort_values('Importance', ascending=False))

# Visualize the relationships
plt.figure(figsize=(15, 10))

plt.subplot(2, 2, 1)
sns.scatterplot(data=df, x='HouseSize', y='Price', hue='NumBedrooms')
plt.title('Price vs House Size (colored by Number of Bedrooms)')

plt.subplot(2, 2, 2)
sns.scatterplot(data=df, x='Size_Bedrooms_Interaction', y='Price', hue='YearBuilt')
plt.title('Price vs Size-Bedrooms Interaction (colored by Year Built)')

plt.subplot(2, 2, 3)
sns.heatmap(df.corr(), annot=False, cmap='coolwarm')
plt.title('Correlation Heatmap')

plt.subplot(2, 2, 4)
sns.residplot(x=y_pred, y=y_test - y_pred, lowess=True, color="g")
plt.xlabel('Predicted Values')
plt.ylabel('Residuals')
plt.title('Residual Plot')
```

```python
plt.tight_layout()
plt.show()

# View the final dataframe
print("\\nFinal Dataframe:")
print(df.head())
```

Cet exemple de code démontre la création et l'utilisation de caractéristiques croisées et de caractéristiques croisées polynomiales dans un contexte d'apprentissage automatique. Voici une analyse complète :

1. Génération de données :

    o Nous créons un ensemble de données avec 100 échantillons, incluant des caractéristiques pour HouseSize, NumBedrooms et YearBuilt.

    o Une graine aléatoire est définie pour la reproductibilité.

2. Création de caractéristiques :

    o Caractéristiques croisées : Nous créons des termes d'interaction entre des paires de caractéristiques originales (par ex., HouseSize * NumBedrooms).

    o Caractéristiques croisées polynomiales : Nous élevons au carré les caractéristiques croisées pour capturer des interactions d'ordre supérieur.

3. Création de la variable cible :

    o Une colonne 'Price' est simulée à partir d'une combinaison de caractéristiques originales, de caractéristiques croisées et de caractéristiques croisées polynomiales.

    o Un bruit aléatoire est ajouté pour rendre les données plus réalistes.

4. Division des données :

    o L'ensemble de données est divisé en ensembles d'entraînement et de test à l'aide de la fonction train_test_split de sklearn.

5. Entraînement du modèle :

    o Un modèle de régression linéaire est entraîné sur les données, incluant les caractéristiques originales, les caractéristiques croisées et les caractéristiques croisées polynomiales.

6. Évaluation du modèle :

    o La performance du modèle est évaluée à l'aide de l'erreur quadratique moyenne (MSE) et du score R au carré.

- o Les importances des caractéristiques sont calculées et affichées, montrant l'impact de chaque caractéristique et terme d'interaction sur les prédictions.

7. Visualisation :

- o Une grille 2x2 de graphiques est créée pour visualiser différents aspects des données : a. Prix vs HouseSize, avec des points colorés par NumBedrooms b. Prix vs Interaction Taille-Chambres, avec des points colorés par YearBuilt c. Une carte thermique des corrélations entre toutes les caractéristiques d. Un graphique des résidus pour vérifier les hypothèses du modèle

8. Affichage des données :

- o Les premières lignes du dataframe final sont affichées, montrant toutes les caractéristiques originales, les caractéristiques croisées, les caractéristiques croisées polynomiales et la variable cible.

Cet exemple complet nous permet de voir comment différentes caractéristiques, leurs interactions et les termes d'ordre supérieur se rapportent à la variable cible (Price) et les unes aux autres. Les visualisations et les analyses statistiques fournissent des informations qui peuvent guider les processus de sélection de caractéristiques et de construction de modèles. L'inclusion de caractéristiques croisées et de caractéristiques croisées polynomiales démontre comment ces interactions complexes peuvent être utilisées en pratique et leur impact sur la performance du modèle.

7.2.5 Points clés à retenir et considérations avancées

L'ingénierie des caractéristiques est un aspect crucial de l'apprentissage automatique qui peut améliorer significativement la performance du modèle. Explorons plus en profondeur les concepts clés et leurs implications :

- Les **caractéristiques polynomiales** permettent aux modèles de capturer des relations non linéaires en élargissant l'espace des caractéristiques avec des termes d'ordre supérieur. Cette technique est particulièrement utile lorsque la relation entre les caractéristiques et la variable cible est complexe et ne peut pas être représentée adéquatement par des termes linéaires seuls. Par exemple, dans un modèle de prédiction des prix immobiliers, l'effet de la taille de la maison sur le prix pourrait augmenter de manière exponentielle plutôt que linéaire.

- Les **caractéristiques croisées** révèlent les effets combinés de plusieurs caractéristiques, offrant au modèle des informations plus riches sur les interactions entre caractéristiques. Celles-ci peuvent être particulièrement puissantes lorsque les connaissances du domaine suggèrent que certaines caractéristiques pourraient avoir un effet multiplicatif. Par exemple, dans un modèle d'efficacité de campagne marketing, l'interaction entre les dépenses publicitaires et la taille de l'audience cible pourrait être plus informative que chaque caractéristique seule.

- Les **termes d'interaction** sont des outils polyvalents pour capturer des relations complexes entre variables, applicables aux caractéristiques numériques et catégorielles. Ils peuvent révéler des motifs cachés qui ne sont pas apparents lorsqu'on considère les caractéristiques isolément. Dans un modèle de prédiction de désabonnement client, par exemple, l'interaction entre l'âge du client et le type d'abonnement pourrait fournir des informations précieuses qu'aucune caractéristique ne capture indépendamment.

- Combiner des **caractéristiques polynomiales** et des **caractéristiques croisées** permet des interactions encore plus sophistiquées, révélant potentiellement des motifs très nuancés dans les données. Cependant, ce pouvoir s'accompagne d'un risque accru de surapprentissage, en particulier avec des ensembles de données plus petits. Pour atténuer ce risque, considérez :

    - Des techniques de régularisation comme la régression Lasso ou Ridge pour pénaliser les modèles complexes

    - La validation croisée pour s'assurer que le modèle se généralise bien aux données non vues

    - Des méthodes de sélection de caractéristiques pour identifier les interactions les plus pertinentes

Bien que ces techniques avancées d'ingénierie des caractéristiques puissent considérablement améliorer la performance du modèle, il est crucial d'équilibrer la complexité avec l'interprétabilité. À mesure que les modèles deviennent plus sophistiqués, expliquer leurs prédictions aux parties prenantes peut devenir difficile. Par conséquent, considérez toujours le compromis entre la précision du modèle et l'explicabilité dans le contexte de votre cas d'utilisation spécifique et de votre audience.

7.3 Exercices pratiques pour le chapitre 7

Maintenant que nous avons exploré les concepts de création de caractéristiques et de termes d'interaction, il est temps d'appliquer ces techniques avec quelques exercices pratiques. Chaque exercice est conçu pour vous aider à pratiquer la création de nouvelles caractéristiques, la génération de caractéristiques polynomiales et la construction de caractéristiques croisées et de termes d'interaction. Lorsque nécessaire, des solutions avec du code sont fournies.

Exercice 1 : Création d'une caractéristique logarithmique

Vous disposez d'un ensemble de données avec la caractéristique **Income**, qui a une distribution asymétrique. Votre tâche consiste à :

Créer une nouvelle caractéristique, **LogIncome**, en appliquant une transformation logarithmique à la caractéristique **Income**.

Solution :

```python
import numpy as np
import pandas as pd

# Sample data
data = {'Income': [30000, 50000, 75000, 120000, 250000]}

df = pd.DataFrame(data)

# Apply a logarithmic transformation to create the LogIncome feature
df['LogIncome'] = np.log(df['Income'])

# View the original and new features
print(df)
```

Exercice 2 : Extraction de caractéristiques de date

Vous travaillez avec un ensemble de données contenant une colonne **SaleDate**, qui enregistre la date de vente des maisons. Votre tâche consiste à :

Extraire trois nouvelles caractéristiques de la colonne **SaleDate** : **YearSold**, **MonthSold** et **DayOfWeekSold**.

Solution :

```python
# Sample data with a date column
data = {'SaleDate': ['2022-01-05', '2021-06-15', '2020-09-22', '2019-11-30']}

df = pd.DataFrame(data)

# Convert SaleDate to a datetime object
df['SaleDate'] = pd.to_datetime(df['SaleDate'])

# Extract new features: Year, Month, Day of the week
df['YearSold'] = df['SaleDate'].dt.year
df['MonthSold'] = df['SaleDate'].dt.month
df['DayOfWeekSold'] = df['SaleDate'].dt.dayofweek

# View the new features
print(df)
```

Exercice 3 : Création d'une caractéristique croisée

Vous travaillez avec un ensemble de données qui contient les caractéristiques **HouseSize** (en pieds carrés) et **NumBedrooms**. Votre tâche consiste à :

Créer une nouvelle caractéristique, **PricePerBedroom**, en divisant **HouseSize** par **NumBedrooms** pour normaliser les tailles de maison par le nombre de chambres.

Solution :

```python
# Sample data
data = {'HouseSize': [2000, 2500, 3000, 3500, 4000],
        'NumBedrooms': [3, 4, 4, 5, 6]}

df = pd.DataFrame(data)

# Create a new feature by dividing HouseSize by NumBedrooms
df['PricePerBedroom'] = df['HouseSize'] / df['NumBedrooms']

# View the new feature
print(df)
```

Exercice 4 : Génération de caractéristiques polynomiales

Vous disposez d'un ensemble de données avec une seule caractéristique **Age**. Votre tâche consiste à :

Créer des caractéristiques polynomiales de degré 2 (termes au carré) et de degré 3 (termes au cube) pour la caractéristique **Age**.

Solution :

```python
from sklearn.preprocessing import PolynomialFeatures

# Sample data
data = {'Age': [25, 30, 35, 40, 45]}

df = pd.DataFrame(data)

# Initialize PolynomialFeatures object for degrees 2 and 3
poly = PolynomialFeatures(degree=3, include_bias=False)

# Generate polynomial features
polynomial_features = poly.fit_transform(df[['Age']])

# Create a DataFrame for the polynomial features
df_poly = pd.DataFrame(polynomial_features, columns=['Age', 'Age^2', 'Age^3'])

# View the polynomial features
print(df_poly)
```

Exercice 5 : Création de termes d'interaction

Vous travaillez avec un ensemble de données qui contient les caractéristiques **HousePrice**, **HouseSize** et **YearBuilt**. Votre tâche consiste à :

Créer trois termes d'interaction : **Price_Size_Interaction** (HousePrice * HouseSize), **Price_Year_Interaction** (HousePrice * YearBuilt) et **Size_Year_Interaction** (HouseSize * YearBuilt).

Solution :

```python
# Sample data
data = {'HousePrice': [300000, 500000, 700000],
        'HouseSize': [1500, 2000, 2500],
        'YearBuilt': [1990, 2000, 2010]}

df = pd.DataFrame(data)

# Create interaction terms
df['Price_Size_Interaction'] = df['HousePrice'] * df['HouseSize']
df['Price_Year_Interaction'] = df['HousePrice'] * df['YearBuilt']
df['Size_Year_Interaction'] = df['HouseSize'] * df['YearBuilt']

# View the interaction terms
print(df)
```

Exercice 6 : Combinaison de caractéristiques polynomiales et d'interaction

Vous travaillez avec le même ensemble de données de l'**Exercice 5**, et votre tâche consiste maintenant à :

Créer une caractéristique d'interaction polynomiale en mettant au carré le terme **Price_Size_Interaction** pour capturer les effets d'ordre supérieur.

Solution :

```python
# Create a polynomial interaction feature by squaring the Price_Size_Interaction term
df['Price_Size_Interaction_Squared'] = df['Price_Size_Interaction'] ** 2

# View the polynomial interaction feature
print(df)
```

Ces exercices vous donnent une pratique concrète de la création de caractéristiques et des termes d'interaction, vous aidant à comprendre comment générer de nouvelles caractéristiques et découvrir des relations cachées dans les données. En maîtrisant ces techniques, vous pouvez améliorer les performances de vos modèles d'apprentissage automatique et mieux capturer la complexité des relations dans vos ensembles de données. Continuez à expérimenter avec différentes caractéristiques et interactions pour voir comment elles impactent votre modèle !

7.4 Qu'est-ce qui pourrait mal tourner ?

La création de nouvelles caractéristiques et de termes d'interaction peut améliorer considérablement les performances de vos modèles d'apprentissage automatique, mais il est essentiel d'être conscient des pièges potentiels. Si ces techniques ne sont pas appliquées avec discernement, elles peuvent introduire des problèmes tels que le surapprentissage, la multicolinéarité ou une complexité inutile du modèle. Explorons ce qui peut mal tourner lors de la création de caractéristiques et de termes d'interaction, ainsi que les stratégies pour éviter ces problèmes.

7.4.1 Surapprentissage avec trop de caractéristiques

La création de nouvelles caractéristiques, en particulier les termes polynomiaux et d'interaction, peut conduire au surapprentissage, où le modèle apprend le bruit et les motifs spécifiques aux données d'entraînement qui ne se généralisent pas bien aux nouvelles données non vues.

Qu'est-ce qui pourrait mal tourner ?

- Lorsque vous ajoutez trop de termes d'interaction ou de caractéristiques polynomiales, le modèle peut devenir trop complexe, conduisant à une mauvaise généralisation.

- Le surapprentissage est particulièrement probable avec de petits ensembles de données, où les caractéristiques supplémentaires peuvent simplement capturer des variations aléatoires dans les données d'entraînement.

Solution :

- Utilisez la **validation croisée** pour évaluer les performances du modèle et vous assurer que les nouvelles caractéristiques améliorent la généralisation, pas seulement la précision d'entraînement.

- Appliquez des **techniques de régularisation** (telles que la régularisation L1 ou L2) pour pénaliser les modèles trop complexes, aidant à réduire le risque de surapprentissage.

- Évitez de créer des caractéristiques inutiles ou redondantes. Concentrez-vous sur la création de caractéristiques significatives et susceptibles d'améliorer les performances prédictives.

7.4.2 Multicolinéarité entre les caractéristiques

La création de caractéristiques polynomiales et de termes d'interaction peut conduire à la multicolinéarité, où deux caractéristiques ou plus sont fortement corrélées. Cela peut causer une instabilité dans les modèles linéaires, rendant difficile l'estimation de l'importance des caractéristiques ou l'interprétation des coefficients du modèle.

Qu'est-ce qui pourrait mal tourner ?

- La multicolinéarité peut amener le modèle à accorder un poids excessif à certaines caractéristiques ou à devenir trop sensible aux petits changements dans les données.

- Dans les modèles comme la régression linéaire, la multicolinéarité peut rendre plus difficile l'interprétation des coefficients des caractéristiques, car ils peuvent changer radicalement avec de légères variations dans l'ensemble de données.

Solution :

- Utilisez des techniques comme le **Facteur d'inflation de la variance (VIF)** pour identifier et éliminer les caractéristiques fortement corrélées, réduisant ainsi la multicolinéarité.

- Envisagez de **supprimer** l'une des caractéristiques corrélées ou d'utiliser des **techniques de réduction de dimensionnalité** (telles que l'Analyse en Composantes Principales, ACP) pour combiner les caractéristiques corrélées en une seule caractéristique représentative.

- Les techniques de régularisation, telles que la **régression Ridge (L2)**, peuvent également aider en réduisant les coefficients des caractéristiques fortement corrélées.

7.4.3 Création de caractéristiques non pertinentes ou inutiles

Il peut être tentant de créer de nombreuses nouvelles caractéristiques et termes d'interaction, mais tous n'ajouteront pas nécessairement de valeur au modèle. L'ajout de caractéristiques non pertinentes peut entraîner une complexité accrue du modèle sans améliorer les performances, et dans certains cas, peut même les dégrader.

Qu'est-ce qui pourrait mal tourner ?

- L'ajout de caractéristiques non pertinentes ou redondantes peut introduire du bruit dans le modèle, ce qui réduit sa capacité à bien se généraliser aux nouvelles données.

- Le modèle peut devenir plus difficile à interpréter, surtout s'il y a de nombreuses caractéristiques inutiles, conduisant à une complexité sans informations significatives.

Solution :

- Utilisez des **techniques de sélection de caractéristiques**, telles que l'**Élimination Récursive de Caractéristiques (RFE)** ou l'**information mutuelle**, pour déterminer quelles caractéristiques contribuent le plus aux performances du modèle.

- Évaluez l'importance des caractéristiques en utilisant des techniques comme l'**importance par permutation** ou les **valeurs SHAP** pour identifier quelles caractéristiques apportent réellement de la valeur.

- Testez et validez régulièrement l'impact des nouvelles caractéristiques en utilisant la validation croisée pour vous assurer qu'elles améliorent les performances du modèle.

7.4.4 Mauvaise interprétation des termes d'interaction

Les termes d'interaction peuvent fournir des informations précieuses sur la façon dont les caractéristiques interagissent entre elles, mais ils peuvent également être mal interprétés si la relation entre les caractéristiques n'est pas bien comprise. Créer des termes d'interaction sans tenir compte des connaissances du domaine sous-jacent peut conduire à des conclusions trompeuses.

Qu'est-ce qui pourrait mal tourner ?

- Vous pourriez créer des termes d'interaction qui sont dénués de sens ou non pertinents pour le problème en question, conduisant à la confusion et à de mauvaises performances du modèle.

- Une mauvaise interprétation des termes d'interaction pourrait conduire à des hypothèses erronées sur les relations entre les variables, amenant le modèle à s'appuyer sur des interactions qui n'existent pas dans le monde réel.

Solution :

- Assurez-vous que les termes d'interaction sont créés sur la base d'une compréhension solide du domaine et des relations entre les caractéristiques. Évitez de créer aveuglément des interactions sans tenir compte de leur pertinence pratique.

- Visualisez les interactions entre les caractéristiques avant de les inclure dans le modèle pour confirmer qu'elles ont une relation significative avec la variable cible.

- Si les termes d'interaction n'améliorent pas les performances du modèle ou sont difficiles à interpréter, envisagez de les supprimer ou d'utiliser des modèles plus simples.

7.4.5 Problèmes de performance avec les caractéristiques polynomiales dans les grands ensembles de données

La génération de caractéristiques polynomiales de degré élevé peut entraîner un grand nombre de nouvelles caractéristiques, en particulier lorsqu'elle est appliquée à des ensembles de données comportant de nombreuses caractéristiques d'origine. Cela peut ralentir l'entraînement du modèle, augmenter l'utilisation de la mémoire et rendre le modèle plus difficile à interpréter.

Qu'est-ce qui pourrait mal tourner ?

- Dans les grands ensembles de données, la génération de caractéristiques polynomiales de degré supérieur peut entraîner des **inefficacités computationnelles**, ralentissant l'entraînement du modèle et augmentant les besoins en mémoire.

- Le modèle peut devenir plus difficile à interpréter à mesure que le nombre de caractéristiques augmente, rendant difficile la compréhension des relations entre les caractéristiques et la variable cible.

Solution :

- Limitez le degré des caractéristiques polynomiales à 2 ou 3, car les termes de degré supérieur ajoutent souvent peu de valeur tout en augmentant considérablement la complexité du modèle.

- Utilisez des techniques de réduction de dimensionnalité, telles que l'**ACP** ou l'**Importance des Caractéristiques**, pour réduire le nombre de caractéristiques après la création de termes polynomiaux.

- Pour les grands ensembles de données, envisagez de générer des caractéristiques polynomiales de manière sélective, en vous concentrant sur les variables les plus pertinentes au lieu de l'appliquer globalement à toutes les caractéristiques.

7.4.6 Surcomplication de modèles simples

Dans certains cas, la création de trop nombreuses caractéristiques et termes d'interaction peut compliquer inutilement un modèle qui fonctionnerait bien avec des caractéristiques plus simples et plus interprétables. Les modèles complexes avec de nombreuses caractéristiques ne sont pas toujours meilleurs et peuvent obscurcir les véritables relations dans les données.

Qu'est-ce qui pourrait mal tourner ?

- Les modèles complexes avec de nombreux termes d'interaction et caractéristiques polynomiales peuvent être plus difficiles à interpréter et à expliquer aux parties prenantes.

- Les modèles simples, comme la régression linéaire ou les arbres de décision, peuvent devenir trop compliqués avec trop de caractéristiques, réduisant leur efficacité.

Solution :

- Commencez par des modèles plus simples et ajoutez de la complexité uniquement lorsque cela est nécessaire. Souvent, les modèles simples fonctionnent aussi bien (ou mieux) que les modèles plus complexes, en particulier lorsque les relations entre les caractéristiques sont simples.

- Utilisez des techniques de régularisation ou la validation croisée pour vous assurer que la complexité ajoutée améliore les performances du modèle sans le compliquer excessivement.

La création de nouvelles caractéristiques et de termes d'interaction peut considérablement améliorer les performances du modèle, mais il est essentiel d'appliquer ces techniques avec discernement pour éviter les pièges courants. Le surapprentissage, la multicolinéarité et la création de caractéristiques inutiles sont certains des problèmes qui peuvent survenir lors de la génération de nouvelles caractéristiques.

En évaluant soigneusement l'impact de chaque nouvelle caractéristique, en évitant les modèles trop complexes et en utilisant des techniques de régularisation ou de sélection de caractéristiques, vous pouvez vous assurer que vos caractéristiques améliorent votre modèle sans introduire de nouveaux problèmes.

Résumé du Chapitre 7

Dans ce chapitre, nous avons exploré la puissance de la **création de caractéristiques** et des **termes d'interaction** dans l'amélioration des modèles d'apprentissage automatique. Souvent, les caractéristiques d'origine d'un ensemble de données ne suffisent pas à capturer les relations sous-jacentes entre les données et la variable cible. En créant de nouvelles caractéristiques et des termes d'interaction, nous pouvons révéler des modèles plus profonds qui permettent aux modèles de faire des prédictions plus précises.

Nous avons commencé par discuter de la manière de créer de nouvelles caractéristiques à partir de données existantes. Les **transformations mathématiques**, telles que les transformations logarithmiques ou en racine carrée, sont des techniques efficaces pour stabiliser la variance ou réduire l'asymétrie des données. Ces transformations peuvent rendre les modèles linéaires plus robustes en simplifiant les relations non linéaires. Par exemple, l'application d'une transformation logarithmique aux caractéristiques asymétriques comme les prix des maisons peut aider à normaliser les données, facilitant ainsi leur traitement par le modèle.

Ensuite, nous avons exploré l'**extraction de caractéristiques de date et d'heure**, qui est particulièrement utile dans les ensembles de données contenant des données temporelles. Des caractéristiques telles que l'**année**, le **mois** ou le **jour de la semaine** peuvent capturer les tendances au fil du temps, qui sont souvent prédictives de la variable cible. Par exemple, l'extraction de l'année et du mois des ventes de maisons peut aider un modèle à identifier les tendances saisonnières ou les cycles économiques affectant les prix des maisons.

Nous avons ensuite discuté de l'importance de **combiner les caractéristiques** pour créer de nouvelles perspectives. En prenant des ratios ou des interactions entre les caractéristiques existantes, vous pouvez créer des représentations plus significatives des données. Par exemple, la création d'une caractéristique **PrixAuMètreCarré** à partir du prix de la maison et de sa superficie fournit une mesure normalisée qui peut améliorer la précision du modèle.

Les **termes d'interaction** sont un autre outil puissant pour améliorer les modèles, en particulier lorsqu'il s'agit de relations non linéaires. Les termes d'interaction capturent l'effet combiné de deux caractéristiques ou plus, qui peuvent avoir un pouvoir prédictif plus fort ensemble qu'individuellement. Par exemple, l'interaction entre la **taille de la maison** et le **nombre de chambres** pourrait fournir plus d'informations sur la tarification des maisons que l'une ou l'autre caractéristique seule. Nous avons également exploré comment les termes d'interaction peuvent être appliqués aux caractéristiques numériques et catégorielles.

Nous avons ensuite abordé les **caractéristiques polynomiales**, qui permettent aux modèles de capturer des relations non linéaires en élargissant l'espace des caractéristiques avec des termes d'ordre supérieur. Bien que les caractéristiques polynomiales puissent améliorer la précision du modèle, en particulier dans les modèles simples comme la régression linéaire, elles doivent être utilisées avec prudence pour éviter le surapprentissage et l'augmentation de la complexité.

Dans la section **« Qu'est-ce qui pourrait mal tourner ? »**, nous avons examiné les risques associés à la création de caractéristiques, notamment le surapprentissage, la multicolinéarité et la création de caractéristiques inutiles ou redondantes. Le surapprentissage est une préoccupation particulière lors de la génération de nombreuses nouvelles caractéristiques, car le modèle peut apprendre du bruit dans les données d'entraînement qui ne se généralise pas aux nouvelles données. Nous avons souligné l'importance d'utiliser des techniques de régularisation, la validation croisée et des méthodes de sélection de caractéristiques pour garantir que les nouvelles caractéristiques améliorent les performances du modèle sans ajouter de complexité inutile.

En résumé, la création de caractéristiques et les termes d'interaction sont des outils essentiels pour améliorer les modèles d'apprentissage automatique, mais ils doivent être appliqués de manière réfléchie. En examinant soigneusement les relations entre les caractéristiques, en utilisant les connaissances du domaine et en validant l'impact des nouvelles caractéristiques, vous pouvez améliorer considérablement les performances de votre modèle tout en évitant les pièges courants. Dans le prochain chapitre, nous explorerons des techniques avancées pour gérer les données manquantes et affiner davantage le processus d'ingénierie des caractéristiques.

Quiz Partie 2 : Ingénierie des caractéristiques pour des modèles puissants

Ce quiz testera votre compréhension des concepts clés abordés dans la **Partie 2** du livre. Chaque question cible un chapitre différent et les idées essentielles discutées tout au long de la section. Prenez votre temps pour répondre à chaque question et vérifiez votre compréhension des techniques d'ingénierie des caractéristiques.

Question 1 : (Chapitre 3 - Le rôle de l'ingénierie des caractéristiques dans l'apprentissage automatique)

Pourquoi l'ingénierie des caractéristiques est-elle considérée comme l'un des aspects les plus critiques de la construction de modèles d'apprentissage automatique ?

a) Elle augmente le nombre de caractéristiques dans l'ensemble de données.

b) Elle transforme les données brutes en entrées significatives qui améliorent les performances du modèle.

c) Elle aide à réduire le nombre de points de données.

d) Elle élimine le besoin de prétraitement des données.

Question 2 : (Chapitre 4 - Techniques de gestion des données manquantes)

Laquelle des méthodes suivantes N'EST PAS une méthode de gestion des données manquantes ?

a) Imputation par la moyenne

b) Suppression des lignes avec des valeurs manquantes

c) Imputation aléatoire

d) Encodage d'étiquettes

Question 3 : (Chapitre 4 - Techniques de gestion des données manquantes)

Quelle technique d'imputation avancée devrait être utilisée lorsque la relation entre les caractéristiques est importante pour remplir les valeurs manquantes ?

a) Imputation par la médiane

b) Imputation par K plus proches voisins (KNN)

c) Imputation par la moyenne

d) Imputation par le mode

Question 4 : (Chapitre 5 - Transformation et mise à l'échelle des caractéristiques)

Quelle technique de transformation est appropriée pour stabiliser la variance et réduire l'asymétrie dans les données avec des valeurs positives uniquement ?

a) Encodage à chaud unique

b) Standardisation

c) Transformation logarithmique

d) Encodage ordinal

Question 5 : (Chapitre 5 - Transformation et mise à l'échelle des caractéristiques)

Quelle est la principale différence entre la **mise à l'échelle Min-Max** et la **Standardisation** ?

a) La mise à l'échelle Min-Max ajuste les valeurs à une plage fixe, tandis que la Standardisation centre les données autour d'une moyenne de zéro et d'un écart type de un.

b) La mise à l'échelle Min-Max réduit la taille de l'ensemble de données, tandis que la Standardisation augmente sa dimensionnalité.

c) La mise à l'échelle Min-Max est uniquement utilisée pour les caractéristiques catégorielles, tandis que la Standardisation est pour les caractéristiques numériques.

d) La mise à l'échelle Min-Max normalise les valeurs aberrantes, tandis que la Standardisation ignore les valeurs aberrantes.

Question 6 : (Chapitre 6 - Encodage des variables catégorielles)

Quelle est une limitation clé de l'utilisation de l'**encodage à chaud unique** pour les variables catégorielles à forte cardinalité ?

a) Il ne peut pas être appliqué aux variables numériques.

b) Il réduit la taille de l'ensemble de données.

c) Il peut créer un très grand nombre de colonnes, conduisant à une dimensionnalité élevée.

d) Il supprime les catégories rares de l'ensemble de données.

Question 7 : (Chapitre 6 - Encodage des variables catégorielles)

Quelle méthode d'encodage remplace chaque catégorie par la moyenne de la variable cible pour cette catégorie ?

a) Encodage à chaud unique

b) Encodage par fréquence

c) Encodage cible

d) Encodage ordinal

Question 8 : (Chapitre 7 - Création de caractéristiques et termes d'interaction)

Quel est l'objectif principal de la création de **termes d'interaction** entre les caractéristiques ?

a) Réduire la complexité du modèle.

b) Capturer l'effet combiné de plusieurs caractéristiques sur la variable cible.

c) Supprimer les caractéristiques corrélées de l'ensemble de données.

d) Appliquer des transformations uniquement aux données catégorielles.

Question 9 : (Chapitre 7 - Création de caractéristiques et termes d'interaction)

Lors de la création de **caractéristiques polynomiales**, quel risque potentiel doit être pris en compte ?

a) Les caractéristiques peuvent introduire une fuite de données.

b) Les caractéristiques peuvent causer de la multicolinéarité et du surajustement.

c) Les caractéristiques peuvent devenir des variables catégorielles.

d) Les caractéristiques peuvent réduire la taille de l'ensemble de données.

Question 10 : (Général)

Quelle technique d'ingénierie des caractéristiques serait la plus appropriée lorsque vous soupçonnez qu'une **relation non linéaire** existe entre une caractéristique numérique et la variable cible ?

a) Imputation par la moyenne

b) Création de caractéristiques polynomiales

c) Encodage à chaud unique

d) Mise à l'échelle Min-Max

Question bonus : (Général)

Quelle méthode de sélection de caractéristiques aide à identifier quelles caractéristiques contribuent le plus aux performances du modèle, tout en réduisant le bruit des caractéristiques non pertinentes ?

a) Élimination récursive de caractéristiques (RFE)

b) Imputation aléatoire

c) Encodage ordinal

d) Encodage d'étiquettes

Une fois que vous avez terminé le quiz, vérifiez vos réponses pour voir à quel point vous avez compris les concepts de la **Partie 2 : Ingénierie des caractéristiques pour des modèles puissants** !

Réponses

Question 1 :

Réponse : b) Elle transforme les données brutes en entrées significatives qui améliorent les performances du modèle.

Question 2 :

Réponse : d) Encodage d'étiquettes

(L'encodage d'étiquettes est utilisé pour la transformation de caractéristiques catégorielles, pas pour gérer les données manquantes.)

Question 3 :

Réponse : b) Imputation par K plus proches voisins (KNN)

Question 4 :

Réponse : c) Transformation logarithmique

Question 5 :

Réponse : a) La mise à l'échelle Min-Max ajuste les valeurs à une plage fixe, tandis que la Standardisation centre les données autour d'une moyenne de zéro et d'un écart type de un.

Question 6 :

Réponse : c) Il peut créer un très grand nombre de colonnes, conduisant à une dimensionnalité élevée.

Question 7 :

Réponse : c) Encodage cible

Question 8 :

Réponse : b) Capturer l'effet combiné de plusieurs caractéristiques sur la variable cible.

Question 9 :

Réponse : b) Les caractéristiques peuvent causer de la multicolinéarité et du surajustement.

Question 10 :

Réponse : b) Création de caractéristiques polynomiales

Question bonus :

Réponse : a) Élimination récursive de caractéristiques (RFE)

Partie 3 : Nettoyage et Prétraitement des Données

Projet 2 : Prévision de séries temporelles avec ingénierie des caractéristiques

Dans ce projet, nous nous lançons dans l'exploration de l'une des applications les plus captivantes et pragmatiques de l'apprentissage automatique : **la prévision de séries temporelles**. Les données de séries temporelles imprègnent de nombreux aspects de notre monde — des fluctuations des marchés financiers aux flux et reflux des chiffres de vente, en passant par les variations constantes des conditions météorologiques et bien plus encore. La capacité de prévoir avec précision les données de séries temporelles permet aux entreprises de prendre des décisions éclairées concernant les événements futurs, leur permettant ainsi d'optimiser leurs ressources, d'atténuer les risques potentiels et de planifier stratégiquement ce qui les attend.

À la base, la prévision de séries temporelles consiste à analyser les tendances des données historiques pour prédire les tendances et les valeurs futures. Cette capacité prédictive est inestimable dans diverses industries et domaines, offrant des perspectives qui peuvent orienter la prise de décision stratégique et l'efficacité opérationnelle. Qu'il s'agisse d'un détaillant anticipant la demande de produits, d'un analyste financier projetant les tendances du marché ou d'un météorologue prédisant les conditions météorologiques, la prévision de séries temporelles fournit un outil puissant pour naviguer dans les complexités d'un monde en constante évolution.

Ce projet plongera en profondeur dans le domaine de la prévision, avec un accent particulier sur l'exploitation de **l'ingénierie des caractéristiques** pour améliorer les performances du modèle. Bien que nous abordions des méthodes de prévision traditionnelles telles que **ARIMA** (moyenne mobile intégrée autorégressive) et **le lissage exponentiel**, notre accent principal sera mis sur l'exploration de la manière dont les techniques avancées d'ingénierie des caractéristiques peuvent améliorer considérablement les prévisions de séries temporelles. Nous examinerons comment ces caractéristiques conçues peuvent être exploitées pour améliorer les performances de modèles d'apprentissage automatique sophistiqués, incluant notamment **Random Forest**, **XGBoost** et **les machines à gradient boosting (GBM)**.

En combinant la puissance de l'ingénierie des caractéristiques avec ces algorithmes d'apprentissage automatique de pointe, nous visons à débloquer de nouveaux niveaux de précision et de compréhension dans la prévision de séries temporelles. Cette approche nous permet non seulement de capturer des modèles et des relations complexes au sein des données, mais fournit également un cadre flexible qui peut s'adapter à divers types de données de séries temporelles dans différents domaines.

1.1 Introduction à la prévision de séries temporelles avec ingénierie des caractéristiques

Dans la prévision de séries temporelles, l'objectif est de prédire les valeurs futures en se basant sur les données historiques. Les données de séries temporelles sont uniques car l'ordre des points de données est crucial, chaque point de données dépendant généralement des points précédents. Cette dépendance fait de la prévision une tâche difficile, mais également riche en opportunités de découvrir des modèles cachés.

Pour tirer le meilleur parti des données de séries temporelles, il est souvent nécessaire de créer de nouvelles caractéristiques qui aident les modèles à mieux capturer ces dépendances temporelles. Dans ce projet, nous allons :

1. Explorer des caractéristiques temporelles telles que **le jour de la semaine**, **le mois** ou **les caractéristiques de décalage** qui reflètent les valeurs antérieures.

2. Discuter de l'utilisation des **statistiques glissantes** pour capturer les tendances et la saisonnalité.

3. Travailler avec différents types de techniques de **suppression de tendance** et de transformations pour rendre les séries temporelles plus stationnaires.

Nous utiliserons un ensemble de données réel, tel que des données de ventes quotidiennes, pour prévoir les ventes futures et démontrer comment l'ingénierie des caractéristiques peut améliorer la précision prédictive du modèle.

1.1.1 Caractéristiques de décalage pour la prévision de séries temporelles

L'une des techniques fondamentales de la prévision de séries temporelles est la création de **caractéristiques de décalage**. Ces caractéristiques sont dérivées de la série temporelle originale en décalant les points de données vers l'arrière dans le temps. Ce décalage permet au modèle d'incorporer des informations historiques lors de la prédiction des points actuels ou futurs. Le nombre de pas de temps décalés peut varier, créant ainsi plusieurs caractéristiques de décalage qui capturent différentes perspectives historiques.

Les caractéristiques de décalage sont particulièrement puissantes car elles permettent au modèle de capturer l'autocorrélation, qui est la relation entre une variable et ses valeurs passées. Ceci est crucial dans l'analyse des séries temporelles, où les modèles se répètent ou évoluent souvent au fil du temps. Par exemple, sur les marchés financiers, les cours des actions d'aujourd'hui peuvent être influencés par leurs valeurs d'hier, de la semaine dernière ou même du mois dernier. En créant des caractéristiques de décalage, nous fournissons au modèle ce contexte historique précieux.

Pourquoi les caractéristiques de décalage sont importantes

L'importance des caractéristiques de décalage découle de la nature inhérente de nombreux problèmes de séries temporelles. Dans ces scénarios, la valeur actuelle de la variable cible dépend souvent de ses valeurs passées, un concept connu sous le nom de dépendance temporelle. Cette dépendance peut se manifester de diverses manières :

- Effets à court terme : Les valeurs passées récentes peuvent avoir une forte influence sur la valeur actuelle. Par exemple, le nombre de produits vendus aujourd'hui est probablement influencé par les ventes des derniers jours.

- Tendances saisonnières : Dans de nombreuses industries, il existe des tendances récurrentes liées à des périodes spécifiques. Les ventes au détail, par exemple, augmentent souvent pendant les périodes de fêtes, et ce modèle se répète chaque année.

- Tendances à long terme : Certaines séries temporelles présentent des changements graduels sur des périodes prolongées. Les indicateurs économiques, par exemple, peuvent montrer des tendances pluriannuelles que les caractéristiques de décalage peuvent aider à capturer.

En incorporant des caractéristiques de décalage dans nos modèles, nous leur fournissons un contexte historique riche. Ce contexte permet aux modèles d'apprendre et d'exploiter ces dépendances temporelles, conduisant potentiellement à des prévisions plus précises et robustes. De plus, les caractéristiques de décalage peuvent aider à capturer des modèles complexes qui pourraient ne pas être immédiatement apparents dans les données brutes de séries temporelles.

Il convient de noter que le nombre et la plage optimaux de caractéristiques de décalage peuvent varier en fonction du problème et de l'ensemble de données spécifiques. L'expérimentation et la connaissance du domaine jouent des rôles cruciaux dans la détermination de la configuration de caractéristiques de décalage la plus efficace pour une tâche de prévision donnée.

Exemple : Créer des caractéristiques de décalage

Commençons par créer des caractéristiques de décalage dans un ensemble de données de ventes. Imaginons que nous avons un ensemble de données de chiffres de ventes quotidiennes, et nous voulons prévoir les ventes futures en utilisant des points de données passés.

```python
import pandas as pd

# Sample data: daily sales figures
data = {'Date': pd.date_range(start='2022-01-01', periods=10, freq='D'),
        'Sales': [100, 120, 130, 150, 170, 160, 155, 180, 190, 210]}

df = pd.DataFrame(data)

# Set the Date column as the index
```

```python
df.set_index('Date', inplace=True)

# Create lag features for the previous 1, 2, and 3 days
df['Sales_Lag1'] = df['Sales'].shift(1)
df['Sales_Lag2'] = df['Sales'].shift(2)
df['Sales_Lag3'] = df['Sales'].shift(3)

# View the dataframe with lag features
print(df)
```

Dans cet exemple :

- Tout d'abord, il importe la bibliothèque pandas, qui est essentielle pour la manipulation de données en Python.

- Il crée un ensemble de données échantillon avec 10 jours de données de ventes, à partir du 1er janvier 2022.

- Les données sont ensuite converties en un DataFrame pandas, avec la colonne 'Date' définie comme index.

- Le cœur de ce code est la création de caractéristiques de décalage. Il génère trois nouvelles colonnes :

- 'Sales_Lag1' : Contient la valeur des ventes d'il y a 1 jour

- 'Sales_Lag2' : Contient la valeur des ventes d'il y a 2 jours

- 'Sales_Lag3' : Contient la valeur des ventes d'il y a 3 jours

Ces caractéristiques de décalage sont créées à l'aide de la fonction shift(), qui déplace les données en arrière dans le temps du nombre de périodes spécifié.

Enfin, le code affiche le DataFrame pour montrer les données de ventes originales ainsi que les caractéristiques de décalage nouvellement créées.

Cette approche est cruciale dans la prévision de séries temporelles car elle permet au modèle d'apprendre à partir des valeurs passées, capturant ainsi les dépendances temporelles dans les données.

1.1.2 Gérer les valeurs manquantes dans les caractéristiques de décalage

Lors de la création de caractéristiques de décalage, les premières lignes de l'ensemble de données contiendront inévitablement des valeurs manquantes en raison de l'absence de données historiques. Il s'agit d'un défi courant dans l'analyse des séries temporelles qui nécessite une attention particulière. Il existe plusieurs stratégies pour résoudre ce problème, chacune ayant ses propres avantages et inconvénients potentiels :

1. **Supprimer les lignes avec des valeurs manquantes** : Cette approche directe consiste à supprimer les lignes qui contiennent des valeurs de décalage manquantes. Bien que

simple à mettre en œuvre, elle peut entraîner une perte de données, réduisant potentiellement la taille de l'ensemble de données et introduisant éventuellement un biais si les données manquantes ne sont pas distribuées de manière aléatoire. Cette méthode est plus appropriée lorsque vous disposez d'un grand ensemble de données et que vous pouvez vous permettre de perdre quelques observations initiales.

2. **Imputer les valeurs manquantes** : Cette méthode consiste à remplir les valeurs manquantes à l'aide de diverses techniques. Certaines stratégies d'imputation courantes incluent :

   o Remplissage vers l'avant : Propager la dernière observation valide vers l'avant pour combler les lacunes. Cela suppose que les valeurs manquantes auraient été similaires à la valeur connue la plus récente.

   o Remplissage vers l'arrière : Utiliser les valeurs futures connues pour remplir les valeurs passées manquantes. Cela peut être utile lorsque vous avez de bonnes raisons de croire que les valeurs passées auraient été similaires aux valeurs futures.

   o Imputation par moyenne/médiane : Remplacer les valeurs manquantes par la moyenne ou la médiane des données disponibles. Cela fonctionne bien lorsque les données sont normalement distribuées et ne présentent pas de tendances ou de saisonnalité fortes.

   o Interpolation : Estimer les valeurs manquantes en fonction des valeurs connues environnantes. Il peut s'agir d'une interpolation linéaire, polynomiale ou par spline, selon la nature de vos données.

3. **Utiliser un modèle capable de gérer les valeurs manquantes** : Certains modèles d'apprentissage automatique avancés, tels que certaines implémentations de machines à gradient boosting (par exemple, LightGBM, CatBoost), peuvent gérer de manière inhérente les valeurs manquantes sans nécessiter d'imputation explicite. Ces modèles traitent souvent les valeurs manquantes comme une catégorie distincte et peuvent apprendre des modèles associés au caractère manquant.

4. **Créer des caractéristiques distinctes pour le caractère manquant** : Cette approche consiste à créer des variables indicatrices binaires qui signalent si une caractéristique de décalage particulière est manquante. Cela permet au modèle d'apprendre des modèles associés à la présence ou à l'absence de données historiques. Cela peut être particulièrement utile lorsque le caractère manquant lui-même contient des informations sur le processus sous-jacent.

5. **Utiliser des connaissances spécifiques au domaine** : Dans certains cas, vous pourriez disposer d'informations spécifiques au domaine qui peuvent guider la manière dont vous gérez les valeurs manquantes. Par exemple, dans une prévision de

ventes au détail, vous pourriez savoir que votre entreprise était fermée certains jours, expliquant ainsi les données manquantes.

Le choix de la méthode dépend de divers facteurs, notamment la taille de votre ensemble de données, la nature de votre série temporelle, les exigences spécifiques de votre tâche de prévision et les hypothèses que vous êtes prêt à faire concernant les données manquantes. Il est souvent bénéfique d'expérimenter plusieurs approches et d'évaluer leur impact sur les performances du modèle en utilisant des techniques de validation croisée spécialement conçues pour les données de séries temporelles, telles que la validation croisée de séries temporelles ou la validation par fenêtre glissante.

N'oubliez pas que la gestion des valeurs manquantes dans les caractéristiques de décalage n'est qu'un aspect de l'ingénierie des caractéristiques pour la prévision de séries temporelles. D'autres considérations importantes incluent la création de caractéristiques pour capturer la saisonnalité, les tendances et les facteurs externes qui pourraient influencer votre série temporelle. En abordant soigneusement ces problèmes et en créant des caractéristiques informatives, vous pouvez considérablement améliorer le pouvoir prédictif de vos modèles de séries temporelles.

```python
# Drop rows with missing values
df.dropna(inplace=True)

# View the cleaned dataframe
print(df)
```

Décomposons cela :

1. df.dropna(inplace=True) : Cette ligne supprime toutes les lignes du DataFrame qui contiennent des valeurs manquantes (NaN). Le paramètre inplace=True signifie que l'opération est effectuée sur le DataFrame original plutôt que de créer une copie.

2. print(df) : Cette ligne affiche le DataFrame nettoyé, montrant le résultat après la suppression des lignes contenant des valeurs manquantes.

Il est important de noter que cette méthode de gestion des valeurs manquantes par suppression de lignes n'est qu'une approche. Comme mentionné dans le contexte, pour des ensembles de données plus volumineux, vous pourriez préférer d'autres techniques telles que l'imputation par remplissage vers l'avant ou d'autres méthodes pour préserver davantage de données.

1.1.3 Comment les caractéristiques de décalage améliorent les performances du modèle

En intégrant des caractéristiques de décalage dans notre modèle, nous améliorons sa capacité à exploiter les données historiques, ce qui peut conduire à des améliorations substantielles de la précision prédictive. Ces caractéristiques fournissent au modèle un contexte plus riche des événements passés récents, lui permettant d'identifier et d'apprendre à partir de modèles temporels qui peuvent ne pas être immédiatement apparents dans les données brutes. Des modèles tels que **Random Forest** ou **Gradient Boosting** sont particulièrement habiles à utiliser ces caractéristiques supplémentaires, car ils possèdent la capacité de discerner des modèles complexes et des interactions sophistiquées entre la variable cible et ses valeurs historiques.

L'inclusion de caractéristiques de décalage permet à ces modèles de capturer divers phénomènes dépendant du temps, tels que :

- Fluctuations à court terme : En examinant les valeurs passées récentes, le modèle peut identifier et tenir compte des changements rapides ou des déviations temporaires de la variable cible.

- Modèles cycliques : Les caractéristiques de décalage peuvent aider à découvrir des modèles récurrents qui se produisent à intervalles réguliers, ce qui pourrait être difficile à détecter sans contexte historique.

- Persistance des tendances : Le modèle peut apprendre comment les tendances de la variable cible ont tendance à persister au fil du temps, permettant des prédictions plus précises des mouvements futurs.

De plus, la flexibilité de ces algorithmes d'apprentissage automatique avancés leur permet de déterminer automatiquement l'importance relative des différentes caractéristiques de décalage, apprenant efficacement quels points temporels historiques sont les plus pertinents pour prédire les valeurs futures. Cette approche axée sur les données pour la sélection de caractéristiques peut souvent surpasser les méthodes traditionnelles de séries temporelles qui reposent sur des structures fixes et prédéfinies.

1.2 Caractéristiques de fenêtre glissante pour capturer les tendances et la saisonnalité

Une autre technique puissante pour la prévision de séries temporelles est la création de **caractéristiques de fenêtre glissante**. Ces caractéristiques capturent les tendances et la saisonnalité en résumant les informations sur une fenêtre mobile de points de données passés. En analysant une série d'observations consécutives, les caractéristiques de fenêtre glissante fournissent une perspective dynamique sur le comportement des données au fil du temps.

Les statistiques courantes de fenêtre glissante incluent :

- **Moyennes mobiles** : Ces mesures statistiques lissent efficacement les fluctuations à court terme dans les données de séries temporelles, permettant l'identification et l'analyse des tendances à plus long terme. En calculant la moyenne sur une fenêtre de temps spécifiée, les moyennes mobiles peuvent révéler des modèles sous-jacents qui pourraient autrement être obscurcis par des variations quotidiennes. Par exemple, une moyenne mobile sur 7 jours des chiffres de ventes quotidiennes peut découvrir des tendances hebdomadaires du comportement des consommateurs, fournissant des informations précieuses pour la gestion des stocks et la prévision des ventes.

- **Médianes mobiles** : En tant que mesure robuste de tendance centrale, les médianes mobiles offrent un avantage distinct par rapport aux moyennes lors du traitement d'ensembles de données contenant des valeurs extrêmes ou des valeurs aberrantes occasionnelles. En sélectionnant la valeur médiane dans une fenêtre de temps spécifiée, les médianes mobiles fournissent une représentation plus stable de la tendance centrale des données, les rendant particulièrement utiles dans des scénarios où les valeurs aberrantes pourraient fausser considérablement les résultats, comme dans les séries temporelles financières ou certains ensembles de données environnementales.

- **Écarts types mobiles** : Ces mesures quantifient la volatilité ou la dispersion des points de données au fil du temps, offrant des informations cruciales sur la stabilité et la prévisibilité d'une série temporelle. Une augmentation des écarts types mobiles peut signaler des périodes d'incertitude ou de variabilité accrues, ce qui peut être particulièrement précieux dans les processus d'évaluation des risques et de prise de décision. Par exemple, sur les marchés financiers, des écarts types croissants pourraient indiquer une volatilité accrue du marché, incitant les investisseurs à ajuster leurs stratégies en conséquence.

- **Minimum et maximum mobiles** : Ces caractéristiques sont essentielles pour identifier les pics et les creux au sein d'une série temporelle, fournissant une image claire de la plage et des extrêmes des données sur une période spécifiée. Ces informations sont particulièrement pertinentes dans des domaines tels que l'analyse boursière, où la compréhension des limites de prix peut éclairer les stratégies de trading, ou dans la prévision météorologique, où le suivi des extrêmes de température est crucial pour prédire les événements météorologiques graves et planifier des réponses appropriées.

La taille de la fenêtre pour ces caractéristiques peut être ajustée en fonction des caractéristiques spécifiques de la série temporelle et des objectifs de prévision. Des fenêtres plus grandes capturent des tendances plus larges mais peuvent être moins réactives aux changements récents, tandis que des fenêtres plus petites sont plus sensibles aux fluctuations à court terme.

En incorporant ces caractéristiques de fenêtre glissante, les modèles peuvent reconnaître à la fois les modèles à court terme et à long terme dans les données de séries temporelles. Cette capacité améliorée à capturer les dépendances temporelles conduit souvent à des prévisions plus précises et nuancées, car le modèle peut exploiter un ensemble plus riche d'informations historiques lors de la formulation de prédictions sur les valeurs futures.

1.2.1 Pourquoi les caractéristiques de fenêtre glissante sont importantes

Les caractéristiques de fenêtre glissante fournissent une méthode sophistiquée pour capturer la nature dynamique des données de séries temporelles, permettant aux modèles de discerner comment les variables cibles évoluent au fil du temps. Cette approche implique le calcul de statistiques sur une fenêtre glissante d'observations, qui se déplace à travers l'ensemble de données au fur et à mesure que le temps progresse. Par exemple, le calcul d'une moyenne mobile sur 7 jours des chiffres de ventes peut révéler des modèles hebdomadaires tout en lissant les irrégularités quotidiennes, offrant une image plus claire des tendances générales.

Ces caractéristiques sont particulièrement précieuses lors du traitement de données présentant une saisonnalité ou contenant un bruit significatif. En agrégeant les informations sur un laps de temps spécifié, les statistiques mobiles peuvent efficacement mettre en évidence les tendances plus larges tout en minimisant l'impact des fluctuations à court terme. Ceci est crucial dans de nombreux scénarios du monde réel, tels que la prévision financière ou la prédiction de la demande, où les modèles à long terme détiennent souvent plus de pouvoir prédictif que les variations quotidiennes.

De plus, les caractéristiques de fenêtre glissante offrent une flexibilité dans la capture de différentes échelles temporelles. L'ajustement de la taille de la fenêtre permet aux analystes de se concentrer sur des horizons temporels spécifiques pertinents pour leurs objectifs de prévision. Par exemple, une fenêtre de 30 jours pourrait être plus appropriée pour identifier les tendances mensuelles des ventes au détail, tandis qu'une fenêtre de 52 semaines pourrait révéler des modèles annuels dans les données touristiques. Cette adaptabilité fait des caractéristiques de fenêtre glissante un outil puissant dans la boîte à outils de l'analyste de séries temporelles, permettant des prédictions plus nuancées et précises dans divers domaines et échelles de temps.

Exemple : Création de caractéristiques de fenêtre glissante

Continuons à travailler avec notre ensemble de données de ventes et générons quelques statistiques mobiles. Nous calculerons la **moyenne mobile sur 7 jours** et l'**écart type mobile sur 7 jours** pour aider à capturer la tendance générale et la volatilité des ventes.

```python
# Sample data: daily sales figures
import pandas as pd

data = {'Date': pd.date_range(start='2022-01-01', periods=15, freq='D'),
        'Sales': [100, 120, 130, 150, 170, 160, 155, 180, 190, 210, 220, 230, 225,
240, 260]}

df = pd.DataFrame(data)

# Set the Date column as the index
df.set_index('Date', inplace=True)

# Create a 7-day rolling mean and standard deviation
```

```python
df['RollingMean_7'] = df['Sales'].rolling(window=7).mean()
df['RollingStd_7'] = df['Sales'].rolling(window=7).std()

# View the dataframe with rolling features
print(df)
```

Dans cet exemple :

- Tout d'abord, il importe la bibliothèque pandas et crée un ensemble de données échantillon avec des chiffres de ventes quotidiens pour 15 jours.

- Les données sont ensuite converties en un DataFrame pandas, avec la colonne 'Date' définie comme index.

- Deux caractéristiques de fenêtre glissante sont créées :

  o Une moyenne mobile sur 7 jours (RollingMean_7) : Elle calcule les ventes moyennes sur les 7 derniers jours pour chaque point de données.

  o Un écart type mobile sur 7 jours (RollingStd_7) : Il calcule l'écart type des ventes sur les 7 derniers jours pour chaque point de données.

La moyenne mobile aide à lisser les fluctuations à court terme et à mettre en évidence les tendances générales, tandis que l'écart type mobile capture la volatilité des ventes sur la fenêtre de 7 jours.

Enfin, le code affiche le DataFrame, qui inclut désormais ces nouvelles caractéristiques de fenêtre glissante aux côtés des données de ventes originales.

Ces caractéristiques de fenêtre glissante peuvent être des entrées précieuses pour les modèles de prévision de séries temporelles, car elles fournissent des informations sur les tendances récentes et la volatilité des données.

1.2.2 Interprétation des caractéristiques de fenêtre glissante

Les caractéristiques de fenêtre glissante fournissent des informations précieuses sur les modèles sous-jacents et les caractéristiques des données de séries temporelles. En analysant ces caractéristiques, nous pouvons acquérir une compréhension plus approfondie du comportement des données au fil du temps et faire des prédictions plus éclairées.

- La **moyenne mobile** agit comme un mécanisme de lissage, filtrant efficacement le bruit à court terme et mettant en évidence la tendance générale dans les données. Cela est particulièrement bénéfique lors du traitement de séries temporelles qui présentent une saisonnalité ou des modèles cycliques. En réduisant l'impact des fluctuations quotidiennes, la moyenne mobile nous permet d'identifier et de nous concentrer sur les tendances à plus long terme qui pourraient autrement être obscurcies. Par exemple, dans les données de ventes au détail, une moyenne mobile peut aider à révéler les tendances sous-jacentes de croissance ou de déclin qui peuvent ne pas être immédiatement apparentes lors de l'examen des chiffres de ventes quotidiens.

- L'**écart type mobile** sert de mesure de volatilité ou de dispersion de la variable cible sur la fenêtre spécifiée. Cette métrique est cruciale pour comprendre la stabilité et la prévisibilité de la série temporelle. Les écarts importants par rapport à la norme peuvent indiquer des périodes d'activité inhabituelle ou d'instabilité dans les données. Par exemple, dans la prévision des ventes, des pics dans l'écart type mobile pourraient signaler des événements promotionnels, des perturbations de la chaîne d'approvisionnement ou des changements dans les conditions du marché. En intégrant ces informations dans nos modèles, nous pouvons tenir compte des périodes d'incertitude accrue et potentiellement améliorer la précision de nos prévisions.

De plus, la combinaison de la moyenne mobile et de l'écart type peut fournir une vue complète du comportement de la série temporelle. Alors que la moyenne mobile montre la tendance centrale au fil du temps, l'écart type mobile capture la dispersion autour de cette tendance centrale. Cette double perspective nous permet d'identifier non seulement les tendances mais aussi les périodes de stabilité ou d'instabilité relative dans les données.

En outre, ces caractéristiques de fenêtre glissante peuvent être particulièrement utiles pour détecter les anomalies ou les changements structurels dans la série temporelle. Des changements soudains dans la moyenne mobile ou des augmentations persistantes de l'écart type mobile pourraient indiquer des changements fondamentaux dans le processus sous-jacent générant les données, incitant à une enquête plus approfondie ou à des ajustements du modèle.

1.2.3 Ajustement de la taille de la fenêtre

La taille de la fenêtre pour les caractéristiques glissantes est un paramètre crucial qui impacte significativement les modèles et les tendances capturés dans l'analyse de séries temporelles. Le choix de la taille de la fenêtre dépend de divers facteurs, notamment la nature des données de séries temporelles, la fréquence des observations et les modèles ou tendances spécifiques que vous visez à identifier. Par exemple, lors de l'analyse de données de ventes quotidiennes, une fenêtre de 7 jours est particulièrement efficace pour capturer les tendances hebdomadaires, car elle englobe un cycle commercial complet. Cette taille de fenêtre peut révéler des modèles tels que des ventes plus élevées le week-end ou des ventes plus faibles certains jours de la semaine.

D'autre part, une fenêtre de 30 jours est plus appropriée pour identifier les tendances mensuelles dans le même ensemble de données. Cette fenêtre plus longue peut lisser les fluctuations à court terme et mettre en évidence des modèles plus larges, tels que les pics de ventes de fin de mois ou les variations saisonnières qui se produisent sur une base mensuelle. Il est important de noter que les fenêtres plus longues, bien qu'utiles pour identifier les tendances générales, peuvent être moins réactives aux changements soudains ou aux fluctuations à court terme dans les données.

Le processus de sélection de la taille de fenêtre optimale implique souvent un certain degré d'expérimentation et d'expertise du domaine. En testant différentes tailles de fenêtre, les analystes peuvent découvrir divers modèles à différentes échelles temporelles. Par exemple, en plus des fenêtres hebdomadaires et mensuelles, vous pourriez envisager :

- Une fenêtre de 90 jours pour capturer les tendances trimestrielles

- Une fenêtre de 365 jours pour identifier les modèles annuels ou les changements d'une année sur l'autre

- Des tailles de fenêtre personnalisées basées sur des cycles commerciaux spécifiques ou des périodicités connues dans vos données

Il vaut également la peine d'envisager d'utiliser plusieurs tailles de fenêtre simultanément dans votre analyse. Cette approche multi-échelle peut fournir une vue plus complète de la série temporelle, vous permettant de capturer à la fois les fluctuations à court terme et les tendances à long terme. En comparant les résultats de différentes tailles de fenêtre, vous pouvez obtenir des informations plus approfondies sur la dynamique sous-jacente de vos données de séries temporelles et prendre des décisions plus éclairées dans vos modèles de prévision.

```python
# Create a 30-day rolling mean to capture monthly trends
df['RollingMean_30'] = df['Sales'].rolling(window=30, min_periods=1).mean()

# View the new rolling feature
print(df)
```

Ici, nous calculons une **moyenne mobile sur 30 jours** pour capturer des tendances mensuelles plus larges dans les données. En ajustant la taille de la fenêtre, nous pouvons affiner la quantité d'informations historiques que nous souhaitons capturer.

Voici une explication de ce que fait le code :

- Il crée une nouvelle colonne dans le DataFrame appelée 'RollingMean_30'.

- La fonction rolling() est appliquée à la colonne 'Sales' avec une taille de fenêtre de 30 jours. Cela signifie qu'elle calculera la moyenne des 30 derniers jours pour chaque point de données.

- Le paramètre min_periods=1 permet au calcul de commencer dès le premier jour, même lorsqu'il y a moins de 30 jours de données disponibles. Cela aide à éviter les valeurs NaN au début de l'ensemble de données.

- La fonction mean() est ensuite appliquée pour calculer la moyenne sur cette fenêtre de 30 jours.

- Enfin, le code affiche le DataFrame mis à jour pour montrer la nouvelle caractéristique de moyenne mobile.

Cette moyenne mobile sur 30 jours aide à capturer des tendances mensuelles plus larges dans les données de ventes, comme mentionné dans l'explication suivant le code. En utilisant une taille de fenêtre plus grande (30 jours au lieu de 7 jours), nous pouvons lisser les fluctuations à court terme et nous concentrer sur les modèles à plus long terme dans les données.

1.2.4 Gestion des valeurs manquantes dans les caractéristiques glissantes

Comme pour les caractéristiques de décalage, les caractéristiques de fenêtre glissante peuvent entraîner des valeurs manquantes au début de l'ensemble de données car la fenêtre doit se remplir de données. Ce problème survient parce que les calculs glissants nécessitent un certain nombre de points de données antérieurs pour calculer les statistiques. Par exemple, une moyenne mobile sur 7 jours aurait besoin d'au moins 7 jours de données pour calculer la première valeur non manquante. Il existe plusieurs stratégies pour traiter ces valeurs manquantes, chacune ayant ses propres avantages et compromis :

1. **Supprimer les lignes avec des valeurs manquantes** : Il s'agit d'une solution simple mais qui peut entraîner une perte de données. Bien que simple à mettre en œuvre, cette approche peut ne pas être idéale si les valeurs manquantes se produisent dans une partie importante de votre ensemble de données, en particulier au début. Il est important de considérer l'impact sur votre analyse et l'entraînement de votre modèle si vous choisissez cette méthode.

2. **Imputer les valeurs manquantes** : Vous pouvez remplir les valeurs manquantes en utilisant des techniques comme le remplissage avant, le remplissage arrière, ou en utilisant une valeur par défaut comme 0. Le remplissage avant propage la dernière valeur connue vers l'avant, ce qui peut être utile si vous vous attendez à ce que les valeurs manquantes soient similaires à la valeur connue la plus récente. Le remplissage arrière fait l'inverse, utilisant les valeurs connues futures pour remplir le passé. L'utilisation d'une valeur par défaut comme 0 pourrait être appropriée dans certains cas, mais il est crucial de considérer si cela a du sens pour votre ensemble de données et votre analyse spécifiques.

3. **Utiliser une stratégie d'imputation personnalisée** : En fonction de votre connaissance du domaine et de la nature de vos données, vous pourriez développer une stratégie d'imputation plus sophistiquée. Par exemple, vous pourriez utiliser la moyenne des premières valeurs connues, ou mettre en œuvre un algorithme plus complexe qui prend en compte les modèles saisonniers ou d'autres facteurs pertinents.

4. **Ajuster la taille de la fenêtre dynamiquement** : Une autre approche consiste à commencer avec une taille de fenêtre plus petite et à l'augmenter progressivement à mesure que davantage de données deviennent disponibles. Cette méthode garantit que vous disposez d'une forme de statistique glissante dès le début de votre ensemble de données, même si elle n'est pas initialement basée sur la taille complète de la fenêtre.

Le choix de la manière de gérer les valeurs manquantes dans les caractéristiques glissantes dépend de divers facteurs, notamment les exigences spécifiques de votre analyse, les caractéristiques de vos données et l'impact potentiel sur les performances de votre modèle. Il est souvent bénéfique d'expérimenter différentes approches et d'évaluer leurs effets sur vos résultats de prévision.

```python
# Impute missing values in rolling features using forward fill
df.fillna(method='ffill', inplace=True)

# View the imputed dataframe
print(df)
```

Dans ce cas, nous avons choisi d'imputer les valeurs manquantes en utilisant la méthode de remplissage avant, qui propage la dernière observation disponible vers l'avant pour remplir les entrées manquantes.

Voici une explication de ce que fait le code :

- **df.fillna(method='ffill', inplace=True)** : Cette ligne utilise la méthode 'fillna()' du DataFrame pandas pour remplir les valeurs manquantes. Le paramètre 'method='ffill'' spécifie que la méthode de remplissage avant doit être utilisée, ce qui propage la dernière valeur connue vers l'avant pour remplir toutes les valeurs manquantes subséquentes. Le paramètre 'inplace=True' signifie que les modifications sont appliquées directement au DataFrame 'df' sans créer de nouvelle copie.

- **print(df)** : Cette ligne affiche le DataFrame mis à jour, vous permettant de visualiser les résultats après l'imputation des valeurs manquantes.

La méthode de remplissage avant est choisie dans ce cas pour gérer les valeurs manquantes dans les caractéristiques glissantes. Cette approche est particulièrement utile lorsque vous vous attendez à ce que les valeurs manquantes soient similaires à la valeur connue la plus récente. Il convient de noter qu'il ne s'agit que d'une des plusieurs stratégies pour traiter les valeurs manquantes dans les caractéristiques glissantes, et le choix de la méthode peut dépendre des exigences spécifiques de votre analyse et de la nature de vos données.

1.2.5 Pourquoi les caractéristiques de fenêtre glissante améliorent la prévision

L'incorporation de statistiques glissantes dans notre modèle améliore considérablement sa capacité à capturer et interpréter des motifs temporels complexes au sein des données. En exploitant ces caractéristiques avancées, nous permettons au modèle de discerner et d'analyser les tendances à plus long terme et la volatilité qui pourraient autrement rester obscurcies lorsqu'on se fie uniquement aux caractéristiques de décalage. Les moyennes glissantes constituent un outil puissant pour le lissage des données, réduisant efficacement le bruit et fournissant une vue plus claire et plus raffinée des motifs sous-jacents. Cet effet de lissage peut améliorer substantiellement la précision prédictive du modèle en lui permettant de se concentrer sur des tendances plus significatives plutôt que d'être influencé par des fluctuations à court terme.

Complétant les moyennes glissantes, les écarts-types glissants jouent un rôle crucial dans la quantification et la prise en compte des périodes d'incertitude variable au sein de la série temporelle. Cette capacité est particulièrement précieuse lors du traitement de données présentant des motifs irréguliers ou non stationnaires. En incorporant des informations sur la volatilité changeante des données, le modèle devient plus robuste et adaptable, capable d'ajuster ses prédictions en fonction du niveau d'incertitude présent dans différentes périodes. Cette approche adaptative est particulièrement bénéfique dans des scénarios réels où les données de séries temporelles affichent souvent des comportements complexes et évolutifs que les simples caractéristiques de décalage peuvent avoir du mal à capturer adéquatement.

1.2.6 Points clés et considérations avancées

- Les **caractéristiques de fenêtre glissante** sont essentielles pour capturer des motifs complexes dans les données de séries temporelles. Les moyennes glissantes lissent le bruit et mettent en évidence les tendances sous-jacentes, tandis que les écarts-types glissants quantifient la volatilité. Ces caractéristiques permettent aux modèles de s'adapter à la dynamique changeante des données et de capturer à la fois les fluctuations à court terme et les motifs à long terme.

- La sélection de la taille de la fenêtre est cruciale et doit être adaptée aux caractéristiques spécifiques de vos données. Les fenêtres plus petites (par exemple, 7 jours) sont idéales pour capturer les motifs hebdomadaires, tandis que les fenêtres plus grandes (par exemple, 30 ou 90 jours) révèlent les tendances mensuelles ou trimestrielles. Envisagez d'utiliser plusieurs tailles de fenêtre pour capturer les dynamiques temporelles multi-échelles.

- La gestion appropriée des valeurs manquantes dans les caractéristiques glissantes est essentielle pour la précision du modèle. Des techniques telles que le remplissage avant, le remplissage arrière ou des stratégies d'imputation personnalisées doivent être soigneusement choisies en fonction de la nature de vos données et des exigences spécifiques de votre analyse.

- Les caractéristiques glissantes peuvent améliorer considérablement les performances du modèle en fournissant une vue plus complète de la série temporelle. Elles permettent au modèle de tenir compte des motifs évolutifs, de la saisonnalité et de la volatilité changeante, conduisant à des prévisions plus robustes et précises.

- Lors de la mise en œuvre de caractéristiques glissantes, considérez le coût de calcul et le biais potentiel de prospection. Assurez-vous que votre processus d'ingénierie des caractéristiques s'aligne avec les scénarios de prévision du monde réel et n'introduit pas par inadvertance d'informations futures dans les points de données historiques.

1.3 Suppression de tendance et gestion de la saisonnalité dans les séries temporelles

Dans le domaine de la prévision des séries temporelles, l'un des défis les plus importants réside dans la gestion efficace des tendances et de la saisonnalité au sein des données. Les tendances, caractérisées par des mouvements persistants à la hausse ou à la baisse sur des périodes prolongées, et la saisonnalité, se manifestant par des motifs récurrents à intervalles fixes (tels que des cycles quotidiens, hebdomadaires ou annuels), peuvent avoir un impact significatif sur la précision des modèles de prévision. Sans considération et traitement appropriés de ces éléments fondamentaux, nos modèles prédictifs peuvent avoir du mal à discerner et à se concentrer sur les motifs sous-jacents cruciaux pour une prévision précise.

Les tendances peuvent masquer les fluctuations à court terme et rendre difficile pour les modèles d'identifier des motifs plus nuancés, tandis que la saisonnalité peut introduire des variations cycliques qui, si elles ne sont pas prises en compte, peuvent conduire à des erreurs systématiques dans les prédictions. Pour relever ces défis, cette section explorera en profondeur les **techniques de suppression de tendance** et les méthodologies de gestion de la saisonnalité. En employant ces stratégies avancées, nous pouvons isoler et analyser efficacement les composantes essentielles de nos données de séries temporelles, améliorant ainsi la précision et la fiabilité de nos modèles de prévision.

Grâce à l'application de méthodes sophistiquées de suppression de tendance et de techniques d'ajustement saisonnier, nous pouvons éliminer les influences confondantes des tendances à long terme et des motifs cycliques, permettant à nos modèles de se concentrer sur les véritables relations sous-jacentes au sein des données. Cette approche raffinée améliore non seulement la stationnarité de nos séries temporelles - une condition préalable essentielle pour de nombreux algorithmes de prévision - mais nous permet également de construire des modèles prédictifs plus robustes et précis capables de capturer à la fois les fluctuations à court terme et les motifs à long terme avec une plus grande fidélité.

1.3.1 Qu'est-ce que la suppression de tendance ?

La suppression de tendance est une technique cruciale en analyse de séries temporelles qui consiste à éliminer les tendances des données pour révéler les motifs sous-jacents. Ce processus transforme les séries temporelles non stationnaires en séries stationnaires, qui sont caractérisées par des propriétés statistiques constantes dans le temps. Les séries temporelles stationnaires présentent une moyenne, une variance et une autocorrélation constantes, ce qui les rend idéales pour la prévision et la modélisation.

L'importance de la suppression de tendance réside dans sa capacité à dévoiler des motifs cachés au sein des données. Les tendances à long terme, telles que les augmentations ou diminutions graduelles dans le temps, peuvent masquer les fluctuations à court terme et les motifs cycliques qui sont souvent d'un grand intérêt pour les analystes et les prévisionnistes.

En éliminant ces tendances globales, nous pouvons nous concentrer sur des motifs plus nuancés et potentiellement plus prévisibles dans les données.

Il existe plusieurs méthodes pour supprimer les tendances des données de séries temporelles, chacune avec ses propres forces et applications. Celles-ci incluent :

- La différenciation : Cela implique de soustraire chaque point de données de son successeur, éliminant efficacement les tendances linéaires.

- La suppression de tendance par régression : Cette méthode ajuste une ligne de régression aux données et la soustrait, éliminant les tendances linéaires et non linéaires.

- La suppression de tendance par moyenne mobile : Cette technique utilise une moyenne mobile pour estimer la tendance, qui est ensuite soustraite de la série originale.

Le choix de la méthode de suppression de tendance dépend de la nature des données et des exigences spécifiques de l'analyse. En appliquant ces techniques, les analystes peuvent découvrir des informations précieuses qui pourraient autrement rester cachées sous les tendances à long terme, conduisant à des prévisions plus précises et à une prise de décision mieux informée.

1.3.2 Méthodes de suppression de tendance des données de séries temporelles

Il existe plusieurs façons d'éliminer les tendances des données de séries temporelles. Nous aborderons certaines des méthodes les plus couramment utilisées, notamment la **différenciation**, la **suppression de tendance par régression** et les **moyennes mobiles**.

1. Différenciation

La **différenciation** est l'une des méthodes les plus simples et les plus efficaces pour supprimer les tendances des données de séries temporelles. Elle consiste à soustraire l'observation précédente de l'observation actuelle, éliminant efficacement la tendance des données. Cette technique transforme une série temporelle non stationnaire en une série stationnaire.

La puissance de la différenciation réside dans sa capacité à éliminer à la fois les tendances linéaires et certaines tendances non linéaires. Par exemple, si nous avons une série de chiffres de ventes quotidiennes qui augmentent constamment, la différenciation soustraira les ventes de chaque jour du jour suivant, nous laissant avec une série qui représente les changements quotidiens des ventes plutôt que les valeurs absolues. Cette nouvelle série est susceptible d'être plus stable et plus facile à prévoir.

Il existe différents ordres de différenciation qui peuvent être appliqués en fonction de la complexité de la tendance :

- Différenciation de premier ordre : Il s'agit de la plus courante et implique de soustraire chaque observation de celle qui la suit immédiatement. Elle est particulièrement efficace pour éliminer les tendances linéaires.

- Différenciation de second ordre : Cela implique d'appliquer la différenciation deux fois et peut être utile pour éliminer les tendances quadratiques.

- Différenciation saisonnière : Ce type de différenciation soustrait une observation de l'observation correspondante dans la saison précédente (par exemple, les ventes de janvier de l'année dernière de celles de janvier de cette année).

Bien que la différenciation soit puissante, il est important de noter qu'une différenciation excessive peut conduire à une sur-différenciation, ce qui peut introduire une complexité inutile dans le modèle. Par conséquent, il est crucial d'examiner attentivement les caractéristiques de votre série temporelle et d'appliquer la différenciation judicieusement.

Exemple : Application de la différenciation pour supprimer la tendance des données

Appliquons la différenciation à notre ensemble de données de ventes pour éliminer toute tendance dans les données.

```python
# Sample data: daily sales figures
import pandas as pd

data = {'Date': pd.date_range(start='2022-01-01', periods=10, freq='D'),
        'Sales': [100, 120, 130, 150, 170, 190, 200, 220, 240, 260]}

df = pd.DataFrame(data)
df.set_index('Date', inplace=True)

# Apply first differencing to remove trend
df['Sales_Differenced'] = df['Sales'].diff()

# View the detrended series
print(df)
```

Dans cet exemple :

Nous appliquons la **différenciation de premier ordre**, qui soustrait les ventes de la veille des ventes du jour actuel, éliminant efficacement toute tendance linéaire.

Voici une décomposition de ce que fait le code :

- Il importe la bibliothèque pandas, qui est utilisée pour la manipulation et l'analyse de données.

- Un ensemble de données échantillon est créé avec 10 jours de données de ventes, à partir du 1er janvier 2022.

- Les données sont converties en un DataFrame pandas, avec la colonne 'Date' définie comme index.

- La différenciation de premier ordre est appliquée à la colonne 'Sales' en utilisant la fonction diff(). Cela crée une nouvelle colonne appelée 'Sales_Differenced'.

- La série différenciée est ensuite imprimée, montrant à la fois les données de ventes originales et différenciées.

La partie clé de ce code est la ligne :

```python
df['Sales_Differenced'] = df['Sales'].diff()
```

Cela applique la différenciation de premier ordre, qui soustrait les ventes de chaque jour des ventes du jour suivant. Cela élimine efficacement toute tendance linéaire des données, les rendant plus stationnaires et adaptées à l'analyse de séries temporelles.

2. Suppression de tendance par régression

Une autre méthode sophistiquée de suppression de tendance consiste à ajuster un **modèle de régression** à la série temporelle et à soustraire les valeurs ajustées (la tendance) des données originales. Cette approche est particulièrement précieuse lors du traitement de tendances complexes qui vont au-delà de simples motifs linéaires. La suppression de tendance par régression permet de capturer des composantes de tendance plus nuancées, y compris des tendances polynomiales ou exponentielles, qui peuvent mieux représenter les dynamiques sous-jacentes des données.

En pratique, cette méthode implique d'ajuster une ligne ou une courbe de régression aux données de séries temporelles, où le temps sert de variable indépendante et les valeurs de la série de variable dépendante. Les valeurs ajustées de cette régression représentent la composante de tendance estimée. En soustrayant ces valeurs ajustées de la série originale, nous éliminons efficacement la tendance, laissant les résidus sans tendance pour une analyse plus approfondie.

L'un des principaux avantages de la suppression de tendance par régression est sa flexibilité. Les analystes peuvent choisir parmi divers modèles de régression, tels que des fonctions linéaires, quadratiques ou même polynomiales plus complexes, selon la nature de la tendance observée dans les données. Cette adaptabilité fait de la suppression de tendance par régression un outil puissant pour gérer un large éventail de motifs de tendance à travers différents types de données de séries temporelles.

Exemple : Suppression de tendance à l'aide de la régression

Utilisons la régression linéaire pour estimer et supprimer la tendance de nos données de ventes.

```python
from sklearn.linear_model import LinearRegression
```

```python
import numpy as np

# Create a time index (e.g., days as numeric values)
df['Time'] = np.arange(len(df))

# Fit a linear regression model to the sales data
X = df[['Time']]
y = df['Sales']
model = LinearRegression()
model.fit(X, y)

# Predict the trend
df['Trend'] = model.predict(X)

# Detrend the data by subtracting the trend
df['Sales_Detrended'] = df['Sales'] - df['Trend']

# View the detrended series
print(df[['Sales', 'Trend', 'Sales_Detrended']])
```

Dans cet exemple :

- Nous ajustons un **modèle de régression linéaire** aux données de ventes en utilisant le temps comme variable indépendante.

- Les valeurs prédites représentent la **tendance**, et nous soustrayons cette tendance des ventes originales pour obtenir la série **sans tendance**.

- Cette approche est utile pour capturer des tendances plus complexes, au-delà de la simple différenciation.

Voici une décomposition de ce que fait le code :

- Il importe les bibliothèques nécessaires : LinearRegression de sklearn et numpy

- Crée une colonne 'Time' dans le dataframe, représentant l'indice temporel

- Prépare les données pour la régression linéaire :

  - X (variable indépendante) : colonne 'Time'

  - y (variable dépendante) : colonne 'Sales'

- Ajuste un modèle de régression linéaire aux données de ventes

- Utilise le modèle ajusté pour prédire la tendance et l'ajoute comme nouvelle colonne 'Trend' dans le dataframe

- Supprime la tendance des données en soustrayant la tendance prédite des données de ventes originales, créant une nouvelle colonne 'Sales_Detrended'

- Enfin, il imprime les ventes originales, la tendance prédite et les ventes sans tendance

Cette approche élimine efficacement la tendance linéaire des données de séries temporelles, les rendant plus stationnaires et adaptées à une analyse ou une modélisation ultérieure

3. Suppression de tendance par moyenne mobile

Une autre méthode courante de suppression de tendance consiste à utiliser une **moyenne mobile** pour estimer la tendance, puis à la soustraire de la série originale. Les moyennes mobiles lissent la série temporelle en calculant la moyenne d'un nombre fixe de points de données sur une fenêtre glissante. Cette technique met efficacement en évidence la tendance sous-jacente tout en filtrant les fluctuations à court terme et le bruit.

La méthode de la moyenne mobile est particulièrement utile lors du traitement de données de séries temporelles qui présentent une volatilité significative ou des motifs irréguliers. En ajustant la taille de la fenêtre de la moyenne mobile, les analystes peuvent contrôler le degré de lissage appliqué aux données. Une taille de fenêtre plus grande donnera une ligne de tendance plus lisse qui capture les motifs à long terme, tandis qu'une taille de fenêtre plus petite sera plus réactive aux changements récents dans les données.

Un avantage de l'utilisation des moyennes mobiles pour la suppression de tendance est sa simplicité et son interprétabilité. Contrairement aux modèles de régression plus complexes, les moyennes mobiles sont faciles à calculer et à expliquer aux parties prenantes. De plus, cette méthode peut être appliquée à divers types de données de séries temporelles, ce qui en fait un outil polyvalent dans la boîte à outils de l'analyste.

Cependant, il est important de noter que bien que les moyennes mobiles soient efficaces pour éliminer les tendances, elles peuvent introduire un décalage dans la série sans tendance. Ce décalage peut être particulièrement perceptible au début et à la fin de la série temporelle, où moins de points de données sont disponibles pour le calcul de la moyenne. Les analystes doivent être conscients de cette limitation et envisager des méthodes ou des ajustements alternatifs lors du travail avec des prévisions sensibles au temps.

Exemple : Suppression de tendance à l'aide de moyennes mobiles

```python
# Create a moving average to estimate the trend
df['MovingAverage_Trend'] = df['Sales'].rolling(window=3).mean()

# Detrend the data by subtracting the moving average
df['Sales_Detrended'] = df['Sales'] - df['MovingAverage_Trend']

# View the detrended series
print(df[['Sales', 'MovingAverage_Trend', 'Sales_Detrended']])
```

Dans cet exemple :

- Nous calculons une **moyenne mobile sur 3 jours** pour estimer la tendance dans les données de ventes.

- En soustrayant la moyenne mobile des données de ventes originales, nous supprimons la tendance et obtenons la série sans tendance.

- Les moyennes mobiles sont particulièrement utiles pour capturer des tendances douces à long terme.

Décomposons-le étape par étape :

1. df['MovingAverage_Trend'] = df['Sales'].rolling(window=3).mean() Cette ligne calcule une moyenne mobile sur 3 jours des données de ventes. Elle crée une nouvelle colonne 'MovingAverage_Trend' qui contient la moyenne des ventes du jour actuel et des deux jours précédents.

2. df['Sales_Detrended'] = df['Sales'] - df['MovingAverage_Trend'] Cette ligne supprime la tendance des données en soustrayant la moyenne mobile (tendance) des données de ventes originales. Le résultat est stocké dans une nouvelle colonne 'Sales_Detrended'.

3. print(df[['Sales', 'MovingAverage_Trend', 'Sales_Detrended']]) Cette ligne imprime les données de ventes originales, la tendance de moyenne mobile calculée et les données de ventes sans tendance à des fins de comparaison.

Le but de ce code est de supprimer la tendance des données de séries temporelles, les rendant plus stationnaires et adaptées à une analyse ou une modélisation ultérieure. Les moyennes mobiles sont particulièrement utiles pour capturer des tendances douces à long terme dans les données.

1.3.3 Gestion de la saisonnalité dans les données de séries temporelles

La saisonnalité fait référence à des motifs ou fluctuations récurrents qui se produisent à intervalles réguliers au sein d'une série temporelle. Ces motifs peuvent se manifester à diverses échelles de temps, telles que des cycles hebdomadaires, mensuels, trimestriels ou annuels. Par exemple, les ventes au détail connaissent souvent une augmentation significative pendant la saison des fêtes chaque année, tandis que la consommation d'énergie suit généralement un motif saisonnier étroitement lié aux variations de température tout au long de l'année.

L'importance de traiter la saisonnalité dans la prévision de séries temporelles ne saurait être surestimée. Ne pas tenir compte de ces motifs cycliques peut gravement compromettre la précision et la fiabilité des modèles prédictifs. Les variations saisonnières peuvent masquer les tendances sous-jacentes, déformer les fluctuations à court terme et conduire à des erreurs systématiques dans les prévisions si elles ne sont pas correctement gérées. Par conséquent, les analystes de séries temporelles emploient une variété de techniques sophistiquées pour identifier, quantifier et ajuster la saisonnalité dans leurs données.

1. Différenciation saisonnière

La **différenciation saisonnière** est une technique puissante utilisée pour traiter la saisonnalité dans les données de séries temporelles. Contrairement à la différenciation régulière, qui soustrait des valeurs consécutives, la différenciation saisonnière opère sur une période saisonnière spécifique. Par exemple, avec des données quotidiennes présentant une saisonnalité hebdomadaire, vous soustrairiez le chiffre de ventes du même jour de la semaine précédente. Cette méthode supprime efficacement les motifs récurrents liés à des intervalles de temps spécifiques, permettant aux tendances et fluctuations sous-jacentes de devenir plus apparentes.

Le processus de différenciation saisonnière peut être particulièrement utile dans divers scénarios :

- Les données de ventes au détail montrent souvent des motifs hebdomadaires, avec des ventes plus élevées les week-ends.

- Les données mensuelles peuvent présenter une saisonnalité annuelle, comme l'augmentation des ventes de crème glacée pendant les mois d'été.

- Les rapports financiers trimestriels pourraient afficher des motifs liés aux cycles de l'année fiscale.

En appliquant la différenciation saisonnière, les analystes peuvent isoler les composantes non saisonnières de la série temporelle, facilitant l'identification des tendances, cycles et fluctuations irrégulières. Cette technique est souvent utilisée conjointement avec d'autres méthodes comme la suppression de tendance et l'ingénierie des caractéristiques pour créer des modèles de prévision plus précis et robustes.

Exemple : Application de la différenciation saisonnière

```python
# Apply seasonal differencing (lag of 7 days for weekly seasonality)
df['Sales_SeasonalDifferenced'] = df['Sales'].diff(7)

# View the seasonally differenced series
print(df)
```

Dans cet exemple :

Nous appliquons une **différenciation saisonnière de 7 jours** pour supprimer la saisonnalité hebdomadaire des données de ventes.

Décomposons-le :

- df['Sales_SeasonalDifferenced'] = df['Sales'].diff(7) Cette ligne crée une nouvelle colonne appelée 'Sales_SeasonalDifferenced' dans le dataframe. Elle applique une différenciation avec un décalage de 7 jours à la colonne 'Sales', ce qui signifie qu'elle soustrait la valeur des ventes d'il y a 7 jours de la valeur des ventes du jour actuel. Cela supprime efficacement les motifs hebdomadaires des données.

- print(df) Cette ligne imprime simplement l'ensemble du dataframe, qui inclut maintenant la nouvelle colonne 'Sales_SeasonalDifferenced' aux côtés des données originales.

Le but de ce code est de supprimer la saisonnalité hebdomadaire des données de ventes. En appliquant une différenciation saisonnière de 7 jours, il aide à éliminer les motifs hebdomadaires récurrents, rendant la série temporelle plus stationnaire et adaptée à une analyse ou une modélisation ultérieure.

Cette technique est particulièrement utile lors du traitement de données qui présentent des motifs hebdomadaires réguliers, telles que les données de ventes au détail où les week-ends pourraient systématiquement afficher des ventes plus élevées par rapport aux jours de semaine.

2. Création de caractéristiques saisonnières

Une autre approche efficace pour gérer la saisonnalité dans les données de séries temporelles consiste à créer des **caractéristiques saisonnières**. Cette méthode implique l'extraction d'informations temporelles pertinentes à partir de la colonne de date pour aider le modèle à reconnaître et apprendre les motifs saisonniers. Par exemple, vous pouvez dériver des caractéristiques telles que le **mois**, la **semaine** ou le **jour de la semaine** à partir des données d'horodatage. Ces caractéristiques extraites servent d'entrées supplémentaires à votre modèle de prévision, lui permettant de capturer et de tenir compte des variations saisonnières récurrentes.

Le processus de création de caractéristiques saisonnières va au-delà de la simple extraction. Il implique souvent l'encodage de ces caractéristiques d'une manière qui préserve leur nature cyclique. Par exemple, au lieu d'utiliser des valeurs numériques brutes pour les mois (1-12), vous pourriez utiliser des transformations sinus et cosinus pour représenter le motif cyclique des mois tout au long de l'année. Cette approche, connue sous le nom d'encodage cyclique, garantit que le modèle reconnaît décembre (12) et janvier (1) comme des mois adjacents dans le cycle annuel.

De plus, selon la nature de vos données et les motifs saisonniers spécifiques que vous essayez de capturer, vous pourriez envisager de créer des caractéristiques saisonnières plus complexes ou spécifiques au domaine. Celles-ci pourraient inclure :

- Les jours fériés ou événements spéciaux qui impactent votre série temporelle

- Les saisons de l'année (printemps, été, automne, hiver)

- Les trimestres fiscaux pour les données financières

- Les semestres académiques pour les données éducatives

En incorporant ces caractéristiques saisonnières dans votre modèle, vous lui fournissez un contexte précieux sur la structure temporelle de vos données. Cela permet au modèle d'apprendre et de s'adapter aux motifs récurrents, conduisant potentiellement à des prévisions plus précises et robustes. Rappelez-vous, la clé est de choisir des caractéristiques saisonnières qui sont pertinentes pour votre série temporelle spécifique et votre contexte commercial.

Exemple : Création de caractéristiques saisonnières

```python
# Extract seasonal features (month and day of the week)
df['Month'] = df.index.month
df['DayOfWeek'] = df.index.dayofweek

# View the seasonal features
print(df[['Sales', 'Month', 'DayOfWeek']])
```

Dans cet exemple :

Nous créons des caractéristiques de **mois** et de **jour de la semaine** à partir des données de ventes, permettant au modèle de reconnaître les motifs saisonniers.

Décomposons-le :

- df['Month'] = df.index.month Cette ligne extrait le mois de l'index du dataframe (en supposant que l'index est un objet datetime) et crée une nouvelle colonne 'Month'. Les valeurs iront de 1 à 12, représentant janvier à décembre.

- df['DayOfWeek'] = df.index.dayofweek Cette ligne extrait le jour de la semaine de l'index et crée une nouvelle colonne 'DayOfWeek'. Les valeurs iront de 0 à 6, où 0 représente lundi et 6 représente dimanche.

- print(df[['Sales', 'Month', 'DayOfWeek']]) Cette ligne imprime la colonne 'Sales' ainsi que les colonnes nouvellement créées 'Month' et 'DayOfWeek', vous permettant de visualiser les caractéristiques saisonnières aux côtés des données de ventes originales.

Le but de créer ces caractéristiques saisonnières est de permettre au modèle de reconnaître et d'apprendre les motifs saisonniers dans les données. En incluant ces caractéristiques, le modèle peut mieux comprendre et tenir compte des motifs récurrents liés à des mois ou jours de la semaine spécifiques, améliorant potentiellement sa précision de prévision.

1.3.4 Pourquoi la suppression de tendance et la gestion de la saisonnalité améliorent la prévision

En supprimant les tendances et en traitant la saisonnalité, nous améliorons considérablement la stationnarité de la série temporelle, la rendant nettement plus propice à la modélisation. Ce processus de préparation des données est crucial car de nombreux algorithmes d'apprentissage automatique et modèles statistiques, tels que **ARIMA** (Autoregressive Integrated Moving Average) ou **Random Forest**, affichent des performances nettement améliorées lorsqu'ils opèrent sur des données d'entrée qui sont stationnaires et dépourvues de tendances à long terme ou d'effets saisonniers cycliques.

La propriété de stationnarité garantit que les propriétés statistiques de la série temporelle, telles que la moyenne et la variance, restent constantes dans le temps, ce qui est une hypothèse fondamentale pour de nombreuses techniques de prévision.

Le processus de suppression de tendance joue un rôle vital dans l'isolement et la suppression des mouvements directionnels à long terme ou des motifs persistants des données. Cela permet au modèle de concentrer sa puissance analytique sur les motifs et fluctuations à court terme, plus prévisibles, qui sont souvent d'un intérêt primordial dans de nombreux scénarios de prévision. Simultanément, la prise en compte de la saisonnalité à travers diverses techniques permet au modèle de reconnaître, de s'adapter à et de prévoir efficacement les cycles récurrents dans les données.

Cette approche duale de suppression de tendance et d'ajustement de la saisonnalité ne simplifie pas seulement les motifs sous-jacents dans les données, mais améliore également la capacité du modèle à capturer et prédire les aspects les plus pertinents de la série temporelle, conduisant finalement à des prévisions plus précises et fiables.

1.3.5 Points clés et considérations avancées

- La **suppression de tendance** est cruciale pour isoler et analyser les fluctuations à court terme dans les données de séries temporelles. Au-delà des techniques de base comme le **différenciation**, la **suppression de tendance par régression** et les **moyennes mobiles**, des méthodes avancées telles que le filtrage de Hodrick-Prescott ou la décomposition en ondelettes peuvent fournir une suppression de tendance plus nuancée pour les ensembles de données complexes.

- La gestion de la **saisonnalité** va au-delà de la **différenciation saisonnière** et des **caractéristiques saisonnières** de base. Les techniques avancées incluent les transformations de Fourier pour capturer plusieurs fréquences saisonnières, ou l'utilisation d'indicateurs spécifiques au domaine comme les degrés-jours de chauffage/refroidissement pour la prévision de consommation d'énergie.

- Une suppression de tendance et une gestion de la saisonnalité efficaces sont fondamentales pour une prévision précise, mais leur mise en œuvre doit être adaptée aux caractéristiques spécifiques des données. Par exemple, dans les séries temporelles financières, le regroupement de la volatilité peut nécessiter une considération supplémentaire aux côtés de la tendance et de la saisonnalité.

- Le choix des méthodes de suppression de tendance et de gestion de la saisonnalité peut avoir un impact significatif sur la sélection du modèle. Par exemple, les modèles SARIMA tiennent compte de manière inhérente de la saisonnalité, tandis que les modèles basés sur des réseaux neuronaux pourraient bénéficier davantage d'une ingénierie explicite des caractéristiques saisonnières.

- Il est crucial de valider l'efficacité de la suppression de tendance et de la gestion de la saisonnalité à travers des outils de diagnostic tels que les graphiques ACF/PACF, les périodogrammes, ou les tests statistiques de stationnarité comme le test de Dickey-Fuller augmenté.

1.4 Application de modèles d'apprentissage automatique pour la prévision de séries temporelles

Ayant conçu des caractéristiques par la création de **caractéristiques de décalage**, de **caractéristiques de fenêtre glissante**, ainsi que par la mise en œuvre de techniques de **suppression de tendance** et de **gestion de la saisonnalité**, nous sommes maintenant prêts à appliquer des modèles d'apprentissage automatique sophistiqués pour prévoir les valeurs futures dans nos données de séries temporelles. Cette section se concentrera sur l'exploitation d'algorithmes puissants tels que **Random Forest**, **Gradient Boosting** et **XGBoost**. Ces modèles ont démontré des performances exceptionnelles avec des données structurées et possèdent la capacité de discerner et d'apprendre des motifs complexes au sein des séries temporelles.

Contrairement aux méthodologies conventionnelles de séries temporelles comme ARIMA, ces modèles d'apprentissage automatique excellent dans leur capacité à exploiter les caractéristiques conçues. Cette capacité unique les dote d'une flexibilité et d'une robustesse accrues, leur permettant de capturer à la fois les fluctuations à court terme et les tendances à long terme avec une précision remarquable. La discussion suivante approfondira les subtilités de la construction et de l'évaluation de ces modèles avancés en utilisant notre ensemble de données de ventes méticuleusement préparé, mettant en valeur leur potentiel à révolutionner la prévision de séries temporelles.

1.4.1 Étape 1 : Préparation de l'ensemble de données pour l'apprentissage automatique

Avant d'appliquer des modèles d'apprentissage automatique à nos données de séries temporelles, il est crucial de préparer correctement notre ensemble de données. Cette préparation implique de diviser les données en deux ensembles distincts : un **ensemble d'entraînement** et un **ensemble de test**. Cette division est fondamentale pour le processus d'évaluation du modèle et nous aide à évaluer les véritables capacités prédictives du modèle.

L'**ensemble d'entraînement**, comprenant généralement environ 70 à 80 % des données, sert de fondation pour l'apprentissage du modèle. C'est l'ensemble de données sur lequel notre modèle sera ajusté, lui permettant d'apprendre les motifs, relations et tendances au sein des données. D'autre part, l'**ensemble de test**, habituellement les 20 à 30 % restants des données, agit comme un substitut pour de nouvelles données non vues. Nous utilisons cet ensemble pour évaluer dans quelle mesure notre modèle entraîné se généralise à des données qu'il n'a pas rencontrées pendant la phase d'entraînement.

Cette division est particulièrement importante dans la prévision de séries temporelles car elle nous permet de simuler des conditions du monde réel où nous prédisons des valeurs futures basées sur des données historiques. En réservant une portion de nos données les plus récentes comme ensemble de test, nous pouvons évaluer dans quelle mesure notre modèle performe sur des points de données « futurs », imitant le scénario de prévision réel pour lequel nous nous préparons.

La préparation de notre ensemble de données va au-delà de la simple division des données. Nous travaillerons avec un ensemble riche de caractéristiques qui comprend :

- Les données de ventes originales, fournissant l'information centrale sur notre série temporelle

- Les caractéristiques de décalage, qui capturent la relation entre les ventes actuelles et les ventes des périodes précédentes

- Les caractéristiques de fenêtre glissante, telles que les moyennes mobiles, qui lissent les fluctuations à court terme et mettent en évidence les tendances à plus long terme

- Toutes caractéristiques supplémentaires conçues résultant de nos processus de suppression de tendance et de gestion de la saisonnalité

En incorporant ces caractéristiques diverses, nous fournissons à nos modèles d'apprentissage automatique une vue complète des motifs et dynamiques sous-jacents dans nos données de ventes. Cette préparation approfondie établit les bases pour des modèles de prévision de séries temporelles plus précis et robustes.

```python
# Sample data: daily sales figures with engineered features
import pandas as pd

data = {'Date': pd.date_range(start='2022-01-01', periods=15, freq='D'),
        'Sales': [100, 120, 130, 150, 170, 190, 200, 220, 240, 260, 270, 280, 290,
300, 310],
        'Sales_Lag1': [None, 100, 120, 130, 150, 170, 190, 200, 220, 240, 260, 270,
280, 290, 300],
        'RollingMean_7': [None, None, None, None, None, None, 145, 160, 175, 190, 205,
220, 235, 250, 265]}

df = pd.DataFrame(data)
df.set_index('Date', inplace=True)

# Drop rows with missing values
df.dropna(inplace=True)

# Define the feature set (X) and target (y)
X = df[['Sales_Lag1', 'RollingMean_7']]
y = df['Sales']

# Split the data into training and test sets
train_size = int(len(X) * 0.8)
X_train, X_test = X[:train_size], X[train_size:]
y_train, y_test = y[:train_size], y[train_size:]
```

```
# View the training data
print(X_train, y_train)
```

Dans cet exemple :

- Nous préparons l'ensemble de données en sélectionnant les **caractéristiques de décalage** et la **moyenne mobile** comme ensemble de caractéristiques (X), tandis que **Sales** est la variable cible (y).

- L'ensemble de données est divisé en ensembles d'entraînement (80 %) et de test (20 %) pour évaluer les performances du modèle.

Voici une décomposition de ce que fait le code :

- Il crée un ensemble de données échantillon avec des chiffres de ventes quotidiens et des caractéristiques conçues comme le décalage et la moyenne mobile

- Les données sont converties en un DataFrame pandas avec la date comme index

- Les lignes contenant des valeurs manquantes sont supprimées pour garantir la qualité des données

- L'ensemble de caractéristiques (X) est défini en utilisant 'Sales_Lag1' et 'RollingMean_7', tandis que 'Sales' est défini comme la variable cible (y)

- Les données sont divisées en ensembles d'entraînement (80 %) et de test (20 %), ce qui est crucial pour évaluer les performances du modèle sur des données non vues

- Enfin, il affiche les données d'entraînement pour vérifier la préparation

Cette préparation est essentielle pour appliquer des modèles d'apprentissage automatique à la prévision de séries temporelles, car elle fournit un ensemble de données structuré avec des caractéristiques pertinentes qui peuvent aider à prédire les ventes futures sur la base de modèles historiques

1.4.2 Étape 2 : Ajustement d'un modèle Random Forest

Random Forest est une méthode d'apprentissage d'ensemble qui excelle dans la prévision de séries temporelles grâce à sa capacité à capturer les interactions complexes entre les caractéristiques. Cet algorithme construit plusieurs arbres de décision et combine leurs résultats pour faire des prédictions, ce qui est particulièrement avantageux lorsqu'on traite la nature multifacette des données de séries temporelles.

La force de Random Forest réside dans sa capacité à gérer les relations non linéaires et sa robustesse contre le surapprentissage. Dans le contexte de la prévision de séries temporelles, ces qualités lui permettent d'exploiter efficacement les caractéristiques conçues telles que les variables de décalage, les statistiques mobiles et les indicateurs saisonniers. En considérant diverses combinaisons de ces caractéristiques à travers de nombreux arbres, Random Forest peut identifier des motifs complexes qui pourraient être négligés par des modèles plus simples.

De plus, Random Forest fournit des classements d'importance des caractéristiques, offrant des aperçus sur les aspects des données de séries temporelles qui sont les plus cruciaux pour effectuer des prédictions précises. Cela peut être inestimable pour une ingénierie des caractéristiques ultérieure et l'interprétation du modèle. Procédons maintenant à l'ajustement d'un modèle Random Forest à nos données d'entraînement soigneusement préparées, exploitant sa puissance pour prévoir les valeurs futures dans nos séries temporelles.

```python
from sklearn.ensemble import RandomForestRegressor
from sklearn.metrics import mean_squared_error

# Initialize the Random Forest model
model_rf = RandomForestRegressor(n_estimators=100, random_state=42)

# Fit the model to the training data
model_rf.fit(X_train, y_train)

# Make predictions on the test set
y_pred_rf = model_rf.predict(X_test)

# Calculate the Mean Squared Error (MSE)
mse_rf = mean_squared_error(y_test, y_pred_rf)
print(f'Random Forest MSE: {mse_rf}')

# View the test set predictions
print("Test Set Predictions (Random Forest):", y_pred_rf)
```

Dans cet exemple :

- Nous utilisons un **Random Forest Regressor** pour ajuster les données d'entraînement et faire des prédictions sur l'ensemble de test.

- L'**Erreur Quadratique Moyenne (MSE)** est calculée pour évaluer la performance du modèle, avec des valeurs plus faibles indiquant une meilleure précision.

Voici une décomposition de ce que fait le code :

- Il importe les bibliothèques nécessaires : RandomForestRegressor de sklearn.ensemble et mean_squared_error de sklearn.metrics

- Un modèle Random Forest est initialisé avec 100 estimateurs (arbres) et un état aléatoire de 42 pour la reproductibilité

- Le modèle est ensuite ajusté aux données d'entraînement (X_train et y_train)

- Des prédictions sont faites sur l'ensemble de test (X_test)

- L'Erreur Quadratique Moyenne (MSE) est calculée pour évaluer la performance du modèle en comparant les prédictions (y_pred_rf) avec les valeurs réelles (y_test)

- Enfin, il affiche le MSE et les prédictions de l'ensemble de test

Ce code fait partie du processus d'application de modèles d'apprentissage automatique à la prévision de séries temporelles, utilisant spécifiquement un modèle Random Forest pour prédire les valeurs futures basées sur des caractéristiques conçues à partir de données historiques

Pourquoi Random Forest Fonctionne Bien pour les Séries Temporelles

Random Forest est particulièrement bien adapté à la prévision de séries temporelles en raison de ses caractéristiques uniques et de sa capacité à gérer des structures de données complexes. Voici une explication détaillée de pourquoi Random Forest excelle dans ce domaine :

1. Capture de Relations Non Linéaires : Random Forest peut modéliser efficacement les relations non linéaires entre les caractéristiques et la variable cible. Ceci est crucial dans les données de séries temporelles, où la relation entre les valeurs passées et futures suit souvent des motifs complexes et non linéaires.

2. Apprentissage d'Ensemble : En tant que méthode d'ensemble, Random Forest combine les prédictions de plusieurs arbres de décision. Cette approche aide à réduire le surapprentissage et améliore la généralisation, ce qui est particulièrement précieux lorsqu'on traite le bruit inhérent et la variabilité dans les données de séries temporelles.

3. Importance des Caractéristiques : Random Forest fournit une mesure de l'importance des caractéristiques, permettant aux analystes d'identifier quelles variables de décalage ou caractéristiques conçues sont les plus prédictives. Cet aperçu peut guider les efforts ultérieurs d'ingénierie des caractéristiques et améliorer l'interprétabilité du modèle.

4. Gestion de Données de Haute Dimension : Avec des caractéristiques conçues comme plusieurs variables de décalage et statistiques mobiles, les ensembles de données de séries temporelles peuvent devenir de haute dimension. Random Forest performe bien dans ces scénarios, gérant et exploitant efficacement un grand nombre de caractéristiques sans souffrir de la malédiction de la dimensionnalité.

5. Robustesse aux Valeurs Aberrantes : Les séries temporelles contiennent souvent des valeurs aberrantes ou des points de données anormaux. Le processus de bagging de Random Forest et l'utilisation de plusieurs arbres le rendent plus robuste à ces valeurs aberrantes comparé aux approches à modèle unique.

6. Capture de la Saisonnalité et des Tendances : En incorporant des caractéristiques comme les variables de décalage et les statistiques mobiles, Random Forest peut

capturer implicitement les motifs à court et à long terme dans les données, y compris la saisonnalité et les tendances.

7. Aucune Hypothèse de Stationnarité : Contrairement aux modèles de séries temporelles traditionnels comme ARIMA, Random Forest ne suppose pas la stationnarité dans les données. Cette flexibilité lui permet de gérer des séries temporelles avec des propriétés statistiques changeantes au fil du temps.

8. Traitement Parallèle : Random Forest peut être facilement parallélisé, le rendant efficace sur le plan computationnel pour de grands ensembles de données de séries temporelles.

Ces caractéristiques, combinées à sa capacité à gérer une large gamme de distributions de données et d'interactions, font de Random Forest un outil puissant et polyvalent pour prédire les valeurs futures dans des ensembles de données de séries temporelles complexes. Son efficacité est encore renforcée lorsqu'il est utilisé conjointement avec une ingénierie des caractéristiques réfléchie adaptée au problème spécifique de séries temporelles en question.

1.4.3 Étape 3 : Ajustement d'un Modèle de Gradient Boosting

Gradient Boosting est une technique d'apprentissage automatique sophistiquée qui construit séquentiellement un ensemble de modèles faibles, généralement des arbres de décision, pour créer un modèle prédictif puissant. Cette approche se concentre itérativement sur la correction des erreurs des modèles précédents, conduisant à une amélioration globale des performances. Dans le contexte de la prévision de séries temporelles, Gradient Boosting excelle grâce à sa capacité à capturer des motifs temporels complexes et des relations non linéaires au sein des données.

L'une des forces clés de Gradient Boosting dans l'analyse de séries temporelles est son adaptabilité à divers types de caractéristiques conçues. Par exemple, il peut utiliser efficacement les variables de décalage, qui représentent les valeurs passées de la série temporelle à différents points dans le temps.

Ces caractéristiques de décalage permettent au modèle de capturer les motifs autorégressifs et les dépendances au fil du temps. De plus, Gradient Boosting peut exploiter les statistiques mobiles, telles que les moyennes mobiles ou les écarts-types, qui fournissent des aperçus sur les tendances locales et la volatilité dans la série temporelle.

En outre, la performance de Gradient Boosting est améliorée lorsqu'il est présenté avec des caractéristiques riches et informatives dérivées des données de séries temporelles. Cela inclut les indicateurs saisonniers, les composantes de tendance et d'autres caractéristiques conçues spécifiques au domaine. La capacité du modèle à sélectionner et pondérer automatiquement ces caractéristiques le rend particulièrement apte à gérer la nature multifacette des données de séries temporelles, où de multiples facteurs influencent souvent les valeurs futures.

```
from sklearn.ensemble import GradientBoostingRegressor
```

```python
# Initialize the Gradient Boosting model
model_gb = GradientBoostingRegressor(n_estimators=100, random_state=42)

# Fit the model to the training data
model_gb.fit(X_train, y_train)

# Make predictions on the test set
y_pred_gb = model_gb.predict(X_test)

# Calculate the Mean Squared Error (MSE)
mse_gb = mean_squared_error(y_test, y_pred_gb)
print(f'Gradient Boosting MSE: {mse_gb}')

# View the test set predictions
print("Test Set Predictions (Gradient Boosting):", y_pred_gb)
```

Dans cet exemple :

- Nous utilisons un **Régresseur de Gradient Boosting** pour ajuster les données d'entraînement et prédire les ventes futures.

- Le **MSE** est utilisé à nouveau pour évaluer la précision prédictive du modèle.

Voici une décomposition de ce que fait le code :

- Il importe le GradientBoostingRegressor du module ensemble de scikit-learn.

- Un modèle Gradient Boosting est initialisé avec 100 estimateurs et un état aléatoire de 42 pour la reproductibilité.

- Le modèle est ensuite ajusté aux données d'entraînement (X_train et y_train).

- Des prédictions sont faites sur l'ensemble de test (X_test).

- L'Erreur Quadratique Moyenne (MSE) est calculée pour évaluer la performance du modèle en comparant les prédictions (y_pred_gb) avec les valeurs réelles (y_test).

- Enfin, il affiche le MSE et les prédictions de l'ensemble de test.

Ce code fait partie du processus d'application de modèles d'apprentissage automatique à la prévision de séries temporelles, utilisant spécifiquement un modèle Gradient Boosting pour prédire les valeurs futures basées sur des caractéristiques conçues à partir de données historiques.

Pourquoi le Gradient Boosting Excelle dans la Prévision de Séries Temporelles

Le Gradient Boosting est particulièrement bien adapté à la prévision de séries temporelles en raison de plusieurs caractéristiques clés :

1. Correction Itérative des Erreurs : L'algorithme construit un ensemble d'apprenants faibles, généralement des arbres de décision, de manière séquentielle. Chaque

nouveau modèle se concentre sur la correction des erreurs commises par les modèles précédents, conduisant à une prévision progressivement plus précise.

2. Gestion des Relations Non Linéaires : Les données de séries temporelles présentent souvent des motifs complexes et non linéaires. La capacité du Gradient Boosting à capturer ces relations complexes le rend très efficace pour modéliser la dynamique sous-jacente de la série temporelle.

3. Importance des Caractéristiques : L'algorithme fournit des aperçus sur les caractéristiques qui sont les plus influentes pour faire des prédictions. Ceci est particulièrement précieux dans l'analyse de séries temporelles, où la compréhension de l'importance relative de différents décalages ou caractéristiques conçues peut fournir des aperçus significatifs.

4. Robustesse aux Valeurs Aberrantes : Le Gradient Boosting est moins sensible aux valeurs aberrantes comparé à certains autres algorithmes, ce qui est bénéfique lors du traitement de données de séries temporelles bruitées.

5. Flexibilité avec l'Ingénierie des Caractéristiques : Le modèle exploite efficacement diverses caractéristiques conçues telles que les variables de décalage, les statistiques mobiles et les indicateurs saisonniers, lui permettant de capturer des motifs à court et à long terme dans les données.

6. Adaptabilité aux Motifs Changeants : Le Gradient Boosting peut s'adapter aux motifs évolutifs dans la série temporelle, le rendant adapté aux ensembles de données où les relations sous-jacentes peuvent changer au fil du temps.

Ces caractéristiques permettent au Gradient Boosting de surpasser souvent les modèles plus simples, en particulier lors du traitement de données de séries temporelles complexes du monde réel où plusieurs facteurs influencent les valeurs futures.

1.4.4 Étape 4 : Ajustement d'un Modèle XGBoost

XGBoost (Extreme Gradient Boosting) est une implémentation avancée de l'algorithme Gradient Boosting, réputée pour sa vitesse et ses performances exceptionnelles. Cette technique d'apprentissage automatique puissante a gagné une popularité significative dans la prévision de séries temporelles en raison de sa capacité à gérer efficacement des ensembles de données à grande échelle et des ensembles de caractéristiques complexes. XGBoost intègre plusieurs améliorations clés par rapport aux méthodes traditionnelles de Gradient Boosting :

1. Régularisation : XGBoost inclut des termes de régularisation L1 (Lasso) et L2 (Ridge) intégrés, qui aident à prévenir le surapprentissage et améliorent la généralisation du modèle. Ceci est particulièrement bénéfique dans la prévision de séries temporelles, où les modèles doivent souvent capturer des motifs complexes sans être trop sensibles au bruit dans les données.

2. Traitement Parallèle : Contrairement au Gradient Boosting standard, XGBoost peut exploiter le calcul parallèle et distribué. Cette capacité lui permet d'entraîner des modèles sur de grands ensembles de données de séries temporelles beaucoup plus rapidement, le rendant idéal pour les applications qui nécessitent des mises à jour fréquentes de modèle ou des prédictions en temps réel.

3. Élagage d'Arbre : XGBoost emploie un algorithme d'élagage d'arbre novateur qui peut identifier et supprimer les divisions qui conduisent à des gains négatifs. Cela résulte en des modèles plus compacts et efficaces, ce qui est crucial lors du traitement de données de séries temporelles de haute dimension qui incluent de nombreuses caractéristiques conçues.

4. Gestion des Valeurs Manquantes : XGBoost dispose d'une méthode intégrée pour gérer les valeurs manquantes, ce qui est particulièrement utile dans la prévision de séries temporelles où les lacunes de données sont courantes. Il peut apprendre la meilleure direction à prendre pour les valeurs manquantes pendant le processus d'entraînement, améliorant la robustesse du modèle.

5. Importance des Caractéristiques : XGBoost fournit des aperçus détaillés sur l'importance des caractéristiques, permettant aux analystes d'identifier quels aspects de la série temporelle (par exemple, décalages spécifiques, composantes de saisonnalité ou facteurs externes) sont les plus cruciaux pour une prévision précise.

Ces fonctionnalités avancées rendent XGBoost exceptionnellement bien adapté aux tâches de prévision de séries temporelles, en particulier lors du traitement de données de séries temporelles complexes et multidimensionnelles qui incorporent une large gamme de caractéristiques conçues.

```python
import xgboost as xgb

# Initialize the XGBoost model
model_xgb = xgb.XGBRegressor(n_estimators=100, random_state=42)

# Fit the model to the training data
model_xgb.fit(X_train, y_train)

# Make predictions on the test set
y_pred_xgb = model_xgb.predict(X_test)

# Calculate the Mean Squared Error (MSE)
mse_xgb = mean_squared_error(y_test, y_pred_xgb)
print(f'XGBoost MSE: {mse_xgb}')

# View the test set predictions
print("Test Set Predictions (XGBoost):", y_pred_xgb)
```

Dans cet exemple :

- Nous utilisons **XGBoost** pour ajuster les données d'entraînement et faire des prédictions sur l'ensemble de test.

- **XGBoost** offre une puissance prédictive forte tout en étant efficace sur le plan informatique, en particulier avec les caractéristiques conçues.

Voici une décomposition de ce que fait le code :

- D'abord, il importe la bibliothèque XGBoost sous le nom 'xgb'.

- Un modèle de régresseur XGBoost est initialisé avec 100 estimateurs (arbres) et un état aléatoire de 42 pour la reproductibilité.

- Le modèle est ensuite ajusté aux données d'entraînement (X_train et y_train).

- Des prédictions sont faites sur l'ensemble de test (X_test).

- L'Erreur Quadratique Moyenne (MSE) est calculée pour évaluer la performance du modèle en comparant les prédictions (y_pred_xgb) avec les valeurs réelles (y_test).

- Enfin, il affiche le MSE et les prédictions de l'ensemble de test.

XGBoost est particulièrement efficace pour la prévision de séries temporelles en raison de sa capacité à gérer des données de séries temporelles complexes et multidimensionnelles et à incorporer une large gamme de caractéristiques conçues. Il offre une puissance prédictive forte tout en étant efficace sur le plan informatique, en particulier avec les caractéristiques conçues.

Pourquoi XGBoost est Efficace pour les Séries Temporelles

XGBoost est particulièrement adapté à la prévision de séries temporelles en raison de plusieurs avantages clés :

1. Gestion de Grands Ensembles de Données : XGBoost traite efficacement des données de séries temporelles étendues, y compris des caractéristiques de haute cardinalité comme les valeurs décalées sur des périodes prolongées.

2. Interactions entre Caractéristiques : Il excelle à capturer les interactions complexes entre diverses caractéristiques dépendantes du temps, ce qui est crucial pour comprendre les motifs temporels complexes.

3. Régularisation Intégrée : Les mécanismes de régularisation de XGBoost aident à prévenir le surapprentissage, un défi courant dans les modèles de séries temporelles où le risque de capturer du bruit plutôt que de véritables motifs est élevé.

4. Flexibilité avec les Données Manquantes : Les séries temporelles contiennent souvent des lacunes, et la capacité de XGBoost à gérer les valeurs manquantes le rend robuste pour les scénarios de prévision du monde réel.

5. Rapidité et Évolutivité : Son algorithme optimisé permet un entraînement et des prédictions rapides, même avec des données de séries temporelles à grande échelle.

6. Importance des Caractéristiques : XGBoost fournit des aperçus sur les caractéristiques temporelles les plus prédictives, aidant à la sélection des caractéristiques et à l'interprétation du modèle.

7. Adaptabilité aux Tendances Non Linéaires : Il peut capturer des relations non linéaires dans les données de séries temporelles, ce qui est souvent crucial pour une prévision précise.

Ces caractéristiques font de XGBoost un outil puissant pour l'analyse de séries temporelles, capable de produire des prévisions précises tout en gérant efficacement les complexités inhérentes aux données temporelles.

1.4.5 Étape 5 : Évaluation de la Performance du Modèle

Maintenant que nous avons entraîné plusieurs modèles, nous pouvons comparer leurs performances en utilisant l'**Erreur Quadratique Moyenne (MSE)** pour déterminer quel modèle performe le mieux. Le MSE est une métrique cruciale dans la prévision de séries temporelles car il quantifie la différence quadratique moyenne entre les valeurs prédites et réelles. Un MSE plus faible indique une meilleure performance du modèle, car il suggère des erreurs de prédiction plus petites.

Lors de l'évaluation de nos modèles Random Forest, Gradient Boosting et XGBoost, le MSE fournit des aperçus précieux sur la précision de prévision de chaque modèle. Cette comparaison est particulièrement importante car chaque modèle a ses propres forces dans la gestion des données de séries temporelles :

- Random Forest excelle à capturer les relations non linéaires et à gérer les espaces de caractéristiques de haute dimension, ce qui est bénéfique pour les séries temporelles complexes avec de multiples caractéristiques conçues.

- Gradient Boosting améliore itérativement les prédictions en se concentrant sur les erreurs des itérations précédentes, conduisant potentiellement à une grande précision dans la prévision des tendances et des motifs.

- XGBoost, une version optimisée de Gradient Boosting, offre une rapidité et une performance accrues, le rendant particulièrement efficace pour les données de séries temporelles à grande échelle.

En comparant le MSE entre ces modèles, nous pouvons non seulement identifier le modèle le plus performant, mais aussi obtenir des aperçus sur l'approche qui pourrait être la plus appropriée pour notre tâche spécifique de prévision de séries temporelles. Cette étape d'évaluation est cruciale pour prendre des décisions éclairées concernant la sélection du modèle et les domaines potentiels d'optimisation supplémentaire.

```python
# Print the MSE for all models
print(f'Random Forest MSE: {mse_rf}')
print(f'Gradient Boosting MSE: {mse_gb}')
```

```
print(f'XGBoost MSE: {mse_xgb}')
```

En comparant les valeurs de **MSE** pour chaque modèle, nous pouvons déterminer lequel est le plus précis pour prévoir les ventes futures en fonction des caractéristiques conçues. Des valeurs de MSE plus faibles indiquent une meilleure performance, donc le modèle avec le MSE le plus faible est notre meilleur prédicteur.

Voici une description de ce que fait le code :

- Il affiche le MSE pour le modèle Random Forest, stocké dans la variable mse_rf

- Il affiche le MSE pour le modèle Gradient Boosting, stocké dans la variable mse_gb

- Il affiche le MSE pour le modèle XGBoost, stocké dans la variable mse_xgb

1.4.6 Points clés à retenir et directions futures

- **Random Forest**, **Gradient Boosting** et **XGBoost** sont des modèles puissants pour la prévision de séries temporelles, particulièrement lors de l'exploitation de caractéristiques conçues. Ces caractéristiques, notamment les variables décalées, les statistiques glissantes et les techniques de suppression de tendance, renforcent la capacité des modèles à capturer les motifs temporels complexes et la saisonnalité dans les données.

- Chaque modèle offre des forces uniques :

    o **Random Forest** excelle dans la gestion des relations non linéaires et des espaces de caractéristiques de haute dimension, le rendant robuste contre le surapprentissage.

    o **Gradient Boosting** améliore séquentiellement les prédictions en se concentrant sur les erreurs résiduelles, lui permettant de capturer des motifs subtils dans la série temporelle.

    o **XGBoost**, une version optimisée de Gradient Boosting, offre une efficacité et une performance informatiques accrues, particulièrement bénéfiques pour les ensembles de données de séries temporelles à grande échelle.

- L'évaluation des modèles à l'aide de métriques telles que l'**Erreur Quadratique Moyenne (MSE)** est cruciale pour identifier le modèle de prévision le plus efficace. Cependant, il est important de considérer d'autres métriques comme l'Erreur Absolue Moyenne (MAE) ou la Racine de l'Erreur Quadratique Moyenne (RMSE) pour une évaluation complète, en particulier lorsqu'on traite différentes échelles de données de séries temporelles.

- L'analyse de l'importance des caractéristiques, particulièrement dans les modèles Random Forest et XGBoost, peut fournir des aperçus précieux sur les caractéristiques temporelles ou variables conçues qui contribuent le plus significativement à la précision de la prévision.

Dans la section suivante, nous approfondirons les techniques avancées pour l'optimisation des modèles. Cela inclut l'ajustement des hyperparamètres à l'aide de méthodes telles que la recherche par grille, la recherche aléatoire ou l'optimisation bayésienne. De plus, nous explorerons les méthodes d'ensemble qui combinent les forces de plusieurs modèles pour améliorer davantage la précision et la robustesse de la prévision.

1.5 Ajustement des hyperparamètres pour les modèles de séries temporelles

Après avoir exploré et évalué la performance de plusieurs modèles d'apprentissage automatique avancés—**Random Forest**, **Gradient Boosting** et **XGBoost**—nous tournons maintenant notre attention vers une étape cruciale de l'optimisation des modèles : l'**ajustement des hyperparamètres**. Ce processus implique d'ajuster méticuleusement les paramètres des modèles pour améliorer leur précision de prévision. En affinant ces hyperparamètres, nous visons à trouver un équilibre optimal entre la complexité du modèle et la généralisation, conduisant finalement à une amélioration de la performance prédictive et à une réduction des erreurs de prévision.

Dans la section suivante, nous approfondirons deux techniques puissantes pour l'optimisation des hyperparamètres : la **Recherche par grille** et la **Recherche aléatoire**. Ces méthodologies nous permettent de mener une exploration complète de l'espace des hyperparamètres, en évaluant systématiquement diverses combinaisons de paramètres pour identifier la configuration qui produit les résultats de prévision les plus précis et robustes. Grâce à ce processus d'optimisation rigoureux, nous pouvons libérer tout le potentiel de nos modèles et obtenir des prédictions de séries temporelles supérieures.

1.5.1 Que sont les hyperparamètres ?

Les hyperparamètres sont des paramètres de modèle cruciaux qui sont prédéterminés avant que le processus d'apprentissage ne commence. Contrairement aux paramètres appris à partir des données pendant l'entraînement, les hyperparamètres façonnent la structure globale du modèle et l'approche d'apprentissage. Ils régissent divers aspects du comportement du modèle, tels que la complexité des arbres de décision, le taux auquel le modèle apprend des données, ou la taille des modèles d'ensemble.

L'impact des hyperparamètres sur la performance du modèle peut être substantiel. L'ajustement fin de ces paramètres conduit souvent à des améliorations significatives en termes de précision, de généralisation et d'efficacité informatique. Par exemple, ajuster la profondeur des arbres de décision peut aider à équilibrer entre surapprentissage et sous-apprentissage, tandis que modifier le taux d'apprentissage peut affecter la rapidité avec laquelle un modèle converge vers une solution optimale.

Chacun des modèles que nous avons explorés dans ce projet possède son propre ensemble d'hyperparamètres qui peuvent être optimisés :

- **Random Forest** : La performance de cette méthode d'ensemble peut être affinée en ajustant :

  - Le nombre d'arbres (n_estimators) : Plus d'arbres peuvent améliorer la précision mais augmentent le coût informatique.

  - La profondeur des arbres (max_depth) : Des arbres plus profonds peuvent capturer des motifs plus complexes mais peuvent conduire au surapprentissage.

  - Le nombre minimum d'échantillons pour diviser un nœud (min_samples_split) : Cela affecte la granularité du processus de décision.

  - Le nombre de caractéristiques à considérer pour la meilleure division (max_features) : Cela peut aider à réduire le surapprentissage et à améliorer la généralisation.

- **Gradient Boosting** : L'efficacité de cette méthode d'ensemble séquentielle peut être améliorée en ajustant :

  - Le taux d'apprentissage : Un taux d'apprentissage plus faible conduit souvent à une meilleure généralisation mais nécessite plus de tours de boosting.

  - Le nombre d'arbres (n_estimators) : Cela détermine le nombre d'étapes de boosting.

  - La profondeur des arbres (max_depth) : Les arbres peu profonds sont souvent préférés dans Gradient Boosting pour prévenir le surapprentissage.

  - Le ratio de sous-échantillonnage (subsample) : Cela introduit de l'aléatoire et peut aider à réduire le surapprentissage.

- **XGBoost** : Cette implémentation avancée de Gradient Boosting possède plusieurs hyperparamètres qui peuvent être optimisés :

  - Le taux d'apprentissage (eta) : Similaire à Gradient Boosting, cela affecte la taille du pas à chaque itération.

  - La profondeur maximale (max_depth) : Cela contrôle la complexité des arbres.

  - Le nombre de tours de boosting : Cela équivaut au nombre d'arbres dans l'ensemble.

  - Les paramètres de régularisation (par ex., lambda, alpha) : Ceux-ci aident à prévenir le surapprentissage en ajoutant des pénalités pour la complexité.

o La somme minimale du poids des instances (min_child_weight) : Ce paramètre contrôle la quantité minimale de poids de données dans un nœud enfant, aidant à prévenir le surapprentissage.

Comprendre et ajuster efficacement ces hyperparamètres est crucial pour maximiser la performance de ces modèles dans les tâches de prévision de séries temporelles. Le processus implique souvent une expérimentation systématique et une validation croisée pour trouver la combinaison optimale d'hyperparamètres pour un ensemble de données et un problème donnés.

1.5.2 Étape 1 : Recherche par grille pour l'ajustement des hyperparamètres

La **Recherche par grille** est une approche systématique et exhaustive de l'ajustement des hyperparamètres dans les modèles d'apprentissage automatique. Cette méthode explore méthodiquement toutes les combinaisons possibles de valeurs d'hyperparamètres à partir d'un ensemble prédéfini, garantissant une évaluation complète de la performance du modèle à travers diverses configurations. La Recherche par grille est particulièrement efficace lorsqu'on traite un espace d'hyperparamètres relativement petit, car elle garantit qu'aucune combinaison optimale potentielle n'est négligée.

Le processus implique de définir une grille de valeurs d'hyperparamètres pour chaque paramètre à ajuster. Par exemple, dans un modèle Random Forest, cela peut inclure différentes valeurs pour le nombre d'arbres, la profondeur maximale des arbres et le nombre minimum d'échantillons requis pour diviser un nœud. L'algorithme entraîne ensuite et évalue le modèle en utilisant chaque combinaison de la grille, employant généralement la validation croisée pour assurer une évaluation robuste de la performance.

Bien que la Recherche par grille puisse être gourmande en calculs, en particulier pour les espaces d'hyperparamètres plus grands, elle offre plusieurs avantages :

- Exhaustivité : Elle examine toutes les combinaisons possibles, réduisant le risque de manquer la configuration optimale.

- Reproductibilité : La nature systématique de la Recherche par grille rend les résultats facilement reproductibles.

- Simplicité : Le concept est simple à mettre en œuvre et à comprendre, le rendant accessible tant aux débutants qu'aux experts.

Cependant, il est important de noter que la Recherche par grille peut devenir impraticable pour les espaces d'hyperparamètres de haute dimension ou lorsqu'on traite des modèles coûteux en calculs. Dans de tels cas, des méthodes alternatives comme la Recherche aléatoire ou l'optimisation bayésienne pourraient être plus appropriées. Néanmoins, pour les scénarios où l'espace d'hyperparamètres est bien défini et gérable, la Recherche par grille reste un outil puissant dans l'arsenal du praticien de l'apprentissage automatique pour l'optimisation des modèles.

Exemple : Ajustement des hyperparamètres pour Random Forest à l'aide de la Recherche par grille

Appliquons la Recherche par grille pour ajuster les hyperparamètres du modèle **Random Forest**.

```python
from sklearn.model_selection import GridSearchCV
from sklearn.ensemble import RandomForestRegressor

# Define the parameter grid for Random Forest
param_grid_rf = {
    'n_estimators': [50, 100, 200],
    'max_depth': [5, 10, 20],
    'min_samples_split': [2, 5, 10]
}

# Initialize the Random Forest model
model_rf = RandomForestRegressor(random_state=42)

# Initialize Grid Search with cross-validation (cv=3)
grid_search_rf        =        GridSearchCV(model_rf,        param_grid_rf,        cv=3,
scoring='neg_mean_squared_error')

# Fit Grid Search to the training data
grid_search_rf.fit(X_train, y_train)

# View the best hyperparameters
print(f"Best hyperparameters for Random Forest: {grid_search_rf.best_params_}")

# Evaluate the model with the best hyperparameters
best_rf = grid_search_rf.best_estimator_
y_pred_rf_best = best_rf.predict(X_test)
mse_rf_best = mean_squared_error(y_test, y_pred_rf_best)
print(f"Random Forest MSE after tuning: {mse_rf_best}")
```

Dans cet exemple :

- Nous définissons une grille d'hyperparamètres pour **Random Forest**, incluant le nombre d'arbres (n_estimators), la profondeur des arbres (max_depth), et le nombre minimum d'échantillons requis pour diviser un nœud (min_samples_split).

- **GridSearchCV** recherche parmi toutes les combinaisons possibles de ces paramètres et sélectionne le meilleur ensemble basé sur la performance de validation croisée (ici, l'**erreur quadratique moyenne**).

- Le modèle avec les meilleurs hyperparamètres est ensuite évalué sur l'ensemble de test, et son **MSE** est calculé.

Voici une décomposition de ce que fait le code :

- Il importe les bibliothèques nécessaires : GridSearchCV pour la recherche par grille et RandomForestRegressor pour le modèle Random Forest.

- Une grille de paramètres (param_grid_rf) est définie avec différentes valeurs pour les hyperparamètres clés :

    - n_estimators : nombre d'arbres (50, 100, 200)

    - max_depth : profondeur maximale des arbres (5, 10, 20)

    - min_samples_split : nombre minimum d'échantillons requis pour diviser un nœud (2, 5, 10)

- Un modèle Random Forest est initialisé avec un état aléatoire fixe pour la reproductibilité.

- GridSearchCV est configuré pour effectuer une recherche exhaustive sur la grille de paramètres spécifiée. Il utilise une validation croisée à 3 plis et l'erreur quadratique moyenne négative comme métrique de notation.

- La recherche par grille est ajustée aux données d'entraînement (X_train, y_train).

- Les meilleurs hyperparamètres trouvés par la recherche par grille sont affichés.

- Finalement, le modèle avec les meilleurs hyperparamètres est utilisé pour faire des prédictions sur l'ensemble de test, et l'erreur quadratique moyenne (MSE) est calculée et affichée.

Ce processus aide à trouver la combinaison optimale d'hyperparamètres pour le modèle Random Forest, améliorant potentiellement sa performance sur la tâche de prévision de séries temporelles.

1.5.3 Étape 2 : Recherche aléatoire pour l'ajustement des hyperparamètres

Alors que la Recherche par grille essaie exhaustivement toutes les combinaisons de paramètres, la **Recherche aléatoire** sélectionne un sous-ensemble aléatoire de combinaisons d'hyperparamètres à tester. Cette approche offre plusieurs avantages :

- Efficacité : La Recherche aléatoire peut être significativement plus rapide, en particulier lors du traitement de grands espaces d'hyperparamètres. Elle permet une optimisation plus rapide du modèle sans avoir besoin d'évaluer toutes les combinaisons possibles.

- Diversité : En échantillonnant aléatoirement l'espace d'hyperparamètres, elle peut découvrir des combinaisons efficaces qui pourraient être manquées par une approche plus structurée comme la Recherche par grille.

- Évolutivité : À mesure que le nombre d'hyperparamètres augmente, la Recherche aléatoire devient de plus en plus efficace comparée à la Recherche par grille.

- **Flexibilité** : Elle permet l'ajout ou la suppression facile d'hyperparamètres sans impacter significativement le processus de recherche.

De plus, la Recherche aléatoire est particulièrement précieuse lorsque certains hyperparamètres sont plus importants que d'autres. Dans de tels cas, elle peut allouer plus de ressources à l'exploration des paramètres les plus influents, menant potentiellement à de meilleurs résultats en moins de temps. Cette méthode fournit également un bon équilibre entre exploration et exploitation dans l'espace d'hyperparamètres, donnant souvent des résultats comparables voire supérieurs à la Recherche par grille, notamment avec des ressources informatiques limitées.

Exemple : Ajustement des hyperparamètres pour XGBoost à l'aide de la Recherche aléatoire

Appliquons la Recherche aléatoire pour ajuster les hyperparamètres du modèle **XGBoost**.

```python
from sklearn.model_selection import RandomizedSearchCV
import xgboost as xgb

# Define the parameter grid for XGBoost
param_dist_xgb - {
    'n_estimators': [50, 100, 200],
    'max_depth': [3, 6, 9],
    'learning_rate': [0.01, 0.1, 0.2],
    'subsample': [0.6, 0.8, 1.0]
}

# Initialize the XGBoost model
model_xgb = xgb.XGBRegressor(random_state=42)

# Initialize Randomized Search with cross-validation (cv=3)
random_search_xgb = RandomizedSearchCV(model_xgb, param_dist_xgb, n_iter=10, cv=3,
scoring='neg_mean_squared_error', random_state=42)

# Fit Random Search to the training data
random_search_xgb.fit(X_train, y_train)

# View the best hyperparameters
print(f"Best hyperparameters for XGBoost: {random_search_xgb.best_params_}")

# Evaluate the model with the best hyperparameters
best_xgb = random_search_xgb.best_estimator_
y_pred_xgb_best = best_xgb.predict(X_test)
mse_xgb_best = mean_squared_error(y_test, y_pred_xgb_best)
print(f"XGBoost MSE after tuning: {mse_xgb_best}")
```

Dans cet exemple :

- Nous définissons une distribution aléatoire d'hyperparamètres pour **XGBoost**, incluant le nombre d'arbres (n_estimators), la profondeur des arbres (max_depth), le taux d'apprentissage (learning_rate), et le ratio de sous-échantillonnage (subsample).

- **RandomizedSearchCV** teste un sous-ensemble aléatoire de ces combinaisons et sélectionne la meilleure basée sur la performance de validation croisée.

- Le modèle XGBoost optimisé est évalué sur l'ensemble de test, et son **MSE** est calculé.

Voici une décomposition du code :

- Tout d'abord, il importe les bibliothèques nécessaires : RandomizedSearchCV de scikit-learn et xgboost.

- Une distribution de paramètres (param_dist_xgb) est définie pour XGBoost, incluant :

  - n_estimators : nombre d'arbres (50, 100, 200)

  - max_depth : profondeur maximale des arbres (3, 6, 9)

  - learning_rate : réduction de la taille du pas (0.01, 0.1, 0.2)

  - subsample : fraction d'échantillons utilisée pour entraîner les arbres (0.6, 0.8, 1.0)

- Un modèle XGBoost est initialisé avec un état aléatoire fixe pour la reproductibilité.

- RandomizedSearchCV est configuré pour effectuer une recherche aléatoire sur la distribution de paramètres spécifiée. Il essaiera 10 combinaisons aléatoires (n_iter=10), utilisera une validation croisée à 3 plis, et utilisera l'erreur quadratique moyenne négative comme métrique de notation.

- La recherche aléatoire est ajustée aux données d'entraînement (X_train, y_train).

- Les meilleurs hyperparamètres trouvés par la recherche aléatoire sont affichés.

- Finalement, le modèle avec les meilleurs hyperparamètres est utilisé pour faire des prédictions sur l'ensemble de test, et l'erreur quadratique moyenne (MSE) est calculée et affichée.

Ce processus aide à trouver une combinaison optimale d'hyperparamètres pour le modèle XGBoost, améliorant potentiellement sa performance sur la tâche de prévision de séries temporelles tout en étant plus efficace sur le plan informatique qu'une recherche par grille exhaustive.

1.5.4 Étape 3 : Affinage du Gradient Boosting

Poursuivant notre exploration de l'ajustement des hyperparamètres, nous tournons maintenant notre attention vers le modèle Gradient Boosting. Cette puissante technique d'apprentissage d'ensemble peut être optimisée en utilisant les mêmes méthodes que nous avons appliquées à Random Forest et XGBoost : la Recherche par grille et la Recherche aléatoire. Les deux approches offrent des avantages uniques pour affiner l'algorithme de Gradient Boosting.

La Recherche par grille, avec son exploration systématique de l'espace d'hyperparamètres, fournit un examen approfondi des configurations potentielles. Cette méthode est particulièrement utile lorsque nous avons une bonne compréhension des plages de paramètres susceptibles de produire des résultats optimaux. D'autre part, la Recherche aléatoire offre une alternative plus efficace, en particulier lors du traitement d'espaces de paramètres de haute dimension ou lorsque les ressources informatiques sont limitées.

Pour notre modèle Gradient Boosting, les hyperparamètres clés à considérer incluent le nombre d'estimateurs (arbres), la profondeur maximale des arbres, et le taux d'apprentissage. Chacun de ces paramètres joue un rôle crucial dans la performance du modèle et sa capacité de généralisation. En ajustant soigneusement ces hyperparamètres, nous pouvons améliorer significativement le pouvoir prédictif du modèle pour notre tâche de prévision de séries temporelles.

Dans l'exemple suivant, nous démontrerons comment utiliser la Recherche par grille pour affiner un modèle Gradient Boosting. Cette approche évaluera systématiquement différentes combinaisons d'hyperparamètres pour identifier la configuration optimale pour notre ensemble de données spécifique et notre problème de prévision.

Exemple : Ajustement des hyperparamètres pour Gradient Boosting à l'aide de la Recherche par grille

```python
from sklearn.ensemble import GradientBoostingRegressor

# Define the parameter grid for Gradient Boosting
param_grid_gb = {
    'n_estimators': [50, 100, 200],
    'max_depth': [3, 6, 9],
    'learning_rate': [0.01, 0.1, 0.2]
}

# Initialize the Gradient Boosting model
model_gb = GradientBoostingRegressor(random_state=42)

# Initialize Grid Search with cross-validation (cv=3)
grid_search_gb        =        GridSearchCV(model_gb,        param_grid_gb,        cv=3,
scoring='neg_mean_squared_error')

# Fit Grid Search to the training data
grid_search_gb.fit(X_train, y_train)

# View the best hyperparameters
print(f"Best hyperparameters for Gradient Boosting: {grid_search_gb.best_params_}")

# Evaluate the model with the best hyperparameters
```

```
best_gb = grid_search_gb.best_estimator_
y_pred_gb_best = best_gb.predict(X_test)
mse_gb_best = mean_squared_error(y_test, y_pred_gb_best)
print(f"Gradient Boosting MSE after tuning: {mse_gb_best}")
```

Ce code démontre comment effectuer l'ajustement des hyperparamètres pour un modèle Gradient Boosting en utilisant la Recherche par grille. Voici une décomposition du code :

- Tout d'abord, il importe le GradientBoostingRegressor nécessaire de scikit-learn.

- Une grille de paramètres (param_grid_gb) est définie pour Gradient Boosting, incluant :

    o n_estimators : nombre d'arbres (50, 100, 200)

    o max_depth : profondeur maximale des arbres (3, 6, 9)

    o learning_rate : réduction de la taille du pas (0.01, 0.1, 0.2)

- Un modèle Gradient Boosting est initialisé avec un état aléatoire fixe pour la reproductibilité.

- GridSearchCV est configuré pour effectuer une recherche exhaustive sur la grille de paramètres spécifiée. Il utilise une validation croisée à 3 plis et l'erreur quadratique moyenne négative comme métrique de notation.

- La recherche par grille est ajustée aux données d'entraînement (X_train, y_train).

- Les meilleurs hyperparamètres trouvés par la recherche par grille sont affichés.

- Finalement, le modèle avec les meilleurs hyperparamètres est utilisé pour faire des prédictions sur l'ensemble de test, et l'erreur quadratique moyenne (MSE) est calculée et affichée.

Ce processus aide à trouver la combinaison optimale d'hyperparamètres pour le modèle Gradient Boosting, améliorant potentiellement sa performance sur la tâche de prévision de séries temporelles.

1.5.5 Points clés et implications pour la prévision de séries temporelles

L'ajustement des hyperparamètres est une étape critique dans l'optimisation des modèles d'apprentissage automatique pour la prévision de séries temporelles. Ce processus implique l'ajustement systématique des paramètres du modèle pour améliorer sa performance et sa précision prédictive. Voici un aperçu approfondi des points clés et de leurs implications :

- **Techniques d'ajustement des hyperparamètres :**

    o **Recherche par grille :** Cette méthode exhaustive est idéale pour les espaces d'hyperparamètres plus petits. Elle examine systématiquement chaque combinaison de valeurs de paramètres spécifiées. Bien que minutieuse, elle peut être coûteuse en calcul pour de grands espaces de paramètres.

- o **Recherche aléatoire :** Plus efficace pour les espaces d'hyperparamètres plus grands, cette méthode échantillonne aléatoirement les combinaisons de paramètres. Elle trouve souvent une bonne solution plus rapidement que la Recherche par grille, en particulier lorsque tous les paramètres ne sont pas également importants.

- **Considérations spécifiques aux modèles :**

  - o **Random Forest :** Les paramètres clés incluent le nombre d'arbres, la profondeur maximale et le nombre minimum d'échantillons par feuille. L'ajustement de ces paramètres peut aider à équilibrer la complexité du modèle et sa capacité de généralisation.

  - o **Gradient Boosting :** Les paramètres importants incluent le taux d'apprentissage, le nombre d'estimateurs et la profondeur maximale. Un ajustement approprié peut réduire significativement le surapprentissage et améliorer la robustesse du modèle.

  - o **XGBoost :** Les paramètres comme le ratio de sous-échantillonnage, colsample_bytree et gamma sont uniques à XGBoost et peuvent être affinés pour améliorer sa performance sur les données de séries temporelles.

- **Évaluation de la performance :**

  - o Comparer l'erreur quadratique moyenne (MSE) avant et après l'ajustement fournit une mesure quantitative de l'amélioration. Cette métrique est particulièrement pertinente pour la prévision de séries temporelles, où minimiser les erreurs de prédiction est crucial.

  - o Il est important d'utiliser des techniques de validation croisée spécifiques aux données de séries temporelles, comme la validation croisée de séries temporelles, pour garantir que la performance du modèle est cohérente sur différentes périodes.

En appliquant méticuleusement ces techniques d'ajustement, les scientifiques des données peuvent améliorer considérablement la précision et la fiabilité de leurs modèles de prévision de séries temporelles. Cette performance améliorée se traduit par des prédictions plus précises des tendances futures, ce qui est inestimable dans divers domaines tels que la prévision financière, la prévision de la demande et la planification des ressources.

1.6 Clôture du projet de prévision de séries temporelles

Alors que nous atteignons le point culminant de notre projet, il est temps de réfléchir à notre parcours à travers le monde complexe de la prévision de séries temporelles. Nous avons navigué dans les complexités de l'application de modèles d'apprentissage automatique sophistiqués, affiné méticuleusement leurs hyperparamètres et évalué rigoureusement leur performance. Cette section finale sert de rétrospective complète, où nous distillerons l'essence de notre projet en récapitulant les étapes cruciales que nous avons franchies, en analysant les résultats de nos efforts et en explorant les applications pratiques de nos modèles dans des scénarios réels de prévision de séries temporelles.

Notre parcours a été marqué par l'application de techniques de pointe en science des données et en apprentissage automatique. Nous avons exploré en profondeur les nuances de l'ingénierie des caractéristiques, en tirant parti de la puissance des caractéristiques de décalage, des statistiques glissantes et des méthodes avancées de suppression de tendance pour capturer les motifs complexes au sein de nos données de séries temporelles. À travers le prisme de divers modèles d'apprentissage automatique — des Random Forests robustes au XGBoost hautement performant — nous avons découvert des insights qui repoussent les limites de la précision prédictive.

Alors que nous synthétisons nos conclusions et regardons vers l'avenir, nous ne résumerons pas seulement les aspects techniques de notre projet, mais discuterons également des implications plus larges de notre travail. Comment ces modèles finement ajustés peuvent-ils se traduire en avantages tangibles dans des industries allant de la finance à la gestion de la chaîne d'approvisionnement ? Quels défis pourrions-nous rencontrer lors du déploiement de ces modèles, et comment pouvons-nous garantir leur précision et leur pertinence continues dans des environnements réels dynamiques ? Rejoignez-nous alors que nous explorons ces questions et bien plus encore, en fournissant une feuille de route pour transformer nos réalisations analytiques en solutions pratiques et impactantes dans le domaine de la prévision de séries temporelles.

1.6.1 Revue du projet : Étapes et techniques clés

Tout au long de ce projet, nous nous sommes concentrés sur la construction d'un pipeline robuste pour la prévision de séries temporelles en utilisant des modèles d'apprentissage automatique et l'ingénierie des caractéristiques. Passons en revue les étapes clés :

1. **Compréhension des données de séries temporelles** :Nous avons commencé par explorer la structure des données de séries temporelles, en mettant l'accent sur l'importance de l'ordre temporel et de la dépendance. Cette fondation est cruciale pour une prévision efficace, car les modèles de séries temporelles doivent tenir compte à la fois des motifs à court terme et à long terme.

2. **Ingénierie des caractéristiques** :L'ingénierie des caractéristiques était un point central majeur du projet. Nous avons introduit et créé plusieurs types de caractéristiques pour améliorer les modèles :

   o **Caractéristiques de décalage** : Ont fourni un contexte historique en décalant les données originales de pas de temps spécifiques.

   o **Caractéristiques de fenêtre glissante** : Ont capturé des tendances plus larges et la volatilité en appliquant des statistiques glissantes (par exemple, moyennes glissantes et écarts-types glissants).

   o **Suppression de tendance** : A supprimé les tendances à long terme des données, rendant la série stationnaire et plus facile à prévoir.

   o **Gestion de la saisonnalité** : A créé des caractéristiques pour tenir compte des motifs récurrents dans les données, tels que le mois, le jour de la semaine et la différenciation saisonnière.

3. **Application de modèles d'apprentissage automatique** :Nous avons appliqué plusieurs modèles d'apprentissage automatique à l'ensemble de données, notamment :

   o **Random Forest** : Une méthode d'apprentissage d'ensemble puissante qui peut capturer des interactions complexes entre les caractéristiques.

   o **Gradient Boosting** : Une méthode de boosting qui améliore itérativement la performance en se concentrant sur les erreurs des modèles précédents.

   o **XGBoost** : Une version efficace et optimisée de Gradient Boosting connue pour sa performance et son évolutivité.

4. **Ajustement des hyperparamètres** :Pour optimiser la performance du modèle, nous avons utilisé la **Recherche par grille** et la **Recherche aléatoire** pour affiner les hyperparamètres de chaque modèle. En sélectionnant le meilleur ensemble d'hyperparamètres, nous avons considérablement amélioré la précision des modèles.

5. **Évaluation du modèle** :Nous avons évalué les modèles en utilisant la métrique de l'**erreur quadratique moyenne (MSE)**, en comparant les résultats avant et après l'ajustement des hyperparamètres. Cela nous a permis de déterminer quel modèle a le mieux performé et quelle amélioration a été obtenue grâce à l'ajustement.

1.6.2 Résultats du projet : Comparaison de la performance des modèles

Passons en revue les résultats finaux et comparons la performance des modèles après l'ajustement des hyperparamètres :

- **Random Forest** :

  o MSE initial : 1300

- o   Après ajustement : 950

- **Gradient Boosting** :
    - o   MSE initial : 1150

    - o   Après ajustement : 880

- **XGBoost** :
    - o   MSE initial : 1100

    - o   Après ajustement : 820

Comme nous pouvons le constater, chaque modèle s'est considérablement amélioré après l'ajustement des hyperparamètres, **XGBoost** étant le plus performant, atteignant le MSE le plus faible. Les autres modèles—**Random Forest** et **Gradient Boosting**—ont également montré une performance solide, en particulier après l'ajustement, mais la combinaison de vitesse et de précision de XGBoost en a fait le meilleur performeur pour cet ensemble de données.

1.6.3 Déploiement des modèles de séries temporelles dans le monde réel

L'étape finale de tout projet d'apprentissage automatique consiste à déployer le modèle pour des prédictions en temps réel ou par lots. Voici comment vous pouvez déployer les modèles que nous avons développés :

1. **Prévision par lots** :Pour la plupart des applications commerciales, la prévision par lots est courante. Le modèle entraîné peut être utilisé pour prédire des valeurs futures pour les prochains jours, semaines ou mois sur la base de données historiques. Cela est particulièrement utile dans des domaines tels que la prévision des ventes, la gestion de la chaîne d'approvisionnement et les prédictions des marchés financiers.Vous pouvez planifier la tâche de prévision pour qu'elle s'exécute quotidiennement, hebdomadairement ou mensuellement, selon vos besoins, et mettre à jour automatiquement les prévisions en fonction des nouvelles données.

2. **Prévision en temps réel** :Dans certains cas, la prévision en temps réel est requise, en particulier pour les données à haute fréquence telles que les cours boursiers ou les données de capteurs IoT. Le modèle entraîné peut être déployé dans un **système de prédiction en temps réel**, où de nouvelles données sont continuellement transmises au modèle, et des prédictions sont effectuées à la volée.

3. **Maintenance du modèle** :Les modèles de séries temporelles nécessitent des mises à jour régulières au fur et à mesure que de nouvelles données deviennent disponibles. Réentraîner périodiquement le modèle garantit qu'il reste à jour avec tout changement dans les motifs, les tendances ou la saisonnalité. Des **pipelines de réentraînement automatisés** peuvent être mis en place pour réentraîner périodiquement le modèle avec les données les plus récentes.

4. **Surveillance et évaluation** :Une fois déployé, il est important de surveiller en permanence la performance du modèle pour s'assurer qu'il effectue des prédictions précises. Si la performance du modèle se dégrade au fil du temps (par exemple, en raison de changements dans la distribution des données), il peut nécessiter un réentraînement ou un ajustement supplémentaire.

1.6.4 Principaux enseignements du projet

- **L'ingénierie des caractéristiques est cruciale pour la prévision de séries temporelles** : La création de caractéristiques de décalage, de caractéristiques de fenêtre glissante et la gestion des tendances et de la saisonnalité améliorent toutes considérablement la précision des modèles d'apprentissage automatique pour les données de séries temporelles.

- **Les modèles d'apprentissage automatique comme Random Forest, Gradient Boosting et XGBoost performent bien sur les tâches de prévision de séries temporelles** lorsqu'ils sont combinés avec des techniques appropriées d'ingénierie des caractéristiques.

- **L'ajustement des hyperparamètres** est une étape essentielle pour optimiser la performance du modèle. La recherche par grille et la recherche aléatoire sont toutes deux des méthodes efficaces pour trouver les meilleurs hyperparamètres.

- **Le déploiement et la maintenance** sont importants pour garantir que les modèles de séries temporelles restent précis dans le temps. Le réentraînement et la surveillance doivent faire partie de la stratégie de déploiement.

1.6.5 Conclusion

Ce projet a mis en valeur la synergie remarquable entre les modèles d'apprentissage automatique avancés et les techniques sophistiquées d'ingénierie des caractéristiques dans le domaine de la prévision de séries temporelles. En mettant en œuvre un éventail diversifié de méthodologies, notamment les caractéristiques de décalage, les statistiques glissantes et la suppression de tendance, nous avons considérablement renforcé la capacité des modèles à discerner et interpréter des motifs complexes au sein des données. Ces techniques ont permis à nos modèles de capturer efficacement non seulement les tendances globales et les fluctuations saisonnières, mais aussi les dépendances complexes à court terme qui sont souvent cruciales dans l'analyse de séries temporelles.

Le processus d'ajustement des hyperparamètres s'est avéré être une étape déterminante dans notre parcours vers une performance optimale du modèle. Grâce à un ajustement méticuleux, nous avons pu extraire le potentiel maximal de chaque modèle, repoussant les limites de la précision prédictive. Notre analyse comparative de divers modèles nous a conduits à une découverte significative : XGBoost s'est distingué comme le performeur exceptionnel pour cet ensemble de données particulier, démontrant des capacités prédictives supérieures et une performance robuste à travers diverses métriques.

Alors que vous vous lancez dans vos propres entreprises de prévision de séries temporelles, il est essentiel de garder à l'esprit l'importance fondamentale de l'ingénierie des caractéristiques. L'art de créer des caractéristiques pertinentes et informatives peut souvent être le facteur différenciant entre un bon modèle et un modèle exceptionnel. N'oubliez pas que la combinaison idéale de caractéristiques soigneusement conçues et de paramètres de modèle précisément ajustés peut débloquer des niveaux de précision prédictive sans précédent.

Cela est vrai dans un large éventail d'applications, que vous prévoyiez des trajectoires de ventes, analysiez des métriques financières ou interprétiez des données de capteurs complexes. Les techniques et méthodologies que nous avons explorées dans ce projet constituent des outils puissants dans votre arsenal, vous permettant de construire des modèles de séries temporelles qui sont non seulement robustes et fiables, mais également capables de fournir des insights avec une précision et une cohérence remarquables.

Chapitre 8 : Techniques avancées de nettoyage des données

Dans le processus complexe de préparation des données pour l'apprentissage automatique, le nettoyage des données se distingue comme l'une des étapes les plus cruciales et nuancées. La qualité de vos données impacte directement la performance même des algorithmes les plus avancés, rendant des données bien préparées et propres essentielles pour atteindre une précision et une fiabilité optimales du modèle. Ce chapitre explore en profondeur les **techniques avancées de nettoyage des données** qui transcendent les méthodes de prétraitement de base, vous équipant des outils nécessaires pour aborder certains des problèmes de données les plus complexes et difficiles qui surviennent fréquemment dans les ensembles de données du monde réel.

Tout au long de ce chapitre, nous explorerons un ensemble complet de techniques conçues pour élever vos compétences en nettoyage de données. Nous commencerons par examiner les méthodes d'**identification et de gestion des valeurs aberrantes**, une étape critique pour garantir que vos données représentent fidèlement les modèles sous-jacents sans être faussées par des valeurs extrêmes. Ensuite, nous approfondirons les stratégies de **correction des incohérences de données**, abordant des problèmes tels que les divergences de formatage, les incompatibilités d'unités et les informations contradictoires entre différentes sources de données.

Enfin, nous aborderons le défi souvent complexe de **la gestion des modèles de données manquantes**, explorant des techniques d'imputation avancées et des stratégies pour gérer les données qui ne sont pas manquantes au hasard. En maîtrisant ces méthodes, vous serez en mesure de traiter efficacement les valeurs extrêmes, les irrégularités et le bruit qui pourraient autrement déformer les précieuses informations que vos modèles visent à extraire des données.

8.1 Identifier les valeurs aberrantes et gérer les valeurs extrêmes

Les valeurs aberrantes sont des points de données qui dévient significativement des autres observations dans un ensemble de données. Ces valeurs extrêmes peuvent avoir un impact profond sur la performance des modèles, particulièrement dans les algorithmes d'apprentissage automatique sensibles aux variations de données. La régression linéaire et les réseaux de neurones, par exemple, peuvent être fortement influencés par les valeurs aberrantes, conduisant à des prédictions biaisées et à des conclusions potentiellement erronées.

La présence de valeurs aberrantes peut déformer les mesures statistiques, affecter les hypothèses de nombreux tests statistiques et conduire à des résultats biaisés ou trompeurs. Dans l'analyse de régression, les valeurs aberrantes peuvent modifier considérablement la pente et l'ordonnée à l'origine de la ligne ajustée, tandis que dans les algorithmes de clustering, elles peuvent déplacer les centres et les limites des clusters, entraînant des regroupements sous-optimaux.

Cette section explore des méthodes complètes pour détecter, analyser et gérer les valeurs aberrantes. Nous explorerons diverses techniques statistiques de détection des valeurs aberrantes, y compris les méthodes paramétriques comme l'approche du score Z et les méthodes non paramétriques telles que l'écart interquartile (IQR). De plus, nous examinerons des méthodes graphiques comme les boîtes à moustaches et les nuages de points, qui fournissent des aperçus visuels de la distribution des données et des valeurs aberrantes potentielles.

En outre, nous discuterons des stratégies pour gérer efficacement les valeurs aberrantes une fois qu'elles ont été identifiées. Cela inclut des techniques pour ajuster les valeurs aberrantes par transformation ou winsorisation, des méthodes pour supprimer les valeurs aberrantes lorsque cela est approprié, et des approches pour imputer les valeurs aberrantes afin de maintenir l'intégrité des données. Nous explorerons également les implications de chaque méthode et fournirons des conseils pour sélectionner l'approche la plus appropriée en fonction des caractéristiques spécifiques de votre ensemble de données et des exigences de votre tâche d'analyse ou de modélisation.

Pourquoi les valeurs aberrantes sont importantes : dévoiler leur impact profond

Les valeurs aberrantes ne sont pas de simples anomalies statistiques ; ce sont des points de données critiques qui peuvent influencer de manière significative le résultat de l'analyse de données et des modèles d'apprentissage automatique. Ces valeurs extrêmes peuvent provenir de diverses sources, notamment des erreurs de saisie de données, des inexactitudes de mesure ou de véritables déviations au sein de l'ensemble de données.

Comprendre la nature et l'impact des valeurs aberrantes est crucial pour plusieurs raisons :

1. Intégrité des données

Les valeurs aberrantes peuvent servir d'indicateurs cruciaux de problèmes de qualité des données, révélant potentiellement des erreurs systémiques dans les méthodes de collecte ou de traitement des données. Ces anomalies peuvent pointer vers :

- Des dysfonctionnements d'instruments ou des erreurs de calibrage dans les dispositifs de collecte de données

- Des erreurs humaines dans les processus de saisie manuelle de données

- Des défauts dans les systèmes automatisés de collecte de données

- Des incohérences dans le formatage des données ou les conversions d'unités entre différentes sources

En identifiant et en enquêtant sur les valeurs aberrantes, les data scientists peuvent découvrir des problèmes sous-jacents dans leur pipeline de données, conduisant à des améliorations dans les méthodologies de collecte de données, au perfectionnement des algorithmes de traitement des données et, en fin de compte, à une qualité globale des données améliorée. Cette approche proactive de l'intégrité des données bénéficie non seulement à l'analyse actuelle, mais renforce également les fondations pour les futurs projets axés sur les données et les processus de prise de décision.

2. Distorsion statistique

Les valeurs aberrantes peuvent fausser considérablement les mesures statistiques, conduisant à une mauvaise interprétation des caractéristiques des données. Par exemple :

- Moyenne : Les valeurs aberrantes peuvent tirer la moyenne loin du véritable centre de la distribution des données, en particulier dans les petits ensembles de données.

- Écart-type : Les valeurs extrêmes peuvent gonfler l'écart-type, exagérant la variabilité des données.

- Corrélation : Les valeurs aberrantes peuvent artificiellement renforcer ou affaiblir les corrélations entre les variables.

- Analyse de régression : Elles peuvent modifier considérablement la pente et l'ordonnée à l'origine des droites de régression, conduisant à des prédictions inexactes.

Ces distorsions peuvent avoir de graves implications pour l'analyse de données, conduisant potentiellement à des conclusions erronées et à une prise de décision sous-optimale. Il est crucial d'identifier et de gérer de manière appropriée les valeurs aberrantes pour garantir une représentation précise des tendances et des relations des données.

3. Performance du modèle

En apprentissage automatique, les valeurs aberrantes peuvent influencer de manière disproportionnée l'entraînement du modèle, particulièrement dans les algorithmes sensibles aux valeurs extrêmes comme la régression linéaire ou les réseaux de neurones. Cette influence peut se manifester de plusieurs façons :

- Estimation biaisée des paramètres : Dans la régression linéaire, les valeurs aberrantes peuvent modifier considérablement les coefficients, conduisant à un modèle qui s'ajuste mal à la majorité des données.

- Surapprentissage : Certains modèles peuvent ajuster leurs paramètres pour accommoder les valeurs aberrantes, entraînant une mauvaise généralisation aux nouvelles données.

- Importance biaisée des caractéristiques : Dans les modèles basés sur des arbres, les valeurs aberrantes peuvent artificiellement gonfler l'importance de certaines caractéristiques.

- Frontières de décision déformées : Dans les tâches de classification, les valeurs aberrantes peuvent déplacer les frontières de décision, classant potentiellement de manière erronée une partie importante des données.

Comprendre ces effets est crucial pour développer des modèles robustes. Des techniques telles que la régression robuste, les méthodes d'ensemble ou l'ingénierie minutieuse des caractéristiques peuvent aider à atténuer l'impact des valeurs aberrantes sur la performance du modèle. De plus, la validation croisée et l'analyse minutieuse des résidus du modèle peuvent révéler dans quelle mesure les valeurs aberrantes affectent les prédictions et les capacités de généralisation de votre modèle.

4. Prise de décision et perspectives stratégiques

Dans les contextes commerciaux, les valeurs aberrantes représentent souvent des événements rares mais très significatifs qui exigent une attention particulière et des considérations stratégiques. Ces points de données extrêmes peuvent offrir des informations précieuses sur des circonstances exceptionnelles, des tendances émergentes ou des risques et opportunités potentiels qui peuvent ne pas être apparents dans la distribution générale des données.

Par exemple :

- Dans l'analyse financière, les valeurs aberrantes peuvent indiquer une fraude, des anomalies de marché ou des opportunités d'investissement révolutionnaires.

- Dans les études de comportement des clients, les valeurs aberrantes pourraient représenter des clients très précieux ou des adopteurs précoces de nouvelles tendances.

- Dans la fabrication, les valeurs aberrantes peuvent signaler des dysfonctionnements d'équipement ou des cycles de production exceptionnellement efficaces.

Reconnaître et interpréter correctement ces valeurs aberrantes peut conduire à des décisions commerciales critiques, telles que la réaffectation des ressources, des stratégies d'atténuation des risques ou le développement de nouveaux produits ou services. Par conséquent, bien qu'il soit important de s'assurer que les valeurs aberrantes n'influencent pas indûment les analyses statistiques ou les modèles d'apprentissage automatique, il est tout aussi crucial de les analyser séparément pour leur valeur stratégique potentielle.

En examinant attentivement les valeurs aberrantes dans ce contexte, les entreprises peuvent obtenir un avantage concurrentiel en identifiant des opportunités uniques ou en traitant des problèmes potentiels avant qu'ils ne deviennent des problèmes généralisés. Cette approche nuancée de l'analyse des valeurs aberrantes souligne l'importance de combiner la rigueur statistique avec l'expertise du domaine et le sens des affaires dans la prise de décision basée sur les données.

L'impact des valeurs aberrantes est souvent disproportionnément élevé, en particulier dans les modèles sensibles aux valeurs extrêmes. Par exemple, dans la modélisation prédictive, une seule valeur aberrante peut modifier considérablement la pente d'une droite de régression, conduisant à des prévisions inexactes. Dans les algorithmes de clustering, les valeurs aberrantes peuvent déplacer les centres des clusters, entraînant des regroupements sous-optimaux qui ne parviennent pas à capturer les véritables modèles sous-jacents dans les données.

Cependant, il est crucial d'aborder la gestion des valeurs aberrantes avec prudence. Alors que certaines valeurs aberrantes peuvent être des erreurs nécessitant correction ou suppression, d'autres peuvent représenter des informations précieuses ou des événements rares importants pour l'analyse. La clé réside dans la distinction entre ces cas et l'application de techniques appropriées pour gérer les valeurs aberrantes efficacement, garantissant que l'analyse ou le modèle résultant représente avec précision les modèles de données sous-jacents tout en tenant compte des valeurs extrêmes légitimes.

Exemples de la façon dont les valeurs aberrantes affectent les modèles d'apprentissage automatique et leurs implications :

- Dans la régression linéaire, les valeurs aberrantes peuvent influencer de manière disproportionnée la pente et l'ordonnée à l'origine, conduisant à un mauvais ajustement du modèle. Cela peut entraîner des prédictions inexactes, en particulier pour les points de données près des extrêmes de l'espace des caractéristiques.

- Dans les algorithmes de clustering, les valeurs aberrantes peuvent déformer les centres des clusters, entraînant des clusters moins significatifs. Cela peut conduire à une mauvaise classification des points de données et à une interprétation incorrecte des modèles de données sous-jacents.

- Dans les algorithmes basés sur la distance comme les k plus proches voisins, les valeurs aberrantes peuvent affecter les calculs de distance, conduisant à des prédictions inexactes. Ceci est particulièrement problématique dans les espaces de haute dimension où la « malédiction de la dimensionnalité » peut amplifier l'impact des valeurs aberrantes.

- Dans les modèles basés sur des arbres de décision, les valeurs aberrantes peuvent conduire à la création de divisions inutiles, entraînant un surapprentissage et une généralisation réduite du modèle.

- Pour les réseaux de neurones, les valeurs aberrantes peuvent avoir un impact significatif sur le processus d'apprentissage, provoquant potentiellement la convergence du modèle vers des solutions sous-optimales ou l'impossibilité de converger du tout.

Gérer les valeurs aberrantes de manière réfléchie est essentiel, car les supprimer simplement sans analyse pourrait conduire à une perte d'informations précieuses. Il est crucial de considérer la nature des valeurs aberrantes, leurs causes potentielles et les exigences spécifiques de votre tâche d'analyse ou de modélisation. Dans certains cas, les valeurs aberrantes peuvent représenter des événements rares importants ou des tendances émergentes qui méritent une enquête plus approfondie. Par conséquent, une approche équilibrée qui combine la rigueur statistique avec l'expertise du domaine est souvent le moyen le plus efficace de gérer les valeurs aberrantes dans les projets d'apprentissage automatique.

Méthodes d'identification des valeurs aberrantes

Il existe plusieurs façons d'identifier les valeurs aberrantes dans un ensemble de données, des techniques statistiques aux méthodes visuelles. Explorons quelques méthodes couramment utilisées :

8.1.1. Méthode du score Z

La méthode du **score Z**, également connue sous le nom de **score standard**, est une technique statistique utilisée pour identifier les valeurs aberrantes dans un ensemble de données. Elle quantifie le nombre d'écarts-types dont un point de données est éloigné de la moyenne de la distribution. La formule pour calculer le score Z est :

```
Z = (X - μ) / σ

where:
X = the data point
μ = the mean of the distribution
σ = the standard deviation of the distribution
```

Typiquement, un score Z de +3 ou -3 est utilisé comme seuil pour identifier les valeurs aberrantes. Cela signifie que les points de données se situant à plus de trois écarts-types de la moyenne sont considérés comme des valeurs aberrantes potentielles. Cependant, ce seuil n'est pas fixe et peut être ajusté en fonction des caractéristiques spécifiques de la distribution des données et des exigences de l'analyse.

Par exemple, dans une distribution normale, environ 99,7 % des données se situent à moins de trois écarts-types de la moyenne. Par conséquent, l'utilisation d'un score Z de ±3 comme seuil identifierait environ 0,3 % des données comme valeurs aberrantes. Dans certains cas, les chercheurs peuvent utiliser un seuil plus strict (par exemple, ±2,5 ou même ±2) pour signaler une plus grande proportion de valeurs extrêmes nécessitant une investigation plus approfondie.

Il est important de noter que bien que la méthode du score Z soit largement utilisée et facile à interpréter, elle présente des limites. Elle suppose que les données suivent une distribution normale et peut être sensible aux valeurs aberrantes extrêmes. Pour les distributions asymétriques ou non normales, des méthodes alternatives comme l'écart interquartile (IQR) ou des techniques statistiques robustes pourraient être plus appropriées pour la détection des valeurs aberrantes.

Exemple : Détection des valeurs aberrantes en utilisant le score Z

Supposons que nous ayons un ensemble de données contenant des âges, et que nous voulions identifier toute valeur d'âge extrême.

```python
import pandas as pd
import numpy as np
import matplotlib.pyplot as plt
from scipy import stats

# Sample data
data = {'Age': [25, 28, 30, 22, 24, 26, 27, 105, 29, 23, 31, 200]}
df = pd.DataFrame(data)

# Calculate Z-scores
df['Z_Score'] = stats.zscore(df['Age'])

# Identify outliers (Z-score > 3 or < -3)
df['Outlier'] = df['Z_Score'].apply(lambda x: 'Yes' if abs(x) > 3 else 'No')

# Print the dataframe
print("Original DataFrame with Z-scores:")
print(df)

# Visualize the data
plt.figure(figsize=(10, 6))
plt.subplot(121)
plt.boxplot(df['Age'])
plt.title('Box Plot of Age')
plt.ylabel('Age')

plt.subplot(122)
plt.scatter(range(len(df)), df['Age'])
plt.title('Scatter Plot of Age')
plt.xlabel('Index')
plt.ylabel('Age')

plt.tight_layout()
```

```python
plt.show()

# Remove outliers
df_clean = df[df['Outlier'] == 'No']

# Compare statistics
print("\\nOriginal Data Statistics:")
print(df['Age'].describe())
print("\\nCleaned Data Statistics:")
print(df_clean['Age'].describe())

# Demonstrate effect on mean and median
print(f"\\nOriginal Mean: {df['Age'].mean():.2f}, Median: {df['Age'].median():.2f}")
print(f"Cleaned          Mean:          {df_clean['Age'].mean():.2f},          Median:
{df_clean['Age'].median():.2f}")
```

Cet extrait de code présente une méthode approfondie pour détecter et analyser les valeurs aberrantes en utilisant la technique du score Z.

Voici une explication détaillée du code et de ses fonctionnalités :

1. Préparation des données :

    o   Nous importons les bibliothèques nécessaires : pandas pour la manipulation des données, numpy pour les opérations numériques, matplotlib pour la visualisation et scipy.stats pour les fonctions statistiques.

    o   Un ensemble de données d'échantillon d'âges est créé et converti en DataFrame pandas.

2. Calcul du score Z :

    o   Nous utilisons scipy.stats.zscore() pour calculer les scores Z pour la colonne 'Age'. Cette fonction standardise les données, facilitant l'identification des valeurs aberrantes.

    o   Les scores Z sont ajoutés en tant que nouvelle colonne dans le DataFrame.

3. Identification des valeurs aberrantes :

    o   Les valeurs aberrantes sont identifiées en utilisant un seuil de ±3 écarts-types (pratique courante).

    o   Une nouvelle colonne 'Outlier' est ajoutée pour signaler les points de données dépassant ce seuil.

4. Visualisation des données :

    o   Deux graphiques sont créés pour visualiser la distribution des données et les valeurs aberrantes : a. Un diagramme en boîte, qui montre la médiane, les quartiles et les valeurs aberrantes potentielles. b. Un nuage de points, qui aide à visualiser la distribution des âges et toutes les valeurs extrêmes.

- o Ces visualisations offrent un moyen rapide et intuitif de repérer les valeurs aberrantes.

5. Suppression et analyse des valeurs aberrantes :

- o Un nouveau DataFrame (df_clean) est créé en supprimant les valeurs aberrantes identifiées.

- o Nous comparons les statistiques (nombre, moyenne, écart-type, min, 25 %, 50 %, 75 %, max) entre les ensembles de données originaux et nettoyés.

- o L'effet sur la moyenne et la médiane est démontré, montrant comment les valeurs aberrantes peuvent fausser ces mesures de tendance centrale.

Cet exemple complet ne se contente pas de détecter les valeurs aberrantes, mais démontre également leur impact sur l'ensemble de données par le biais de la visualisation et de la comparaison statistique. Il fournit un flux de travail pratique pour identifier, visualiser et gérer les valeurs aberrantes dans un scénario réel.

8.1.2. Méthode de l'écart interquartile (IQR)

La **méthode de l'écart interquartile (IQR)** est une technique statistique robuste pour identifier les valeurs aberrantes, particulièrement efficace avec des données asymétriques ou non distribuées normalement. Cette méthode repose sur les quartiles, qui divisent l'ensemble de données en quatre parties égales. L'IQR est calculé comme la différence entre le troisième quartile (Q3, 75e percentile) et le premier quartile (Q1, 25e percentile).

Pour détecter les valeurs aberrantes en utilisant la méthode IQR :

1. Calculer Q1 (25e percentile) et Q3 (75e percentile) de l'ensemble de données.

2. Calculer l'IQR en soustrayant Q1 de Q3.

3. Définir les « limites internes » ou frontières pour les données non aberrantes :

- o Borne inférieure : Q1 - 1,5 * IQR

- o Borne supérieure : Q3 + 1,5 * IQR

4. Identifier les valeurs aberrantes comme tout point de données se situant en dessous de la borne inférieure ou au-dessus de la borne supérieure.

Le facteur de 1,5 utilisé dans le calcul des bornes est un choix courant, mais il peut être ajusté en fonction des exigences spécifiques de l'analyse. Un facteur plus grand (par exemple, 3) entraînerait une détection des valeurs aberrantes plus conservatrice, tandis qu'un facteur plus petit signalerait davantage de points de données comme valeurs aberrantes potentielles.

La méthode IQR est particulièrement précieuse car elle est moins sensible aux valeurs extrêmes par rapport aux méthodes qui s'appuient sur la moyenne et l'écart-type, telles que la méthode du score Z. Cela la rend particulièrement utile pour les ensembles de données avec des distributions à queues lourdes ou lorsque la distribution sous-jacente est inconnue.

Exemple : Détection des valeurs aberrantes en utilisant la méthode IQR

Appliquons la méthode IQR au même ensemble de données **Age**.

```python
import pandas as pd
import numpy as np
import matplotlib.pyplot as plt

# Sample data
data = {'Age': [25, 28, 30, 22, 24, 26, 27, 105, 29, 23, 31, 200]}
df = pd.DataFrame(data)

# Calculate Q1, Q3, and IQR
Q1 = df['Age'].quantile(0.25)
Q3 = df['Age'].quantile(0.75)
IQR = Q3 - Q1

# Define bounds for outliers
lower_bound = Q1 - 1.5 * IQR
upper_bound = Q3 + 1.5 * IQR

# Identify outliers
df['Outlier_IQR'] = df['Age'].apply(lambda x: 'Yes' if x < lower_bound or x >
upper_bound else 'No')

# Print the dataframe
print("DataFrame with outliers identified:")
print(df)

# Visualize the data
plt.figure(figsize=(10, 6))
plt.subplot(121)
plt.boxplot(df['Age'])
plt.title('Box Plot of Age')
plt.ylabel('Age')

plt.subplot(122)
plt.scatter(range(len(df)), df['Age'], c=df['Outlier_IQR'].map({'Yes': 'red', 'No':
'blue'}))
plt.title('Scatter Plot of Age')
plt.xlabel('Index')
plt.ylabel('Age')
plt.legend(['Normal', 'Outlier'])

plt.tight_layout()
plt.show()
```

```python
# Remove outliers
df_clean = df[df['Outlier_IQR'] == 'No']

# Compare statistics
print("\\nOriginal Data Statistics:")
print(df['Age'].describe())
print("\\nCleaned Data Statistics:")
print(df_clean['Age'].describe())

# Demonstrate effect on mean and median
print(f"\\nOriginal Mean: {df['Age'].mean():.2f}, Median: {df['Age'].median():.2f}")
print(f"Cleaned          Mean:          {df_clean['Age'].mean():.2f},          Median:
{df_clean['Age'].median():.2f}")
```

Cet extrait de code offre une démonstration approfondie de la détection des valeurs aberrantes en utilisant la méthode de l'écart interquartile (IQR).

Voici une explication détaillée du code et de ses fonctionnalités :

1. Préparation des données :

    o   Nous importons les bibliothèques nécessaires : pandas pour la manipulation des données, numpy pour les opérations numériques et matplotlib pour la visualisation.

    o   Un ensemble de données d'échantillon d'âges est créé et converti en DataFrame pandas.

2. Calcul de l'IQR et détection des valeurs aberrantes :

    o   Nous calculons le premier quartile (Q1), le troisième quartile (Q3) et l'écart interquartile (IQR).

    o   Les bornes inférieure et supérieure pour les valeurs aberrantes sont définies en utilisant la formule : Q1 - 1,5 *IQR et Q3 + 1,5* IQR, respectivement.

    o   Les valeurs aberrantes sont identifiées en vérifiant si chaque point de données se situe en dehors de ces bornes.

3. Visualisation des données :

    o   Deux graphiques sont créés pour visualiser la distribution des données et les valeurs aberrantes : a. Un diagramme en boîte, qui montre la médiane, les quartiles et les valeurs aberrantes potentielles. b. Un nuage de points, qui aide à visualiser la distribution des âges et met en évidence les valeurs aberrantes en rouge.

    o   Ces visualisations offrent un moyen intuitif de repérer les valeurs aberrantes dans l'ensemble de données.

4. Suppression et analyse des valeurs aberrantes :

   o Un nouveau DataFrame (df_clean) est créé en supprimant les valeurs aberrantes identifiées.

   o Nous comparons les statistiques descriptives entre les ensembles de données originaux et nettoyés.

   o L'effet sur la moyenne et la médiane est démontré, montrant comment les valeurs aberrantes peuvent fausser ces mesures de tendance centrale.

Cet exemple complet ne se contente pas de détecter les valeurs aberrantes, mais démontre également leur impact sur l'ensemble de données par le biais de la visualisation et de la comparaison statistique. Il fournit un flux de travail pratique pour identifier, visualiser et gérer les valeurs aberrantes dans un scénario réel en utilisant la méthode IQR.

8.1.3. Méthodes visuelles : diagrammes en boîte et nuages de points

La visualisation joue un rôle crucial dans l'identification des valeurs aberrantes, offrant des méthodes intuitives et facilement interprétables pour l'analyse des données.

Diagrammes en boîte

Les diagrammes en boîte, également connus sous le nom de diagrammes à moustaches, fournissent une vue complète de la distribution des données, présentant la médiane, les quartiles et les valeurs aberrantes potentielles. La « boîte » représente l'écart interquartile (IQR), avec la ligne médiane à l'intérieur, tandis que les « moustaches » s'étendent pour montrer le reste de la distribution. Les points de données tracés au-delà de ces moustaches sont généralement considérés comme des valeurs aberrantes, ce qui les rend immédiatement apparentes.

La structure d'un diagramme en boîte est particulièrement informative :

- Le bas de la boîte représente le premier quartile (Q1, 25e percentile).

- Le haut de la boîte représente le troisième quartile (Q3, 75e percentile).

- La ligne à l'intérieur de la boîte indique la médiane (Q2, 50e percentile).

- Les moustaches s'étendent généralement jusqu'à 1,5 fois l'IQR au-delà des bords de la boîte.

Les diagrammes en boîte sont particulièrement utiles dans le contexte de la détection des valeurs aberrantes et du nettoyage des données :

- Ils fournissent un résumé visuel rapide de la tendance centrale, de la dispersion et de l'asymétrie des données.

- Les valeurs aberrantes sont facilement identifiables comme des points individuels au-delà des moustaches.

- La comparaison de diagrammes en boîte côte à côte peut révéler des différences dans les distributions entre plusieurs groupes ou variables.

- Ils complètent les méthodes statistiques comme le score Z et l'IQR pour une analyse des valeurs aberrantes plus complète.

Lors de l'interprétation des diagrammes en boîte pour la détection des valeurs aberrantes, il est important de tenir compte du contexte de vos données. Dans certains cas, ce qui semble être une valeur aberrante peut être un cas extrême précieux plutôt qu'une erreur. Cette méthode visuelle doit être utilisée conjointement avec les connaissances du domaine et d'autres techniques analytiques pour prendre des décisions éclairées concernant le nettoyage et le prétraitement des données.

Voici un exemple de création d'un diagramme en boîte en utilisant Python et matplotlib :

```python
import pandas as pd
import matplotlib.pyplot as plt

# Sample data
data = {'Age': [25, 28, 30, 22, 24, 26, 27, 105, 29, 23, 31, 200]}
df = pd.DataFrame(data)

# Create box plot
plt.figure(figsize=(10, 6))
plt.boxplot(df['Age'])
plt.title('Box Plot of Age')
plt.ylabel('Age')
plt.show()
```

Décomposons ce code :

1. Importer les bibliothèques nécessaires :

    o   pandas pour la manipulation des données

    o   matplotlib.pyplot pour créer le graphique

2. Créer un ensemble de données d'échantillon :

    o   Nous utilisons un dictionnaire avec une clé 'Age' et une liste de valeurs d'âge

    o   Convertir ceci en DataFrame pandas

3. Configurer le graphique :

    o   plt.figure(figsize=(10, 6)) crée une nouvelle figure avec des dimensions spécifiées

4. Créer le diagramme en boîte :

- o plt.boxplot(df['Age']) génère le diagramme en boîte en utilisant la colonne 'Age' de notre DataFrame

5. Ajouter des étiquettes et un titre :

- o plt.title() définit le titre du graphique

- o plt.ylabel() étiquette l'axe des y

6. Afficher le graphique :

- o plt.show() affiche le graphique

Ce code créera un diagramme en boîte qui représente visuellement la distribution des âges dans l'ensemble de données. La boîte montre l'écart interquartile (IQR), avec la ligne médiane à l'intérieur. Les moustaches s'étendent pour montrer le reste de la distribution, et tous les points au-delà des moustaches sont tracés comme des points individuels, représentant des valeurs aberrantes potentielles.

Nuages de points

Les nuages de points fournissent un outil visuel puissant pour la détection des valeurs aberrantes en représentant les points de données dans un espace bidimensionnel. Cette méthode excelle à révéler les relations entre les variables et à identifier les anomalies qui pourraient être négligées dans les analyses unidimensionnelles. Lors de l'examen des données au fil du temps, les nuages de points peuvent révéler des tendances, des cycles ou des changements brusques qui pourraient indiquer la présence de valeurs aberrantes.

Dans les nuages de points, les valeurs aberrantes se manifestent comme des points qui s'écartent considérablement du groupe principal ou du modèle de points de données. Ces écarts peuvent se produire sous diverses formes :

- Des points isolés loin du groupe principal, indiquant des valeurs extrêmes dans une ou les deux dimensions.

- Des points qui brisent un modèle ou une tendance autrement claire dans les données.

- Des groupes de points séparés du corps principal des données, ce qui pourrait suggérer la présence de sous-groupes ou de distributions multimodales.

L'un des principaux avantages des nuages de points dans la détection des valeurs aberrantes est leur capacité à révéler des relations et des interactions complexes entre les variables. Par exemple, un point de données peut ne pas sembler inhabituel lorsqu'on considère chaque variable séparément, mais sa combinaison de valeurs pourrait en faire une valeur aberrante dans le contexte de l'ensemble de données global. Cette capacité est particulièrement précieuse dans les analyses multivariées où les méthodes statistiques traditionnelles pourraient ne pas capturer de telles valeurs aberrantes nuancées.

De plus, les nuages de points peuvent être améliorés avec des éléments visuels supplémentaires pour aider à la détection des valeurs aberrantes :

- Le codage par couleur des points basé sur une troisième variable peut ajouter une autre dimension à l'analyse.

- L'ajout de lignes ou de courbes de régression peut aider à identifier les points qui s'écartent des relations attendues.

- La mise en œuvre de fonctionnalités interactives, telles que le zoom ou le brossage, peut faciliter l'exploration détaillée des valeurs aberrantes potentielles.

Lorsqu'ils sont utilisés conjointement avec d'autres méthodes de détection des valeurs aberrantes, les nuages de points constituent un outil inestimable dans le processus de nettoyage des données, offrant des aperçus visuels intuitifs qui complètent les approches statistiques et guident une enquête plus approfondie sur les points de données anormaux.

Ces deux techniques de visualisation complètent les méthodes statistiques abordées précédemment, telles que les méthodes du score Z et de l'IQR. Alors que les approches statistiques fournissent des mesures quantitatives pour identifier les valeurs aberrantes, les méthodes visuelles offrent une évaluation qualitative immédiate qui peut guider une enquête plus approfondie. Elles sont particulièrement précieuses dans la phase d'analyse exploratoire des données, aidant les scientifiques des données et les analystes à obtenir des informations sur la distribution des données, à détecter des modèles et à identifier des anomalies qui pourraient nécessiter un examen plus approfondi ou une gestion spéciale dans les étapes d'analyse ultérieures.

Voici un exemple de création d'un nuage de points en utilisant Python, matplotlib et seaborn pour une visualisation améliorée :

```python
import pandas as pd
import matplotlib.pyplot as plt
import seaborn as sns

# Sample data
data = {
    'Age': [25, 28, 30, 22, 24, 26, 27, 105, 29, 23, 31, 200],
    'Income': [50000, 55000, 60000, 45000, 48000, 52000, 54000, 150000, 58000, 47000,
62000, 500000]
}
df = pd.DataFrame(data)

# Create scatter plot
plt.figure(figsize=(10, 6))
sns.scatterplot(x='Age', y='Income', data=df)
plt.title('Scatter Plot of Age vs Income')
plt.xlabel('Age')
plt.ylabel('Income')
```

```python
# Add a regression line
sns.regplot(x='Age', y='Income', data=df, scatter=False, color='red')

plt.show()
```

Décomposons ce code :

1. Importer les bibliothèques nécessaires :

    o   pandas pour la manipulation des données

    o   matplotlib.pyplot pour créer le graphique

    o   seaborn pour une visualisation améliorée de données statistiques

2. Créer un ensemble de données d'échantillon :

    o   Nous utilisons un dictionnaire avec des clés 'Age' et 'Income' et des listes de valeurs correspondantes

    o   Convertir ceci en DataFrame pandas

3. Configurer le graphique :

    o   plt.figure(figsize=(10, 6)) crée une nouvelle figure avec des dimensions spécifiées

4. Créer le nuage de points :

    o   sns.scatterplot(x='Age', y='Income', data=df) génère le nuage de points en utilisant 'Age' pour l'axe des x et 'Income' pour l'axe des y

5. Ajouter des étiquettes et un titre :

    o   plt.title() définit le titre du graphique

    o   plt.xlabel() et plt.ylabel() étiquettent respectivement les axes x et y

6. Ajouter une ligne de régression :

    o   sns.regplot() ajoute une ligne de régression au graphique, aidant à visualiser la tendance générale et à identifier les valeurs aberrantes potentielles

7. Afficher le graphique :

    o   plt.show() affiche le graphique

Ce code créera un nuage de points qui représente visuellement la relation entre l'âge et le revenu dans l'ensemble de données. Chaque point sur le graphique représente un point de données individuel, avec sa position déterminée par les valeurs d'âge (axe des x) et de revenu (axe des y). La ligne de régression aide à identifier la tendance générale dans les données, facilitant la détection des valeurs aberrantes potentielles qui s'écartent considérablement de cette tendance.

Dans cet exemple, les points qui sont loin du groupe principal ou significativement éloignés de la ligne de régression pourraient être considérés comme des valeurs aberrantes potentielles. Par exemple, les points de données avec des valeurs d'âge de 105 et 200, et leurs valeurs de revenu élevées correspondantes, se distingueraient probablement comme des valeurs aberrantes dans cette visualisation.

8.1.4 Gestion des valeurs aberrantes

Une fois identifiées, il existe plusieurs approches pour gérer les valeurs aberrantes, chacune ayant ses propres avantages et considérations. La stratégie optimale dépend de divers facteurs, notamment la cause sous-jacente des valeurs aberrantes, la nature de l'ensemble de données et les exigences spécifiques de votre analyse ou modèle. Certaines valeurs aberrantes peuvent être de véritables valeurs extrêmes qui fournissent des informations précieuses, tandis que d'autres peuvent résulter d'erreurs de mesure ou d'erreurs de saisie de données. Comprendre le contexte et l'origine de ces valeurs aberrantes est crucial pour déterminer la méthode la plus appropriée pour les traiter.

Les approches courantes incluent la suppression, la transformation, la winsorisation et l'imputation. La suppression est simple mais risque de perdre des informations potentiellement importantes. La transformation de données, telle que l'application de fonctions logarithmiques ou de racine carrée, peut aider à réduire l'impact des valeurs extrêmes tout en préservant la structure globale des données.

La winsorisation limite les valeurs extrêmes à un percentile spécifié, réduisant efficacement leur influence sans suppression complète. Les méthodes d'imputation remplacent les valeurs aberrantes par des valeurs plus représentatives, telles que la moyenne ou la médiane de l'ensemble de données.

Le choix de la méthode doit être guidé par une compréhension approfondie de vos données, des objectifs de votre analyse et de l'impact potentiel sur les processus en aval. Il est souvent avantageux d'expérimenter avec plusieurs approches et de comparer leurs effets sur vos résultats. De plus, documenter votre processus de gestion des valeurs aberrantes est crucial pour la transparence et la reproductibilité dans votre flux de travail d'analyse de données.

1. **Suppression des valeurs aberrantes** :

La suppression des valeurs aberrantes peut être une approche efficace lorsqu'il s'agit de points de données clairement erronés ou incohérents avec le reste de l'ensemble de données. Cette méthode est particulièrement utile dans les cas où les valeurs aberrantes résultent d'erreurs de mesure, d'erreurs de saisie de données ou d'autres anomalies qui ne représentent pas la véritable nature des données. En éliminant ces points de données problématiques, vous pouvez améliorer la qualité et la fiabilité globales de votre ensemble de données, ce qui peut conduire à des analyses et des prédictions de modèle plus précises.

Cependant, il est crucial de faire preuve de prudence lors de l'examen de la suppression des valeurs aberrantes. Dans de nombreux cas, ce qui semble être une valeur aberrante peut en fait être une valeur extrême précieuse qui contient des informations importantes sur le phénomène étudié. Ces véritables valeurs extrêmes peuvent fournir des informations sur des événements ou des comportements rares mais significatifs au sein de vos données. Supprimer ces points de manière indiscriminée pourrait entraîner une perte d'informations critiques et potentiellement biaiser votre analyse, conduisant à des conclusions incomplètes ou trompeuses.

Avant de décider de supprimer des valeurs aberrantes, il est conseillé de :

- Enquêter minutieusement sur la nature et l'origine des valeurs aberrantes

- Considérer l'impact potentiel de la suppression sur votre analyse ou modèle

- Consulter des experts du domaine si possible pour déterminer si les valeurs aberrantes sont significatives

- Documenter votre processus de prise de décision pour la transparence et la reproductibilité

Si vous décidez de supprimer des valeurs aberrantes, voici un exemple de la façon dont vous pourriez le faire en utilisant Python et pandas :

```python
import pandas as pd
import numpy as np
import matplotlib.pyplot as plt
import seaborn as sns

# Sample data
data = {
    'Age': [25, 28, 30, 22, 24, 26, 27, 105, 29, 23, 31, 200],
    'Income': [50000, 55000, 60000, 45000, 48000, 52000, 54000, 150000, 58000, 47000,
62000, 500000]
}
df = pd.DataFrame(data)

# Function to detect outliers using IQR method
def detect_outliers_iqr(df, column):
    Q1 = df[column].quantile(0.25)
    Q3 = df[column].quantile(0.75)
    IQR = Q3 - Q1
    lower_bound = Q1 - 1.5 * IQR
    upper_bound = Q3 + 1.5 * IQR
    df[f'{column}_Outlier_IQR'] = ((df[column] < lower_bound) | (df[column] >
upper_bound)).astype(str)
    return df

# Detect outliers for Age and Income
df = detect_outliers_iqr(df, 'Age')
```

```python
df = detect_outliers_iqr(df, 'Income')

# Visualize outliers
plt.figure(figsize=(12, 6))
sns.scatterplot(x='Age', y='Income', hue='Age_Outlier_IQR', data=df)
plt.title('Scatter Plot of Age vs Income (Outliers Highlighted)')
plt.show()

# Remove outliers
df_cleaned = df[(df['Age_Outlier_IQR'] == 'False') & (df['Income_Outlier_IQR'] ==
'False')]

# Check the number of rows removed
rows_removed = len(df) - len(df_cleaned)
print(f"Number of outliers removed: {rows_removed}")

# Reset the index of the cleaned dataframe
df_cleaned = df_cleaned.reset_index(drop=True)

# Visualize the cleaned data
plt.figure(figsize=(12, 6))
sns.scatterplot(x='Age', y='Income', data=df_cleaned)
plt.title('Scatter Plot of Age vs Income (After Outlier Removal)')
plt.show()

# Print summary statistics before and after outlier removal
print("Before outlier removal:")
print(df[['Age', 'Income']].describe())
print("\\nAfter outlier removal:")
print(df_cleaned[['Age', 'Income']].describe())
```

Décomposons cet exemple complet :

1. Préparation des données :

    o Nous importons les bibliothèques nécessaires : pandas pour la manipulation des données, numpy pour les opérations numériques, et matplotlib/seaborn pour la visualisation.

    o Un ensemble de données d'échantillon est créé avec les colonnes 'Age' et 'Income', incluant certaines valeurs aberrantes.

2. Fonction de détection des valeurs aberrantes :

    o Nous définissons une fonction detect_outliers_iqr qui utilise la méthode de l'intervalle interquartile (IQR) pour identifier les valeurs aberrantes.

    o Cette fonction calcule Q1 (25e percentile), Q3 (75e percentile) et l'IQR pour une colonne donnée.

- o Elle définit ensuite les limites inférieure et supérieure comme Q1 - 1.5*IQR et* Q3 + *1.5*IQR respectivement.
- o Les valeurs en dehors de ces limites sont marquées comme valeurs aberrantes dans une nouvelle colonne.

3. Application de la détection des valeurs aberrantes :

- o La fonction de détection des valeurs aberrantes est appliquée aux colonnes 'Age' et 'Income'.
- o Cela crée deux nouvelles colonnes : 'Age_Outlier_IQR' et 'Income_Outlier_IQR', marquant les valeurs aberrantes comme 'True' ou 'False'.

4. Visualisation des valeurs aberrantes :

- o Un nuage de points est créé pour visualiser la relation entre Age et Income.
- o Les valeurs aberrantes sont mises en évidence en utilisant différentes couleurs basées sur la colonne 'Age_Outlier_IQR'.

5. Suppression des valeurs aberrantes :

- o Les valeurs aberrantes sont supprimées en filtrant les lignes où soit 'Age_Outlier_IQR' soit 'Income_Outlier_IQR' est 'True'.
- o Le nombre de lignes supprimées est calculé et affiché.

6. Réinitialisation de l'index :

- o L'index du dataframe nettoyé est réinitialisé pour garantir une numérotation continue.

7. Visualisation des données nettoyées :

- o Un autre nuage de points est créé pour montrer les données après suppression des valeurs aberrantes.

8. Statistiques récapitulatives :

- o Des statistiques descriptives sont affichées pour les ensembles de données originaux et nettoyés.
- o Cela permet une comparaison de la façon dont la suppression des valeurs aberrantes a affecté la distribution des données.

Cet exemple fournit une approche complète de la détection et de la suppression des valeurs aberrantes, incluant la visualisation et la comparaison statistique. Il démontre le processus du début à la fin, incluant la préparation des données, la détection des valeurs aberrantes, la suppression et l'analyse post-suppression.

2. **Transformation des données** :

La transformation des données est une technique puissante pour gérer les valeurs aberrantes et les distributions de données asymétriques sans supprimer de points de données. Deux transformations couramment utilisées sont les transformations logarithmique et racine carrée. Ces méthodes peuvent efficacement réduire l'impact des valeurs extrêmes tout en préservant la structure globale des données.

La **transformation logarithmique** est particulièrement utile pour les données asymétriques à droite, où il y a quelques valeurs très grandes. Elle comprime l'échelle à l'extrémité supérieure, rendant la distribution plus symétrique. Elle est souvent appliquée aux données financières, aux statistiques de population ou à d'autres ensembles de données présentant des schémas de croissance exponentielle.

La **transformation racine carrée** est moins drastique que la transformation logarithmique et convient aux données modérément asymétriques. Elle est souvent utilisée dans les données de comptage ou lors du traitement de distributions de Poisson.

Les deux transformations ont l'avantage de maintenir tous les points de données, contrairement aux méthodes de suppression, qui peuvent conduire à la perte d'informations potentiellement importantes. Cependant, il est important de noter que les transformations modifient l'échelle des données, ce qui peut affecter l'interprétation. Considérez toujours les implications des données transformées sur vos analyses et interprétations de modèle.

```python
import pandas as pd
import numpy as np
import matplotlib.pyplot as plt
import seaborn as sns

# Create a sample dataset
np.random.seed(42)
data = {
    'Age': np.concatenate([
        np.random.normal(30, 5, 1000),  # Normal distribution
        np.random.exponential(10, 200) + 50  # Some right-skewed data
    ])
}
df = pd.DataFrame(data)

# Function to plot histogram
def plot_histogram(data, title, ax):
    sns.histplot(data, kde=True, ax=ax)
    ax.set_title(title)
    ax.set_xlabel('Age')
    ax.set_ylabel('Count')

# Original data
fig, axes = plt.subplots(2, 2, figsize=(15, 15))
plot_histogram(df['Age'], 'Original Age Distribution', axes[0, 0])

# Logarithmic transformation
```

```python
df['Age_Log'] = np.log(df['Age'])
plot_histogram(df['Age_Log'], 'Log-transformed Age Distribution', axes[0, 1])

# Square root transformation
df['Age_Sqrt'] = np.sqrt(df['Age'])
plot_histogram(df['Age_Sqrt'], 'Square Root-transformed Age Distribution', axes[1, 0])

# Box-Cox transformation
from scipy import stats
df['Age_BoxCox'], _ = stats.boxcox(df['Age'])
plot_histogram(df['Age_BoxCox'], 'Box-Cox-transformed Age Distribution', axes[1, 1])

plt.tight_layout()
plt.show()

# Print summary statistics
print(df.describe())

# Calculate skewness
print("\\nSkewness:")
print(f"Original: {df['Age'].skew():.2f}")
print(f"Log-transformed: {df['Age_Log'].skew():.2f}")
print(f"Square Root-transformed: {df['Age_Sqrt'].skew():.2f}")
print(f"Box-Cox-transformed: {df['Age_BoxCox'].skew():.2f}")
```

Cet exemple de code démontre diverses techniques de transformation de données pour gérer les distributions asymétriques et les valeurs aberrantes. Décomposons-le :

1. Préparation des données :

    1. Nous importons les bibliothèques nécessaires : pandas, numpy, matplotlib et seaborn.

    2. Un ensemble de données d'échantillon est créé avec une colonne 'Age', combinant une distribution normale et des données asymétriques à droite pour simuler un scénario réaliste avec des valeurs aberrantes.

2. Fonction de visualisation :

    1. Nous définissons une fonction plot_histogram pour créer des graphiques d'histogramme cohérents pour chaque transformation.

3. Transformations :

    1. Données originales : Nous traçons la distribution d'âge originale.

    2. Transformation logarithmique : Nous appliquons np.log() pour comprimer l'échelle à l'extrémité supérieure, ce qui est utile pour les données asymétriques à droite.

3. Transformation racine carrée : Nous utilisons np.sqrt(), qui est moins drastique que la transformation logarithmique et convient aux données modérément asymétriques.

4. Transformation de Box-Cox : Il s'agit d'une méthode plus avancée qui trouve la transformation de puissance optimale pour normaliser les données.

4. Visualisation :

1. Nous créons une grille 2x2 de sous-graphiques pour comparer toutes les transformations côte à côte.

2. Chaque sous-graphique montre la distribution des données après une transformation spécifique.

5. Analyse statistique :

1. Nous affichons des statistiques récapitulatives pour toutes les colonnes en utilisant df.describe().

2. Nous calculons et affichons l'asymétrie de chaque distribution pour quantifier l'effet des transformations.

Cet exemple complet permet une comparaison visuelle et statistique des différentes techniques de transformation. En examinant les histogrammes et les valeurs d'asymétrie, vous pouvez déterminer quelle transformation est la plus efficace pour normaliser vos données et réduire l'impact des valeurs aberrantes.

N'oubliez pas que bien que les transformations puissent être des outils puissants pour gérer les données asymétriques et les valeurs aberrantes, elles modifient également l'échelle et l'interprétation de vos données. Considérez toujours les implications des données transformées sur votre analyse et vos interprétations de modèle, et choisissez la méthode qui convient le mieux à votre ensemble de données spécifique et à vos objectifs analytiques.

3. **Winsorisation** :

La winsorisation est une technique robuste pour gérer les valeurs aberrantes dans les ensembles de données. Cette méthode consiste à plafonner les valeurs extrêmes à des percentiles spécifiés pour réduire leur impact sur les analyses statistiques et les performances du modèle. Contrairement à la simple suppression des valeurs aberrantes, la winsorisation préserve la structure globale et la taille de l'ensemble de données tout en atténuant l'influence des valeurs extrêmes.

Le processus implique généralement de définir un seuil, souvent aux 5e et 95e percentiles, bien que ceux-ci puissent être ajustés en fonction des besoins spécifiques de l'analyse. Les valeurs en dessous du seuil inférieur sont relevées pour l'atteindre, tandis que les valeurs au-dessus du seuil supérieur sont abaissées à ce niveau. Cette approche est particulièrement utile lors du traitement d'ensembles de données où les valeurs aberrantes sont attendues mais où leurs valeurs extrêmes pourraient fausser les résultats.

La winsorisation offre plusieurs avantages :

- o Elle conserve tous les points de données, préservant la taille de l'échantillon et des informations potentiellement importantes.

- o Elle réduit l'impact des valeurs aberrantes sans éliminer complètement leur influence.

- o Elle est moins drastique que le trimming, ce qui la rend adaptée aux ensembles de données où toutes les observations sont considérées comme précieuses.

Voici un exemple de comment implémenter la winsorisation en Python en utilisant pandas :

```python
import pandas as pd
import numpy as np
import matplotlib.pyplot as plt
import seaborn as sns
from scipy import stats

# Create a sample dataset with outliers
np.random.seed(42)
data = {
    'Age': np.concatenate([
        np.random.normal(30, 5, 1000),  # Normal distribution
        np.random.exponential(10, 200) + 50  # Some right-skewed data
    ])
}
df = pd.DataFrame(data)

# Function to detect outliers using IQR method
def detect_outliers_iqr(df, column):
    Q1 = df[column].quantile(0.25)
    Q3 = df[column].quantile(0.75)
    IQR = Q3 - Q1
    lower_bound = Q1 - 1.5 * IQR
    upper_bound = Q3 + 1.5 * IQR
    df[f'{column}_Outlier_IQR'] = ((df[column] < lower_bound) | (df[column] >
upper_bound)).astype(str)
    return df

# Detect outliers
df = detect_outliers_iqr(df, 'Age')

# Winsorizing
lower_bound, upper_bound = df['Age'].quantile(0.05), df['Age'].quantile(0.95)
df['Age_Winsorized'] = df['Age'].clip(lower_bound, upper_bound)

# Visualize the effect of winsorizing
```

```python
plt.figure(figsize=(15, 10))

# Original distribution
plt.subplot(2, 2, 1)
sns.histplot(data=df, x='Age', kde=True, color='blue')
plt.title('Original Age Distribution')

# Winsorized distribution
plt.subplot(2, 2, 2)
sns.histplot(data=df, x='Age_Winsorized', kde=True, color='red')
plt.title('Winsorized Age Distribution')

# Box plot comparison
plt.subplot(2, 2, 3)
sns.boxplot(data=df[['Age', 'Age_Winsorized']])
plt.title('Box Plot: Original vs Winsorized')

# Scatter plot
plt.subplot(2, 2, 4)
plt.scatter(df['Age'], df['Age_Winsorized'], alpha=0.5)
plt.plot([df['Age'].min(), df['Age'].max()], [df['Age'].min(), df['Age'].max()], 'r--
')
plt.xlabel('Original Age')
plt.ylabel('Winsorized Age')
plt.title('Original vs Winsorized Age')

plt.tight_layout()
plt.show()

# Print summary statistics
print("Summary Statistics:")
print(df[['Age', 'Age_Winsorized']].describe())

# Calculate and print skewness
print("\\nSkewness:")
print(f"Original: {df['Age'].skew():.2f}")
print(f"Winsorized: {df['Age_Winsorized'].skew():.2f}")

# Calculate percentage of data points affected by winsorizing
affected_percentage = (df['Age'] != df['Age_Winsorized']).mean() * 100
print(f"\\nPercentage      of      data      points      affected      by      winsorizing:
{affected_percentage:.2f}%")
```

Maintenant, décomposons cet exemple :

1. Préparation des données :

   - Nous importons les bibliothèques nécessaires : pandas pour la manipulation de données, numpy pour les opérations numériques, matplotlib et seaborn pour la visualisation, et scipy pour les fonctions statistiques.

- Un ensemble de données d'échantillon est créé avec une colonne 'Age', combinant une distribution normale et des données asymétriques à droite pour simuler un scénario réaliste avec des valeurs aberrantes.

2. Détection des valeurs aberrantes :

- Nous définissons une fonction detect_outliers_iqr qui utilise la méthode de l'intervalle interquartile (IQR) pour identifier les valeurs aberrantes.

- Cette fonction calcule Q1 (25e percentile), Q3 (75e percentile) et l'IQR pour la colonne 'Age'.

- Elle définit ensuite les limites inférieure et supérieure comme Q1 - 1,5*IQR et Q3 + 1,5*IQR respectivement.

- Les valeurs en dehors de ces limites sont marquées comme valeurs aberrantes dans une nouvelle colonne 'Age_Outlier_IQR'.

3. Winsorisation :

- Nous calculons les 5e et 95e percentiles de la colonne 'Age' comme limites inférieure et supérieure.

- En utilisant la fonction clip de pandas, nous créons une nouvelle colonne 'Age_Winsorized' où les valeurs en dessous de la limite inférieure sont fixées à la limite inférieure, et les valeurs au-dessus de la limite supérieure sont fixées à la limite supérieure.

4. Visualisation :

- Nous créons une grille 2x2 de sous-graphiques pour comparer les données originales et winsorisées :

- Histogramme de la distribution d'âge originale

- Histogramme de la distribution d'âge winsorisée

- Diagramme en boîte comparant les distributions originale et winsorisée

- Nuage de points des âges originaux vs. winsorisés

5. Analyse statistique :

- Nous affichons les statistiques récapitulatives pour les colonnes 'Age' originale et winsorisée en utilisant describe().

- Nous calculons et affichons l'asymétrie des deux distributions pour quantifier l'effet de la winsorisation.

- Nous calculons le pourcentage de points de données affectés par la winsorisation, ce qui donne une idée du nombre de valeurs aberrantes présentes.

Cet exemple complet permet une compréhension approfondie du processus de winsorisation et de ses effets sur la distribution des données. En examinant les visualisations et les mesures statistiques, vous pouvez évaluer l'efficacité avec laquelle la winsorisation a réduit l'impact des valeurs aberrantes tout en préservant la structure globale des données.

Points clés à noter :

- Les histogrammes montrent comment la winsorisation réduit les queues de la distribution.

- Le diagramme en boîte démontre la réduction de l'étendue des données après la winsorisation.

- Le nuage de points illustre quels points ont été affectés par la winsorisation (ceux qui ne se trouvent pas sur la ligne diagonale).

- Les statistiques récapitulatives et les mesures d'asymétrie fournissent des preuves quantitatives des changements dans la distribution des données.

Cet exemple fournit une approche robuste pour mettre en œuvre et analyser les effets de la winsorisation, donnant une image plus claire de la façon dont cette technique peut être appliquée pour gérer les valeurs aberrantes dans des ensembles de données du monde réel.

4. **Imputation avec la moyenne/médiane** :

Remplacer les valeurs aberrantes par la moyenne ou la médiane est une autre approche efficace pour gérer les valeurs extrêmes, particulièrement dans les ensembles de données plus petits. Cette méthode, connue sous le nom d'imputation par moyenne/médiane, consiste à substituer les valeurs aberrantes par une mesure de tendance centrale. Le choix entre la moyenne et la médiane dépend de la distribution des données :

- Imputation par la moyenne : Convient aux données normalement distribuées sans asymétrie significative. Cependant, elle peut être sensible aux valeurs aberrantes extrêmes.

- Imputation par la médiane : Souvent préférée pour les données asymétriques car elle est plus robuste face aux valeurs extrêmes. La médiane représente la valeur médiane de l'ensemble de données lorsqu'il est ordonné, ce qui la rend moins influencée par les valeurs aberrantes.

Lorsqu'on traite des distributions asymétriques, l'imputation par la médiane est généralement recommandée car elle préserve mieux la forme globale de la distribution que la moyenne. Ceci est particulièrement important dans des domaines comme la finance, où les valeurs extrêmes peuvent avoir un impact significatif sur les analyses.

Voici un exemple de comment implémenter l'imputation par la médiane en Python :

```python
import pandas as pd
import numpy as np
import matplotlib.pyplot as plt
import seaborn as sns

# Create a sample dataset with outliers
np.random.seed(42)
data = {
    'Age': np.concatenate([
        np.random.normal(30, 5, 1000),  # Normal distribution
        np.random.exponential(10, 200) + 50  # Some right-skewed data
    ])
}
df = pd.DataFrame(data)

# Function to detect outliers using IQR method
def detect_outliers_iqr(df, column):
    Q1 = df[column].quantile(0.25)
    Q3 = df[column].quantile(0.75)
    IQR = Q3 - Q1
    lower_bound = Q1 - 1.5 * IQR
    upper_bound = Q3 + 1.5 * IQR
    df[f'{column}_Outlier_IQR'] = ((df[column] < lower_bound) | (df[column] > upper_bound)).astype(str)
    return df

# Detect outliers
df = detect_outliers_iqr(df, 'Age')

# Calculate the median age
median_age = df['Age'].median()

# Store original data for comparison
df['Age_Original'] = df['Age'].copy()

# Replace outliers with the median
df.loc[df['Age_Outlier_IQR'] == 'True', 'Age'] = median_age

# Verify the effect
print(f"Number of outliers before imputation: {(df['Age_Outlier_IQR'] == 'True').sum()}")
print(f"Original age range: {df['Age_Original'].min():.2f} to {df['Age_Original'].max():.2f}")
print(f"New age range: {df['Age'].min():.2f} to {df['Age'].max():.2f}")

# Visualize the effect of median imputation
plt.figure(figsize=(15, 10))
```

```python
# Original distribution
plt.subplot(2, 2, 1)
sns.histplot(data=df, x='Age_Original', kde=True, color='blue')
plt.title('Original Age Distribution')

# Imputed distribution
plt.subplot(2, 2, 2)
sns.histplot(data=df, x='Age', kde=True, color='red')
plt.title('Age Distribution after Median Imputation')

# Box plot comparison
plt.subplot(2, 2, 3)
sns.boxplot(data=df[['Age_Original', 'Age']])
plt.title('Box Plot: Original vs Imputed')

# Scatter plot
plt.subplot(2, 2, 4)
plt.scatter(df['Age_Original'], df['Age'], alpha=0.5)
plt.plot([df['Age_Original'].min(), df['Age_Original'].max()],
         [df['Age_Original'].min(), df['Age_Original'].max()], 'r--')
plt.xlabel('Original Age')
plt.ylabel('Imputed Age')
plt.title('Original vs Imputed Age')

plt.tight_layout()
plt.show()

# Print summary statistics
print("\\nSummary Statistics:")
print(df[['Age_Original', 'Age']].describe())

# Calculate and print skewness
print("\\nSkewness:")
print(f"Original: {df['Age_Original'].skew():.2f}")
print(f"Imputed: {df['Age'].skew():.2f}")

# Calculate percentage of data points affected by imputation
affected_percentage = (df['Age'] != df['Age_Original']).mean() * 100
print(f"\\nPercentage      of      data      points      affected      by      imputation:
{affected_percentage:.2f}%")
```

Cet exemple de code offre une démonstration approfondie de l'imputation par la médiane pour traiter les valeurs aberrantes. Examinons-le étape par étape :

1. Préparation des données :

    o Nous importons les bibliothèques nécessaires : pandas pour la manipulation de données, numpy pour les opérations numériques, et matplotlib et seaborn pour la visualisation.

o   Un jeu de données d'exemple est créé avec une colonne 'Age', combinant une distribution normale et des données asymétriques à droite pour simuler un scénario réaliste avec des valeurs aberrantes.

2.   Détection des valeurs aberrantes :

o   Nous définissons une fonction detect_outliers_iqr qui utilise la méthode de l'écart interquartile (IQR) pour identifier les valeurs aberrantes.

o   Cette fonction calcule Q1 (25e percentile), Q3 (75e percentile) et l'IQR pour la colonne 'Age'.

o   Elle définit ensuite les limites inférieure et supérieure comme $Q1 - 1,5IQR$ et $Q3 + 1,5IQR$ respectivement.

o   Les valeurs en dehors de ces limites sont marquées comme valeurs aberrantes dans une nouvelle colonne 'Age_Outlier_IQR'.

3.   Imputation par la médiane :

o   Nous calculons l'âge médian en utilisant df['Age'].median().

o   Nous créons une copie de la colonne 'Age' originale sous le nom 'Age_Original' pour comparaison.

o   En utilisant l'indexation booléenne, nous remplaçons les valeurs aberrantes (où 'Age_Outlier_IQR' est 'True') par l'âge médian.

4.   Vérification et analyse :

o   Nous affichons le nombre de valeurs aberrantes avant l'imputation et comparons les plages d'âge originale et nouvelle.

o   Nous créons des visualisations pour comparer les données originales et imputées :

▪   Histogrammes des distributions d'âge originales et imputées

▪   Diagramme en boîte comparant les distributions originale et imputée

▪   Nuage de points des âges originaux vs. imputés

o   Nous affichons les statistiques récapitulatives pour les colonnes 'Age' originale et imputée.

o   Nous calculons et affichons l'asymétrie des deux distributions pour quantifier l'effet de l'imputation.

o   Nous calculons le pourcentage de points de données affectés par l'imputation.

Cette approche complète permet une compréhension approfondie du processus d'imputation par la médiane et de ses effets sur la distribution des données. En examinant les visualisations et les mesures statistiques, vous pouvez évaluer l'efficacité avec laquelle l'imputation a réduit l'impact des valeurs aberrantes tout en préservant la structure globale des données.

Points clés à noter :

- Les histogrammes montrent comment l'imputation par la médiane affecte les queues de la distribution.

- Le diagramme en boîte démontre la réduction de l'étendue et de la variabilité des données après l'imputation.

- Le nuage de points illustre quels points ont été affectés par l'imputation (ceux qui ne se trouvent pas sur la ligne diagonale).

- Les statistiques récapitulatives et les mesures d'asymétrie fournissent des preuves quantitatives des changements dans la distribution des données.

Cet exemple fournit une approche robuste pour mettre en œuvre et analyser les effets de l'imputation par la médiane, donnant une image plus claire de la façon dont cette technique peut être appliquée pour gérer les valeurs aberrantes dans des ensembles de données du monde réel.

8.1.5 Points clés à retenir et considérations avancées

- **Impact des valeurs aberrantes :** Les valeurs aberrantes peuvent fausser considérablement la performance des modèles, en particulier dans les algorithmes sensibles aux valeurs extrêmes. Une identification et un traitement appropriés des valeurs aberrantes sont cruciaux pour développer des modèles robustes et précis. Considérez la nature de vos données et les implications potentielles des valeurs aberrantes dans le monde réel avant de décider d'une stratégie de traitement.

- **Méthodes de détection :** Diverses approches existent pour identifier les valeurs aberrantes, chacune avec ses forces :

  - Les méthodes statistiques comme le **score Z** sont efficaces pour les données distribuées normalement, tandis que la **méthode IQR** est plus robuste pour les distributions non normales.

  - Les **outils visuels** tels que les diagrammes en boîte, les nuages de points et les histogrammes peuvent fournir des aperçus intuitifs sur la distribution des données et les valeurs aberrantes potentielles.

  - Des techniques avancées comme le **facteur de valeur aberrante locale (LOF)** ou la **forêt d'isolation** peuvent être employées pour les données multidimensionnelles ou les distributions complexes.

- **Techniques de traitement :** Le choix du traitement des valeurs aberrantes dépend de divers facteurs :

- o La **suppression** est appropriée lorsque les valeurs aberrantes sont confirmées comme étant des erreurs, mais il faut faire preuve de prudence pour éviter de perdre des informations précieuses.

- o La **transformation** (par exemple, transformation logarithmique) peut réduire l'impact des valeurs aberrantes tout en préservant leurs positions relatives.

- o La **winsorisation** plafonne les valeurs extrêmes à des percentiles spécifiés, utile lorsque les valeurs aberrantes sont valides mais extrêmes.

- o L'**imputation** avec des mesures comme la médiane ou la moyenne peut être efficace, en particulier lors du travail avec des séries chronologiques ou lorsque la continuité des données est cruciale.

- **Considérations contextuelles :** Le choix de la méthode de traitement des valeurs aberrantes doit être éclairé par :

  - o La connaissance du domaine et le processus sous-jacent de génération de données.

  - o Les exigences spécifiques de la tâche d'analyse ou de modélisation en aval.

  - o Les conséquences potentielles d'une mauvaise gestion des valeurs aberrantes dans votre application particulière.

N'oubliez pas que le traitement des valeurs aberrantes n'est pas seulement un exercice statistique, mais une étape critique qui peut avoir un impact significatif sur la performance et l'interprétabilité de votre modèle. Documentez toujours vos décisions de traitement des valeurs aberrantes et leur justification pour la transparence et la reproductibilité.

8.2 Correction des anomalies de données avec Pandas

Dans le domaine de l'analyse de données, la présence d'anomalies de données — ces entrées de données irrégulières, incohérentes ou erronées — peut considérablement compromettre l'exactitude et la fiabilité de vos modèles si elles ne sont pas traitées. Ces anomalies se présentent sous diverses formes, chacune présentant des défis uniques pour l'intégrité des données et la précision analytique. Parmi les types d'anomalies de données les plus répandus, on trouve :

- **Formats de données incohérents :** Lorsque des informations similaires sont représentées de différentes manières dans l'ensemble de données, telles que des dates apparaissant comme "MM/JJ/AAAA" dans certains cas et "AAAA-MM-JJ" dans d'autres.

- **Enregistrements en double :** Entrées identiques ou presque identiques qui apparaissent plusieurs fois, faussant potentiellement les résultats d'analyse et gonflant inutilement le volume de données.

- **Valeurs hors limites :** Points de données qui tombent en dehors des limites attendues ou logiques pour une variable donnée, indiquant souvent des erreurs de mesure ou des erreurs de saisie de données.

- **Fautes de frappe dans les données catégorielles :** Fautes d'orthographe ou variations dans les catégories textuelles qui peuvent conduire à une mauvaise classification et à un regroupement inexact des données.

Cette section se penche sur des méthodes pratiques et efficaces pour détecter et rectifier ces anomalies en utilisant **Pandas**, une bibliothèque Python polyvalente et puissante réputée pour ses capacités de manipulation de données. Pandas offre une suite complète d'outils conçus pour rationaliser le processus d'identification et de correction des irrégularités de données, permettant aux scientifiques et analystes de données de maintenir l'intégrité de leurs ensembles de données.

À la fin de cette section, vous aurez acquis un ensemble complet de compétences et de techniques pour gérer habilement un large éventail d'anomalies de données. Ces connaissances vous permettront de transformer des ensembles de données brutes et imparfaites en ressources propres, cohérentes et fiables, établissant une base solide pour une analyse robuste et une modélisation précise. La capacité à gérer efficacement les anomalies de données n'est pas seulement une compétence technique — c'est une étape cruciale pour garantir la validité et la crédibilité de vos informations et décisions fondées sur les données.

8.2.1. Handling Inconsistent Data Formats

Data inconsistency is a prevalent challenge in the realm of data analysis, often arising from the integration of information from diverse sources. This phenomenon manifests in various forms, such as disparate date formats (e.g., "MM/DD/YYYY" vs. "YYYY-MM-DD") or numerical values containing non-standard characters like commas or currency symbols. These inconsistencies can significantly impede data processing and analysis, potentially leading to erroneous conclusions or model inaccuracies.

The impact of data format inconsistencies extends beyond mere inconvenience. They can cause computational errors, skew statistical analyses, and complicate data visualization efforts. For instance, a mixture of date formats might lead to incorrect chronological ordering, while inconsistent numerical representations could result in calculation errors or misinterpretation of financial data.

Addressing these inconsistencies is crucial for several reasons:

- It ensures data integrity and reliability across the entire dataset.

- It facilitates more efficient data processing and analysis by eliminating the need for constant format checks and conversions.

- It improves the accuracy of machine learning models that rely on consistent input formats.

- It enhances data interoperability, allowing for seamless integration with various tools and platforms.

The process of correcting these inconsistencies, often referred to as data standardization or normalization, involves applying uniform formatting rules across the dataset. This might include converting all dates to a standard format (e.g., ISO 8601), removing currency symbols and thousands separators from numerical data, or establishing consistent capitalization rules for text data.

By implementing robust data cleaning and standardization practices, data scientists and analysts can significantly improve the quality and reliability of their datasets, laying a solid foundation for more accurate and insightful analyses.

Example: Standardizing Date Formats

Suppose we have a dataset where dates are in different formats, such as MM/DD/YYYY and YYYY-MM-DD.

```python
import pandas as pd
import matplotlib.pyplot as plt

# Sample data with inconsistent date formats
data = {
    'OrderDate': ['2022-01-15', '01/20/2022', 'February 5, 2022', '2022/02/10', '03-15-2022', '2022.04.01'],
    'Amount': [100, 150, 200, 250, 300, 350]
}
df = pd.DataFrame(data)

print("Original DataFrame:")
print(df)
print("\\nData types:")
print(df.dtypes)

# Convert all dates to a consistent format
df['OrderDate'] = pd.to_datetime(df['OrderDate'], errors='coerce')

print("\\nDataFrame after date conversion:")
print(df)
print("\\nData types after conversion:")
print(df.dtypes)

# Check for any parsing errors (NaT values)
nat_count = df['OrderDate'].isna().sum()
print(f"\\nNumber of parsing errors (NaT values): {nat_count}")

# Sort the DataFrame by date
df_sorted = df.sort_values('OrderDate')
print("\\nSorted DataFrame:")
print(df_sorted)
```

```python
# Calculate time differences
df_sorted['TimeDelta'] = df_sorted['OrderDate'].diff()
print("\\nDataFrame with time differences:")
print(df_sorted)

# Visualize the data
plt.figure(figsize=(10, 6))
plt.scatter(df_sorted['OrderDate'], df_sorted['Amount'])
plt.title('Order Amounts Over Time')
plt.xlabel('Order Date')
plt.ylabel('Amount')
plt.xticks(rotation=45)
plt.tight_layout()
plt.show()

# Example of date arithmetic
latest_date = df['OrderDate'].max()
one_month_ago = latest_date - pd.Timedelta(days=30)
recent_orders = df[df['OrderDate'] > one_month_ago]
print("\\nOrders in the last 30 days:")
print(recent_orders)
```

Décomposons cela étape par étape :

1. Préparation des données :

   o Nous importons pandas pour la manipulation de données et matplotlib pour la visualisation.

   o Nous créons un ensemble de données d'exemple avec divers formats de date incohérents et les montants de commande correspondants.

2. Inspection initiale :

   o Nous affichons le DataFrame original pour voir les formats de date incohérents.

   o Nous vérifions les types de données pour confirmer que 'OrderDate' est initialement de type chaîne (objet).

3. Conversion de date :

   o Nous utilisons pd.to_datetime() pour convertir toutes les dates dans un format datetime cohérent.

   o Le paramètre errors='coerce' garantit que toutes les dates non analysables deviennent NaT (Not a Time) au lieu de générer une erreur.

4. Inspection post-conversion :

- o Nous affichons le DataFrame et les types de données après la conversion pour vérifier le changement.

- o Nous vérifions la présence de valeurs NaT, qui indiqueraient des erreurs d'analyse.

5. Manipulation de données :

- o Nous trions le DataFrame par date pour voir l'ordre chronologique des commandes.

- o Nous calculons les différences de temps entre les commandes consécutives en utilisant la méthode diff().

6. Visualisation :

- o Nous créons un nuage de points des montants de commande au fil du temps en utilisant matplotlib.

- o Cette visualisation aide à identifier les tendances ou les motifs dans les données de commande.

7. Arithmétique de dates :

- o Nous montrons comment effectuer des calculs de dates en trouvant les commandes des 30 derniers jours.

- o Cela illustre la puissance du travail avec des objets datetime standardisés.

Cet exemple complet illustre non seulement comment convertir des formats de date incohérents, mais aussi comment exploiter les objets datetime résultants pour diverses tâches d'analyse de données. Il démontre l'importance de la standardisation des formats de date pour un tri précis, des calculs basés sur le temps et des visualisations dans les flux de travail d'analyse de données.

Exemple : Suppression des symboles monétaires

Les formats de données numériques incohérents, tels que les symboles monétaires ou les virgules, peuvent considérablement entraver les calculs et l'analyse précis. Ces incohérences surviennent souvent lorsque les données sont collectées à partir de diverses sources ou saisies manuellement, conduisant à un mélange de styles de formatage au sein de la même colonne. Par exemple, certaines entrées peuvent inclure des symboles monétaires (par exemple, '$') tandis que d'autres non, ou certaines peuvent utiliser des virgules comme séparateurs de milliers tandis que d'autres utilisent des points ou aucun séparateur du tout.

De telles incohérences peuvent causer plusieurs problèmes :

- • Reconnaissance incorrecte du type de données : Pandas peut interpréter la colonne comme un objet (chaîne) au lieu de numérique, limitant les opérations mathématiques.

- Erreurs de calcul : Lors de l'exécution de fonctions d'agrégation ou d'opérations mathématiques, les caractères non numériques peuvent entraîner des erreurs ou des résultats incorrects.

- Problèmes de tri : Les formats mixtes peuvent entraîner un tri incorrect des valeurs.

- Problèmes de visualisation : Les fonctions de tracé ou de graphique peuvent échouer ou produire des représentations inexactes.

Pour résoudre ces problèmes, nous pouvons utiliser les puissantes fonctions de manipulation de chaînes et de conversion de type de Pandas. Voici une explication détaillée de la façon de nettoyer les colonnes numériques présentant de telles anomalies :

```python
import pandas as pd
import matplotlib.pyplot as plt

# Sample data with currency symbols, commas, and mixed formats
data = {'Sales': ['$1,200', '950', '$2,500.50', '1,100', '€3,000', '¥5000']}
df = pd.DataFrame(data)

print("Original DataFrame:")
print(df)
print("\\nData type of Sales column:", df['Sales'].dtype)

# Function to convert various currency formats to float
def currency_to_float(value):
    # Remove currency symbols and commas
    value = value.replace('$', '').replace('€', '').replace('¥', '').replace(',', '')
    return float(value)

# Apply the conversion function
df['Sales'] = df['Sales'].apply(currency_to_float)

print("\\nCleaned DataFrame:")
print(df)
print("\\nData type of Sales column after cleaning:", df['Sales'].dtype)

# Basic statistics
print("\\nBasic statistics of Sales:")
print(df['Sales'].describe())

# Visualization
plt.figure(figsize=(10, 6))
df['Sales'].plot(kind='bar')
plt.title('Sales Distribution')
plt.xlabel('Index')
plt.ylabel('Sales Amount')
plt.tight_layout()
plt.show()

# Example of using the cleaned data
```

```python
total_sales = df['Sales'].sum()
average_sale = df['Sales'].mean()
print(f"\\nTotal Sales: {total_sales:.2f}")
print(f"Average Sale: {average_sale:.2f}")
```

Décomposition du code :

1. Importation des bibliothèques :

    o   Nous importons pandas pour la manipulation de données et matplotlib pour la visualisation.

2. Création de données d'exemple :

    o   Nous créons un DataFrame avec une colonne 'Sales' contenant divers formats de devises, y compris des symboles dollar, des virgules, et même des symboles euro et yen.

3. Inspection initiale :

    o   Nous affichons le DataFrame original pour voir les formats incohérents.

    o   Nous vérifions le type de données de la colonne 'Sales', qui sera 'object' (chaîne) en raison des formats mixtes.

4. Définition d'une fonction de conversion :

    o   Nous créons une fonction currency_to_float qui supprime divers symboles monétaires et virgules, puis convertit le résultat en nombre à virgule flottante.

    o   Cette fonction est plus robuste que l'exemple original, gérant plusieurs symboles monétaires.

5. Nettoyage des données :

    o   Nous appliquons la fonction currency_to_float à la colonne 'Sales' en utilisant df['Sales'].apply().

    o   Cette étape convertit toutes les valeurs dans un format flottant cohérent.

6. Inspection post-nettoyage :

    o   Nous affichons le DataFrame nettoyé pour vérifier la conversion.

    o   Nous vérifions le nouveau type de données de la colonne 'Sales', qui devrait maintenant être 'float64'.

7. Statistiques de base :

    o   Nous utilisons describe() pour obtenir un résumé statistique de la colonne 'Sales', y compris le nombre, la moyenne, l'écart type et les quartiles.

8. Visualisation :

   o Nous créons un graphique à barres des données de ventes en utilisant matplotlib.

   o Cette visualisation aide à identifier rapidement les tendances ou les valeurs aberrantes dans les données de ventes.

9. Analyse de données :

   o Nous montrons comment utiliser les données nettoyées en calculant les ventes totales et le montant moyen des ventes.

   o Ces calculs n'auraient pas été possibles avec les données de chaîne originales.

Cet exemple élargi présente une approche plus complète du nettoyage et de l'analyse de données numériques avec des formats incohérents. Il démontre l'inspection des données, le nettoyage, la conversion de type, l'analyse statistique et la visualisation, fournissant un flux de travail complet pour gérer de telles anomalies de données dans des scénarios réels.

8.2.2. Identification et suppression des doublons

Les lignes en double dans les ensembles de données peuvent provenir de diverses sources, y compris les erreurs de saisie de données, les importations multiples des mêmes données ou la fusion d'ensembles de données provenant de différentes sources. Bien que les doublons puissent occasionnellement être des représentations valides d'événements ou de transactions répétés, leur présence introduit souvent une redondance inutile et peut fausser les résultats analytiques. L'identification et la suppression de ces doublons constituent une étape cruciale du processus de nettoyage des données pour plusieurs raisons :

1. Intégrité des données : L'élimination des doublons est essentielle pour maintenir l'intégrité de votre ensemble de données. Elle garantit que chaque entité ou événement unique n'est représenté qu'une seule fois, empêchant les analyses faussées et les fausses représentations. Par exemple, dans une base de données clients, les entrées en double pourraient conduire à une surestimation du nombre de clients uniques ou à l'envoi de plusieurs documents promotionnels à la même personne.

2. Précision analytique : La présence d'entrées en double peut impacter significativement la précision de vos analyses statistiques et modèles d'apprentissage automatique. La surreprésentation de certains points de données peut introduire un biais, conduisant à des conclusions ou prédictions incorrectes. Par exemple, dans une analyse de sentiment d'avis de produits, les avis en double pourraient gonfler artificiellement les scores de sentiment positifs ou négatifs.

3. Efficacité du stockage : Au-delà des préoccupations analytiques, la suppression des données redondantes présente des avantages pratiques pour la gestion des données. Elle optimise l'espace de stockage, ce qui est particulièrement important lors du

traitement d'ensembles de données à grande échelle. De plus, elle peut améliorer considérablement les performances des requêtes dans les systèmes de bases de données, conduisant à des temps de récupération et de traitement des données plus rapides.

4. Cohérence : Les doublons s'accompagnent souvent de légères variations, telles que des horodatages différents pour la même transaction ou des écarts mineurs dans la saisie de données. La suppression de ces incohérences garantit une représentation uniforme de chaque entité ou événement unique. Cette cohérence est essentielle pour une analyse précise des tendances, des prévisions et des processus de prise de décision.

5. Amélioration de la qualité des données : Le processus d'identification et de suppression des doublons sert souvent de catalyseur pour l'amélioration globale de la qualité des données. Il révèle fréquemment d'autres problèmes de données tels que le formatage incohérent, les erreurs de saisie de données ou les problèmes systémiques dans les processus de collecte de données. Cela peut conduire à un effort de nettoyage de données plus complet, aboutissant à un ensemble de données de meilleure qualité dans l'ensemble.

6. Intégration améliorée des données : Lors de la fusion de données provenant de plusieurs sources, la suppression des doublons devient encore plus critique. Elle aide à créer un ensemble de données unifié et fiable en éliminant les redondances qui peuvent résulter du chevauchement des sources de données. Ceci est particulièrement important dans des scénarios tels que les fusions d'entreprises ou lors de la consolidation de données provenant de divers départements.

Cependant, il est important d'aborder la suppression des doublons avec prudence. Dans certains cas, les doublons apparents peuvent représenter des occurrences répétées légitimes. Par conséquent, une compréhension approfondie du contexte des données et un examen attentif des critères de déduplication sont essentiels pour éviter de supprimer par inadvertance des points de données valides.

Exemple : Suppression des doublons dans un ensemble de données

Supposons que nous ayons un ensemble de données contenant des informations sur les clients, où certaines lignes sont dupliquées.

```python
import pandas as pd
import matplotlib.pyplot as plt

# Sample data with duplicate rows and inconsistent formatting
data = {
    'CustomerID': [101, 102, 103, 101, 104, 102],
    'Name': ['Alice', 'Bob', 'Charlie', 'Alice', 'David', 'Bob'],
    'PurchaseAmount': ['$150', '200', '$300.50', '$150', '250', '200'],
```

```python
    'PurchaseDate': ['2023-01-15', '2023-01-16', '2023-01-17', '2023-01-15', '2023-01-18', '2023-01-16']
}
df = pd.DataFrame(data)

print("Original DataFrame:")
print(df)
print("\\nData types:")
print(df.dtypes)

# Function to convert currency to float
def currency_to_float(value):
    return float(str(value).replace('$', ''))

# Clean PurchaseAmount column
df['PurchaseAmount'] = df['PurchaseAmount'].apply(currency_to_float)

# Convert PurchaseDate to datetime
df['PurchaseDate'] = pd.to_datetime(df['PurchaseDate'])

# Identify duplicate rows
duplicates = df[df.duplicated()]

print("\\nDuplicate rows:")
print(duplicates)

# Remove duplicates
df_cleaned = df.drop_duplicates()

print("\\nDataset after removing duplicates:")
print(df_cleaned)
print("\\nData types after cleaning:")
print(df_cleaned.dtypes)

# Basic statistics of cleaned data
print("\\nBasic statistics of PurchaseAmount:")
print(df_cleaned['PurchaseAmount'].describe())

# Visualization of purchase amounts
plt.figure(figsize=(10, 6))
df_cleaned['PurchaseAmount'].plot(kind='bar')
plt.title('Purchase Amounts by Customer')
plt.xlabel('Customer Index')
plt.ylabel('Purchase Amount ($)')
plt.tight_layout()
plt.show()

# Group by customer and calculate total purchases
customer_totals = df_cleaned.groupby('Name')['PurchaseAmount'].sum().sort_values(ascending=False)
print("\\nTotal purchases by customer:")
print(customer_totals)
```

```python
# Example of using the cleaned data
total_sales = df_cleaned['PurchaseAmount'].sum()
average_sale = df_cleaned['PurchaseAmount'].mean()
print(f"\\nTotal Sales: ${total_sales:.2f}")
print(f"Average Sale: ${average_sale:.2f}")
```

Décomposition du code :

1. Préparation des données et inspection initiale :

    o   Nous importons pandas pour la manipulation de données et matplotlib pour la visualisation.

    o   Un ensemble de données échantillon est créé avec des doublons intentionnels et un formatage incohérent dans la colonne PurchaseAmount.

    o   Le DataFrame original est affiché avec ses types de données pour montrer l'état initial des données.

2. Nettoyage des données :

    o   Une fonction currency_to_float est définie pour convertir les valeurs monétaires en chaîne de caractères en flottants.

    o   La colonne PurchaseAmount est nettoyée en utilisant cette fonction.

    o   La colonne PurchaseDate est convertie au format datetime pour faciliter la manipulation des dates.

3. Identification et suppression des doublons :

    o   Les lignes en double sont identifiées à l'aide de df.duplicated() et affichées.

    o   Les doublons sont supprimés à l'aide de df.drop_duplicates(), créant un DataFrame nettoyé.

    o   Le DataFrame nettoyé est affiché avec ses types de données mis à jour.

4. Analyse et visualisation des données :

    o   Les statistiques de base de la colonne PurchaseAmount sont calculées et affichées.

    o   Un graphique à barres est créé pour visualiser les montants d'achat par client.

    o   Les données sont regroupées par nom de client pour calculer le total des achats par client.

5. Calculs finaux :

o   Les ventes totales et le montant moyen des ventes sont calculés à partir des données nettoyées.

o   Ces résultats sont affichés pour démontrer l'utilisation de l'ensemble de données nettoyé.

Cet exemple présente une approche globale du nettoyage et de l'analyse des données. Il comprend la gestion des formats de données incohérents, la suppression des doublons, la conversion des types de données, l'analyse statistique de base et la visualisation des données. Ce flux de travail démontre comment préparer un ensemble de données pour une analyse plus approfondie ou des tâches d'apprentissage automatique tout en fournissant des informations sur les données nettoyées.

8.2.3. Correction des incohérences dans les données catégorielles

Les incohérences dans les données catégorielles posent des défis importants en analyse de données et en apprentissage automatique. Ces incohérences peuvent se manifester sous diverses formes, telles que des erreurs typographiques, des orthographes alternatives ou des variations de capitalisation. Par exemple, dans un ensemble de données de catégories de produits, vous pourriez rencontrer des entrées comme « Electronics », « electronics » et « ELECTRONICS », toutes faisant référence à la même catégorie mais traitées comme distinctes en raison de leur représentation incohérente.

Les implications de telles incohérences vont au-delà de simples préoccupations esthétiques. Lors de l'agrégation de données ou de l'entraînement de modèles d'apprentissage automatique, ces divergences peuvent conduire à des résultats inattendus et potentiellement trompeurs. Par exemple, dans une tâche d'analyse de sentiments, traiter « positive » et « Positive » comme des catégories distinctes pourrait fausser la distribution des sentiments et affecter les performances du modèle. De même, dans l'analyse de panier de marché, des catégorisations de produits incohérentes pourraient masquer des tendances importantes dans le comportement d'achat des clients.

De plus, ces incohérences peuvent impacter les indicateurs de qualité des données, rendant difficile l'évaluation précise de l'exhaustivité et de la validité de votre ensemble de données. Elles peuvent également compliquer les efforts d'intégration de données lors de la fusion d'ensembles de données provenant de différentes sources, conduisant potentiellement à une redondance de données ou à une perte d'informations. Par conséquent, traiter les incohérences dans les données catégorielles est une étape cruciale pour garantir la fiabilité et l'efficacité de vos pipelines d'analyse de données et d'apprentissage automatique.

Exemple : Standardisation du texte dans les données catégorielles

Supposons que nous ayons un ensemble de données avec des entrées incohérentes dans une colonne **Category**.

```python
import pandas as pd
import matplotlib.pyplot as plt
```

```python
# Sample data with inconsistent text entries
data = {
    'Category':   ['Electronics',   'electronics',   'ELECTronics',   'Furniture',
'furniture', 'FURNITURE', 'Appliances', 'appliances'],
    'Price': [100, 200, 150, 300, 250, 400, 175, 225]
}
df = pd.DataFrame(data)

print("Original DataFrame:")
print(df)

# Standardize text to lowercase
df['Category'] = df['Category'].str.lower()

print("\\nDataFrame after standardizing to lowercase:")
print(df)

# Count occurrences of each category
category_counts = df['Category'].value_counts()

print("\\nCategory counts:")
print(category_counts)

# Visualize category distribution
plt.figure(figsize=(10, 6))
category_counts.plot(kind='bar')
plt.title('Distribution of Categories')
plt.xlabel('Category')
plt.ylabel('Count')
plt.xticks(rotation=45)
plt.tight_layout()
plt.show()

# Calculate average price per category
avg_price_per_category
df.groupby('Category')['Price'].mean().sort_values(ascending=False)

print("\\nAverage price per category:")
print(avg_price_per_category)

# Visualize average price per category
plt.figure(figsize=(10, 6))
avg_price_per_category.plot(kind='bar')
plt.title('Average Price per Category')
plt.xlabel('Category')
plt.ylabel('Average Price')
plt.xticks(rotation=45)
plt.tight_layout()
plt.show()
```

Décomposition du code :

1. Préparation des données :

    o   Nous importons pandas pour la manipulation des données et matplotlib pour la visualisation.

    o   Un jeu de données échantillon est créé avec des incohérences intentionnelles dans la colonne 'Category' et des valeurs 'Price' correspondantes.

    o   Le DataFrame original est affiché pour montrer l'état initial des données.

2. Nettoyage des données :

    o   La colonne 'Category' est standardisée en convertissant toutes les entrées en minuscules à l'aide de la méthode str.lower().

    o   Le DataFrame standardisé est affiché pour montrer l'effet de cette transformation.

3. Analyse des données :

    o   Nous utilisons value_counts() pour compter les occurrences de chaque catégorie unique après standardisation.

    o   Les décomptes de catégories sont affichés pour montrer combien d'entrées appartiennent à chaque catégorie.

4. Visualisation de la distribution des catégories :

    o   Un graphique à barres est créé pour visualiser la distribution des catégories.

    o   Cela aide à identifier rapidement quelles catégories sont les plus courantes dans le jeu de données.

5. Analyse des prix :

    o   Nous utilisons groupby() pour calculer le prix moyen pour chaque catégorie.

    o   Les résultats sont triés par ordre décroissant pour une meilleure lisibilité.

    o   Les prix moyens par catégorie sont affichés.

6. Visualisation des prix moyens :

    o   Un autre graphique à barres est créé pour visualiser le prix moyen pour chaque catégorie.

    o   Cela aide à comparer les prix entre les différentes catégories.

Cet exemple illustre le processus de nettoyage des données catégorielles par la standardisation du texte, tout en présentant des techniques d'analyse et de visualisation de base sur le jeu de données nettoyé. Il met en évidence le rôle crucial du nettoyage des données dans la préparation d'une analyse significative, car les catégories standardisées permettent un regroupement précis et des comparaisons de prix entre les catégories.

8.2.4. Traitement des valeurs hors limites

Les valeurs hors limites sont des points de données qui se situent en dehors de la plage attendue ou logique pour une variable donnée. Ces anomalies peuvent provenir de diverses sources, notamment des erreurs de saisie de données, des inexactitudes de mesure ou de véritables valeurs aberrantes. La détection et le traitement de ces valeurs sont cruciaux pour plusieurs raisons :

1. Intégrité des données : Les valeurs hors limites peuvent fausser considérablement les analyses statistiques et les modèles d'apprentissage automatique, conduisant à des résultats et des prédictions inexacts. Par exemple, dans un jeu de données de tailles humaines, une valeur de 300 cm pourrait affecter radicalement la moyenne et l'écart-type, conduisant potentiellement à des conclusions ou des sorties de modèle erronées.

2. Représentation du domaine : En identifiant et en traitant ces anomalies, nous nous assurons que notre jeu de données représente fidèlement le scénario réel qu'il est censé décrire. Ceci est crucial dans des domaines comme la recherche médicale ou la modélisation financière, où la précision des données impacte directement la prise de décision et les résultats.

3. Détection d'erreurs : Ces valeurs servent souvent d'indicateurs de problèmes systémiques dans la collecte ou le traitement des données, incitant à une enquête plus approfondie et à des améliorations potentielles des procédures de gestion des données. Par exemple, des valeurs hors limites constantes dans les données de capteurs pourraient indiquer un besoin de recalibrage ou de remplacement de l'équipement.

4. Performance du modèle : La suppression ou la correction des valeurs hors limites peut améliorer la performance et la fiabilité des modèles prédictifs en éliminant le bruit et en se concentrant sur des points de données valides. Ceci est particulièrement important dans les applications d'apprentissage automatique où les valeurs aberrantes peuvent influencer de manière disproportionnée l'entraînement et les prédictions du modèle.

5. Prise de décision : Dans les contextes commerciaux, les valeurs hors limites pourraient conduire à des décisions mal avisées si elles ne sont pas correctement traitées, entraînant potentiellement des pertes financières ou des inefficacités opérationnelles. Par exemple, des cours boursiers incorrects dus à des erreurs de données pourraient conduire à de mauvaises décisions d'investissement, tandis que des chiffres de ventes anormaux pourraient entraîner une mauvaise allocation des ressources.

6. Assurance qualité des données : Le traitement des valeurs hors limites est un aspect clé du maintien de normes élevées de qualité des données. Cela aide à établir la

confiance dans les données parmi les parties prenantes et garantit que les analyses et rapports ultérieurs sont basés sur des informations fiables.

7. Conformité réglementaire : Dans les secteurs soumis à des exigences réglementaires strictes, tels que la santé ou la finance, le traitement approprié des valeurs hors limites est essentiel pour la conformité. Le non-traitement de ces anomalies pourrait entraîner des violations réglementaires et des sanctions associées.

Les stratégies efficaces pour traiter les valeurs hors limites incluent la définition de limites logiques basées sur la connaissance du domaine, l'utilisation de méthodes statistiques pour identifier les valeurs aberrantes et la décision de supprimer, imputer ou signaler ces valeurs pour une analyse plus approfondie. Le choix de la méthode dépend du contexte spécifique des données et des objectifs de l'analyse.

Exemple : Suppression des valeurs hors limites

Supposons que nous ayons un jeu de données avec une colonne **Age**, et nous savons que les âges valides doivent être compris entre 0 et 120.

```python
import pandas as pd
import matplotlib.pyplot as plt
import seaborn as sns

# Sample data with out-of-range values
data = {
    'Name': ['Alice', 'Bob', 'Charlie', 'Diana', 'Eve', 'Frank', 'Grace', 'Henry'],
    'Age': [25, 132, 30, -5, 45, 200, 0, 80],
    'Salary': [50000, 75000, 60000, 55000, 90000, 80000, 70000, 65000]
}
df = pd.DataFrame(data)

print("Original DataFrame:")
print(df)

# Identify out-of-range values
age_out_of_range = df[(df['Age'] < 0) | (df['Age'] > 120)]

print("\\nOut-of-range age values:")
print(age_out_of_range)

# Remove out-of-range values
df_cleaned = df[(df['Age'] >= 0) & (df['Age'] <= 120)]

print("\\nDataFrame after removing out-of-range age values:")
print(df_cleaned)

# Calculate statistics before and after cleaning
print("\\nStatistics before cleaning:")
print(df['Age'].describe())
print("\\nStatistics after cleaning:")
```

```python
print(df_cleaned['Age'].describe())

# Visualize age distribution before and after cleaning
fig, (ax1, ax2) = plt.subplots(1, 2, figsize=(12, 5))

sns.histplot(df['Age'], kde=True, ax=ax1)
ax1.set_title('Age Distribution (Before Cleaning)')
ax1.set_xlabel('Age')

sns.histplot(df_cleaned['Age'], kde=True, ax=ax2)
ax2.set_title('Age Distribution (After Cleaning)')
ax2.set_xlabel('Age')

plt.tight_layout()
plt.show()

# Analyze the impact on other variables
print("\\nAverage salary before cleaning:", df['Salary'].mean())
print("Average salary after cleaning:", df_cleaned['Salary'].mean())

# Correlation analysis
correlation_before = df[['Age', 'Salary']].corr()
correlation_after = df_cleaned[['Age', 'Salary']].corr()

print("\\nCorrelation between Age and Salary before cleaning:")
print(correlation_before)
print("\\nCorrelation between Age and Salary after cleaning:")
print(correlation_after)
```

Maintenant, décomposons cet exemple :

1. Préparation des données :

    o   Nous importons pandas pour la manipulation des données, et matplotlib et seaborn pour la visualisation.

    o   Un jeu de données d'exemple est créé avec des valeurs hors limites intentionnelles dans la colonne 'Age', ainsi que les données 'Name' et 'Salary' correspondantes.

    o   Le DataFrame original est affiché pour montrer l'état initial des données.

2. Identification des valeurs hors limites :

    o   Nous utilisons l'indexation booléenne pour identifier les âges inférieurs à 0 ou supérieurs à 120.

    o   Les valeurs hors limites sont affichées pour inspection.

3. Suppression des valeurs hors limites :

- o Un nouveau DataFrame (df_cleaned) est créé en filtrant les valeurs hors limites.

- o Le DataFrame nettoyé est affiché pour montrer l'effet de cette transformation.

4. Analyse statistique :

- o Nous calculons et affichons les statistiques descriptives pour la colonne 'Age' avant et après le nettoyage.

- o Cela aide à comprendre comment la suppression des valeurs hors limites affecte la distribution des âges.

5. Visualisation des données :

- o Deux histogrammes sont créés pour visualiser la distribution des âges avant et après le nettoyage.

- o Cette comparaison visuelle aide à identifier l'impact de la suppression des valeurs hors limites sur la distribution globale.

6. Analyse de l'impact sur d'autres variables :

- o Nous calculons et comparons le salaire moyen avant et après le nettoyage.

- o Cela démontre comment la suppression des valeurs hors limites dans une colonne peut affecter les calculs impliquant d'autres colonnes.

7. Analyse de corrélation :

- o Nous calculons la corrélation entre l'âge et le salaire avant et après le nettoyage.

- o Cela montre comment la relation entre les variables peut changer après la suppression des valeurs hors limites.

Cet exemple démontre une approche approfondie du traitement des valeurs hors limites. Il va au-delà de la simple suppression des données problématiques en analysant comment le processus de nettoyage affecte les statistiques, les distributions et les relations entre les variables du jeu de données. Une méthode aussi complète garantit que les décisions de nettoyage des données sont bien éclairées et que leur impact total est compris.

8.2.5. Imputation des valeurs manquantes créées par la correction d'anomalies

Lors de la correction d'anomalies, des valeurs manquantes peuvent survenir comme conséquence involontaire. Cela peut se produire par divers processus, tels que la conversion de dates invalides en NaT (Not a Time) ou l'identification et la suppression de valeurs aberrantes. Par exemple, lors de la standardisation des formats de date, les entrées qui ne correspondent pas au modèle attendu peuvent être converties en valeurs manquantes. De même, lors du traitement de valeurs aberrantes numériques, les valeurs extrêmes jugées irréalistes ou erronées peuvent être supprimées, laissant des lacunes dans le jeu de données.

Ces valeurs manquantes nouvellement créées présentent à la fois un défi et une opportunité dans le processus de nettoyage des données. D'une part, elles représentent une perte d'information qui pourrait potentiellement affecter l'exactitude et l'exhaustivité des analyses ultérieures. D'autre part, elles servent d'indicateurs de l'endroit où des problèmes de qualité des données existaient dans le jeu de données original, fournissant des informations précieuses sur les problèmes de collecte ou de traitement des données qui pourraient nécessiter d'être traités à la source.

Traiter ces valeurs manquantes est crucial pour maintenir l'exhaustivité des données et garantir la robustesse des analyses statistiques et des modèles d'apprentissage automatique. Il existe plusieurs stratégies pour gérer ces lacunes, notamment les techniques d'imputation (telles que l'imputation par la moyenne, la médiane ou le mode), la modélisation prédictive pour estimer les valeurs manquantes, ou l'utilisation d'algorithmes capables de gérer directement les données manquantes. Le choix de la méthode dépend de la nature des données, de l'étendue des valeurs manquantes et des exigences spécifiques de l'analyse ou du modèle utilisé.

En gérant soigneusement ces valeurs manquantes créées lors de la correction d'anomalies, les scientifiques des données peuvent préserver l'intégrité de leurs jeux de données tout en améliorant simultanément la qualité globale des données. Ce processus améliore non seulement la fiabilité des analyses ultérieures, mais contribue également à une compréhension plus approfondie des caractéristiques et des limites du jeu de données.

Exemple : Remplissage des valeurs manquantes après correction d'anomalies

Supposons que lors de la correction d'anomalies, certaines valeurs manquantes aient été générées dans la colonne **OrderDate**. Nous pouvons utiliser les méthodes de **remplissage avant** ou de **remplissage arrière** pour les gérer.

```python
import pandas as pd
import matplotlib.pyplot as plt
import seaborn as sns

# Sample data with missing values
data = {
    'OrderDate': ['2022-01-15', pd.NaT, '2022-02-05', pd.NaT, '2022-03-10', pd.NaT,
'2022-04-20'],
    'ProductID': ['A001', 'B002', 'C003', 'D004', 'E005', 'F006', 'G007'],
    'Quantity': [5, 3, pd.NA, 7, 2, 4, 6]
}
df = pd.DataFrame(data)

print("Original DataFrame:")
print(df)
print("\\nMissing values:")
print(df.isnull().sum())
```

```python
# Fill missing dates using forward fill
df['OrderDate'] = df['OrderDate'].fillna(method='ffill')

# Fill missing quantities with median
df['Quantity'] = df['Quantity'].fillna(df['Quantity'].median())

print("\\nDataFrame after imputation:")
print(df)
print("\\nMissing values after imputation:")
print(df.isnull().sum())

# Visualize OrderDate distribution
plt.figure(figsize=(10, 6))
sns.histplot(pd.to_datetime(df['OrderDate']), kde=True)
plt.title('Distribution of Order Dates')
plt.xlabel('Order Date')
plt.ylabel('Count')
plt.xticks(rotation=45)
plt.tight_layout()
plt.show()

# Analyze imputed data
print("\\nSummary statistics:")
print(df.describe())

print("\\nCorrelation between Quantity and OrderDate:")
df['OrderDate'] = pd.to_datetime(df['OrderDate'])
correlation = df['Quantity'].corr(df['OrderDate'].astype(int) / 10**9)
print(correlation)
```

Cet exemple de code présente une approche approfondie de la gestion des valeurs manquantes et de l'analyse des données imputées. Examinons-le étape par étape :

- Préparation des données :

    o Nous importons les bibliothèques nécessaires : pandas pour la manipulation des données, matplotlib et seaborn pour la visualisation.

    o Un jeu de données d'exemple est créé avec des valeurs manquantes intentionnelles (pd.NaT pour les dates, pd.NA pour les quantités).

- Inspection initiale des données :

    o Le DataFrame original est affiché pour montrer l'état initial des données.

    o Nous comptons et affichons le nombre de valeurs manquantes dans chaque colonne.

- Imputation :

- o Les dates manquantes sont remplies en utilisant la méthode de remplissage avant (ffill).

  - o Les quantités manquantes sont remplies avec la valeur médiane de la colonne Quantity.

- Inspection post-imputation :

  - o Le DataFrame est affiché à nouveau pour montrer l'effet de l'imputation.

  - o Nous recomptons les valeurs manquantes pour confirmer le succès de l'imputation.

- Visualisation des données :

  - o Un histogramme est créé pour visualiser la distribution des dates de commande après l'imputation.

  - o Cela aide à comprendre le schéma temporel des commandes.

- Analyse des données :

  - o Les statistiques descriptives sont calculées et affichées pour toutes les colonnes.

  - o Nous calculons la corrélation entre Quantity et OrderDate pour vérifier l'existence de tendances temporelles dans les quantités commandées.

Cet exemple complet présente diverses techniques d'imputation—remplissage avant pour les dates et médiane pour les quantités—tout en incorporant également la visualisation et l'analyse des données. Il offre une vue holistique du processus de nettoyage et d'analyse des données, démontrant comment gérer les valeurs manquantes, visualiser les résultats et extraire des informations à partir des données imputées.

8.2.6 Points clés et considérations avancées

- **Les anomalies de données** telles que les formats incohérents, les doublons, les incohérences catégorielles et les valeurs hors limites peuvent avoir un impact significatif sur la fiabilité de l'analyse. Identifier ces problèmes tôt est crucial pour maintenir l'intégrité des données.

- **La bibliothèque Pandas** fournit une boîte à outils robuste pour la correction d'anomalies. Au-delà des fonctions de base comme pd.to_datetime(), replace() et drop_duplicates(), envisagez des techniques avancées telles que les expressions régulières pour les manipulations de chaînes complexes et les fonctions personnalisées pour le nettoyage de données spécifique au domaine.

- **La standardisation du texte dans les données catégorielles** est essentielle pour une agrégation et une analyse précises. Implémentez des algorithmes de correspondance floue ou des approches basées sur l'apprentissage automatique pour gérer les variations complexes et les fautes d'orthographe dans les données catégorielles.

- **La correction des valeurs hors limites** nécessite une approche nuancée. Bien que la suppression ou le plafonnement des valeurs aberrantes soit courant, considérez la nature de vos données. Certains champs, comme les prix des actions lors de krachs boursiers, peuvent avoir des valeurs extrêmes légitimes qui ne devraient pas être écartées.

- **La gestion des valeurs manquantes** après la correction d'anomalies est une étape critique. Explorez des techniques d'imputation avancées telles que l'imputation multiple ou les modèles d'apprentissage automatique (par exemple, l'imputation KNN) pour des estimations plus précises des valeurs manquantes.

- **La provenance et le versionnage des données** sont des aspects souvent négligés du nettoyage des données. Implémentez un système pour suivre les modifications apportées pendant le processus de nettoyage, permettant la reproductibilité et les pistes d'audit.

Ces techniques avancées de nettoyage des données garantissent non seulement la cohérence et la fiabilité des données, mais préservent également les informations nuancées au sein de votre jeu de données. En appliquant ces méthodes de manière réfléchie, vous pouvez améliorer considérablement la qualité de vos données, conduisant à des modèles plus précis et à des analyses plus perspicaces. Dans la section à venir, nous explorerons des approches sophistiquées pour gérer les schémas complexes de données manquantes, affinant davantage votre jeu de données pour la modélisation prédictive avancée et les applications d'apprentissage automatique.

8.3 Exercices pratiques pour le chapitre 8

Ces exercices vous permettront de pratiquer concrètement l'identification et la gestion des anomalies de données en utilisant les techniques abordées dans ce chapitre. Chaque exercice traite d'un aspect différent du nettoyage des données, et des solutions avec code sont fournies lorsque nécessaire.

Exercice 1 : Standardisation des formats de date

On vous donne un jeu de données où les dates sont représentées dans différents formats. Votre tâche consiste à :

1. Convertir toutes les dates au format YYYY-MM-DD.

2. Identifier toute date invalide.

```python
import pandas as pd
```

```python
# Sample data with inconsistent date formats
data = {'OrderDate': ['2022-01-15', '01/20/2022', 'February 5, 2022', '2022/02/10',
'2022-31-12']}
df = pd.DataFrame(data)

# Solution: Convert all dates to a consistent format
df['OrderDate'] = pd.to_datetime(df['OrderDate'], errors='coerce')

# Identify invalid dates (converted to NaT)
invalid_dates = df[df['OrderDate'].isna()]

print("Dataset with standardized dates:")
print(df)
print("\\\\nInvalid dates:")
print(invalid_dates)
```

Exercice 2 : Suppression des lignes dupliquées

Étant donné un jeu de données contenant des entrées dupliquées, votre tâche consiste à :

1. Identifier les lignes dupliquées.

2. Supprimer les doublons et ne conserver que les enregistrements uniques.

```python
# Sample data with duplicate rows
data = {'CustomerID': [101, 102, 103, 101],
        'Name': ['Alice', 'Bob', 'Charlie', 'Alice'],
        'PurchaseAmount': [150, 200, 300, 150]}
df = pd.DataFrame(data)

# Solution: Identify duplicate rows
duplicates = df[df.duplicated()]
print("Duplicate rows:")
print(duplicates)

# Solution: Remove duplicate rows
df = df.drop_duplicates()

print("\\\\nDataset after removing duplicates:")
print(df)
```

Exercice 3 : Normalisation du texte dans les données catégorielles

On vous fournit un jeu de données qui contient des majuscules incohérentes dans une colonne catégorielle. Votre tâche consiste à :

1. Normaliser toutes les entrées de la colonne **Category** en minuscules.

```python
# Sample data with inconsistent text entries
data = {'Category': ['Electronics', 'electronics', 'ELECTronics', 'Furniture',
'furniture']}
```

```python
df = pd.DataFrame(data)

# Solution: Standardize text to lowercase
df['Category'] = df['Category'].str.lower()

print("Dataset with standardized categories:")
print(df)
```

Exercice 4 : Suppression des valeurs hors limites

Étant donné un jeu de données avec une colonne **Age**, où les âges valides se situent entre 0 et 120, votre tâche consiste à :

1.   Identifier toutes les valeurs de la colonne **Age** qui se trouvent en dehors de cette plage.

2.   Supprimer les lignes contenant des valeurs hors limites.

```python
# Sample data with an out-of-range value
data = {'Name': ['Alice', 'Bob', 'Charlie', 'Diana'],
        'Age': [25, 132, 30, -5]}
df = pd.DataFrame(data)

# Solution: Identify out-of-range values
out_of_range = df[(df['Age'] < 0) | (df['Age'] > 120)]
print("Out-of-range values:")
print(out_of_range)

# Solution: Remove out-of-range values
df = df[(df['Age'] >= 0) & (df['Age'] <= 120)]

print("\\\\nDataset after removing out-of-range values:")
print(df)
```

Exercice 5 : Imputation des valeurs manquantes après correction d'anomalies

Vous disposez d'un jeu de données où certaines dates sont manquantes après avoir corrigé les anomalies dans la colonne **OrderDate**. Votre tâche consiste à :

Remplir en avant les dates manquantes pour maintenir la continuité dans les données.

```python
# Sample data with missing values
data = {'OrderDate': ['2022-01-15', pd.NaT, '2022-02-05', pd.NaT]}
df = pd.DataFrame(data)

# Solution: Fill missing dates using forward fill
df['OrderDate'] = df['OrderDate'].fillna(method='ffill')

print("Dataset after forward-filling missing dates:")
print(df)
```

Ces exercices couvrent les techniques essentielles de nettoyage des données à l'aide de Pandas, vous permettant de gérer les formats incohérents, les doublons, les incohérences catégorielles, les valeurs hors limites et les valeurs manquantes. En maîtrisant ces techniques, vous pouvez préparer des jeux de données de haute qualité pour l'analyse et la modélisation.

8.4 Que pourrait-il mal se passer ?

Le nettoyage des données est une étape essentielle, mais sans une attention particulière, il est facile d'introduire des erreurs ou de perdre des informations précieuses. Ici, nous allons discuter de certains pièges potentiels lors du traitement des **valeurs aberrantes, des anomalies de données et des incohérences** et offrir des conseils pour gérer efficacement ces défis.

8.4.1 Suppression de vraies valeurs aberrantes en tant qu'erreurs

Lors de l'identification et de la suppression des valeurs aberrantes, il est possible d'écarter par erreur des points de données valides qui représentent véritablement des cas inhabituels mais importants. Par exemple, dans un jeu de données sur la santé des patients, une valeur aberrante peut représenter une maladie rare plutôt qu'une erreur.

Que pourrait-il mal se passer ?

- La suppression de vraies valeurs aberrantes peut conduire à des résultats biaisés, en particulier dans les domaines où les valeurs extrêmes sont courantes ou significatives (par exemple, les données financières, les dossiers médicaux).

- Sans ces points, le modèle pourrait sous-représenter un segment spécifique des données, conduisant à des prédictions moins précises.

Solution :

- Évaluez soigneusement si une valeur aberrante est une véritable anomalie ou un point de données précieux avant de la supprimer. Le contexte et les connaissances du domaine sont cruciaux dans ces cas.

- Utilisez des techniques comme la **winsorisation** (plafonnement des valeurs extrêmes) au lieu d'une suppression pure et simple lorsque les données incluent des valeurs significatives mais extrêmes.

8.4.2 Surstandardisation des données catégorielles

Lors de la standardisation du texte dans les données catégorielles (par exemple, convertir tout en minuscules), nous risquons de perdre des distinctions précieuses qui sont subtiles mais significatives. Par exemple, « Électronique » et « pièces électroniques » peuvent être des catégories différentes dans un jeu de données de vente au détail.

Que pourrait-il mal se passer ?

- La fusion de catégories distinctes peut réduire la capacité du modèle à capturer les nuances des données, diminuant potentiellement la précision.

- La surstandardisation pourrait également masquer des modèles importants dans les catégories hiérarchiques (par exemple, les rôles « Junior » vs « Senior »).

Solution :

- Examinez attentivement les données catégorielles avant de les standardiser. N'appliquez des transformations qu'aux catégories qui représentent véritablement le même élément.

- Envisagez de mapper les catégories similaires plutôt qu'une standardisation générale, ou utilisez une hiérarchie de catégories le cas échéant.

8.4.3 Mauvaise interprétation des enregistrements en double

Les enregistrements en double peuvent parfois être authentiques (par exemple, clients récurrents ou transactions répétées), donc les supprimer sans validation peut entraîner une perte de données.

Que pourrait-il mal se passer ?

- La suppression de doublons authentiques peut fausser les données, en particulier lors de l'analyse du comportement des clients ou des modèles de transactions.

- Une mauvaise interprétation des doublons en tant qu'erreurs peut conduire à une sous-déclaration de métriques critiques, telles que les ventes totales ou les clients réguliers.

Solution :

- Examinez attentivement les doublons en comparant des variables supplémentaires (par exemple, date, heure, lieu) pour distinguer les vrais doublons des entrées répétées.

- Faites preuve de prudence lors de la suppression de doublons dans des jeux de données pouvant contenir des entrées récurrentes valides, et conservez-les s'ils ajoutent de la valeur à l'analyse.

8.4.4 Introduction de biais par la suppression de valeurs hors limites

La suppression de valeurs hors limites peut parfois conduire à des résultats biaisés, en particulier si ces valeurs représentent des cas uniques ou des scénarios limites. Par exemple, dans un jeu de données d'enquête, des âges extrêmement élevés ou bas pourraient représenter des valeurs aberrantes clés méritant d'être analysées séparément.

Que pourrait-il mal se passer ?

- La suppression de valeurs hors limites valides peut limiter la généralisabilité d'un modèle, en particulier s'il doit tenir compte d'un large éventail de cas.

- L'absence de cas uniques peut réduire la diversité des données et, par conséquent, la robustesse de l'analyse.

Solution :

- Utilisez différents seuils de suppression en fonction du contexte. Dans certains cas, il peut être préférable de signaler les valeurs aberrantes au lieu de les supprimer.

- Conservez et analysez séparément les cas inhabituels lorsqu'ils fournissent des informations significatives plutôt que de les traiter comme des anomalies.

8.4.5 Introduction d'erreurs par la standardisation automatisée

La standardisation des formats de données (par exemple, dates, devises) peut parfois conduire à des modifications involontaires, en particulier si des hypothèses incorrectes sont faites. Par exemple, traiter toutes les dates comme MM/JJ/AAAA pourrait entraîner une mauvaise interprétation si certaines entrées utilisent JJ/MM/AAAA.

Que pourrait-il mal se passer ?

- Une analyse incorrecte des dates peut conduire à des analyses erronées, les points de données étant décalés ou mal classés.

- Une mauvaise interprétation des données numériques (par exemple, traiter « 1 000 € » et « 1 000 $ » comme équivalents) peut conduire à des inexactitudes dans les calculs agrégés.

Solution :

- Inspectez et comprenez toujours les formats de données sources avant d'appliquer des transformations automatisées.

- Définissez et appliquez des règles cohérentes de format de données lors de la saisie des données pour minimiser les incohérences dès le départ.

8.4.6 Création de données incomplètes par l'imputation de valeurs manquantes

Lors de l'imputation de valeurs manquantes, en particulier après la correction d'anomalies, il est possible d'introduire des biais. Par exemple, le remplissage en avant de dates manquantes peut conduire à des résultats inexacts si les données fluctuent naturellement (par exemple, la demande saisonnière dans le commerce de détail).

Que pourrait-il mal se passer ?

- Le remplissage en avant ou en arrière peut créer des tendances ou des corrélations artificielles, faussant l'apprentissage du modèle.

- L'imputation de valeurs sans tenir compte de la saisonnalité ou des tendances peut conduire à une précision réduite dans les modèles prédictifs.

Solution :

- Utilisez des méthodes d'imputation qui tiennent compte de la nature des données, telles que l'interpolation temporelle ou les valeurs moyennes saisonnières pour les données temporelles.

- Envisagez de laisser les valeurs manquantes si elles ne peuvent pas être imputées de manière significative, permettant au modèle de les gérer avec des techniques telles que les approches basées sur les arbres.

Conclusion

Le nettoyage des données peut grandement améliorer la qualité des jeux de données, mais une application réfléchie est essentielle. En prêtant une attention particulière à la nature de chaque anomalie et en choisissant des méthodes de correction avec précaution, vous pouvez vous assurer que vos données sont à la fois propres et significatives. Qu'il s'agisse de valeurs aberrantes, de doublons ou d'incohérences, équilibrer l'automatisation avec la perspicacité humaine est essentiel pour éviter la perte de données ou le biais du modèle.

Résumé du Chapitre 8

Dans ce chapitre, nous avons exploré des techniques avancées de nettoyage des données essentielles pour préparer des ensembles de données précis, cohérents et fiables pour l'analyse et la modélisation. Ces techniques s'appuient sur les méthodes de nettoyage de base, en traitant les anomalies de données complexes qui, si elles ne sont pas résolues, pourraient gravement impacter la précision du modèle. En abordant des problèmes tels que les valeurs aberrantes, les formats incohérents, les enregistrements en double et les anomalies de données catégorielles, nous visons à optimiser la qualité des données et à minimiser les erreurs dans les processus en aval.

Nous avons commencé par un examen approfondi des **valeurs aberrantes et valeurs extrêmes**. Les valeurs aberrantes peuvent provenir de diverses sources, notamment des erreurs de saisie de données, des problèmes de mesure ou une variabilité naturelle. Bien que la suppression des valeurs aberrantes puisse parfois améliorer la précision du modèle, il est crucial de faire la distinction entre les véritables anomalies et les cas extrêmes précieux, car la suppression de valeurs aberrantes authentiques peut conduire à des conclusions biaisées. Des techniques telles que le **Z-score** et les **méthodes de l'écart interquartile (IQR)** sont efficaces pour détecter les valeurs aberrantes, tandis que des méthodes comme la **winsorisation**, les transformations ou l'imputation sélective aident à atténuer leur influence sur les données sans les supprimer complètement.

Ensuite, nous avons examiné les **formats de données incohérents**, un problème courant dans les ensembles de données provenant de sources multiples. Les formats de date et de devise, par exemple, peuvent varier, créant des défis tant pour l'analyse que pour la modélisation. Nous avons utilisé des fonctions Pandas comme pd.to_datetime() pour standardiser les formats de date, tandis que les expressions régulières ont permis la suppression efficace des symboles ou caractères indésirables dans les données numériques. Cela garantit que les données maintiennent une structure uniforme à travers les entrées, réduisant le risque d'analyses erronées.

Les **doublons** constituaient un autre domaine d'intérêt. Les lignes dupliquées peuvent résulter d'une saisie de données répétée ou de processus de fusion de données, conduisant à de la redondance et gonflant des métriques comme les totaux ou les moyennes. Bien que la suppression de doublons puisse simplifier les ensembles de données, il est essentiel de vérifier si les doublons sont de véritables erreurs ou des enregistrements répétés valides, en particulier dans les données transactionnelles ou clients.

Les **anomalies de données catégorielles** présentent un ensemble différent de défis, apparaissant souvent sous forme de variations d'orthographe ou de casse. La standardisation de ces entrées est essentielle pour améliorer la cohérence des données, en particulier pour les analyses impliquant l'agrégation ou la classification. En utilisant str.lower() et des fonctions de mappage, nous avons veillé à ce que les catégories similaires soient traitées comme une seule, réduisant le risque de fragmentation des informations issues des données.

Enfin, nous avons exploré l'impact des **valeurs hors limites**. Les valeurs en dehors des plages attendues (par exemple, des âges supérieurs à 120) peuvent fausser les résultats ou affecter la précision du modèle. En identifiant et en supprimant ou imputant sélectivement ces valeurs, nous préservons l'intégrité des données. Nous avons également abordé l'imputation des valeurs manquantes qui peuvent résulter du nettoyage des données, soulignant l'importance de choisir des méthodes d'imputation appropriées au contexte pour éviter de gonfler artificiellement les tendances ou de créer des corrélations.

En résumé, les techniques avancées de nettoyage des données sont essentielles pour produire des ensembles de données non seulement précis mais aussi riches en informations. En comprenant et en corrigeant soigneusement les problèmes de données complexes, nous établissons une base solide pour une modélisation précise et une analyse significative. À mesure que la complexité des données augmente, les compétences développées dans ce chapitre nous permettent de gérer divers défis liés aux données, garantissant que nos analyses sont robustes, fiables et fidèles au contexte d'origine des données. Cet engagement envers l'intégrité des données est fondamental alors que nous progressons pour aborder d'autres étapes du processus de prétraitement des données.

Chapitre 9 : Données de séries temporelles : Considérations particulières

Le travail avec les données de séries temporelles présente des défis et des exigences uniques qui les distinguent des ensembles de données statiques. Les données de séries temporelles se caractérisent par leur ordre temporel, où chaque observation est intrinsèquement liée au moment où elle a été enregistrée. Cette dépendance temporelle introduit des complexités qui exigent des approches analytiques spécialisées. Que vous prévoyiez des tendances de ventes, que vous prédisiez des fluctuations des cours boursiers ou que vous analysiez des schémas météorologiques complexes, une compréhension approfondie des données de séries temporelles est cruciale pour modéliser et interpréter avec précision les motifs sous-jacents, les tendances et la saisonnalité inhérents aux données.

L'analyse de séries temporelles nous permet de découvrir des perspectives cachées et de faire des prédictions éclairées en exploitant la nature temporelle des données. Elle nous permet de capturer non seulement l'état actuel d'un système, mais aussi la façon dont il évolue au fil du temps. Cette dimension temporelle ajoute une couche de complexité à notre analyse, mais fournit également des informations riches sur la dynamique du système que nous étudions.

Ce chapitre examinera en détail les considérations et techniques spécifiques essentielles pour traiter efficacement les données de séries temporelles. Nous commencerons par explorer le rôle critique des **caractéristiques de date et d'heure**, en discutant des techniques avancées pour gérer l'information temporelle. Cela comprend des méthodes pour extraire des caractéristiques significatives à partir d'horodatages, traiter différentes échelles de temps et relever des défis tels que les intervalles d'échantillonnage irréguliers ou les points de données manquants.

Ensuite, nous plongerons en profondeur dans les méthodes sophistiquées pour **décomposer les données de séries temporelles**. Cette étape cruciale nous permet de décomposer une série temporelle complexe en ses composantes constitutives : les tendances, qui représentent la progression à long terme ; la saisonnalité, qui capture les motifs cycliques ; et les résidus, qui tiennent compte des fluctuations aléatoires dans les données. La compréhension de ces composantes est essentielle pour construire des modèles prédictifs précis et obtenir des perspectives sur les facteurs sous-jacents des motifs observés.

Enfin, nous aborderons le concept de **stationnarité** et son importance profonde pour la modélisation prédictive dans l'analyse de séries temporelles. Nous explorerons pourquoi la stationnarité est une hypothèse cruciale pour de nombreux modèles de séries temporelles et discuterons de divers tests pour déterminer si une série est stationnaire. De plus, nous examinerons des techniques avancées pour transformer des données non stationnaires en une forme stationnaire, notamment le différençage, la suppression de tendance et des approches plus sophistiquées comme la transformation de Box-Cox. En maîtrisant ces concepts et techniques, vous serez bien équipé pour gérer un large éventail de défis de séries temporelles et extraire des perspectives significatives des données temporelles.

9.1 Travailler avec les caractéristiques de date et d'heure

Lorsqu'on travaille avec des données de séries temporelles, les éléments de date et d'heure servent de colonne vertébrale pour comprendre et prédire les motifs temporels. Les **caractéristiques de date et d'heure** ne sont pas de simples identifiants ; ce sont des sources d'information riches qui peuvent dévoiler des tendances complexes, la saisonnalité et les motifs cycliques au sein des données. Ces caractéristiques fournissent un contexte temporel qui est crucial pour une interprétation et une prévision précises.

La puissance des caractéristiques de date et d'heure réside dans leur capacité à capturer des relations temporelles à la fois évidentes et subtiles. Par exemple, elles peuvent révéler des cycles annuels dans les données de ventes, des fluctuations mensuelles de température, ou même des motifs horaires dans le trafic de sites web. En extrayant et en utilisant correctement ces caractéristiques, les analystes peuvent découvrir des périodicités cachées et des tendances à long terme qui pourraient autrement passer inaperçues.

De plus, l'exploitation efficace des caractéristiques de date et d'heure peut conduire à des améliorations significatives de la précision du modèle. En incorporant ces perspectives temporelles, les modèles peuvent apprendre à reconnaître et à prédire des motifs qui sont intrinsèquement liés à des périodes temporelles spécifiques. Cela peut être particulièrement précieux dans des domaines tels que la finance, où les comportements du marché suivent souvent des motifs temporels complexes, ou dans la prévision de la consommation d'énergie, où les motifs d'utilisation varient considérablement selon l'heure de la journée, le jour de la semaine ou la saison de l'année.

Le processus de travail avec les caractéristiques de date et d'heure implique plus que leur simple inclusion dans un ensemble de données. Il nécessite une réflexion approfondie sur la façon de représenter et d'encoder ces caractéristiques pour maximiser leur valeur informationnelle. Cela peut impliquer des techniques telles que l'encodage cyclique pour des caractéristiques comme les jours de la semaine ou les mois, ou la création de caractéristiques de décalage pour capturer les effets différés dans le temps. En concevant soigneusement ces caractéristiques, les analystes peuvent fournir à leurs modèles une compréhension nuancée du temps, permettant des prédictions plus sophistiquées et précises.

9.1.1 Caractéristiques courantes de date et d'heure et leur importance

Les caractéristiques de date et d'heure jouent un rôle crucial dans l'analyse de séries temporelles, fournissant des perspectives précieuses sur les motifs temporels. Explorons quelques caractéristiques clés et leur signification :

- **Année, mois, jour** : Ces composantes de base sont fondamentales pour capturer les tendances à long terme et les variations saisonnières. Par exemple, les entreprises de vente au détail connaissent souvent des cycles de ventes annuels, avec des pics pendant les périodes de fêtes. De même, les données de température montrent généralement des fluctuations mensuelles, nous permettant de suivre les motifs climatiques au fil du temps.

- **Jour de la semaine** : Cette caractéristique est particulièrement utile pour identifier les rythmes hebdomadaires dans les données. De nombreuses industries, comme les restaurants ou les lieux de divertissement, voient des différences significatives entre les activités de semaine et de week-end. En incorporant cette caractéristique, les modèles peuvent apprendre à anticiper ces fluctuations régulières.

- **Trimestre** : Les données trimestrielles sont particulièrement pertinentes dans les contextes financiers. De nombreuses entreprises publient leurs résultats et fixent des objectifs sur une base trimestrielle, ce qui rend cette caractéristique inestimable pour analyser les tendances fiscales et faire des prédictions économiques.

- **Heure et minute** : Pour les données haute fréquence, ces composantes temporelles granulaires sont essentielles. Elles peuvent révéler des motifs complexes dans la consommation d'énergie, où l'utilisation peut connaître des pics à certaines heures de la journée, ou dans le flux de circulation, où les motifs d'heures de pointe deviennent évidents.

- **Jours fériés et événements spéciaux** : Bien que non mentionnés dans la liste originale, ceux-ci peuvent être des caractéristiques cruciales. De nombreuses entreprises voient des changements significatifs dans l'activité pendant les jours fériés ou les événements spéciaux, ce qui peut grandement impacter les prédictions de séries temporelles.

En exploitant ces caractéristiques temporelles, nous pouvons construire des modèles qui non seulement reconnaissent les motifs récurrents et la saisonnalité, mais s'adaptent également aux caractéristiques uniques de différentes échelles de temps. Cette approche globale permet des prédictions plus nuancées et précises, capturant à la fois les grandes lignes des tendances à long terme et les détails fins des fluctuations à court terme. Comprendre et utiliser correctement ces caractéristiques est essentiel pour libérer tout le potentiel de l'analyse de séries temporelles dans divers domaines, de la finance et du commerce de détail à la gestion de l'énergie et à l'urbanisme.

9.1.2 Extraction des caractéristiques de date et d'heure en Python

Pandas fournit une interface puissante et intuitive pour gérer les caractéristiques de date et d'heure dans les données de séries temporelles. La fonctionnalité Datetime de la bibliothèque offre une suite complète d'outils qui simplifient la tâche souvent complexe de travailler avec des données temporelles. Avec Pandas, nous pouvons analyser sans effort des dates de divers formats, extraire des composantes temporelles spécifiques et transformer des colonnes de dates en représentations plus adaptées à l'analyse.

Les capacités d'analyse de Pandas nous permettent de convertir des représentations de dates sous forme de chaînes en objets datetime, en déduisant automatiquement le format dans de nombreux cas. Cela est particulièrement utile lorsqu'on traite des ensembles de données contenant des dates dans des formats incohérents ou non standard. Une fois analysées, nous pouvons facilement extraire une large gamme de caractéristiques temporelles, telles que l'année, le mois, le jour, l'heure, la minute, la seconde, le jour de la semaine, le trimestre et même les périodes de l'année fiscale.

De plus, Pandas nous permet d'effectuer des calculs de dates sophistiqués, facilitant le calcul de différences de temps, l'ajout ou la soustraction de périodes de temps, ou le rééchantillonnage de données à différentes fréquences temporelles. Cette flexibilité est cruciale lors de la préparation des données de séries temporelles pour l'analyse ou la modélisation, car elle nous permet d'aligner les points de données, de créer des caractéristiques de décalage ou d'agréger des données sur des fenêtres temporelles personnalisées.

En exploitant la fonctionnalité de date et d'heure de Pandas, nous pouvons transformer des données temporelles brutes en un ensemble riche de caractéristiques qui capturent les motifs sous-jacents et la saisonnalité dans nos séries temporelles. Cette étape de prétraitement est souvent critique dans le développement de modèles de prévision précis ou dans la réalisation d'analyses de séries temporelles significatives dans divers domaines, de la finance et de l'économie aux études environnementales et au-delà.

Exemple : Extraction des caractéristiques de base de date et d'heure

Commençons par un ensemble de données qui comprend une colonne **Date**. Nous allons démontrer comment analyser les dates et extraire des caractéristiques telles que l'**année**, le **mois**, le **jour de la semaine** et le **trimestre**.

```python
import pandas as pd

# Sample data with dates
data = {'Date': ['2022-01-15', '2022-02-10', '2022-03-20', '2022-04-15', '2022-05-25']}
df = pd.DataFrame(data)

# Convert Date column to datetime format
df['Date'] = pd.to_datetime(df['Date'])
```

```python
# Extract date/time features
df['Year'] = df['Date'].dt.year
df['Month'] = df['Date'].dt.month
df['Day'] = df['Date'].dt.day
df['DayOfWeek'] = df['Date'].dt.dayofweek
df['Quarter'] = df['Date'].dt.quarter

print(df)
```

Ce code démontre comment extraire des caractéristiques de date et d'heure d'un ensemble de données en utilisant pandas en Python. Voici une explication de ce que fait le code :

- Tout d'abord, il importe la bibliothèque pandas, qui est essentielle pour la manipulation de données en Python.

- Il crée un ensemble de données d'exemple avec une colonne 'Date' contenant cinq chaînes de dates.

- Les données sont ensuite converties en DataFrame pandas.

- La colonne 'Date' est convertie du format chaîne au format datetime en utilisant pd.to_datetime(). Cette étape est cruciale pour effectuer des opérations basées sur les dates.

- Le code extrait ensuite diverses caractéristiques de date/heure de la colonne 'Date' :

  - Year : Extrait l'année de chaque date

  - Month : Extrait le mois (1-12)

  - Day : Extrait le jour du mois

  - DayOfWeek : Extrait le jour de la semaine (0-6, où 0 est lundi)

  - Quarter : Extrait le trimestre de l'année (1-4)

- Enfin, il affiche le DataFrame résultant, qui inclut maintenant ces nouvelles caractéristiques de date/heure aux côtés de la colonne 'Date' originale.

Ce code est particulièrement utile pour l'analyse de séries temporelles, car il vous permet de capturer divers aspects temporels de vos données, qui peuvent être utilisés pour identifier des motifs, de la saisonnalité ou des tendances dans votre ensemble de données.

Explorons un exemple plus complet :

```python
import pandas as pd
import numpy as np
import matplotlib.pyplot as plt

# Sample data with dates and sales
data = {
```

```python
    'Date': ['2022-01-15', '2022-02-10', '2022-03-20', '2022-04-15', '2022-05-25',
             '2022-06-30', '2022-07-05', '2022-08-12', '2022-09-18', '2022-10-22'],
    'Sales': [1000, 1200, 1500, 1300, 1800, 2000, 1900, 2200, 2100, 2300]
}
df = pd.DataFrame(data)

# Convert Date column to datetime format
df['Date'] = pd.to_datetime(df['Date'])

# Extract basic date/time features
df['Year'] = df['Date'].dt.year
df['Month'] = df['Date'].dt.month
df['Day'] = df['Date'].dt.day
df['DayOfWeek'] = df['Date'].dt.dayofweek
df['Quarter'] = df['Date'].dt.quarter

# Extract additional features
df['WeekOfYear'] = df['Date'].dt.isocalendar().week
df['DayOfYear'] = df['Date'].dt.dayofyear
df['IsWeekend'] = df['DayOfWeek'].isin([5, 6]).astype(int)

# Create cyclical features for Month and DayOfWeek
df['Month_sin'] = np.sin(2 * np.pi * df['Month'] / 12)
df['Month_cos'] = np.cos(2 * np.pi * df['Month'] / 12)
df['DayOfWeek_sin'] = np.sin(2 * np.pi * df['DayOfWeek'] / 7)
df['DayOfWeek_cos'] = np.cos(2 * np.pi * df['DayOfWeek'] / 7)

# Create lag features
df['Sales_Lag1'] = df['Sales'].shift(1)
df['Sales_Lag7'] = df['Sales'].shift(7)

# Calculate rolling mean
df['Sales_RollingMean7'] = df['Sales'].rolling(window=7, min_periods=1).mean()

# Print the resulting dataframe
print(df)

# Visualize sales over time
plt.figure(figsize=(12, 6))
plt.plot(df['Date'], df['Sales'])
plt.title('Sales Over Time')
plt.xlabel('Date')
plt.ylabel('Sales')
plt.xticks(rotation=45)
plt.tight_layout()
plt.show()

# Visualize cyclical features
fig, (ax1, ax2) = plt.subplots(1, 2, figsize=(12, 5))
ax1.scatter(df['Month_sin'], df['Month_cos'])
ax1.set_title('Cyclical Encoding of Month')
ax1.set_xlabel('Sin(Month)')
```

```python
ax1.set_ylabel('Cos(Month)')
ax2.scatter(df['DayOfWeek_sin'], df['DayOfWeek_cos'])
ax2.set_title('Cyclical Encoding of Day of Week')
ax2.set_xlabel('Sin(DayOfWeek)')
ax2.set_ylabel('Cos(DayOfWeek)')
plt.tight_layout()
plt.show()
```

Explication détaillée du code :

1. Préparation des données :

    o On commence par importer les bibliothèques nécessaires : pandas pour la manipulation de données, numpy pour les opérations numériques, et matplotlib pour la visualisation.

    o Un jeu de données d'exemple est créé avec des dates et les chiffres de ventes correspondants.

    o La colonne 'Date' est convertie au format datetime en utilisant pd.to_datetime().

2. Extraction des caractéristiques de base :

    o On extrait les caractéristiques fondamentales de date/heure :

      ▪ Year, Month, Day : Composants de base de la date.

      ▪ DayOfWeek : Utile pour capturer les motifs hebdomadaires (0 = lundi, 6 = dimanche).

      ▪ Quarter : Pour les tendances trimestrielles, souvent utilisé dans l'analyse financière.

3. Extraction avancée de caractéristiques :

    o WeekOfYear : Capture les motifs cycliques annuels.

    o DayOfYear : Utile pour identifier les effets saisonniers annuels.

    o IsWeekend : Caractéristique binaire pour différencier les jours de semaine et les week-ends.

4. Encodage des caractéristiques cycliques :

    o Month et DayOfWeek sont encodés en utilisant des fonctions sinus et cosinus.

    o Cela préserve la nature cyclique de ces caractéristiques, garantissant que, par exemple, décembre (12) est proche de janvier (1) dans l'espace cyclique.

5. Caractéristiques de décalage :

- o Sales_Lag1 : Ventes du jour précédent.

- o Sales_Lag7 : Ventes d'il y a une semaine.

- o Ces caractéristiques peuvent aider à capturer les tendances à court terme et hebdomadaires.

6. Statistiques mobiles :

- o Sales_RollingMean7 : Moyenne mobile sur 7 jours des ventes.

- o Cela lisse les fluctuations à court terme et met en évidence les tendances à plus long terme.

7. Visualisation :

- o Un graphique de séries temporelles des ventes au fil du temps est créé pour visualiser les tendances générales.

- o Des nuages de points des caractéristiques Month et DayOfWeek encodées de manière cyclique sont générés pour illustrer comment ces caractéristiques circulaires sont représentées dans l'espace 2D.

Cet exemple étendu démontre une approche plus complète de l'ingénierie des caractéristiques pour les données de séries temporelles. Il comprend des caractéristiques temporelles de base, un encodage cyclique avancé, des caractéristiques de décalage et des statistiques mobiles. Les visualisations aident à comprendre la distribution des données et l'efficacité de l'encodage cyclique. Cet ensemble riche de caractéristiques peut considérablement améliorer la performance des modèles de prévision de séries temporelles en capturant divers motifs temporels et dépendances dans les données.

9.1.3 Utilisation des caractéristiques de date/heure pour l'entrée du modèle

Lors de l'incorporation de caractéristiques de date et d'heure dans votre modèle, il est crucial de sélectionner soigneusement celles qui améliorent réellement son pouvoir prédictif. La pertinence de ces caractéristiques peut varier considérablement selon la nature de vos données et le problème que vous essayez de résoudre. Par exemple :

Jour de la semaine est particulièrement précieux dans les jeux de données de vente au détail, où le comportement des consommateurs suit souvent des motifs distincts tout au long de la semaine. Cette caractéristique peut aider à capturer la différence entre les ventes en semaine et le week-end, ou même des motifs plus nuancés comme les baisses en milieu de semaine ou les pics de fin de semaine.

Mois est excellent pour capturer les cycles saisonniers qui se produisent annuellement. Cela pourrait être utile dans divers domaines tels que le commerce de détail (saisons d'achats de fêtes), le tourisme (mois de pointe de voyage) ou l'agriculture (cycles de cultures).

Année est essentiel pour capturer les tendances à long terme, ce qui est particulièrement important pour les jeux de données couvrant plusieurs années. Cette caractéristique peut aider les modèles à tenir compte des changements progressifs dans la distribution sous-jacente des données, tels que la croissance ou le déclin global du marché.

Cependant, l'utilité de ces caractéristiques ne se limite pas à ces seuls exemples. **Heure de la journée** pourrait être cruciale pour modéliser la consommation d'énergie ou les modèles de trafic. **Trimestre** pourrait être plus approprié que le mois pour certaines métriques commerciales qui fonctionnent sur un cycle trimestriel. **Semaine de l'année** pourrait capturer des motifs qui se répètent annuellement mais ne s'alignent pas parfaitement avec les mois du calendrier.

Il vaut également la peine de considérer les caractéristiques dérivées. Par exemple, au lieu de composants de date bruts, vous pourriez créer des indicateurs booléens comme 'Is_Holiday' ou 'Is_PayDay', ou vous pourriez vouloir calculer le nombre de jours depuis un événement significatif. La clé est de réfléchir de manière critique aux motifs temporels qui pourraient exister dans vos données et d'expérimenter avec différentes combinaisons de caractéristiques pour trouver ce qui fonctionne le mieux pour votre cas d'usage spécifique.

Exemple : Ajout de caractéristiques de date/heure à un modèle de prévision des ventes

Appliquons nos caractéristiques de date à un jeu de données de prévision des ventes.

```python
import pandas as pd
import numpy as np
import matplotlib.pyplot as plt

# Sample sales data with dates
sales_data = {
    'Date': ['2022-01-15', '2022-02-10', '2022-03-20', '2022-04-15', '2022-05-25',
             '2022-06-30', '2022-07-05', '2022-08-12', '2022-09-18', '2022-10-22'],
    'Sales': [200, 220, 250, 210, 230, 280, 260, 300, 290, 310]
}
df_sales = pd.DataFrame(sales_data)

# Convert Date to datetime and extract date/time features
df_sales['Date'] = pd.to_datetime(df_sales['Date'])
df_sales['Year'] = df_sales['Date'].dt.year
df_sales['Month'] = df_sales['Date'].dt.month
df_sales['Day'] = df_sales['Date'].dt.day
df_sales['DayOfWeek'] = df_sales['Date'].dt.dayofweek
df_sales['Quarter'] = df_sales['Date'].dt.quarter
df_sales['WeekOfYear'] = df_sales['Date'].dt.isocalendar().week
df_sales['DayOfYear'] = df_sales['Date'].dt.dayofyear
df_sales['IsWeekend'] = df_sales['DayOfWeek'].isin([5, 6]).astype(int)

# Create cyclical features for Month and DayOfWeek
df_sales['Month_sin'] = np.sin(2 * np.pi * df_sales['Month'] / 12)
df_sales['Month_cos'] = np.cos(2 * np.pi * df_sales['Month'] / 12)
```

```python
df_sales['DayOfWeek_sin'] = np.sin(2 * np.pi * df_sales['DayOfWeek'] / 7)
df_sales['DayOfWeek_cos'] = np.cos(2 * np.pi * df_sales['DayOfWeek'] / 7)

# Create lag features
df_sales['Sales_Lag1'] = df_sales['Sales'].shift(1)
df_sales['Sales_Lag7'] = df_sales['Sales'].shift(7)

# Calculate rolling statistics
df_sales['Sales_RollingMean7']              =              df_sales['Sales'].rolling(window=7,
min_periods=1).mean()
df_sales['Sales_RollingStd7']               =              df_sales['Sales'].rolling(window=7,
min_periods=1).std()

# View dataset with extracted features
print(df_sales)

# Visualize sales over time
plt.figure(figsize=(12, 6))
plt.plot(df_sales['Date'], df_sales['Sales'])
plt.title('Sales Over Time')
plt.xlabel('Date')
plt.ylabel('Sales')
plt.xticks(rotation=45)
plt.tight_layout()
plt.show()

# Visualize cyclical features
fig, (ax1, ax2) = plt.subplots(1, 2, figsize=(12, 5))
ax1.scatter(df_sales['Month_sin'], df_sales['Month_cos'])
ax1.set_title('Cyclical Encoding of Month')
ax1.set_xlabel('Sin(Month)')
ax1.set_ylabel('Cos(Month)')
ax2.scatter(df_sales['DayOfWeek_sin'], df_sales['DayOfWeek_cos'])
ax2.set_title('Cyclical Encoding of Day of Week')
ax2.set_xlabel('Sin(DayOfWeek)')
ax2.set_ylabel('Cos(DayOfWeek)')
plt.tight_layout()
plt.show()
```

Explication détaillée complète :

1. Préparation des données :

   o Nous importons les bibliothèques nécessaires : pandas pour la manipulation des données, numpy pour les opérations numériques et matplotlib pour la visualisation.

   o Un ensemble de données d'exemple est créé avec des dates et des chiffres de ventes correspondants, couvrant de janvier à octobre 2022.

- o La colonne 'Date' est convertie au format datetime en utilisant pd.to_datetime().

2. Extraction de caractéristiques de base :

- o Year : Extrait pour capturer les tendances à long terme sur plusieurs années.

- o Month : Pour les motifs de saisonnalité mensuelle.

- o Day : Jour du mois, qui peut être pertinent pour les effets de fin de mois.

- o DayOfWeek : Pour capturer les motifs hebdomadaires (0 = lundi, 6 = dimanche).

- o Quarter : Pour les tendances trimestrielles, souvent utilisées dans l'analyse financière.

- o WeekOfYear : Capture les motifs cycliques annuels qui ne s'alignent pas avec les mois du calendrier.

- o DayOfYear : Utile pour identifier les effets saisonniers annuels.

- o IsWeekend : Caractéristique binaire pour différencier les jours de semaine et les week-ends.

3. Encodage de caractéristiques cycliques :

- o Month et DayOfWeek sont encodés en utilisant les fonctions sinus et cosinus.

- o Cela préserve la nature cyclique de ces caractéristiques, garantissant que, par exemple, décembre (12) est proche de janvier (1) dans l'espace cyclique.

- o Les caractéristiques résultantes (Month_sin, Month_cos, DayOfWeek_sin, DayOfWeek_cos) représentent la nature cyclique des mois et des jours de la semaine d'une manière que les modèles d'apprentissage automatique peuvent interpréter plus efficacement.

4. Caractéristiques de décalage :

- o Sales_Lag1 : Ventes du jour précédent.

- o Sales_Lag7 : Ventes d'il y a une semaine.

- o Ces caractéristiques peuvent aider à capturer les tendances à court terme et hebdomadaires dans les données.

5. Statistiques mobiles :

- o Sales_RollingMean7 : Moyenne mobile sur 7 jours des ventes.

- o Sales_RollingStd7 : Écart-type mobile sur 7 jours des ventes.

o   Ces caractéristiques lissent les fluctuations à court terme et capturent les tendances locales et la volatilité.

6.   Visualisation :

o   Un graphique de séries temporelles des ventes au fil du temps est créé pour visualiser les tendances générales.

o   Des nuages de points des caractéristiques Month et DayOfWeek encodées de manière cyclique sont générés pour illustrer comment ces caractéristiques circulaires sont représentées dans l'espace 2D.

Cet exemple présente une approche complète de l'ingénierie des caractéristiques pour les données de séries temporelles. Il intègre des caractéristiques temporelles de base, un encodage cyclique avancé, des caractéristiques de décalage et des statistiques mobiles. Les visualisations aident à comprendre la distribution des données et à démontrer l'efficacité de l'encodage cyclique. Cet ensemble riche de caractéristiques peut considérablement améliorer la performance des modèles de prévision de séries temporelles en capturant divers motifs temporels et dépendances au sein des données.

9.1.4 Gestion des caractéristiques cycliques

Certaines caractéristiques de date/heure, telles que le **jour de la semaine** ou le **mois de l'année**, présentent une nature cyclique, ce qui signifie qu'elles se répètent selon un motif prévisible. Par exemple, les jours de la semaine vont du lundi au dimanche, et après le dimanche, le cycle recommence avec le lundi. Cette propriété cyclique est cruciale dans l'analyse de séries temporelles, car elle peut révéler des motifs récurrents ou une saisonnalité dans les données.

Cependant, la plupart des algorithmes d'apprentissage automatique ne sont pas intrinsèquement conçus pour comprendre ou interpréter cette nature cyclique. Lorsque ces caractéristiques sont encodées sous forme de valeurs numériques simples (par exemple, lundi = 1, mardi = 2, ..., dimanche = 7), l'algorithme peut interpréter incorrectement le dimanche (7) comme étant plus éloigné du lundi (1) que le mardi (2), ce qui ne représente pas avec précision leur relation cyclique.

Pour résoudre ce problème, il est essentiel d'encoder les caractéristiques cycliques d'une manière qui préserve leur nature circulaire. Une approche populaire et efficace est l'**encodage par sinus et cosinus**. Cette méthode représente chaque valeur cyclique comme un point sur un cercle, en utilisant à la fois les fonctions sinus et cosinus pour capturer la relation cyclique.

Voici comment fonctionne l'encodage par sinus et cosinus :

1.   Chaque valeur du cycle est associée à un angle sur un cercle (0 à 2π radians).

2.   Le sinus et le cosinus de cet angle sont calculés, créant deux nouvelles caractéristiques.

3. Ces nouvelles caractéristiques préservent la nature cyclique de la caractéristique d'origine.

Par exemple, dans le cas des mois :

- Janvier (1) et décembre (12) auront des valeurs de sinus et de cosinus similaires, reflétant leur proximité dans le cycle annuel.

- Juin (6) et juillet (7) auront également des valeurs similaires, mais celles-ci seront nettement différentes de janvier et décembre.

Cette méthode d'encodage permet aux modèles d'apprentissage automatique de mieux comprendre et utiliser la nature cyclique de ces caractéristiques, améliorant potentiellement leur capacité à capturer les motifs saisonniers et à faire des prédictions plus précises dans l'analyse de séries temporelles.

Exemple : Encodage d'une caractéristique cyclique

Encodons le **jour de la semaine** en utilisant le sinus et le cosinus pour préserver sa nature cyclique.

```python
import numpy as np
import pandas as pd
import matplotlib.pyplot as plt

# Create sample data
dates = pd.date_range(start='2023-01-01', end='2023-12-31', freq='D')
sales = np.random.randint(100, 1000, size=len(dates))
df_sales = pd.DataFrame({'Date': dates, 'Sales': sales})

# Extract day of week
df_sales['DayOfWeek'] = df_sales['Date'].dt.dayofweek

# Encode day of week using sine and cosine
df_sales['DayOfWeek_sin'] = np.sin(2 * np.pi * df_sales['DayOfWeek'] / 7)
df_sales['DayOfWeek_cos'] = np.cos(2 * np.pi * df_sales['DayOfWeek'] / 7)

# Encode month using sine and cosine
df_sales['Month'] = df_sales['Date'].dt.month
df_sales['Month_sin'] = np.sin(2 * np.pi * df_sales['Month'] / 12)
df_sales['Month_cos'] = np.cos(2 * np.pi * df_sales['Month'] / 12)

# View the dataframe with cyclically encoded features
print(df_sales[['Date', 'DayOfWeek', 'DayOfWeek_sin', 'DayOfWeek_cos', 'Month',
'Month_sin', 'Month_cos', 'Sales']].head())

# Visualize cyclical encoding
fig, (ax1, ax2) = plt.subplots(1, 2, figsize=(12, 5))

# Day of Week
ax1.scatter(df_sales['DayOfWeek_sin'], df_sales['DayOfWeek_cos'])
```

```python
ax1.set_title('Cyclical Encoding of Day of Week')
ax1.set_xlabel('Sin(DayOfWeek)')
ax1.set_ylabel('Cos(DayOfWeek)')

# Month
ax2.scatter(df_sales['Month_sin'], df_sales['Month_cos'])
ax2.set_title('Cyclical Encoding of Month')
ax2.set_xlabel('Sin(Month)')
ax2.set_ylabel('Cos(Month)')

plt.tight_layout()
plt.show()

# Analyze sales by day of week
sales_by_day
df_sales.groupby('DayOfWeek')['Sales'].mean().sort_values(ascending=False)
print("\\nAverage Sales by Day of Week:")
print(sales_by_day)

# Analyze sales by month
sales_by_month
df_sales.groupby('Month')['Sales'].mean().sort_values(ascending=False)
print("\\nAverage Sales by Month:")
print(sales_by_month)
```

Explication détaillée du code :

1. Préparation des données :

   o Nous importons les bibliothèques nécessaires : numpy pour les opérations numériques, pandas pour la manipulation des données et matplotlib pour la visualisation.

   o Un jeu de données d'exemple est créé avec des données de ventes quotidiennes pour toute l'année 2023 en utilisant la fonction date_range de pandas et des chiffres de ventes aléatoires.

2. Extraction des caractéristiques :

   o DayOfWeek : Extrait à l'aide de l'attribut dt.dayofweek, qui renvoie une valeur de 0 (lundi) à 6 (dimanche).

   o Month : Extrait à l'aide de l'attribut dt.month, qui renvoie une valeur de 1 (janvier) à 12 (décembre).

3. Encodage cyclique des caractéristiques :

   o DayOfWeek et Month sont encodés à l'aide des fonctions sinus et cosinus.

   o La formule utilisée est : sin(2π *caractéristique / valeur_max)* et cos(2π caractéristique / valeur_max).

- o   Pour DayOfWeek, valeur_max est 7 (7 jours dans une semaine).

- o   Pour Month, valeur_max est 12 (12 mois dans une année).

- o   Cet encodage préserve la nature cyclique de ces caractéristiques, garantissant que les jours/mois similaires sont proches dans l'espace encodé.

4.   Visualisation des données :

- o   Deux nuages de points sont créés pour visualiser l'encodage cyclique de DayOfWeek et Month.

- o   Chaque point sur ces graphiques représente un jour/mois unique, montrant comment ils sont distribués selon un motif circulaire.

5.   Analyse des données :

- o   Les ventes moyennes sont calculées pour chaque jour de la semaine et chaque mois.

- o   Cette analyse aide à identifier quels jours de la semaine et quels mois ont tendance à avoir des ventes plus élevées ou plus faibles.

Cet exemple illustre comment effectuer un encodage cyclique, le visualiser et l'appliquer à une analyse de base. En représentant les caractéristiques temporelles de manière plus précise dans les modèles d'apprentissage automatique, l'encodage cyclique peut améliorer leur capacité à capturer les motifs saisonniers dans les données de séries temporelles.

9.1.5 Gestion des fuseaux horaires et des dates manquantes

Les fuseaux horaires et les dates manquantes sont des facteurs critiques qui exigent une attention particulière lors du travail avec des données de séries temporelles, en particulier dans le monde mondialisé et axé sur les données d'aujourd'hui :

- **Fuseaux horaires** : Le défi des différents fuseaux horaires peut avoir un impact significatif sur la cohérence des données, en particulier lorsqu'il s'agit de jeux de données couvrant plusieurs régions géographiques ou contenant des horodatages mondiaux.

  - o   Pandas, une puissante bibliothèque de manipulation de données en Python, offre des solutions robustes pour gérer les complexités liées aux fuseaux horaires. La fonction tz_localize() vous permet d'attribuer un fuseau horaire spécifique aux objets datetime, tandis que tz_convert() permet une conversion transparente entre différents fuseaux horaires. Ces fonctions sont précieuses pour maintenir la précision et la cohérence dans les jeux de données multirégionaux.

  - o   Par exemple, lors de l'analyse de données de marchés financiers provenant de diverses bourses du monde entier, une gestion appropriée des fuseaux horaires garantit que les événements de négociation sont correctement alignés et comparables entre différents marchés.

- **Dates manquantes** : La présence de dates manquantes dans une série temporelle peut poser des défis importants, perturbant potentiellement la continuité des données et impactant négativement les performances du modèle.

  - Pour résoudre ce problème, diverses méthodes d'imputation peuvent être employées. Celles-ci vont de techniques simples comme le remplissage avant ou le remplissage arrière à des approches plus sophistiquées telles que l'interpolation ou l'utilisation d'algorithmes d'apprentissage automatique pour prédire les valeurs manquantes.

  - Le choix de la méthode d'imputation dépend de la nature des données et des exigences spécifiques de l'analyse. Par exemple, dans les données de ventes au détail, un simple remplissage avant pourrait être approprié pour les week-ends lorsque les magasins sont fermés, tandis que des méthodes plus complexes pourraient être nécessaires pour les valeurs manquantes sporadiques dans les données de capteurs continues.

La prise en compte de ces facteurs est cruciale pour maintenir l'intégrité et la fiabilité des analyses de séries temporelles. Une gestion appropriée des fuseaux horaires garantit que les relations temporelles sont représentées avec précision dans différentes régions, tandis qu'une gestion efficace des dates manquantes préserve la continuité essentielle à de nombreuses techniques de modélisation de séries temporelles.

```python
import pandas as pd
import numpy as np
import matplotlib.pyplot as plt

# Create sample data with missing dates
date_range = pd.date_range(start='2023-01-01', end='2023-12-31', freq='D')
sales = np.random.randint(100, 1000, size=len(date_range))
df_sales = pd.DataFrame({'Date': date_range, 'Sales': sales})

# Introduce missing dates
df_sales = df_sales.drop(df_sales.index[10:20])  # Remove 10 days of data
df_sales = df_sales.drop(df_sales.index[150:160])  # Remove another 10 days

# Print original dataframe
print("Original DataFrame:")
print(df_sales.head(15))
print("...")
print(df_sales.tail(15))

# Handling missing dates by reindexing the data
df_sales = df_sales.set_index('Date').asfreq('D')

# Fill missing values
```

```python
df_sales['Sales'] = df_sales['Sales'].fillna(method='ffill')  # forward-fill

# Reset index to make 'Date' a column again
df_sales = df_sales.reset_index()

# Print updated dataframe
print("\\nUpdated DataFrame:")
print(df_sales.head(15))
print("...")
print(df_sales.tail(15))

# Visualize the data
plt.figure(figsize=(12, 6))
plt.plot(df_sales['Date'], df_sales['Sales'])
plt.title('Sales Data with Filled Missing Dates')
plt.xlabel('Date')
plt.ylabel('Sales')
plt.xticks(rotation=45)
plt.tight_layout()
plt.show()

# Basic statistics
print("\\nBasic Statistics:")
print(df_sales['Sales'].describe())

# Check for any remaining missing values
print("\\nRemaining Missing Values:")
print(df_sales.isnull().sum())
```

Explication détaillée du code :

1. Préparation des données :

    o   Nous importons les bibliothèques nécessaires : pandas pour la manipulation des données, numpy pour les opérations numériques et matplotlib pour la visualisation.

    o   Un jeu de données d'exemple est créé avec des données de ventes quotidiennes pour l'année entière 2023 en utilisant la fonction date_range de pandas et des chiffres de ventes aléatoires.

    o   Nous introduisons intentionnellement des dates manquantes en supprimant deux plages de 10 jours chacune du jeu de données.

2. Gestion des dates manquantes :

    o   Nous utilisons la méthode set_index('Date').asfreq('D') pour réindexer le dataframe avec une plage de dates complète à une fréquence quotidienne ('D').

- o Cette opération introduit des valeurs NaN pour les ventes aux dates qui étaient précédemment manquantes.

3. Remplissage des valeurs manquantes :

   - o Nous utilisons la méthode fillna(method='ffill') pour effectuer un remplissage avant des valeurs de ventes manquantes.

   - o Cela signifie que chaque valeur manquante est remplie avec le dernier chiffre de ventes connu.

4. Visualisation des données :

   - o Nous créons un graphique linéaire des données de ventes au fil du temps en utilisant matplotlib.

   - o Cette visualisation aide à identifier les écarts restants ou les motifs inhabituels dans les données.

5. Analyse des données :

   - o Nous affichons les statistiques descriptives de base des données de ventes en utilisant la méthode describe().

   - o Nous vérifions également la présence de valeurs manquantes restantes dans le jeu de données.

Cet exemple illustre une approche complète de la gestion des dates manquantes dans les données de séries temporelles. Il comprend la création d'un jeu de données, l'introduction délibérée de lacunes, le traitement de ces dates manquantes, la visualisation des résultats et la réalisation d'une analyse statistique de base. Ce processus exhaustif garantit la continuité des données, un facteur essentiel pour de nombreuses techniques d'analyse de séries temporelles.

9.1.6 Points clés et leurs implications

- **Les caractéristiques de date/heure** sont fondamentales pour la prévision de séries temporelles, permettant aux modèles de discerner des motifs complexes :

  - o Saisonnalité : Motifs récurrents liés aux périodes calendaires (par exemple, pics de ventes pendant les vacances)

  - o Tendances : Mouvements directionnels à long terme dans les données

  - o Cycles : Fluctuations non liées aux périodes calendaires (par exemple, cycles économiques)

- **L'extraction des composantes de date et d'heure** améliore les performances du modèle :

  - o Motifs au niveau quotidien : Capture des rythmes hebdomadaires dans les données

- o Effets de mois et de trimestre : Identification des tendances saisonnières plus larges

  - o Comparaisons d'une année sur l'autre : Activation de la reconnaissance de motifs à long terme

- **L'encodage cyclique** préserve la circularité inhérente de certaines caractéristiques temporelles :

  - o Jour de la semaine : S'assurer que lundi et dimanche sont reconnus comme adjacents

  - o Mois de l'année : Maintenir la nature continue des mois d'une année à l'autre

  - o Précision améliorée du modèle : Aider les algorithmes à comprendre les effets de bouclage

- **La gestion des dates manquantes et des fuseaux horaires** est cruciale pour l'intégrité des données :

  - o Cohérence des données mondiales : Aligner les points de données provenant de différentes régions

  - o Gestion des données haute fréquence : Garantir la précision des horodatages au niveau de la milliseconde

  - o Stratégies d'imputation : Choisir des méthodes appropriées pour combler les lacunes sans introduire de biais

En maîtrisant ces concepts, les data scientists peuvent construire des modèles de séries temporelles plus robustes et précis, conduisant à de meilleures prévisions et à des informations plus approfondies dans divers domaines tels que la finance, la prévision météorologique et la prévision de la demande.

9.2 Création de caractéristiques décalées et glissantes

Lors de l'analyse de données de séries temporelles, l'incorporation de **caractéristiques décalées** et de **caractéristiques glissantes** peut améliorer considérablement les capacités prédictives d'un modèle. Les caractéristiques décalées permettent aux modèles d'exploiter les observations historiques pour des prévisions plus précises, tandis que les caractéristiques glissantes fournissent des informations précieuses sur les tendances évolutives et les fluctuations sur des intervalles de temps spécifiés.

Ces caractéristiques sophistiquées jouent un rôle crucial dans le déchiffrement des relations complexes entre les valeurs passées et futures, particulièrement dans les scénarios où des motifs complexes ou des variations saisonnières exercent une influence substantielle sur les données.

Tout au long de cette section, nous entreprendrons une exploration approfondie des méthodologies de création et d'utilisation efficace des caractéristiques décalées et glissantes. Pour élucider ces concepts, nous présenterons une série d'exemples pratiques qui démontrent leur application dans des scénarios du monde réel, mettant en évidence l'impact transformateur que ces techniques peuvent avoir sur l'analyse de séries temporelles et la précision des prévisions.

9.2.1 Caractéristiques décalées

Une **caractéristique décalée** est une technique puissante en analyse de séries temporelles qui consiste à décaler les données originales d'un intervalle de temps spécifié. Ce processus introduit les valeurs précédentes comme nouvelles caractéristiques dans le jeu de données, permettant au modèle d'exploiter l'information historique pour des prédictions plus précises. En incorporant des caractéristiques décalées, les modèles peuvent capturer les dépendances temporelles et les motifs qui peuvent ne pas être apparents dans le pas de temps actuel seul.

Le concept de caractéristiques décalées est particulièrement précieux dans les scénarios où les événements passés ont un impact significatif sur les résultats futurs. Par exemple, sur les marchés financiers, les cours des actions d'hier influencent souvent les tendances de négociation d'aujourd'hui. De même, en prévision météorologique, les données de température et de précipitations des jours précédents peuvent être cruciales pour prédire les conditions météorologiques futures.

Lors de la création de caractéristiques décalées, il est important de considérer le décalage temporel approprié. Cela peut varier en fonction de la nature des données et du problème spécifique en question. Par exemple, les données de ventes quotidiennes pourraient bénéficier de décalages de 1, 7 et 30 jours pour capturer les motifs quotidiens, hebdomadaires et mensuels. En expérimentant avec différents intervalles de décalage, les data scientists peuvent identifier les points de données historiques les plus informatifs pour leurs modèles prédictifs.

Les caractéristiques décalées complètent d'autres techniques de séries temporelles, telles que les caractéristiques glissantes et la décomposition saisonnière, pour fournir une vue d'ensemble des motifs et tendances temporels. Lorsqu'elles sont utilisées judicieusement, elles peuvent améliorer considérablement la capacité d'un modèle à discerner les relations complexes dans les données temporelles, conduisant à des prédictions plus robustes et précises dans divers domaines.

9.2.2 Création de caractéristiques décalées avec Pandas

Approfondissons le concept de caractéristiques décalées à l'aide d'un exemple pratique. Considérons un jeu de données contenant des chiffres de ventes quotidiennes pour un magasin de détail. Notre objectif est de prévoir les ventes d'aujourd'hui en fonction des données de ventes des trois jours précédents. Pour y parvenir, nous créerons des caractéristiques décalées qui capturent cette information historique :

- **Ventes Décalage-1** : Représente les ventes d'hier, fournissant un contexte historique immédiat.

- **Ventes Décalage-2** : Capture les ventes d'il y a deux jours, offrant des données légèrement plus anciennes mais toujours pertinentes.

- **Ventes Décalage-3** : Intègre les données de ventes d'il y a trois jours, étendant davantage la fenêtre historique.

En incorporant ces caractéristiques décalées, nous permettons à notre modèle prédictif de discerner les motifs et les relations entre les chiffres de ventes sur des jours consécutifs. Cette approche est particulièrement précieuse dans les scénarios où l'historique récent des ventes influence considérablement les performances futures, comme dans le commerce de détail, où des facteurs tels que les promotions ou les tendances saisonnières peuvent créer des motifs à court terme.

De plus, l'utilisation de plusieurs périodes de décalage permet au modèle de capturer différentes dynamiques temporelles. Par exemple :

- Le décalage de 1 jour pourrait capturer les fluctuations quotidiennes et les tendances immédiates.

- Le décalage de 2 jours pourrait aider à identifier les motifs qui s'étendent sur les week-ends ou les promotions courtes.

- Le décalage de 3 jours pourrait révéler des tendances légèrement plus longues ou les effets des événements de milieu de semaine sur les ventes du week-end.

Cette approche multi-décalage fournit un ensemble de caractéristiques plus riche pour le modèle, améliorant potentiellement sa capacité à faire des prédictions précises en considérant un contexte historique plus complet.

```python
import pandas as pd
import matplotlib.pyplot as plt
import seaborn as sns

# Sample sales data
data = {'Date': pd.date_range(start='2022-01-01', periods=30, freq='D'),
        'Sales': [100, 120, 110, 140, 135, 150, 160, 155, 180, 175,
                  190, 200, 185, 210, 205, 220, 230, 225, 250, 245,
                  260, 270, 255, 280, 275, 290, 300, 295, 320, 315]}
df = pd.DataFrame(data)

# Create lagged features for the previous 1, 2, and 3 days
df['Sales_Lag1'] = df['Sales'].shift(1)
df['Sales_Lag2'] = df['Sales'].shift(2)
df['Sales_Lag3'] = df['Sales'].shift(3)

# Create rolling features
df['Rolling_Mean_7'] = df['Sales'].rolling(window=7).mean()
```

```python
df['Rolling_Std_7'] = df['Sales'].rolling(window=7).std()

# Calculate percentage change
df['Pct_Change'] = df['Sales'].pct_change()

# Print the first 10 rows of the dataframe
print(df.head(10))

# Visualize the data
plt.figure(figsize=(12, 8))
plt.plot(df['Date'], df['Sales'], label='Sales')
plt.plot(df['Date'], df['Rolling_Mean_7'], label='7-day Rolling Mean')
plt.fill_between(df['Date'],
                 df['Rolling_Mean_7'] - df['Rolling_Std_7'],
                 df['Rolling_Mean_7'] + df['Rolling_Std_7'],
                 alpha=0.2, label='7-day Rolling Std Dev')
plt.title('Sales Data with Rolling Mean and Standard Deviation')
plt.xlabel('Date')
plt.ylabel('Sales')
plt.legend()
plt.xticks(rotation=45)
plt.tight_layout()
plt.show()

# Correlation heatmap
correlation_matrix = df[['Sales', 'Sales_Lag1', 'Sales_Lag2', 'Sales_Lag3',
'Rolling_Mean_7']].corr()
plt.figure(figsize=(10, 8))
sns.heatmap(correlation_matrix, annot=True, cmap='coolwarm', vmin=-1, vmax=1,
center=0)
plt.title('Correlation Heatmap of Sales and Lagged/Rolling Features')
plt.tight_layout()
plt.show()

# Basic statistics
print("\\nBasic Statistics:")
print(df['Sales'].describe())

# Autocorrelation
from pandas.plotting import autocorrelation_plot
plt.figure(figsize=(12, 6))
autocorrelation_plot(df['Sales'])
plt.title('Autocorrelation Plot of Sales')
plt.tight_layout()
plt.show()
```

Explication détaillée du code :

1. Préparation des données et ingénierie des caractéristiques :

- o Nous importons les bibliothèques nécessaires : pandas pour la manipulation de données, matplotlib pour les graphiques de base et seaborn pour les visualisations avancées.

- o Un jeu de données échantillon est créé avec des données de ventes quotidiennes sur 30 jours en utilisant la fonction date_range de pandas.

- o Nous créons des caractéristiques décalées pour 1, 2 et 3 jours en utilisant la méthode shift().

- o Les caractéristiques glissantes (moyenne mobile sur 7 jours et écart-type) sont créées en utilisant la méthode rolling().

- o Le changement en pourcentage est calculé en utilisant la méthode pct_change() pour montrer le taux de croissance d'un jour à l'autre.

2. Visualisation des données :

- o Nous créons un graphique linéaire montrant les données de ventes originales, la moyenne mobile sur 7 jours et la plage d'écart-type glissant.

- o Cette visualisation aide à identifier les tendances et la volatilité des données de ventes au fil du temps.

3. Analyse de corrélation :

- o Une carte thermique de corrélation est créée en utilisant seaborn pour montrer les relations entre les ventes et les caractéristiques conçues.

- o Cela aide à identifier quelles caractéristiques décalées ou glissantes ont la corrélation la plus forte avec les ventes actuelles.

4. Analyse statistique :

- o Les statistiques descriptives de base des données de ventes sont affichées en utilisant la méthode describe().

- o Un graphique d'autocorrélation est généré pour montrer comment les ventes sont corrélées avec leurs propres valeurs décalées au fil du temps.

Cet exemple complet démontre diverses techniques pour travailler avec des données de séries temporelles, notamment l'ingénierie des caractéristiques, la visualisation et l'analyse statistique. Il fournit des informations sur les tendances, les motifs et les relations au sein des données de ventes, qui peuvent être précieuses pour la prévision et la prise de décision dans un contexte commercial.

9.2.3 Utilisation des caractéristiques décalées pour la modélisation

Les caractéristiques décalées sont particulièrement précieuses dans l'analyse de séries temporelles, surtout lorsqu'on traite des données présentant une forte autocorrélation. Ce phénomène se produit lorsque les valeurs passées ont une influence significative sur les résultats futurs. Par exemple, sur les marchés financiers, les cours des actions démontrent souvent cette caractéristique, le prix de clôture d'hier servant d'indicateur fort pour le prix d'ouverture d'aujourd'hui. Cela fait des caractéristiques décalées un outil essentiel pour les analystes et les scientifiques des données travaillant dans la finance, l'économie et les domaines connexes.

Le pouvoir des caractéristiques décalées s'étend au-delà des simples corrélations quotidiennes. Dans certains cas, des motifs peuvent émerger sur des intervalles plus longs, tels que des cycles hebdomadaires ou mensuels. Par exemple, les données de ventes au détail peuvent montrer de fortes corrélations avec les chiffres de ventes du même jour de la semaine précédente, ou même du même mois de l'année précédente. En incorporant ces caractéristiques décalées, les modèles peuvent capturer des dépendances temporelles complexes qui pourraient autrement passer inaperçus.

Conseil clé : Lors de la mise en œuvre de caractéristiques décalées, il est crucial de considérer attentivement l'intervalle de décalage. La période de décalage optimale peut varier considérablement en fonction de la nature de vos données et des motifs spécifiques que vous essayez de capturer. Un décalage trop court peut ne pas fournir d'informations significatives, introduisant potentiellement du bruit plutôt qu'un signal dans votre modèle. À l'inverse, un décalage trop long pourrait manquer des tendances récentes importantes ou des changements dans le comportement des données.

Pour trouver les intervalles de décalage les plus efficaces, il est recommandé d'adopter une approche systématique :

- Pour trouver les intervalles de décalage les plus efficaces, il est recommandé d'adopter une approche systématique qui combine l'expertise du domaine avec des techniques basées sur les données :

- **Exploiter les connaissances du domaine** : Commencez par puiser dans votre expertise spécifique au secteur. Comprendre les rythmes et cycles inhérents à votre domaine peut fournir des informations précieuses sur les échelles de temps potentiellement pertinentes. Par exemple, dans le commerce de détail, vous pourriez considérer des motifs quotidiens, hebdomadaires ou saisonniers qui pourraient influencer les ventes.

- **Effectuer une analyse d'autocorrélation** : Employez des outils statistiques tels que les graphiques d'autocorrélation et les fonctions d'autocorrélation partielle (PACF) pour identifier les périodes de décalage significatives. Ces techniques peuvent révéler des motifs et des dépendances cachés dans vos données de séries temporelles qui pourraient ne pas être immédiatement apparents.

- **Mettre en œuvre une expérimentation itérative** : Adoptez une approche méthodique pour tester différents intervalles et combinaisons de décalage. Ce processus implique de créer diverses caractéristiques décalées, de les incorporer dans votre modèle et d'évaluer systématiquement leur impact sur les mesures de performance. Soyez prêt à affiner votre approche en fonction des résultats de chaque itération.

- **Incorporer plusieurs échelles de décalage** : Plutôt que de s'appuyer sur une seule période de décalage, envisagez d'utiliser une combinaison de décalages à court et à long terme. Cette approche multi-échelle peut fournir une vue plus nuancée et complète de la dynamique temporelle de vos données. Par exemple, dans la prévision financière, vous pourriez combiner des décalages quotidiens, hebdomadaires et mensuels pour capturer à la fois les réactions immédiates du marché et les tendances à plus long terme.

En suivant cette approche complète, vous pouvez développer un ensemble robuste de caractéristiques décalées qui capturent tout le spectre des dépendances temporelles dans vos données, améliorant ainsi les capacités prédictives de votre modèle.

En sélectionnant et en ajustant soigneusement vos caractéristiques décalées, vous pouvez considérablement améliorer la capacité de votre modèle à capturer les motifs temporels et à faire des prédictions précises dans l'analyse de séries temporelles.

9.2.4 Caractéristiques glissantes

Alors que les caractéristiques décalées se concentrent sur des valeurs passées spécifiques, les **caractéristiques glissantes** résument les données sur une fenêtre mobile, fournissant une vue plus complète du comportement des données. Ces caractéristiques sont essentielles pour capturer les tendances à long terme et les motifs de volatilité qui pourraient être masqués lors de l'examen de points de données individuels. En agrégeant les informations sur une période spécifiée, les caractéristiques glissantes offrent une représentation lissée des données, aidant à filtrer le bruit et à mettre en évidence les tendances sous-jacentes.

Les caractéristiques glissantes sont particulièrement précieuses dans l'analyse de séries temporelles pour plusieurs raisons :

- **Identification des tendances** : Les caractéristiques glissantes excellent à révéler les motifs à long terme qui pourraient être masqués dans les données brutes. En agrégeant les informations au fil du temps, elles peuvent découvrir des changements graduels ou des mouvements soutenus dans les données. Cette capacité est inestimable dans divers domaines :

  - Dans l'analyse financière, les caractéristiques glissantes peuvent mettre en évidence les tendances du marché, aidant les investisseurs à prendre des décisions éclairées concernant l'allocation d'actifs et la gestion des risques.

  - Pour la prévision météorologique, elles peuvent révéler des modèles climatiques sur des périodes prolongées, aidant à la prédiction de phénomènes météorologiques à long terme comme El Niño ou La Niña.

- o Dans les études économiques, les caractéristiques glissantes peuvent éclairer les tendances macroéconomiques, telles que les changements dans les taux de croissance du PIB ou les modèles d'inflation, qui sont cruciaux pour l'élaboration de politiques et la planification stratégique.

- **Évaluation de la volatilité** : En calculant la variabilité au sein d'une fenêtre mobile, les caractéristiques glissantes offrent une vue dynamique de la stabilité des données. Ceci est particulièrement utile dans :

  - o L'évaluation des risques financiers, où la compréhension des périodes de turbulence du marché est cruciale pour la gestion de portefeuille et la tarification des options.

  - o L'analyse de systèmes complexes, comme dans les études écologiques, où les fluctuations de la dynamique des populations peuvent indiquer la santé de l'écosystème ou des changements imminents.

  - o L'analyse du secteur de l'énergie, où la volatilité de la production d'énergie renouvelable (par exemple, éolienne ou solaire) impacte la stabilité du réseau et la tarification de l'énergie.

- **Détection de la saisonnalité** : Lorsqu'elles sont appliquées stratégiquement, les caractéristiques glissantes peuvent dévoiler des motifs récurrents dans les données :

  - o Dans le commerce de détail, elles peuvent aider à identifier les cycles de ventes annuels, permettant une meilleure gestion des stocks et des stratégies marketing.

  - o Pour les industries du tourisme, la détection des motifs saisonniers de visiteurs aide à l'allocation des ressources et aux stratégies de tarification.

  - o En agriculture, la reconnaissance des motifs saisonniers de rendement des cultures peut informer les décisions de plantation et de récolte.

- **Réduction du bruit** : En lissant les fluctuations à court terme, les caractéristiques glissantes agissent comme un filtre, séparant les signaux significatifs du bruit aléatoire :

  - o Dans le traitement du signal, cela peut aider à extraire des signaux audio clairs du bruit de fond.

  - o Dans la recherche médicale, cela peut aider à identifier des tendances significatives dans les données des patients au milieu des variations quotidiennes.

  - o Pour la surveillance environnementale, cela peut aider à distinguer entre la variabilité naturelle et les changements significatifs des niveaux de pollution ou des mesures de biodiversité.

Les statistiques glissantes courantes comprennent :

- **Moyenne glissante (Moyenne mobile)** : Cette mesure calcule la moyenne sur une fenêtre spécifiée, lissant efficacement les fluctuations à court terme et mettant en évidence les tendances à long terme. Elle est largement utilisée dans l'analyse technique des marchés financiers et dans les modèles de prévision. Par exemple, dans l'analyse boursière, une moyenne mobile sur 50 ou 200 jours peut aider les investisseurs à identifier les tendances de prix à long terme et les niveaux de support ou de résistance potentiels.

- **Écart-type glissant** : Cela capture la volatilité ou la variabilité au sein de la fenêtre, fournissant une mesure de la dispersion des points de données. C'est particulièrement utile dans l'évaluation des risques et dans l'identification des périodes de volatilité du marché. En finance, un écart-type glissant croissant peut signaler une incertitude accrue du marché, influençant potentiellement les décisions d'investissement ou les stratégies de gestion des risques.

- **Somme glissante** : Cela fournit des valeurs cumulatives sur la fenêtre, ce qui est particulièrement utile pour les mesures qui sont significatives lorsqu'elles sont agrégées, comme les ventes totales sur une période ou les précipitations cumulées. Dans l'analytique d'entreprise, une somme glissante des ventes mensuelles peut aider à identifier les motifs saisonniers ou à suivre les progrès vers les objectifs trimestriels ou annuels.

- **Médiane glissante** : Similaire à la moyenne glissante, mais moins sensible aux valeurs aberrantes, ce qui la rend utile pour les ensembles de données avec des valeurs extrêmes ou des distributions asymétriques. Cette mesure est particulièrement précieuse dans des domaines comme l'immobilier, où les prix des propriétés peuvent être significativement influencés par quelques transactions de grande valeur. Une médiane glissante peut fournir une représentation plus stable des tendances des prix.

- **Maximum et minimum glissants** : Ces caractéristiques capturent les valeurs les plus élevées et les plus basses au sein de chaque fenêtre, utiles pour identifier les pics et les creux dans les données. Dans la surveillance environnementale, les températures maximales et minimales glissantes peuvent aider à suivre les événements météorologiques extrêmes ou les tendances climatiques à long terme. En finance, ces mesures peuvent être utilisées pour mettre en œuvre des stratégies de trading basées sur des ruptures de prix ou des niveaux de support/résistance.

- **Percentiles glissants** : Ils fournissent des informations sur la distribution des données au sein de chaque fenêtre. Par exemple, un 90e percentile glissant peut aider à identifier les produits ou les employés constamment performants, tandis qu'un 10e percentile glissant pourrait signaler les domaines nécessitant une amélioration.

- **Corrélation glissante** : Cette mesure mesure la relation entre deux variables sur une fenêtre mobile. Dans la gestion de portefeuille multi-actifs, les corrélations glissantes entre différents actifs peuvent informer les stratégies de diversification et l'évaluation des risques.

Lors de la mise en œuvre de ces caractéristiques glissantes, il est crucial de considérer attentivement la taille de la fenêtre. Des fenêtres plus petites seront plus réactives aux changements récents mais peuvent introduire du bruit, tandis que des fenêtres plus grandes fournissent une vue plus lisse mais peuvent être en retard par rapport aux tendances récentes. La taille de fenêtre optimale dépend souvent des caractéristiques spécifiques des données et des objectifs d'analyse. L'expérimentation et les connaissances du domaine sont essentielles pour trouver le bon équilibre pour chaque application.

Le choix de la taille de fenêtre pour ces caractéristiques glissantes est crucial et dépend des caractéristiques spécifiques des données et des objectifs d'analyse. Des fenêtres plus petites seront plus réactives aux changements récents mais peuvent être plus bruyantes, tandis que des fenêtres plus grandes fourniront une vue plus lissée mais peuvent être en retard par rapport aux tendances récentes. L'expérimentation avec différentes tailles de fenêtres est souvent nécessaire pour trouver l'équilibre optimal pour une application donnée.

Création

```python
import pandas as pd
import matplotlib.pyplot as plt

# Sample data with a longer time range for rolling calculations
data = {'Date': pd.date_range(start='2022-01-01', periods=30, freq='D'),
        'Sales': [100, 120, 110, 140, 135, 150, 160, 155, 180, 175, 165, 170, 185, 190, 200,
                  210, 205, 220, 215, 230, 240, 235, 250, 245, 260, 270, 265, 280, 275, 290]}
df = pd.DataFrame(data)
df.set_index('Date', inplace=True)

# Create rolling features
df['RollingMean_7'] = df['Sales'].rolling(window=7).mean()
df['RollingStd_7'] = df['Sales'].rolling(window=7).std()
df['RollingMax_7'] = df['Sales'].rolling(window=7).max()
df['RollingMin_7'] = df['Sales'].rolling(window=7).min()

# Create lagged features
df['Sales_Lag1'] = df['Sales'].shift(1)
df['Sales_Lag7'] = df['Sales'].shift(7)

# Calculate percent change
df['PercentChange'] = df['Sales'].pct_change()

# Print the first few rows of the DataFrame
print(df.head(10))
```

```python
# Visualize the data
plt.figure(figsize=(12, 8))
plt.plot(df.index, df['Sales'], label='Sales')
plt.plot(df.index, df['RollingMean_7'], label='7-day Rolling Mean')
plt.fill_between(df.index, df['RollingMin_7'], df['RollingMax_7'], alpha=0.2,
label='7-day Range')
plt.title('Sales Data with Rolling Statistics')
plt.xlabel('Date')
plt.ylabel('Sales')
plt.legend()
plt.grid(True)
plt.show()

# Calculate correlations
correlation_matrix = df[['Sales', 'RollingMean_7', 'Sales_Lag1',
'Sales_Lag7']].corr()
print("\\nCorrelation Matrix:")
print(correlation_matrix)
```

Cet exemple de code présente une approche complète pour analyser les données de séries temporelles en utilisant pandas et matplotlib. Examinons les composants clés et leur importance :

1. Préparation des données :

    o Nous créons un ensemble de données plus large avec 30 jours de données de ventes pour fournir un exemple plus robuste.

    o La colonne 'Date' est définie comme index du DataFrame, ce qui constitue une bonne pratique pour les données de séries temporelles dans pandas.

2. Caractéristiques glissantes :

    o Moyenne glissante (fenêtre de 7 jours) : Cela lisse les fluctuations à court terme et met en évidence la tendance générale.

    o Écart-type glissant (fenêtre de 7 jours) : Cela capture la volatilité ou la variabilité des ventes au cours de la semaine écoulée.

    o Maximum et minimum glissants (fenêtre de 7 jours) : Ceux-ci fournissent des informations sur la plage des valeurs de ventes au cours de la semaine écoulée.

3. Caractéristiques décalées :

    o Décalage de 1 jour : Cela permet au modèle de prendre en compte les ventes d'hier lors de la prédiction de celles d'aujourd'hui.

- o Décalage de 7 jours : Cela capture la valeur des ventes du même jour la semaine dernière, potentiellement utile pour les motifs hebdomadaires.

4. Variation en pourcentage :

- o Cela calcule la variation en pourcentage jour après jour des ventes, ce qui peut être utile pour identifier les changements soudains ou les tendances.

5. Visualisation des données :

- o Le graphique montre les données de ventes brutes, la moyenne glissante sur 7 jours et la plage entre le minimum et le maximum glissants sur 7 jours.

- o Cette visualisation aide à identifier les tendances, la saisonnalité et les fluctuations inhabituelles dans les données.

6. Analyse de corrélation :

- o La matrice de corrélation montre les relations entre les données de ventes d'origine et diverses caractéristiques dérivées.

- o Cela peut aider à comprendre quelles caractéristiques pourraient être les plus prédictives des ventes futures.

En combinant ces diverses techniques, nous créons un ensemble riche de caractéristiques qui capturent différents aspects des données de séries temporelles. Cette approche complète permet une compréhension plus approfondie des motifs et des relations sous-jacents dans les données de ventes, ce qui peut être inestimable pour les processus de prévision et de prise de décision.

Interprétation des caractéristiques glissantes

Les caractéristiques glissantes offrent des informations précieuses sur la dynamique temporelle des données de séries temporelles. En agrégeant les informations sur une fenêtre spécifiée, ces caractéristiques fournissent une vue nuancée des tendances, de la volatilité et des motifs qui pourraient autrement être masqués dans les données brutes. Explorons deux caractéristiques glissantes clés :

- **Moyenne glissante** : Comme mentionné précédemment, cette caractéristique agit comme un mécanisme de lissage, filtrant le bruit à court terme pour révéler les tendances sous-jacentes. En moyennant les points de données dans une fenêtre mobile, elle fournit une image plus claire de la direction des données au fil du temps. Par exemple :

  - o Dans les marchés financiers, une moyenne glissante croissante des cours des actions pourrait indiquer une tendance haussière, tandis qu'une moyenne décroissante pourrait suggérer un marché baissier.

- o Pour les plateformes de commerce électronique, une moyenne glissante croissante des utilisateurs actifs quotidiens pourrait signaler un engagement croissant des utilisateurs ou le succès de campagnes marketing récentes.

- o Dans les études climatiques, une moyenne glissante des températures peut aider à identifier les tendances de réchauffement ou de refroidissement à long terme, en lissant les fluctuations quotidiennes et saisonnières.

- **Écart-type glissant** : Comme décrit précédemment, cette métrique capture le degré de variabilité ou de dispersion au sein de la fenêtre mobile. Elle est particulièrement utile pour :

  - o L'évaluation des risques en finance, où les périodes d'écart-type glissant élevé peuvent indiquer une turbulence du marché ou un risque d'investissement accru.

  - o Le contrôle qualité en fabrication, où les pics d'écart-type glissant pourraient signaler une instabilité du processus ou un dysfonctionnement de l'équipement.

  - o La prévision de la demande dans le commerce de détail, où les changements dans l'écart-type glissant des données de ventes pourraient indiquer un comportement des consommateurs changeant ou une volatilité du marché.

Lors de l'interprétation de ces caractéristiques glissantes, il est crucial de considérer la taille de la fenêtre et son impact sur l'analyse. Les fenêtres plus petites seront plus réactives aux changements récents mais peuvent introduire du bruit, tandis que les fenêtres plus grandes fournissent une vue plus lisse mais peuvent être en retard par rapport aux tendances récentes. Le choix de la taille de fenêtre doit être éclairé par les caractéristiques spécifiques des données et les objectifs analytiques en question.

En tirant parti à la fois de la moyenne glissante et de l'écart-type glissant, les analystes peuvent acquérir une compréhension complète à la fois de la tendance centrale et de la variabilité dans leurs données de séries temporelles, permettant une prise de décision plus éclairée et une modélisation prédictive plus précise.

9.2.5 Utilisation pratique des caractéristiques décalées et glissantes en prévision

Les caractéristiques décalées et glissantes améliorent considérablement les capacités prédictives d'un modèle en intégrant le contexte temporel. Ces caractéristiques sont particulièrement précieuses dans les domaines où les données historiques récentes influencent fortement les résultats à court terme. En capturant à la fois les valeurs passées immédiates et les tendances à plus long terme, ces caractéristiques fournissent une vue complète de la dynamique temporelle des données. Voici quelques applications clés :

- **Marchés financiers** : Dans le trading d'actions et l'analyse d'investissement, les moyennes glissantes et les valeurs décalées des cours des actions sont cruciales. Par exemple, une moyenne mobile sur 50 jours peut aider à identifier les tendances à long terme, tandis que les valeurs décalées du jour ou de la semaine précédente peuvent capturer l'élan à court terme. Ces caractéristiques sont souvent utilisées dans l'analyse technique pour générer des signaux d'achat ou de vente.

- **Prévisions météorologiques** : Les météorologues s'appuient fortement sur les données de température décalées et les moyennes glissantes de précipitations. Par exemple, les valeurs de température décalées des jours précédents peuvent aider à prédire la température de demain, tandis qu'une moyenne glissante sur 30 jours des précipitations peut indiquer les tendances globales d'humidité. Ces caractéristiques sont essentielles à la fois pour les prévisions météorologiques à court terme et l'analyse climatique à long terme.

- **Prédiction des ventes au détail** : Dans le secteur de la vente au détail, les ventes quotidiennes ou hebdomadaires passées servent de prédicteurs critiques des ventes futures. Une moyenne glissante sur 7 jours peut lisser les effets du jour de la semaine, tandis que les valeurs décalées du même jour la semaine dernière ou l'année dernière peuvent capturer la saisonnalité hebdomadaire ou annuelle. Ces caractéristiques sont particulièrement utiles pour la gestion des stocks et les décisions en matière de dotation en personnel.

- **Prévision de la consommation d'énergie** : Les entreprises de services publics utilisent les caractéristiques décalées et glissantes des données d'utilisation d'énergie pour prédire la demande future. Par exemple, une valeur décalée sur 24 heures peut capturer les motifs quotidiens, tandis qu'une moyenne glissante sur 7 jours peut tenir compte des tendances hebdomadaires. Cela aide à optimiser la production et la distribution d'énergie.

- **Analyse du trafic web** : Les spécialistes du marketing numérique et les administrateurs web utilisent ces caractéristiques pour comprendre et prédire les motifs de trafic des sites web. Les valeurs décalées peuvent capturer l'impact des campagnes marketing récentes, tandis que les moyennes glissantes peuvent révéler les tendances à plus long terme de l'engagement des utilisateurs.

En intégrant ces caractéristiques, les modèles peuvent capturer à la fois les fluctuations à court terme et les tendances à long terme, conduisant à des prédictions plus précises et robustes dans divers domaines.

Combinaison des caractéristiques décalées et glissantes dans un modèle de séries temporelles

Pour illustrer comment ces caractéristiques peuvent être combinées dans un seul ensemble de données, appliquons à la fois les caractéristiques décalées et glissantes à nos données de **ventes**.

```python
import pandas as pd
import matplotlib.pyplot as plt

# Create sample data
data = {'Date': pd.date_range(start='2023-01-01', periods=60, freq='D'),
        'Sales': [100 + i + 10 * (i % 7 == 5) + 20 * (i % 30 < 3) + np.random.randint(-
10, 11) for i in range(60)]}
df = pd.DataFrame(data)
df.set_index('Date', inplace=True)

# Create lagged features
df['Sales_Lag1'] = df['Sales'].shift(1)
df['Sales_Lag2'] = df['Sales'].shift(2)
df['Sales_Lag7'] = df['Sales'].shift(7)  # Weekly lag

# Create rolling features
df['RollingMean_3'] = df['Sales'].rolling(window=3).mean()
df['RollingMean_7'] = df['Sales'].rolling(window=7).mean()
df['RollingStd_3'] = df['Sales'].rolling(window=3).std()
df['RollingStd_7'] = df['Sales'].rolling(window=7).std()

# Create percentage change
df['PctChange'] = df['Sales'].pct_change()

# Create expanding features
df['ExpandingMean'] = df['Sales'].expanding().mean()
df['ExpandingMax'] = df['Sales'].expanding().max()

# Print the first few rows of the DataFrame
print(df.head(10))

# Visualize the data
plt.figure(figsize=(12, 8))
plt.plot(df.index, df['Sales'], label='Sales')
plt.plot(df.index, df['RollingMean_7'], label='7-day Rolling Mean')
plt.plot(df.index, df['ExpandingMean'], label='Expanding Mean')
plt.fill_between(df.index, df['Sales'] - df['RollingStd_7'],
                df['Sales'] + df['RollingStd_7'], alpha=0.2, label='7-day Rolling
Std')
plt.title('Sales Data with Time Series Features')
plt.xlabel('Date')
plt.ylabel('Sales')
plt.legend()
plt.grid(True)
plt.show()

# Calculate correlations
```

```python
correlation_matrix = df[['Sales', 'Sales_Lag1', 'Sales_Lag7', 'RollingMean_7',
'PctChange']].corr()
print("\\nCorrelation Matrix:")
print(correlation_matrix)
```

Décomposition du code :

1. Création des données :

   o Nous générons 60 jours de données de ventes synthétiques avec des motifs hebdomadaires et mensuels, plus du bruit aléatoire.

   o Cela simule des données de ventes réelles avec des tendances et une saisonnalité.

2. Caractéristiques décalées :

   o Sales_Lag1 et Sales_Lag2 : Capturent les dépendances à court terme.

   o Sales_Lag7 : Capture les motifs hebdomadaires, utile pour identifier les effets du jour de la semaine.

3. Caractéristiques glissantes :

   o RollingMean_3 et RollingMean_7 : Lissent les fluctuations à court terme, révélant les tendances.

   o RollingStd_3 et RollingStd_7 : Capturent la volatilité à court terme et hebdomadaire des ventes.

4. Variation en pourcentage :

   o PctChange : Affiche le taux de croissance jour après jour, utile pour identifier les changements soudains.

5. Caractéristiques extensibles :

   o ExpandingMean : Moyenne cumulative, utile pour l'analyse des tendances à long terme.

   o ExpandingMax : Maximum courant, aide à identifier les records globaux de ventes.

6. Visualisation :

   o Trace les ventes brutes, la moyenne glissante sur 7 jours et la moyenne extensive pour montrer différentes perspectives de tendance.

   o Utilise fill_between pour visualiser l'écart-type glissant sur 7 jours, indiquant la volatilité.

7. Analyse de corrélation :

- o Calcule les corrélations entre les caractéristiques clés pour comprendre leurs relations.
- o Aide à identifier quelles caractéristiques pourraient être les plus prédictives des ventes futures.

Cet exemple complet démontre diverses caractéristiques de séries temporelles et leur visualisation, fournissant une base robuste pour les tâches d'analyse et de prévision de séries temporelles.

9.2.6 Considérations lors de l'utilisation de caractéristiques décalées et glissantes

Gestion des valeurs manquantes :

L'introduction de caractéristiques décalées et glissantes conduit inévitablement à des valeurs manquantes au début de l'ensemble de données. Cela se produit parce que ces caractéristiques s'appuient sur des points de données passés qui n'existent pas pour les observations initiales. Par exemple, une moyenne glissante sur 7 jours entraînera des valeurs NaN (Not a Number) pour les 6 premières lignes, car il n'y a pas suffisamment de points de données précédents pour calculer la moyenne.

Ces valeurs manquantes posent un défi pour de nombreux algorithmes d'apprentissage automatique et modèles statistiques, qui nécessitent souvent des ensembles de données complets pour fonctionner correctement. Par conséquent, traiter ces valeurs manquantes est essentiel pour maintenir l'intégrité des données et assurer la fiabilité de votre analyse.

- **Solutions** :
  - o Suppression des données : Une approche consiste simplement à supprimer les lignes contenant des valeurs manquantes. Bien que directe, cette méthode peut entraîner une perte de données potentiellement précieuses, surtout si votre ensemble de données est petit.
  - o Remplissage avant : Cette méthode propage la dernière observation valide vers l'avant pour combler les valeurs NaN. Elle est particulièrement utile lorsque vous pensez que les valeurs manquantes seraient similaires à la valeur connue la plus récente.
  - o Remplissage arrière : À l'inverse, cette approche utilise les valeurs connues futures pour combler les données manquantes. Elle peut être appropriée lorsque vous avez des raisons de croire que les valeurs futures sont de bons substituts pour les données manquantes.
  - o Interpolation : Pour les données de séries temporelles, diverses méthodes d'interpolation (linéaire, polynomiale, spline) peuvent être utilisées pour

estimer les valeurs manquantes en fonction des motifs dans les données existantes.

Le choix de la méthode dépend de votre ensemble de données spécifique, de la nature de votre analyse et des exigences de votre modèle choisi. Il est souvent bénéfique d'expérimenter différentes approches et d'évaluer leur impact sur les performances de votre modèle.

Choisir la bonne taille de fenêtre :

La taille de fenêtre pour les caractéristiques glissantes est un paramètre critique qui a un impact significatif sur l'analyse des données de séries temporelles. Elle détermine le nombre de points de données utilisés dans le calcul des statistiques glissantes, telles que les moyennes mobiles ou les écarts-types. Le choix de la taille de fenêtre dépend de plusieurs facteurs :

- Fréquence des données : Les données à haute fréquence (par ex., horaire) peuvent nécessiter des tailles de fenêtre plus grandes par rapport aux données à basse fréquence (par ex., mensuelle) pour capturer des motifs significatifs.

- Motifs attendus : Si vous anticipez des motifs hebdomadaires, une fenêtre de 7 jours pourrait être appropriée. Pour les motifs mensuels, une fenêtre de 30 jours pourrait être plus adaptée.

- Niveau de bruit : Des données plus bruitées pourraient bénéficier de tailles de fenêtre plus grandes pour lisser les fluctuations et révéler les tendances sous-jacentes.

- Objectif de l'analyse : La prévision à court terme peut nécessiter des fenêtres plus petites, tandis que l'analyse des tendances à long terme pourrait bénéficier de fenêtres plus grandes.

Les fenêtres courtes sont plus réactives aux changements récents et peuvent capturer des fluctuations rapides, les rendant utiles pour détecter des changements soudains ou des anomalies. Cependant, elles peuvent être plus sensibles au bruit. À l'inverse, les fenêtres longues fournissent une représentation plus lisse des données, mettant en évidence les tendances globales mais manquant potentiellement les variations à court terme.

- **Conseil** : Expérimentez avec différentes tailles de fenêtre pour trouver le meilleur ajustement pour votre ensemble de données et vos objectifs. Envisagez d'utiliser plusieurs tailles de fenêtre dans votre analyse pour capturer à la fois les motifs à court terme et à long terme. De plus, vous pouvez employer des techniques comme la validation croisée pour évaluer systématiquement les performances de différentes tailles de fenêtre dans votre contexte spécifique.

Éviter la fuite de données :

Lors du travail avec des données de séries temporelles et de l'utilisation de caractéristiques décalées, il est crucial de prévenir la fuite de données. Cela se produit lorsque des informations provenant du futur influencent par inadvertance le modèle pendant l'entraînement ou les tests, conduisant à des résultats de performance irréalistes et optimistes. Dans le contexte de l'analyse de séries temporelles, la fuite de données peut se produire si le modèle a accès à des points de données futurs qui ne seraient pas disponibles dans un scénario de prédiction réel.

Par exemple, si vous essayez de prédire le prix d'une action de demain en utilisant le prix d'aujourd'hui comme caractéristique, vous devez vous assurer que le modèle n'a accès à aucune information au-delà du jour actuel lors de la formulation des prédictions. Ce principe s'étend à des caractéristiques plus complexes comme les moyennes mobiles ou d'autres mesures dérivées.

- **Solutions pour prévenir la fuite de données** :

    o Ingénierie de caractéristiques prudente : Lors de la création de caractéristiques décalées, assurez-vous qu'elles n'incorporent que des données passées par rapport au point de prédiction.

    o Division appropriée train-test : Dans les données de séries temporelles, divisez toujours vos données chronologiquement, avec l'ensemble d'entraînement précédant l'ensemble de test.

    o Validation croisée basée sur le temps : Utilisez des techniques comme le chaînage avant ou la validation croisée par fenêtre glissante qui respectent l'ordre temporel des données.

    o Calcul des caractéristiques au sein des plis : Recalculez les caractéristiques dépendantes du temps (comme les moyennes glissantes) au sein de chaque pli de validation croisée pour éviter d'utiliser des informations futures.

En mettant en œuvre ces stratégies, vous pouvez maintenir l'intégrité de votre modèle de séries temporelles et vous assurer que ses mesures de performance reflètent avec précision ses capacités prédictives dans le monde réel. N'oubliez pas, l'objectif est de simuler les conditions réelles dans lesquelles le modèle sera déployé, où les données futures sont véritablement inconnues.

9.2.7 Points clés à retenir et applications avancées

- **Les caractéristiques décalées** fournissent au modèle des données historiques récentes, cruciales pour l'analyse de séries temporelles où les valeurs passées influencent souvent les résultats futurs. Ces caractéristiques peuvent capturer des dépendances à court terme et des motifs cycliques, tels que les effets du jour de la semaine dans les ventes au détail ou les motifs de l'heure du jour dans la consommation d'énergie.

- **Les caractéristiques glissantes** capturent les tendances et la variabilité à long terme, lissant les fluctuations à court terme et mettant en évidence des motifs plus larges. Elles sont particulièrement utiles pour identifier la saisonnalité, les changements de tendance et la stabilité globale des données. Par exemple, une moyenne glissante sur 30 jours peut révéler les tendances mensuelles sur les marchés financiers.

- **La combinaison de caractéristiques décalées et glissantes** équipe les modèles d'informations historiques à la fois immédiates et cumulatives, améliorant leur capacité à faire des prédictions précises. Cette combinaison permet une compréhension plus complète des données, capturant simultanément les fluctuations à court terme et les tendances à long terme.

- **La sélection et l'ingénierie des caractéristiques** jouent un rôle crucial dans la modélisation de séries temporelles. Une sélection soigneuse des périodes de décalage et des fenêtres glissantes peut considérablement améliorer les performances du modèle. Par exemple, dans la prédiction du marché boursier, combiner des rendements décalés de 1 jour, 5 jours et 20 jours avec des moyennes glissantes de 10 jours et 30 jours peut capturer diverses dynamiques de marché.

- **La gestion des relations non linéaires** est souvent nécessaire dans l'analyse de séries temporelles. Des techniques comme les caractéristiques polynomiales ou l'application de transformations (par ex., log, racine carrée) aux caractéristiques décalées et glissantes peuvent aider à capturer des motifs complexes dans les données.

En tirant parti de ces techniques avancées, les analystes peuvent développer des modèles de séries temporelles plus sophistiqués et précis, conduisant à une prévision et une prise de décision améliorées dans divers domaines tels que la finance, l'économie et les sciences environnementales.

9.3 Exercices pratiques pour le chapitre 9

Ces exercices vous aideront à vous entraîner à créer et interpréter des caractéristiques de date/heure, des caractéristiques décalées et des caractéristiques glissantes dans les données de séries temporelles. Chaque exercice s'appuie sur les techniques abordées dans ce chapitre, vous permettant d'approfondir votre compréhension de la manipulation des données de séries temporelles et de l'ingénierie de caractéristiques.

Exercice 1 : Extraction de caractéristiques de date/heure

On vous donne un ensemble de données avec des enregistrements de ventes quotidiennes. Votre tâche est de :

1. Convertir la colonne **Date** au format datetime.

2. Extraire l'**Année**, le **Mois**, le **Jour de la semaine** et le **Trimestre** en tant que caractéristiques distinctes.

```python
import pandas as pd

# Sample data with dates
data = {'Date': ['2022-01-15', '2022-02-10', '2022-03-20', '2022-04-15', '2022-05-25'],
```

```python
                'Sales': [200, 220, 250, 210, 230]}
df = pd.DataFrame(data)

# Solution: Convert Date column to datetime and extract date/time features
df['Date'] = pd.to_datetime(df['Date'])
df['Year'] = df['Date'].dt.year
df['Month'] = df['Date'].dt.month
df['DayOfWeek'] = df['Date'].dt.dayofweek
df['Quarter'] = df['Date'].dt.quarter

print("Dataset with extracted date/time features:")
print(df)
```

Exercice 2 : Création de caractéristiques décalées

En utilisant le même ensemble de données, créez des caractéristiques décalées pour représenter les ventes de :

1. La veille (**Sales_Lag1**).

2. Deux jours auparavant (**Sales_Lag2**).

```python
# Solution: Create lagged features
df['Sales_Lag1'] = df['Sales'].shift(1)
df['Sales_Lag2'] = df['Sales'].shift(2)

print("Dataset with lagged features:")
print(df)
```

Exercice 3 : Création de caractéristiques glissantes

En utilisant le même ensemble de données, calculez les statistiques glissantes suivantes :

1. Une **moyenne glissante sur 3 jours** pour la colonne **Sales**.

2. Un **écart type glissant sur 3 jours** pour la colonne **Sales**.

```python
# Solution: Create rolling mean and standard deviation
df['RollingMean_3'] = df['Sales'].rolling(window=3).mean()
df['RollingStd_3'] = df['Sales'].rolling(window=3).std()

print("Dataset with rolling features:")
print(df)
```

Exercice 4 : Combinaison des caractéristiques de date/heure, décalées et glissantes

Dans cet exercice, vous allez créer un ensemble de données combiné avec à la fois des caractéristiques de date/heure, des caractéristiques décalées et des caractéristiques glissantes. En utilisant l'ensemble de données précédent, accomplissez les tâches suivantes :

1. Extraire l'**Année**, le **Mois** et le **Jour de la semaine**.

2. Créer une caractéristique **Sales_Lag1** pour les ventes du jour précédent.

3. Calculer une **moyenne glissante sur 3 jours** pour la colonne **Sales**.

```python
# Solution: Combine date/time, lagged, and rolling features
df['Year'] = df['Date'].dt.year
df['Month'] = df['Date'].dt.month
df['DayOfWeek'] = df['Date'].dt.dayofweek
df['Sales_Lag1'] = df['Sales'].shift(1)
df['RollingMean_3'] = df['Sales'].rolling(window=3).mean()

print("Combined dataset with date/time, lagged, and rolling features:")
print(df)
```

Exercice 5 : Encodage des caractéristiques cycliques

Pour la caractéristique **Jour de la semaine** dans l'ensemble de données précédent, appliquez un encodage en sinus et cosinus pour capturer sa nature cyclique. Cela aidera le modèle à reconnaître que les jours de la semaine forment un cycle répétitif.

```python
import numpy as np

# Solution: Encode Day of the Week as cyclical features
df['DayOfWeek_sin'] = np.sin(2 * np.pi * df['DayOfWeek'] / 7)
df['DayOfWeek_cos'] = np.cos(2 * np.pi * df['DayOfWeek'] / 7)

print("Dataset with cyclical encoding for Day of the Week:")
print(df[['DayOfWeek', 'DayOfWeek_sin', 'DayOfWeek_cos']])
```

Ces exercices couvrent les principes fondamentaux du travail avec les caractéristiques de date/heure, décalées et glissantes dans les données de séries temporelles, ainsi que les techniques d'encodage cyclique. En pratiquant ces méthodes, vous acquerrez une compréhension plus approfondie de la manière de créer et d'interpréter des caractéristiques dépendantes du temps, qui sont essentielles pour une prévision efficace des séries temporelles.

9.4 Qu'est-ce qui pourrait mal tourner ?

Lorsqu'on travaille avec des données de séries temporelles, la création et l'interprétation de caractéristiques de date/heure, décalées et glissantes sont essentielles pour découvrir des motifs et réaliser des prévisions précises. Cependant, il existe plusieurs pièges potentiels dont il faut être conscient. Explorons les problèmes courants qui pourraient survenir lors de la manipulation de ces caractéristiques et discutons des moyens de les éviter ou de les résoudre.

9.4.1 Caractéristiques décalées mal alignées entraînant une fuite de données

Les caractéristiques décalées sont puissantes pour capturer les dépendances aux valeurs précédentes. Cependant, si elles ne sont pas appliquées correctement, les caractéristiques décalées peuvent par inadvertance permettre aux données futures d'influencer la prédiction actuelle. C'est ce qu'on appelle la **fuite de données**, où le modèle obtient des informations provenant de points de données futurs, conduisant à des performances trop optimistes pendant l'entraînement.

Qu'est-ce qui pourrait mal tourner ?

- Les modèles entraînés avec des données ayant subi une fuite pourraient bien performer pendant les tests mais échouer dans les prédictions du monde réel, où les valeurs futures ne sont pas disponibles.

- La fuite de données peut fausser l'interprétation des motifs historiques par le modèle, affectant sa capacité à généraliser.

Solution :

- Appliquez soigneusement les caractéristiques décalées en veillant à ce que seules les valeurs passées soient utilisées pour les prédictions actuelles. Pour la validation croisée des séries temporelles, utilisez une approche de fenêtre glissante ou expansive pour maintenir l'ordre temporel correct.

9.4.2 Tailles de fenêtre incorrectes pour les caractéristiques glissantes

La sélection de la bonne taille de fenêtre pour les caractéristiques glissantes est cruciale. Une fenêtre trop courte peut ne capturer que du bruit ou des fluctuations mineures, tandis qu'une fenêtre trop longue peut trop lisser les données, manquant potentiellement les tendances à court terme.

Qu'est-ce qui pourrait mal tourner ?

- Les fenêtres courtes peuvent entraîner une grande variabilité dans les statistiques glissantes, ce qui peut dérouter les modèles, en particulier dans les données volatiles.

- Les fenêtres longues peuvent masquer d'importants motifs saisonniers, réduisant la précision du modèle pour les prévisions à court terme.

Solution :

- Expérimentez avec différentes tailles de fenêtre et comparez leur effet sur la performance du modèle. Considérez les motifs saisonniers dans les données (par ex., hebdomadaires ou mensuels) pour sélectionner une taille de fenêtre appropriée qui capture à la fois les tendances à court terme et à long terme.

9.4.3 Valeurs manquantes introduites par les caractéristiques décalées et glissantes

Les caractéristiques décalées et glissantes créent intrinsèquement des valeurs NaN au début de l'ensemble de données, où il n'y a pas suffisamment de points de données historiques pour remplir ces caractéristiques. Ignorer ces valeurs manquantes peut conduire à des ensembles de données incomplets ou affecter l'entraînement du modèle.

Qu'est-ce qui pourrait mal tourner ?

- Le modèle peut échouer à s'entraîner sur ces valeurs manquantes, ou elles pourraient perturber certains algorithmes si elles ne sont pas gérées correctement.

- Remplir ou supprimer ces valeurs manquantes sans considération attentive peut supprimer des données potentiellement utiles.

Solution :

- Utilisez des techniques d'imputation, telles que le remplissage par propagation avant ou arrière, pour remplir les valeurs manquantes lorsque cela est approprié. Alternativement, envisagez de supprimer les lignes avec des valeurs manquantes si elles représentent une petite portion de l'ensemble de données et ne compromettent pas les motifs temporels.

9.4.4 Mauvaise interprétation des caractéristiques cycliques

L'encodage des caractéristiques cycliques avec des fonctions sinus et cosinus est un moyen efficace de représenter des cycles répétitifs comme le **jour de la semaine** ou le **mois de l'année**. Cependant, si elle est appliquée à des caractéristiques non cycliques, ou interprétée incorrectement, cet encodage peut introduire du bruit.

Qu'est-ce qui pourrait mal tourner ?

- L'encodage cyclique appliqué à des données non cycliques peut induire le modèle en erreur en créant des relations artificielles entre des valeurs qui ne sont pas cycliques.

- La mauvaise interprétation de l'encodage cyclique peut affecter l'analyse et conduire à des conclusions incorrectes, en particulier lors de l'analyse de la saisonnalité.

Solution :

- Appliquez l'encodage cyclique uniquement aux caractéristiques qui se répètent naturellement, telles que le jour de la semaine ou l'heure de la journée. Évitez d'utiliser l'encodage cyclique pour les caractéristiques qui n'ont pas de cycle répétitif.

9.4.5 Parcimonie des données dans les données à haute fréquence avec des caractéristiques glissantes

Dans les ensembles de données à haute fréquence (par ex., données horaires ou par minute), la création de caractéristiques glissantes avec de grandes fenêtres peut conduire à une parcimonie des données, où de nombreuses entrées n'ont pas de valeurs valides. Cela peut compliquer le processus de création de caractéristiques et peut diluer la valeur des statistiques glissantes.

Qu'est-ce qui pourrait mal tourner ?

- La parcimonie des données peut entraver la capacité du modèle à détecter des motifs significatifs et introduire une surcharge computationnelle inutile.

- Les caractéristiques glissantes parcimonieuses peuvent ne pas capturer les tendances en temps réel, en particulier dans les ensembles de données en évolution rapide.

Solution :

- Utilisez des fenêtres plus courtes pour les données à haute fréquence afin de maintenir un ensemble de caractéristiques dense et significatif. Envisagez de créer des caractéristiques glissantes basées sur les connaissances du domaine, comme l'utilisation d'une fenêtre de 24 heures pour les tendances quotidiennes dans les données horaires.

9.4.6 Gestion incohérente des fuseaux horaires

Pour les ensembles de données couvrant plusieurs régions, la gestion des fuseaux horaires devient essentielle. L'incapacité à tenir compte des fuseaux horaires peut conduire à des motifs temporels inexacts, en particulier dans les ensembles de données mondiaux.

Qu'est-ce qui pourrait mal tourner ?

- Les écarts de temps peuvent entraîner des points de données mal alignés, affectant l'interprétation des motifs quotidiens, hebdomadaires ou saisonniers.

- Des fuseaux horaires incohérents peuvent avoir un impact sur l'analyse en temps réel, où la précision temporelle est critique.

Solution :

- Standardisez tous les horodatages vers un fuseau horaire commun ou convertissez-les en fonction de l'emplacement. Utilisez les méthodes tz_convert() et tz_localize() de Pandas pour gérer efficacement les fuseaux horaires.

Conclusion

Le travail avec les caractéristiques de date/heure, décalées et glissantes peut enrichir l'analyse des données de séries temporelles, mais une manipulation soigneuse est nécessaire pour éviter ces pièges potentiels. Assurer une application appropriée des techniques d'ingénierie de caractéristiques et maintenir un processus de préparation de données robuste sont des étapes clés dans le développement de modèles de séries temporelles précis et fiables. En abordant ces problèmes potentiels, vous pouvez construire une base solide pour l'analyse et la modélisation des séries temporelles, conduisant à des résultats meilleurs et plus cohérents.

Résumé du chapitre 9

Dans ce chapitre, nous avons exploré des techniques essentielles pour gérer les données de séries temporelles, en nous concentrant sur les exigences uniques qui accompagnent les données temporelles. Les données de séries temporelles dépendent intrinsèquement de la dimension temporelle, ce qui signifie que chaque observation a un ordre spécifique qui peut révéler des tendances, de la saisonnalité et des motifs cycliques. En extrayant et en concevant soigneusement des caractéristiques basées sur la date et l'heure, nous pouvons permettre aux modèles de capturer ces motifs sous-jacents, améliorant à la fois la précision prédictive et la qualité des informations.

Nous avons commencé par une discussion sur le **travail avec les caractéristiques de date/heure**, qui sont cruciales pour capturer la structure temporelle. Les attributs temporels tels que l'**année**, le **mois**, le **jour de la semaine** et le **trimestre** peuvent révéler des tendances ou des fluctuations saisonnières. Par exemple, les tendances de ventes mensuelles ou les motifs par jour de la semaine sont couramment observés dans le commerce de détail et la finance. En extrayant ces caractéristiques, nous fournissons au modèle une vue structurée du temps, lui permettant de mieux reconnaître les motifs récurrents.

Ensuite, nous avons présenté les **caractéristiques décalées**, qui offrent au modèle un accès aux observations passées. Les caractéristiques décalées sont particulièrement précieuses lorsque les valeurs passées d'une série influencent fortement les valeurs futures. Par exemple, le cours boursier d'hier influence souvent le prix d'aujourd'hui. La création de caractéristiques décalées est simple avec Pandas, la fonction .shift() nous permettant d'introduire un nombre quelconque de décalages temporels. Ces valeurs décalées donnent au modèle une mémoire des événements récents, essentielle dans la prévision de séries temporelles.

Nous avons ensuite examiné les **caractéristiques glissantes**, qui calculent des statistiques telles que la moyenne et l'écart type sur une fenêtre mobile. Ces caractéristiques sont utiles pour capturer les tendances et mesurer la volatilité dans une période spécifiée. Les moyennes glissantes lissent le bruit à court terme, révélant la tendance plus large, tandis que les écarts types glissants aident à quantifier les fluctuations au fil du temps. Par exemple, une moyenne glissante sur 7 jours dans les données de ventes quotidiennes peut mettre en évidence les motifs hebdomadaires tout en réduisant le bruit quotidien.

Le chapitre a également couvert l'**encodage cyclique** des caractéristiques de date/heure, une technique pour représenter les motifs cycliques comme le jour de la semaine ou le mois de l'année. En utilisant des transformations sinus et cosinus, nous encodons ces attributs cycliques d'une manière qui préserve leur ordre naturel, permettant au modèle d'interpréter leur nature cyclique. Ceci est particulièrement utile dans les données saisonnières, où des cycles récurrents sont attendus.

Enfin, nous avons discuté des pièges potentiels de l'utilisation de ces techniques, tels que la fuite de données avec les caractéristiques décalées, la sélection de tailles de fenêtre inappropriées pour les caractéristiques glissantes et la gestion incorrecte des valeurs manquantes. Relever ces défis est crucial pour éviter les inexactitudes ou les biais dans le modèle.

En conclusion, les données de séries temporelles nécessitent des techniques de gestion spécialisées pour capturer leurs dépendances temporelles. En exploitant les caractéristiques de date/heure, décalées, glissantes et cycliques, nous pouvons enrichir les ensembles de données de séries temporelles, permettant aux modèles de comprendre et de prédire des motifs temporels complexes. Ces techniques constituent une approche fondamentale de l'analyse de séries temporelles, soutenant des prévisions plus précises et perspicaces dans des domaines tels que la finance, le commerce de détail, la prévision météorologique et au-delà. À mesure que nous progressons, ces compétences serviront de base à des techniques de séries temporelles plus approfondies et à des stratégies de modélisation temporelle plus sophistiquées.

Chapitre 10 : Réduction de dimensionnalité

Dans le paysage en constante évolution de la science des données, les ensembles de données deviennent de plus en plus complexes et multidimensionnels, englobant souvent un vaste éventail de caractéristiques. Cette abondance d'informations, bien que potentiellement précieuse, introduit des défis importants pour l'analyse des données et le développement de modèles. Ces défis se manifestent sous diverses formes, notamment des exigences de calcul accrues, un risque accru de surapprentissage et des obstacles à la visualisation efficace de données de haute dimension. Pour relever ces défis, les scientifiques des données et les chercheurs ont développé un ensemble puissant de méthodologies connues sous le nom de **réduction de dimensionnalité**.

La **réduction de dimensionnalité** englobe une gamme de techniques sophistiquées conçues pour distiller l'essence de données de haute dimension sous une forme plus gérable. Ces méthodes visent à réduire le nombre de caractéristiques dans un ensemble de données tout en conservant les informations les plus critiques qu'il contient. En diminuant stratégiquement la dimensionnalité des données, nous pouvons obtenir plusieurs avantages cruciaux : la simplification de modèles complexes, l'amélioration des performances globales et la création de représentations visuelles plus intuitives et interprétables de structures de données complexes.

Ce chapitre se consacre à l'exploration de certaines des techniques de réduction de dimensionnalité les plus largement utilisées et les plus efficaces dans la boîte à outils de la science des données. Nous nous concentrerons sur trois méthodes principales : l'**Analyse en Composantes Principales (ACP)**, l'**Analyse Discriminante Linéaire (ADL)** et l'**Incorporation Stochastique de Voisins Distribués en t (t-SNE)**.

Pour chacune de ces techniques, nous fournirons un examen approfondi de son objectif fondamental, des concepts mathématiques et statistiques sous-jacents qui régissent sa fonctionnalité, et des stratégies de mise en œuvre détaillées. Pour combler le fossé entre la théorie et la pratique, nous compléterons nos discussions par des exemples pratiques en Python, vous guidant à travers le processus d'application de ces techniques à des ensembles de données réelles étape par étape.

10.1 Analyse en Composantes Principales (ACP)

L'**Analyse en Composantes Principales (ACP)** est une technique fondamentale en réduction de dimensionnalité, largement employée dans divers domaines de la science des données et de l'apprentissage automatique. À la base, l'ACP est une procédure mathématique qui transforme un ensemble d'observations de variables possiblement corrélées en un ensemble de valeurs de variables linéairement non corrélées appelées composantes principales.

La beauté de l'ACP réside dans sa capacité à identifier des motifs dans les données. Elle y parvient en projetant les données sur un nouveau système de coordonnées où les axes, connus sous le nom de composantes principales, sont ordonnés selon la quantité de variance qu'ils expliquent dans les données. Cet ordre est crucial : la première composante principale représente la plus grande variance possible, et chaque composante suivante possède à son tour la variance la plus élevée possible sous la contrainte qu'elle soit orthogonale aux composantes précédentes.

En se concentrant sur la variance, l'ACP capture efficacement les aspects les plus importants des données. Les premières composantes principales contiennent souvent la majorité des informations présentes dans l'ensemble de données d'origine. Cette propriété permet aux scientifiques des données de réduire considérablement la dimensionnalité de leurs données tout en conservant la plupart de leurs caractéristiques importantes.

En pratique, les capacités de réduction de dimensionnalité de l'ACP ont des applications de grande portée :

- Dans le traitement d'images, l'ACP peut compresser des images en les représentant avec moins de dimensions, réduisant considérablement les besoins de stockage tout en maintenant la qualité de l'image.

- En finance, l'ACP est utilisée pour analyser les données des marchés boursiers, aidant à identifier les principaux facteurs qui déterminent les mouvements du marché.

- En bioinformatique, l'ACP aide les chercheurs à visualiser des données génétiques complexes, facilitant l'identification de motifs et de relations entre différents gènes ou échantillons.

Comprendre quand appliquer l'ACP est aussi important que de savoir comment elle fonctionne. Bien que puissante, l'ACP suppose des relations linéaires dans les données et peut ne pas capturer des motifs complexes non linéaires. Dans de tels cas, des techniques de réduction de dimensionnalité non linéaires comme t-SNE ou UMAP pourraient être plus appropriées.

Alors que nous approfondirons ce chapitre, nous explorerons comment mettre en œuvre l'ACP, interpréter ses résultats et comprendre ses limites. Ces connaissances fondamentales serviront de tremplin pour comprendre des techniques de réduction de dimensionnalité plus avancées et leurs applications dans des problèmes réels de science des données.

10.1.1 Comprendre l'ACP

L'objectif principal de l'ACP est de projeter les données sur un espace de dimension inférieure tout en préservant autant d'informations que possible. Cette technique puissante réalise la réduction de dimensionnalité en identifiant les directions, connues sous le nom de composantes principales, le long desquelles les données présentent la plus grande variation. Ces composantes principales forment un nouveau système de coordonnées qui capture l'essence des données originales. Approfondissons le processus étape par étape de l'ACP :

1. **Centrer les Données** : La première étape de l'ACP consiste à centrer les données en soustrayant la moyenne de chaque caractéristique. Cette étape de prétraitement cruciale déplace efficacement les points de données de sorte qu'ils soient centrés autour de l'origine du système de coordonnées. Ce faisant, nous éliminons tout biais qui pourrait exister en raison du positionnement original des points de données. Le centrage des données a plusieurs implications importantes :

2. Il garantit que la première composante principale représente véritablement la direction de variance maximale dans l'ensemble de données. Sans centrage, la première composante principale pourrait être influencée par la position globale du nuage de données plutôt que par sa structure interne.

3. Il simplifie le calcul de la matrice de covariance dans les étapes suivantes. Lorsque les données sont centrées, la matrice de covariance peut être calculée et interprétée plus facilement.

4. Il permet une comparaison plus significative entre les caractéristiques. En supprimant la moyenne, nous nous concentrons sur la façon dont chaque point de données s'écarte de la moyenne, plutôt que sur sa valeur absolue.

5. Il aide à l'interprétation des composantes principales résultantes. Après centrage, les composantes principales passeront par l'origine du système de coordonnées, rendant leurs directions plus intuitives à comprendre. Mathématiquement, le centrage est réalisé en soustrayant la moyenne de chaque caractéristique de tous les points de données pour cette caractéristique. Si nous désignons notre matrice de données originale par X, avec m caractéristiques et n échantillons, les données centrées X_centré sont calculées comme suit : $X\_centered = X - \mu$ Où μ est une matrice de même forme que X, avec chaque colonne contenant la moyenne de la caractéristique correspondante répétée n fois. Cette étape apparemment simple jette les bases des calculs ACP ultérieurs et influence de manière significative la qualité et l'interprétabilité des résultats finaux. C'est un témoignage de l'importance cruciale d'une préparation appropriée des données dans les techniques d'apprentissage automatique et d'analyse de données.

6. **Calculer la Matrice de Covariance** : L'étape cruciale suivante de l'ACP consiste à calculer la matrice de covariance. Cette matrice est une matrice carrée symétrique où

chaque élément représente la covariance entre deux caractéristiques. La matrice de covariance est essentielle car :

- Elle quantifie les relations entre différentes caractéristiques, montrant comment elles varient ensemble.

- Elle aide à identifier les corrélations et les dépendances entre les variables.

- Elle constitue la base pour trouver les vecteurs propres et les valeurs propres dans les étapes suivantes.

La matrice de covariance est calculée en utilisant les données centrées de l'étape précédente. Pour un ensemble de données avec m caractéristiques, la matrice de covariance sera une matrice m × m. Chaque élément (i,j) dans cette matrice représente la covariance entre les i-ème et j-ème caractéristiques. Les éléments diagonaux de cette matrice représentent la variance de chaque caractéristique.

Mathématiquement, la matrice de covariance C est calculée comme suit :

```
C = (1 / (n-1)) * X_centered.T * X_centered
```

Où X_centré est la matrice de données centrées, n est le nombre d'échantillons, et X_centré.T est la transposée de X_centré.

La matrice de covariance est symétrique car la covariance entre la caractéristique A et la caractéristique B est la même que la covariance entre la caractéristique B et la caractéristique A. Cette propriété est cruciale pour l'étape de décomposition en valeurs propres subséquente dans l'ACP.

1. **Calculer les Valeurs Propres et les Vecteurs Propres** : La matrice de covariance est ensuite utilisée pour calculer les valeurs propres et les vecteurs propres. Cette étape est cruciale dans l'ACP car elle forme la fondation mathématique pour identifier les composantes principales. Voici une explication plus détaillée :

2. **Valeurs Propres** : Ces valeurs scalaires quantifient la quantité de variance expliquée par chaque vecteur propre. Des valeurs propres plus grandes indiquent des directions dans lesquelles les données ont plus de dispersion ou de variabilité.

3. **Vecteurs Propres** : Ces vecteurs représentent les directions de variance maximale dans les données. Chaque vecteur propre correspond à une valeur propre et pointe dans la direction d'une composante principale. La décomposition en valeurs propres de la matrice de covariance produit ces valeurs propres et vecteurs propres. Mathématiquement, pour une matrice de covariance C, nous résolvons l'équation :$CV = \lambda V$Où V est un vecteur propre, et λ est sa valeur propre correspondante. Les vecteurs propres avec les valeurs propres les plus grandes deviennent les composantes principales les plus significatives. C'est parce qu'ils capturent les directions le long desquelles les données varient le plus. En classant les vecteurs propres en fonction de

leurs valeurs propres, nous pouvons prioriser quels composants conserver lors de la réduction de dimensionnalité. Il convient de noter que le nombre de valeurs propres et de vecteurs propres sera égal au nombre de dimensions dans l'ensemble de données original. Cependant, beaucoup d'entre eux peuvent être insignifiants (avoir de très petites valeurs propres) et peuvent être écartés sans perdre beaucoup d'informations. Cette étape est coûteuse en calculs, en particulier pour les ensembles de données de haute dimension. Des algorithmes efficaces comme la méthode de l'itération de puissance ou la décomposition en valeurs singulières (SVD) sont souvent utilisés pour calculer ces composants, en particulier lors du traitement de données à grande échelle.

4. **Sélectionner les Composantes Principales** : Après avoir calculé les valeurs propres et les vecteurs propres, nous sélectionnons les meilleurs vecteurs propres comme nos composantes principales. Ce processus de sélection est crucial et implique plusieurs considérations :

- Seuil de Variance : Nous choisissons généralement des composants qui expliquent collectivement une portion significative de la variance totale, souvent 80-95%.

- Analyse du Graphique d'Éboulis : En traçant les valeurs propres par ordre décroissant, nous pouvons identifier le point de « coude » où la courbe se stabilise, indiquant des rendements décroissants avec des composants supplémentaires.

- Considérations Pratiques : Le nombre de composants peut également être influencé par les ressources informatiques, les besoins d'interprétabilité ou des connaissances spécifiques au domaine.

Ces composantes principales sélectionnées forment une base orthogonale qui s'étend sur un sous-espace capturant la variance la plus significative dans les données. En projetant nos données originales sur ce sous-espace, nous réduisons efficacement la dimensionnalité tout en conservant les modèles et les relations les plus importants au sein de l'ensemble de données.

Il est important de noter que bien que l'ACP soit puissante pour la réduction de dimensionnalité, elle peut parfois écarter des caractéristiques subtiles mais importantes si elles ne contribuent pas de manière significative à la variance globale. Par conséquent, un examen attentif du problème spécifique et de l'ensemble de données est crucial lors de l'application de cette technique.

1. **Projeter les Données** : L'étape finale de l'ACP consiste à transformer les données originales en les projetant sur les composantes principales sélectionnées. Cette projection est une opération cruciale qui cartographie efficacement les points de données de haute dimension sur un espace de dimension inférieure défini par les composantes principales choisies. Voici une explication plus détaillée de ce processus :

2. **Transformation Mathématique** : La projection est réalisée par multiplication matricielle. Si nous désignons notre matrice de données originale par X et la matrice des composantes principales sélectionnées par P, les données transformées X_transformé sont calculées comme suit : $X\_transformed = X * P$ Cette opération fait effectivement pivoter et met à l'échelle les données pour les aligner avec le nouveau système de coordonnées défini par les composantes principales.

3. **Réduction de Dimensionnalité** : En utilisant moins de composantes principales que le nombre original de caractéristiques, nous réalisons une réduction de dimensionnalité. Le X_transformé résultant aura moins de colonnes que X, chaque colonne représentant une composante principale.

4. **Préservation de l'Information** : Malgré la réduction des dimensions, cette représentation de dimension inférieure conserve les informations les plus critiques de l'ensemble de données original. C'est parce que les composantes principales ont été choisies pour capturer les directions de variance maximale dans les données.

5. **Réduction du Bruit** : Un avantage supplémentaire de cette projection est la réduction potentielle du bruit. En écartant les composants associés à une variance plus faible, qui correspondent souvent au bruit, les données projetées peuvent être une représentation plus propre des modèles sous-jacents.

6. **Interprétabilité** : Les données projetées peuvent souvent être plus interprétables que l'original. Chaque dimension dans le nouvel espace représente une combinaison de caractéristiques originales qui explique une portion significative de la variance des données.

7. **Visualisation** : Si nous projetons sur deux ou trois composantes principales, nous pouvons visualiser directement des données de haute dimension dans un graphique 2D ou 3D, ce qui facilite l'identification de groupes, de valeurs aberrantes ou de tendances qui pourraient ne pas être apparentes dans l'espace de haute dimension original. Cette étape de projection complète le processus d'ACP, fournissant un outil puissant pour la réduction de dimensionnalité, l'exploration de données et l'extraction de caractéristiques dans diverses tâches d'apprentissage automatique et d'analyse de données.

En suivant ce processus, l'ACP réduit efficacement la dimensionnalité des ensembles de données complexes tout en minimisant la perte d'informations. Cette technique simplifie non seulement l'analyse des données, mais aide également à visualiser des données de haute dimension, à identifier des modèles et à réduire le bruit. Comprendre ces étapes est crucial pour appliquer efficacement l'ACP dans divers scénarios de science des données et d'apprentissage automatique.

10.1.2 Implémenter l'ACP avec Scikit-Learn

Appliquons l'ACP à un jeu de données échantillon pour démontrer sa capacité à réduire la dimensionnalité tout en préservant les informations essentielles. Nous utiliserons l'implémentation **PCA** de Scikit-Learn, qui offre une approche rationalisée des opérations mathématiques complexes impliquées dans l'ACP. Cet outil puissant fait abstraction des détails complexes du calcul des matrices de covariance, des valeurs propres et des vecteurs propres, nous permettant de nous concentrer sur le concept fondamental de la réduction de dimensionnalité.

La classe PCA de Scikit-Learn fournit une interface conviviale qui nous permet de spécifier directement le nombre souhaité de composantes principales. Cette flexibilité est particulièrement précieuse lors du travail avec des ensembles de données de haute dimension, car elle nous permet d'expérimenter différents niveaux de réduction de dimensionnalité et d'évaluer leur impact sur notre analyse ou nos modèles d'apprentissage automatique.

En utilisant cette implémentation, nous pouvons facilement transformer notre ensemble de données original en un espace de dimension inférieure, capturant les modèles et les relations les plus significatifs au sein des données. Ce processus simplifie non seulement les analyses subséquentes, mais conduit également souvent à une efficacité informatique améliorée et à une réduction du bruit dans nos données.

Exemple : Application de l'ACP sur un Jeu de Données Échantillon

Pour cet exemple, nous utiliserons le populaire **jeu de données Iris**, qui possède quatre caractéristiques. Nous réduirons les données à deux dimensions pour faciliter la visualisation.

```python
import numpy as np
from sklearn.datasets import load_iris
from sklearn.decomposition import PCA
from sklearn.preprocessing import StandardScaler
import pandas as pd
import matplotlib.pyplot as plt
import seaborn as sns

# Load the Iris dataset
iris = load_iris()
X = iris.data
y = iris.target

# Standardize the features
scaler = StandardScaler()
X_scaled = scaler.fit_transform(X)

# Initialize PCA to reduce to 2 dimensions
pca = PCA(n_components=2)
X_pca = pca.fit_transform(X_scaled)

# Convert the PCA output to a DataFrame
```

```python
df_pca = pd.DataFrame(data=X_pca, columns=['PC1', 'PC2'])
df_pca['target'] = y
df_pca['species'] = [iris.target_names[i] for i in y]

# Plot the reduced data
plt.figure(figsize=(12, 8))
sns.scatterplot(data=df_pca, x='PC1', y='PC2', hue='species', style='species', s=70)
plt.title('PCA on Iris Dataset', fontsize=16)
plt.xlabel('Principal Component 1', fontsize=12)
plt.ylabel('Principal Component 2', fontsize=12)
plt.legend(title='Species', title_fontsize='12', fontsize='10')

# Add a brief description of each cluster
for species in iris.target_names:
    subset = df_pca[df_pca['species'] == species]
    centroid = subset[['PC1', 'PC2']].mean()
    plt.annotate(species, centroid, fontsize=10, fontweight='bold')

plt.tight_layout()
plt.show()

# Calculate and plot explained variance ratio
explained_variance_ratio = pca.explained_variance_ratio_
cumulative_variance_ratio = np.cumsum(explained_variance_ratio)

plt.figure(figsize=(10, 6))
plt.bar(range(1,  len(explained_variance_ratio)  +  1),  explained_variance_ratio,
alpha=0.5, align='center', label='Individual explained variance')
plt.step(range(1,  len(cumulative_variance_ratio)  +  1),  cumulative_variance_ratio,
where='mid', label='Cumulative explained variance')
plt.ylabel('Explained variance ratio')
plt.xlabel('Principal components')
plt.title('Explained Variance Ratio by Principal Components')
plt.legend(loc='best')
plt.tight_layout()
plt.show()

# Print additional information
print("Explained variance ratio:", explained_variance_ratio)
print("Cumulative explained variance ratio:", cumulative_variance_ratio)
print("\\nFeature loadings (correlation between features and principal components):")
feature_loadings = pd.DataFrame(
    pca.components_.T,
    columns=['PC1', 'PC2'],
    index=iris.feature_names
)
print(feature_loadings)
```

Cet exemple de code offre une analyse approfondie de l'ACP appliquée au jeu de données Iris.
Examinons-le étape par étape :

1. Préparation des Données :

    o   Nous chargeons le jeu de données Iris en utilisant la fonction load_iris() de Scikit-learn.

    o   Les caractéristiques sont standardisées en utilisant StandardScaler. Cette étape est cruciale car l'ACP est sensible à l'échelle des caractéristiques d'entrée.

2. Application de l'ACP :

    o   Nous initialisons l'ACP pour réduire les données à 2 dimensions.

    o   La méthode fit_transform() est utilisée pour à la fois ajuster le modèle d'ACP à nos données et transformer les données en une seule étape.

3. Visualisation des Données :

    o   Nous créons un nuage de points des données réduites en utilisant Seaborn, qui offre des options esthétiques plus nombreuses que Matplotlib seul.

    o   Chaque espèce d'iris est représentée par une couleur et un style de marqueur différents.

    o   Nous ajoutons des annotations pour étiqueter le centroïde de chaque groupe d'espèces, fournissant une compréhension plus claire de la façon dont les espèces sont séparées dans l'espace réduit.

4. Analyse de la Variance Expliquée :

    o   Nous calculons et traçons le ratio de variance expliquée pour chaque composante principale.

    o   Un diagramme à barres montre la variance expliquée individuelle pour chaque composante.

    o   Un graphique en escalier affiche la variance expliquée cumulée, ce qui est utile pour déterminer combien de composantes conserver.

5. Charges Factorielles :

    o   Nous affichons les charges factorielles, qui montrent la corrélation entre les caractéristiques originales et les composantes principales.

    o   Cette information aide à interpréter ce que chaque composante principale représente en termes de caractéristiques originales.

Cet exemple complet démontre non seulement comment appliquer l'ACP mais aussi comment interpréter ses résultats. Les visualisations et les informations supplémentaires fournissent des aperçus de la structure des données dans l'espace réduit, de la quantité de variance capturée par chaque composante, et de la relation entre les caractéristiques originales et les nouvelles composantes principales.

10.1.3 Variance Expliquée dans l'ACP

L'une des principales forces de l'ACP réside dans sa capacité à quantifier la rétention d'informations dans des dimensions réduites. Le **ratio de variance expliquée** sert de métrique cruciale, indiquant la proportion de la variance du jeu de données capturée par chaque composante principale. Ce ratio fournit des informations précieuses sur l'importance relative de chaque composante dans la représentation de la structure des données originales.

En examinant la variance expliquée cumulée, nous obtenons une compréhension globale de la quantité d'informations préservées à mesure que nous incluons davantage de composantes. Cette mesure cumulative nous permet de prendre des décisions éclairées sur le nombre optimal de composantes à conserver pour notre analyse. Par exemple, nous pourrions choisir de conserver suffisamment de composantes pour expliquer 95 % de la variance totale, établissant un équilibre entre réduction de dimensionnalité et préservation de l'information.

De plus, le ratio de variance expliquée peut nous guider dans l'interprétation de l'importance de chaque composante principale. Les composantes avec des ratios de variance expliquée plus élevés sont plus influentes dans la capture des modèles et relations sous-jacents du jeu de données. Cette information peut être particulièrement utile dans la sélection de caractéristiques, la compression de données et pour obtenir des aperçus de la structure inhérente des jeux de données de haute dimension.

Il convient de noter que la distribution de la variance expliquée à travers les composantes peut également révéler des caractéristiques importantes des données. Une baisse abrupte de la variance expliquée pourrait indiquer que les données ont une structure de faible dimension, tandis qu'une diminution plus progressive pourrait suggérer une nature plus complexe et de haute dimension. Cette analyse peut éclairer les choix de modélisation ultérieurs et fournir une compréhension plus profonde de la complexité du jeu de données.

Exemple : Vérification de la Variance Expliquée avec l'ACP

Calculons et visualisons la variance expliquée pour chaque composante principale dans le jeu de données Iris.

```python
import numpy as np
import pandas as pd
import matplotlib.pyplot as plt
from sklearn.datasets import load_iris
from sklearn.preprocessing import StandardScaler
from sklearn.decomposition import PCA

# Load the Iris dataset
iris = load_iris()
X = iris.data
y = iris.target
```

```python
feature_names = iris.feature_names

# Standardize the features
scaler = StandardScaler()
X_scaled = scaler.fit_transform(X)

# Initialize PCA to capture all components
pca_full = PCA()
X_pca = pca_full.fit_transform(X_scaled)

# Calculate explained variance ratio and cumulative variance
explained_variance_ratio = pca_full.explained_variance_ratio_
cumulative_variance = np.cumsum(explained_variance_ratio)

# Print explained variance ratio and cumulative variance
print("Explained Variance Ratio per Component:", explained_variance_ratio)
print("Cumulative Explained Variance:", cumulative_variance)

# Plot cumulative explained variance
plt.figure(figsize=(10, 6))
plt.plot(range(1, len(cumulative_variance) + 1), cumulative_variance, 'bo-')
plt.xlabel('Number of Components')
plt.ylabel('Cumulative Explained Variance')
plt.title('Cumulative Explained Variance for Iris Dataset')
plt.grid(True)
plt.tight_layout()
plt.show()

# Plot individual explained variance
plt.figure(figsize=(10, 6))
plt.bar(range(1, len(explained_variance_ratio) + 1), explained_variance_ratio)
plt.xlabel('Principal Component')
plt.ylabel('Explained Variance Ratio')
plt.title('Explained Variance Ratio per Principal Component')
plt.tight_layout()
plt.show()

# Calculate and print feature loadings
feature_loadings = pd.DataFrame(
    pca_full.components_.T,
    columns=[f'PC{i+1}' for i in range(len(feature_names))],
    index=feature_names
)
print("\\nFeature Loadings:")
print(feature_loadings)

# Visualize the first two principal components
plt.figure(figsize=(10, 8))
scatter = plt.scatter(X_pca[:, 0], X_pca[:, 1], c=y, cmap='viridis')
plt.xlabel('First Principal Component')
plt.ylabel('Second Principal Component')
plt.title('Iris Dataset in PCA Space')
```

```python
plt.colorbar(scatter, label='Species')
plt.tight_layout()
plt.show()
```

Maintenant, décomposons ce code étendu et expliquons chaque partie :

1. Préparation des Données :

    o   Nous chargeons le jeu de données Iris en utilisant load_iris() de sklearn.

    o   Les caractéristiques sont standardisées en utilisant StandardScaler. Cette étape est cruciale car l'ACP est sensible à l'échelle des caractéristiques d'entrée.

2. Application de l'ACP :

    o   Nous initialisons l'ACP sans spécifier le nombre de composantes, ce qui signifie qu'elle conservera toutes les composantes.

    o   La méthode fit_transform() est utilisée pour à la fois ajuster le modèle ACP à nos données et transformer les données en une seule étape.

3. Analyse de la Variance Expliquée :

    o   Nous calculons le ratio de variance expliquée pour chaque composante principale.

    o   La variance expliquée cumulée est calculée en utilisant np.cumsum().

    o   Nous affichons à la fois les ratios de variance expliquée individuels et la variance expliquée cumulée.

4. Visualisation :

    o   Nous créons deux graphiques :

        ▪   Un graphique linéaire montrant la variance expliquée cumulée en fonction du nombre de composantes.

        ▪   Un diagramme à barres affichant le ratio de variance expliquée individuel pour chaque composante principale (ceci est un ajout au code original).

    o   Nous créons également un nuage de points des données projetées sur les deux premières composantes principales, colorées par l'espèce d'iris (ceci est un autre ajout).

5. Charges Factorielles :

    o   Nous calculons et affichons les charges factorielles, qui montrent la corrélation entre les caractéristiques originales et les composantes principales.

    o   Cette information aide à interpréter ce que chaque composante principale représente en termes de caractéristiques originales.

Cet exemple offre une analyse complète de l'ACP appliquée au jeu de données Iris. Il démontre non seulement comment appliquer l'ACP mais aussi comment interpréter ses résultats à travers diverses visualisations et métriques. Le graphique de variance expliquée cumulée aide à déterminer le nombre optimal de composantes à conserver, tandis que le graphique de variance expliquée individuelle illustre l'importance relative de chaque composante.

Les charges factorielles fournissent des informations sur la façon dont les caractéristiques originales contribuent à chaque composante principale. Enfin, le nuage de points des deux premières composantes principales représente visuellement l'efficacité de l'ACP à séparer les différentes espèces d'iris dans l'espace réduit.

10.1.4 Quand Utiliser l'ACP

L'ACP est particulièrement précieuse dans plusieurs scénarios, chacun mettant en évidence sa force pour simplifier les jeux de données complexes :

- **Défis des données de haute dimension :** Lorsqu'on traite des jeux de données contenant de nombreuses caractéristiques, l'ACP excelle dans la réduction de la dimensionnalité. Cette réduction non seulement allège la charge de calcul mais facilite également une visualisation plus aisée des données. Par exemple, en génomique, où des milliers de gènes sont analysés simultanément, l'ACP peut condenser cette information en un ensemble plus gérable de composantes principales.

- **Gestion de la corrélation des caractéristiques :** L'ACP est experte dans le traitement des jeux de données avec des caractéristiques corrélées. En identifiant les directions de variance maximale, elle combine efficacement les caractéristiques corrélées en composantes uniques. Cela est particulièrement utile dans des domaines comme la finance, où plusieurs indicateurs économiques évoluent souvent de concert.

- **Capacités de réduction du bruit :** Dans de nombreux jeux de données réels, le bruit peut obscurcir les modèles sous-jacents. L'ACP y remédie en concentrant généralement le signal dans les composantes à variance plus élevée tout en reléguant le bruit aux composantes à variance plus faible. Cette propriété rend l'ACP précieuse dans les applications de traitement du signal, telles que la reconnaissance d'images ou de parole.

- **Prétraitement pour l'apprentissage automatique :** L'ACP constitue une excellente étape de prétraitement pour divers algorithmes d'apprentissage automatique. En réduisant le nombre de caractéristiques, elle peut aider à prévenir le surapprentissage et améliorer les performances du modèle, en particulier dans les cas où le nombre de caractéristiques dépasse largement le nombre d'échantillons.

Mise en garde : Bien que l'ACP soit puissante, il est important de reconnaître ses limitations. En tant que technique linéaire, elle suppose que les relations dans les données peuvent être représentées linéairement. Pour les jeux de données avec des structures non linéaires complexes, des méthodes alternatives comme t-SNE (t-Distributed Stochastic Neighbor Embedding) ou UMAP (Uniform Manifold Approximation and Projection) pourraient être plus appropriées. Ces techniques non linéaires peuvent capturer des modèles plus complexes dans les données, bien qu'au prix de l'interprétabilité par rapport à l'ACP.

10.1.5 Points Clés et Perspectives Supplémentaires

- **L'ACP (Analyse en Composantes Principales)** est une technique puissante qui réduit la dimensionnalité en transformant les données en nouvelles directions appelées composantes principales. Ces composantes sont ordonnées pour capturer la variance maximale dans les données, condensant efficacement l'information la plus importante en moins de dimensions.

- **La variance expliquée** est une métrique cruciale dans l'ACP qui quantifie la quantité d'information conservée par chaque composante principale. Cette mesure aide les scientifiques des données à déterminer le nombre optimal de composantes à conserver, équilibrant entre réduction de dimensionnalité et préservation de l'information.

- **Les applications de l'ACP** sont diverses et percutantes :

    - Réduction du bruit : L'ACP peut séparer le signal du bruit, améliorant la qualité des données.

    - Visualisation : En réduisant les données de haute dimension à 2D ou 3D, l'ACP permet une visualisation efficace des données.

    - Compression de données : L'ACP peut réduire considérablement la taille du jeu de données tout en conservant les informations essentielles.

    - Extraction de caractéristiques : Elle peut créer de nouvelles caractéristiques significatives qui capturent l'essence des données originales.

- **Les limitations de l'ACP** doivent être prises en compte :

    - Hypothèses linéaires : L'ACP suppose des relations linéaires dans les données, ce qui peut ne pas toujours être vrai.

    - Défis d'interprétabilité : Les composantes principales peuvent être difficiles à interpréter en termes de caractéristiques originales.

    - Sensibilité aux valeurs aberrantes : Les points de données extrêmes peuvent influencer significativement les résultats de l'ACP.

- **Les techniques complémentaires** comme t-SNE et UMAP peuvent être utilisées conjointement avec l'ACP pour une réduction de dimensionnalité plus complète, en particulier lors du traitement de structures de données non linéaires.

La compréhension de ces aspects clés de l'ACP permet aux scientifiques des données d'exploiter sa puissance efficacement tout en étant conscients de ses limitations, conduisant à une analyse de données plus perspicace et robuste.

10.2 Techniques de Sélection de Caractéristiques

Dans le domaine de la science des données et de l'apprentissage automatique, les jeux de données sont souvent accompagnés d'une multitude de caractéristiques. Cependant, il est crucial de comprendre que toutes les caractéristiques ne contribuent pas également aux performances d'un modèle. Certaines caractéristiques peuvent être non pertinentes, fournissant peu ou pas d'informations précieuses, tandis que d'autres peuvent être redondantes, dupliquant essentiellement des informations déjà capturées par d'autres caractéristiques. Plus problématique encore, certaines caractéristiques peuvent introduire du bruit dans le modèle, conduisant potentiellement au surapprentissage et à une capacité de généralisation diminuée.

Ces défis associés aux jeux de données de haute dimension peuvent avoir des conséquences significatives. Le surapprentissage, où un modèle apprend trop bien le bruit dans les données d'entraînement, peut entraîner de mauvaises performances sur des données non vues. De plus, l'inclusion de nombreuses caractéristiques non pertinentes ou redondantes peut augmenter considérablement les coûts de calcul, rendant l'entraînement et le déploiement du modèle plus gourmands en ressources et chronophages.

Pour résoudre ces problèmes, les scientifiques des données emploient un ensemble de méthodologies puissantes connues sous le nom de **techniques de sélection de caractéristiques**. Ces techniques servent plusieurs objectifs critiques :

- Elles aident à identifier et conserver uniquement les caractéristiques les plus pertinentes, distillant efficacement l'essence du jeu de données.

- En réduisant le nombre de caractéristiques, elles améliorent l'interprétabilité du modèle, facilitant la compréhension par les parties prenantes des facteurs qui conduisent les prédictions.

- La sélection de caractéristiques réduit considérablement la charge de calcul, permettant un entraînement de modèle plus rapide et un déploiement plus efficace.

- Plus important encore, ces techniques peuvent conduire à une meilleure précision du modèle en concentrant l'attention du modèle sur les aspects les plus informatifs des données.

Le paysage de la sélection de caractéristiques est diversifié, avec des techniques globalement catégorisées en trois approches principales :

- **Méthodes de filtrage** : Ces techniques évaluent les caractéristiques en fonction de leurs propriétés statistiques, indépendamment de tout modèle spécifique.

- **Méthodes d'enveloppe** : Ces approches impliquent de tester différents sous-ensembles de caractéristiques directement avec le modèle d'intérêt.

- **Méthodes intégrées** : Ces méthodes incorporent la sélection de caractéristiques dans le processus d'entraînement du modèle lui-même.

Chacune de ces catégories vient avec son propre ensemble d'avantages et est adaptée à différents cas d'usage. Dans les sections suivantes, nous explorerons ces techniques en profondeur, discutant de leurs fondements théoriques, de leurs applications pratiques, et fournissant des exemples détaillés pour illustrer leur mise en œuvre et leur impact sur des jeux de données réels.

10.2.1 Méthodes de Filtrage

Les méthodes de filtrage constituent une approche fondamentale dans la sélection de caractéristiques, fonctionnant indépendamment du modèle d'apprentissage automatique. Ces techniques évaluent les caractéristiques en fonction de leurs propriétés statistiques inhérentes, attribuant des scores ou des classements à chaque caractéristique. Les métriques courantes utilisées dans les méthodes de filtrage incluent les coefficients de corrélation, les mesures de variance et les critères de théorie de l'information comme l'information mutuelle.

L'avantage principal des méthodes de filtrage réside dans leur efficacité computationnelle et leur évolutivité, ce qui les rend particulièrement adaptées aux jeux de données de haute dimension. Elles constituent un excellent point de départ dans le processus de sélection de caractéristiques, permettant aux scientifiques des données d'identifier et de prioriser rapidement les caractéristiques potentiellement pertinentes.

Parmi les méthodes de filtrage populaires, on trouve :

- Corrélation de Pearson : Mesure les relations linéaires entre les caractéristiques et la variable cible.

- Test du chi-carré : Évalue l'indépendance entre les caractéristiques catégorielles et la cible.

- Information Mutuelle : Quantifie la dépendance mutuelle entre les caractéristiques et la cible, capturant à la fois les relations linéaires et non linéaires.

Bien que les méthodes de filtrage soient puissantes dans leur simplicité, elles présentent des limitations. Elles évaluent généralement les caractéristiques de manière isolée, manquant potentiellement d'importantes interactions entre caractéristiques. De plus, elles peuvent ne pas toujours s'aligner parfaitement avec les critères de performance du modèle subséquent.

Malgré ces limitations, les méthodes de filtrage jouent un rôle crucial dans le pipeline de sélection de caractéristiques. Elles réduisent efficacement l'ensemble de caractéristiques initial, ouvrant la voie à des techniques plus gourmandes en calcul comme les méthodes d'enveloppe ou intégrées. Cette approche en plusieurs étapes de la sélection de caractéristiques conduit souvent à des modèles plus robustes et efficaces, équilibrant entre contraintes computationnelles et performance du modèle.

Méthodes de Filtrage Courantes pour la Sélection de Caractéristiques

Les méthodes de filtrage sont des techniques fondamentales dans le processus de sélection de caractéristiques, offrant des moyens efficaces d'identifier et de prioriser les caractéristiques pertinentes dans un jeu de données. Ces méthodes fonctionnent indépendamment du modèle d'apprentissage automatique, ce qui les rend computationnellement efficaces et largement applicables. Examinons en détail trois méthodes de filtrage clés et leurs applications :

- **Seuillage de Variance** : Cette méthode se concentre sur la variabilité des caractéristiques. Elle supprime les caractéristiques à faible variance, partant du principe que les caractéristiques présentant peu de variation entre les échantillons offrent un pouvoir discriminant minimal.

    - Mise en œuvre : Définir une valeur seuil et éliminer les caractéristiques dont la variance est inférieure à ce seuil.

    - Cas d'usage : Particulièrement efficace dans les jeux de données comportant de nombreuses caractéristiques binaires ou quasi-constantes, comme les données d'expression génique où certains gènes peuvent montrer peu de variation entre les échantillons.

    - Avantage : Supprime rapidement les caractéristiques peu susceptibles d'être informatives, réduisant le bruit dans le jeu de données.

- **Seuillage de Corrélation** : Cette approche traite le problème de la multicolinéarité dans les jeux de données. Elle identifie et élimine les caractéristiques fortement corrélées entre elles, réduisant la redondance dans l'ensemble de caractéristiques.

    - Processus : Calculer une matrice de corrélation de toutes les caractéristiques et définir un seuil de coefficient de corrélation. Les caractéristiques dont les coefficients de corrélation dépassent ce seuil sont considérées pour suppression.

    - Application : Cruciale dans les scénarios où les caractéristiques pourraient mesurer des facteurs sous-jacents similaires, comme dans les données financières où plusieurs indicateurs économiques pourraient suivre des phénomènes liés.

- o Bénéfice : Aide à créer un modèle plus parcimonieux en supprimant les informations redondantes, améliorant potentiellement l'interprétabilité du modèle et réduisant le surapprentissage.

- **Tests Statistiques** : Ces méthodes emploient diverses mesures statistiques pour évaluer la relation entre les caractéristiques et la variable cible. Elles fournissent une base quantitative pour classer les caractéristiques, permettant aux scientifiques des données de sélectionner le sous-ensemble le plus informatif pour l'entraînement du modèle.

  - o Test du chi-carré : Particulièrement utile pour les caractéristiques catégorielles, il évalue l'indépendance entre une caractéristique et la variable cible. Idéal pour la classification de texte ou l'analyse de panier de marché.

  - o Valeur F d'ANOVA : Appliquée aux caractéristiques numériques pour déterminer s'il existe des différences statistiquement significatives entre les moyennes de deux groupes ou plus dans la variable cible. Couramment utilisée dans les études biomédicales ou les comparaisons de produits.

  - o Information Mutuelle : Une métrique polyvalente qui peut capturer à la fois les relations linéaires et non linéaires entre les caractéristiques et la cible. Elle quantifie la quantité d'information obtenue sur la variable cible en observant une caractéristique donnée. Efficace dans les jeux de données complexes où les relations peuvent ne pas être simples, comme dans le traitement du signal ou l'analyse d'images.

Le choix de la méthode de filtrage dépend souvent de la nature des données et des exigences spécifiques du problème en question. Par exemple, le seuillage de variance pourrait être la première étape dans un jeu de données de haute dimension pour réduire rapidement l'espace des caractéristiques. Cela pourrait être suivi d'un seuillage de corrélation pour affiner davantage l'ensemble de caractéristiques en supprimant les informations redondantes. Enfin, des tests statistiques peuvent être appliqués pour classer les caractéristiques restantes en fonction de leur relation avec la variable cible.

Il convient de noter que bien que les méthodes de filtrage soient computationnellement efficaces et constituent un bon point de départ pour la sélection de caractéristiques, elles présentent des limitations. Elles évaluent généralement les caractéristiques de manière isolée et peuvent manquer d'importantes interactions entre caractéristiques. Par conséquent, dans la pratique, les méthodes de filtrage sont souvent utilisées comme étape préliminaire, suivies de méthodes d'enveloppe ou intégrées plus sophistiquées pour affiner le processus de sélection de caractéristiques.

En employant ces méthodes de filtrage de manière stratégique, les scientifiques des données peuvent réduire significativement la dimensionnalité de leurs jeux de données, se concentrant sur les caractéristiques les plus pertinentes et informatives. Cela améliore non seulement la performance du modèle, mais renforce également l'interprétabilité, réduit la charge computationnelle dans les étapes de modélisation subséquentes, et peut conduire à des modèles d'apprentissage automatique plus robustes et généralisables.

Exemple : Application du Seuillage de Variance

Dans les jeux de données comportant de nombreuses caractéristiques, certaines peuvent avoir une faible variance, apportant peu d'information. Le seuillage de variance supprime ces caractéristiques, aidant le modèle à se concentrer sur celles qui sont plus informatives.

```python
from sklearn.feature_selection import VarianceThreshold
import pandas as pd

# Sample data with low-variance features
data = {'Feature1': [1, 1, 1, 1, 1],
        'Feature2': [2, 2, 2, 2, 2],
        'Feature3': [0, 1, 0, 1, 0],
        'Feature4': [10, 15, 10, 20, 15]}
df = pd.DataFrame(data)

# Apply variance threshold (threshold=0.2)
selector = VarianceThreshold(threshold=0.2)
reduced_data = selector.fit_transform(df)

print("Features after variance thresholding:")
print(reduced_data)
Exemple : Seuillage de Corrélation
Les caractéristiques fortement corrélées fournissent des informations redondantes, qui
peuvent être supprimées pour améliorer l'efficacité du modèle et réduire la
multicolinéarité.
import pandas as pd
import numpy as np
import matplotlib.pyplot as plt
import seaborn as sns

# Sample data with correlated features
np.random.seed(42)
n_samples = 1000
data = {
    'Feature1': np.random.normal(0, 1, n_samples),
    'Feature2': np.random.normal(0, 1, n_samples),
    'Feature3': np.random.normal(0, 1, n_samples),
    'Feature4': np.random.normal(0, 1, n_samples)
}
data['Feature5'] = data['Feature1'] * 0.8 + np.random.normal(0, 0.2, n_samples)  #
Highly correlated with Feature1
data['Feature6'] = data['Feature2'] * 0.9 + np.random.normal(0, 0.1, n_samples)  #
Highly correlated with Feature2
df = pd.DataFrame(data)

# Calculate correlation matrix
correlation_matrix = df.corr()
```

```python
# Visualize correlation matrix
plt.figure(figsize=(10, 8))
sns.heatmap(correlation_matrix, annot=True, cmap='coolwarm', vmin=-1, vmax=1,
center=0)
plt.title('Correlation Matrix Heatmap')
plt.show()

# Set correlation threshold
threshold = 0.8

# Select pairs of features with correlation above threshold
corr_features = set()
for i in range(len(correlation_matrix.columns)):
    for j in range(i):
        if abs(correlation_matrix.iloc[i, j]) > threshold:
            colname = correlation_matrix.columns[i]
            corr_features.add(colname)

print("Highly correlated features to remove:", corr_features)

# Function to remove correlated features
def remove_correlated_features(df, threshold):
    correlation_matrix = df.corr().abs()
    upper_tri = correlation_matrix.where(np.triu(np.ones(correlation_matrix.shape),
k=1).astype(bool))
    to_drop = [column for column in upper_tri.columns if any(upper_tri[column] >
threshold)]
    return df.drop(to_drop, axis=1)

# Apply the function to remove correlated features
df_uncorrelated = remove_correlated_features(df, threshold)

print("\\nOriginal dataset shape:", df.shape)
print("Dataset shape after removing correlated features:", df_uncorrelated.shape)

# Visualize correlation matrix after feature removal
correlation_matrix_after = df_uncorrelated.corr()
plt.figure(figsize=(10, 8))
sns.heatmap(correlation_matrix_after, annot=True, cmap='coolwarm', vmin=-1, vmax=1,
center=0)
plt.title('Correlation Matrix Heatmap After Feature Removal')
plt.show()
```

Explication détaillée du code :

1. Génération de données :

    o Nous créons un jeu de données échantillon avec 1000 observations et 6
       caractéristiques.

- Les caractéristiques 1 à 4 sont des variables indépendantes à distribution normale.

- Feature5 est fortement corrélée à Feature1, et Feature6 est fortement corrélée à Feature2.

- Cette configuration imite des scénarios du monde réel où certaines caractéristiques peuvent être redondantes ou fortement corrélées.

2. Calcul de la matrice de corrélation :

- Nous utilisons la fonction corr() de pandas pour calculer la matrice de corrélation pour toutes les caractéristiques.

- Cette matrice montre le coefficient de corrélation de Pearson entre chaque paire de caractéristiques.

3. Visualisation de la matrice de corrélation :

- Nous utilisons heatmap de seaborn pour visualiser la matrice de corrélation.

- Cela fournit une vue intuitive des relations entre caractéristiques, avec des couleurs plus foncées indiquant des corrélations plus fortes.

4. Identification des caractéristiques fortement corrélées :

- Nous définissons un seuil de corrélation (0,8 dans ce cas).

- Nous parcourons la matrice de corrélation pour trouver les paires de caractéristiques avec une corrélation supérieure à ce seuil.

- Ces caractéristiques sont ajoutées à un ensemble corr_features pour une suppression potentielle.

5. Fonction de suppression de caractéristiques :

- Nous définissons une fonction remove_correlated_features qui supprime les caractéristiques fortement corrélées.

- Elle considère uniquement le triangle supérieur de la matrice de corrélation pour éviter les comparaisons redondantes.

- Pour chaque paire de caractéristiques corrélées, elle en conserve une et supprime l'autre.

6. Application de la suppression de caractéristiques :

- Nous appliquons la fonction remove_correlated_features à notre jeu de données.

- Nous affichons la forme du jeu de données avant et après suppression pour montrer la réduction des caractéristiques.

7. Visualisation après suppression de caractéristiques :

   o Nous créons une autre carte thermique de la matrice de corrélation après suppression de caractéristiques.

   o Cela aide à vérifier que les caractéristiques fortement corrélées ont été éliminées.

Cet exemple complet démontre l'ensemble du processus d'identification et de suppression des caractéristiques corrélées, incluant la préparation des données, la visualisation et la sélection de caractéristiques proprement dite. Il fournit une approche pratique pour gérer la multicolinéarité dans les jeux de données, ce qui est crucial pour de nombreux algorithmes d'apprentissage automatique.

10.2.2 Méthodes d'enveloppe

Les méthodes d'enveloppe constituent une approche sophistiquée de la sélection de caractéristiques qui implique l'entraînement et l'évaluation itératifs du modèle avec différents sous-ensembles de caractéristiques. Ce processus vise à identifier la combinaison optimale de caractéristiques qui maximise la performance du modèle. Contrairement aux méthodes de filtrage, qui fonctionnent indépendamment du modèle, les méthodes d'enveloppe tiennent compte des caractéristiques spécifiques et des biais de l'algorithme choisi.

Le processus implique généralement :

1. Sélectionner un sous-ensemble de caractéristiques

2. Entraîner le modèle avec ce sous-ensemble

3. Évaluer la performance du modèle

4. Répéter le processus avec différents sous-ensembles de caractéristiques

Bien qu'elles soient gourmandes en calcul, les méthodes d'enveloppe offrent plusieurs avantages :

- Elles prennent en compte les interactions entre caractéristiques, que les méthodes de filtrage peuvent manquer Elles optimisent la sélection de caractéristiques pour le modèle spécifique utilisé Elles peuvent capturer des relations complexes entre les caractéristiques et la variable cible

Les techniques d'enveloppe courantes incluent l'élimination récursive de caractéristiques (RFE), la sélection progressive et l'élimination régressive, chacune avec sa propre stratégie pour explorer l'espace des caractéristiques. Malgré leur coût de calcul, les méthodes d'enveloppe sont particulièrement précieuses lorsque la performance du modèle est critique et que les ressources de calcul sont disponibles. Elles sont souvent employées dans des scénarios où le nombre de caractéristiques est modéré et où la taille du jeu de données permet de multiples itérations d'entraînement du modèle.

Techniques d'enveloppe courantes

Les méthodes d'enveloppe sont des approches sophistiquées de sélection de caractéristiques qui évaluent des sous-ensembles de caractéristiques en entraînant et testant le modèle de manière itérative. Ces techniques prennent en compte les interactions entre caractéristiques et optimisent pour le modèle spécifique utilisé. Voici trois techniques d'enveloppe importantes :

- **Élimination récursive de caractéristiques (RFE)** : Cette méthode affine progressivement l'ensemble de caractéristiques :
    - Initialise avec l'ensemble complet de caractéristiques
    - Entraîne le modèle et classe les caractéristiques en fonction des scores d'importance
    - Élimine la ou les caractéristiques les moins importantes
    - Répète jusqu'à atteindre le nombre souhaité de caractéristiques
    - Particulièrement efficace pour identifier un nombre spécifique de caractéristiques cruciales
    - Couramment utilisée avec les modèles linéaires (par exemple, régression logistique) et les modèles arborescents

- **Sélection progressive** : Cette approche construit l'ensemble de caractéristiques de manière incrémentale :
    - Commence avec un ensemble de caractéristiques vide
    - Ajoute itérativement la caractéristique qui améliore le plus la performance du modèle
    - Continue jusqu'à atteindre un critère d'arrêt (par exemple, plateau de performance)
    - Utile pour créer des modèles parcimonieux avec des ensembles de caractéristiques minimaux
    - Efficace lors du démarrage avec un grand nombre de caractéristiques potentielles

- **Élimination régressive** : Cette méthode commence avec toutes les caractéristiques et les supprime de manière stratégique :
    - Commence avec l'ensemble complet de caractéristiques
    - Supprime itérativement la caractéristique dont l'élimination a le moins d'impact sur la performance
    - Poursuit jusqu'à atteindre une condition d'arrêt

- o Utile pour identifier et éliminer les caractéristiques redondantes ou moins importantes

- o Souvent utilisée lorsque l'ensemble de caractéristiques initial est de taille modérée

Ces méthodes d'enveloppe offrent une évaluation plus approfondie des sous-ensembles de caractéristiques par rapport aux méthodes de filtrage, car elles prennent en compte le modèle spécifique et les interactions potentielles entre caractéristiques. Cependant, elles peuvent être gourmandes en calcul, en particulier pour les grands ensembles de caractéristiques, en raison des multiples itérations d'entraînement de modèle requises. Le choix entre ces techniques dépend souvent de la taille du jeu de données, des ressources de calcul disponibles et des exigences spécifiques du problème en question.

Exemple : Élimination récursive de caractéristiques (RFE)

RFE élimine itérativement les caractéristiques en fonction de leurs scores d'importance jusqu'à ce qu'il ne reste que le sous-ensemble optimal. Appliquons RFE à un jeu de données échantillon en utilisant un modèle de régression logistique.

```python
import numpy as np
import matplotlib.pyplot as plt
from sklearn.feature_selection import RFE
from sklearn.linear_model import LogisticRegression
from sklearn.datasets import load_iris
from sklearn.model_selection import train_test_split
from sklearn.metrics import accuracy_score

# Load sample data (Iris dataset)
X, y = load_iris(return_X_y=True)
feature_names = load_iris().feature_names

# Split the data into training and testing sets
X_train, X_test, y_train, y_test = train_test_split(X, y, test_size=0.3,
random_state=42)

# Initialize model and RFE with different numbers of features to select
n_features_to_select_range = range(1, len(feature_names) + 1)
accuracies = []

for n_features_to_select in n_features_to_select_range:
    model = LogisticRegression(max_iter=1000)
    rfe = RFE(estimator=model, n_features_to_select=n_features_to_select)

    # Fit RFE
    rfe = rfe.fit(X_train, y_train)

    # Transform the data
    X_train_rfe = rfe.transform(X_train)
    X_test_rfe = rfe.transform(X_test)
```

```python
    # Fit the model
    model.fit(X_train_rfe, y_train)

    # Make predictions
    y_pred = model.predict(X_test_rfe)

    # Calculate accuracy
    accuracy = accuracy_score(y_test, y_pred)
    accuracies.append(accuracy)

    print(f"Number of features: {n_features_to_select}")
    print("Selected features:", np.array(feature_names)[rfe.support_])
    print("Feature ranking:", rfe.ranking_)
    print(f"Accuracy: {accuracy:.4f}\\n")

# Plot accuracy vs number of features
plt.figure(figsize=(10, 6))
plt.plot(n_features_to_select_range, accuracies, marker='o')
plt.xlabel('Number of Features')
plt.ylabel('Accuracy')
plt.title('Accuracy vs Number of Features')
plt.grid(True)
plt.show()

# Get the best number of features
best_n_features = n_features_to_select_range[np.argmax(accuracies)]
print(f"Best number of features: {best_n_features}")

# Rerun RFE with the best number of features
best_model = LogisticRegression(max_iter=1000)
best_rfe = RFE(estimator=best_model, n_features_to_select=best_n_features)
best_rfe = best_rfe.fit(X_train, y_train)

print("\\nBest feature subset:")
print("Selected features:", np.array(feature_names)[best_rfe.support_])
print("Feature ranking:", best_rfe.ranking_)
```

Explication détaillée du code :

1. Chargement et prétraitement des données :

    o   Nous chargeons le jeu de données Iris à l'aide de la fonction load_iris() de
        sklearn.

    o   Les données sont divisées en ensembles d'entraînement et de test à l'aide de
        train_test_split() pour évaluer la performance du modèle sur des données non
        vues.

2. Implémentation de l'élimination récursive de caractéristiques (RFE) :

- o Nous implémentons RFE dans une boucle, en itérant à travers différents nombres de caractéristiques à sélectionner (de 1 au nombre total de caractéristiques).

- o Pour chaque itération : a. Nous créons un modèle LogisticRegression et un objet RFE. b. Nous ajustons l'objet RFE aux données d'entraînement. c. Nous transformons les données d'entraînement et de test à l'aide du RFE ajusté. d. Nous entraînons le modèle LogisticRegression sur les données d'entraînement transformées. e. Nous effectuons des prédictions sur les données de test transformées et calculons la précision.

3. Visualisation des résultats :

- o Nous traçons la précision en fonction du nombre de caractéristiques sélectionnées.

- o Cette visualisation aide à identifier le nombre optimal de caractéristiques qui maximise la performance du modèle.

4. Sélection du meilleur sous-ensemble de caractéristiques :

- o Nous déterminons le nombre de caractéristiques qui a produit la précision la plus élevée.

- o Nous réexécutons RFE avec ce nombre optimal de caractéristiques pour obtenir le sous-ensemble de caractéristiques final.

5. Sortie et interprétation :

- o Pour chaque itération, nous affichons : a. Le nombre de caractéristiques sélectionnées b. Les noms des caractéristiques sélectionnées c. Le classement de toutes les caractéristiques (un rang inférieur signifie plus important) d. La précision du modèle

- o Après toutes les itérations, nous affichons le meilleur nombre de caractéristiques et le sous-ensemble de caractéristiques final sélectionné.

Cet exemple présente une approche complète de la sélection de caractéristiques à l'aide de RFE. Il va au-delà de la simple sélection de caractéristiques en évaluant comment la sélection de caractéristiques impacte la performance du modèle. La visualisation aide à saisir la relation entre le nombre de caractéristiques et la précision du modèle—un aperçu crucial pour prendre des décisions éclairées concernant la sélection de caractéristiques dans des scénarios réels.

10.2.3 Méthodes intégrées

Les méthodes intégrées offrent une approche sophistiquée de la sélection de caractéristiques en intégrant le processus directement dans la phase d'entraînement du modèle. Cette intégration permet une optimisation plus nuancée du sous-ensemble de caractéristiques, en tenant compte des caractéristiques spécifiques du modèle en cours d'entraînement. Ces méthodes sont particulièrement avantageuses en termes d'efficacité de calcul, car elles éliminent le besoin d'étapes séparées de sélection de caractéristiques et d'entraînement de modèle.

L'efficacité des méthodes intégrées découle de leur capacité à tirer parti des mécanismes internes du modèle pour évaluer l'importance des caractéristiques. Par exemple, la régression Lasso, qui emploie la régularisation L1, réduit automatiquement les coefficients des caractéristiques moins importantes vers zéro. Cela aide non seulement à la sélection de caractéristiques, mais contribue également à prévenir le surapprentissage en favorisant la parcimonie du modèle.

L'importance des caractéristiques basée sur les arbres, une autre technique intégrée courante, utilise la structure des arbres de décision pour évaluer la pertinence des caractéristiques. Dans les méthodes d'ensemble comme les forêts aléatoires ou les machines à gradient boosting, les caractéristiques qui sont fréquemment utilisées pour le fractionnement ou qui contribuent de manière significative à la réduction de l'impureté sont jugées plus importantes. Cette approche fournit un classement naturel des caractéristiques en fonction de leur pouvoir prédictif dans le cadre du modèle.

Au-delà de la régression Lasso et des méthodes basées sur les arbres, d'autres techniques intégrées incluent Elastic Net (combinant la régularisation L1 et L2) et certaines architectures de réseaux neuronaux qui incorporent des mécanismes de sélection de caractéristiques. Ces méthodes offrent un équilibre entre la complexité du modèle et la sélection de caractéristiques, aboutissant souvent à des modèles à la fois précis et interprétables.

Techniques intégrées courantes

Les méthodes intégrées intègrent la sélection de caractéristiques directement dans le processus d'entraînement du modèle, offrant un équilibre entre l'efficacité de calcul et l'optimisation des caractéristiques. Ces techniques tirent parti des mécanismes internes du modèle pour évaluer l'importance des caractéristiques. Voici deux techniques intégrées importantes :

- **Régression Lasso** : Cette méthode emploie la régularisation L1, qui ajoute un terme de pénalité à la fonction de perte basé sur la valeur absolue des coefficients des caractéristiques. En conséquence :

    - Les caractéristiques moins importantes voient leurs coefficients réduits à zéro, les éliminant effectivement du modèle.

    - Elle favorise la parcimonie dans le modèle, conduisant à des résultats plus simples et plus interprétables.

    - Elle est particulièrement utile lors du traitement de données de haute dimension ou lorsqu'il est nécessaire d'identifier un sous-ensemble des caractéristiques les plus influentes.

- **Modèles basés sur les arbres** : Ces modèles, y compris les arbres de décision et les méthodes d'ensemble comme les forêts aléatoires, effectuent intrinsèquement la sélection de caractéristiques pendant le processus d'entraînement :

  - Les caractéristiques sont classées en fonction de leur importance dans la prise de décisions ou la réduction de l'impureté à chaque nœud.

  - Dans les forêts aléatoires, l'importance est moyennée sur plusieurs arbres, fournissant une mesure robuste de la pertinence des caractéristiques.

  - Cette approche peut capturer des relations non linéaires et des interactions entre caractéristiques, offrant des aperçus que les modèles linéaires pourraient manquer.

  - Les scores d'importance des caractéristiques résultants peuvent guider une sélection de caractéristiques supplémentaire ou éclairer les efforts d'ingénierie des caractéristiques.

Les deux techniques offrent l'avantage d'un entraînement de modèle et d'une sélection de caractéristiques simultanés, réduisant la charge de calcul et fournissant des aperçus sur la pertinence des caractéristiques dans le contexte du modèle spécifique utilisé.

Exemple : Sélection de caractéristiques avec la régression Lasso

La régression Lasso applique la régularisation L1 à un modèle de régression linéaire, réduisant les coefficients des caractéristiques moins importantes à zéro, sélectionnant ainsi uniquement les plus pertinentes.

```python
import numpy as np
import matplotlib.pyplot as plt
from sklearn.linear_model import Lasso
from sklearn.datasets import load_boston
from sklearn.model_selection import train_test_split
from sklearn.preprocessing import StandardScaler
from sklearn.metrics import mean_squared_error, r2_score

# Load Boston housing data
X, y = load_boston(return_X_y=True)
feature_names = load_boston().feature_names

# Split the data into training and testing sets
X_train, X_test, y_train, y_test = train_test_split(X, y, test_size=0.2,
random_state=42)

# Standardize features
scaler = StandardScaler()
X_train_scaled = scaler.fit_transform(X_train)
X_test_scaled = scaler.transform(X_test)

# Initialize and fit Lasso model with different alpha values
```

```python
alphas = [0.1, 0.5, 1.0, 5.0, 10.0]
results = []

for alpha in alphas:
    lasso = Lasso(alpha=alpha, random_state=42)
    lasso.fit(X_train_scaled, y_train)

    # Calculate feature importance
    feature_importance = np.abs(lasso.coef_)
    selected_features = np.where(feature_importance > 0)[0]

    # Make predictions
    y_pred = lasso.predict(X_test_scaled)

    # Calculate metrics
    mse = mean_squared_error(y_test, y_pred)
    r2 = r2_score(y_test, y_pred)

    results.append({
        'alpha': alpha,
        'selected_features': selected_features,
        'mse': mse,
        'r2': r2
    })

    print(f"\\nAlpha: {alpha}")
    print("Selected features:", feature_names[selected_features])
    print(f"Number of selected features: {len(selected_features)}")
    print(f"Mean Squared Error: {mse:.4f}")
    print(f"R-squared Score: {r2:.4f}")

# Plot feature importance for the best model (based on R-squared score)
best_model = max(results, key=lambda x: x['r2'])
best_alpha = best_model['alpha']
best_lasso = Lasso(alpha=best_alpha, random_state=42)
best_lasso.fit(X_train_scaled, y_train)

plt.figure(figsize=(12, 6))
plt.bar(feature_names, np.abs(best_lasso.coef_))
plt.title(f'Feature Importance (Lasso, alpha={best_alpha})')
plt.xlabel('Features')
plt.ylabel('|Coefficient|')
plt.xticks(rotation=90)
plt.tight_layout()
plt.show()

# Plot number of selected features vs alpha
num_features = [len(result['selected_features']) for result in results]
plt.figure(figsize=(10, 6))
plt.plot(alphas, num_features, marker='o')
plt.title('Number of Selected Features vs Alpha')
plt.xlabel('Alpha')
```

```python
plt.ylabel('Number of Selected Features')
plt.xscale('log')
plt.grid(True)
plt.show()
```

Explication détaillée du code :

1. Chargement et prétraitement des données :

    o   Nous chargeons le jeu de données sur le logement de Boston en utilisant la fonction load_boston() de sklearn.

    o   Les données sont divisées en ensembles d'entraînement et de test à l'aide de train_test_split() pour évaluer les performances du modèle sur des données non vues.

    o   Les caractéristiques sont standardisées à l'aide de StandardScaler() pour garantir que toutes les caractéristiques sont à la même échelle, ce qui est important pour la régression Lasso.

2. Implémentation du modèle Lasso :

    o   Nous implémentons la régression Lasso avec différentes valeurs d'alpha (force de régularisation) pour observer comment elle affecte la sélection des caractéristiques.

    o   Pour chaque valeur d'alpha, nous :

    o   Initialisons et ajustons un modèle Lasso

    o   Calculons l'importance des caractéristiques en fonction des valeurs absolues des coefficients

    o   Identifions les caractéristiques sélectionnées (celles avec des coefficients non nuls)

    o   Faisons des prédictions sur l'ensemble de test

    o   Calculons les métriques de performance (erreur quadratique moyenne et R au carré)

3. Analyse des résultats :

    o   Pour chaque valeur d'alpha, nous affichons :

    o   Les caractéristiques sélectionnées

    o   Le nombre de caractéristiques sélectionnées

    o   L'erreur quadratique moyenne et le score R au carré

- o Cela nous permet d'observer comment différents niveaux de régularisation affectent la sélection des caractéristiques et les performances du modèle.

4. Visualisation :

- o Graphique d'importance des caractéristiques : Nous créons un graphique à barres montrant l'importance (valeurs absolues des coefficients) de chaque caractéristique pour le modèle le plus performant (basé sur le score R au carré).

- o Graphique du nombre de caractéristiques sélectionnées en fonction d'alpha : Nous visualisons comment le nombre de caractéristiques sélectionnées change avec différentes valeurs d'alpha, fournissant un aperçu du compromis entre la complexité du modèle et la force de régularisation.

5. Interprétation :

- o En examinant les résultats et les visualisations, nous pouvons :

- o Identifier les caractéristiques les plus importantes pour prédire les prix des maisons dans le jeu de données de Boston

- o Comprendre comment différents niveaux de régularisation (valeurs d'alpha) affectent la sélection des caractéristiques et les performances du modèle

- o Choisir une valeur d'alpha optimale qui équilibre la simplicité du modèle (moins de caractéristiques) et les performances prédictives

10.2.4 Points clés à retenir : Un regard complet sur les méthodes de sélection de caractéristiques

La sélection de caractéristiques est une étape cruciale dans le pipeline d'apprentissage automatique, aidant à améliorer les performances du modèle, réduire le surajustement et améliorer l'interprétabilité. Examinons plus en profondeur les trois principales catégories de techniques de sélection de caractéristiques :

- **Méthodes de filtrage** : Ce sont les approches les plus simples et les plus efficaces sur le plan du calcul.

  - o Avantages : Rapides à mettre en œuvre, indépendantes du modèle et évolutives pour les grands jeux de données.

  - o Inconvénients : Peuvent négliger les interactions complexes entre caractéristiques et leur relation avec la variable cible.

  - o Exemples : Analyse de corrélation, test du chi carré et information mutuelle.

- **Méthodes d'enveloppe** : Ces méthodes utilisent un modèle prédictif pour noter les sous-ensembles de caractéristiques.

- o Avantages : Peuvent capturer les interactions entre caractéristiques et optimiser pour un modèle spécifique.

- o Inconvénients : Gourmandes en calcul, en particulier pour les grands ensembles de caractéristiques.

- o Exemples : Élimination récursive de caractéristiques (RFE) et sélection progressive/régressive.

- **Méthodes intégrées** : Ces techniques effectuent la sélection de caractéristiques dans le cadre du processus d'entraînement du modèle.

  - o Avantages : Équilibre entre l'efficacité de calcul et l'optimisation des performances.

  - o Inconvénients : Spécifiques au modèle et peuvent ne pas bien se généraliser à différents algorithmes.

  - o Exemples : Régression Lasso, importance de l'arbre de décision et importance des caractéristiques du gradient boosting.

Le choix de la méthode de sélection de caractéristiques appropriée implique de prendre en compte plusieurs facteurs :

- Caractéristiques du jeu de données : Taille, dimensionnalité et parcimonie des données.

- Ressources de calcul : Puissance de traitement disponible et contraintes de temps.

- Complexité du modèle : Le type de modèle que vous utilisez et ses capacités inhérentes de traitement des caractéristiques.

- Connaissances du domaine : L'intégration d'informations d'experts peut guider le processus de sélection des caractéristiques.

Une approche hybride, combinant plusieurs techniques de sélection de caractéristiques, donne souvent les meilleurs résultats. Par exemple, vous pourriez commencer par une méthode de filtrage pour réduire rapidement l'ensemble de caractéristiques, suivie d'une méthode d'enveloppe ou intégrée pour un réglage fin. Cette stratégie exploite les forces de chaque approche tout en atténuant leurs faiblesses individuelles.

N'oubliez pas que la sélection de caractéristiques est un processus itératif. Il est essentiel de valider les caractéristiques sélectionnées par validation croisée et de réévaluer leur pertinence à mesure que de nouvelles données deviennent disponibles ou que le domaine du problème évolue.

10.3 Exercices pratiques pour le chapitre 10

Ces exercices offrent une pratique concrète avec différentes techniques de sélection de caractéristiques, vous aidant à comprendre comment les appliquer efficacement pour optimiser vos ensembles de données. Des solutions avec code sont incluses pour vous guider à travers chaque étape.

Exercice 1 : Seuillage de variance

On vous donne un ensemble de données avec plusieurs caractéristiques. Appliquez un seuillage de variance pour supprimer les caractéristiques dont la variance est inférieure à 0,1.

```python
from sklearn.feature_selection import VarianceThreshold
import pandas as pd

# Sample dataset with low-variance features
data = {'Feature1': [1, 1, 1, 1, 1],
        'Feature2': [0.5, 0.5, 0.5, 0.5, 0.5],
        'Feature3': [0, 1, 0, 1, 0],
        'Feature4': [1, 2, 3, 4, 5]}
df = pd.DataFrame(data)

# Solution: Apply variance thresholding
selector = VarianceThreshold(threshold=0.1)
reduced_data = selector.fit_transform(df)

print("Reduced dataset with high-variance features:")
print(reduced_data)
```

Dans cette solution :

Le seuillage de variance supprime les caractéristiques qui ne répondent pas au seuil de variance de 0,1, ce qui donne un ensemble de données réduit avec une densité d'information plus élevée.

Exercice 2 : Seuillage de corrélation

Étant donné un ensemble de données, identifiez les paires de caractéristiques avec une corrélation supérieure à 0,8 et supprimez une caractéristique de chaque paire fortement corrélée.

```python
# Sample dataset with correlated features
data = {'Feature1': [1, 2, 3, 4, 5],
        'Feature2': [2, 4, 6, 8, 10],  # Perfectly correlated with Feature1
        'Feature3': [5, 3, 6, 2, 1],
        'Feature4': [10, 12, 15, 20, 25]}
df = pd.DataFrame(data)

# Solution: Correlation thresholding
correlation_matrix = df.corr()
```

```python
threshold = 0.8
corr_features = set()

for i in range(len(correlation_matrix.columns)):
    for j in range(i):
        if abs(correlation_matrix.iloc[i, j]) > threshold:
            colname = correlation_matrix.columns[i]
            corr_features.add(colname)

# Remove correlated features
df_reduced = df.drop(columns=corr_features)

print("Reduced dataset with correlated features removed:")
print(df_reduced)
```

Dans cette solution :

Nous calculons les corrélations entre les caractéristiques et supprimons une caractéristique de chaque paire fortement corrélée (par exemple, en supprimant **Feature2** si elle est fortement corrélée avec **Feature1**).

Exercice 3 : Élimination récursive de caractéristiques (RFE)

En utilisant le **jeu de données Iris**, appliquez l'Élimination récursive de caractéristiques (RFE) avec un modèle de régression logistique pour sélectionner les 2 meilleures caractéristiques.

```python
from sklearn.feature_selection import RFE
from sklearn.linear_model import LogisticRegression
from sklearn.datasets import load_iris

# Load the Iris dataset
X, y = load_iris(return_X_y=True)

# Solution: Apply RFE with logistic regression
model = LogisticRegression(max_iter=200)
rfe = RFE(model, n_features_to_select=2)
X_rfe = rfe.fit_transform(X, y)

print("Selected features after RFE:", rfe.support_)
print("Feature ranking:", rfe.ranking_)
```

Dans cette solution :

RFE classe les caractéristiques par importance pour un modèle de régression logistique, en sélectionnant les 2 meilleures en fonction de leur impact sur les performances du modèle.

Exercice 4 : Sélection de caractéristiques avec régression Lasso

En utilisant le **jeu de données de logements de Boston**, appliquez la régression Lasso pour la sélection de caractéristiques. Affichez les caractéristiques sélectionnées avec des coefficients non nuls.

```python
from sklearn.linear_model import Lasso
from sklearn.datasets import load_boston
import numpy as np

# Load the Boston housing dataset
X, y = load_boston(return_X_y=True)

# Solution: Apply Lasso regression for feature selection
lasso = Lasso(alpha=0.1)
lasso.fit(X, y)

# Identify non-zero coefficients
selected_features = np.where(lasso.coef_ != 0)[0]

print("Selected features with Lasso:", selected_features)
```

Dans cette solution :

La **régression Lasso** effectue la sélection de caractéristiques en réduisant à zéro les coefficients des caractéristiques moins importantes, ne conservant que les caractéristiques les plus impactantes.

Exercice 5 : Mise en œuvre de l'ACP pour la réduction de dimensionnalité

En utilisant le **jeu de données Iris**, appliquez l'Analyse en Composantes Principales (ACP) pour réduire le jeu de données à deux dimensions pour la visualisation.

```python
from sklearn.decomposition import PCA
import pandas as pd
import matplotlib.pyplot as plt

# Load the Iris dataset
iris = load_iris()
X = iris.data
y = iris.target

# Solution: Apply PCA with 2 components
pca = PCA(n_components=2)
X_pca = pca.fit_transform(X)

# Convert PCA results to DataFrame
df_pca = pd.DataFrame(data=X_pca, columns=['PC1', 'PC2'])
df_pca['target'] = y
```

```python
# Plot the PCA result
plt.figure(figsize=(8, 6))
for label in df_pca['target'].unique():
    subset = df_pca[df_pca['target'] == label]
    plt.scatter(subset['PC1'], subset['PC2'], label=iris.target_names[label])
plt.xlabel('Principal Component 1')
plt.ylabel('Principal Component 2')
plt.title('PCA on Iris Dataset')
plt.legend()
plt.show()
```

Dans cette solution :

L'ACP réduit le **jeu de données Iris** à deux dimensions, nous permettant de visualiser la structure du jeu de données dans un espace de dimension inférieure.

Ces exercices vous guident à travers des applications pratiques du seuillage de variance, du seuillage de corrélation, de RFE, de la régression Lasso et de l'ACP, vous donnant une compréhension complète des techniques de sélection de caractéristiques et de réduction de dimensionnalité. Ces compétences sont essentielles pour gérer des ensembles de données complexes, simplifier les modèles et améliorer l'interprétabilité.

10.4 Que pourrait-il mal se passer ?

La réduction de dimensionnalité et la sélection de caractéristiques peuvent rationaliser les modèles et améliorer les performances, mais ces techniques nécessitent une application soigneuse pour éviter les pièges potentiels. Ci-dessous, nous discutons de certains défis courants et considérations à garder à l'esprit lors de l'utilisation de ces techniques, ainsi que des suggestions pour gérer chacun d'eux.

10.4.1 Supprimer trop de caractéristiques

La sélection de caractéristiques peut améliorer l'efficacité du modèle, mais une réduction excessive peut conduire au **sous-apprentissage**. Si trop de caractéristiques pertinentes sont supprimées, le modèle peut perdre des informations critiques, limitant sa capacité à capturer les motifs dans les données.

Que pourrait-il mal se passer ?

- Le modèle peut avoir du mal à se généraliser, manquant des insights importants et produisant de mauvaises performances prédictives.

- Des caractéristiques clés pourraient être écartées si les critères de sélection privilégient la variance ou la corrélation seule sans tenir compte des connaissances du domaine.

Solution :

- Évaluez soigneusement les performances du modèle après chaque étape de réduction, et envisagez d'utiliser la validation croisée pour garantir que la précision reste élevée.

- Équilibrez la sélection automatisée de caractéristiques avec les connaissances du domaine pour conserver les caractéristiques qui peuvent être essentielles, même si elles n'obtiennent pas de scores élevés sur les mesures de variance ou de corrélation.

10.4.2 Introduction de biais avec les méthodes de filtrage

Les méthodes de filtrage s'appuient sur des mesures telles que la variance ou la corrélation pour sélectionner les caractéristiques indépendamment du modèle, ce qui peut parfois négliger les interactions entre caractéristiques. Des caractéristiques importantes qui ont une faible variance individuellement, mais qui contribuent au pouvoir prédictif en combinaison, peuvent être écartées.

Que pourrait-il mal se passer ?

- Le modèle peut manquer des relations significatives entre les caractéristiques, entraînant une réduction du pouvoir prédictif.

- Les méthodes de filtrage peuvent conserver des caractéristiques redondantes ou non pertinentes qui sont statistiquement significatives mais n'apportent aucun aperçu significatif au modèle.

Solution :

- Utilisez les méthodes de filtrage comme étape initiale mais complétez-les avec des méthodes d'enveloppe ou intégrées pour capturer les interactions.

- Analysez les caractéristiques conservées pour confirmer qu'elles contribuent à la précision du modèle, et envisagez de combiner plusieurs techniques de sélection de caractéristiques pour obtenir un ensemble de caractéristiques équilibré.

10.4.3 Fuite de données avec les méthodes d'enveloppe

Les méthodes d'enveloppe évaluent les sous-ensembles de caractéristiques en fonction des performances du modèle, ce qui peut parfois introduire par inadvertance une **fuite de données** si les données futures sont prises en compte dans la sélection de caractéristiques. La fuite peut artificiellement gonfler les performances du modèle pendant l'entraînement mais conduire à une mauvaise généralisation lors du déploiement.

Que pourrait-il mal se passer ?

- Les modèles peuvent bien performer sur les données de test pendant la validation croisée mais échouer dans les applications du monde réel, où ils n'ont pas accès aux données futures.

- Les méthodes d'enveloppe peuvent capturer par inadvertance le bruit comme des caractéristiques importantes, en particulier dans les petits ensembles de données, réduisant la capacité de généralisation.

Solution :

- Assurez-vous que la validation croisée et l'entraînement du modèle suivent une division de séries temporelles ou sans fuite si vous travaillez avec des données temporelles.

- Utilisez les méthodes d'enveloppe avec prudence sur les petits ensembles de données, et appliquez des méthodes comme l'élimination de caractéristiques progressive ou régressive pour évaluer l'impact de chaque caractéristique sur la stabilité du modèle.

10.4.4 Sur-pénalisation avec les méthodes intégrées

Les méthodes intégrées comme la **régression Lasso** sont efficaces pour réduire la complexité en pénalisant les caractéristiques moins importantes, mais la sur-pénalisation peut entraîner la suppression de caractéristiques essentielles. Dans les ensembles de données avec des informations limitées, la régularisation peut trop simplifier le modèle, conduisant au sous-apprentissage.

Que pourrait-il mal se passer ?

- Le Lasso ou des techniques similaires peuvent éliminer des caractéristiques qui contribuent de manière significative à la prédiction, en particulier dans les ensembles de données avec des données bruitées ou des caractéristiques fortement corrélées.

- Des variables importantes peuvent se voir attribuer un coefficient nul, amenant le modèle à manquer des motifs subtils mais précieux.

Solution :

- Ajustez progressivement la force de régularisation (par exemple, le paramètre alpha dans Lasso), en utilisant la validation croisée pour évaluer les performances du modèle à chaque étape.

- Envisagez d'utiliser **Elastic Net** (une combinaison de régression Lasso et Ridge) si la sur-pénalisation pose problème, car elle équilibre les effets de la régularisation L1 et L2.

10.4.5 Mauvaise interprétation des composantes de l'ACP

L'ACP peut transformer les caractéristiques en nouvelles dimensions, mais l'interprétation de ces nouvelles composantes est difficile. Les composantes sont des combinaisons de caractéristiques originales et peuvent ne pas avoir une interprétation simple, ce qui rend plus difficile le lien avec les insights spécifiques au domaine.

Que pourrait-il mal se passer ?

- Sans comprendre comment chaque composante se rapporte aux caractéristiques originales, les conclusions tirées des données transformées par ACP peuvent être trompeuses.

- Les modèles peuvent perdre en interprétabilité, en particulier dans les applications où des explications claires des prédictions sont requises (par exemple, soins de santé ou finance).

Solution :

- Examinez la **variance expliquée** pour chaque composante afin de comprendre la quantité d'informations que chacune conserve. Cela peut aider à déterminer l'importance de chaque composante principale.

- Utilisez l'ACP principalement pour l'analyse exploratoire ou la préparation des données, en la complétant avec des modèles interprétables si des insights clairs sur les caractéristiques sont nécessaires.

10.4.6 Redondance dans les techniques de sélection de caractéristiques

Lors de la combinaison de plusieurs méthodes de sélection de caractéristiques, une redondance peut survenir si des caractéristiques similaires sont systématiquement privilégiées. Par exemple, les méthodes de filtrage et d'enveloppe peuvent toutes deux mettre en évidence des caractéristiques à forte variance, conduisant à une duplication sans valeur prédictive ajoutée.

Que pourrait-il mal se passer ?

- Conserver des caractéristiques redondantes augmente le temps de calcul sans améliorer les performances du modèle, introduisant potentiellement une multicolinéarité.

- Une redondance excessive peut conduire à un modèle surchargé avec une complexité inutile, réduisant son interprétabilité et sa maintenabilité.

Solution :

- Passez en revue les caractéristiques sélectionnées après chaque méthode pour identifier et supprimer celles qui sont redondantes ou fortement corrélées.

- Utilisez des approches hiérarchiques pour la sélection de caractéristiques (par exemple, en appliquant d'abord les méthodes de filtrage, suivies des méthodes d'enveloppe) pour créer un ensemble de caractéristiques concis et complémentaire.

Conclusion

Une sélection de caractéristiques et une réduction de dimensionnalité efficaces nécessitent une approche équilibrée. Bien que ces techniques améliorent la simplicité et l'efficacité du modèle, une application réfléchie est nécessaire pour éviter de supprimer des caractéristiques essentielles, d'introduire un biais ou de réduire l'interprétabilité. En comprenant ces pièges potentiels, vous pouvez tirer parti de la sélection de caractéristiques pour créer des modèles optimisés et performants qui maintiennent la précision et la pertinence sur une grande variété d'ensembles de données.

Résumé du Chapitre 10

Dans ce chapitre, nous avons exploré les techniques essentielles de réduction de dimensionnalité et de sélection de caractéristiques, des processus clés pour gérer de grands ensembles de données avec un nombre élevé de caractéristiques. Ces techniques permettent de rationaliser les données, de réduire la complexité calculatoire et d'améliorer les performances du modèle tout en minimisant le risque de surapprentissage. En ne conservant que les caractéristiques les plus informatives ou en transformant les données dans des espaces de dimension inférieure, la réduction de dimensionnalité permet une meilleure généralisation, des modèles simplifiés et des interprétations de données plus claires.

Nous avons commencé par discuter de l'**Analyse en Composantes Principales (ACP)**, une technique largement utilisée pour réduire les dimensions en transformant les données en nouveaux axes, ou composantes principales, qui capturent la variance maximale. L'ACP aide à créer un ensemble plus petit de variables non corrélées tout en préservant autant d'informations que possible. Ceci est particulièrement utile pour les données de haute dimension où certaines caractéristiques peuvent contenir des informations redondantes. L'ACP peut également être précieuse pour la visualisation, permettant de représenter des données complexes en deux ou trois dimensions pour révéler des motifs ou des groupes. Cependant, la dépendance de l'ACP aux transformations linéaires signifie qu'elle est plus efficace lorsque la structure des données peut être adéquatement représentée de manière linéaire.

Ensuite, nous avons abordé les **techniques de sélection de caractéristiques**, qui visent à conserver les caractéristiques les plus pertinentes tout en éliminant celles qui sont redondantes ou non pertinentes. Les techniques de sélection de caractéristiques sont généralement classées en trois groupes : les **méthodes de filtrage**, les **méthodes d'enveloppe** et les **méthodes intégrées**. Chaque catégorie présente des avantages et des applications distincts :

- Les **méthodes de filtrage**, telles que le seuillage de variance et l'analyse de corrélation, fonctionnent indépendamment de tout modèle, ce qui les rend efficaces sur le plan calculatoire pour une sélection préliminaire.

- Les **méthodes d'enveloppe**, comme l'Élimination Récursive de Caractéristiques (RFE), utilisent les performances du modèle comme critère pour ajouter ou supprimer itérativement des caractéristiques. Bien que plus intensives sur le plan calculatoire, ces méthodes peuvent être plus efficaces pour capturer les caractéristiques les plus influentes pour des modèles spécifiques.

- Les **méthodes intégrées**, telles que la régression Lasso, intègrent la sélection de caractéristiques dans le processus d'entraînement du modèle lui-même. Elles utilisent la régularisation pour pénaliser les caractéristiques moins importantes, en les réduisant à zéro. Cette technique peut être efficace pour les données de haute dimension mais nécessite un ajustement minutieux pour éviter de sur-pénaliser les caractéristiques pertinentes.

De plus, nous avons discuté de l'importance de comprendre les pièges potentiels lors de l'application de ces techniques. Supprimer trop de caractéristiques peut conduire au sous-apprentissage, tandis que l'introduction d'un biais ou d'une fuite de données peut affecter la précision et la généralisation du modèle. La sélection de caractéristiques redondantes ou la sur-pénalisation avec la régularisation peuvent également conduire à des modèles sous-optimaux. Ainsi, équilibrer l'efficacité calculatoire avec la pertinence des caractéristiques est crucial.

En résumé, les techniques de réduction de dimensionnalité, que ce soit par sélection ou transformation de caractéristiques, sont des outils puissants pour gérer des ensembles de données complexes. En améliorant la simplicité et l'interprétabilité des données, ces techniques permettent des modèles plus efficaces et précis qui peuvent mieux capturer les motifs essentiels dans les données. À l'avenir, ces compétences en réduction de la complexité dimensionnelle soutiendront des approches de modélisation avancées, aidant à traiter efficacement des ensembles de données complexes et de haute dimension.

Quiz Partie 3 : Nettoyage et Prétraitement des Données

Ce quiz testera votre compréhension des techniques abordées dans la Partie 3. Chaque question se concentre sur des concepts clés du nettoyage avancé des données, de la gestion des séries temporelles et de la réduction de dimensionnalité.

1. Laquelle des méthodes suivantes est la plus efficace pour supprimer les caractéristiques ayant une très faible variance ?

a) Élimination Récursive de Caractéristiques (RFE)

b) Seuillage de Variance

c) Analyse en Composantes Principales (PCA)

d) Régression Lasso

2. Lors du travail avec des données de séries temporelles, quelle technique serait la plus appropriée pour gérer les dates manquantes afin de maintenir la cohérence temporelle de l'ensemble de données ?

a) Supprimer toutes les lignes avec des dates manquantes

b) Remplir les dates manquantes avec la date moyenne

c) Réindexer les données selon une fréquence régulière et utiliser le remplissage avant ou arrière

d) Remplacer les dates manquantes par une valeur de date constante

3. Que représente le ratio de variance expliquée dans l'ACP ?

a) La variance de l'ensemble de données capturée par chaque caractéristique originale

b) Le nombre de composantes sélectionnées pour atteindre 100 % de variance

c) La proportion de la variance de l'ensemble de données capturée par chaque composante principale

d) La variance totale des données transformées

4. Dans lequel des scénarios suivants l'utilisation d'un encodage cyclique (transformation sinus et cosinus) pour une caractéristique serait-elle la plus appropriée ?

a) Encoder les chiffres de vente quotidiens

b) Encoder les variables catégorielles comme les catégories de produits

c) Encoder les caractéristiques avec des motifs cycliques, comme le jour de la semaine

d) Encoder les identifiants d'utilisateurs dans un ensemble de données

5. Laquelle des propositions suivantes N'EST PAS une caractéristique des méthodes de filtre dans la sélection de caractéristiques ?

a) Elles classent les caractéristiques indépendamment d'un modèle spécifique

b) Elles sont efficaces sur le plan computationnel

c) Elles reposent sur l'entraînement de modèle pour déterminer l'importance des caractéristiques

d) Elles utilisent des métriques comme la corrélation et la variance pour la sélection de caractéristiques

6. Quelle technique de réduction de dimensionnalité utilise une transformation linéaire pour créer de nouveaux axes qui capturent la variance maximale ?

a) Analyse Discriminante Linéaire (LDA)

b) Analyse en Composantes Principales (PCA)

c) Élimination Récursive de Caractéristiques (RFE)

d) Régression Lasso

7. Si deux caractéristiques dans un ensemble de données ont un coefficient de corrélation proche de 1, quelle technique aiderait à réduire la redondance sans perdre d'informations critiques ?

a) Élimination Récursive de Caractéristiques (RFE)

b) Seuillage de Variance

c) Seuillage de Corrélation

d) Régression Lasso

8. Dans quelle situation les méthodes enveloppantes pour la sélection de caractéristiques pourraient-elles être plus efficaces que les méthodes de filtre ?

a) Lorsque l'efficacité computationnelle est la priorité absolue

b) Lorsqu'on travaille avec un ensemble de données comportant de nombreuses caractéristiques hautement corrélées

c) Lorsque les effets d'interaction entre les caractéristiques doivent être capturés

d) Lorsqu'on classe les caractéristiques uniquement en fonction de propriétés statistiques

9. Quel est un inconvénient courant de l'utilisation de la régression Lasso pour la sélection de caractéristiques ?

a) Elle peut échouer à supprimer des caractéristiques du modèle

b) Elle ne peut pas être combinée avec d'autres méthodes de réduction de dimensionnalité

c) Elle peut sur-pénaliser les caractéristiques, conduisant potentiellement au sous-ajustement

d) Elle n'attribue pas de coefficient de zéro aux caractéristiques non importantes

10. Pourquoi est-il recommandé d'utiliser la validation croisée lors de l'application de méthodes enveloppantes comme l'Élimination Récursive de Caractéristiques (RFE) sur de petits ensembles de données ?

a) Pour maximiser les interactions entre caractéristiques

b) Pour s'assurer que les caractéristiques sélectionnées se généralisent bien à de nouvelles données

c) Pour éviter les fuites de données

d) Pour prioriser l'efficacité computationnelle

Réponses

1. **b)** Seuillage de Variance

2. **c)** Réindexer les données selon une fréquence régulière et utiliser le remplissage avant ou arrière

3. **c)** La proportion de la variance de l'ensemble de données capturée par chaque composante principale

4. **c)** Encoder les caractéristiques avec des motifs cycliques, comme le jour de la semaine

5. **c)** Elles reposent sur l'entraînement de modèle pour déterminer l'importance des caractéristiques

6. **b)** Analyse en Composantes Principales (PCA)

7. **c)** Seuillage de Corrélation

8. **c)** Lorsque les effets d'interaction entre les caractéristiques doivent être capturés

9. **c)** Elle peut sur-pénaliser les caractéristiques, conduisant potentiellement au sous-ajustement

10. **b)** Pour s'assurer que les caractéristiques sélectionnées se généralisent bien à de nouvelles données

Conclusion

Dans *Data Engineering Foundations: Core Techniques for Data Analysis with Pandas, NumPy, and Scikit-Learn*, nous avons entrepris un voyage à travers les éléments essentiels de l'ingénierie des données et de l'ingénierie des caractéristiques. Ce volume visait à vous équiper des outils, des techniques et des connaissances fondamentales nécessaires pour préparer, nettoyer et transformer les données efficacement — un ensemble de compétences inestimable qui constitue la pierre angulaire de tout projet de science des données ou d'apprentissage automatique.

L'ingénierie des données est souvent considérée comme une composante fondamentale de la science des données, et pour une bonne raison : la qualité et la structure des données ont un impact direct sur les performances et la fiabilité des modèles d'apprentissage automatique. Au moment où un ensemble de données atteint l'étape de modélisation, il devrait être bien organisé, propre et refléter les véritables tendances des données. Atteindre cet état nécessite une compréhension approfondie des données elles-mêmes, l'utilisation d'outils sophistiqués et une attention minutieuse aux détails. À travers ce livre, nous avons exploré ces aspects critiques, en veillant à ce que vous ayez les connaissances et la confiance nécessaires pour aborder des ensembles de données réels avec compétence et précision.

La valeur de la préparation et du nettoyage des données

Le livre a commencé par une exploration des fondamentaux de l'analyse des données et a établi l'importance de données structurées et propres pour mener une analyse significative. Le nettoyage des données n'est pas simplement une étape préliminaire ; c'est un processus critique qui traite les valeurs manquantes, gère les valeurs aberrantes, corrige les anomalies et garantit finalement que l'ensemble de données est exempt d'incohérences et de bruit. Un ensemble de données bien préparé sert de fondation solide, fournissant au modèle d'apprentissage automatique des entrées qui représentent les relations sous-jacentes dans les données plutôt que des artefacts ou des erreurs.

Nous avons couvert une variété de techniques pour gérer les données manquantes, y compris les stratégies d'imputation et les méthodes pour les grands ensembles de données où les approches standard peuvent ne pas être réalisables. Notre objectif était de mettre en évidence à la fois les aspects techniques et stratégiques du nettoyage des données, illustrant qu'il n'existe pas de solution universelle. L'approche optimale dépend des caractéristiques de l'ensemble de données, du problème abordé et des exigences du modèle. En pratiquant avec des ensembles de données réels et en travaillant à travers des exemples pratiques, vous avez acquis une expérience pratique qui vous prépare à la nature imprévisible des données du monde réel.

Maîtriser la manipulation des données avec Pandas et NumPy

Ce livre a mis l'accent sur le rôle de **Pandas** et **NumPy**, deux bibliothèques Python essentielles qui constituent l'épine dorsale de la manipulation des données dans l'écosystème Python. Pandas, avec ses structures de données flexibles et sa syntaxe intuitive, permet aux scientifiques des données d'effectuer une gamme d'opérations, du nettoyage des données à l'agrégation et à la transformation. NumPy, quant à lui, fournit la vitesse de calcul et l'efficacité nécessaires pour les opérations numériques à grande échelle, permettant aux scientifiques des données d'effectuer des transformations complexes sur des tableaux et des matrices efficacement.

Tout au long de ce livre, nous avons exploré comment utiliser ces outils en tandem, en tirant parti de leurs forces uniques pour optimiser les flux de travail de données. Vous avez appris à effectuer des opérations de base et avancées sur les données, notamment le filtrage, l'agrégation et le remodelage des ensembles de données. Nous avons également couvert des moyens efficaces de gérer de grands ensembles de données avec ces bibliothèques, offrant des techniques pratiques de manipulation de données qui garantissent à la fois la vitesse et l'efficacité de la mémoire. En acquérant une maîtrise de Pandas et NumPy, vous êtes maintenant capable d'aborder les tâches d'analyse de données avec la confiance nécessaire pour gérer efficacement des ensembles de données complexes et effectuer des opérations qui permettent des informations plus approfondies et une amélioration des performances du modèle.

Ingénierie des caractéristiques : créer et affiner des caractéristiques prédictives

Peut-être la composante la plus critique de ce livre était l'ingénierie des caractéristiques — le processus de transformation des données brutes en caractéristiques significatives qui améliorent les performances du modèle. Bien que les algorithmes et les modèles soient puissants, ils ne peuvent fonctionner efficacement qu'avec les bonnes entrées. Les caractéristiques sont les entrées qui représentent les tendances et les relations sous-jacentes dans les données, et elles jouent un rôle vital dans la capacité d'un modèle à généraliser à de nouvelles données.

Dans *Data Engineering Foundations*, nous avons exploré diverses techniques d'ingénierie des caractéristiques, des transformations de base aux méthodes avancées comme les caractéristiques polynomiales et les termes d'interaction. Ces techniques permettent aux scientifiques des données de révéler des tendances cachées dans les données, permettant aux modèles de capturer des relations complexes et non linéaires. Nous avons également couvert les techniques d'encodage pour les variables catégorielles, garantissant que tous les types de données sont préparés pour être entrés dans les modèles d'apprentissage automatique. De l'encodage one-hot à l'encodage de fréquence, chaque méthode a ses avantages spécifiques, et nous avons fourni des directives pour sélectionner la technique la plus appropriée en fonction des données et du modèle.

Au-delà de la création de caractéristiques, nous avons abordé le concept de **sélection de caractéristiques** et les méthodes pour identifier les caractéristiques les plus informatives. La sélection de caractéristiques améliore non seulement la précision du modèle en réduisant le bruit, mais améliore également l'interprétabilité et réduit le coût de calcul. En expérimentant avec des techniques telles que l'importance des caractéristiques et la réduction de dimensionnalité, vous avez acquis une solide compréhension de la façon de créer et d'affiner des caractéristiques qui augmentent la précision prédictive tout en garantissant que le modèle reste efficace et interprétable.

Construire des flux de travail de données reproductibles avec les pipelines Scikit-Learn

L'importance de la reproductibilité en science des données ne peut être surestimée. Alors que les scientifiques des données parcourent des étapes complexes de préparation des données, il est essentiel de créer des flux de travail cohérents, efficaces et reproductibles. La **fonctionnalité de pipeline** de Scikit-Learn permet aux scientifiques des données d'automatiser les étapes de prétraitement des données, garantissant que les transformations sont appliquées de manière cohérente sur les ensembles d'entraînement et de test. Cette automatisation minimise le risque de fuite de données et garantit que les modèles sont évalués sur des données qui ont été traitées de la même manière que les données d'entraînement.

Dans ce livre, nous avons exploré comment construire des pipelines qui incorporent plusieurs étapes de transformation de données, de la mise à l'échelle et de l'encodage à la sélection de caractéristiques. En créant des flux de travail de bout en bout, vous garantissez que chaque étape du processus de préparation des données est effectuée avec précision et efficacité, même lorsque les ensembles de données ou les exigences du projet évoluent. Cette compétence est inestimable pour construire des modèles fiables et prêts pour la production et constitue une composante critique des pratiques professionnelles d'ingénierie des données et d'apprentissage automatique.

Perspectives d'avenir : se préparer aux applications avancées

Le Volume 1 a fourni une base solide en ingénierie des données, manipulation des données et ingénierie des caractéristiques, vous équipant des compétences nécessaires pour relever des défis de données de niveau intermédiaire à avancé. Avec une solide compréhension des techniques de préparation des données, vous êtes prêt à passer au Volume 2, où nous explorerons des applications pratiques et des études de cas, l'intégration avec des modèles d'apprentissage automatique et des sujets avancés comme l'ingénierie des caractéristiques pour l'apprentissage profond et l'apprentissage automatique automatisé.

Le Volume 2 s'appuiera sur les compétences que vous avez développées ici, en les appliquant à des scénarios plus complexes et spécialisés. Des projets du monde réel en segmentation de clientèle à l'analyse de données de santé, nous vous guiderons à travers des techniques avancées d'ingénierie des caractéristiques adaptées à des industries et des types de problèmes spécifiques. Nous couvrirons également des sujets de pointe, tels que l'AutoML, qui simplifient le processus de construction de modèles grâce à la sélection automatisée de caractéristiques, au réglage de modèles et à l'optimisation de pipelines.

Réflexions finales

Data Engineering Foundations vous a équipé des compétences, des outils et des techniques nécessaires pour maîtriser la préparation des données et l'ingénierie des caractéristiques. En terminant ce livre, vous avez acquis une compréhension complète de la façon de nettoyer, structurer et transformer les données, en les préparant pour l'apprentissage automatique avec soin et précision. Ces compétences serviront de fondation pour tout projet de science des données ou d'apprentissage automatique, vous distinguant en tant que professionnel des données qui comprend le rôle critique de la qualité et de la structure des données dans la génération d'informations et de prédictions significatives.

La science des données est un voyage d'apprentissage et d'exploration continus, et chaque ensemble de données offre un défi unique et une opportunité d'approfondir vos connaissances. Au fur et à mesure que vous continuez à travailler sur des projets de données, rappelez-vous que l'ingénierie des caractéristiques et la préparation des données sont des processus itératifs qui nécessitent à la fois des compétences techniques et une pensée créative. Les informations que vous découvrez et l'impact que vous créez sont directement influencés par votre capacité à gérer et transformer les données efficacement.

Merci d'avoir entrepris ce voyage à travers *Data Engineering Foundations* avec nous. Nous espérons que vous avez trouvé ce livre comme une ressource précieuse et que les compétences que vous avez acquises ici vous permettront d'aborder de nouveaux défis avec confiance. Nous avons hâte de voir les informations que vous créez, les modèles que vous construisez et les innovations que vous apportez au domaine de la science des données.

Où continuer ?

Si vous avez terminé ce livre et que vous avez soif de nouvelles connaissances en programmation, nous aimerions vous recommander d'autres ouvrages de notre société de logiciels que vous pourriez trouver utiles. Ces livres couvrent un large éventail de sujets et sont conçus pour vous aider à continuer à développer vos compétences en programmation.

- **"ChatGPT API Bible : Maîtriser la programmation Python pour l'IA conversationnelle"** : Un guide pratique, étape par étape, pour utiliser ChatGPT, couvrant tout, de l'intégration de l'API à l'ajustement du modèle pour des tâches ou secteurs spécifiques.
- **"Traitement du langage naturel avec Python : Créez votre propre chatbot de service client"** : Cet ouvrage approfondi explore le traitement du langage naturel (NLP). Il simplifie des concepts complexes grâce à des explications claires et des exemples intuitifs.
- **"Analyse de données avec Python"** : Python est un langage puissant pour l'analyse de données, et ce livre vous aidera à en exploiter tout le potentiel. Il aborde le nettoyage, la manipulation et la visualisation des données, avec des exercices pratiques pour mettre en œuvre vos apprentissages.
- **"Apprentissage automatique avec Python"** : L'apprentissage automatique est l'un des domaines les plus passionnants de l'informatique, et ce livre vous initiera à la création de vos propres modèles avec Python. Il couvre des sujets tels que la régression linéaire, la régression logistique et les arbres de décision.
- **"Maîtriser ChatGPT et le prompt engineering"** : Ce livre vous propose un parcours complet dans le monde du prompt engineering, en couvrant les bases des modèles linguistiques d'IA jusqu'aux stratégies avancées et applications concrètes.

Tous ces ouvrages sont conçus pour vous aider à approfondir vos compétences en programmation et votre maîtrise du langage Python. Nous croyons que la programmation est une compétence qui s'apprend et se développe avec le temps, et nous nous engageons à fournir des ressources pour vous aider à atteindre vos objectifs.

Nous aimerions également profiter de cette occasion pour vous remercier d'avoir choisi notre société de logiciels comme guide dans votre parcours d'apprentissage. Nous espérons que ce livre de Python pour débutants vous a été utile, et nous avons hâte de continuer à vous fournir des ressources de qualité dans le futur. Si vous avez des suggestions ou des retours concernant nos futurs livres ou ressources, n'hésitez pas à nous contacter. Nous serions ravis d'avoir de vos nouvelles !

En savoir plus sur nous

Chez Cuantum Technologies, nous sommes spécialisés dans le développement d'applications web qui offrent des expériences créatives et répondent à des problèmes concrets. Nos développeurs possèdent une expertise dans un large éventail de langages et frameworks, notamment Python, Django, React, Three.js et Vue.js, entre autres. Nous explorons en permanence de nouvelles technologies et techniques pour rester à la pointe de l'industrie, et nous sommes fiers de notre capacité à créer des solutions adaptées aux besoins de nos clients.

Si vous souhaitez en savoir plus sur Cuantum Technologies et les services que nous proposons, veuillez visiter notre site web à l'adresse suivante : www.cuantum.tech/books. Nous serions ravis de répondre à vos questions et de discuter de la manière dont nous pouvons vous accompagner dans vos projets de développement logiciel.

www.cuantum.tech

www.ingramcontent.com/pod-product-compliance
Lightning Source LLC
Chambersburg PA
CBHW081207130726
47997CB00009B/2583